HISTOIRE GÉNÉRALE DE PARIS

COLLECTION DE DOCUMENTS

PUBLIÉE

SOUS LES AUSPICES DE L'ÉDILITÉ PARISIENNE

TOPOGRAPHIE HISTORIQUE

DU

VIEUX PARIS

L'Administration municipale laisse à chaque auteur la responsabilité des opinions développées dans les ouvrages publiés sous les auspices de la Ville de Paris.

TOUS DROITS RÉSERVÉS

HISTOIRE GÉNÉRALE DE PARIS

TOPOGRAPHIE

HISTORIQUE

DU VIEUX PARIS

PAR FEU A. BERTY

REVISÉE, ANNOTÉE ET COMPLÉTÉE

PAR L.-M. TISSERAND

INSPECTEUR PRINCIPAL DU SERVICE HISTORIQUE DE LA VILLE

AVEC LA COLLABORATION DE M. TH. VACQUER

ARCHITECTE, CHARGÉ DE LA SURVEILLANCE ARCHÉOLOGIQUE DES FOUILLES ET DES DÉMOLITIONS À PARIS

RÉGION DU BOURG SAINT-GERMAIN

Sceau de l'Abbaye Saint-Germain-des-Prés (1198)

PARIS

IMPRIMERIE NATIONALE

M DCCC LXXVI

AVANT-PROPOS.

Parmi les ouvrages d'érudition récemment publiés, il en est peu qui aient éveillé l'attention et excité l'intérêt du monde savant au même degré que la *Topographie historique du vieux Paris*. Cette restitution patiente, minutieuse, de toutes les rues, de toutes les maisons d'une ville ancienne, si souvent et si radicalement transformée, parut, il y a quinze ans, la plus étonnante des nouveautés. Lorsque l'auteur publia, dans la *Revue archéologique* d'abord, puis dans un fascicule qui fut présenté à l'Institut, un premier essai de sa méthode appliquée à la Cité[1], on fut surpris et charmé de voir revivre chacune des parcelles bâties du vieux sol parisien; on admira la précision avec laquelle étaient délimitées les justices, les censives, les paroisses, les propriétés privées; on put constater, en rapprochant les plans restitués du texte qui en est la légende, que chaque contenance résultait d'un document authentique, et l'on acquit la certitude qu'on se trouvait en présence d'un véritable cadastre rétrospectif.

Un travail de cette importance ne pouvait pas être une improvisation; non-seulement il était le fruit d'une préparation longue et persévérante, mais encore il avait ses antécédents; il se rattachait, par les liens les plus étroits, à une entreprise considérable, la *Statistique monumentale de Paris*. En soumettant, dès 1835, à M. Guizot, alors ministre de l'instruction publique, « le plan d'un ouvrage étendu destiné à faire connaître les monuments de la « capitale[2], » M. Albert Lenoir se proposait de retracer aussi fidèlement que

---

[1] *Les trois îlots de la Cité compris entre les rues de la Licorne, aux Fèves, de la Lanterne, du Haut-Moulin et de Glatigny*, fragments d'une histoire topographique et archéologique du vieux Paris, par Adolphe Berty; Paris, Didier, 1860. — [2] *Statistique monumentale de Paris*, explication des planches par M. Albert Lenoir, introduction, p. 1.

possible l'aspect ancien de la ville dont il allait étudier les principaux édifices; un «plan archéologique» rigoureux lui paraissait être le couronnement naturel de son œuvre. Il fallait, en effet, localiser exactement ces palais, ces monastères, ces églises, dont la plupart avaient été, à l'origine, le centre et le motif déterminant des diverses agglomérations suburbaines; il fallait suivre sur le sol leurs agrandissements successifs et mesurer, d'année en année, le rayon de cette circonférence que le mouvement de la population décrivait autour de chaque grand établissement civil ou religieux. Dans les idées et avec les institutions du moyen âge, la mise en valeur des terrains en censive était le mode de peuplement le plus naturel; le bail à cens, en appelant les familles sur les terres accensées, contribuait puissamment à l'accroissement de la ville et des faubourgs, en même temps qu'il assurait la prospérité de l'établissement possesseur du sol. Les abbayes de Saint-Germain, de Sainte-Geneviève, de Saint-Antoine, de Montmartre, le prieuré de Saint-Martin-des-Champs, etc., etc., ont rayonné ainsi dans la campagne, jusqu'aux portes de Paris, et les bourgs qui se formaient autour de ces édifices, à l'ombre de leurs cloîtres et de leurs clochers, ont constitué, en se soudant les uns aux autres, une seconde ville, que la destruction des vieilles enceintes a naturellement incorporée à la première.

La *Topographie historique du vieux Paris* avait donc dans la *Statistique monumentale* son point d'attache et sa raison d'être. M. Albert Lenoir le comprit dès le début de sa publication, et chargea l'un de ses collaborateurs de lui fournir les éléments du «plan archéologique» dont il voyait nettement la nécessité [1].

Mais un document digne de ce nom ne peut être qu'une *résultante* : pour dresser un plan sérieux qui donne l'état contemporain, ou tout au moins l'état le plus rapproché possible de la fondation des grands édifices pari-

---

[1] Feu Berty indique ainsi la mission qui lui fut confiée : «Au mois de janvier 1849, M. Albert «Lenoir, qui dirigeait alors la *Statistique monumen-* «*tale de Paris*, nous chargea de dresser un plan «archéologique destiné à en devenir le complé- «ment; ce plan devait comprendre les anciennes «voies des diverses périodes, le tracé des enceintes. «l'ichnographie des édifices détruits, résumer, en «un mot, tout ce que l'on croyait savoir, et y ajou- «ter autant que cela se pourrait.» (*Topographie historique du vieux Paris*, Région du Louvre et des Tuileries, I, introduction, p. VIII.)

siens, il faut que chaque ligne, chaque trait, soit une induction ou une déduction rigoureuse. Il est nécessaire que les pièces écrites suppléent aux représentations figurées, et qu'à défaut de documents graphiques, des textes clairs et précis guident le crayon du dessinateur. En effet, tous ceux qui ont étudié le parcellaire du vieux Paris savent qu'on n'en saurait donner une idée quelque peu exacte, si l'on se borne à reproduire, en les coordonnant, les petits plans de détail annexés à des pièces d'archives, et les plans d'ensemble ou «pourctraicts» qui commencent à paraître au xvi⁰ siècle.

M. Bonnardot a publié, dans ses excellentes études sur les plans et les enceintes de Paris[1], quelques croquis à la plume, où sont grossièrement figurées certaines parties de la ville[2]. Il ne les considère que comme des *images*, et ne leur accorde qu'une confiance limitée : «On suppose dans ce système, «dit-il, que le spectateur plane successivement, comme ferait un oiseau, «sur chaque point de la ville, et qu'il en aperçoit les édifices sous deux as-«pects, dont l'un se présente de face, l'autre de profil. On conçoit, ajoute-«t-il, que ce genre de dessin-relief ne peut avoir pour base qu'une perspec-«tive factice, qui s'éloigne souvent de la nature[3].» M. Albert Lenoir était du même sentiment; cependant il fit rechercher ces croquis si naïfs dans leur mode de figuration et si dépourvus de précision géométrale. Quand son collaborateur les rencontrait dans les dépôts d'archives, il les acceptait sous toutes réserves, les rapprochait des documents écrits, les comparait aux plans factices qu'il avait faits lui-même, d'après les textes, et les soumettait ainsi à tous les genres de contrôle. Sa probité archéologique lui faisait en outre un devoir de les mettre sous les yeux du lecteur : dans le volume même dont il nous a laissé les éléments et que nous publions aujourd'hui, on trouvera deux de ces *images* fidèlement reproduites. Ce sont : une vue à vol d'oiseau de l'abbaye de Saint-Germain-des-Prés, datant de la première moitié du xvi⁰ siècle, et un plan du Clos aux Bourgeois dressé, au commencement du xvii⁰, par François Quesnel et Claude Vellefaux[4].

---

[1] *Études archéologiques sur les anciens plans de Paris;* Paris, Deflorenne, 1851. — *Dissertations archéologiques sur les anciennes enceintes de Paris;* Paris, Dumoulin, 1853.

[2] *Études sur les plans,* p. 23. — *Disser-*
tations sur les enceintes, pl. XII, fig. 4, 6, 11.

[3] *Études sur les plans,* p. 22.

[4] Ce plan, réduit par feu Berty lui-même, est reproduit en noir à la page 292 du présent volume.

A.

Si les plans partiels, croquis ou images, devaient compter comme éléments essentiels dans la préparation d'un «plan archéologique» véritablement digne de ce nom, il ne fallait pas non plus négliger les plans d'ensemble, ces vieux «pourctraicts de Paris» qui permettent, mieux que toute autre figuration, de plonger dans l'intérieur de la ville, d'en suivre les rues et de s'égarer à plaisir dans les méandres de cette viabilité si différente de la nôtre. Feu Berty leur accordait quelque créance : représentation plus ou moins exacte d'un état contemporain de leur publication, ils constituaient à ses yeux un jalon, un point de repère; mais il ne leur demandait aucune indication rétrospective. Beaucoup moins rigoureux que les croquis à la plume et les plans partiels dressés à l'occasion de quelque différend judiciaire, ils lui paraissaient se rattacher plutôt aux fantaisies des anciens miniaturistes. C'est l'opinion que nous avons émise nous-même, à propos du célèbre plan de Tapisserie, devant une assemblée savante qui a paru la partager :

«Il nous semble, disions-nous, que les plans en tapisserie, les plus an-
«ciens parmi les «pourctraicts de Paris,» ont une date dans l'histoire de la
«topographie figurée, qu'ils représentent une époque intermédiaire assez
«définie, qu'ils sont une sorte de transition entre la miniature et la gravure
«sur bois, à laquelle nous devons les premiers plans de Paris. Ils devancent
«la xylographie, comme le manuscrit précède le livre. C'est une succession
«iconographique véritablement curieuse. En même temps que les enlumi-
«neurs parisiens saisissent toutes les occasions qui leur sont offertes de re-
«présenter leur ville, alors même qu'il s'agit de Troie, de Jérusalem, de
«Babylone, ou de toute autre cité lointaine, dont l'aspect leur était in-
«connu, les tapissiers «nostrez et sarrasinois,» comme ils sont qualifiés dans
«le *Livre des Métiers*, imitateurs nés des miniaturistes, s'étudient à tisser
«ce que leurs confrères enluminent, et cherchent à obtenir, par des pro-
«diges de trame et de teinture, ce que l'on peut appeler de grandes minia-
«tures en laine. Dans cette lutte, ils ont plus d'un désavantage : l'éclat des
«couleurs, le brillant des ors, le fini des détails et tout le chatoiement de la
«miniature leur sont inaccessibles; mais leurs rivaux font petit, et eux, ils
«font grand, très-grand même. Ceux-là ont leurs chefs-d'œuvre enchaînés

«dans les librairies; ceux-ci exhibent les leurs aux fêtes du *Corpus Christi*,
«aux processions de sainte Geneviève, au feu de la Saint-Jean et autres
«galas, sacrés ou profanes.

«Cette proche parenté de la miniature et de la tapisserie paraît ressortir
«avec évidence de l'examen comparé de la célèbre tapisserie de Beauvais
«avec diverses pages de manuscrits enluminés. Qu'on rapproche la miniature
«placée dans la continuation des Chroniques de Monstrelet, et représentant
«l'entrée du roi Louis XI à Paris, en 1461, avec le panneau de droite de la
«tapisserie de Beauvais, l'analogie paraîtra évidente; c'est le même procédé.
«Seulement, la scène historique, qui est réelle dans le texte, occupe dans
«la miniature une place relativement considérable, et la ville de Paris n'y
«est que l'accessoire; dans la tapisserie de Beauvais, au contraire, la ville
«remplit tout le fond du panneau. Les personnages légendaires du premier
«plan, Pâris, Turcus, etc., habillés à la moderne, selon l'anachronisme
«constant des miniaturistes et des tapissiers, semblent s'écarter pour laisser
«voir la cité dont on leur attribue la fondation.

«D'année en année, l'importance relative se déplace : le «pourtraict» de
«la ville, d'abord vague, confus, ramassé, se précise et se développe, tandis
«que les personnages, refoulés de partout, cèdent la place, se rapetissent
«et se réfugient dans les coins, dans la bordure, où nous les retrouvons, à
«l'état de petites illustrations, jusqu'au milieu du xviie siècle. Le plan de
«Beauvais était, relativement aux miniatures, un progrès considérable; celui
«de Paris, également en tapisserie, en a réalisé un plus décisif encore,
«puisque au lointain, à la perspective, au second plan, il a substitué une vue
«intérieure et détaillée de cette cité, dont les miniaturistes et les tapissiers
«précédents ne nous montraient que les saillies monumentales. Les plans
«tissés sont donc en avance sur les plans xylographiques. Ceux-ci, en effet,
«taillés plus ou moins grossièrement et à peu de frais, se plaçaient dans un
«livre imprimé quelquefois loin de la ville qu'ils avaient la prétention de
«représenter, comme la Chronique de Nuremberg et la Cosmographie de
«Munster; on les consultait peu et ils pouvaient être impunément inexacts.
«Ceux-là, au contraire, destinés à décorer les palais, les églises, les hôtels
«seigneuriaux, exécutés avec soin et dans de grandes proportions, exhibés

«aux yeux de la foule dans les fêtes solennelles, exigeaient d'énormes dé-
«penses et devaient présenter un degré d'exactitude suffisant pour ne pas
«prêter trop ouvertement le flanc à la critique [1].»

Plans partiels et plans d'ensemble, plans manuscrits, tissés ou gravés, le collaborateur de M. Albert Lenoir dut tout voir et tout apprécier. Dans la préface du premier volume de la *Région du Louvre et des Tuileries*, il a consigné le jugement impartial qu'un long et consciencieux examen lui a permis de porter sur chaque catégorie de documents : «L'insuffisance des notions
«contenues dans les livres et dans les plans gravés étant bien constatée, il
«devenait urgent, dit-il, de recourir à des sources plus abondantes, c'est-à-
«dire aborder les dépôts d'archives. A l'aide des innombrables pièces inédites
«qui y sont contenues, on devait, en effet, pouvoir reconstituer d'une ma-
«nière authentique cette topographie du vieux Paris restée si vague et dé-
«naturée par tant d'erreurs [2].»

Feu Berty ne s'exprime pas moins nettement sur la valeur des documents manuscrits qu'il a consultés : «Les plans manuscrits que nous avons utilisés,
«dit-il, sont tous partiels; ils renferment une rue, un îlot, un quartier au
«plus. En fait d'anciens plans généraux, on ne faisait guère autrefois que
«des *images*, telles que le plan de la Tapisserie, l'un des plus anciens «pourc-
«traicts de Paris» qui nous soient parvenus et qui n'est, en réalité, qu'une
«sorte de vue à vol d'oiseau. A l'époque où ce travail fut fait, l'art géodé-
«sique était dans l'enfance, et ne visait nullement à la précision........
«Quant aux plans tombés dans le domaine public, il faut s'abstenir d'y por-
«ter le compas et ne leur demander que des renseignements approximatifs.
«Toutefois, on arrive à des conclusions très-voisines de la vérité, en combi-
«nant les indications qu'ils fournissent avec les données plus précises qui se
«déduisent de la lecture des textes et notamment des pièces constituant les
«archives domaniales [3].»

---

[1] *Bulletin de la Société de l'Histoire de Paris et de l'Île de France*, année 1875, p. 82. Note de L.-M. Tisserand sur un projet de reproduction du plan de Tapisserie.

[2] *Topographie historique du vieux Paris*, Région du Louvre et des Tuileries, I, préface, p. ix.

[3] *Topographie historique du vieux Paris*, Région du Louvre et des Tuileries, I, p. xii et xiii.

On le voit, la lumière se faisait peu à peu dans l'esprit des auteurs de la *Statistique monumentale*. L'idée d'une restitution complète du vieux Paris, à l'aide des indications fournies par les pièces d'archives, commençait à se dégager des obscurités qui enveloppent toujours un premier essai; et cette perspective parut si séduisante qu'on n'hésita point devant l'immensité du travail à entreprendre. «En peu de temps, dit feu Berty, à qui était échue la part «la plus considérable de la besogne, malgré les difficultés du début, nous «commençâmes à entrevoir la possibilité d'accomplir une œuvre entière- «ment nouvelle : la restitution de chacune des propriétés composant les îlots «de maisons. Notre courage s'en accrut, et, à la suite d'efforts opiniâtres, nous «eûmes enfin la satisfaction de constater qu'un groupe de maisons était rétabli «avec exactitude. Une feuille de plan fut alors entreprise, puis soumise, «dans une séance de l'un des Comités historiques, aux savants les plus «aptes à en juger, et accueillie par eux avec autant de faveur que de sur- «prise. La voie était ouverte; il n'y avait plus qu'à y persévérer [1]. »

On comprend encore aujourd'hui la «faveur» et la «surprise» qui accueillirent, il y a quinze ou vingt ans, cette résurrection inespérée d'un parcellaire que les savants les plus au courant des choses parisiennes désespéraient de pouvoir jamais reconstituer. Les palais, les églises, les monastères, les résidences princières, les hôtels seigneuriaux, les demeures de la haute bourgeoisie peuvent, jusqu'à un certain point, revivre dans un texte et sur un plan : Du Breul, Sauval, Félibien, Lebeuf et les autres historiens de Paris en ont fait l'histoire; Marot, Pérelle, Israël Sylvestre, Blondel, Millin, Alexandre Lenoir nous en ont conservé quelques aspects. Il n'est donc pas impossible à un érudit d'arriver, en coordonnant ces divers éléments, à composer de curieuses planches et d'intéressantes monographies. Mais, entre les grands édifices dont nous venons de parler, s'étendaient de vastes espaces couverts par des maisons bourgeoises et marchandes, maisons de toute forme, de toute grandeur, pleines de souvenirs historiques, peuplées d'objets d'art ou de métier, désignées par de curieuses enseignes, et

---

[1] *Topographie historique du vieux Paris*, Région du Louvre et des Tuileries, I, préface, p. IX.

offrant, dans leur infinie variété, des spécimens multiples de la construction, de la décoration intérieure et extérieure, de la distribution ainsi que de l'aménagement des demeures parisiennes au moyen âge. Ces maisons ont passé de main en main, et l'histoire de leur transmission se confond avec celle de la population parisienne; tantôt divisées entre les membres d'une nombreuse famille, tantôt réunies pour former un logis plus important, elles sont sorties du domaine royal, aristocratique ou religieux, et leurs transformations diverses ont suivi le mouvement politique et social d'où est résulté le Paris moderne.

Les auteurs des vieux « pourctraicts de Paris » et les topographes auxquels on doit les plans des trois derniers siècles ne se sont point embarrassés de cette masse de constructions privées. Ils les ont figurées soit par des maisonnettes absolument uniformes, telles qu'on les voit sur les plans en élévation, ou à vol d'oiseau, de la Tapisserie, de Saint-Victor, de Truschet, de Quesnel, de Mérian, de Vassalieu, etc., soit par un pointillé ou des hachures, comme on peut le constater en consultant la série des plans édités depuis Gomboust et Lacaille jusqu'à Delagrive et Jaillot.

Déterminé à ne point suivre ses devanciers, mais à faire sortir la topographie parisienne de l'ornière où elle se traînait depuis longtemps, feu Berty a procédé comme tous les chercheurs logiques : il est allé du connu à l'inconnu. Ainsi que Jaillot, dont il a adopté l'épigraphe, empruntée à Horace[1], il s'est demandé quel est l'élément topographique le plus simple, et il l'a trouvé..... dans la rue. Qu'elle soit une voie romaine, un chemin royal, un chemin rural, une voie limitative des justices, des censives, des fiefs ou des paroisses, la rue lui paraît être le fait topographique initial, le plus facile à saisir et à constater. Quand il a pu arrêter le tracé d'une rue, il en fait l'historique, d'après les titres qu'il a dépouillés, indique les juridictions différentes dont elle dépendait, énumère les dénominations successives qui lui ont été appliquées, fait connaître les modifications de longueur et de largeur qu'elle a pu subir, et recueille, chemin faisant, toutes les in-

[1] *Quid verum.... curo et rogo, et omnis in hoc sum* (Epist. 1, 11).

dications qui peuvent lui servir à constituer son parcellaire. Les principales sont évidemment celles qui lui révèlent l'existence d'une voie parallèle, oblique, ou transversale : en effet, à l'aide de ce nouvel élément, il parvient à constituer un îlot, c'est-à-dire un polygone plus ou moins irrégulier, circonscrit par trois ou quatre voies publiques.

Parvenu à ce point, Berty commence à serrer de plus près l'inconnue topographique qu'il veut dégager. Il entreprend alors ce travail de lotissement auquel il donnait plaisamment le nom de «casse-tête chinois.» Les censiers fournissant assez exactement le nombre des maisons et l'indication des contenances, il s'agit de placer ces maisons dans l'ordre où elles sont énumérées, et de combiner ces contenances avec celles que d'autres titres attribuent aux propriétés ayant leur entrée sur une rue parallèle ou transversale, mais touchant aux premières par le fond ou par le flanc. Lorsque les pièces de ce jeu de patience s'emboîtent bien les unes dans les autres, l'accord topographique est parfait et l'îlot est reconstitué. Mais il se produit souvent des discordances : les contenances indiquées par les titres sont plus d'une fois supérieures ou inférieures à la superficie de l'îlot; les maisons, les clos énumérés dans les censiers résistent parfois au travail d'identification, c'est-à-dire qu'on n'en retrouve pas la place sur le terrain, et qu'on ne saurait dire si telle dénomination, telle enseigne, existant à un moment donné, répond exactement à la même enseigne et à la même dénomination constatées à une autre époque.

Dans ces cas désespérés, Berty se souvenait qu'il était architecte et géomètre : il quittait les Archives, se rendait sur le terrain, mesurait les superficies, retrouvait les murs mitoyens, postérieurs ou latéraux, et reconnaissait que ces limites étaient à peu près immuables. En effet, dit-il, «quand on «reconstruisait une maison, on ne pouvait l'élargir — ou l'agrandir dans le «sens de la profondeur — qu'en entamant les bâtiments contigus; or une «pareille opération n'était réalisable que par voie d'héritage ou d'acquisi«tion, circonstances fort rares au moyen âge, où les accensements de ter«rains étaient réputés perpétuels[1].» Les murs mitoyens l'aidaient donc à

---

[1] *Topographie historique du vieux Paris*, Région du Louvre et des Tuileries, I, préface, p. xiv.

interpréter les textes, et c'est ainsi que, paléographe et architecte alternativement, il arrivait à cette identification parcellaire qui était le couronnement de ses longs travaux. Il y parvenait également au moyen d'une faculté toute spéciale dont il était doué : c'était « cette espèce d'intuition qu'une « longue expérience finit par développer, et qui permet de discerner les re- « maniements opérés dans les îlots[1]. »

À l'aide de toutes ces ressources, l'îlot, le quartier se reconstituaient : les maisons, rigoureusement identifiées, prenaient place de chaque côté de la rue qu'on décrivait ; palais, églises, monastères, hôtels, colléges, simples maisons de bourgeois et d'artisans se succédaient, sans autre ordre que celui de la contiguïté ; on faisait, à la suite de l'auteur, comme l'a dit ingénieusement M. Vitet, une sorte de promenade rétrospective à travers le vieux Paris : on allait ainsi de porte en porte ; on s'arrêtait devant un couvent, devant un hôpital, devant une résidence princière ou seigneuriale ; on y entrait et l'on s'y attardait jusqu'à ce qu'on en eût fait l'inventaire exact et l'historique complet.

Tel est le travail qui s'est accompli sous nos yeux, auquel nous avons pris une part modeste, mais utile, et dont nous avons recueilli les éléments dispersés, pour les réunir et les publier un jour. Après l'interruption de la *Statistique monumentale*, et la cession à la ville de Paris des planches destinées à former le « plan archéologique » projeté par M. Albert Lenoir, feu Berty fit apport de son manuscrit, qu'on nous pria de reviser ; il accepta, non sans quelque hésitation, notre concours littéraire, et nous initia, trop discrètement peut-être, à ses procédés de restitution. Grâce à cette collaboration, que ses meilleurs amis lui avaient toujours conseillée, et qui eut pour but unique de faire ressortir les mérites de son œuvre, il put enfin voir paraître le premier volume de cette histoire topographique dont il avait conçu l'idée et affirmé la possibilité.

Contrairement à l'attente générale, ce premier volume n'était consacré

---

[1] *Topographie historique du vieux Paris*, Région du Louvre et des Tuileries, I, préface, p. xv.

AVANT-PROPOS.

ni à la Cité, ni au quartier de l'Université, double berceau de la ville gallo-romaine; il avait pour objet la région du Louvre et des Tuileries, c'est-à-dire une partie relativement moderne dans l'histoire du vieux Paris. L'auteur s'émut des observations qui lui furent faites sur cette apparente singularité, et il nous chargea d'y répondre dans la préface de l'ouvrage. Voici en quels termes nous fîmes valoir les raisons auxquelles il croyait devoir obéir :

« Un travail de restitution aussi étendu, aussi compliqué, est soumis à des « nécessités de toute nature, qui amènent forcément des interversions dans « l'ordre de succession des parties qui le composent. Les titres écrits ont leurs « lacunes et présentent de nombreuses difficultés d'interprétation; les docu-« ments lapidaires ne peuvent être utilement consultés qu'au moment où la « pioche ouvre les profondeurs du sol qui les renferme. Il faut donc, pour « mettre sûrement la dernière main à un volume de texte et à une feuille de « plan, attendre tantôt la découverte de pièces manuscrites nouvelles ou le dé-« pouillement d'anciens fonds qui n'avaient pas encore été livrés au public, tan-« tôt l'exécution de grands travaux de construction ou d'édilité, d'où résultent « soit un utile complément d'indications, soit une confirmation matérielle des « renseignements fournis par les archives. Ces déviations, que ne connaissent « ni les littérateurs, ni les hommes de science pure, un historien-topographe « est obligé de les subir : il va où l'appellent les matériaux qui doivent en-« trer dans la composition de son œuvre; il suspend momentanément certaines « parties de son travail quand il a l'espoir de faire quelques bonnes trou-« vailles, et il ne se décide à les livrer au public que lorsqu'il croit avoir « épuisé les sources[1]. »

Fidèle à ces principes, que nul savant ne désavouera, feu Berty reconnaissait que la *Cité*, dont les vieilles maisons tombaient, au moment même où s'imprimait le premier volume de la *Topographie*, n'avait pas encore été assez fouillée dans ses profondeurs historiques; il confessait également que les quartiers de l'*Université*, au milieu desquels on commençait à ouvrir de nou-

---

[1] *Topographie historique du vieux Paris*, Région du Louvre et des Tuileries, I, préface, p. xvi.

velles voies, avaient encore bien des secrets archéologiques à révéler, et depuis, les faits lui ont donné complétement raison. La *Topographie historique du vieux Paris* débuta donc par la région du Louvre et des Tuileries, à travers laquelle de grandes voies venaient d'être ouvertes, et qui lui paraissait suffisamment explorée.

Un seul doute restait dans son esprit, et il eut, avant sa mort, la satisfaction de le voir levé d'une façon péremptoire. Quel était l'emplacement exact du vieux Louvre? Les substructions que la forteresse de Philippe-Auguste a laissées dans le sol existent-elles au point précis où les titres les signalent? Et, pour élever le problème à la hauteur d'une question de principe, doit-on, lorsqu'il n'est pas possible d'interroger le sol, accorder une créance entière aux restitutions qui ont pour base unique l'interprétation des documents écrits? Les fouilles exécutées dans la cour du Louvre, par le Service historique de la ville de Paris, répondirent victorieusement et fixèrent toutes les incertitudes: l'étude des pièces d'archives et «l'intuition» archéologique avaient suffi; le vieux Louvre, avec ses tours, son donjon, son enceinte, ses fossés, était bien enfoui dans le sol à l'endroit où le plaçait le travail de restitution accompli par feu Berty. Un second volume fut le fruit de ces heureuses investigations[1].

Depuis, aucune partie nouvelle de l'œuvre n'a pu être publiée. Berty a laissé des notes très-confuses qui exigent un travail de coordination et de révision minutieuse. Les «interversions» nécessaires, les «déviations» obligées se montrent dans tous ses papiers. Comme il le dit lui-même, il allait là où le conduisait le dépouillement d'un fonds d'archives, où l'ouverture d'une tranchée dans le sol lui permettait de plonger, où l'inspection des murs mitoyens pouvait aider à la formation de son parcellaire. Une exigence d'une autre nature s'imposait en outre à son travail: la division de son «plan archéologique» en seize feuilles, destinées à être réunies, l'obligeait de comprendre dans un même carré des portions du sol parisien assez étran-

---

[1] Un double compte rendu de ces fouilles, écrit par feu Berty et par M. Legrand son continuateur, occupe la plus grande partie du volume. De nombreuses planches permettent de suivre toutes les phases du travail, et constituent une histoire iconographique de la forteresse.

gères les unes aux autres. C'est ainsi que la feuille V, plus particulièrement consacrée à la région du Louvre et des Tuileries et publiée avec le volume de texte, franchit le fleuve et embrasse, dans son périmètre, une certaine étendue du territoire connu sous le nom de bourg et faubourg Saint-Germain. Cette extension a dû imposer à l'auteur l'obligation de se transporter sur la rive gauche de la Seine, à ce moment surtout où l'entreprise avait pour but la formation d'un plan archéologique destiné à servir d'annexe à la *Statistique monumentale*, et nullement la publication d'une série de volumes contenant l'histoire topographique du vieux Paris. Lorsque l'œuvre s'est transformée, le travail, poussé dans une certaine direction, était trop avancé pour qu'on songeât à lui faire subir une «déviation» nouvelle; il a fallu se résoudre à en publier les diverses parties, au fur et à mesure de leur achèvement, avec les feuilles de plan qui s'y rapportent, et en se bornant à les distinguer par le terme, un peu vague, de *région*.

Ainsi se justifie le volume que nous présentons aujourd'hui au public et que feu Berty avait conduit à un degré d'avancement beaucoup plus considérable que les autres parties de son travail. Voici, du reste, de quelle façon il délimite lui-même son champ d'exploration topographique : «La «seigneurie de l'Abbaye — c'est-à-dire le sol sur lequel se sont formés «le bourg et le faubourg Saint-Germain — avait pour confins la rue de «l'Abreuvoir-Macon, et, plus tard, la place du Pont-Saint-Michel, la rue «Saint-André-des-Arts, la partie postérieure de propriétés en bordure sur «les rues de la Vieille-Boucleric et de la Harpe, les rues Hautefeuille, des «Cordeliers (de l'École-de-Médecine), de la Harpe, d'Enfer et l'ancien che-«min de Vanves. Mesurant environ quatre mille mètres, dans sa plus grande «longueur, vers le couchant, et deux mille huit cents mètres à peu près «dans sa plus grande largeur, la seigneurie de l'Abbaye formait un magni-«fique territoire entièrement compacte, à l'exception de l'enclave du Pré-«aux-Clercs[1].»

Une région aussi étendue ne pouvait être ni figurée sur une seule feuille

---

[1] *Topographie historique du vieux Paris*, Région du bourg Saint-Germain, I, p. 1 et 2.

de plan, ni décrite en un volume unique. Feu Berty en a réparti le parcellaire entre trois grandes planches, ce qui, de sa part, impliquait la division du texte en trois volumes distincts. La Commission des Beaux-Arts et des Travaux historiques, à laquelle nous avons proposé de respecter cette distribution, en a reconnu la convenance, et les développements du manuscrit que nous avons placé sous ses yeux lui ont paru la justifier de tout point. Rien n'est, d'ailleurs, plus conforme à la vérité historique et topographique. L'abbaye de Saint-Germain-des-Prés, élément formateur de toute la région, devient peu à peu le noyau d'une agglomération suburbaine, qui se presse autour de ses murailles et rayonne ensuite vers l'orient et l'occident, c'est-à-dire vers la ville et vers la campagne. C'est le bourg Saint-Germain proprement dit. Au commencement du XIIIe siècle, la partie orientale de ce bourg est enfermée dans la ville, par la construction de l'enceinte de Philippe-Auguste; elle constitue la circonscription de deux nouvelles paroisses urbaines, Saint-Côme et Saint-André-des-Arts, et se trouve ainsi séparée du monastère. Enfin, dans les deux derniers siècles, les prés, les jardins, les allées d'arbres, les terres cultivées se couvrent de constructions : couvents, hôtels et maisons de plaisance s'y élèvent en grand nombre, à raison de la salubrité de l'air et du calme dont on y jouit, tout en demeurant à proximité de la ville. Il en résulte une extension considérable du bourg Saint-Germain, qui n'est plus limité aux environs immédiats de l'Abbaye et devient ainsi un long faubourg.

De ces trois parties, bien nettement délimitées, c'est la première qui fait le sujet du présent volume. Dans un chapitre préliminaire, l'auteur fait connaître l'origine et les développements successifs du bourg Saint-Germain; il en énumère les voies, compte celles dont l'existence est constatée dès le XIIIe siècle, celles qui n'apparaissent qu'au XIVe, celles dont il est fait mention seulement au XVe, et celles dont on ne trouve pas trace avant le XVIe. Après ce coup d'œil général sur le bourg, il s'engage dans la description de chaque rue, à commencer par celle des Petits-Augustins qui doit le premier rang à l'ordre alphabétique.

Ce système, adopté pour les deux premiers volumes de l'ouvrage, ne pouvait être abandonné : il a ses avantages au point de vue de la facilité des recherches;

AVANT-PROPOS.

mais il présente de réels inconvénients sous le rapport historique et topographique. Il a surtout, dans la région qui nous occupe, le tort de ne pas montrer assez le rayonnement progressif du bourg Saint-Germain autour de l'Abbaye considérée comme point central, et de ne pas distinguer suffisamment les parties du sol primitivement et successivement accensées. Feu Berty reconnaissait ces désavantages ; mais il faisait remarquer, d'une part, que l'ordre alphabétique était emprunté à Jaillot, qui n'en avait pas trouvé de meilleur, et d'autre part, qu'il existe trop d'incertitudes sur l'antériorité relative des voies publiques du bourg, pour qu'il soit possible de les classer par rang d'ancienneté.

L'ordre alphabétique étant ainsi maintenu, les voies du bourg Saint-Germain se succèdent sans interruption depuis la rue des Petits-Augustins jusqu'à la rue des Quatre-Vents. L'auteur en fait l'historique détaillé ; puis il énumère chaque parcelle bâtie du côté gauche et du côté droit, en indiquant la paroisse, la justice et la censive dont elle dépend. Les hôtels, les couvents, les hospices, quelques établissements d'une importance secondaire et certaines particularités topographiques donnent lieu à de courtes monographies qui n'interrompent point la succession du parcellaire. De ce nombre sont : le couvent des Petits-Augustins, la Noue ou Petite-Seine, l'hôtel de Malicorne, la maison de l'Annonciation, la petite rue Bourbon-le-Château, la chapelle Saint-Martin-des-Orges, le Petit Pré-aux-Clercs, le Clos Chéradame, le Jeu de Paume de l'Écu de Savoie, l'hôtel de Gondi et de Condé, la maison du Cheval-d'Airain, les Granges aux Malades de Naples, l'hôtel du Sépulcre, la Ferme ou Pressoir de l'Hôtel-Dieu, le Clos aux Bourgeois, le Clos Férou, le cimetière Saint-Sulpice, l'hôtel de Plancy, l'hôtel de Navarre, la foire Saint-Germain, le carrefour de la Croix-Rouge, l'hôtel de Gamaches, l'hôtel de Casin, l'hôtel de Garancière, l'Ilot de la Butte, le Séjour de Nesle, la Charité ou le Sanitat, la Saumonière, l'Écorcherie Sablonnière, la Tuilerie aux Flamands, l'hôtel des Yveteaux, le Pilori de l'Abbaye, l'hôtel de Sansac, la chapelle et le cimetière Saint-Père, la Voirie ou la Butte, la petite rue Saint-Guillaume, l'Oseraie, l'hôtel de Mézières, l'hôtel Dauphin, de Bouillon, de Liancourt et de La Rochefoucauld, l'hôtel et les jardins de la Reine-Marguerite, le presbytère de Saint-Sulpice, l'hôtel de Taranne, le Clos ou Courtille de l'Abbaye, l'hôtel Ventadour, l'hôtel de Savoie, le Pré-Crotté, l'hôtel de Champrenard, l'impasse des Quatre-Vents, etc., etc.

Tout en suivant l'ordre de succession du parcellaire, nous avons distingué typographiquement ces divers articles, de manière qu'ils ne se confondissent point avec la masse des notices consacrées aux maisons, clos, terrains, granges et autres parcelles de moindre importance. Mais, quand nous nous sommes trouvé en présence des trois principaux établissements de la région, l'Abbaye, l'église Saint-Sulpice et la Maladrerie Saint-Germain, nous avons cru devoir scinder l'historique des rues sur lesquelles ces édifices avaient leur principale entrée, sauf à le continuer après une interruption justifiée par l'importance des monographies à intercaler. La Commission et les savants que nous avons consultés ont pensé, comme nous, qu'il y avait là matière à trois chapitres distincts. Restait une quatrième monographie que l'auteur avait volontairement omise, parce que l'édifice à décrire n'appartient point, par la date de sa construction, à la période historique dans laquelle se renferme la *Topographie historique du vieux Paris*. Placé chronologiquement sur l'extrême limite de deux âges — 1610, date finale que feu Berty avait assignée à son travail de restitution, 1613 et 1615, date des achats de terrains et de l'ouverture des travaux de construction du Palais Médicis, — cet édifice eût échappé ainsi à toute description et fût demeuré à l'état de lacune dans l'étude rétrospective d'une région où il tient pourtant une si grande place, si nous n'avions cru sage de franchir une limite quelque peu arbitraire et évidemment trop rigoureuse.

La même date terminale avait condamné feu Berty à écourter les monographies de l'église Saint-Sulpice et de la Maladrerie Saint-Germain. Deux circonstances qu'il eût certainement mises à profit, si elles se fussent produites de son vivant, nous ont permis de conduire l'historique de ces établissements au delà du point où il l'avait laissé, et de compléter, en les rectifiant, les indications qu'il devait à une connaissance imparfaite des lieux. Son ami et collaborateur, M. Th. Vacquer, a pu étudier à loisir les deux anciennes églises Saint-Sulpice, en relever le plan et remettre au jour quelques débris d'architecture et de sculpture ayant appartenu à ces édifices. Ce nouvel apport contribuait naturellement à développer la notice extraite des papiers de feu Berty; nous en avons fait l'objet d'un appendice qui présente un véritable intérêt, au double point de vue du texte additionnel et des planches dont il est enrichi. Quant à la Maladrerie Saint-Germain, la destruction radicale de cette antique Léproserie, consommée après le décès de l'auteur, la faisait entrer dans le domaine de l'histoire, depuis son premier état jusqu'à sa dernière transformation. Le point d'arrêt fixé par feu Berty n'avait plus ici sa raison d'être : les Petits-Ménages, aussi bien que les Petites-Maisons, appartiennent désormais au vieux Paris; aussi avons-nous franchi sans scrupule la date de 1610, limite des investigations de notre auteur.

Dans tout ce travail de révision et de développement, un devoir nous était particulièrement imposé : celui de respecter l'intégrité du texte original. Nous y avons touché cependant à chaque page et presque à chaque ligne, mais seulement pour essayer un rapprochement entre la science et la grammaire, pour opérer, entre l'archéologie et la langue française, une conciliation que feu Berty jugeait inutile, tellement il avait l'amour du fond et le dédain de la forme. Partout où nous avons cru pouvoir hasarder une contradiction ou formuler un dissentiment, nous avons consigné nos observations en notes ou en appendices signés de nos initiales. Notre collaborateur, M. Th. Vacquer, a également pris la responsabilité de toutes ses additions et de toutes ses critiques. Dans le cours du volume, à l'exception de la notice consacrée au palais du Luxembourg, que nous avons rédigée en entier, les notes qui ne portent pas de signature appartiennent seules au texte de feu Berty.

L'éditeur d'un troisième volume doit au public et à la mémoire de l'auteur une autre preuve de respect : c'est de prendre pour modèle les parties de l'ouvrage déjà publiées et de se conformer à toutes les prescriptions consignées dans les papiers dont il a la garde. Ce devoir d'exécuteur testamentaire, nous croyons l'avoir consciencieusement rempli : à chaque page, à chaque ligne du manuscrit de feu Berty, nous avons recueilli les indications relatives aux pièces justificatives dont il entrevoyait la nécessité, et aux planches qu'il jugeait utiles à l'intelligence de son texte. Des travaux importants se poursuivaient en même temps que les siens : sans parler de la *Statistique monumentale*, pour laquelle il a dessiné, pris des mesures et des milliers de notes, une grande réédition de l'abbé Lebeuf se préparait par les soins de M. H. Cocheris, et nous savons qu'il voulait mettre à profit les trésors d'érudition bibliographique et paléographique semés à profusion dans cet ouvrage. Enfin, son texte faisant de fréquentes allusions à des documents d'une grande importance pour les discussions qu'il soutient, il avait l'intention de les reproduire, bien qu'ils fussent imprimés dans les grands recueils ou dans certains ouvrages de bibliothèque. Confident de sa pensée, nous avons cru devoir déroger, sur ce point, aux habitudes du monde savant : on trouvera, aux appendices, certaines pièces que le lecteur eût pu chercher dans D. Bouillart et dans Félibien, dans le Polyptyque d'Irminon et dans le Cartulaire de Notre-Dame. Feu Berty, qui a placé onze appendices à la suite de son premier volume, n'eût certainement pas désavoué les seize additions de ce genre que renferme celui-ci.

Collaborateur de la *Statistique monumentale*, dessinateur habile, il attachait une grande importance au nombre, à la valeur archéologique et au mérite artistique des planches. Les deux premiers volumes de la *Topographie* en renferment une quantité considérable; celles qu'il projetait pour le troisième et dont il avait arrêté la liste ne le cèdent en rien à leurs devancières. Elles concourent toutes au but qu'il s'est constamment proposé : aider à sa discussion, rendre sensibles ses démonstrations topographiques et faire pénétrer plus profondément le lecteur dans l'intelligence de son texte. Les planches étaient pour lui des documents, des auxiliaires, et jamais des images.

Le lecteur ne s'étonnera pas de les trouver inégalement réparties dans le cours du volume : l'Abbaye seule en absorbe la plus grande partie, d'abord parce qu'elle joue, dans la région du bourg Saint-Germain, le même rôle que le Louvre et les Tuileries dans les quartiers précédemment décrits, ensuite parce que la *Statistique monumentale*, d'où est sortie la *Topographie historique du vieux Paris*, a fait de l'antique monastère l'objet d'une étude iconographique fort étendue, à laquelle feu Berty a largement participé et qu'il était bon de mettre à profit. Les anciennes églises Saint-Sulpice, la foire Saint-Germain, la Maladrerie de la rue de Sèvres, le palais Médicis et quelques autres points ou édifices intéressants, tels que le carrefour de la Croix-Rouge, le couvent des Petits-Augustins, l'hôtel et les jardins de la Reine-Marguerite, se partagent le reste des planches dans des proportions variables.

Mais le document graphique auquel feu Berty reconnaissait le plus de valeur, parce qu'il savait bien au prix de quels efforts il était parvenu à l'établir, c'est la feuille de plan correspondant au volume de texte, en d'autres termes, le parcellaire même de la région décrite. L'étendue du fief de Saint-Germain-des-Prés ne lui avait pas permis de faire entrer dans une seule planche ce vaste territoire; il l'avait divisé en deux parties : la région basse, à l'ouest, se prolongeant jusqu'à la Garennelle ou petite Garenne de l'abbaye (par corruption Grenelle), et la région haute, dont le couvent des Chartreux occupait le point culminant. Obligé de scinder ainsi «la seigneurie «Monsieur Sainct-Germain,» il avait cru devoir en rétablir l'unité dans une troisième planche, à échelle réduite, qui embrasse la circonscription de la paroisse Saint-Sulpice. Aucune de ces feuilles de plan n'est encore en état d'être présentée au public. Chose singulière : ici le texte est en avance sur le parcellaire, et les planches ne montrent que de grandes divisions là où la légende écrite indique des subdivisions et des morcellements plus ou moins certains.

Cette anomalie résulte des lacunes considérables que présentent les archives de l'Abbaye et des difficultés d'identification que nous avons signalées plus haut. Elle a également pour cause l'état maladif dans lequel feu Berty a passé les dernières années de sa vie, et qui ne lui a pas toujours permis de faire sur place les constatations nécessaires. Son collaborateur et le nôtre, M. Th. Vacquer, archéologue infatigable, l'a heureusement suppléé dans ce rude métier de *fouilleur*. Il a profité en outre des grands travaux de voirie exécutés, dans ces dernières années, sur plusieurs points du bourg et du faubourg Saint-Germain, et il a pu étudier, dans de meilleures conditions, le morcellement de cette vaste région, notamment aux abords de la rue du Vieux-Colombier, de la rue de Rennes et du carrefour de la Croix-Rouge. L'exécution de nouveaux percements lui réserve sans doute d'autres découvertes, qui le mettront en mesure de pousser un peu plus loin le parcellaire resté incomplet. Dans cette situation et avec cette perspective, le monde savant voudra bien attendre que les fouilles aient dit leur dernier mot : les deux feuilles du plan d'ensemble, et le plan particulier de la paroisse Saint-Sulpice, à petite échelle, paraîtront alors soit avec le quatrième volume de *la Topographie*, — Région du faubourg Saint-Germain, — soit avec le cinquième, — Fief de l'abbaye Saint-Germain *intra-muros*.

Des raisons identiques commandent l'ajournement du plan périmétral de l'Abbaye, que feu Berty avait entrepris dès 1865, et dont il a légué la continuation à l'un de ses auxiliaires, M. Bienvenu. Le prolongement du boulevard Saint-Germain à travers l'enclos monastique est une de ces rares occasions qui s'offrent aux archéologues de contrôler sur place le résultat de leurs recherches dans les dépôts d'archives, et de vérifier la légitimité de leurs inductions. Nous n'avons eu garde de la laisser échapper. MM. Th. Vacquer et Bienvenu ont donc mis à profit les fouilles déjà faites, et ils se promettent de tirer tout le parti possible de celles que l'exécution des travaux de voirie ou de construction doit entraîner. Le plan projeté par feu Berty ne peut qu'y gagner : tout ce qui sera constaté matériellement ajoutera à ce que l'on sait, et diminuera d'autant le nombre des restitutions hypothétiques.

Pour suppléer à l'absence momentanée de ces documents, ainsi que pour satisfaire au vœu de feu Berty, nous avons fait divers emprunts à ces plans contemporains, ou « pourtraicts de Paris, » qu'il était loin de dédaigner et auxquels il a donné place dans le premier volume de la région du Louvre et des Tuileries. La Tapisserie, Saint-Victor, Quesnel et Mérian nous ont fourni quatre planches, que d'habiles artistes ont soigneusement exécutées, après les avoir réduites au format de l'ouvrage.

AVANT-PROPOS.

On nous permettra de rappeler, en terminant, que les épreuves du présent volume, communiquées aux érudits les plus autorisés, ont été lues par eux avec un vif intérêt. Dans le sein de la commission municipale des Beaux-arts et des Travaux historiques, MM. Léopold Delisle, Hauréau, A. de Longpérier, Viollet-le-Duc, H. Cocheris; au dehors, MM. Jules Quicherat, Henri Bordier, Boutaric, Jules Cousin, de Boislile, etc., ont bien voulu les annoter et faire ainsi profiter l'auteur, ainsi que l'éditeur, de leurs précieuses observations. Cette seconde partie d'un ouvrage honoré, à son début, de tant et de si hautes approbations, se présente donc au public dans les mêmes conditions que la première. Le patronage de l'administration municipale lui est acquis, et les sympathies du monde savant ne lui feront pas défaut.

L.-M. TISSERAND.

SOMMAIRES DU TEXTE.

PRÉLIMINAIRES.

ORIGINE ET DÉVELOPPEMENT DU BOURG. — Territoire possédé par les religieux de Saint-Germain au IX° siècle. — Droits féodaux de l'abbaye. — Immunités du bourg. — Aspect général. — Accroissements définitifs. — Tableau des voies de communication.. 1

CHAPITRE PREMIER.

RUES DU BOURG SAINT-GERMAIN. — Rue des Petits-Augustins. Couvent de la Sainte-Trinité ou des Petits-Augustins. Noue ou Petite-Seine. — Rue Saint-Benoît. — Rue Beurrière. — Rue des Boucheries. Hôtel de Malicorne. — Rue de Bussy. Maison de l'Annonciation. Rue Bourbon-le-Château. — Rue des Canettes. — Rue du Canivet. — Rue Cassette. — Rue de la Chaise. — Rue Carpentier. — Rue du Cherche-Midi. — Rue des Ciseaux. — Rue du Cœur-Volant. — Rue du Colombier. Chapelle Saint-Martin-le-Vieux ou Saint-Martin-des-Orges. Le Petit Pré-aux-Clercs. — Rue du Vieux-Colombier. Clos Chéradame. — Rue de l'Ancienne-Comédie. Jeu de Paume de l'Écu de Savoie. — Rue de Condé. Hôtel de Gondi. Maison du Cheval-d'Airain. — Rue Saint-Dominique. — Rue du Dragon. Granges aux Malades de Naples. Hôtel du Sépulcre. — Rue de l'Échaudé............................ 13

CHAPITRE II.

ABBAYE DE SAINT-GERMAIN-DES-PRÉS. — Fondation de la basilique. — Sépultures. — Dévastations des Normands. — Réédifications. — Enceinte. — Église. — Inscriptions funéraires. — Armoiries et sceaux de l'abbaye... 97

CHAPITRE III.

SUITE DE LA DESCRIPTION DES RUES DU BOURG SAINT-GERMAIN. — Rue de l'Égout. — Rue d'Enfer. Ferme ou pressoir de l'Hôtel-Dieu. Clos aux Bourgeois. — Rue Férou.......................... 131

CHAPITRE IV.

ÉGLISE SAINT-SULPICE. — Origine. — Description de l'ancienne église. — Sceau des marguilliers.. 145

CHAPITRE V.

SUITE DE LA DESCRIPTION DES RUES DU BOURG SAINT-GERMAIN. — Rue Férou. Cimetière Saint-Sulpice. — Impasse Férou. — Rue du Four. Hôtel de Navarre. Foire Saint-Germain. Carrefour de la Croix-Rouge.

Hôtel de Gamaches. Hôtel de Casin. — Rue Garancière. Hôtel de Garancière. — Rue des Mauvais-Garçons ou Grégoire-de-Tours. — Rue du Gindre. — Rue de Grenelle. — Rue Saint-Guillaume. — Rue Honoré-Chevalier. — Rue du Petit-Lion. — Quai Malaquais et emplacement du quai Voltaire. Îlot de la Butte. Séjour de Nesle. La Charité ou le Sanitat. La Saumonière. Écorcherie Sablonnière. La Tuilerie aux Flamands. — Rue des Marais. Maison de Nicolas le Vauquelin, seigneur des Yveteaux. — Rue Sainte-Marguerite. Pilori de l'abbaye. — Rue Mazarine et Petite rue de Nesle. — Rue de Mézières. — Rue des Saints-Pères. Hôtel de Sansac. Chapelle et cimetière Saint-Pierre. La Voirie ou la Butte. — Rue Saint-Guillaume. — Rue du Pot-de-Fer. Hôtel de Mézières. — Rue Monsieur-le-Prince et rue des Francs-Bourgeois. — Rue du Sabot. — Rue de Seine. Hôtel Dauphin. Hôtel de la Reine-Marguerite. — Rue Servandoni. — Rue de Sèvres... 151

CHAPITRE VI.

MALADRERIE SAINT-GERMAIN. — Histoire de l'établissement. — Fondation des Petites-Maisons. — Petits-Ménages.. 257

CHAPITRE VII.

SUITE DE LA DESCRIPTION DES RUES DU BOURG SAINT-GERMAIN. — Rue Saint-Sulpice. Presbytère de Saint-Sulpice. — Rue Taranne. Hôtel de Taranne. Clos ou Courtille de l'abbaye. — Petite rue Taranne. — Rue de Tournon. Hôtel de Savoie. — Rue de Vaugirard.......................... 265

CHAPITRE VIII.

LE PALAIS DE MÉDICIS, D'ORLÉANS OU DE LUXEMBOURG. — Les propriétés comprises dans l'enceinte du palais et des jardins. Hôtel de Champrenard. Hôtel de Luxembourg. — Le palais, les jardins, la grotte, l'aqueduc d'Arcueil. — Le Petit-Luxembourg et le convent des Bénédictines du Calvaire....... 285

CHAPITRE IX.

FIN DE LA DESCRIPTION DES RUES DU BOURG SAINT-GERMAIN. — Suite de la rue de Vaugirard. — Rue des Quatre-Vents. — Ruelle ou cul-de-sac des Quatre-Vents................................ 325

APPENDICES ET PIÈCES JUSTIFICATIVES.

I. CHARTE APOCRYPHE DE CHILDEBERT I... 337

II. NOTE SUR LA PRÉTENDUE CHARTE DE CHILDEBERT I................................. 338

III. FONDATION DE L'ABBAYE SAINT-GERMAIN-DES-PRÉS. — Discussion relative à l'époque de la dédicace. — Date vraisemblable de la fondation.. 338

IV. MANUMISSION DES HABITANTS DU BOURG DE SAINT-GERMAIN-DES-PRÉS. — Énumération des droits qui font l'objet de l'affranchissement.. 343

V. DROITS DE JUSTICE, CENSIVE, FOIRES ET MARCHÉS APPARTENANT À L'ABBAYE SAINT-GERMAIN-DES-PRÉS EN 1790. — Limites de la justice et de la censive dans le bourg. — Liste des maisons situées en dehors du

SOMMAIRES DU TEXTE.

faubourg et dont la censive appartient à l'Abbaye. — Droits de cens et de rente sur les loges de la Foire. — Droit de foire franche... 344

VI. Relation de ce qui s'est passé à la dédicace de l'église Saint-Germain-des-Prés. — Visite du pape Alexandre III. — Cérémonie de la consécration. — Liste des cardinaux présents......... 354

VII. Inscriptions funéraires de Saint-Germain-des-Prés. — Saint Germain. — Hilpericus. — Liste des personnages inhumés dans l'église. — Procès-verbal des fouilles entreprises pour la découverte du tombeau de Charibert. — Épitaphes de Jacques Douglas, de Mabillon, de Montfaucon, de Descartes, de Guillaume Douglas, d'Olivier et de Louis de Castellan, de Boileau, du roi Casimir. 355

VIII. Les démêlés de l'abbaye de Saint-Germain-des-Prés avec les évêques de Paris et l'Université. — Sentence arbitrale entre l'évêque de Paris, l'abbé et les religieux de Saint-Germain-des-Prés. — Premier accord avec l'Université de Paris. — Second accord avec l'Université de Paris..... 364

IX. Explication des planches empruntées à la Statistique monumentale. — Ancienne disposition du sanctuaire. — Tombeaux des rois et des abbés. — Tombeau de Childebert. — Tombeau de Chilpéric. — Tombes de Childéric II, de Clotaire II et de Bertrude. — Tombeau de saint Germain. — Tombe de Frédégonde. — Statue de Childebert. — Chapelle de la Vierge. Plan et détails. — Restes de la chapelle de la Vierge. Porte. — Détails intérieurs de la chapelle de la Vierge. — Vue de l'abbaye en 1410. — Tableau de Saint-Germain-des-Prés. — Plan de l'abbaye au milieu du xvi° siècle. — Plan du rez-de-chaussée de l'église Saint-Germain-des-Prés. — Plan du premier étage. — Façade occidentale restituée. — Façade latérale restituée. — Porte de l'église Saint-Germain-des-Prés. — Abside de l'église restituée. — Coupe longitudinale de l'église Saint-Germain-des-Prés. — Coupes transversales de l'église Saint-Germain-des-Prés. — Clocher de la façade de l'église. — Tombeaux et épitaphes. — Tombeaux et costumes d'abbés............................. 371

X. Documents manuscrits relatifs à l'abbaye Saint-Germain-des-Prés. — Cartons de la section historique des Archives nationales. — Registres de la même section. — Cartons de la section administrative. — Registres de la même section. — Documents de la section judiciaire.......... 385

XI. Les deux premières églises Saint-Sulpice. — Monuments ayant appartenu à la décoration intérieure de l'édifice : cuve baptismale du xvi° siècle; tombeaux; inscriptions funéraires........... 399

XII. La foire Saint-Germain. — Note sur les loges et les règlements de la foire. — Ordre et dénomination des galeries. — Industries et commerces représentés à la foire..................... 405

XIII. La Croix-Rouge. — Discussion sur l'origine du nom de ce carrefour. — Aspect du carrefour d'après les anciens plans.. 408

XIV. Privilège aux Bourgeois. — Bibliographie du sujet............................. 409

XV. Les États-généraux de la Grenouillère. — Renseignements contenus dans ce pamphlet sur les Jardins de la Reine-Marguerite.. 411

XVI. L'Aqueduc d'Arcueil. — Le Roi met la première pierre à la source des fontaines de Rungis. — Bail fait à Jean Coing pour l'entreprise de la conduite des eaux à Paris. — Mémoire présenté au conseil du Roi, au sujet de l'exécution du bail précédent............................. 413

SOMMAIRES DES PLANCHES.

I. — PLANCHES HORS TEXTE.

Pages.

I. Le bourg Saint-Germain, d'après le plan de Tapisserie.................... 2

II. Le bourg et le faubourg Saint-Germain, d'après le plan de Saint-Victor, attribué à Du Cerceau.. 6

III. Le bourg et le faubourg Saint-Germain, d'après le plan de Quesnel................ 10

IV. Le couvent des Petits-Augustins et l'îlot au milieu duquel il était enclavé............ 16

V. Le pavillon d'angle de la rue Saint-Benoît, dans l'enclos de l'abbaye Saint-Germain-des-Prés. 64

VI. Vue d'ensemble de l'abbaye Saint-Germain-des-Prés, d'après le Monasticon............ 96

VII. Pierres tombales de Childebert Ier et de Chilpéric Ier........................ 98

VIII. Tombes de Childéric II, de Clotaire II et de Bertrude............................ 100

IX. Tombe de Frédégonde (photochromie).. 102

X. Statue tumulaire de Childebert Ier (photochromie)................................ 104

XI-XII-XIII. Grande chapelle de la Vierge, dans l'enceinte de l'abbaye Saint-Germain-des-Prés (Plan et détails).. 106

XIV. Vue de l'abbaye Saint-Germain-des-Prés au XVe siècle, d'après un ancien tableau provenant du monastère.. 108

XV. Plan manuscrit de l'abbaye Saint-Germain au XVIe siècle, conservé aux Archives nationales. 110

XVI. Interprétation du même plan, par D. Bouillart....................................... 111

XVII-XXII. La basilique de Saint-Germain-des-Prés, plans, coupes, détails, d'après les grandes planches de la Statistique monumentale.. 112

XXIII. Plan et coupes d'une travée du parloir cloîtré de l'abbaye Saint-Germain-des-Prés.... 114

XXIV. Tombeaux et costumes d'abbés de Saint-Germain-des-Prés (chromogravure).............. 116

XXV-XXVII. Le palais abbatial ou cardinal, plans, coupes et élévations........ 118 et suiv.

XXVIII. Caves du XIIIe siècle, voisines du palais abbatial................................ 124

XXIX. Sceaux du monastère et des abbés de Saint-Germain-des-Prés........................ 126

XXX. Sceaux des officiers claustraux de l'abbaye Saint-Germain-des-Prés................ 126

XXXI. Plan de l'abbaye Saint-Germain au XVIIIe siècle, d'après D. Bouillart............ 128

XXXII. L'ancienne église Saint-Sulpice, reproduction d'une vue de Marot................... 148

XXVIII   TOPOGRAPHIE HISTORIQUE DU VIEUX PARIS.

Pages.

XXXIII. La foire Saint-Germain, d'après les plans de la Tapisserie, de Saint-Victor et de Quesnel.. 160

XXXIV. Le carrefour de la Croix-Rouge, d'après les plans de la Tapisserie, Truschet, Quesnel et Gomboust.. 166

XXXV. L'hôpital de la Charité, reproduction d'une vue de Marot...................... 218

XXXVI. L'hôtel et les jardins de la Reine-Marguerite, d'après le plan de Mérian............ 246

XXXVII. Plan général de l'ancienne maladrerie Saint-Germain (Petites-Maisons.—Petits-Ménages). 256

XXXVIII. Petites-Maisons, Petits-Ménages, plans, coupes et élévations....................... 258

XXXIX. Chapelle de l'ancienne maladrerie Saint-Germain, plan, coupes et élévations........... 260

XL. Ancien hospice des Petits-Ménages; porte sur la rue de la Chaise.................. 262

XLI. Ancien hospice des Petits-Ménages; bâtiments du xvi° et du xviii° siècle............. 264

XLII. Le Clos aux Bourgeois et les terrains sur lesquels ont été créés le palais et les jardins du Luxembourg, d'après Quesnel et Claude Vellefaux....................................... 292

XLIII-XLIV. Ancienne église Saint-Sulpice; plans restitués par M. Th. Vacquer........ 398-400

XLV. Monument funéraire de François Aubrant, dans l'ancienne église Saint-Sulpice........ 404

XLVI. La foire Saint-Germain au xvii° siècle, d'après une estampe de la Bibliothèque nationale. 406

XLVII. Plan manuscrit de la foire Saint-Germain, conservé aux Archives nationales............ 408

II. — BOIS GRAVÉS DANS LE TEXTE.

I. La pierre tombale de saint Germain... 102

II. Armoiries de l'abbaye Saint-Germain-des-Prés..................................... 123

III. Sceau de Hugues V, abbé de Saint-Germain-des-Prés (1176)...................... 124

IV. Sceau et contre-sceau de Eudes, abbé de Saint-Germain-des-Prés (1234)......... 125

V. Sceau et contre-sceau de Jean IV de Précy, abbé de Saint-Germain-des-Prés (1334).... 126

VI. La fontaine de Jouvence, enseigne d'une maison de la rue du Four-Saint-Germain...... 164

VII. Le passage souterrain de l'hôtel des Yveteaux, plan et coupes...................... 204

VIII. Les premiers bâtiments des Petites-Maisons, élevés en 1557...................... 259

IX. Plan du palais du Luxembourg, au temps de Marie de Médicis..................... 303

X. Plan du Petit Luxembourg, de son annexe et du couvent des Bénédictines-du-Calvaire... 320

XI. Cuve baptismale de l'ancienne église Saint-Sulpice............................... 402

XII. Monuments funéraires de l'ancienne église Saint-Sulpice.......................... 403

TOPOGRAPHIE HISTORIQUE DU VIEUX PARIS.

RÉGION DU BOURG SAINT-GERMAIN.

PRÉLIMINAIRES.

ORIGINE ET DÉVELOPPEMENT DU BOURG.

En fondant l'abbaye de Saint-Vincent et de Sainte-Croix, nommée depuis Saint-Germain des Prés[1], Childebert lui fit don d'un vaste domaine, qui, après certaines diminutions et de nombreux accroissements, comprenait, au IXe siècle, indépendamment de quelques places, ou terrains à bâtir, en la Cité, le lit de la Seine, les ponts de la ville jusqu'au ru, ou dépression, de la route de Sèvres, y compris le chemin de halage, les deux rives du fleuve sur une largeur d'une perche, l'oratoire Saint-Andéol, appelé depuis Saint-André-des-Arts, ainsi que les vignes attenantes (clos de Laas), et une terre, avec ses dépendances, appelée le fisc d'Issy, *fiscus qui vocatur Isciacus*[2].

Rien n'indique quelles étaient, vers le sud-ouest, les limites primitives de ce *fisc* d'Issy; mais il n'y a aucune raison de croire qu'elles différassent sensible-

---

[1] L'abbaye prit le vocable de Saint-Germain lorsqu'on y eut déposé, en 754, le corps du saint évêque de Paris, et l'on ajouta à ce nom une désignation locale, *a pratis*, des Prés, pour distinguer l'édifice de la basilique de Saint-Germain, voisine du Louvre, laquelle avait emprunté sa dénomination au pieux évêque d'Auxerre. — L. M. T.

[2] M. J. Quicherat et H. Cocheris ont démontré, l'un dans la *Bibliothèque de l'École des chartes*, l'autre dans son excellente édition de l'abbé Lebeuf, la fausseté de la charte sur laquelle on a voulu appuyer cette donation, et que nous reproduisons, en appendice, après D. Bouillart, à titre de curiosité historique. Toutefois il est certain que les religieux de Saint-Germain possédaient, dès le IXe siècle, le vaste territoire indiqué ci-dessus. — L. M. T.

ment de celles de la seigneurie de l'abbaye, telles qu'elles nous apparaissent au XIIIe siècle, car il est à peu près évident que, vers l'orient, elles ne se sont modifiées que d'une façon insignifiante. De ce dernier côté, la seigneurie de l'Abbaye, dont nous fixerons plus loin et très-rigoureusement toutes les bornes, avait pour confins la rue de l'Abreuvoir-Mâcon et, plus tard, la place du Pont-Saint-Michel, la rue Saint-André-des-Arts, la partie postérieure de propriétés en bordure sur les rues de la Vieille-Bouclerie et de la Harpe, les rues Hautefeuille, des Cordeliers (de l'École-de-Médecine), de la Harpe, d'Enfer, et l'ancien chemin de Vanves. Mesurant environ quatre mille mètres dans sa plus grande longueur, vers le couchant, et deux mille huit cents mètres à peu près dans sa plus grande largeur, la seigneurie de l'Abbaye formait un magnifique territoire entièrement compacte, à l'exception de l'enclave du Pré-aux-Clercs[1], et réparti, par lots très-inégaux, entre l'abbé, le pitancier, l'aumônier, le chantre, le cénier, le trésorier et l'infirmier du couvent[2]. Les moines y exerçaient les droits féodaux inhérents à la qualité de hauts justiciers; un de leurs cartulaires, rédigé en 1523, les énumère ainsi :

« Et est à noter que, ès dictz lieux de Paris, Sainct Germain et la rivière de
« Seyne, les dictz religieux, abbé et couvent, seigneurs, ont toute justice, haulte,
« moienne et basse; et, pour l'exercice d'icelle, droict de commectre bailly, pré-
« vost, greffier, sergent, doien, geollier, garde de prisons et autres sergens et
« officiers, pour garder leur dicte justice et autres droictz seigneuriaulx, et leur
« faire porter verges, masses et armes nécessaires, si mestier est, pour deffendre
« leurs corps, leur dicte justice et autres droictz, comme font ceulx du Chastellet
« de Paris, comme appert par le priviliége et chartre du roy Phlippes; et, aussi,
« droict de faire tenir assises, congnoistre de cause d'appel, ressort et réformation
« des subjectz d'iceulx lieux, et les amendes des dictes appellations, réglées de
« soixante solz parisis.

« Conviont pareillement entendre que la justice des ditz seigneurs, à eulx
« appartenante, à cause que dessus, en la dicte ville de Paris, s'extend ainsi et
« par la manière qui s'ensuit, c'est assavoir : depuis la porte Sainct Michel, au-
« trement appellée la porte d'Enfer, du costé de Sainct Cosme, jusques au coing
« de l'église du dict Sainct Cosme et jusques au ruyssel de la dicte rue, et depuis
« le dict coing jusques à la porte du dict Sainct Germain, du costé des Cordeliers,
« ainsi que la rue s'extend, jusques au ruyssel d'icelle rue.

« *Item*. En retournant devant la grant porte des Cordeliers, en la rue faisant

---

[1] Les fossés de l'enceinte de Philippe-Auguste, qui furent creusés dans la terre de l'abbaye, et dont la Ville obtint la seigneurie, furent une autre enclave dans le fief des moines.

[2] Les fonctions désignées par ces noms divers sont bien connues. Le pitancier et le cénier étaient deux officiers claustraux chargés, l'un de distribuer la pitance, ou portion congrue, aux religieux, l'autre de faire préparer, pendant l'été, le repas du soir, *cœna*. — L. M. T.

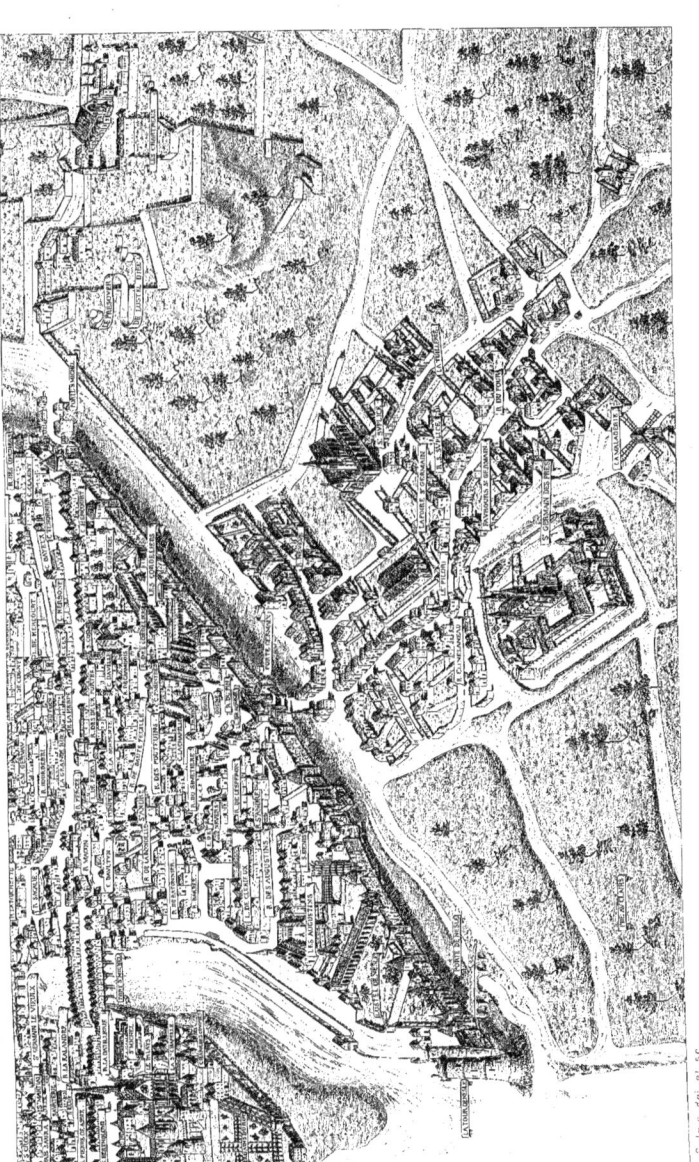

LE BOURG SAINT GERMAIN ET LA PAROISSE SAINT SVLPICE
D'APRÈS LE PLAN DE LA TAPISSERIE (1540?)

« le coing du collége de Prémonstré, jusques à la porte Sainct Germain, tant de
« l'un des costez comme de l'autre.

« *Item.* Et depuis icelluy coing du collége de Prémonstré, allant droit au coing
« de l'église Sainct Andry des Ars, du costé du dit Sainct Andry et du dict Pré-
« monstré.

« *Item.* Du dict coing Sainct Andry des Ars jusques à la vielle porte Sainct
« Germain, appellée la porte de Bussy (la quelle de présent est fermée), tant de
« l'un des costez comme de l'autre, et d'icelle porte venant directement jusques
« à l'abruvouer de Mascon.

« *Item.* Du dict coing de l'abruvouer de Mascon, tirant droit au viel pont Sainct
« Michel.

« *Item.* Et depuis le dict viel pont, tirant à la tour de Nesle, tant de l'un des
« costez de la dicte rue comme de l'autre; ensemble la riviere de Seyne depuis le
« dict viel pont jusques à une bourne qui faict séparation entre monseigneur
« l'Evesque de Paris et le dict Sainct Germain, assise au viel rue de Sèvre, ainsi
« que la dicte rivière se contient, et une perche royalle oultre chascun bort et
« ryve d'icelle rivyère de Seyne; ensemble toutes aubeynes et confiscations qui
« pevent escheoir ès lieux dessus dicts.

« *Item.* Les dicts seigneurs ont tout droict de voirie, tant dedans la ville de
« Paris, forsbourg Sainct Germain, que ailleurs, ès lieux, fins et mettes[1] de leur
« dicte justice et seigneurie.

« *Item.* Il n'est loisible à aucun ou aucuns de ériger enseignes, auvents, siéges
« sur rue, barres devant leurs portes, planter pieux dedans la rivière de Seyne,
« appartenante aus dictz religieux, sans leur congé et mandement espécial, sur
« peine de confiscation et amende arbitraire.

« *Item.* Les dicts religieux seigneurs pevent faire maistres jurez de chascun mes-
« tier, dedans les forsbourgs du dict Sainct Germain, tant seullement comme bou-
« lengers, crieurs de vins, bouchers, vendeurs de poisson, drappiers, cousturiers,
« chaussetiers, cordonniers, serruriers, chandeliers, grossiers, apothicaires, bar-
« biers, cirurgiens, et generallement de tous autres mestiers qu'il plaist aus dicts
« seigneurs, sans que le Roy, nostre sire, ou autres quelzconques, y puissent mectre
« aucun empeschement.

« *Item.* Les dicts religieux ont toute visitation, amendes et confiscations, à cause
« de leur dicte seigneurie et justice, sur toutes et chascunes les faulses mesures de
« blez, vins, huilles, sel, aulnes, toises, poix, et generallement de toutes choses
« qui concernent les ..... que dessus et autres.

« *Item.* Les dicts religieux ont puissance, dedans les dicts forsbourgs, de instituer
« maistres jurez, comme mesureurs de blez, sel, foin, chaulx, et generallement

---

[1] Bornes, du latin *meta.*

« de toutes sortes de marchandises, sans ce que le Roy nostre sire, ses officiers ou
« autres, y puissent mectre aucun empeschement.

« Esquelles terres et seigneuries, sur plusieurs maisons, masures, jardins, terres,
« vignes, prez, saulsoyes et autres héritaiges, sont deuez (dues) chacun an plu-
« sieurs rentes et cens fonciers portans lotz, ventes saisines et amendes, quant le cas
« eschet, paiables chascun an aux jours que deubz sont, en la dicte abbaye de Sainct
« Germain Desprez, sur peine de l'amende accoustumée[1]. »

Au commencement du XIIIe siècle, la construction de l'enceinte de Philippe-
Auguste ayant coupé en deux le fief de l'abbaye Saint-Germain, l'une des deux
parties de ce fief se trouva renfermée dans la ville, et continua à relever de la
seigneurie du monastère; elle constitua ainsi la circonscription de deux paroisses
nouvelles, celles de Saint-Côme et de Saint-André-des-Arts, érigées aux dépens
de la paroisse primitive de Saint-Sulpice, qui en était trop éloignée. La seconde
partie du fief de Saint-Germain, séparée de la première par la muraille des fortifications, demeura le territoire particulier de la paroisse Saint-Sulpice, territoire
qui s'est identifié avec le faubourg Saint-Germain, parce que, généralement, on a
considéré comme faisant partie de ce faubourg non-seulement le bourg lui-même,
mais encore les terres cultivées qui l'entouraient et en dépendaient.

Le bourg Saint-Germain, qui a été quelquefois qualifié de ville, ou de village,
villa Sancti Germani, et dont les habitants furent affranchis en 1255, jouissait
d'immunités spéciales, en raison de ce qu'il était considéré comme une agglomération entièrement distincte de Paris et régie par ses propres lois. En 1297,
les bourgeois de Paris ayant voulu faire supporter aux manants des bourgs de
Saint-Germain et de Saint-Marcel leur part d'une somme de cent mille livres que
le roi leur avait imposée, Philippe le Bel, par des lettres patentes du mois de
mars, reconnut que ces manants ne devaient point être réputés habitants des
faubourgs de Paris : *non esse, nec censeri debere de suburbiis et pertinentiis ville Parisiensis*[2]. Le faubourg Saint-Germain n'a été définitivement réuni à Paris que
sous Louis XIV, de sorte qu'en 1611 le grand voyer de France fut débouté de

---

[1] Arch. nat., reg. LL, 1119, f° 1 r°.

[2] Dom Bouillart, *Hist. de l'abb. royale de Saint-Germain-des-Prés*. In-f°, Paris, 1724. Preuves, p. 73. Toutefois, ainsi que le fait remarquer M. Bordier, l'argument tiré de l'autonomie des deux faubourgs n'est pas aussi probant qu'il est dit ici. Les habitants de Saint-Marcel et de Saint-Germain-des-Prés étaient parfaitement compris, comme les Parisiens, dans les rôles de la taille ordinaire. C'est ce qui est mis hors de contestation par leur inscription au rôle de 1292, rôle que Géraud a publié (*Documents inédits*, 1837, p. 173-178). Seulement lescent mille livres tournois, levées en 1297, étaient une imposition extraordinaire, qui concernait plus spécialement la Ville de Paris; et c'est sans doute en se fondant sur ce que la dépense à faire ne les regardait pas, qu'ils n'en profiteraient point ou qu'ils n'en avaient pas encore profité, que les gens de Saint-Germain obtinrent d'en être exemptés. Il ne leur eût point suffi de dire qu'ils n'étaient pas Parisiens, puisqu'on les voit imposés en cette qualité cinq ans auparavant. — L. M. T.

ses prétentions à y jouir du droit de voirie. Cependant le roi avait dû posséder certains droits de cette espèce, au moins sur la principale voie du bourg, puisque la rue du Four est énoncée la « chaussée du Roy » dans une charte de 1398[1].

L'abbaye Saint-Germain-des-Prés, qui a été l'une des plus considérables de la France, a produit un très-grand nombre de savants; on serait donc disposé à croire que ses archives, riches et soigneusement conservées, contiennent de nombreux renseignements topographiques, tant sur le bourg lui-même que sur l'abbaye et ses diverses propriétés foncières. Il n'en est cependant point ainsi. Les archives de l'abbaye, bien qu'elles nous aient été léguées presque intactes, ne contiennent, sur le bourg Saint-Germain, qu'une très-petite quantité de titres du XIII° et du XIV° siècle, pour la plupart sans application possible. Les documents du XV° siècle sont moins rares; ceux qui datent de la première moitié du XVI° siècle sont fort nombreux; mais malheureusement cette abondance relative ne compense guère l'obscurité et l'incohérence de ces pièces, qui se reproduisent les unes les autres sans aucune critique. De plus, leurs énonciations inexactes, ainsi que leur classement défectueux, les rendent exceptionnellement difficiles à interpréter[2].

Les archives de l'abbaye présentent, en outre, une fâcheuse et irrémédiable lacune, qui commence au milieu du XVI° siècle et qui s'étend jusqu'au milieu du XVII°[3]. Pour certaines régions, une pareille interruption n'aurait pas de conséquences très-graves; mais elle est désastreuse pour le bourg Saint-Germain, qui s'est si profondément modifié depuis l'avènement de Henri II jusqu'à celui de Louis XIV. On ne saurait en effet y suppléer, puisque la quasi-totalité des renseignements sur le faubourg ne peut provenir que du chartrier de l'abbaye[4].

---

[1] Il convient, dit encore M. Bordier, de faire remarquer que le roi s'était attribué, dans toute l'étendue du royaume, la justice des grands chemins, ce qui n'impliquait pas absolument un droit sur les terres bordant la *via regia*. — L. M. T.

[2] Les censiers, cette base essentielle de notre travail de restitution, énoncent communément les maisons dans leur ordre topographique naturel; dans les censiers de l'abbaye, le classement est constamment interrompu par l'énumération des diverses propriétés, rurales ou autres, appartenant à l'individu dont l'ordre topographique amène le nom sous la plume du rédacteur. De plus, les rues sont morcelées en fragments, répondant aux fiefs secondaires dont se composait le grand fief de l'abbaye. Tout cela cause une insupportable confusion, qui ne se retrouve pas dans les registres des autres seigneuries.

[3] Cette lacune, que nous ne savons à quoi attribuer, mais qui semble correspondre à l'époque des guerres de religion, est constatée vers 1660. On peut juger de son étendue par ce fait, que, de 1547 à 1687, il ne subsiste que deux censiers : l'un de 1628, presque sans valeur, et l'autre de 1595, relativement fort précieux. Ce dernier constitue l'unique et fort insuffisante ressource au moyen de laquelle nous avons essayé de relier l'état ancien à l'état moderne. Le censier qui porte la date de 1595 est, en réalité, postérieur, et contient des indications des premières années du XVII° siècle, parce que le compte qui y est transcrit, réellement commencé en 1595, n'a été «délivré» qu'en 1607. On s'aperçoit facilement, du reste, qu'il a été copié en grande partie sur d'autres cueillerets remontant au règne de Henri III.

[4] Nous avons dépouillé tous les titres domaniaux des différentes communautés du faubourg Saint-Germain, dans l'espoir de remédier à la pau-

Il résulte de l'accumulation de ces circonstances malencontreuses l'impossibilité radicale de satisfaire à plusieurs *desiderata*. Comment fixer, par exemple, les années où furent ouvertes les rues Charpentier et du Canivet, qui, mentionnées pour la première fois dans le censier de 1595, ne le sont ni dans celui de 1547, ni dans les cueillerets antérieurs ? Par quel moyen déterminer le point d'embranchement du Chemin-Neuf, quand l'examen minutieux et deux fois répété intégralement des cinquante cartons et des cinquante registres du monastère[1] ne fournit pas la moindre lumière sur la question ? Comment retrouver le tracé de la tranchée qui protégeait le faubourg Saint-Germain, pendant une période de temps et à une époque qui sont précisément celles sur lesquelles il n'existe pas de documents ? Ces lacunes et l'impossibilité presque absolue de les combler ont rendu notre tâche extrêmement laborieuse. Notre restitution du bourg et du faubourg Saint-Germain compte parmi les travaux les plus ardus que nous ayons jamais entrepris.

Après les explications qui précèdent, on comprendra que nous ne sachions rien du bourg Saint-Germain dans la première moitié du moyen âge, et que nous en connaissions même peu de chose au XIIIe siècle. En 1270, le comte de Sancerre avait une résidence rue des Canettes; mais, à cette époque, le bourg Saint-Germain, peu étendu et habité surtout par les vassaux de l'abbaye, qui s'adonnaient principalement aux travaux agricoles[2], ne se composait guère que de chaumières, de granges et autres bâtiments rustiques. Dans le XIVe siècle, au contraire, le goût de la villégiature s'étant répandu chez les nobles et les riches bourgeois de Paris, le bourg Saint-Germain renferma plusieurs habitations de plaisance, telles que les hôtels de Navarre, du cardinal d'Ostie, des évêques de Rodez et de Limoges, du duc de Bourbon, de Mme de Valence, de Mme de Cassel, du seigneur de Garancière, de la Folie-Regnier et du séjour de Nesle. Mais le fléau de la guerre, qui amena la destruction de quelques-uns de ces manoirs, enraya le mouvement, que la domination anglaise fut d'ailleurs bien loin de favoriser.

Au XVe siècle, apparaissent les noms nouveaux des hôtels de Taranne, d'un évêque de Chartres et de Casin d'Estouville, ou Estouteville[3]. Toutefois, c'est seulement au siècle suivant que commença la longue prospérité du bourg Saint-Germain, dont la physionomie se transforma et perdit celle d'un village cham-

---

vreté des archives de l'abbaye; mais, comme ces communautés sont toutes modernes, leurs titres nous ont été d'une faible utilité.

[1] Nous parlons seulement de ceux qui se rapportent à la topographie de Paris. Par suite de l'étendue de son territoire, les censiers de l'abbaye renferment jusqu'à douze et quatorze cents articles, et il est des registres, comme celui de l'arpentage de 1529, que nous avons été obligé de relire vingt fois pour les comprendre.

[2] Ils ne fournirent que 151 contribuables à la taille de 1292, et 145 à la taille de 1296 : c'est un centième seulement du chiffre total.

[3] Nous faisons remarquer ailleurs qu'on ne trouve, dans la généalogie de la famille d'Estouteville, aucun individu du nom de Casin. — L. M. T.

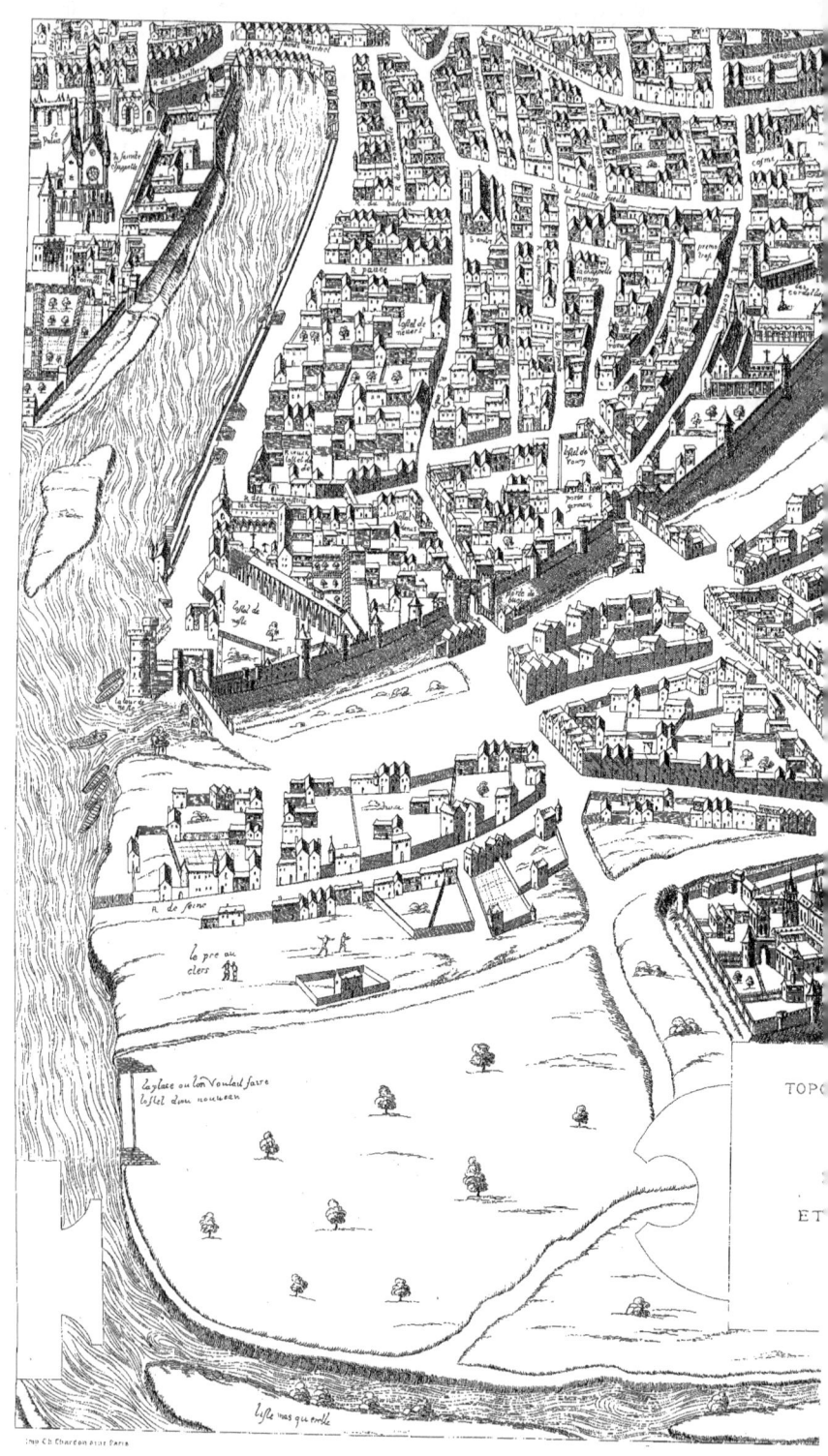

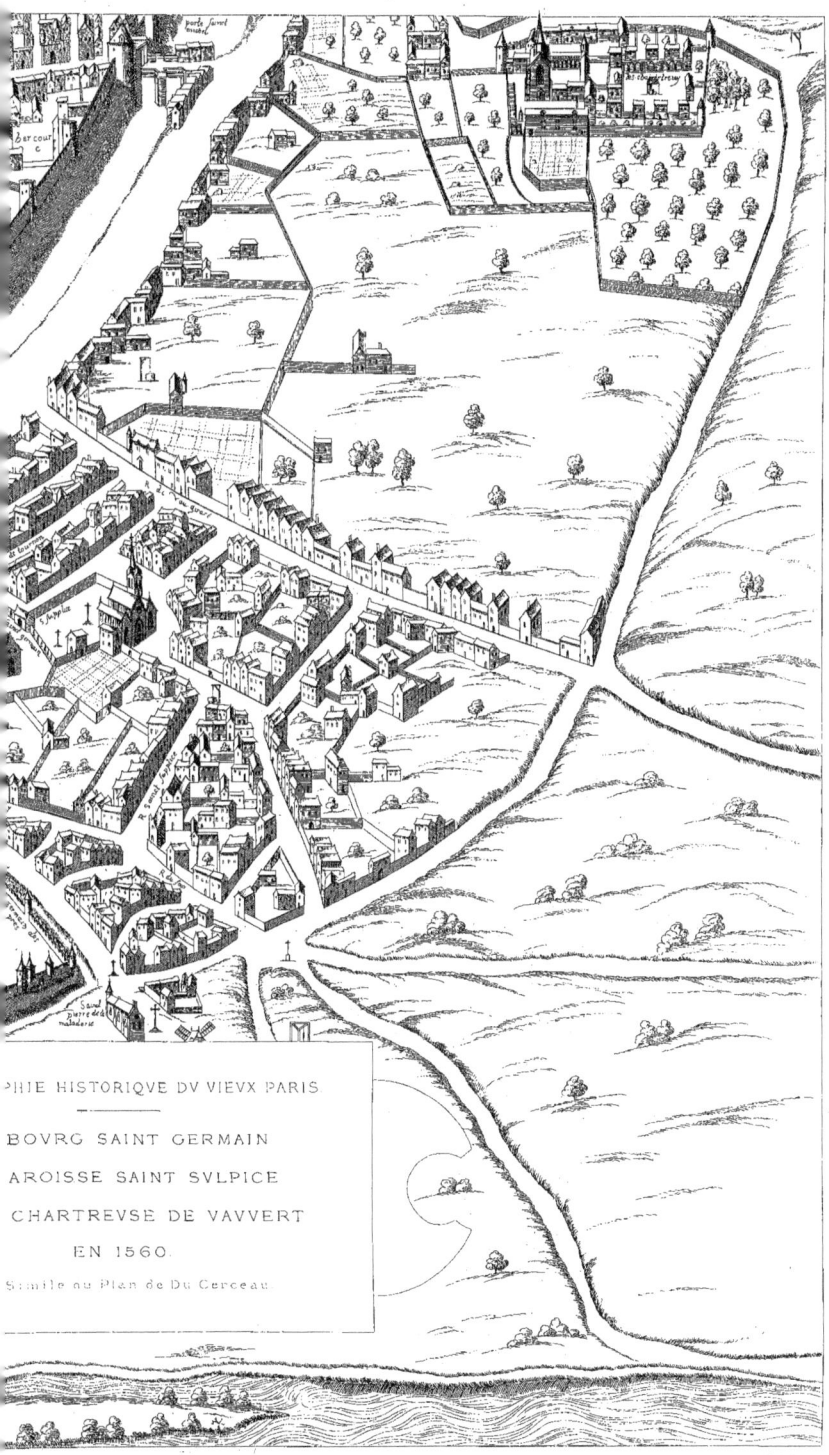

pêtre, pour revêtir l'apparence d'une ville élégante, au moins dans certains quartiers nouveaux; car l'antique Grand'Rue conserva longtemps ses étables, ses bergeries et son aspect rural. Débarrassés alors des voieries et des écorcheries qu'on rejeta dans la campagne, où les tuileries furent bientôt aussi reléguées, les terrains, livrés à des propriétaires opulents et à des spéculateurs, se couvrirent de maisons, remarquables par le luxe de leur architecture et la beauté de leurs jardins. Des rues furent percées, d'anciens chemins mis en bon état de viabilité[1], et les constructions nouvelles s'y multiplièrent. Une princesse du sang, la duchesse de Savoie, des grands seigneurs comme les ducs de Montpensier et de Luxembourg, quantité de personnages importants, des étrangers notables comme les Salviati et les Gondi, et, plus tard, des hommes illustres à divers titres, comme les Clément Marot, les Ambroise Paré, les Jean Cousin et les Du Cerceau, s'y firent bâtir de somptueuses demeures.

Au XVIe siècle, la mode avait adopté le quartier Saint-Germain : il était de bon ton d'y posséder un hôtel, et la vie devait effectivement y être fort agréable, attendu qu'on y jouissait à la fois des avantages de la ville et de ceux de la campagne. Les lieux d'amusement public, notamment les jeux de paume et les tavernes, n'y faisaient point défaut. La foule qui, aux jours de fête, inondait le Pré-aux-Clercs, y rencontrait donc, ainsi que dans ses environs, tous les genres de plaisir qu'elle pouvait souhaiter. Le rétablissement de la foire, qui n'avait cependant qu'une durée très-restreinte, favorisa également le développement du faubourg, en donnant quelque impulsion à son industrie, longtemps limitée aux produits de l'agriculture, des carrières et de la céramique.

Il n'est pas jusqu'aux dissensions religieuses qui n'aient contribué à l'extension du faubourg Saint-Germain, en engageant les réformés à s'y grouper. On sait que la rue des Marais fut qualifiée de *Petite-Genève*. Mais, là, l'inconvénient était à côté de l'avantage, car la présence des maisons huguenotes servit de prétexte au pillage et à la destruction. Les désordres dont les maisons du Pavanier et de Baptiste Androuet devinrent le théâtre n'étaient point propres à inspirer la sécurité. D'ailleurs, une épreuve bien plus sérieuse menaçait le faubourg Saint-Germain. En 1589 et 1590, la Ville, sur le point d'être assiégée, fit démolir toutes les maisons qui, par leur proximité des murailles, auraient gêné le feu de la place. Puis le faubourg, ayant été pris deux fois par les troupes royales[2], eut à subir les désastres que de semblables catastrophes entraînent ordinairement

---

[1] Les arrêts relatifs au pavement de la rue de Seine sont de 1545. Le 31 octobre de cette année, intervint un arrêt, rendu sur la requête de l'abbé de Saint-Germain et ayant pour but de forcer les habitants du bourg à paver devant leurs maisons. Cet arrêt s'appliquait probablement aux habitants de toutes les rues du quartier; cependant, en 1636, il y avait encore dans le faubourg un certain nombre de rues qui n'étaient pavées que d'une façon très-imparfaite. Sur quelques points excentriques, cet état s'est perpétué presque jusqu'à nos jours. — L. M. T.

[2] Le 1er novembre 1589 et le 26 juillet 1590.

à leur suite[1]. Les ravages furent si grands, que, quinze ans après, l'on comptait encore bien des ruines dans la paroisse Saint-Sulpice. Toutefois la tranquillité des dernières années du règne de Henri IV rétablit la confiance et ramena les populations au faubourg Saint-Germain, non moins dévasté par les soldats qui l'avaient défendu que par ceux qui l'avaient attaqué. Les maisons abattues se reconstruisirent, et le développement du quartier, arrêté pendant un quart de siècle, ne fut plus interrompu.

Dès l'origine, les premières maisons du bourg Saint-Germain s'étaient groupées au pied des murs du monastère, le long de la voie royale qui a pris le nom de rue du Four. Au milieu du XIIIe siècle, les constructions se prolongeaient sur les bords du chemin qu'on appelle maintenant la rue de l'École-de-Médecine; mais elles ne semblent pas avoir dépassé l'emplacement de la rue des Mauvais-Garçons (actuellement rue Grégoire-de-Tours), qui fut ouverte en 1254. La création, en 1274, de seize étaux de boucherie, entre cette rue et la porte des Cordeliers, augmenta le nombre des maisons bordant la voie qui conduisait à cette porte, et qu'un concours particulier de circonstances favorables rendit promptement la plus vivante du quartier. Nous savons aussi qu'au XIIIe siècle les maisons du bourg s'étendaient jusqu'aux rues du Vieux-Colombier et des Saints-Pères; mais, au mois d'avril 1360, lorsque le roi Édouard III menaça Paris, le Régent fit brûler les faubourgs de la rive gauche, pour empêcher les Anglais de s'en saisir, et plusieurs hôtels furent complétement rasés. Des démolitions analogues furent pareillement exécécutées aux alentours de l'abbaye en 1368, de sorte que le terrain du côté septentrional de la rue Taranne fut remis en culture, et que l'extension du bourg, dans cette direction, se trouva arrêtée pour de longues années.

A la fin du XIVe siècle, le bourg Saint-Germain avait pour limites : le chemin sur les fossés (rue de l'Ancienne-Comédie), les rues de Bussy, de Seine, le quai (à cause du séjour de Nesle), diverses voies que remplacent aujourd'hui la rue des Petits-Augustins (partie septentrionale de la rue Bonaparte), les rues Saint-Benoît, Taranne et du Dragon, le carrefour de la Croix-Rouge, la rue du Vieux-Colombier, au midi de laquelle étaient probablement quelques habitations, indépendamment du grand hôtel de Garancière, enfin l'emplacement des rues Saint-Sulpice et des Quatre-Vents. Cent ans plus tard, le bourg paraît avoir renfermé une population plus nombreuse; mais la superficie occupée ne s'était point augmentée d'une manière appréciable. En effet, si, d'un côté, l'on avait bâti dans les

---

[1] Dans la conférence qu'il eut avec le cardinal de Gondi, lors du siége de Paris, Henri IV disait: «Il ne se passe jour que les faubourgs de Paris «ne souffrent ruine de la valeur de cinquante mille «livres par les soldats qui les démolissent.» Ces douloureux événements se sont renouvelés de nos jours, dans la banlieue suburbaine, avec les mêmes désastres. — L. M. T.

ORIGINE ET DÉVELOPPEMENT DU BOURG SAINT-GERMAIN.

environs de Saint-Sulpice et au fond des fossés, près des portes de Paris, d'autre part le sol du séjour de Nesle était redevenu une terre labourable[1].

C'est à la fin du xve siècle que commence la série des accroissements définitifs du bourg Saint-Germain; ils ont eu lieu dans l'ordre que nous allons indiquer.

Vers l'an 1500, ouverture de la rue des Quatre-Vents, et, en 1501, bail à bâtir des terrains compris entre cette rue et celle du Petit-Lion.

Vers 1510, bail des terrains compris entre les rues de Tournon et de Condé, et, vers 1515, bail des terrains compris entre les rues de Condé et Monsieur-le-Prince. Il ne se révèle plus rien d'important, en fait d'accensement, jusqu'en 1529.

En cette année, Jean Lescuyer, arpenteur-juré du roi, fut chargé de mesurer toutes les terres labourables de la paroisse Saint-Sulpice, et son travail nous permet de déterminer avec une extrême précision les limites du bourg, dont les maisons étaient agglomérées presque sans aucune solution de continuité. Ce périmètre est aujourd'hui représenté par les rues suivantes :

Rues de l'Ancienne-Comédie, de Bussy, de Seine, du Colombier (Jacob);

Rue Saint-Benoît, du côté occidental de laquelle était la courtille de l'abbaye;

Rue Taranne et rue du Dragon, du côté occidental de laquelle était l'hôtel du Sépulcre;

Carrefour de la Croix-Rouge, complétement entouré de maisons, parce que l'on avait bâti à la pointe des îlots compris entre les rues de Grenelle et du Cherche-Midi;

Rue du Vieux-Colombier, dont le côté méridional était garni de maisons depuis la rue du Cherche-Midi jusqu'à la rue Cassette, et depuis l'emplacement de la rue du Gindre, qui n'existait pas encore, jusqu'à Saint-Sulpice;

Rue du Pot-de-Fer (Bonaparte), bâtie des deux côtés;

Rue de Vaugirard, du côté méridional de laquelle il n'y avait que les édifices du Clos-aux-Bourgeois;

Rue Monsieur-le-Prince.

Le bourg Saint-Germain, qui avait pour dépendances une maladrerie et son cimetière, renfermait alors le grand monastère de l'abbaye, l'église paroissiale de Saint-Sulpice avec son cimetière, la chapelle Saint-Père et son cimetière, les halles de la Foire, enfin deux cent soixante maisons, ou hôtels plus ou moins importants, un quai, celui du port de Nesle, et trente-quatre rues, ou chemins pouvant être regardés comme des rues, savoir :

---

[1] Dans les lettres patentes données par le roi le 3 mai 1550 et ordonnant l'ouverture des portes de Bussy et de Nesle, il est dit que «lesdictes portes «sont demeurées closes et fermées, dès et depuis le «temps des guerres par lesquelles ledict faulxbourg «(il s'agit du bourg Saint-Germain) fut ruyné et «réduit en terre labourable, mesme à l'endroit des- «dictes deux portes.»

La rue, ou chemin, sur les fossés, entre les portes Saint-Germain et de Bussy (de l'Ancienne-Comédie);

Le chemin sur les fossés, entre les portes de Bussy et de Nesle (rue Mazarine), où il n'y avait aucune construction;

Les rues de Bussy et de Seine;

Les quatre rues des fossés de l'abbaye (de l'Échaudé, Jacob, Saint-Benoît et Sainte-Marguerite);

Les deux chemins allant à Saint-Père (rues Taranne et des Saints-Pères);

Les rues du Sépulcre (du Dragon), du Four, Coppieuse (du Sabot) et de Taranne (de l'Égout);

La ruelle dite des Ciseaux et celle de Cassel (Beurrière);

Les rues Saint-Sulpice (des Canettes), des Boucheries (de l'École-de-Médecine) et de la Folie-Regnier (Grégoire-de-Tours);

Le chemin sur les fossés, entre les portes Saint-Germain et Saint-Michel (rue Monsieur-le-Prince);

La rue, ou chemin, allant de la porte Saint-Michel aux Chartreux (rue d'Enfer);

Les rues de Vaugirard, du Clos-Bruneau (de Condé) et de la Foire (des Quatre-Vents), avec la ruelle qui y débouchait (impasse des Quatre-Vents);

Les rues Combault (du Petit-Lion), du Marché-aux-Chevaux (de Tournon) et Garancière;

La ruelle Saint-Sulpice (Servandoni) et une autre ruelle par laquelle on allait à Saint-Sulpice (rue Saint-Sulpice);

Les rues Férou et Henry-du-Verger (du Pot-de-Fer);

Le chemin de Cassel (rue Cassette) et la rue du (Vieux-) Colombier.

L'année 1529 est à noter dans les annales du bourg Saint-Germain : elle marque le point de départ d'une série d'accensements qui en reculèrent les limites. C'est ainsi qu'en 1529 furent « baillés à bâtir, » sur une longueur de cent cinquante toises, les terrains de l'îlot compris entre les rues du Cherche-Midi et de Sèvres, la plupart des terrains situés du côté méridional de la rue de Vaugirard, ceux du côté occidental de la rue des Saints-Pères, au-dessus du Pré-aux-Clercs, et ceux des deux côtés de la rue de Grenelle, en deçà de la rue de la Chaise. En 1530 et dans les années suivantes, furent semblablement baillés à bâtir les terrains de l'îlot compris entre les rues de Seine et Mazarine; en 1535, ceux de l'îlot compris entre les rues du Dragon et des Saints-Pères. Vers le même temps, l'espace compris entre la rue Cassette et la rue Férou acheva de disparaître sous les maisons et les jardins, en vertu de transactions dont les titres sont perdus. En 1538, l'emplacement de l'ancien marché aux chevaux (entre les rues de Tournon et Garancière) et celui de l'ancien séjour de Nesle (sur le quai, entre les rues de Seine et Bonaparte) furent acquis par des spéculateurs. Les constructions du côté

QVE DV VIEVX PARIS.

VRG SAINT GERMAIN.

ORIGINE ET DÉVELOPPEMENT DU BOURG SAINT-GERMAIN.

occidental de la rue de Seine, entre la rue Jacob et la rivière, remontent à cette époque. Enfin la vente du reste des terrains entre la Seine et la rue Jacob, jusqu'au droit de la rue Saint-Benoît, eut lieu de 1541 à 1545, sauf quelques parcelles.

Ainsi que nous l'avons dit, les documents commencent à nous faire défaut en 1547; cependant, entre 1547 et 1629, nous constatons la transformation de cinq chemins en rues. Ces chemins sont : ceux des fossés entre les portes de Bussy et de Nesle (rue Mazarine), de la Noue (rue Bonaparte), de Grenelle, de Sèvres et de la Vieille-Tuilerie (du Cherche-Midi).

Nous constatons aussi l'ouverture de quatre rues nouvelles : celles de Nesle, des Marais, du Gindre et de Saint-Pierre (impasse Férou), auxquelles il conviendrait peut-être d'ajouter les rues Honoré-Chevalier, Mézières et Charpentier, ce que la rareté des titres ne nous permet pas de vérifier.

Le seul accensement dont nous ayons connaissance, dans la seconde moitié du xvie siècle, est celui auquel on procéda, en 1581, pour les terrains du côté septentrional de la rue Saint-Sulpice actuelle; il est à supposer que les terrains riverains des rues Saint-Guillaume et de la Chaise furent aussi baillés après 1550. Quant au réseau des rues, il s'augmenta, dans la période correspondante, de la rue du Cœur-Volant, ouverte en 1569, de la rue de la Foire (Mabillon), qui date de 1584 et qui était plutôt un passage qu'une rue, de la rue du Canivet et de la petite rue Taranne, percées toutes quatre à travers des propriétés.

A la fin du xvie siècle, le bourg Saint-Germain avait pour limite la tranchée qu'on creusa dans tout son périmètre pour sa défense, et dont nous essayerons ailleurs de restituer le tracé. Touchant aux maisons, dans la partie centrale de son parcours, cette fortification embrassait à ses deux extrémités des espaces assez vastes, qui restèrent dépourvus d'habitations jusqu'aux dernières années du règne de Henri IV, excepté dans la région située derrière les Chartreux, où l'on n'éleva aucune construction. Le premier quart du xviie siècle n'était point écoulé, et déjà les maisons du faubourg, ayant franchi la tranchée, se pressaient le long de la rue du Bac et des autres grandes artères de la plaine.

Avant l'année 1611, le bourg Saint-Germain, dans le périmètre de la tranchée, a été sillonné par cinquante-six voies distinctes, qu'on peut répartir ainsi :

VOIES DONT L'EXISTENCE EST CONSTATÉE DÈS LE XIIIe SIÈCLE.

Rue de Bussy.
Rue de Seine.
Rue des Mauvais-Garçons (Grégoire-de-Tours).
Rue des Boucheries.
Rue du Four (habituellement morcelée en deux parties).

Rue Beurrière.
Rue du Perron (remplacée par la rue Sainte-Marguerite, dénommée depuis rue Gozlin).
Rue Taranne (confondue souvent avec la précédente).
Rue Neuve-Saint-Père (des Saints-Pères).

Rue des Canettes.
Rue du Vieux-Colombier.
Rue de Vaugirard.
Rue d'Enfer et chemin de Vanves.

VOIES DONT L'EXISTENCE N'EST CONSTATÉE QU'AU XIVe SIÈCLE.

Chemin sur les fossés, entre les portes Saint-Michel et Saint-Germain (rue Monsieur-le-Prince).
Chemin sur les fossés, entre les portes Saint-Germain et de Bussy (rue de l'Ancienne-Comédie).
Chemin sur les fossés, entre les portes de Bussy et de Nesle (rue Mazarine).
Chemin sur le fossé de l'abbaye (rue de l'Échaudé).

Chemin de la Noue (rue Bonaparte, partie septentrionale).
Chemin des Vaches (rue Saint-Dominique).
Chemin (rue) de Grenelle.
Chemin (rue) de Sèvres.
Chemin de Saint-Germain à Vaugirard (rue du Cherche-Midi).
Rue du Dragon.
Rue de l'Égout.

VOIES DONT L'EXISTENCE N'EST CONSTATÉE QU'AU XVe SIÈCLE.

Rue du Sabot.
Rue des Ciseaux.
Rue de la Voirie des bouchers (remplacée par la rue des Quatre-Vents).

Ruelle des Quatre-Vents.
Rue du Clos-Bruneau, puis de Condé.
Rue du Pot-de-Fer.
Sentier du Pressoir de l'Hôtel-Dieu (supprimé).

VOIES DONT L'EXISTENCE N'EST MENTIONNÉE QU'AU XVIe SIÈCLE, OU AVANT 1611.

Petite rue de Nesle.
Rue des Marais.
Rue du Colombier (Jacob).
Rue Saint-Benoît (cette voie et la précédente ont remplacé des chemins du XIIIe siècle).
Rue Saint-Guillaume (partie débouchant en la rue des Saints-Pères).
Rue des Rosiers (Saint-Guillaume).
Rue de la Chaise.
Petite rue Taranne.
Rue de la Foire (Mabillon).
Rue du Cœur-Volant.
Rue du Petit-Lion.
Rue de Tournon.

Rue du Petit-Bourbon (Saint-Sulpice).
Rue Garancière.
Rue du Fossoyeur (Servandoni).
Rue du Canivet.
Rue Férou.
Rue Saint-Pierre (impasse Férou).
Ruelle longeant le cimetière Saint-Sulpice (supprimée).
Rue du Gindre.
Rue Charpentier.
Rue Mézières.
Rue Honoré-Chevalier.
Rue Cassette.
Rue Bourbon-le-Château.

CHAPITRE PREMIER.

RUES DU BOURG SAINT-GERMAIN.

RUE DES PETITS-AUGUSTINS.

(ACTUELLEMENT PARTIE SEPTENTRIONALE DE LA RUE BONAPARTE.)

La rue des Petits-Augustins commençait au quai Malaquais et finissait à la rue du Colombier (Jacob).

Le long du canal connu sous le nom de la Petite-Seine (voir p. 18), il y avait deux chemins, dont le plus important, situé sur la rive orientale, datait à peu près de la même époque que le canal, puisqu'il en était évidemment la voie de halage. Nous le trouvons clairement désigné dans un document de 1368, par la formule : « chemin duquel on va dudit Pré aux Clercs à la rivière de Seine ; « lequel chemin tient, du cousté devers la ville de Paris, à la place où jadiz « furent les jardins de Nesles, et d'autre costé, au fossé neuf qui vient de l'église « droit à la rivière de Seinne. » On l'appelait également : « le chemyn de la Noue » (1529), « le grand chemin de la Noue » (1523), « chemin allant de Sainct Germain « à la rivière, anciennement dict la Noue » (1529), et « le hault chemyn. » Ce dernier vocable avait pour but de le distinguer du *chemin creux*, produit par le comblement de la Petite-Seine. Or, vers 1543, le chemin de la Noue fut supprimé, au moins particllement, par les moines de l'abbaye, qui en baillèrent à bâtir l'emplacement, sans tenir compte des droits d'usage de l'Université, et à son grand détriment. Aussi, lors du procès qui amena l'émeute de 1548, l'Université réclama-t-elle vivement qu'on rétablît dans son ancien état le chemin usurpé; ce que prescrivit, en effet, un arrêt du Parlement rendu le 14 mai 1551.

Le chemin de la Noue rétabli donna naissance à la rue des Petits-Augustins, qui n'a par conséquent point été tracée sur le Petit-Pré-aux-Clercs, comme le soutenait l'Université et comme l'assure Jaillot, mais qui occupe l'emplacement d'un vieux chemin ayant toujours limité ce Petit-Pré et le séparant de la Noue et du Grand-Pré. A la fin du xvi° siècle, la rue des Petits-Augustins était ainsi énoncée : « rue que « l'on dict estre appelée la Petite Seyne » (1585), « rue de la Petite Seine » (1588), « petite rue de Seine » (1590), et simplement aussi « rue qui vient du Petit Pré « aux Clercs à la rivière » (1595). Nous avons trouvé un titre de 1581, où elle est appelée «rue de Bouyn,» à cause du propriétaire de la grande maison qui la bordait à l'occident. Le nom de *rue des Petits-Augustins* n'a prévalu qu'une vingtaine d'années après la fondation du couvent des Augustins réformés; on en faisait usage dès 1628.

L'an 1606, la reine Marguerite renferma dans son hôtel l'extrémité septentrionale de la rue de la Petite-Seine, qui cessa ainsi d'aboutir sur le quai ; mais, sur la requête présentée le 16 décembre 1617 par les habitants du faubourg, le Parlement ordonna, le 14 août 1619, que la route serait rouverte d'après son ancien alignement et avec sa largeur primitive de dix-huit pieds. Néanmoins, depuis ce temps, cette voie présente une légère brisure dans sa direction. Quant à la largeur de dix-huit pieds, indiquée aussi dans un arrêt de 1551, nous ne voyons point à quelle époque elle a pu être augmentée. Convaincu que les propriétés du côté oriental n'ont point subi de reculement, nous croirions volontiers que la rue n'a jamais été plus étroite qu'aujourd'hui. Au surplus, en 1587, l'Université se proposait de lui donner six toises de largeur; en effet, c'est manifestement la rue des Petits-Augustins qui est désignée par cette phrase du toisé du 18 février : «la rue que l'on entend faire et continuer, de six toises de largeur, au derrière des «maisons et jardins appartenans à monseigneur de Montpensier, monsieur du «Serseau et aultres.»

CÔTÉ OCCIDENTAL.

PAROISSE SAINT-SULPICE.

JUSTICE
ET CENSIVE DE L'ABBAYE.

L'emplacement occupé de nos jours par les maisons bordant le côté occidental de la rue des Petits-Augustins était celui-là même où passait le canal de la Petite-Seine. Lorsque ce canal eut été comblé, le terrain, divisé en trois pièces de quatre-vingt-trois toises et demie chacune, fut baillé par l'abbaye à Jean Bouyn, barbier et chirugien, qui y établit un clos et une maison couverte d'ardoise. L'ensemble des trois pièces, vendues les 10 mars 1541, 9 mars et 17 avril 1543, était limité, au nord, par le chemin ou quai de la rivière; à l'est, par le chemin dit depuis rue des Petits-Augustins ; à l'ouest, par les fossés du Sanitat, et, au midi, par le chemin des fossés de l'abbaye (rue Jacob). La maison de Bouyn était large de sept toises quatre pieds, du côté du quai, et le jardin qui en dépendait touchait à la borne d'encoignure du Grand-Pré-aux-Clercs ; ce qui prouve que, du côté de la rue Jacob, ce jardin avait environ dix-sept toises de largeur.

En 1585, le 7 septembre, la maison de J. Bouyn fut vendue par son fils Prosper

Bouyn, conseiller au Parlement, à Hugues de Castellan, seigneur de Castelmore, chevalier servant de la reine de Navarre; elle était alors bornée, vers l'ouest, par la tranchée de l'égout. Deux ans plus tard, la partie méridionale de la propriété, qui en avait été retranchée, formait une place que l'Université voulut bailler à bâtir, comme on le voit par un toisé du 18 février 1587, où elle est dite située entre «la rue que l'on entend faire et continuer, de six toises de largeur, au «derrière des maisons et jardins appartenans à monseigneur de Montpensier, «monsieur du Serseau et aultres (la rue des Petits-Augustius), et ladicte rue faicte «pour l'esgout du faulbourg St Germain» (voir rue Saint-Benoît). Cette place avait douze toises et demie de largeur «par le bout vers la rue du Colombier, à «distance de quatre toises du mur de closture qui sépare la rue du Colombier «et le fossé de l'abbaye;» quinze toises un pied à l'autre bout, «vers le mur de «clôture du jardin de M. Bouyn,» et quarante-huit toises cinq pieds de profondeur, dimension qui se retrouve encore dans le mur mitoyen du couvent des Petits-Augustins, actuellement l'École des Beaux-Arts.

Sur les plans de Quesnel et de Mérian figure une ruelle qui, longeant le mur méridional de l'hôtel de la Reine, forme une communication entre les rues des Petits-Augustins et des Saints-Pères; mais il n'est point d'autre indication de cette ruelle, et nous ignorons si elle a réellement existé.

La place dont il s'agit paraît avoir été comprise plus tard dans les six arpents cédés à la reine Marguerite, le 31 juillet 1606, et elle fit ensuite partie des dix-sept cent trente-deux toises du fameux jardin de Nicolas Vauquelin, seigneur des Yveteaux. Celui-ci en fit acheter le terrain des Augustins, en trois lots, par le nommé Nicolas le Prestre, sieur de la Chevalerie, les 12 février 1611, 12 juillet 1613 et 8 janvier 1618. Le jardin des Yveteaux n'ayant été aliéné qu'en 1659, c'est postérieurement à cette date que furent bâties les maisons qui en couvrent aujourd'hui l'emplacement. Quant à la maison, amoindrie, ainsi que nous venons de le dire, par le retranchement de sa partie méridionale, elle fut vendue, le 7 juin 1599, par Renée Forget, veuve de Castellan, à la dame Renée Lebeau, veuve d'Étienne Huc, puis revendue par celle-ci, mais en partie seulement, si nous ne nous trompons, au sieur Gillet, auquel elle fut définitivement adjugée par décret du 18 février 1604. Du reste, il en disposait auparavant, puisque, dès le dernier jour de février 1603, il l'avait baillée aux religieux de la congrégation de Jean de Dieu, plus connus sous le nom de *Frères de la Charité*, congrégation dont Henri IV, par lettres patentes du mois de mars 1602, autorisa l'établissement en France, suivant le désir de sa femme Marie de Médicis.

La reine avait fait venir de Florence ces bienfaisants hospitaliers, dont l'ordre avait été fondé à Grenade, vers 1540, et qui s'étaient voués au soulagement des malades. Les Frères de la Charité se répandirent promptement dans une partie de l'Europe et arrivèrent à Paris, où ils furent quelque temps sans trouver un lieu convenable pour s'établir; ils s'installèrent enfin dans la maison de Gillet. La reine paya d'abord le loyer de cette maison; puis elle l'acheta, le 4 janvier 1605, et en fit don à ses protégés, le 5 février suivant [1]. D'importantes réparations durent y être exécutées après le rétablissement de la paix, car elle avait été dévastée au moment du siége de Paris, parce que Castellan tenait le parti du roi. En 1594, elle n'était plus qu'une masure renfermant deux corps d'hôtel, l'un sur le quai, mesurant sept toises de large et trois toises et demie de profondeur, et l'autre «en potence» sur la rue.

Bientôt la reine Marguerite eut besoin de l'habitation des «pauvres Frères igno-«rans» pour la construction de son nouveau palais [2]. Elle s'en empara donc, en les indemnisant, le 4 septembre 1606, par l'abandon d'une autre maison, située rue des Saints-Pères, là où est maintenant l'hôpital de la Charité (voir rue des Saints-Pères). La propriété de Gillet paraît avoir formé le coin du quai, sur lequel elle avait une façade; dans tous les cas, elle était distincte encore, en 1605, d'une autre maison de la dame Renée Lebeau, à laquelle elle aboutissait, suivant les titres [3]. Toutes deux furent absorbées dans le palais de la reine Marguerite, et, après la destruction de ce palais, le terrain qu'elles avaient occupé servit à bâtir plusieurs hôtels, dont nous parlons ailleurs (voir art. du *Sanitat*).

Toutefois, un terrain d'un demi-arpent, qui bordait la rue de la Petite-Seine et qui avait dépendu de la maison de Gillet, est le premier de ceux où fut établi le COUVENT DE LA SAINTE-TRINITÉ, appelé, dans la suite, des PETITS-AUGUSTINS. Ce terrain d'un demi-arpent, dont il vient d'être question, fut acquis de Jean Carrel, le 14 mai 1608, par la reine Marguerite, qui, le samedi 26 septembre 1609, en fit don aux Augustins déchaussés [4], en y joignant :

1° Un grand jardin clos, d'une superficie de deux arpents et demi et demi-quartier, situé derrière la pièce de Carrel [5]; lequel jardin, planté d'arbres fruitiers, renfermant une maison et renfermé lui-même dans une pièce de trois arpents un quar-

---

[1] On lit dans la *Chronologie septenaire* de Palma Cayet, année 1604 : «Dans le fauxbourg Sainct-«Germain des Prés, se sont établis les *Frati igno-«ranti*, autrement dicts de Sainct-Jean, lesquels «sont très sçavants ès remèdes de toutes maladies. «Ils s'appellent ainsi par une façon de modestie «et ne recherchent pas les disputes de paroles.» — «Ces religieux ont eu pour favorable la Royne «très-chrestienne, qui, par sa piété, les a faict es-«tablir. Ils sont hospitaliers, non-seulement pour «héberger les passants, mais aussi les malades, «mesmes de maladies dangereuses, les panser eux-«mesmes de leurs mains, leur fournir des médica-«ments et les nourrir.» (Édition Michaud, p. 288.)

[2] On les avait appelés *Frati ignoranti* en Italie, parce qu'ils n'étudiaient ni la théologie ni les belles-lettres.

[3] Les renseignements qu'on y trouve sont fort confus sur toute cette région; ils ne suffisent point, d'ailleurs, pour en faire bien comprendre les détails topographiques.

[4] C'est celui où s'élèvent l'église et les bâtiments en bordure sur la rue Bonaparte.

[5] Ce jardin est demeuré celui du couvent, et c'est sur son emplacement qu'a été construit le grand bâtiment de l'École des Beaux-Arts.

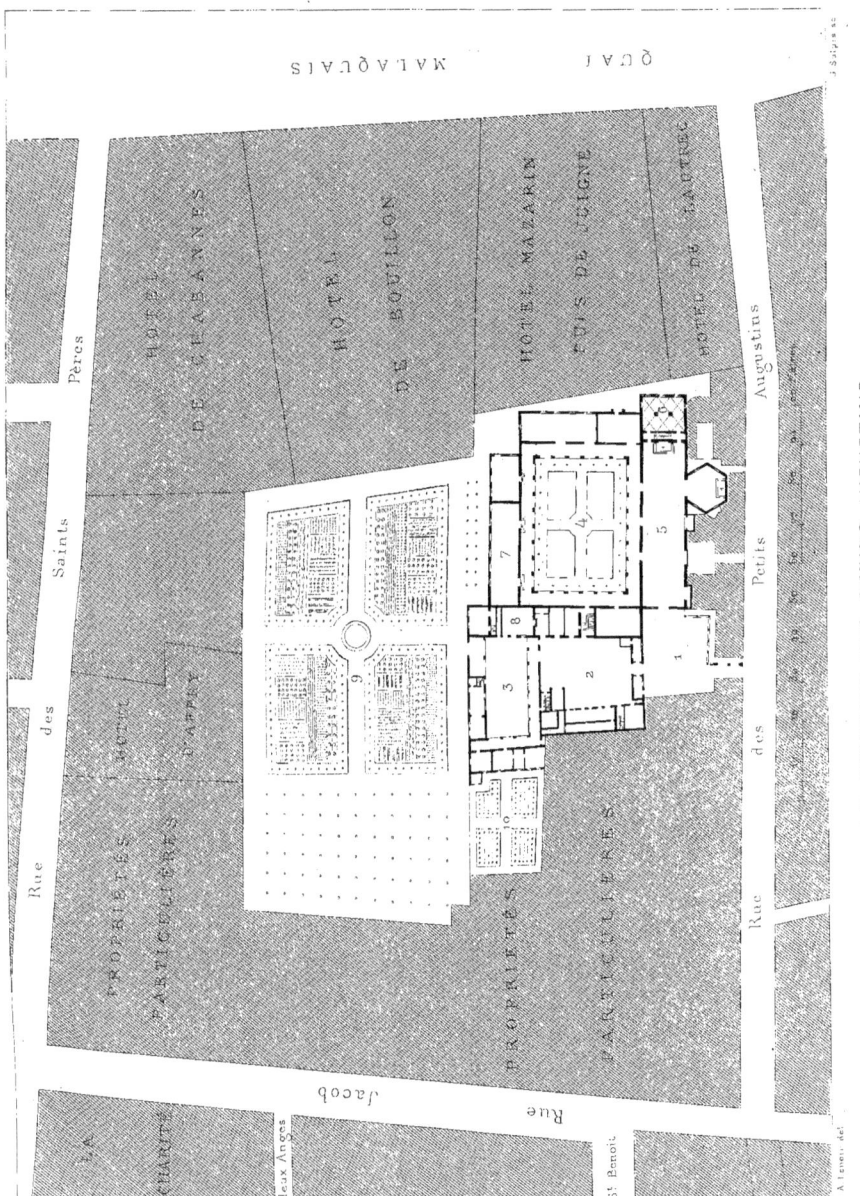

TOPOGRAPHIE HISTORIQUE DV VIEVX PARIS

LE COVVENT DES PETITS AVGVSTINS

tier, qui aboutissait sur la rivière, avait été acquis, le 17 mars 1608, des jardiniers Louis Charly et Antoine Dalleray, après avoir été acheté par Mathieu Aubourg, les 16 octobre 1600 et 13 février 1601, des frères Lefèvre et de Julienne Bouchardeau;

2° Six arpents du Grand-Pré-aux-Clercs, cédés par l'Université, le 31 juillet 1606 (voir, dans le second volume de cet ouvrage, la notice sur le Grand-Pré-aux-Clercs).

Sur le terrain de Carrel, contigu, vers le nord, au palais de la Reine, et borné, du côté de l'occident, par l'égout du faubourg, avait été élevé «un logis de trois «travées» avec une chapelle «bastie d'une nouvelle façon, en forme d'exagone,» et couverte d'un dôme. La première pierre en avait été posée le 21 mars 1608, d'après l'inscription suivante, gravée en lettres d'or sur une plaque de marbre, qu'on y voyait près de la porte : «Le 21 mars mil six cens huict, la royne Mar-«guerite, duchesse de Valois, petite fille du grand roy François, fille du bon roy «Henry, sœur de trois rois, et seule restée de la race des Valois, ayant esté visitée «et secourue de Dieu comme Job et Jacob, et lors luy ayant voué le vœu de «Jacob, et Dieu l'ayant exaucée, elle a basti et fondé ce monastère pour tenir lieu «de l'autel de Jacob, où elle veut que perpetuellement soient rendues actions de «grâces, en recognoissance de celles qu'elle a receues de sa divine bonté. Et a «nommé ce monastère de la Saincte Trinité, et cette chapelle des Louanges, où «elle a logé les Pères Augustins réformez deschaux.»

Les religieux choisis par la reine Marguerite pour accomplir le vœu qu'elle avait fait, lorsqu'elle se trouvait en danger de mort au château d'Usson, étaient au nombre de vingt, soit six prêtres et quatorze frères. Ils avaient à leur tête le P. Mathieu de Sainte-Françoise et le P. François Amet, qui avait obtenu, dès le 26 juin 1607, une autorisation royale d'établissement pour le nouvel ordre, dont il fut le principal promoteur. Ce même religieux remplissait les fonctions de prédicateur ordinaire de la Reine; mais il ne conserva pas longtemps sa faveur. Ne rencontrant point chez lui autant d'indulgence qu'elle l'eût désiré pour couvrir les désordres de sa vie, elle s'avisa tout d'un coup que les moines, par elle dotés de six mille livres de rente, ne pouvaient, suivant «leurs constitutions, posséder «aucunes rentes, ne possessions, ny mesmes chanter à note, qui étoient choses du «tout contraires à son intention.» Elle les renvoya donc en 1612, et, par contrat du 13 avril 1613, elle leur substitua les Augustins réformés de la province de Bourges, dits *Petits-Augustins*. Elle avait promis à ceux-ci de leur construire une grande église; mais elle mourut avant d'avoir tenu sa parole.

La première pierre de l'église des Petits-Augustins fut posée, le 15 mai 1617, par la reine Anne d'Autriche, et l'édifice, achevé au bout de deux années, fut dédié sous l'invocation de saint Nicolas de Tolentin. Les bâtiments du cloître, commencés le 27 juin 1619, et utilisés comme musée, après la suppression du monastère en 1790, font actuellement partie de l'École des Beaux-Arts. Nous en donnons un plan dressé par M. Albert Lenoir.

Noue ou Petite-Seine. On a bien souvent parlé de ce canal, mais toujours avec inexactitude et sans parvenir à éclaircir les nombreuses questions qui s'y rattachent. L'origine de la Noue, par exemple, est demeurée fort obscure, et Dulaure ne l'a certes point élucidée, en supposant que la Petite-Seine fut d'abord un fossé destiné à limiter le palais des Thermes. Une pareille opinion ne se discute pas; c'est de l'érudition de fantaisie.

Pendant le procès de 1548, l'avocat de l'Université répondit aux assertions des religieux de Saint-Germain-des-Prés, en leur rappelant que la Noue n'avait été creusée qu'à l'époque où l'on entoura de fossés le monastère. On pourrait citer, à l'appui de cette assertion, l'expression de *Fossé neuf*, appliquée à la Noue dans une charte de 1368, c'est-à-dire contemporaine de ce travail. Nous pensons toutefois que la Petite-Seine existait bien antérieurement, et que si, en 1368, on l'énonçait « un fossé neuf, » c'est uniquement parce qu'elle avait été depuis peu élargie et approfondie, à l'occasion de la création des fossés de l'abbaye. Nous ne croyons pas, en effet, qu'il soit possible d'expliquer autrement le passage d'une transaction de 1292, où il est fait mention d'un fossé attenant au Pré-aux-Clercs, ainsi qu'aux murailles de l'abbaye, et débouchant dans la Seine : « Extra muros « abbatie predicte conjunctos cum ipso fossato, juxta pratum nostrum (Universi- « tatis), versus locum in quo cum Sequana conjungitur predictum fossatum. » Qu'est-ce que ce fossé? Évidemment la Petite-Seine[1].

Il y a tout lieu de croire que la Petite-Seine avait été creusée originairement afin qu'on pût conduire des barques chargées jusque sous les murs du monastère, et «amener des bateaux de boys et autres dedans ladicte abbaye, pour la provi- « sion d'icelle. » Ces conjectures sont confirmées par un procès-verbal de bornage dressé en 1515. Subsidiairement, la Petite-Seine alimentait d'eau les fossés du couvent; aussi l'appelle-t-on, dans un acte de 1449, « ung grant fossé par le- « quel se vuyde l'eaue des fossez de ladite église et abbaye dudit Saint-Germain « à Seine. » Elle était poissonneuse, et le droit d'y pêcher appartenait aux moines. Utilisée comme voirie, elle fut comblée imparfaitement entre 1530 et 1540, et, comme elle demeurait à sec, excepté dans les temps de hautes eaux, elle devint une sorte de voie basse qu'on appelait « le chemin creux, » par opposition au « hault chemin, » pratiqué sur sa berge.

---

[1] Dans les plaidoiries du procès de 1548, on trouve cette explication donnée par le substitut du procureur général :

« Il fault entendre qu'il y a « trois cents ans, ou «environ, qu'il y avoit un fossé entre le Grand et «le Petit Pré des Escholiers, faisant séparation «d'iceux, qui commençoit à la poterne de l'abbaye «et alloit à la Seine. »

RUE DES PETITS-AUGUSTINS.

A l'époque où la Petite-Seine était encore navigable, c'est-à-dire au commencement du xvie siècle, on la nommait *la Noue*, *le fossé de la Noue*, et, vraisemblablement aussi, *la Petite Seine*, puisque la rue des Petits-Augustins a été d'abord nommée rue de la Petite-Seine. Toutefois, il n'est point un seul titre, à notre connaissance, où la Noue soit ainsi désignée. Si l'appellation de Petite-Seine se retrouve très-fréquemment dans les archives de l'abbaye, c'est constamment pour désigner un territoire qui était situé près de l'île Maquerelle, et dont nous avons eu une peine extrême à déterminer l'identité, par suite du défaut de clarté des textes et des idées fausses que nous avaient suggérées les historiens. (Voir, dans le second volume de cet ouvrage, le deuxième triage des terres en culture.)

La largeur réelle de la Petite-Seine, à partir du quai Malaquais, est mal indiquée partout, car on a constamment répété, d'après Du Boulay et Pourchot, qu'elle mesurait quatorze toises. Or les fouilles qu'on exécuta au mois d'août 1548, afin de reconnaître où passait jadis la Petite-Seine, permirent de constater que, à l'endroit de la première tranchée, près de la rivière, elle était large de onze toises seulement, et qu'elle allait ensuite en se rétrécissant, de façon à ne plus offrir que huit toises et demie de largeur, à la dernière tranchée, près des fossés de l'abbaye. On constata également que la largeur du fond ne dépassait point cinq toises, les parois étant disposées en talus et «venant en quelque manière de rotondité par les angles basses, à cause du roulement des terres.»

Le procès-verbal des fouilles de 1548 nous fournit, en outre, quelques données précises sur l'emplacement du canal, dont il ne subsiste aucune trace et dont les restitutions graphiques sont purement arbitraires. A la hauteur de la troisième tranchée, où le canal était large de dix toises, l'espace entre la berge orientale et le mur des jardins de Bastonneau (l'hôtel de la Rochefoucault) mesurait seize pieds. Vis-à-vis de la deuxième tranchée, où le canal était pareillement large de dix toises, il était distant, de douze pieds, de la maison de Jacques de Mesmes. Enfin, au droit de la première tranchée, là où la Noue était large de onze toises, la rue, sur un espace de douze pieds, n'avait point été prise sur l'emplacement du canal; le reste occupait une zone de trois toises deux pieds, et la maison de Bouyn sept toises quatre pieds[1]. Or, l'alignement des maisons de Baston-

---

[1] On lit, en effet, au fol. 80 du dossier relatif au procès de 1548 :

«..... Dedans laquelle largeur de unze toises «de fossé, par hault, à l'endroit de la dicte maison «dudict Bouyn, icelle maison d'icelluy Bouyn, qui «contient sept toises quatre piedz de largeur, de «dehors en dehors, est assize et située. Et le reste «du dict fossé, qui est de trois toises deux piedz «plus large que la dicte maison du dict Bouyn, se «pourchasse et extend sur la rue et chemin qui a «esté faicte entre la dicte maison et jardin d'icelluy «Bouyn et les maisons et jardins de monsieur Jehan «Jacques de Mesnes, maistre Françoys Baston- «neau et autres, de costé du Petit Pré et de l'hos- «tel de Nelles; de sorte que la dicte rue et chemyn «qui y est aujourd'huy est faict dedans le dict «fossé, excepté douze piedz de largeur en droit la «première tranchée, près la dicte maison d'icelluy

neau et de J. de Mesmes s'étant maintenu jusqu'à nos jours, nous pouvons sans hésitation fixer le passage du canal devant ces maisons. Pour déterminer ensuite la largeur et la direction de la Noue, dans le voisinage de la rivière, il faut tenir compte de l'inflexion de l'alignement moderne, un peu différent de l'alignement ancien. Cette condition observée, on reconnaît que la berge du canal, vers Paris, devait passer très-près du point où se trouve l'encoignure actuelle de la rue Bonaparte, du côté de l'Institut.

On franchissait le canal de la Petite-Seine, en amont, au moyen d'un petit pont qui était situé au droit de la rue du Colombier, et dont la destruction fut causée par le comblement du canal. En aval, il ne semble point qu'il y ait eu un second pont. Dans le rapport rédigé après les fouilles de 1548, on lit que les jurés admettaient la présence du haut chemin sur la rive orientale de la Noue, attendu que, disaient-ils, « on n'eust sçeu passer le travers dudict fossé et chemyn creux, « quant les eaues y estoient, du costé de la rivière de Seine, sans y avoir ung *pont* « *dont ne nous est apparu aucune chose;* mais, le long du chemyn, du costé des fossés « d'icelle abbaye, on passoit par le petit pont dessus mentionné, et venoit-on par « le hault chemyn, que nous estimons avoir esté du costé du Petit Pré, au port « de Nesles, sans plus oultre traverser ledict fossé, appellé le Chemyn creux. »

CÔTÉ ORIENTAL

DE LA RUE DES PETITS-AUGUSTINS.

Ce côté était formé, d'abord, par le derrière des maisons en censive de Saint-Germain-des-Prés, lesquelles avaient leur entrée dans la rue de Seine (voir à l'article de cette rue), telles que l'hôtel de Ventadour et de Montpensier; puis, par la partie latérale de deux autres hôtels en censive de l'Université, celui de *Burgensis*, faisant le coin septentrional de la rue des Marais, plus tard à Nicolas Des Yveteaux, et la maison de Du Cerceau, formant l'angle méridional de la rue des Marais ainsi que le coin septentrional de la rue du Colombier (voir Rue du Colombier).

«Bouyn; aussi douze piedz de largeur en droit la «seconde tranchée, à l'endroit du jardin d'icelluy «de Mesme; seize piedz de largeur, à l'endroit du «jardin de Bustonneau, à la tierce tranchée; le tout «du dict costé du dict Petit Pré et hostel de Mesnes. «Et à la quatriesme et cinquiesme tranchées, ne «sçaurions donner mesure ne distance, pour ce que «ce sont terres vacques et où il n'y a nul basti-«ment. Aussi avons trouvé que le jardin du dict «Bouyn est de plus grant latitude et spaciosité que «sa maison et corps de logis, et s'enclave et entre-«prent le dict jardin, du costé du Grant Pré aux «Clercs, oultre la douve et bault du dict fossé ap-«pellé *chemyn creux*, de huict toises et ung pied «et demy de largeur, comprins l'espoisseur du «mur de la closture du dict jardin, du dict costé «du dict Grant Pré aux Clercs, à prandre à l'en-«droict de la dicte maison et corps de logis d'icelluy «Bouyn. Et à l'endroict de la quatriesme tranchée, «environ le meilleur du dict jardin, icelluy jardin «se pourchasse et extend du costé du dict Grant «Pré aux Clercs, de six toises cinq piedz et demy «de largeur, aussi compris l'espoisseur du dict mur «de closture . . . . » (Arch. nat. carton S 6188.)

RUE SAINT-BENOÎT.

La rue Saint-Benoît commence à la rue Jacob et finit au carrefour Saint-Benoît (place Saint-Germain-des-Prés).

Avant que l'abbaye Saint-Germain fût munie de fossés, le long de son enceinte, vers l'ouest, il existait sans aucun doute un chemin semblable à ceux qui longeaient cette enceinte du côté du midi et du côté du nord. Il est même parlé assez clairement de cette voie dans une charte de 1289, que nous citerons à l'article de la chapelle de Saint-Martin des Orges (voir Rue du Colombier). Du Boulay dit que ce chemin occidental s'appelait *la rue des Vaches*, ce qui n'est point absolument invraisemblable, puisque la rue de l'Égout, prolongeant la rue Saint-Benoît, a reçu le nom de rue des Vaches; néanmoins plusieurs raisons nous engagent à croire que Du Boulay a fait confusion [1]. Quoi qu'il en soit de cette opinion, il est certain que la rue Saint-Benoît tire son origine du chemin qu'on établit le long des fossés creusés en 1368, et dont, vers le couchant, l'emplacement fut pris, pour la majeure partie, aux dépens des terrains du Grand-Pré-aux-Clercs. Or, le 7 février 1542, l'abbé du monastère permit à ses religieux « de parachever la clôture « de sept arpens de terre, pour iceux joindre aux murailles de l'abbaye, et faire « fossés et reservoirs à poisson [2]; » ce qui signifie que, quand on transforma en vivier le fossé du couvent, on voulait prolonger jusqu'à son enceinte les murailles de la courtille.

A la suite d'incidents sur lesquels nous reviendrons, et dès le 7 mars 1543, les moines réalisèrent leur projet, ce qui causa la suppression complète du chemin latéral au fossé. Toutefois, ce nouvel état de choses, fort contraire aux droits de l'Université, ne subsista pas longtemps, car, le 10 juillet 1548, c'est-à-dire immédiatement après la grande émeute d'écoliers que nous racontons ailleurs, le Parlement ordonna la réouverture de « l'ancien chemin qui estoit derrière les « murailles de ladicte abbaye, » ..... lequel avait « esté estouppé (bouché) par les « murailles du cloz de ladicte abbaye, » et laissait des traces faciles à retrouver. La même prescription fut répétée dans l'arrêt définitif de 1551, où il est dit que, « relativement à .... la délivrance et restablissement de l'ancien chemyn qui « souloit estre derrière et le long des fossés de ladicte abbaye, commençant par « hault au carrefour de la rue aux Vaches (carrefour Saint-Benoît) comme ancien, « sera et demourera ouvert, et de la largeur de dix-huit pieds, à icelluy com- « mencer par hault audict carrefour aux Vaches, et continuera le long des fossés

---

[1] *Mém. hist. sur la propriété du Pré aux Clercs*, p. 402. — Du Boulay dit en même temps que la rue Saint-Benoît s'est appelée *le Grand* et *le Haut Chemin*, ce qui est assurément une méprise et contribue à nous faire rejeter la première assertion.

[2] Inventaire de l'Abbaye. (Arch. nat. reg. LL 1145, p. 67.)

« d'icelle abbaye; et à l'endroit où souloit estre le ponceau, à présent descouvert,
« dudict lieu, en tournant un peu à main dextre, se continuera de pareille lar-
« geur le long du Petit Pré aux Clercs et jusqu'à la rivière de Seine. » Ce parcours
est représenté aujourd'hui par la rue Saint-Benoît, une partie de la rue Jacob et
de la rue Bonaparte, ou des Petits-Augustins.

Le 9 mars 1577, le Parlement rendit, relativement à l'écoulement des eaux
croupies de la rue Taranne (de l'Égout), un arrêt contradictoire entre les manants
du faubourg Saint-Germain, d'une part, et, d'autre part, les moines de l'abbaye, le Prévôt des Marchands et le sieur de Taranne[1]. Cet arrêt, dont les habitants du faubourg réclamaient l'exécution le 30 octobre suivant, ayant été sans
effet, parce que personne ne voulut contribuer aux dépenses qu'il s'agissait de
faire, le Parlement en rendit un autre, à la date du 14 juin 1578. Prenant en
considération « l'inconvénient de l'air, qui pouvoit estre infecté au moyen des
« eaues » stagnantes de la rue de l'Égout, il ordonna que les frais des « vuidanges
« des terres, pantes et pavez nécessaires » incomberaient par tiers aux habitants du
faubourg, à la Prévôté des Marchands et à l'abbaye.

Le 23 août suivant, il fut défendu au Corps de Ville et à l'Université de trou-
bler les habitants du faubourg, en les empêchant de pratiquer l'égout projeté,
pendant qu'on procéderait à la levée de la taxe, dont les conseillers Jacques Brisart
et Pierre Violle furent nommés commissaires répartiteurs, le 15 juin 1579. Un
autre arrêt, du 16 décembre de la même année, ayant décidé que l'inspection et
la conduite des travaux appartiendraient au Prévôt de Paris et au Prévôt des Marchands, on se mit à l'œuvre, et l'on creusa un égout à ciel ouvert. Cet égout,
voûté en 1640, subsiste encore sous le sol de la rue Saint-Benoît. Il ne fut point,
au reste, immédiatement conduit jusqu'à la rivière, car on en abandonna les
travaux lorsque la tranchée eut atteint les environs de la rue du Colombier.
Demeurant ainsi sans issue, l'égout déversa sur le Pré-aux-Clercs un nouveau
cloaque, où « les immundices s'arrestoient..... au danger du publicq. » L'Université
s'en émut et réclama l'achèvement de la tranchée jusqu'à la Seine, ce que prescrivit un arrêt du Parlement, du 5 août 1586[2], rendu à la suite d'un arrêt analogue, en date du 6 septembre 1585.

Le 7 août de cette dernière année, la Cour avait aussi décidé qu'on prierait la
Reine de faire autoriser par le Roi un emprunt de deux mille écus, montant de la
part de la Ville dans la dépense motivée par l'exécution de l'arrêt de 1578. Celui

---

[1] Il avait été précédé d'un premier arrêt, en date du 9 juillet 1576, qui se rapportait au même sujet, mais que nous n'avons pas plus retrouvé dans les registres du Parlement que les divers autres arrêts dont nous parlons ici. L'indication nous en est fournie par les archives de l'Université,
l'ouvrage de Félibien et les archives de l'Abbaye.

[2] Il semble pourtant que la tranchée était achevée avant cette date, puisque, dans l'acte de vente du 7 septembre 1585, cité plus haut, la maison de Bouyn, aboutissant sur le quai, est dite tenir « à une tranchée nouvellement faicte. »

de 1586 autorisa, de plus, l'Université à prolonger la rue Saint-Benoît dans la direction du quai, et à bailler les terrains riverains de la tranchée, à charge par les preneurs de bâtir et de balayer chaque jour devant leur lot. Il existe un procès-verbal de toisé de ces terrains, énoncés les «placés que lesd. sieurs (de l'Univer-«sité) entendent bailler à rente pour y bastir et faire closture, le long des deux «costez de la rue naguères faicte de neuf le long dudict pré, pour l'esgout de la «rue de Tournon (Taranne) en la rivière, et empescher que les chevaulx, harnoys «et gens de pied, qui passent ordinairement par ledict pré et qui le détériorent «et gastent, n'y puissent plus passer, ne y porter d'ordures et immundices comme «l'en faict à présent.»

L'une des places, profonde de huit toises et longue de quatre-vingt-dix-huit toises cinq pieds, longeait la rue Saint-Benoît et s'étendait, en réalité, de la première à la trente-troisième borne du Grand-Pré; l'autre place était comprise entre la rue de la Petite-Seine (des Petits-Augustins) et la rue Saint-Benoît prolongée, laquelle est nommée, dans le toisé, «la rue faicte pour l'esgout du faul-«bourg Saint-Germain,» et, dans un titre de 1588, «rue neufve prenant depuis «la rue Tarenne, du costé de la rivière.» Il ne semble pas cependant qu'on ait jamais commencé à y bâtir, et le projet en était abandonné quand le quartier se couvrit d'habitations. Entre la rue Jacob et le quai, l'égout, au contraire, a toujours été conservé, et il est encore aujourd'hui en usage, après avoir été restauré dans le dernier siècle. Il avait été partiellement recouvert, en 1608, par la reine Marguerite, «ainsy qu'il est justifié par le journal que cette princesse tenoit elle-«même des ouvrages de cette construction,» est-il dit dans un mémoire de 1739; le reste fut voûté en vertu d'une transaction de 1611. (Voir, dans le second volume de la Région, la fin de la notice sur le Pré-aux-Clercs.)

La rue Saint-Benoît s'appelait, en 1587, «la rue de l'Esgout,» ou «la rue faicte «pour l'esgout du faulbourg Saint Germain,» et, en 1609, «la rue de l'Esgout de «derrière les fossés de l'Abbaye.» Dans une permission, accordée le 15 février 1587 à Denis Allan et Pierre Caudeau, d'y passer avec «leurs harnoys et che-«vaulx,» elle est considérée comme la continuation de la rue de l'Égout-du-Four, et, pour cela, nommée «rue de Tarenne au long du jardin du s^r de Sansac.» Vers 1640, elle a été dite *rue des Fossés-Saint-Germain*, et, dans un acte de 1642, «rue des Esgoutz, à présent appellée de Sainct Benoist.» Le nom de Saint-Benoît, fondateur de la règle suivie par les moines de l'abbaye, avait été donné à la voie dès 1641, lorsqu'on vendit, pour y bâtir, la partie des fossés s'étendant du carrefour Saint-Benoît à la porte Papale.

CÔTÉ ORIENTAL.

Le côté oriental de la rue Saint-Benoît était formé par le fossé de l'abbaye. Entre la rue du Colombier et la porte Papale, au lieu qu'on nommait *le Vivier*, il était large de dix toises et avait sa contrescarpe parallèle aux murs de l'abbaye. Au-dessus de la porte Papale, et au moins depuis la création de l'égout, le fossé allait en se rétrécissant, de façon à ce que la contrescarpe passât fort près de la tour d'encoignure du redan de l'enceinte du couvent. Au delà du redan, la contrescarpe redevenait parallèle aux murs de l'abbaye, comme le montre le plan de 1548; mais cet état de choses paraît avoir été modifié avant l'année 1641, durant laquelle les terrains du fossé, entre le carrefour Saint-Benoît et la porte Papale, furent baillés à bâtir en cinq lots.

CÔTÉ OCCIDENTAL.

Du côté occidental de la rue Saint-Benoît, se trouvait la courtille de l'abbaye, comprenant le derrière de la maison de Sansac, puis le Pré-aux-Clercs, dont les terrains restèrent dépourvus de constructions jusqu'en 1613, époque où les Augustins, à qui la reine Marguerite les avait donnés, les vendirent à des particuliers. Les moines de Saint-Germain vendirent également, en 1615, des places dépendant de la courtille et situées en bordure sur la rue Saint-Benoît.

RUE BEURRIÈRE.

La rue Beurrière commençait à la rue du Four et finissait à la rue du Vieux-Colombier. Elle a été absorbée par le percement de la rue de Rennes, l'élargissement de la rue du Vieux-Colombier et le prolongement de la rue Madame.

Jaillot a commis, à propos de cette rue, une erreur analogue à celle dans laquelle il est tombé à l'occasion de la rue du Cœur-Volant. Il a avancé, en effet, que la rue Guillemin était la voie ancienne qui conduisait de la rue du Four au territoire de Cassel, tandis qu'il considérait la rue Beurrière comme moderne; c'est le contraire qui est vrai.

Puisqu'une seule des deux rues existait au commencement du xviie siècle, ainsi qu'il ressort de tous les documents, la question consiste à déterminer laquelle a été ouverte postérieurement à l'autre. Pour résoudre le problème, il n'est point nécessaire d'invoquer les présomptions si concluantes qui naissent de la comparaison des alignements des deux voies, et du lotissement si caractéristique de leurs propriétés riveraines; nous nous abstiendrons même de parler des résultats très-précis que nous ont donnés nos restitutions; nous nous bornerons à citer un fait rendant toute incertitude impossible. Dans les archives des Dames de la Miséricorde, dont le couvent était situé rue du Vieux-Colombier, à l'orient de la rue Guillemin, il existe une transaction du 8 octobre 1630, relative à une place profonde de douze toises et large de dix «sur la rue Neufve, qui, est-il dit dans l'acte, sera faicte sans aucune traverse,» et en laquelle «ruelle nouvelle» les preneurs du terrain seraient tenus de faire paver devant leur lot, lorsqu'il y aurait lieu. Or on voit, par des titres postérieurs, que la place bailléc en 1630 est celle où s'élevèrent deux maisons faisant front sur la rue Guillemin et aboutissant au couvent de la Miséricorde, dont elles constituèrent des dépendances. Il est donc matériellement établi que la rue Beurrière est, des deux voies, la plus ancienne, et que Sauval ne se trompait pas en donnant l'épithète de *nouvelle* à la rue Guillemin.

Le four bannier de l'abbaye était placé dans la maison faisant le coin oriental de la rue du Four et de la rue Beurrière; aussi avons-nous trouvé cette dernière appelée *ruella Furni*, dans une charte de 1266 [1]; *ruella que dicitur ruella de Furno*, dans une autre de 1271, et «ruelle du Four Bannier» en 1412 et 1510. Comme elle débouchait devant l'hôtel ou territoire de Cassel, elle a été énoncée «ruelle «de Quassay» (sic) (1409); «ruelle par où on va pardevant le grant hostel de «Cassel» (1428); «ruelle qui va de la Grant rue à l'hostel de Cassel» (1456, 1457); «rue de Cassel» (1456), et «ruelle de Cassel» (1453, 1522, etc.). La dénomination moderne n'apparaît qu'au XVIIe siècle, et doit rappeler le nom, ou la profession, de quelque habitant du bourg Saint-Germain. Dans le censier de 1595, où la rue est indiquée «petite ruelle appellée la rue Cassel, laquelle descend de «la rue du Colombier en ladicte rue du Four,» il est parlé des héritiers de «Ri-«chard Beuryer,» maître maçon, de «Jehan Rappart, dit le Beuryer,» et la maison sise au coin oriental des rues du Vieux-Colombier et Beurrière est dite aboutir à «la maison du Beurier;» ce qui explique le nom de «rue du Beurier» employé d'abord jusqu'en 1687.

Au reste, d'autres habitants du faubourg donnèrent pareillement leur nom à la rue Beurrière, puisque, dans une transaction de 1577, qui figure aux archives des Incurables, elle est énoncée «ruelle que l'on nommoyt par ci-«devant la ruelle *Jehan Nicolle*, et de présent *la ruelle du Masurier*.» Dans trois autres pièces de 1581, 1595 et 1605, faisant partie du même dossier, cette dernière formule est répétée, mais avec la variante de *ruelle Jehan Pinmollet*, ou *Pynmollet*, laquelle est une corruption de l'ancienne dénomination de *rue Jehan Molet*, que nous avons rencontrée dans un ensaisinement de 1535. Quant à l'appellation de «ruelle du Masurier,» elle avait sa raison d'être: le conseiller au Parlement *Philibert Masurier*, ou plutôt *Masuyer*, qui mourut en 1540, possédait en effet et fit rebâtir la maison formant le coin oriental de la rue du Four.

Parmi les voies du faubourg Saint-Germain que nous avons eu à retrouver sous des vocables jusqu'ici inconnus, nous comptons une certaine *rue de Vrolande*, dont le coin était formé, en 1511, par un terrain attenant à la propriété du nommé Chardon,

---

[1] Ce doit être la rue Beurrière qui est désignée dans ce passage : *ante Furnum, in cuneo Ruelle*, du Livre du Pitancier, rédigé en 1259.

mesurant trente toises sur la rue du Four, vingt-six toises deux pieds par derrière, et quarante toises un pied et demi de profondeur par le milieu. Nous avons fini par constater que la propriété de Chardon était la tuilerie formant, vers le carrefour de la Croix-Rouge, la pointe de l'îlot compris entre les rues du Vieux-Colombier et du Four. Nous nous sommes assuré, en outre, que les maisons remplissant le reste de l'îlot occupent l'emplacement du terrain que nous venons de mentionner, terrain dont les dimensions se retrouvent aujourd'hui avec une exactitude parfaite, si l'on tient compte d'un léger retranchement. Par conséquent, la rue Vrolande est la même que la rue Beurrière.

Les maisons qui avaient, en dernier lieu, leur façade dans la rue Beurrière, étaient toutes d'origine moderne, et provenaient du morcellement de propriétés dont la principale entrée était située dans l'une des rues du Four ou du Vieux-Colombier.

RUE DES BOUCHERIES.

(ACTUELLEMENT PARTIE OCCIDENTALE DE LA RUE DE L'ÉCOLE DE MÉDECINE.)

La rue des Boucheries commençait, en dernier lieu, au droit de la rue de Condé, c'est-à-dire à l'extrémité occidentale de la rue des Cordeliers, avec laquelle elle est aujourd'hui confondue sous le nom de *rue de l'École-de-Médecine*, et elle finissait à la rue du Four; mais, au XVIe siècle et jusqu'au temps de la démolition de la porte Saint-Germain, on la faisait souvent partir de ce point; c'est pour ce motif qu'elle est appelée la *rue de la Porte* dans un titre de 1604.

La rue des Boucheries était l'une des deux grandes voies qui conduisaient de Paris au bourg Saint-Germain. Probablement d'une origine moins ancienne que la rue de Bussy, elle pourrait néanmoins avoir remplacé quelque voie mérovingienne reliant le monastère au palais des Thermes, et, avant la construction de l'enceinte de Philippe-Auguste, elle faisait partie du chemin qui est devenu la rue des Cordeliers. Elle n'était encore que très-imparfaitement bâtie au milieu du XIIIe siècle; mais l'extension, en 1274, des boucheries qu'elle renfermait, dut la rendre plus fréquentée; et, dans les siècles suivants, la fermeture répétée de la porte de Bussy, détournant toute la circulation à son profit, en fit le principal chemin du faubourg, l'artère où les maisons étaient le plus serrées et le mieux peuplées. Aussi voit-on que, depuis le règne de Charles V jusqu'à celui de Louis XIII, elle a été toujours appelée *Grant rue*, *Grande rue Saint-Germain*, ou simplement *rue Saint-Germain* et *Grant rue de la Boucherie*. On disait également *rue de la Boucherie*, et, dès 1406, *rue des Boucheries*.

Nous lisons dans un document de 1376 : « rue par où l'on va de ladite église

« de Saint Germain à la porte de Paris près des Frères meneurs; » et nous remarquons qu'on a parfois divisé la totalité de la rue en deux sections : l'une en deçà et l'autre au delà de la rue des Mauvais-Garçons. La seconde section est énoncée « rue qui va de la Boucherie à l'Abbaye, » dans un titre de 1407, et, dans un autre de la même année, la première est dénommée « Grant rue par laquelle « on va de la porte de la Bastide dudit Saint Germain à la Boucherie. » C'est, en effet, dans cette rue qu'était située la boucherie qui lui a valu, dès 1290, la dénomination de « rue de la Boucherie, » ou « via Carnificerie Sancti Germani, per « quam directe itur de Sancto Germano ad portam civitatis Parisiensis, que dicitur « porta Fratrum minorum. » Une charte de 1254 contient une indication de la rue des Boucheries sans désignation particulière, et, dans l'obituaire rédigé en 1259 [1], des maisons sont mentionnées *in carnificiaria... in villa ista* (*Sancti Germani*).

« Les bouchers de Saint-Germain, dit Jaillot, étaient établis en ce lieu depuis « un temps immémorial. Plusieurs actes du xiie siècle en font mention, ainsi que « de la maison des Trois-Étaux, située près du Pilori. » Mais la maison des Trois-Étaux était loin du Pilori, et nous sommes persuadé que Jaillot n'a jamais vu ces prétendus actes du xiie siècle où il en serait parlé [2]. Dans les archives de l'abbaye, il en est question, pour la première fois, à l'occasion de la création, par l'abbé Gérard, en 1274, de seize étaux qui étaient destinés à être tenus par des individus natifs du bourg et furent chargés de redevances autres que celles dont était grevée la maison des Trois-Étaux. Il est présumable, au surplus, que ces trois étaux n'existaient point seuls avant 1274; les expressions *in carnificiaria* et *in macello istius ville*, employées en 1259, le donnent du moins à penser. Le 29 mars 1373, eut lieu un nouveau bail de seize étaux, qui furent expressément maintenus dans leur emplacement antérieur, à l'orient de la rue des Mauvais-Garçons et de la maison de la Croix-de-Fer. De ces seize étaux, les titres n'en font connaître que douze, parce que le nombre primitif ne se maintint pas longtemps. Il était tombé à dix quand, le 31 janvier 1553, les bouchers Pierre Moufle et Pierre Mathieu rachetèrent, au prix de 500 livres, la rente foncière due à l'abbaye sur les seize étaux, « au lieu desquels seize estaux, est-il dit dans l'acte de rachat, sont de « présent batis sept estaux, dont trois du costé de la rivière de Seine..., en ce « non compris la maison des Trois Estaux, qui est du costé de l'Escu de France. »

En 1292, il y avait un puits dans la rue des Boucheries, au droit de la rue des Mauvais-Garçons. Devant la maison de la Fleur-de-Lis, il y a eu un autre puits, qu'on retrouve d'ailleurs assez mal placé sur le plan de Gomboust, et qui, en 1513 et 1538, s'appelait « le Puys de Malleparole. » L'extrémité orientale de la rue est nommée « le Grant carrefour, » dans un document de 1553.

---

[1] Arch. nat. reg. LL, 1102, fol. 21, v°.

[2] Il nous semble que la maison dite « des Trois-Étaux » ne peut guère avoir été bâtie avant 1254; en effet, le terrain qu'elle occupait faisait partie d'une place baillée, en cette même année, à Raoul d'Aubusson.

CÔTÉ MÉRIDIONAL.

PAROISSE SAINT-SULPICE.

JUSTICE
ET CENSIVE DU PARLOIR AUX BOURGEOIS.

<small>Entre la porte Saint-Germain et la rue de Condé.</small> Maison sans désignation, élevée sur une place baillée par la Ville, le 31 mai 1486, à Guillaume Moreau, et énoncée comme attenante aux murs de la herse, en d'autres termes, à la barbacane de la porte Saint-Germain. En 1522, elle renfermait un jeu de paume, qu'on appelait, en 1561, *le Jeu de paume du château de Milan*. Elle fut démolie en 1589, et sur le même emplacement s'élevèrent ensuite les maisons suivantes :

1° Une maison bâtie sur une place large de quatre toises et demie, baillée à Ferry-Legrand le 19 décembre 1631, et contiguë aux murs de la barbacane;

2° Une maison bâtie sur une place large de quatre toises, baillée à Gilles Pinel le 11 mars 1608, et par lui accrue, le 4 novembre 1619, d'une autre place située derrière, ce qui donna une profondeur totale de neuf toises à sa propriété, laquelle est dite devant la troisième arche du pont dormant;

3° Une maison bâtie sur une place baillée, le 22 avril 1613, à Pierre Forget;

4° La maison avec jeu de paume, qui conservait encore, au XVIIIe siècle, le nom de Jeu de paume du château de Milan. Le terrain de celle-ci, mesurant huit toises de large [1] sur huit toises de profondeur, fut baillé, le 4 août 1604, à François Thomas, maître esteufier, qui en agrandit la profondeur par l'acquisition d'une place que lui céda le nommé Vincent Notaire.

Comme il y avait, en outre, le long du jeu de paume, du côté de la ville, un espace large de douze pieds et profond de dix-huit toises, ainsi que le jeu de paume, lequel espace pouvait servir de «filoir» à un cordier, François Thomas sollicita et obtint, le 18 avril 1606, de l'annexer à sa propriété. Il y ajouta encore, le 22 avril 1613, la petite place, large de quatorze pieds et demi, qui, en bordure sur la rue, aboutissait au filoir; toutefois, dès 1660, cette petite place a fait partie de la maison de Pierre Forget.

Maison sans désignation, appartenant, en 1522, à Richard Le Tort, et s'étendant alors entre le jeu de paume de Milan et la maison suivante. C'est sans doute la même que celle qui touchait à la maison de Guillaume Moreau, derrière laquelle elle faisait hache, et qui fut prise à bail, le 22 décembre 1488, par

---

[1] Les plans ne donnent qu'une longueur de 7 toises.

Jean Morin. Elle paraît avoir été comprise dans un des lots adjugés, en 1604, à François Thomas et à Vincent Notaire.

JUSTICE
ET CENSIVE DE L'ABBAYE SAINT-GERMAIN DES PRÉS.

Maison sans désignation en 1509, puis de «la Seraine» (1531-1659), faisant le coin oriental de la rue de Condé. Elle appartenait, en 1522, à Guillaume Levasseur, chirurgien juré du roi, et, vers 1560, à Charles de Dormans, maître des requêtes, qui la fit appeler la *maison des Dormans*. Elle fut abattue en 1589, et les héritiers de Charles de Dormans en vendirent l'emplacement, le 30 janvier 1604, au vitrier Vincent Notaire, qui le morcela.

En 1522, la maison de *la Syrène* s'étendait derrière les maisons précédentes; mais les limites n'en sauraient être restituées. Nous présumons qu'elle se confond avec celle que, le 7 avril 1510, Jean Mosquin agrandit d'une place de dix toises de long sur les deux côtés, et de cinq toises et demie de large par derrière, tenant, d'une part, «au chemin allant à la porte Saint-Michel, d'autre part, aux «frisches estant près les fossez de la ville, aboutissant par devant au preneur, et «par derrière, en pointe, à autres frisches vers la porte Saint-Michel.»

La censive de la maison de *la Syrène* était revendiquée par la Ville.

Maison sans désignation en 1523, puis du Croissant (1534-1553), faisant le coin occidental de la rue de Condé. Elle renfermait deux corps d'hôtel; celui du coin a eu pour enseigne, en 1687, le *Mortier-d'Or*. Elle fut aussi ruinée pendant le siège de Paris par Henri IV, et était encore à l'état de masure vers 1595.

Entre les rues de Condé et du Cœur-Volant.

Jardin, puis maison de la Couronne (1523-1565) et de l'Épée-Royale (1687).

Maison et Jeu de paume du Dauphin, qui, ainsi que toutes les maisons suivantes, aboutissait, dès 1523, à la rue des Quatre-Vents. Au xviie siècle, elle formait trois maisons distinctes, dont l'une a eu pour enseigne *la Hure* (1687).

Maison sans désignation en 1523, puis de la Licorne (1531-1628).

Maison sans désignation (1523), contenant un étal à boucher, des écuries et un échaudoir.

Maison sans désignation (1523), avec étal à boucher.

Maison de l'Image-Saint-Jacques (1467-1628), avec étal à boucher.

Maison des Moutons (1429-1595), avec étal à boucher.

Grande maison de l'Imaige-Saint-Michel (1420-1595). Elle renfermait deux étaux à boucher, et avait été élevée sur l'emplacement de deux maisons, dont l'une pourrait bien être celle de *l'Image-Saint-Germain*, qu'une note ajoutée à un titre de 1453 identifie avec la maison de «l'Image Saint-Michel.» De même que la plupart des maisons précédentes, elle fut saccagée pendant les guerres de la Ligue. Ce n'était plus qu'une masure en 1595.

Maison de l'Image-Sainte-Catherine (1429-1595), puis de l'Image-Notre-Dame (1687). C'était aussi une masure en 1595, et il en dépendait alors un corps d'hôtel qui, donnant sur la rue du Cœur-Volant, était anciennement compris dans la maison suivante.

Masure sans désignation en 1377, puis Maison de l'Écu-de-Bretagne (1403-1687), faisant le coin oriental de la rue du Cœur-Volant. Elle contenait un jeu de paume, qui avait sa façade dans la rue des Quatre-Vents (1523). La rue du Cœur-Volant a été ouverte sur une partie de ce jeu de paume, et, du côté de la rue des Boucheries, sur la partie antérieure de la maison suivante.

En 1377, la maison de l'Écu-de-Bretagne contenait une place avec « grant fosse « à eaue, » et aboutissait aux « terres du roy de Navarre. » En 1412, elle est dite aboutir à la Voirie.

Entre les rues du Cœur-Volant et du Four.

Maison de la Croix-de-Fer (1376-1409), puis de la Croix-d'Or (1414? 1447, 1595), faisant le coin occidental de la rue du Cœur-Volant. Elle renfermait un jeu de paume en 1530 et 1569, et aboutissait d'abord rue des Quatre-Vents. Il est question, dans les titres, des étables qui s'y trouvaient, ainsi que dans les deux maisons précédentes. Peut-être faut-il conclure qu'il y existait aussi des étaux de boucher.

Maison du Chef-Saint-Denis (1415-1687), aboutissant à la rue et à la ruelle, ou plutôt à l'impasse des Quatre-Vents. En 1531, il y avait une brasserie dans cette maison, et, vers 1628, les deux corps d'hôtel qui la composaient avaient pour enseigne, l'un *la Rose-Rouge*, et l'autre *l'Escouvette*. Elle renfermait, en outre, un jeu de paume en 1465.

Maison sans désignation (1523). Elle aboutissait à la suivante, dont on ne la distinguait point encore en 1510.

Maison de la Rose (1400), ou Rose-Rouge (1543-1595), aboutissant à l'impasse des Quatre-Vents, où il est dit tantôt qu'elle n'avait point d'issue, tantôt qu'elle en avait une. Elle était en ruines vers 1595, et renfermait, en 1523, quatre échaudoirs avec des étables.

Maison de l'Image-Saint-Jacques (1319-1628). Cette maison aboutissait au retour d'équerre de la ruelle des Quatre-Vents, et elle y avait une issue. En 1523, elle était déjà divisée en trois propriétés, et, vers le même temps, elle a souvent été appelée *la maison aux Bretesche*, parce qu'elle appartint aux héritiers du notaire Simon de la Bretesche, entre autres à Regnault de la Bretesche, général des monnaies. Elle est indiquée, dans plusieurs documents, comme ayant jadis dépendu de l'hôtel de Navarre; mais il n'est point parlé de cette particularité dans le bail qui fut fait, le 18 août 1400, au boucher Jean Cousin. On l'énonçait alors « ung

« hostel, avec ses appartenances, assis à Sainct Germain, au bout de la Boucherie,
« par devers la porte de l'Abbaye, tenant d'une part à l'hostel de la Roze, et d'autre
« au jardin de Navarre de tous costez; lequel hostel a et contient de long quinze
« toises et demye, et de large six toises et demye; auquel hostel a ung enclave con-
« tenant deux toises et demye ou environ. » La maison de J. Cousin fut agrandie,
dès l'année suivante, d'une propriété attenante et décrite en ces termes : « Une
« masure, court, puis et cave... avec le jardin derrière, tenant tout au long audict
« preneur, et d'autre part aux jardins de l'hostel de la Roze, aboutissant par der-
« rière à ung huys par où l'on yst (sort) aux champs, et, d'autre part, au long, aux
« jardins de Navarre; contenant tout ce que dessus, treize toises de large par der-
« rière et par devant, sur le chemin, neuf toises et demye, et quarante toises de
« long [1]. »

MAISON sans désignation (1523), morcellement de la précédente.

C'est au travers de cette maison que la rue de Seine a été prolongée, en 1812, jusqu'à la rue de Tournon. Le projet exécuté à cette époque était bien ancien; car, dans le traité que Pierre Boyer passa, le 18 novembre 1627, pour la construction d'une enceinte des faubourgs de Paris, nous trouvons parmi les clauses à lui imposées celle « d'ouvrir à ses despens, une année après la vériffication du « traité, la rue de Tournon, jusques à la rue de Seine, de cinq thoises de largeur. »

MAISON ET THUILERIE (1401), partie de l'ancien hôtel de Navarre [2]. Les grands jardins de l'hôtel de Navarre en ayant été retranchés, cette maison fut baillée, le 12 janvier 1641, à Étienne Sandrin, tuilier, demeurant aux Tuileries de la porte Saint-Honoré. On lit dans l'acte original : « Toutes voyes a esté appoincté que « ledit mons. l'abbé, ses gens, chevaulx et harnoys, auront leur danger de passer « et rappasser parmy la court dudit hostel... pour aller labourer et cultiver lesdits « grans jardins qui sont réservez de ce présent marché, et aussi pour admener les « grains et austres choses estant esdits jardins, jusques à deux ans prochains venans « seulement; et, après lesdits deux ans passez, icelluy mons. l'abbé sera tenu faire « estoupper à ses despens l'uisserie d'iceulx jardins, à l'endroit d'icelle court, et « trouver autre chemin pour entrer esdits jardins. » On doit croire que la clause fut rigoureusement exécutée, puisque, les jardins de Navarre ayant été choisis comme lieu d'emplacement de la foire Saint-Germain, le 8 janvier 1489, l'abbé racheta de Sandrin, au prix de 20 livres 5 sols, la permission de laisser passer le public par la maison, pendant la durée de la foire.

Cette transaction est l'origine première du passage de la Treille, qu'on appelait, au XVIIe siècle, la *porte Greffière*, non pas, comme l'a dit Jaillot, parce qu'il conduisait à une petite maison servant d'audience, mais parce que la maison qu'il traversait appartint, vers 1580, à Simon Caillot, greffier en chef de la jus-

---

[1] Arch. nat. reg. LL 1091, fol. 1 r°. — [2] Voir Rue du Four, maison de la Foire.

tice temporelle et du bailliage de Saint-Germain-des-Prés. A en juger d'après la teneur des titres, à la fin du xviie siècle, le passage qu'on nommait déjà «l'allée de «la Treille» en 1669 n'aurait encore été public qu'aux jours de foire. Il est représenté sur le plan de Quesnel (1609) comme une allée fermée, du côté de la rue, par une grande porte en retraite sur l'alignement des maisons.

La maison de Sandrin, qui était chargée d'une rente de 2,000 tuiles envers l'abbaye, formait quatre propriétés distinctes vers 1515, savoir :

1° LA MAISON DE L'ANNONCIATION-NOTRE-DAME (1522-1543), puis DES TROIS-ROIS (1585-1628), où était la tuilerie, qu'un arrêt au Parlement, rendu le 19 novembre 1560, ordonna d'abattre. Bien que le censier de 1628 indique cette maison comme si elle conservait encore l'enseigne des *Trois-Rois*, il est certain que, dès 1625, elle avait celle du *Cardinal*. Le corps d'hôtel, bâti au-dessus de l'entrée du passage, en dépendait jadis comme aujourd'hui.

2° LA MAISON DU DAUPHIN (1519-1628).

3° UNE MAISON sans désignation en 1523, puis DU CHEVAL-BLANC (1595).

4° LA MAISON DE LA MAGDELEINE (1505-1628). Elle est dite, en 1518, aboutir à l'hôtel de Navarre, ce qui suppose qu'elle était plus profonde que maintenant. On lit dans le censier de 1595 : «Toutes ces maisons, depuis celle des Trois «Roys jusques à celle de la Souche, n'estoient anciennement qu'une prise, et a «à présent dix ou douze maisons qui en dépendent.» Sur le même emplacement, il y en a maintenant sept, dont quatre formées par l'ancienne maison des Trois-Rois.

MAISON DE LA SOUCHE (1595-1687), morcellement de la suivante. En 1628, elle en était séparée par une petite maison ayant pour enseigne *l'Étoile*.

MAISON sans désignation en 1461, puis DE NOTRE-DAME-DE-BOULOGNE (1522-1687), en laquelle se trouvait un jeu de paume vers 1525.

MAISON sans désignation en 1495, puis DU SAINT-ESPRIT (1628-1687).

MAISON DE LA TRINITÉ (1547-1628), contiguë à la première maison de la rue du Four. Cette maison et la précédente paraissent avoir d'abord fait partie de celle de Notre-Dame-de-Boulogne; le tout formait la «prise» du boucher Louis Gauldry, dans la première moitié du xve siècle.

CÔTÉ SEPTENTRIONAL.

PAROISSE SAINT-SULPICE.

JUSTICE

ET CENSIVE DE L'ABBAYE.

Entre les rues de Bussy et des Mauvais-Garçons (Grégoire-de-Tours).

MAISON DE L'IMAGE-SAINT-JEAN (1509-1543), faisant le coin de la rue de Bussy.

MAISON sans désignation (1523), partie ou morcellement de la précédente.

Maison sans désignation en 1595, et énoncée en 1628 : « qui soulloit estre « appelée *la Maison des Forges.* »

Maison sans désignation en 1595, puis dite de l'Image-Saint-Claude en 1687, parce qu'elle dépendait alors, et depuis longtemps, d'une maison de la rue de Bussy qui avait cette enseigne.

Maison de la Fleur-de-Lis (1452-1534), située, suivant les titres de 1513 et 1538, devant le « puys de Malleparolle. » Ce puits, dont nous ne connaissons l'emplacement que d'une manière approximative, figure sur le plan de Gomboust.

Maison sans désignation en 1475, puis du Lion-d'Or (1500-1628).

Maison des Trois-Poissons (1595-1628), morcellement de la précédente.

Maison de l'Image-Saint-Pierre (1411-1628), où il y avait, en 1531, des étables à chevaux.

Maison du Havre-de-Grâce (1595-1628). Dans la première moitié du XVIe siècle, elle était annexée à la suivante; mais plus anciennement elle paraît en avoir été distincte, et s'est confondue ensuite avec la maison du Fer-à-Moulin [1] (1395-1484), qu'une seule maison séparait de l'hôtel de Malicorne, en 1419. Il est dit de la maison du Havre, dans le censier de 1547, que Me Audry de Commeaulx, procureur à la Chambre des comptes, l'avait « repparé de neuf, » et qu'il y avait alors « sur l'huys et entrée d'icelle... une petite *enchapperonneuse,* ou portail cou- « vert d'ardoise. »

Maison de la Caige-Verde (1523-1628). En 1523, lorsqu'elle était unie à la maison du Havre-de-Grâce, elle aboutissait rue de Bussy, et renfermait des étables ainsi que deux jardins. Elle aurait ainsi présenté une superficie de trois quartiers; toutefois cette superficie semble fort exagérée, de même que celle qui est donnée à plusieurs maisons des environs. Il y avait là anciennement une tuilerie.

Maison de l'Image-Sainte-Marguerite (1595-1687), partie de celle de la Cage. Cette maison et la précédente furent construites sur l'emplacement de masures qui, après avoir été plus de quarante ans sans propriétaire, furent baillées à Laurent Leblanc le 3 octobre 1478. Elles avaient contenu une tuilerie, et pourraient n'être point distinctes de *l'Image-Saint-Jacques,* qui, en 1319, tenait à celle de l'abbé de Corbie, et, en 1453, était séparée, par une autre masure, de l'hôtel de Malicorne, auquel elle aboutissait.

Maison et Jardin sans désignation (1543). Elle était large d'environ trois toises, et fut bâtie sur le premier tiers d'un terrain large de huit toises cinq pieds et demi dans œuvre, portion occidentale de l'hôtel de Malicorne, vendue par Antoine Prime, le 8 juin 1520, à Pierre Vaucombert et consorts, et divisée par ceux-ci en trois lots, le 8 juin 1521. Cette maison a été détruite par le prolongement de la rue de Seine, qui a également entamé les deux suivantes.

---

[1] Le *fer à moulin,* ou *anille,* est une pièce héraldique ayant la forme de deux croissants adossés et reliés par une courte traverse, percée d'un trou carré.

Maison de l'Annonciation-Notre-Dame (1552), et aussi de Notre-Dame-des-Vertus (1445-1628), dite, en 1536, aboutir rue de Bussy.

Maison de l'Image-Saint-François (1522-1628). Elle appartenait, vers 1595, à un nommé Barthélemy Prieur, qui pourrait bien être le sculpteur de Henri IV.

Maison sans désignation (1552), puis des Trois-Pigeons (1595-1628), bâtie sur l'emplacement d'une masure faisant partie de l'hôtel de Malicorne. Cette masure, large de trois toises, fut vendue par Ant. Prime à Guillaume Lunel, le 7 mai 1521.

Maison du Seigne-de-la-Croix (1522-1595), aboutissant rue de Bussy. C'était la plus grande de toutes celles qui furent construites sur le terrain de l'hôtel de Malicorne, dont le dernier possesseur, Antoine Prime, la réserva pour sa part.

Hôtel de Malicorne. Ce manoir appartint, en 1319, à un abbé de Corbie; puis, vers 1372, à «madame de Tournabu,» et, en 1395, au chevalier Pierre de Villaines, qui y annexa une petite maison attenante, du côté de l'orient. Pierre de Villaines tenait son hôtel du chef de sa femme, dite «madame de Malicorne,» et leur fille, «damoiselle Jehanne de Fescamp,» la posséda après eux. Le 22 septembre 1471, il en fut passé une reconnaissance, au terrier de l'abbaye, par Jean Aubin, sieur de Malicorne-en-Puisaye, premier chambellan du duc de Berry, et héritier de Jeanne de Fécamp. Philippe de Suzes, baron de Malicorne, l'un des gentilshommes du roi, le céda ensuite à M⁰ Vaast de Marle, seigneur de la Falaize, qui le revendit, le 14 mai 1519, au voiturier Antoine Prime, par lequel la propriété fut morcelée. Au commencement du xvi⁰ siècle, l'hôtel de Malicorne, dont les dépendances s'étendaient sur la rue de Bussy, contenait un four à tuiles et des bâtiments appliqués à l'industrie céramique. En 1400, il avait pour enseigne le Dauphin, et avait eu précédemment celle du Chef-Saint-Denis.

Maison sans désignation en 1400, puis du Soleil-d'Or (1569-1687). Cette maison, morcellement de la suivante, fut annexée, avant l'an 1400, par Pierre de Villaines à son hôtel de Malicorne. Jeanne de Fécamp l'en sépara et la céda à Jean Augrand.

Maison de l'Image-Saint-Martin (1413-1687). Des maisons de la rue des Mauvais-Garçons en dépendaient au xvi⁰ siècle, et elle faisait hache derrière la précédente. Elle est indiquée, dans le censier de 1628, comme appartenant à la veuve de Claude Velfaux, l'architecte voyer de Saint-Germain-des-Prés.

Maison du Porc-Espic (1595-1628). Sur l'emplacement de cette maison et de la suivante se trouvaient plusieurs masures en 1453.

Maison sans désignation (1595), qui, avec la précédente, provient du morcellement d'une des maisons contiguës, très-probablement de la suivante.

Maison de l'Ermite (1473-1522), ou de l'Hermitage (1543-1687), faisant le coin occidental de la rue des Mauvais-Garçons. Au xvii⁰ siècle, elle fut divisée en deux, et la première moitié conserva l'ancienne enseigne. Elle est indiquée, en 1471, comme composée de plusieurs masures et attenante à l'hôtel de Saint-Martin.

MAISON sans désignation en 1523, puis DE L'HOMME-SAUVAGE (1559-1632), faisant le coin oriental de la rue des Mauvais-Garçons.

MAISON DE L'IMAGE-SAINT-ANTOINE (1523-1595), où se trouvait un jeu de paume en 1523 et 1543. Elle avait, en 1531, une issue sur la rue des Mauvais-Garçons, et, en 1547, il en dépendait une autre maison sur la rue de Bussy.

MAISON DE L'ÉCHIQUIER (1423-1628). Elle contenait un étal à boucher, et, en 1523, des étables, une foulerie, ainsi qu'un jeu de paume, et avait eu, selon toute vraisemblance, une assez grande profondeur, puisque la maison des Trois-Maures, de la rue des Mauvais-Garçons, y a abouti pendant un certain temps. Dans ce sens, les limites en sont douteuses, car elles ont subi des modifications dont on ne saurait se rendre compte avec précision.

GRANGE, puis MAISON DE LA TRUIE (1406), DU POURCELET (1512), DE LA TRUIE-ET-DES-COCHONS (1517-1595) et DU MOUTON-BLANC (1597-1687).

MAISON DE L'IMAGE-NOTRE-DAME (1406-1531), puis DE L'IMAGE-SAINT-SÉBASTIEN (1531-1595), avec étal à boucher. Elle appartint au collége de Boissy, et fut reconstruite, avant 1531, par Me Michel Bénard, qui la légua au couvent de Sainte-Croix-de-la-Bretonnerie, où il était moine. C'est lui qui, avec «la permission et «congé» des religieux de l'abbaye, remplaça l'ancienne enseigne de Notre-Dame par celle de l'Image-Saint-Sébastien. La première se voyait encore, avec l'autre, en 1547.

MAISON DE L'IMAGE-SAINTE-GENEVIÈVE (1435-1687), avec étal à boucher.

MASURE à demi-pignon, avec étal à boucher (1453). En 1531, elle était confondue avec une des maisons qui y sont contiguës; mais, en 1628, elle formait une maison distincte, et moins étroite que jadis, puisque, en 1453, elle n'avait que neuf pieds de large par devant sur sept pieds de large par derrière, et sept toises de profondeur.

MAISON DES TROIS-ÉTAUX (1274-1595), ou DES TROIS-ECHAULDOUERS (1531), et aussi DU BEUF-VIOLÉ (1453) ou TROMPÉ[1] (1455-1693). Cette maison est énoncée, en 1467, comme attenante à celle de Notre-Dame. Elle comprenait donc les deux précédentes, et par conséquent renfermait réellement trois étaux.

GRANDE MAISON DE L'ÉCU-DE-FRANCE (1405-1695), dont les dépendances s'étendaient sur la rue des Fossés. En 1489, elle est dite renfermer un étal, une cour, un colombier, un jardin, un jeu de paume et trois louages; elle tenait alors, vers l'est, à la voirie, c'est-à-dire au chemin des fossés, et, de l'autre côté, à la maison

[1] Cette enseigne comportait un jeu de mots; elle représentait, en effet, un bœuf devant lequel on jouait de la viole ou l'on sonnait de la trompe.

des « Trois-Escurieux. » Mais cette maison des Trois-Écureuils, qui semblerait se confondre avec celle des Trois-Étaux, n'est point indiquée ailleurs. Le jeu de paume de l'Écu-de-France subsistait encore au xviiᵉ siècle.

Petite maison dépendant de la précédente et y aboutissant (1531-1687).

Maison de l'Image-Saint-Nicolas (1475-1595), puis de la Tête-de-More (1628).

Maison de l'Écu-de-Savoye (1505), ou Jeu de paume de Savoye (1521-1687), aboutissant sur la rue des Fossés. Le jeu de paume de Savoie paraît avoir été construit un peu avant 1489. Au même lieu se trouvait une petite place où l'on jouait aux « billes, » en 1475.

Maison sans désignation (1595), aboutissant sur la rue des Fossés. Elle était divisée en deux, au xviiᵉ siècle, et avait dépendu, d'abord, soit de la suivante, soit plus probablement encore de la précédente.

JUSTICE
ET CENSIVE DU PARLOIR AUX BOURGEOIS.

Entre la rue de l'Ancienne-Comédie et la porte Saint-Germain.

Maison sans désignation (1505), puis de l'Image-Sainte-Barbe (1509-1523), faisant le coin occidental de la rue des Fossés. Elle formait deux maisons en 1628, et a eu pour enseigne l'*Image-Saint-Nicolas* en 1687. En 1489, à la place de cette maison, il y avait une place à bâtir, profonde de vingt-trois toises, large de trois toises et demie sur la rue et de huit pieds seulement par derrière, qui fut baillée, le 11 janvier, à Jean de Mauray. En 1476, la maison du coin des fossés était immédiatement attenante à celle de l'Écu-de-France, ce qui implique la non-existence, à cette époque, des deux propriétés précédemment énoncées.

Maison sans désignation (1531), faisant le coin oriental du chemin sur les fossés. Elle mesurait trois toises et demie de largeur par devant, trois toises de large par derrière et sept toises de profondeur. On l'avait élevée sur un terrain baillé à Philippe Lasnier, le 20 avril 1507, et, ainsi que toutes les suivantes, elle fut abattue lors du siége de Paris par Henri IV. Vers 1595, un marché se tenait sur son emplacement, qui était alors isolé vers l'est, comme de l'autre côté. Ce marché fut supprimé à la suite d'une requête présentée en 1634 par le prince de Condé.

Maison sans désignation, qui a formé, après la précédente, le coin de la rue des Fossés. Le terrain en fut baillé par la Ville à l'épicier Hugues Le Comte, le 24 juin 1543, et un renouvellement du bail eut lieu, le 14 août 1604, au profit de Jean Le Comte, son petit-fils. Ce dernier augmenta la maison d'une place de sept toises, le 28 septembre 1606, et il l'agrandit encore en 1615 et 1631. C'était une dépendance ou un morcellement de la suivante.

Maison sans désignation en 1493, puis de la Boule-Verte (1531-1578). Avant 1507, elle formait le coin du chemin sur les fossés, la maison de Lasnier n'étant point encore bâtie, et elle est désignée comme une petite maison neuve en 1493.

Elle renfermait trois «louaiges.» Démolie en 1589, elle a été remplacée par deux maisons. Le terrain de la première, large de vingt pieds et profond d'environ quatre toises et demie, fut baillé à Antoine Charpin, le 22 septembre 1604; le terrain de la seconde fut accensé, le même jour, à Jean Marchand; l'égout des eaux du carrefour y passait.

Maison sans désignation, tenant à l'avant-portail de la porte Saint-Germain. Elle fut prise à bail, le 6 juin 1544, par Philibert Pourfillot, et avait été bâtie sur un terrain acquis par Philippe Le Roy en 1507; néanmoins il paraît en être question dans un document de 1493. Elle fut abattue en 1589. La vente de son emplacement, dont les limites précises restent douteuses, eut lieu le 7 mars 1613 et le 12 avril 1614, à charge de bâtir, et au profit des nommés Aubry Lecoq et Bertrand L'Hoste. Le lot du premier avait quatorze pieds et demi de large, sur cinq toises et demie de profondeur; le lot du second était large de trois toises par devant et d'une seulement par derrière. Bertrand L'Hoste augmenta sa part, le 12 août 1623, d'une autre place contiguë, large de quinze pieds et profonde de sept toises, de sorte qu'il s'éleva là une maison large de sept toises cinq pieds et demi.

RUE DE BUSSY.

La rue de Bussy commence au carrefour de ce nom, c'est-à-dire près du lieu où débouchait le pont de l'ancienne porte de Bussy, et elle finit à la rue des Boucheries (de l'École-de-Médecine), ainsi qu'à la place Sainte-Marguerite.

Cette voie formait la continuation de celle qui, traversant la terre de Laas, conduisait du Petit-Pont à l'abbaye; elle doit donc être ainsi fort ancienne. La fermeture réitérée de la porte de Bussy, au XIV° et au XV° siècle, paraît avoir alors transmis à la rue des Boucheries l'importance que la rue de Bussy était naturellement destinée à prendre, et qu'elle n'a acquise qu'après la réouverture de la porte et surtout après le percement de la rue Dauphine.

Dès le règne de Charles VI, la rue de Bussy fut bordée de constructions[1], excepté entre les rues de Seine et du Fossé (Mazarine), endroit où l'on a commencé de bâtir en 1530; à cette dernière date, c'était moins une rue qu'un chemin menant soit à l'abbaye, soit à la rivière, au moyen de la rue de Seine, avec laquelle elle était fréquemment confondue. Dans ce cas, la partie comprise entre la place Sainte-Marguerite et la rue de Seine était considérée parfois comme une rue particulière qu'on a appelée *rue du Pilori* (1292-1531), «rue par où l'en va de devant le Pilory vers le Pré aux Clercs» (1388), «rue par où l'en va au Pré aux

[1] Il a été dit qu'on avait commencé à y bâtir en 1357; mais cette assertion est sans fondement, car il s'y trouvait déjà une maison appartenant à l'évêque d'Orléans en 1292.

«Clercs, du Pilory» (1412), ou «rue qui tend du Pillory au Pré aux Clercs» (1523), mais à laquelle on donnait aussi le nom de rue de Bussy, puisqu'on a écrit dans un acte de 1530 : «rue de Bussy, tendant du Pillory au Pré aux «Clercs.»

La rue de Bussy est énoncée dans des chartes : «vicus per quem exitur de porta «Parisiensi, que vocatur porta Sancti Germani (1254); vicus per quem itur ad «Secanam (1259), et via publica per quam directe itur de Sancto Germano ad «portam civitatis Parisiensis, que vocatur porta Sancti Germani» (1292); puis, dans d'autres documents : «rue allant de l'abbaye à la vieille porte de Bussy, au «Pré aux Clercs» (1470); «chemin devant la porte de Bussy» (1498 et 1531); «chemin qui vient de la porte Sainct Germain à la rivière» (1529); «chemin par «lequel on va de Paris au Pré aux Clercs» (1531); «chemin qui tend de Paris «à la rivière de Seyne» (1531); «rue de la porte de Bussy» (1522); enfin rue de Bussy, en 1528, et «de Buxy,» dans un titre de 1535 [1]. On lit dans le censier de 1547 : «rue de Bussy, naguères et auparavant l'ouverture, de nouvel faicte, «de la porte de Bussy, appellé le chemyn allant au Pré aux Clercs.»

Cette voie, qu'on pava en 1551, doit son nom à la porte de Bussy, ainsi appelée parce qu'elle appartint, au milieu du xive siècle, à Simon de Bussy, premier président du Parlement. Or, quel que soit le lieu d'où la famille de Bussy était originaire, le vocable servant à désigner ce lieu semble venir du latin *buxus*, buis. Dans cette hypothèse, l'orthographe moderne *Bussy* serait préférable à celle de *Buci* ou *Bucy* (*de Buciaco*), qu'on rencontre ordinairement dans les anciens textes.

CÔTÉ MÉRIDIONAL ET ORIENTAL.

PAROISSE SAINT-SULPICE.

JUSTICE
ET CENSIVE DU PARLOIR AUX BOURGEOIS.

Entre la porte de Bussy et la rue de l'Ancienne-Comédie.

MAISON sans désignation, tenant au pont de la porte de Bussy, et bâtie sur un terrain large de trois toises et demie et profond de cinq toises deux pieds, baillé à Pierre Janson, le 15 avril 1606. Dans ce terrain existaient encore les fondements d'une maison détruite en 1589 [2] : c'était sans doute la même que celle dont l'em-

---

[1] *Buxy* n'est pas une corruption à proprement parler; c'est une orthographe savante, comme on en adoptait au xvie siècle. Pendant les xve et xvie siècles, on écrivait *Xaintes*, *Xainctrailles*. Cela ne changeait rien à la prononciation. — A. DE L.

[2] Le 14 juillet 1602, après avoir été informé «que plusieurs caymans et aultres gens malvivans «faisoient leur retrait ordinaire soubz certaines «voultes de caves, qui» étaient «restées des ruynes «des maisons cy-devant assises hors la porte de «Bussy,» le Bureau de la Ville ordonna le comblement de ces excavations.

placement fut cédé à Jean de Bernay, le 19 mai 1543. La maison de Jean de Bernay était large de dix-neuf pieds par devant, de vingt-quatre par derrière, et profonde de douze toises. Elle touchait à la « masse » du pont.

Maison sans désignation, qui paraît avoir été construite sur l'emplacement d'une masure baillée au nommé Cordier, avant le mois d'août 1605.

Maison sans désignation, faisant le coin oriental de la rue des Fossés (de l'Ancienne-Comédie). Élevée sur un terrain baillé à Simon Bridon, le 10 août 1542, elle fut abattue en 1589, et rebâtie par Léon Ficquet, à qui l'emplacement en fut accensé le 20 mai 1605; il s'en défit quatre jours après, au profit du nommé Pierre Nolant.

JUSTICE
ET CENSIVE DE L'ABBAYE SAINT-GERMAIN DES PRÉS.

Jardin (1523), puis maison sans désignation (1595), faisant le coin occidental de la rue des Fossés. Le terrain de cette maison, qui était déjà divisé en deux vers 1628, contenait huit perches, et fut baillé le 6 mai 1510, lorsqu'il était encore en jardin, à Jean Ganeron; il dépendait de la maison contiguë, faisant front sur les fossés. *Entre les rues de l'Ancienne-Comédie et des Mauvais-Garçons (Grégoire-de-Tours).*

Maison sans désignation en 1523, puis du Grand-Turc (1628). En 1531, elle renfermait un jeu de paume, et, pendant tout le XVIᵉ siècle, elle s'étendait fort loin vers le sud, puisque les maisons de la rue des Fossés, jusqu'à celle de l'Étoile inclusivement, sont toujours dites y aboutir. Plus tard, la partie postérieure de la maison a servi à l'agrandissement de diverses propriétés en bordure sur la rue des Mauvais-Garçons, et c'est apparemment cette même partie qui dépendait, en 1547, de la maison de l'Image-Saint-Antoine, en la rue des Boucheries.

Maison sans désignation (1531), faisant le coin oriental de la rue des Mauvais-Garçons. Elle fut élevée sur une partie de jardin, large de trois toises deux pieds et profonde de dix[1], cédée par Jacques Ledreux à Nicolas Maretz, le 18 janvier 1527. Détruite pendant le siège de Paris, elle n'était point encore rebâtie vers 1595; mais, en 1611, sur son emplacement et sur celui de trois masures situées le long de la rue des Mauvais-Garçons, Jean Clergy avait fait construire quatre nouvelles maisons, dont l'une avait pour enseigne *la Fortune*. En 1614, les quatre maisons avaient pour enseignes *la Justice*, *la Prudence*, *la Force* et *la Tempérance*. Nous ne saurions, d'ailleurs, fixer avec certitude les limites de ces quatre constructions.

Jardin d'un demi-quartier (1420), puis maison sans désignation (1547), faisant *Entre les rues*

---

[1] Dans œuvre, sans doute.

le coin occidental de la rue des Mauvais-Garçons. Elle appartint, dès 1547, aux religieux de Sainte-Croix-de-la-Bretonnerie, auxquels elle avait été donnée par M⁰ Michel Bénard, qui l'avait fait bâtir quelques années auparavant.

MAISON sans désignation en 1595, puis DE L'IMAGE-SAINT-LOUIS (1628). De même que les quatre ou cinq suivantes, elle fut construite sur des terrains ayant fait anciennement partie de l'hôtel de Malicorne. (Voir Rue des Boucheries.)

MAISON DE LA CROIX-BLANCHE (1595-1730), faisant hache derrière la précédente. Vers 1640, elle appartenait à la duchesse de Schomberg et renfermait un jeu de paume. On y établit ensuite une salle de spectacle, qui fut connue sous le nom de *Théâtre-Illustre* (1641-1645), et où Molière fit ses débuts à Paris.

Partie postérieure de la MAISON DU CYGNE-DE-LA-CROIX, située rue des Boucheries. Les deux maisons précédentes paraissent avoir été bâties sur une partie de son emplacement.

MAISON sans désignation en 1595, puis DE L'IMAGE-SAINT-NICOLAS (1687-1733). Elle semble avoir eu aussi pour enseigne L'ÉGLISE, et elle appartenait au collége Saint-Nicolas-du-Louvre.

MAISON DU GRAND-CERF (1595-1730), où il y avait une hôtellerie au XVII⁰ siècle. C'était d'abord la partie postérieure de la maison de Notre-Dame-des-Vertus, ayant sa façade sur la rue des Boucheries.

GRANDE MAISON, qui paraît avoir eu pour enseigne L'ALBANOYS en 1595, et est dite, dans le censier de cette année, appartenir à «J. de Messe,» conseiller d'État[1], après avoir été possédée par M. de la Marcillière. Si nous ne nous trompons, elle fut, comme les précédentes, bâtie sur les jardins de l'hôtel de Malicorne. La rue de Seine passe aujourd'hui sur une partie de son terrain et de celui de la maison suivante.

HÔTEL DE VENISE (1595), où pendait pour enseigne, en 1687, *la Ville-de-Venise*. Suivant le censier de 1595, il appartenait à M. de Vailly, et avait été construit sur l'emplacement d'une masure qui avait jadis été une grange. Cette grange doit être celle que Regnaut Beauvallet vendit, le 8 janvier 1515, au voyer de l'abbaye, Jean Bart, dit Brodequin; elle comprenait quatre travées, était contiguë à l'hôtel de Malicorne, et aboutissait aux propriétés de L. Leblanc, c'est-à-dire aux maisons de la Cage et du Havre-de-Grâce, qui étaient situées dans la rue des Boucheries. Vers le même lieu s'élevait, en 1401, une maison ayant pour enseigne *la Hache*.

MAISON sans désignation, dont nous n'avons pu préciser l'identité que grâce au censier de 1595, mais qui existait un siècle auparavant. En 1628, elle était séparée de la maison suivante par une allée, ou corps d'hôtel, servant d'issue à une maison ayant son entrée principale en la rue des Boucheries. Ce corps d'hôtel

---

[1] Ce doit être le même que Jean Hurault, seigneur de Bois-Taillé et de Bourré, et frère d'André Hurault, seigneur de Maisse, ambassadeur à Venise, mort en 1607.

forma ensuite une maison particulière, que Christophe Gamard, qui y demeurait, légua à l'Hôtel-Dieu par son testament du 3 décembre 1649; il l'avait achetée le 21 avril 1631.

Maison sans désignation (1595).

Maison sans désignation en 1523, puis de l'Image-Saint-Claude (1595-1687). Elle avait des dépendances sur la rue des Boucheries.

Maison sans désignation (1595), morcellement probable de la précédente.

Petite maison mentionnée en 1523, et alors appartenant à Rémond Piquet. Elle avait pour enseigne *le Petit-Broc* en 1628, et, comme la suivante, avait d'abord fait partie de la maison du coin de la rue des Boucheries.

Maison du Pavillon (1595), puis des Quatre-Fils-Aymon, contiguë à la maison du coin de la rue des Boucheries.

CÔTÉ OCCIDENTAL ET SEPTENTRIONAL.

PAROISSE SAINT-SULPICE.

JUSTICE
ET CENSIVE DE L'ABBAYE SAINT-GERMAIN.

Maison du Croissant (1474-1628), faisant le coin de la place Sainte-Marguerite. La partie postérieure de cette maison, donnant sur la rue de l'Échaudé, avait pour enseigne *le Paon*, au XVIIe siècle.

<small>Entre la place Sainte-Marguerite et la rue de Seine.</small>

Maison du Grand-Cornet (1595), puis du Mouton (1628).

Maison de la Biche (1595-1628), puis du Gros-Raisin (1687).

Maison de l'Arbalète (1595-1628).

Maison de l'Annonciation (1547-1687). Cette maison et les maisons précédentes, qui toutes aboutissaient à la rue de l'Échaudé, furent construites sur l'emplacement d'une grande propriété, laquelle renfermait une grange avec des étables, et est déclarée, en 1523, s'être appelée anciennement «l'hostel de la Forge.» Cet hôtel de la Forge est mentionné en 1437 et 1466; il n'était point distinct de la maison du Croissant mentionnée en 1474, puisqu'il est énoncé «devant le Pillory.» Nous trouvons en outre, dans les archives des Chartreux, l'indication d'une maison énoncée, en 1319, devant le Pilori, «en laquelle maison *la Forge* est, ad présent, «faisant le coing donc l'en va de la Boucherie à Sainct Germain, et, de l'autre part, «devers les prez, en alant à Sainct Souplice, et tenant aus maisons dudit Clément «Le Fèvre.» Cette maison de la Forge paraît être celle dont il est question dans le présent article; toutefois le fait n'est point entièrement certain, parce qu'il a existé aussi une autre maison de la Forge vers le coin de la rue des Boucheries. La première se confondait, vers 1548, avec la maison suivante, dont il est dit, dans le censier de cette année, que le «princippal manoir» avait effectivement pour enseigne l'image de «l'Annonciation-Nostre-Dame.» Au même lieu il y avait, en 1388, une grange appartenant à Jehan Laigneau.

Deux maisons, dont l'une, faisant le coin méridional de la rue Bourbon-le-Château, a eu pour enseigne la Herse en 1628, et la Herse-en-Croissant en 1671. L'autre appartenait, vers 1630, à Joachim et Pierre «Sauvalle,» père et oncle de l'historien, qui lui-même en fit don à l'Hôpital général, le 14 mars 1671. Ces deux maisons avaient été construites sur l'emplacement d'une grange, avec bergeries et étables (1523), dont les limites, vers la rue de Seine, paraissent répondre au côté méridional de la rue Bourbon-le-Château. C'est, en effet, sur le terrain de la maison suivante que cette rue fut ouverte.

Rue Bourbon-le-Château. François de Bourbon, prince de Conti, abbé commendataire de Saint-Germain, ayant fait rebâtir la porte du palais abbatial et voulant éviter le long détour au moyen duquel on y accédait[1], résolut de percer une rue «depuis le pont neuf de la Maison abbatialle jusqu'à la rue de Bussy.» Dans ce dessein, le 5 juillet 1610, il acquit de Jean de Moussy, auditeur à la Chambre des comptes, une zone de terrain dépendant de la maison de celui-ci, et mesurant quatre toises de large sur dix-neuf et demie de profondeur. Jean de Moussy reçut, comme indemnité, une propriété à Cachan, et la construction du mur destiné à séparer sa maison de la rue nouvelle fut payée par l'abbé[2]. Il est dit, dans le texte du contrat d'échange, que la voie à ouvrir s'appellera «la rue de «Bourbon-Guise,» et telle est, en effet, la dénomination qu'elle a portée d'abord, et à laquelle a ensuite été substituée celle de *rue Bourbon-le-Château*. On lit «rue «de Bourbon-le-Château, cy-devant rue de Bourbon-Guise,» sur un titre de 1748[3]. La première dénomination avait été choisie, non point, comme on le dit, à cause du cardinal de Bourbon, mais bien en l'honneur de François de Bourbon et de sa seconde femme, Mlle de Guise, qui continua à jouir des revenus de l'abbaye, longtemps après la mort de son mari.

Maison et tuilerie (1388-1547), s'étendant jusqu'au coin de la rue de Seine, et, le long de cette dernière, jusqu'à la rue du Colombier. Du temps de François Ier, elle appartenait au nommé de Moussy et s'appelait la *Tuilerie de Moussy*. Elle est énoncée «une loge, masure, place et tuillerie» dans le bail qui en fut fait, le 23 avril 1388, au tuilier Jehan Fleurye, moyennant diverses conditions, parmi lesquelles figure l'obligation de fournir chaque année deux milliers de tuiles à l'abbaye. Elle présentait alors, sur la rue de Seine, une longueur de trente-neuf

---

[1] On ne pouvait y arriver de Paris que par la rue du Colombier, ou par la place appelée aujourd'hui *de Sainte-Marguerite*.

[2] Arch. nat. cart. S 2875.

[3] Sur le plan de Gomboust, la rue Bourbon-le-Château est dénommée *rue du Petit-Bourbon*, ce qui constitue une erreur manifeste et fait confusion avec la rue voisine de Saint-Sulpice.

toises, laquelle se retrouvait naguère entre la rue de Bussy et la rue du Colombier. Nous croyons que le terrain qu'elle occupait se confond avec certaine place vide, d'environ un demi-arpent, tenant d'une part « au terrouer des fossez » du monastère, et d'autre part « au chemin par où on va de Saint-Germain à la rivière « de Senne, » qui fut cédé, en 1372, au tuilier Guillaume Frère, à charge par lui d'y bâtir. La tuilerie de Moussy doit avoir cessé d'exister, en vertu d'une ordonnance de l'abbé de Saint-Germain, ordonnance dont nous ignorons la date, mais à propos de laquelle, le 6 juin 1554, le Parlement ordonna une enquête, sur les réclamations des autres possesseurs de tuileries du faubourg et sur celles de l'Université. Il est parlé, dans le censier de 1595, des maisons qui avaient remplacé la tuilerie. En 1628, elles étaient au nombre de sept sur la rue de Bussy. À cette époque, les quatre premières, après la rue Bourbon-le-Château, étaient encore possédées par la famille de Moussy.

MAISON DE NOTRE-DAME-DE-LIESSE (1543-1687), faisant le coin oriental de la rue de Seine. En 1628, elle était divisée en six maisons : la première, faisant le coin, conservait l'ancienne enseigne; la deuxième avait celle des *Balances;* la quatrième, celle de *l'Ange;* la cinquième, celle des *Deux-Anges;* la sixième, celle du *Rosier-Croissant.*

<small>Entre les rues de Seine et Mazarine.</small>

La maison de Notre-Dame-de-Liesse et la suivante furent construites sur un terrain cédé par Simon Chartier à Jean Laurent, le 11 septembre 1531.

MAISON sans désignation en 1547, et alors inachevée. En 1595, elle renfermait un jeu de paume. En 1628, elle était divisée en deux parties : la maison de *l'Écu-de-Boulogne* et le jeu de paume de *la Diligence.*

MAISON sans désignation (1547), élevée sur un terrain baillé à Jean Champion, le 16 mai 1530. En 1595, elle formait plusieurs corps d'hôtel, et, en 1628, cinq maisons distinctes : la première, actuellement réunie à la deuxième, a eu pour enseignes *le Petit-Monde* (1628) et *le Chef-Saint-Jean* (1687); la deuxième, celle de *la Belle-Image* (1620); la troisième, maintenant confondue avec la quatrième, a eu pour enseigne *le Cheval-d'Or* (1629-1696), et il s'y trouvait un jeu de paume en 1687; la quatrième a eu pour enseigne *le Jugement-de-Salomon*[1] (1628-1687), et la cinquième, *le Pavillon-Royal* (1687).

MAISON sans désignation en 1547, puis DE LA SALAMANDRE en 1595, contiguë à la maison faisant le coin de la rue Mazarine. Elle fut élevée sur un quartier de terre baillé à Nicolas Maretz, le 11 mai 1530, et était déjà divisée en deux, vers 1625. C'était une place vide en 1595, par suite des ravages de la guerre.

---

[1] Probablement par allusion au nom de *Salomon* Champion, propriétaire du tout en 1595.

JUSTICE
ET CENSIVE DU PARLOIR AUX BOURGEOIS.

Entre la rue Mazarine et la porte de Bussy.

DEUX MAISONS sans désignation (1607), dont la première faisait le coin oriental du chemin sur les fossés ou rue Mazarine, et a formé ensuite l'angle de la rue Dauphine. Le terrain de ces maisons paraît avoir été baillé en 1605 aux nommés Simon Turpin et Jean Raimbaut.

DEUX MAISONS sans désignation (1607), élevées sur une place large d'environ cinq toises et profonde de quatre, baillée à Jean Bayet, le 25 mai 1605. Au même lieu avaient existé, avant 1589, deux maisons bâties sur un terrain large de huit toises et profond de six, vendu par la Ville à Jean Gabory, le 8 août 1542. Ce terrain était attenant à une place large de cinq toises, la même peut-être que celle de Bayet.

RUE DES CANETTES.

La rue des Canettes commence à la rue du Four et finit à la rue du Vieux-Colombier.

Des documents de 1259 et 1270, ainsi que le rôle de la taille pour 1292, la mentionnent sous le nom de *vicus Sancti Sulpicii*, ou « rue Saint Souplice. » Ce vocable, provenant de ce que la rue conduisait à l'église consacrée sous l'invocation de saint Sulpice, se rencontre diversement orthographié : Saint Suplice, Soulpice, etc., dans presque tous les titres jusqu'au milieu du XVIIe siècle, époque où le nom de *rue des Canettes* commence à devenir fréquent. Empruntée à une enseigne, cette dernière dénomination était déjà usitée en 1628, puisque le censier de cette année énonce « la rue Sainct Sulpice, dicte des Canettes. » Auparavant on faisait quelquefois usage de la locution : *Grande rue Saint Sulpice* (1509, 1517, etc.), apparemment pour éviter la confusion avec les ruelles Saint-Sulpice aboutissant au chemin de Vaugirard. Nous avons lu dans une charte de 1413 : « rue par où l'on va à l'hostel de Sainct Sulpice, » et « rue Sainct Sulpice, autrement dicte *le Trou Punetz*, » sur des actes de 1511 et 1578.

Le Trou-Punais dont il est ici question était une propriété privée, car une maison située au coin de la rue du Four et de la rue des Canettes est énoncée, en 1505, aboutir « au jardin du Trou Punais[1]. » D'autre part, la maison du Trou-Punais est l'objet d'un article dans des comptes de 1454, 1463, etc. Au reste, il y avait encore des bourbiers dans la rue des Canettes et dans les environs,

---

[1] Cette dénomination, qui comporte l'existence d'un puisard, ou bouche d'égout, est assez fréquente dans le vieux Paris; on la trouve également appliquée aux voiries et décharges publiques. L. M. T.

sous le règne de Charles IX : un arrêt du Conseil privé, rendu le 22 juillet 1566, ordonna que le Prévôt des Marchands et les Échevins fourniraient cent manouvriers pendant deux mois, pour être employés, sous la direction des officiers de l'abbaye, à faire les «vidanges des terres massives, haussement et baissement des «terres, rues et *cloaques* des rues du Four, de Saint Sulpice et autres circum-«voisins[1].»

Au nombre des rues mentionnées dans la liste que donne Corrozet, et dont l'identité est restée jusqu'ici à l'état d'hypothèse, figure celle *de Viracoublé;* mais, alors même que l'édition du livre des «Antiquitez, chroniques et singularitez de «Paris,» donnée en 1543, ne nous eût point appris les aboutissants de cette rue[2], il nous aurait été facile de comprendre que cette voie ne différait point de la rue des Canettes, puisque nous savons que le seigneur de Villacoublay avait là son habitation, au temps de François Ier. Un censier de 1400 indique six ou sept maisons pour le côté oriental de la rue des Canettes, et dix pour le côté occidental. Toutes les maisons dont nous allons parler existaient donc dès le XIVe siècle; toutefois ce n'est qu'au XVIe siècle qu'il est possible de les distinguer entre elles.

CÔTÉ ORIENTAL.

PAROISSE SAINT-SULPICE.
JUSTICE
ET CENSIVE DE L'ABBAYE.

Maison sans désignation en 1547, puis de l'Image-Saint-Claude (1615), contiguë à la propriété du coin de la rue du Four. Elle en avait fait partie anciennement, et, après avoir été détruite pendant le siège de Paris, elle fut rebâtie en 1605.

Maison sans désignation (1523). Achetée vers 1535, du nommé Bigant, par le président René Gentil, et comprise dans la confiscation de ses biens, en 1543, ainsi que la suivante, elle passa aux mains du cardinal de Tournon, et devint, en 1544, la propriété de son neveu, le comte de Roussillon.

Maison de l'Image-Notre-Dame (1446-1531), dont les jardins, énoncés comme ayant un arpent et demi, s'étendaient jusqu'aux halles de la Foire, en longeant la partie postérieure des dépendances du presbytère Saint-Sulpice. Elle appartint aux Mathurins, puis à Edmond Hesselin, seigneur de Villepèle. Le 31 décembre 1535, elle fut vendue par la fille de Hesselin, épouse de l'avocat Guy Cotte-Blanche, à Jérôme Gentil. René Gentil, le père de celui-ci, la posséda d'ailleurs,

---

[1] Inv. de l'Abbaye. Arch. nat. reg. LL 1145, fol. 11 v°.

[2] Dans le livre de Corrozet, la rue des Canettes est dite aboutir d'un bout «à la rue Sainct Ger-«main» (du Four) et «de l'aultre bout au coing «Sainct Supplice.»

comme l'indique le censier de 1547, où il est rapporté qu'elle fut confisquée au profit du cardinal de Tournon. On y dit, en outre, que « en partie desquelz « lieux ledict deffunct Gentilz feist bastir et édiffier une grant maison de la « modde ytalienne, couverte de thuille, où il y a trois tournelles couvertes d'ar- « doises. »

C'est sur l'emplacement de cette maison, absorbée avec la précédente dans l'hôtel de Roussillon (voir Rue du Four), qu'a été ouverte la rue Guisarde, d'abord dite *Guyarde*, suivant un titre du mois d'octobre 1621. De plus, il semble que l'hôtel du comte de Sancerre, qu'on trouve mentionné dans le censier de 1355, et devant lequel se trouvait une masure contiguë à l'hôtel des Carneaux et à ce dernier manoir[1], s'élevait vers le lieu où a été percée la rue Guisarde. Il est parlé de cet hôtel du comte de Sancerre dans un document de 1270.

Maison sans désignation (1531), contiguë à la maison du coin de la rue du Vieux-Colombier. Elle appartint aux marguilliers de Saint-Yves.

CÔTÉ OCCIDENTAL.

PAROISSE SAINT-SULPICE.
JUSTICE
ET CENSIVE DE L'ABBAYE.

Grande maison sans désignation, formant le coin de la rue du Vieux-Colombier. C'était d'abord une propriété composée d'une grande et d'une petite maison, avec un grand et un petit jardin. Le tout fut vendu, en 1509, par Gasset le Viel (*alias* le Véel) à Jean Tabour, orfévre, qui s'en défit, le 19 avril 1520, au profit de Léon le Gentilhomme, prêtre et licencié en droit. Celui-ci y fit bâtir un hôtel important, que possédèrent après lui messire François de Monsçaulx, seigneur de Villacoublay (1534), M° Oudart Hennequin, Christophe de Thou, avocat au Parlement (1547), puis Philippe Goureau, sieur de la Proustière, maître des requêtes (1576). Dès 1628, on y avait établi un manége, qui fut possédé, vers 1656, par Hugues de Villelongue, sieur de Mesmont, écuyer ordinaire de la grande écurie, et qui s'est appelé *Académie de Mesmont*, et plus tard *de Vaudreuil*.

Maison sans désignation (1595).

Maison sans désignation (1576), qui, dans la première moitié du xvi° siècle, était confondue avec la suivante.

Maison du Pélican (1575-1687). L'emplacement de cette maison et de la pré-

---

[1] « Mons. Bernart le Brun, pour sa masure des Querneaux, devant l'ostel mons. de Sancerre, vi s. » Arch. nat. reg. LL 1033, fol. 30 v°.

cédente doit être le même que celui de l'ancien Hôtel « aux Carneaulx, » qu'on trouve encore mentionné en 1531. Il appartenait, en 1306, à l'abbé de Saint-Remy de Reims, lequel, contraint par les moines de Saint-Germain-des-Prés « d'en vider ses mains, » le vendit à l'évêque de Limoges, Bernard Brun. L'hôtel des Carneaux était peut-être, à cette époque, plus vaste qu'il ne l'a été depuis; car Bernard Brun, dans une reconnaissance du 2 juin 1310, parle de plusieurs maisons qui y étaient attenantes. Le 24 mars 1403, les Quinze-Vingts le cédèrent à Henry Joigneau. Ce dernier l'aliéna, le 2 janvier 1409, au profit du pitancier de l'abbaye, qui le revendit, le 29 novembre 1446, à Laurent Poutrel.

Maison sans désignation (1511), propriété de l'abbaye au xviie siècle. Cette maison, ou l'avant-dernière, avait pour enseigne, en 1575, *le Purgatoire*, et l'une des maisons contiguës à l'hôtel des Carneaux s'appelait *l'hôtel de la Hotte*, en 1403.

Maison sans désignation en 1595, puis *des Canettes* (1628-170..). Elle fut élevée sur une portion de jardin que J. Daneau, propriétaire de la maison précédente, vendit, en 1511, à Jean de Montjay, à la condition de réserver, auprès de la maison attenante, l'emplacement d'une ruelle longue de douze toises et large de quatre pieds et demi. Cette ruelle, dont il est encore question en 1529, était une propriété privée et a promptement disparu. Jaillot dit qu'on l'appelait la *ruelle du Chef-Saint-Jean*.

Entre la maison des Canettes[1] et la maison suivante, il en existe aujourd'hui une troisième, qui semble être un morcellement de cette dernière; elle a eu pour enseigne *l'Autruche*, vers 1580, et *les Canettes-Blanches*, en 1628; mais il n'en est point fait mention au xvie siècle. Le décrochement que présente le mur mitoyen méridional de la maison de l'Autruche nous paraît être une trace du passage de la ruelle.

Masure (1395), puis maison du Chef-Saint-Jean (1500-1628), contiguë à la maison faisant le coin de la rue du Four. Jaillot dit que l'enseigne de cette maison existait dès le xive siècle, de même que la ruelle attenante; mais c'est une erreur de sa part, ou le résultat d'une faute d'impression.

RUE DU CANIVET.

La rue du Canivet commence à la rue Servandoni et finit à la rue Férou.

Cette rue, percée à une époque que nous ne pouvons préciser, mais très-probablement peu après 1550, n'apparaît, en tout cas, qu'un peu plus tard, car la plus ancienne indication que nous en ayons rencontrée se trouve dans le censier

---

[1] L'enseigne de cette maison, sculptée en bas-relief dans le siècle passé, existe encore au moment où nous écrivons.

de 1595. Elle y est énoncée « rue des Fossoyeurs, » tandis que la vraie rue de ce nom y est appelée rue des Cordiers. On lit *rue du Canivet* dans le censier de 1628 et dans tous les documents postérieurs, qui ne fournissent d'ailleurs aucune donnée sur l'origine de cette désignation. Un canivet étant une sorte de canif, on suppose volontiers qu'elle provient d'une enseigne du Canivet; mais il n'y a jamais eu, que nous sachions, de pareille enseigne dans cette rue, ni même dans aucune autre. Nous croyons devoir indiquer une étymologie fort différente. D'après le censier de 1595, les deux seules maisons ayant leur façade dans la rue appartenaient au tailleur « Jehan Caminet; » or il est extrêmement vraisemblable que le copiste du cueilleret a écrit par erreur Jean *Caminet* au lieu de J. *Cainivet* ou *Canivet*. Rien, en effet, n'est plus commun que de semblables méprises; nous constatons, en outre, que, au XVIe siècle, l'abbaye comptait parmi ses vassaux un « Nicolas Canyvet, » charpentier de bateaux, à la famille duquel pourrait avoir appartenu le tailleur au nom douteux.

CÔTÉ MÉRIDIONAL.

PAROISSE SAINT-SULPICE.
JUSTICE
ET CENSIVE DE L'ABBAYE.

Le côté méridional de la rue du Canivet était bordé, au XVIe siècle, par le flanc d'une maison aboutissant sur les rues Servandoni et Férou. Cette maison avait son issue sur la rue du Canivet en 1628, et elle a été morcelée depuis, de façon à former, le long de la rue du Canivet, deux propriétés distinctes.

CÔTÉ SEPTENTRIONAL.

PAROISSE SAINT-SULPICE.
JUSTICE
ET CENSIVE DE L'ABBAYE.

Deux maisons sans désignation (1595), dont la première faisait le coin de la rue Férou, et la seconde celui de la rue Servandoni (?). Ce sont ces deux maisons qui appartenaient au tailleur Jehan Caminet; en 1628, comme de nos jours, elles constituaient déjà trois maisons différentes.

RUE CASSETTE.

La rue Cassette commençait, il y a peu d'années, à la rue du Vieux-Colombier; son extrémité septentrionale a été raccourcie par l'ouverture de la rue de Rennes. Elle finissait et finit encore à la rue de Vaugirard.

Nous trouvons cette voie désignée comme il suit : «chemin tendant de la rue « du Colombier aux murs des Chartreux,» dans un document de 1521, et «che- « min tendant de Sainct Germain aux Poulignis,» ou simplement «chemin des Pou- « lignis,» dans d'autres pièces datées de 1523. Toutefois elle avait pour nom caractéristique et habituel celui de «chemin de Cassel,» autrement «ruelle de « Cassel;» elle est ainsi indiquée sur un acte de 1412, le premier où il en soit parlé à notre connaissance. Vers 1540, le nombre des maisons bordant le chemin de Cassel lui avait donné la physionomie d'une rue; aussi lit-on dans le censier de 1547 : «rue de Cassel, que naguères on nommoit le chemyn de Cassel.» Pour la distinguer des deux petites rues également dénommées Cassel, on a dit quelquefois : «Grant rue Cassel» (1561) et «rue du Grant Cassel» (1571); mais cette appellation n'a point eu longtemps sa raison d'être et a peu duré. Quant à la transformation du vocable primitif en celui de Cassette, elle a eu pour cause ce besoin d'assimilation, qui pousse le peuple à donner un sens intelligible à des mots incompris et plus ou moins semblables à certains autres existant dans la langue courante. On a écrit «en Casset» dès 1543, et «rue Cassette» dès 1570.

L'hôtel de Cassel, auquel la rue Cassette doit son nom et peut-être son origine, n'est décrit dans aucun des titres de l'abbaye; nous sommes moralement sûr, néanmoins, qu'il était situé le long de la rue du Colombier, entre les rues Cassette et du Cherche-Midi [1]. Le censier de 1355 nous apprend que, après avoir appartenu à un archevêque de Bourges, il était devenu la propriété de madame de Cassel : «Mad. de Cassel, pour le manoir qui fu l'arcevesque de Bourges, au «Colombier, vi s. [2]» Un registre des archives de Saint-Thomas-du-Louvre nous fait savoir que madame de Cassel n'était autre que «Mad. Jehanne de Bretègne.» Jeanne de Bretagne, née en 1294 et morte le 24 mars 1363, fut effectivement mariée, par contrat passé à Saint-Germain-des-Prés, le jour de la Saint-Matthieu 1323, à Robert de Flandres, seigneur de Cassel, et de là vient qu'elle a été connue sous le nom de madame de Cassel. Sa fille, Yolande de Flandres, comtesse de Bar, hérita de l'hôtel de Cassel, comme il appert du censier de 1365, et elle put voir cet héritage détruit, car elle ne mourut qu'en 1394. Or il est question, dès 1393, de «la place où jadis fut l'hostel de Cassel.» Au reste, sur

---

[1] Entre autres preuves, on trouve qu'une place devant celle où avait été l'hôtel tenait d'une part à la rue du Four. — [2] Arch. nat. reg. LL 1033, fol. 14 r°.

l'emplacement qu'il avait occupé subsistèrent toujours quelques constructions, maisons rurales ou tuileries, et cet emplacement forma un territoire qu'on désigna par l'appellation de « Cassel. » La mention du « lieu dict Cassel » et la locution « en Cassel » se rencontrent très-fréquemment pendant la première moitié du xvie siècle. Dans le procès-verbal de l'arpentage de 1529, le canton de Cassel est l'objet spécial d'un triage, sous la rubrique : « Le huictiesme triaige commençant « à la Thuillerye, tirant à la Fosse à l'Aumosnier, jusques au grant chemyn de « Vaugirart; » ce qui, traduit dans le langage actuel, veut dire : commençant du coin de la rue du Vieux-Colombier et du Cherche-Midi, continuant le long de celle-ci et de la rue du Regard, puis revenant par les rues de Vaugirard et Cassette. En 1529, le terrain du huitième triage était encore presque complétement en culture, et, en 1523, du côté de la rue du Cherche-Midi, s'étendait un arpent, lequel s'était « anciennement appellé les Petites Masures. »

CÔTÉ ORIENTAL.

PAROISSE SAINT-SULPICE.

JUSTICE
ET CENSIVE DE L'ABBAYE.

Entre les rues du Vieux-Colombier et Carpentier.

TROIS MAISONS sans désignation (1595), dont la première était contiguë à la maison faisant le coin de la rue du Vieux-Colombier; la dernière formait le coin septentrional de la rue Carpentier.

Entre les rues Carpentier et de Mézières.

MAISON sans désignation (1595), faisant le coin méridional de la rue Carpentier.
MAISON sans désignation (1595), s'étendant en hache sur la rue Carpentier.
MAISON sans désignation (1595), dont dépendait une autre maison sur la rue de Mézières.
MAISON sans désignation (1595), faisant le coin septentrional de la rue de Mézières.

Entre les rues de Mézières et Honoré-Chevalier.

GRANDE MAISON sans désignation (1595), faisant le coin méridional de la rue de Mézières, et dite, dans le censier de 1595, appartenir à François de la Porte, « président de Brethaigne [1]. »
MAISON sans désignation (1595).

---

[1] *Eustache* de la Porte, président des enquêtes au Parlement de Bretagne en 1563, est le seul personnage qui puisse s'identifier avec celui-ci, et dont nous trouvions une indication dans le *Nobiliaire de Bretagne* publié par M. Potier de Courcy. Il y eut, au surplus, un François de la Porte, seigneur du Boisliet et autres lieux, qui épousa Claude Bochart en 1548 et fut l'aïeul du premier duc de la Meilleraye.

RUE CASSETTE.   51

Maison avec jeu de paume (1565-1640), acquise par les Jésuites en février et mars 1639. Elle appartenait, vers 1565, à Pierre de Valles, qui, dès 1547, était possesseur, au même lieu, de sept quartiers de terre, où s'élevait une maison.

Maison sans désignation (1571), faisant le coin septentrional de la rue Honoré-Chevalier. Elle fut vendue, le 19 avril 1571, au sieur de l'Aubépine, par le charpentier Jean de la Rue, qui l'avait fait bâtir sur un terrain large de huit toises et profond de seize, à lui cédé par Pierre de Valles, le 13 décembre 1565.

Au delà de la rue Honoré-Chevalier, la rue Cassette était bordée par une maison dont la façade principale donnait sur la rue de Vaugirard. (Voir à l'article de cette dernière.) Entre les rues Honoré-Chevalier et de Vaugirard.

CÔTÉ OCCIDENTAL.

PAROISSE SAINT-SULPICE.

JUSTICE
ET CENSIVE DE L'ABBAYE.

Maison avec grand jardin, contiguë au clos faisant le coin de la rue de Vaugirard. Le 15 juillet 1565, M⁰ Robert de Rémisson, procureur au Parlement, acheta de Pierre de Valles une pièce d'un arpent et demi et trois perches, que ce dernier avait acquise, le 9 février 1550, de Laurent de l'Isle. Le 25 juillet de la même année 1565, Robert de Rémisson acheta pareillement de Guillaume Bourdin une autre pièce de terre, et, l'unissant à celle qu'il tenait de Pierre de Valles, il forma la propriété dont nous parlons. Elle consistait en un clos d'environ trois arpents, planté en jardin, lorsque, le 11 juin 1583, elle fut cédée à Robert Barat par Léon de Rémisson, ayant cause de son parent Robert. Le 18 octobre 1608, elle fut partagée entre les héritiers Leroy et le nommé Claude Dumont : la partie méridionale, achetée, le 7 juillet 1621, par Nicolas Vivien, fut donnée par lui, le 11 septembre suivant, aux Carmes déchaussés, dont elle compléta l'enclos, vers l'est; la partie septentrionale, d'une superficie de cinq quartiers, fut annexée, le 1ᵉʳ juillet 1659, au couvent des Bénédictines du Saint-Sacrement.

Grande maison avec jardins, qui, en 1565, appartenait à Jean-Jacques de Magaures, et, en 1628, au contrôleur Louis Le Barbier[1], lequel l'avait acquise d'Antoine et de Henri de Loménie, comte de Montbron; ceux-ci la possédaient vers 1622. Elle contenait environ deux arpents et demi; mais Le Barbier y annexa

[1] Le même qui figure parmi les acquéreurs de l'hôtel de la reine Marguerite : c'était apparemment un des grands spéculateurs de l'époque.

un grand clos de quatre arpents, qui était situé derrière, en bordure sur la rue du Cherche-Midi, et avait été composé de plusieurs parcelles. Dans cet état, Le Barbier le vendit, le 13 mai 1634, aux religieuses de Notre-Dame-de-Consolation, dites du Chasse-Midi. Elles ne s'y établirent que dans la partie donnant sur la rue du Cherche-Midi, et elles cédèrent l'autre, les 2 mars et 8 avril 1658, aux Bénédictines du Saint-Sacrement.

Maison sans désignation (1595), contenant un jardin. Elle est énoncée simplement «un jardin clos d'environ un demi-arpent,» dans la vente qui en fut faite par Guillaume Lamy et Jehan Marbais, grand arpenteur de France, à Pierre Boursier, le 4 janvier 1619. Trois ans plus tard, le 18 avril 1622, P. Boursier en céda la partie méridionale à Gabriel Legentil, par lequel elle fut donnée à l'hospice des Incurables.

Maison sans désignation, qui fut achetée, vers 1580, par Robert Barat. En 1619, elle formait hache derrière la précédente. Des remaniements en ont rendu les limites, vers le nord, très-problématiques.

Maison en plusieurs corps d'hôtel, contiguë à celle qui faisait le coin de la rue du Vieux-Colombier. Elle appartint à «M° Liger Duchesne, lecteur du Roy[1],» puis à Robert Barat, qui l'acquit avant les guerres de la Ligue. Elle aboutissait à l'Académie Chéradame.

RUE DE LA CHAISE.

La rue de la Chaise commence à la rue de Grenelle et finit à la rue de Sèvres.

Cette voie est une de celles qu'on ne trouve mentionnées qu'au XVI° siècle, bien qu'elles soient évidemment beaucoup plus anciennes. Ouverte probablement pour le service de la Maladrerie, qu'elle reliait au cimetière dépendant de cet établissement, elle est énoncée dans l'arpentage de 1529 : «chemyn qui va de la Malladerye à Sainct Père,» et «chemyn qui va du moulin à vent à la Malladerye.» Ces deux formules, répétées dans d'autres documents, montrent qu'on ne distinguait point originairement la rue de la Chaise de la rue des Rosiers (Saint-Guillaume), qui en forme la continuation. Il est probable que cette dernière voie se raccordait jadis avec la rue de la Chaise beaucoup mieux qu'aujourd'hui. Le nom actuel de la rue de la Chaise provient de l'enseigne d'une tuilerie, et ne paraît pas avoir

---

[1] Liger Duchesne, *Leodegarius a Quercu*, professeur et lecteur royal au Collége de France, s'est fait connaître par ses travaux d'érudition et de poésie latine. La liste de ses œuvres littéraires est assez longue. On cite également de lui un pamphlet violent contre les Réformés (*De internecione Gasp. Colignæi et Petr. Rami, ad regem Carolum IX*, Paris, 1572, in-4°). Il y approuve le massacre de l'amiral et celui de Ramus, dont il avait été cependant le collègue. — L. M. T.

été en usage avant la seconde moitié du xvie siècle. Nous lisons encore, dans un titre de 1578 : «rue tendant du moulin dudict Sainct Germain à l'hospital du-«dict lieu,» et, dès 1588 : «rue de la Chaise, qui tend de la Maladerye au «moulin à vent du Pré aux Clercs.»

CÔTÉ ORIENTAL.

PAROISSE SAINT-SULPICE.

JUSTICE

ET CENSIVE DE L'ABBAYE.

D'après le censier de 1595, il y avait, entre la propriété faisant le coin de la rue de Grenelle et celle qui formait le coin de la rue de Sèvres : 1° une petite maison avec un demi-arpent de terre derrière; 2° une maison à Me André; 3° une petite maison qui avait appartenu à Jean Marteau; 4° une masure. Or, en 1687, entre les propriétés des coins de la rue, il n'existait plus que les dépendances du grand hôtel de Beauvais de la rue de Grenelle, les maisons mentionnées dans le censier de 1595 ayant été détruites. Cette circonstance et l'absence de tout titre relatif au côté oriental de la rue de la Chaise ne permettent pas d'y tenter une restitution parcellaire.

CÔTÉ OCCIDENTAL.

PAROISSE SAINT-SULPICE.

JUSTICE

ET CENSIVE DE L'ABBAYE.

Jardin d'environ deux arpents, qui contenait une maison ou masure, et dont dépendait une pièce de trois arpents située derrière. Ce jardin est dit, en 1604, tenir à l'hôpital Saint-Germain (voir Rue de Sèvres); mais il avait sans doute fait précédemment le coin du chemin de Grenelle, qu'on nomme aujourd'hui la rue de Babylone, et qui se prolongeait jusqu'à la rue de Sèvres[1]. Le 7 octobre 1611, il fut cédé à l'hôpital, dans lequel il a été depuis absorbé, par Martin Haguenyer, qui en serait devenu adjudicataire le 30 juin 1604, suivant certaine pièce des archives de l'Assistance publique. Il ressort pourtant d'un autre document que,

---

[1] La démolition de l'hospice des Petits-Ménages (ancienne Maladrerie) a permis, il y a quelques années, de rétablir cet état de choses. La rue de Babylone, ancien chemin de Grenelle, a été prolongée à travers les terrains de l'hospice, et elle aboutit de nouveau à la rue de Sèvres. — L. M. T.

dès 1588, Martin Haguenyer était possesseur du terrain de ce jardin, qu'il avait acquis des marguilliers de Saint-Jean-en-Grève; et sur lequel il leur assigna une rente, à la date du 1ᵉʳ janvier 1587.

Deux petites maisons sans désignation (1588), tenant d'une part et aboutissant à la suivante. Vers 1595, elles étaient en ruines; mais elles durent être rebâties, car elles sont de nouveau mentionnées en 1635.

Grande maison et tuilerie, ayant pour enseigne la Chaise (1588-1595). L'emplacement de cette propriété, qui a été renfermée dans l'hospice des Ménages, est celui où se trouvait l'hôpital des Teigneux, qui figure sur le plan de Gomboust.

Grande maison avec jardin, qui est dite, en 1595, appartenir à Mᵉ Boyer Regnault, «général de France[1],» et avoir appartenu précédemment à un évêque d'Auxerre. Elle s'étendait derrière les maisons précédentes, et c'est à travers son jardin que Raphaël de la Planche fit ouvrir la rue qui, récemment, portait encore son nom. En effet, dans une déclaration passée, le 16 décembre 1611, par Élisabeth Claire de la Planche, d'une maison située rue de la Planche, il est dit que cette maison avait été bâtie sur une place «faisant partye d'un grand jardin... au «travers duquel a esté pris ladite rue de la Planche, donnée au public par le sieur «de la Planche, père de ladite dame[2]. »

Raphaël de la Planche, trésorier général des bâtiments, qui succéda en 1629 à son père, François de la Planche, dans la direction de la manufacture de tapisseries des Gobelins, établit, rue de la Chaise, la fabrique qu'il dirigea seul à partir de 1633, époque où fut rompue son association avec Charles de Comans. Le censier de 1628 mentionne Raphaël de la Planche comme possesseur d'une grande maison, qui doit être celle de l'évêque d'Auxerre. Raphaël de la Planche acquit aussi celle qui était contiguë, du côté de la rue de Grenelle. L'absence de documents ne nous permet ni de restituer avec certitude les limites de ces deux propriétés, ni de fixer l'époque où fut ouverte la rue de la Planche. Il n'en est point encore question dans le censier de 1628; mais elle figure sur le plan de Gomboust (1652), où elle est appelée *rue de Varennes*, comme aujourd'hui.

Petite maison sans désignation (1595). Elle occupait l'emplacement où débouche la rue de la Planche, prolongement actuel de la rue de Varennes.

Trois maisons sans désignation (1595), dont la dernière était contiguë à la tuilerie faisant le coin de la rue de Grenelle. Les deux plus rapprochées de cette rue étaient en masure, vers 1595.

---

[1] On donnait ce nom à certains officiers de la Cour des Monnaies. Boyer Regnault, malgré le titre que lui attribue le censier de 1595, n'est pas mentionné dans l'ouvrage de Germain Constant (*Traité de la Cour des Monnoies*); il ne figure ni dans les listes des officiers de cette cour, ni dans les biographies. — L. M. T.

[2] Arch. nat. cart. S 2846.

RUE CARPENTIER.

La rue Carpentier commence à la rue du Gindre et finit à la rue Cassette.

Il n'y a rien dans les archives de l'abbaye qui soit relatif à l'origine de cette rue; il ne semble pas, d'ailleurs, qu'elle puisse remonter au delà du règne de Henri II. Dans le censier de 1595, le plus ancien document où nous en ayons vu une mention, et dans celui de 1628, elle est énoncée « rue du Charpentier, » et non *rue Charpentier* comme plus tard, ce qui donne à penser qu'elle doit son nom au métier qu'exerçait soit l'un de ses habitants, soit l'individu sur les terrains duquel elle a été ouverte. L'appellation de la rue du Gindre[1], où elle aboutit, donne l'exemple d'une semblable origine, et parmi les propriétaires de cette région, au XVIe siècle, nous en connaissons un ou deux qui étaient charpentiers.

On remarquera que les enseignes ont été fort rares dans tout le quartier compris entre les rues de Tournon et du Cherche-Midi, par cette raison bien simple, que le quartier était peu industriel et peu commerçant. Il en résulte beaucoup de monotonie dans l'énoncé des maisons de cette région.

CÔTÉ MÉRIDIONAL.

PAROISSE SAINT-SULPICE.

JUSTICE
ET CENSIVE DE L'ABBAYE.

Petite maison sans désignation (1595), contiguë à celle du coin de la rue du Gindre.

Partie postérieure d'une maison ayant sa façade principale rue Cassette, et faisant hache derrière la maison du coin de la rue Cassette.

CÔTÉ SEPTENTRIONAL.

PAROISSE SAINT-SULPICE.

JUSTICE
ET CENSIVE DE L'ABBAYE.

Maison sans désignation (1595), contiguë aux maisons faisant les deux coins

---

[1] Gindre indique naturellement un boulanger, malgré la célébrité du *han !* de saint Joseph. — A. DE L.

de la rue. Elle appartenait, en 1595, à Mesnager, clerc au greffe du Châtelet, et, en 1628, à Pierre Baudouin, sieur de Montarsy. Elle a été, dans la suite, annexée à la maison des Orphelines de Saint-Sulpice, à laquelle elle aboutissait.

RUE DU CHERCHE-MIDI.

La rue du Cherche-Midi commence au carrefour de la Croix-Rouge, et finit actuellement à la partie de la rue de Vaugirard située au delà du boulevard du Montparnasse; du temps de Henri IV, elle se terminait, en tant que rue, à cette partie de la Tranchée qui était voisine de la rue du Regard.

C'était jadis le chemin qui conduisait spécialement du bourg Saint-Germain à Vaugirard, et, en conséquence, il était énoncé «chemin allant à Vaugirard» (1372), «chemin de Vaugirard» (1388, 1493, 1531, etc.), et «chemin de la Croix «de Vaugirard» (1447). Au XVIe siècle, l'ancienne tuilerie qui formait le coin de la rue du Vieux-Colombier a produit les appellations suivantes : «chemin qui tend «de la Tuillerie à Vaugirard» (1510, 1523), et aussi «chemin qui tend du lieu «appellé la Tuilerie aux Chartreux,» ou «à la Fosse de l'Aumosnier.» Ces dernières dénominations ne s'appliquaient toutefois qu'à la partie septentrionale de la voie, sur laquelle s'embranchait le Chemin-Herbu (rue du Regard), qui menait à la Fosse à l'Aumosnier et au Clos des Chartreux. Après avoir été appelée le chemin de la Tuilerie, la rue du Cherche-Midi a porté le nom de *chemin de la Vieille-Tuilerie* (1529), puis, par corruption, on l'a nommée *chemin des Vieilles-Tuileries*, et enfin *rue des Vieilles-Tuileries*, vocable qu'on a fini par appliquer exclusivement au tronçon moyen de la voie. Le censier de 1595 mentionne «la rue des Vieilles «Thuilleryes, aultrement dict Cherche-Midy,» et dans le censier de 1628, où se trouve la même locution, on rencontre, en outre, celle de «rue Chasse-Midy[1], «dict Petit Vaugirard,» employée pour désigner l'extrémité méridionale du chemin, c'est-à-dire la rue, dite encore naguère du Petit-Vaugirard, que l'arpentage de 1529 nomme «chemin de la Poincte,» à cause d'un territoire voisin [2].

Le censier de 1595 est, à notre connaissance, le premier document dans lequel figure l'appellation de rue Cherche-Midi ou «Chasse-Midy» (1613, 1628, etc.). Elle provient, suivant Sauval, d'une enseigne «où l'on avoit peint un cadran, et «des gens qui y cherchoient midi à quatorze heures.» Nous croirions plutôt que l'enseigne a été inspirée par le nom de la rue[3], et que ce nom dérive de quelque

---

[1] L'appellation de Chasse-Midi était la plus ordinairement employée du temps de Piganiol, car il dit: «Le nom de *Chasse-Midi*, tout corrompu qu'il «est, a prévalu, et il n'y a plus que quelque érudit «précieux qui l'appelle la rue du Cherche-Midi.»

[2] Voir, dans le tome second de cet ouvrage, les Terres en culture, septième triage.

[3] On voit encore, au n° 19 de la rue du Cherche-Midi, une enseigne sculptée en bas-relief, représentant un homme qui trace un gnomon à l'aide

cadran solaire, ornant l'une de ses maisons, par exemple l'Académie Chéradame, établie sur l'emplacement de la Vieille-Tuilerie. La gnomonique, on le sait, était en grande faveur à l'époque de la Renaissance [1].

CÔTÉ DU SUD-EST.

PAROISSE SAINT-SULPICE.

JUSTICE

ET CENSIVE DE L'ABBAYE SAINT-GERMAIN.

(Voir le plan de la paroisse Saint-Sulpice.)

Maison en plusieurs corps d'hôtel et avec jardin, qui tenait vers l'occident à la Tranchée, et vers l'orient à des terres en culture. Cette maison est la seule que le censier de 1595 mentionne comme étant située dans la rue du Cherche-Midi, du côté de la ville, et elle est dite, dans le même registre, appartenir à Me de la Planche, clerc au greffe civil du Châtelet. Cinq quartiers du terrain qu'elle occupait avaient été cédés, le 25 avril 1590, par Jean de Camet à J. de la Place, suivant les archives des Carmes déchaussés, auxquels elle fut vendue par Jean de la Planche, le 13 avril 1635 [2].

CÔTÉ DU NORD-OUEST.

PAROISSE SAINT-SULPICE.

JUSTICE

ET CENSIVE DE L'ABBAYE SAINT-GERMAIN.

(Voir le plan de la paroisse Saint-Sulpice.)

Pièce de terre attenante à la Tranchée (1595), et aboutissant rue de Sèvres. Le 3 juillet 1609, les administrateurs de l'Hôtel-Dieu la cédèrent, à charge d'y bâtir, au nommé Jean Langellé, dont les héritiers la partagèrent le 13 mars 1647.

---

du compas; on lit au bas : *Au Cherche-midi;* mais cette enseigne n'apprend rien, car elle ne date que du xviiie siècle, et, sur l'emplacement de la maison qu'elle servait à désigner, il n'y avait point encore de construction vers l'an 1600, époque où l'on employait déjà la dénomination de rue du Cherche-Midi.

[1] Un érudit, fort au courant des choses parisiennes, M. Édouard Fournier, incline à croire que le «cherche» ou «chasse midy» était tout simplement un parasite affamé, *cherchant* une invitation ou *chassant* au dîner. L'heure traditionnelle de ce repas, qui s'est conservée encore dans les colléges, dans les pensionnats et dans certaines petites villes du midi de la France, était invariablement fixée à midi. — L. M. T.

[2] A l'orient de cette maison, sur un emplacement que coupe actuellement la rue d'Assas, que

Sur la partie qui bordait la rue du Cherche-Midi, furent alors construites deux maisons, qui ont servi à l'établissement de la communauté du Bon-Pasteur.

Maison sans désignation, en plusieurs corps d'hôtel (1595), formant la partie postérieure d'une propriété ayant sa principale façade rue de Sèvres.

Trois maisons sans désignation (1595), qui furent construites, ainsi que celles auxquelles elles aboutissaient, sur des terrains baillés à bâtir en 1529 et 1530. (Voir Rue de Sèvres.)

Petite maison élevée sur un terrain large de trois toises et profond de quatre, qui fut retranchée de la maison contiguë, dans la direction du carrefour, et que Jean Larchevêque vendit à Bastien Soissons, en 1535.

Trois maisons sans désignation, dont la dernière était contiguë à la grande propriété faisant le coin du carrefour de la Croix-Rouge. La deuxième était déjà construite en 1547; mais nous ne trouvons d'indication positive des autres que dans le censier de 1595. Elles avaient été construites sur des morcellements de terrain, dont nous donnons le détail à l'article de la rue de Sèvres.

RUE DES CISEAUX.

La rue des Ciseaux commence à la rue Sainte-Marguerite (Gozlin) et finit à la rue du Four.

C'était primitivement une ruelle sans importance, qui conduisait de la rue du Four sur le chemin des fossés de l'abbaye, et ne renfermait aucune maison ayant là sa façade, ou sa principale entrée. Aussi les anciens titres ne la désignent-ils que par une périphrase, comme : «rue qui va des fossez à la rue de Blanchoue» (1429); «ruelle qui va de la Grant rue sur les fossez de l'abbaye» (1462), et plus souvent par le simple mot *ruelle*. Le censier de 1595 est le premier document où nous ayons vu la «ruelle des Ciseaulx» indiquée par ce nom, qu'un acte de 1633 modifie en celui de «rue des Ciseaulx d'Or.» Il est à croire que l'on disait communément «rue des Ciseaux» avant l'époque où cette appellation apparaît dans les documents, puisque l'enseigne des Ciseaux, distinguant la maison qui formait le côté occidental de la rue, existait dès le milieu du xve siècle.

Jaillot dit que, dans certains actes, la rue des Ciseaux a été «confondue avec une

la rue de Rennes a coupé de nouveau dans une direction oblique, et où l'on voyait, il y a quelques années, une petite chapelle dépendant des Carmes, a existé un jardin d'environ un arpent, qui renfermait une petite maison. Après avoir appartenu à François Quesnel, l'artiste auquel nous devons le premier plan géométral et assez généralement exact de la Ville de Paris, et à Marguerite Masson, sa femme, ce jardin était possédé, en 1628, par leurs trois enfants, le peintre Augustin Quesnel, le libraire Jacques Quesnel, et Denise Quesnel, épouse de Jean Perruchon, audiencier de l'élection de Paris. (Arch. nat. cart. S 3730. Inventaire des Carmes, fol. 146 v° et 147 r°). — L. M. T.

«ruelle voisine, située plus près du Pilori, et qui ne portoit, dans le xive siècle, «d'autre nom que celui de *ruelle qui descend des fossés Saint-Germain à la rue de la* «*Blanche-Oie et à la rue du Four;*» mais il est évident, au contraire, que la seule rue qui ait conduit des fossés aux rues du Four et de la Blanche-Oie est bien la rue des Ciseaux, car elle débouche au point même où les deux rues s'unissaient, tandis qu'une ruelle, placée comme Jaillot l'a imaginé, n'aurait mené qu'à la rue de la Blanche-Oie exclusivement. Aussi bien est-il certain que la ruelle dont parle Jaillot se confond avec la rue des Ciseaux, puisque les documents où il en est question la présentent comme une des limites du grand hôtel plus tard appelé Casin [1], qui occupait la totalité de l'îlot compris entre les rues des Ciseaux, Sainte-Marguerite et du Four. Cet îlot ne peut donc avoir été coupé par aucune ruelle [2] : les archives de l'abbaye en fournissent vingt fois la preuve.

Les propriétés qui bordaient la rue des Ciseaux avaient leur entrée dans les rues du Four et Sainte-Marguerite.

RUE DU CŒUR-VOLANT.

La rue du Cœur-Volant commençait à la rue des Boucheries et finissait à la rue des Quatre-Vents. Elle est maintenant confondue avec la rue Grégoire-de-Tours, auparavant appelée rue des Mauvais-Garçons.

Suivant Jaillot, dont l'opinion n'a jamais été réfutée, cette rue se serait nommée, jusqu'au xve siècle, *ruelle de la Voirie-des-Bouchers;* il n'en est rien toutefois. Non-seulement, comme nous le démontrerons, la voirie des bouchers correspond à la rue des Quatre-Vents, mais encore la rue du Cœur-Volant n'a été percée que postérieurement à l'époque où la voirie des bouchers a été transportée hors du bourg Saint-Germain. Nous voyons effectivement, par tous les titres et censiers de l'abbaye, y compris celui de 1547, que, dans la première moitié du xvie siècle, les maisons de l'Écu-de-Bretagne et de la Croix-d'Or, au lieu d'être séparées par une rue ou ruelle quelconque, se touchaient sur la rue des Boucheries, ainsi que sur la rue des Quatre-Vents. Nous constatons même que, de ce dernier côté, la maison de la Croix-d'Or ayant eu cinq toises de façade, la rue du Cœur-Volant a dû être ouverte sur son emplacement; car, en réunissant sa largeur à celle de la maison

---

[1] Dans un titre de 1429, relatif à l'hôtel Casin, la rue des Ciseaux est effectivement énoncée «rue qui va desdits fossez en ladite rue de Blan-«choue.»

[2] Il n'a pu l'être qu'au xviie siècle, c'est-à-dire bien après le morcellement de l'hôtel Casin. Le censier de 1687 fait mention d'une petite rue appelée «rue «Gamard,» qui communiquait de la rue Sainte-Marguerite à la rue du Four, et était située près de la maison du *Polonais-Armé*, de sorte qu'elle devait déboucher vers le milieu de l'espace compris entre les rues Mabillon et Princesse. Cette rue n'était, en réalité, qu'un passage peu ancien, et dont il ne reste rien aujourd'hui. Elle portait le nom de Christophe Gamard, qui bâtit les maisons du côté septentrional de la rue Sainte-Marguerite.

du coin occidental de la rue, on retrouve la dimension de cinq toises, donnée par le cueilleret de 1523 comme largeur du jardin de l'hôtel de la Croix-d'Or, près de la rue des Quatre-Vents.

Sur un croquis fait vers 1581, la rue du Cœur-Volant est indiquée par la formule «rue pour descendre aux Boucheries,» et le censier de 1595 l'énonce «rue de la Croix d'Or, dicte des Marguilliers.» La première de ces appellations s'explique tout naturellement par la situation de l'hôtel que nous venons de mentionner. Quant à la seconde appellation, elle provient, et c'est là une circonstance ignorée de tous les historiens, de ce que la rue fut percée, par les marguilliers de Saint-Sulpice, à travers une partie de l'hôtel de la Croix-d'Or, lequel fut acheté par eux, dans cette intention, le 27 février 1569, d'un nommé Nicolas Dardelet, ainsi qu'il est rapporté dans un cartulaire de la paroisse[1]. Les marguilliers se proposaient d'aliéner le terrain acquis, et, le 19 mars suivant, ils commencèrent par céder à Jean Ménard un corps d'hôtel avec un petit jardin sur la nouvelle rue. Celle-ci, dite dans l'acte de vente *rue des Marguilliers*, existait donc à cette dernière date, avec une dénomination déjà consacrée. On lit dans le censier de 1628 : «rue *Neufve* des Marguilliers, dicte du Cœur Vollant,» et, dans les titres un peu postérieurs, *rue du Cœur Volant* seulement. La rue renfermait dès 1595 une enseigne du Cœur-Volant, origine du vocable actuel; on le trouve employé dans la troisième partie des *Aventures du baron de Fenœste*[2], ouvrage publié en 1619, et il devait être usité alors depuis un certain nombre d'années.

CÔTÉ ORIENTAL.

PAROISSE SAINT-SULPICE.
JUSTICE
ET CENSIVE DE L'ABBAYE.

Dépendances de la maison de *l'Image-Sainte-Catherine* (1595), contiguë à la maison de l'Écu-de-Bretagne, faisant le coin de la rue des Boucheries. Le terrain occupé par ces dépendances et par les propriétés suivantes était compris dans l'hôtel de l'Écu-de-Bretagne, avant le percement de la rue.

Place close (1595), puis Maison de la Croix-de-Fer (1628). La partie postérieure de cette maison occupait un emplacement qui avait précédemment fait partie de la maison de l'Image-Sainte-Catherine, sise en la rue des Boucheries.

Autre place close (1595), attenante au jeu de paume qui faisait le coin de la rue des Quatre-Vents. Il s'y trouvait deux maisons en 1628.

---

[1] Arch. nat. reg. LL 952, fol. 341 r°. — [2] Voir l'édition qu'en a donnée Mérimée, p. 155.

CÔTÉ OCCIDENTAL.

PAROISSE SAINT-SULPICE.
JUSTICE
ET CENSIVE DE L'ABBAYE.

Maison sans désignation (1595), contiguë à la maison faisant le coin de la rue des Quatre-Vents. Ainsi que toutes les suivantes, elle fut bâtie sur un emplacement qui provenait du morcellement de la maison de la Croix-d'Or, située en la rue des Boucheries.

Maison sans désignation en 1595, puis DE L'IMAGE-SAINT-ANTOINE? (1628).

Maison du Cœur-Volant (1595).

Maison sans désignation (1595). C'est le corps d'hôtel (avec petit jardin attenant) qui fut baillé en 1569 à J. Ménard, par les marguilliers de Saint-Sulpice.

Corps d'hôtel dépendant de la maison du Chef-Saint-Denis, et contigu à la maison faisant le coin de la rue des Boucheries.

RUE DU COLOMBIER.

La rue du Colombier commençait à la rue de Seine et finissait au droit de la rue Saint-Benoît; on ne la distingue plus aujourd'hui de la rue Jacob.

Cette rue était anciennement un chemin qui conduisait au Grand-Pré-aux-Clercs, en longeant d'un côté le fossé de l'Abbaye, et de l'autre le Petit-Pré-aux-Clercs. On ne lui donnait aucun nom particulier, si ce n'est peut-être celui de *chemin du Pré-aux-Clercs*, et, d'ailleurs, il en est à peine question avant l'époque où le Petit-Pré fut baillé à bâtir. Jaillot assure qu'en 1585 on l'appelait *rue du Pré-aux-Clercs*, et on la trouve encore désignée par la formule analogue de « ruelle qui va aux « Prés aux Clercs, » dans un titre de 1607. Nous avons lu dans d'autres titres « chemin à aller au Pré aux Clercs » (1545, 1553, etc.) et « Grant rue tenant aux « fossez de l'Abbaye » (1546). Quant au nom de rue du Colombier, il ne nous est point apparu avant 1582, et il provient de la proximité du colombier du monastère, puisque, dans un document de 1553, la troisième maison du Petit-Pré-aux-Clercs est énoncée « devant le colombier de l'Abbaye. » Ce colombier existait déjà en 1496; cependant il est à croire que la rue n'a porté ce nom que vers la fin du xvie siècle, et nous sommes parfaitement sûr que, contrairement à l'opinion de Jaillot, les indications antérieures d'une rue du Colombier se rapportent exclusivement à celle des environs de Saint-Sulpice. D'ailleurs, la rue du Colombier est demeurée à l'état de simple chemin, dépourvu de toute construction, jusqu'en 1543, et il n'y avait point lieu de la regarder auparavant comme une rue. C'est, en outre, depuis 1541 seulement que, l'îlot de l'Échaudé ayant été bâti, elle a atteint la rue de Seine. Moins large que le reste, la section comprise entre cette dernière rue et celle de l'Échaudé a été appelée « petite rue allant sur les fossez de l'Abbaye « et au Pré aux Clercs, » en 1595, et « petite rue par laquelle on va au Pré aux « Clercs, » en 1547.

La rue du Colombier a été pavée aux frais des propriétaires, et en vertu d'un arrêt du Parlement du 5 août 1586[1]. Le 4 octobre de l'année précédente, l'alignement définitif en avait été fixé, de concert avec l'Université, par Pierre Martin, voyer de Saint-Germain, qui, le lendemain, défendit aux charretiers d'y passer, et ordonna de mettre, aux extrémités, des barrières destinées à être fermées la nuit[2].

Jaillot dit que, avant 1585, la rue du Colombier était plus rapprochée de la rivière, par suite de l'existence du fossé qui entourait l'abbaye; mais il se trompe : la rue moderne occupe exactement la même situation que l'ancien chemin longeant ce fossé. Nous en avons acquis la certitude en étudiant les baux des terrains du Petit-Pré, qui n'a point été agrandi, et en constatant que les maisons du côté méridional de la rue, adossées à l'enceinte du monastère, présentent une profondeur de dix toises environ, équivalente à la largeur du fossé, qu'on retrouve en cet endroit même, à l'orient et au midi. Les maisons du côté méridional de la rue du Colombier ont eu leur mur de face posé sur la contrescarpe du fossé. Au reste, il est certain que la rue du Colombier n'a jamais été plus près de la rivière qu'aujourd'hui; elle a dû, au contraire, en être un peu plus éloignée. Le chemin qui a précédé la création des fossés occupait, en effet, une partie de l'emplacement de ces fossés; il était donc plus distant de la Seine que ne l'est la rue actuelle. Il longeait le pied des murs du monastère, passant entre ces murs et la chapelle Saint-Martin-des-Orges; une sentence de 1278 l'énonce « antiqua via quæ olim « fuit inter dictam capellam veterem et murum abbatiæ Sancti Germani. »

CÔTÉ MÉRIDIONAL.

PAROISSE SAINT-SULPICE.

JUSTICE
ET CENSIVE DE L'ABBAYE.

Maison avec jardin, « où souloit estre, au dessus de la porte, la Coronne » (1595), et qui faisait le coin occidental de la rue de l'Échaudé. En 1595, elle appartenait

---

[1] Cet arrêt est le même que celui qui ordonna la continuation de la rue de l'Égout.

[2] L'inventaire de l'abbaye parle de barrières et non de portes, comme on l'a dit tant de fois.

au sieur de Chanteloup, qui la tenait des hoirs du sieur de Moussy, le propriétaire de la tuilerie voisine, lequel l'avait fait bâtir, avant 1547, sur deux lots de terre, l'un de neuf perches et demie et l'autre de six. Cette maison, dont le plan triangulaire, ou plutôt trapézoïdal, s'est maintenu intact, tenait vers l'occident à un petit chemin longeant le fossé de l'Abbaye. De ce côté, le mur mitoyen entre les deux propriétés est à peu près parallèle à la direction biaise que présentait celui du monastère. Vers le milieu du siècle passé, la maison de la Couronne était connue sous le nom d'*hôtel de Luynes*.

La maison de la Couronne a longtemps été la seule qui existât du côté méridional de la rue du Colombier, et, au delà, on ne voyait plus que le fossé de l'abbaye, déjà presque entièrement comblé en 1548[1]. L'an 1585, le cardinal de Bourbon en céda la propriété à ses moines, en leur interdisant de le bailler à bâtir, mais en leur laissant la faculté de le clore d'un mur, ce qu'ils firent jusqu'au droit de la tour du Colombier; c'est à cette occasion que fut pris l'alignement du 4 octobre 1585[2]. A cette même époque, on creusa de nouveau une partie du fossé, longue, dit D. Bouillard, de trente-trois toises trois pieds et demi, et, après l'avoir revêtue de maçonnerie, on la transforma en un vivier[3]. L'emplacement de ce vivier a été depuis absorbé par le grand jardin du monastère, et n'a laissé aucune trace pouvant aider à vérifier l'exactitude des dimensions que lui attribue D. Bouillard. Il est certain, au surplus, que le vivier formait l'encoignure de la rue Saint-Benoît, et que, à l'époque où il fut détruit, on comprenait, sous le nom de *le Vivier*, les deux tiers environ du fossé de la rue Saint-Benoît. Les maisons placées entre celle de la Couronne et le jardin du couvent ont été construites à partir de 1640. Un des baux porte la date du 5 juillet 1641.

Au côté méridional de la rue du Colombier se rattache le souvenir de la CHAPELLE SAINT-MARTIN-LE-VIEUX, ou SAINT-MARTIN-DES-ORGES. Elle appartenait à l'Université et était située « sur sa terre, » c'est-à-dire sur le Pré-aux-Clercs. En 1278, elle fut rebâtie, ou du moins restaurée, ce qui prouve qu'elle était déjà ancienne, et les moines de l'abbaye furent alors condamnés à y entretenir un chapelain. Elle n'en possédait point antérieurement : le service religieux ne s'y faisait que par occasion et d'une façon accidentelle. Elle est énoncée simplement *Capella Sancti Martini* dans l'épitaphe de l'abbé Simon, mort en 1244; puis : *Vetus capella*

---

[1] « Car sont encore, de présent, les vestiges desdicts fossez apparens; » c'est ce qu'on lit dans les plaidoiries du procès qui eut lieu alors entre l'abbaye et l'Université.

[2] D'après l'inventaire de l'abbaye, l'Université aurait consenti, dès 1584, à la clôture des fossés du monastère.

[3] D. Bouillart dit (*Hist. de l'abbaye Saint-Germain-des-Prés*, p. 184) que, vers 1543, les moines firent aussi creuser le fossé du côté du Pré-aux-Clercs, afin que l'eau, y venant avec plus d'abondance, formât une espèce de vivier. Cette assertion est fondée sur un article de l'inventaire des titres; toutefois, comme en 1543 la Noue, ou Petite-Seine, était comblée en partie, on ne voit pas comment ce vivier devait être alimenté d'eau.

Sancti Martini infra *muros abbatie* en 1278, *Capella vetus Beati Martini* juxta *ecclesiam nostram* en 1285, *Capella vetus Sancti Martini* juxta *muros abbatie* en 1286, et enfin *Capella Sancti Martini de Ordeis* en 1317, 1368 et 1369. On la jeta bas en 1368, et la chapellenie qui y avait été fondée fut transférée dans l'église de l'abbaye, où on lui donnait quelquefois le nom de *chapellenie des Bienfaiteurs*.

Puisque la chapelle Saint-Martin-des-Orges disparut pour faire place aux fossés du monastère, il y a tout lieu de croire que l'édifice était très-voisin des murailles du couvent, dont un chemin seulement la séparait. D. Bouillard assure qu'elle s'élevait vers l'angle du grand jardin, proche du Pré-aux-Clercs, c'est-à-dire au lieu qu'occupe maintenant la maison sise rue Jacob, entre les rues Saint-Benoît et Bonaparte. Cette indication doit être exacte. En effet, c'est au nord du monastère que se trouvait certainement la chapelle, puisqu'il est parlé, dans une charte de 1317, d'un terrain s'étendant entre ce petit édifice et les jardins de Nesles : « Platea sita inter capellam Sancti Martini de Ordeis et muros jardini de Nigella; » et, d'un autre côté, dans une transaction de 1289, citée par Du Boullay, une place qui y était contiguë, et où l'on voulait bâtir une maison pour le chapelain, est dite tenir de deux côtés à des voies publiques : « Quadam platea sita apud « Sanctum Germanum de Pratis, prope Parisius, contigua, ex una parte, sive ex « uno latere, capelle Sancti Martini Veteris de Sancto Germano, et, ex alia parte, « domui dicti magistri (Petri de Ancelira)......; et, ex tertio latere, est via pu- « blica; ex quarto vero latere, est via publica, et prope muros abbatie dicti Sancti « Germani »[1].

Sur une partie de l'emplacement occupé par la chapelle Saint-Martin-des-Orges, à l'angle que formait en cet endroit le mur de clôture de l'abbaye, c'est-à-dire à la jonction des rues du Colombier et Saint-Benoît, on construisit, dans le premier quart du xviie siècle, un pavillon de garde, ou de jardinage, qui a subsisté jusqu'à nos jours. Une petite tourelle quadrangulaire, à consoles sculptées, y était accolée dans les mêmes conditions que celle de l'hôtel Lamoignon, qu'elle surpassait en élégance, comme le prouve la planche ci-jointe. Cette *échauguette*, qui rappelait celles des rues Hautefeuille et des Francs-Bourgeois, de la place de Grève et de la Maison de Ville, a disparu vers 1850[2].

---

[1] Du Boullay, *Historia Universitatis*, vol. III, p. 490. Un terrain en forme de T, placé à l'angle des deux chemins représentés par les rues Jacob et Saint-Benoît, satisferait aux conditions énoncées dans la charte de 1317 et dans la transaction de 1280.

[2] Feu Berty, on le sait, avait adopté, pour point extrême de son travail de restitution, l'année 1610, date de la mort de Henri IV. Il lui semblait qu'elle marque à Paris le terme du moyen âge, ainsi que de la Renaissance, et que la topographie parisienne des deux derniers siècles, d'ailleurs beaucoup plus facile à retracer, appartient au Paris contemporain. Cette opinion nous a paru trop absolue : partout où nous avons jugé utile de franchir la date de 1610, nous l'avons fait sans scrupule, ajoutant, comme nous le faisons ici, un paragraphe au texte et une gravure à la série des planches. — L. M. T.

TOPOGRAPHIE HISTORIQVE DV VIEVX PARIS.

LE PAVILLON D'ANGLE DES RVES SAINT BENOIT ET DV COLOMBIER
DANS L'ENCLOS DE L'ABBAYE SAINT GERMAIN DES PRES.
d'après un Dessin original.

CÔTÉ SEPTENTRIONAL.

PAROISSE SAINT-SULPICE.
JUSTICE DE L'ABBAYE SAINT-GERMAIN-DES-PRÉS,
CENSIVE DE L'UNIVERSITÉ.

(Petit-Pré-aux-Clercs.)

GRANDE MAISON sans désignation, faisant le coin oriental de la rue Bonaparte et aboutissant rue des Marais. Elle occupe la moitié d'un terrain de cinquante-neuf perches de superficie, qui était encore vague lorsque, le 21 février 1565, l'Université le bailla à Alexandre Papin, écuyer et seigneur de Beaulieu, moyennant deux sous parisis de cens, douze livres de rente, et à charge de bâtir avant cinq ans. Mais cette dernière clause ne fut point observée par le preneur, qui se défit de sa propriété, le 5 février 1584, au profit du maçon Christophe Mercier, ou Le Mercier, demeurant «au logis de Neesle.» Le Mercier divisa son lot en deux parcelles, et céda celle du coin, le 11 novembre 1584, à Baptiste Androuet du Cerceau, architecte du roi et fils de Jacques Androuet du Cerceau, l'auteur du livre «des plus excellens bastimens de France.» Dès l'année suivante, une maison, «bastie avec grand artifice et plaisir,» s'élevait sur le terrain de Baptiste Androuet, qui avait sans doute déployé tout son talent dans la construction de sa nouvelle demeure. Toutefois il ne put en jouir bien longtemps; car, au mois de décembre, aimant mieux, dit Lestoile, «quitter... ses biens que de retourner à la messe,» il fut obligé de s'éloigner et d'abandonner sa maison, «qui fust toute ruinée sur lui.»

Nous avons établi que Baptiste Androuet, à la suite de cet événement, ne quitta point la France, comme on l'a longtemps cru, et qu'il resta même au service de Henri III[1]; mais nous ne saurions dire si, avant la reddition de Paris en 1594, il revint habiter sa maison, qui dut être une fois de plus saccagée pendant le siége de la Ville. Le 23 mars 1602, Marie Raguidier, veuve de Baptiste Androuet et tutrice de leurs enfants, vendit la maison à son beau-frère Jacques Androuet du Cerceau, architecte et contrôleur des bâtiments de la Couronne. Après la mort de celui-ci, qui fut enterré le 17 septembre 1614, sa femme, Marie de Malaper, continua à habiter la maison, et elle la laissa en héritage à leur fille Marie Androuet, laquelle épousa Élie Bedée, propriétaire de la maison voisine[2].

MAISON sans désignation, aboutissant rue des Marais, et élevée sur la seconde parcelle du lot de Le Mercier, parcelle qu'Antoine Delaistre, veuve de ce dernier,

---

[1] Conf. la notice sur cet architecte dans la *Topographie historique du Vieux Paris* (Région du Louvre et des Tuileries, t. I", p. 273. — [2] Arch. nat. cart. S 6188.

vendit, le 11 juillet 1602, à Jean Bedée, sieur de la Gourmandière, avocat au Parlement. Jean Bedée y fit bâtir une maison qu'il transmit à ses deux fils David et Élie[1], et qui fut acquise, le 29 février 1669, par Alexandre-Simon Bolé, seigneur de Champlay.

Maison sans désignation, aboutissant rue des Marais, et construite sur un terrain dit de trois cents toises, accensé par Pierre Leclerc à Jean Courjon, bourgeois de Paris, le 7 mars 1546. Cette maison, qui présentait onze toises de façade sur la rue du Colombier, neuf toises sur la rue des Marais, et plus de trois cents toises de superficie totale, appartenait, en 1547, à Jean Beddon, par la fille duquel elle fut vendue, le 2 août 1582, à François Coignet, sieur de Pontchartrain. Ce dernier la revendit, le 12 novembre suivant, à Jean Honoré, écuyer, sieur de Bagis. Dans l'acte de vente, la maison est énoncée «joignant la barre du Pré aux Clercs... «et faisant l'un des coings dudict Pré» (le terrain de Papin n'était point bâti). Vers le milieu du XVIIe siècle, Marie Thibalier, descendante de Jean Honoré, la fit abattre et rebâtir en deux propriétés distinctes, l'une sur la rue du Colombier et l'autre sur la rue des Marais. Au commencement du XVIIIe siècle, la partie donnant sur la rue des Marais formait une propriété à part, nommée l'hôtel de Rannes et possédée par Louis d'Argouges, marquis de Rannes.

Maison sans désignation, aboutissant rue des Marais, et élevée sur la parcelle dont Pierre Leclerc se réserva la possession lorsque, le 31 octobre 1552, il rétrocéda le Petit-Pré-aux-Clers à l'Université. Les héritiers de P. Leclerc abandonnèrent cet emplacement, où il existait un jardin, au cardinal de Givry[2], qui, le 9 avril 1604, le vendit à Guillaume Lusson, docteur en médecine. De la famille Lusson, la maison passa à la famille des conseillers Loiseau, en 1658. Vers le même temps, elle formait deux propriétés, dont l'une faisait bache derrière l'autre.

Maison sans désignation, élevée sur une place, dite de cent soixante-huit toises et n'en renfermant réellement que cent cinquante-six, baillée, le 18 juin 1545, par P. Leclerc à Jean Dupont, sergent à verge. Le 6 mai 1547, cette place ayant été mesurée, on trouva qu'elle avait, hors œuvre, six toises moins dix pouces de largeur sur la rue du Colombier, vingt-quatre toises de profondeur par son milieu, et sept toises dix pouces de largeur à son extrémité septentrionale, qui demeurait ouverte et donnait sur «ung heurt descendant en bas à ung lieu» que l'on disait «estre en différent entre ledict Leclerc et Me Pierre Boullant.» Le terrain fut vendu, le 13 mai 1582, par les héritiers Dupont au procureur Guillaume Guyon; et une maison que celui-ci paraît y avoir construite fut aliénée par sa veuve, le 17 mai 1605, au profit d'Étienne Tricot. Suivant Pourchot, le 10 juin 1619, les filles de Guyon vendirent à Jean Boyer les deux tiers d'une autre maison élevée

---

[1] Élie Bedée, *alias* Beda, sieur des Fougerais, reçu docteur en médecine l'an 1621, et praticien fort connu de son temps.

[2] Anne de Peyrusse d'Escars, cardinal de Givry, né le 29 mars 1546, mort le 19 avril 1612, à l'âge de soixante-sept ans.

sur le terrain de Dupont; mais nous croirions plutôt que cette seconde maison occupait une partie du lot de Leclerc, qui aurait été annexé à celui de Dupont. Quoi qu'il en soit, les deux maisons, réunies en une seule, dépendaient, au xviiie siècle, de la grande propriété contiguë et précédemment énoncée.

Maison sans désignation, élevée sur un terrain de cent cinquante-huit toises, baillé par P. Leclerc, le 18 juin 1545, à Robert Sourdeau, praticien, qui, le 27 janvier 1547, l'échangea avec Henry Millet (*alias* Jean Mallet). Jean (*alias* André), frère de celui-ci, vendit, le 20 décembre 1559, la maison bâtie sur ce terrain à Ambroise Amy, procureur, aux héritiers duquel elle appartint ensuite pendant longtemps. A la fin du xviie siècle, elle était divisée en deux, après l'avoir été en trois. Aujourd'hui, elle forme hache, après avoir été agrandie, dans sa partie postérieure, aux dépens du manége Boulanger de Viarmes, qui constituait son aboutissant en 1662.

Maison sans désignation, construite sur un terrain large de six toises du côté de la rue du Colombier, de sept toises et demie à son autre extrémité, et contenant cent cinquante-deux toises de superficie. Ce terrain fut baillé, le 18 juin 1545, à Nicolas Baujoan, maître brodeur, par lequel vingt-quatre toises et demie furent cédées au procureur Gabriel Montaigne, pour l'accroissement d'une maison dont l'entrée était en la rue de Seine. Le lot de Baujoan appartenait, en 1568, à Ambroise Amy, et la maison qui y fut bâtie paraît être celle que le nommé Régnier vendit au procureur Étienne Bonnetz le 4 août 1607, et que celui-ci, le 7 octobre 1629, donna à sa fille, à l'occasion de son mariage avec Pierre Calluze.

Deux maisons sans désignation, élevées sur un terrain de cent quarante-six toises, baillé, le 5 janvier 1544, par P. Leclerc à Husson Frérot, doreur sur fer. «M. René Reignier, dit Pourchot, ayant acquis les droits dudit Frérot, fit bastir «deux maisons sur ladite place, et, après sa mort, sa veuve Marguerite Lespicier «ayant fait saisir réellement ladite maison sur M. Pageot, tuteur des enfans mineurs «dudit défunt Reignier et d'elle, par sentence... du 31 mai 1628, elle fut adjugée «à M. Athanase Amy, avocat.»

Maison sans désignation, élevée sur un terrain de cent quarante-deux toises, baillé, le 5 janvier 1544, par P. Leclerc à Guillaume Maillard, libraire et doreur de livres, auquel, en 1545, était substitué Jean Bonamy, aussi libraire. Cette maison, dite en 1553 située «devant le colombier de l'Abbaye,» aboutit aujourd'hui à la suivante, qui fait hache derrière et a été agrandie à ses dépens; néanmoins, en rétablissant la partie supprimée, on est encore loin de trouver la surface de cent quarante-deux toises, énoncée dans l'accensement.

Maison sans désignation, bâtie par Marin Duhaval (*alias* Duhamel), prêtre de Saint-André-des-Arts, sur un lot de terrain acquis par lui, le 22 août 1545, du brodeur Richard Carré, et faisant partie d'une pièce de cent trente-huit toises baillée par P. Leclerc à Carré, le 5 janvier 1544. La maison de Duhaval fut vendue par ses héritiers à messire Jean de Feu, conseiller au Parlement, et l'un de ceux que les Seize proscrivirent au mois d'avril 1591.

Maison sans désignation, élevée sur un lot de soixante-quatre toises, partie de celui qui fut accensé à Carré, en 1544. Ce lot de soixante-quatre toises fut vendu par Carré, le 28 août 1554, à Adam Godard, marchand au Palais, qui y fit bâtir une maison, et la céda, le 29 janvier 1556, à François Desprez, « commis « à relier les livres de la Chambre des comptes. » Catherine Longis, veuve de ce dernier, s'étant remariée en secondes noces au chirurgien Christophe Godin, les enfants nés de ce mariage échangèrent la maison, le 23 juillet 1597, avec le procureur Jean Petit, par la fille duquel elle fut vendue au procureur Michel Pousteau, le 8 juillet 1624. Il y avait, par derrière, un petit emplacement de cinq toises carrées, qui formait une encoignure du Pré et qui fut cédé, le 2 novembre 1543, à Louis Lemaignan, pour l'accroissement de sa maison de la rue de Seine. La maison bâtie par Adam Godard, rue du Colombier, et située à 34^m,70 du coin de la rue de l'Échaudé, était la première du Petit-Pré-aux-Clercs.

Le Petit-Pré-aux-Clercs. En 1368, lorsque, pour creuser ses fossés, l'abbaye eut besoin d'une certaine quantité de terrain appartenant à l'Université, elle lui abandonna, entre autres choses, à titre d'indemnité, une pièce de terre qu'on disait contenir deux arpents et demi. Cette pièce de terre est celle qui a été nommée depuis le *Petit-Pré-aux-Clercs*. Elle renfermait, en réalité, près de trois arpents et trois quartiers, et l'on ne voit pas néanmoins qu'il y ait jamais eu de contestation importante sur sa contenance. Ses limites étaient, au midi, le chemin sur les fossés, ou rue du Colombier, à l'ouest, le chemin de la Noue (rue Bonaparte), au nord, une ligne longue d'environ cinquante toises, parallèle à la rue des Marais et commençant à 27 mètres au delà du coin de cette rue. Vers l'orient, le Petit-Pré-aux-Clercs présentait un grand angle rentrant, dont le tracé précis ne nous laisse aucune incertitude, bien qu'il ne se rencontre nulle part[1].

L'an 1539, le Petit-Pré-aux-Clercs, exposé à de continuelles usurpations, devenu un réceptacle d'immondices et souvent inondé au temps des hautes eaux, ne produisait plus rien à l'Université. Il lui était, au contraire, onéreux par les dépenses que coûtait périodiquement l'entretien des fossés dont il était entouré. L'Université résolut en conséquence de l'aliéner. La proposition en fut faite le 31 mars, et la question, soulevée déjà six ans auparavant, ayant été agitée dans des assemblées des 5, 6 et 21 juin, on convint d'annoncer, par des affiches, que le Pré serait baillé aux enchères. Plusieurs acheteurs se présentèrent immédiatement; mais l'accensement ne fut décidé que le 29 mai 1540, et il s'effectua le 2 juin suivant, au profit de Pierre Leclerc, vice-gérant du conservateur des priviléges

---

[1] On le trouve cependant sur le plan levé en 1548, plan que reproduit l'atlas de 1753 (Arch. nat. atlas n° 39). — Th. v.

apostoliques, dont la redevance fut fixée à deux sous parisis de cens et à dix-huit livres de rente annuelle. Ce chiffre était le résultat d'une première enchère du prêtre Claude Barbier, qui, le jour de l'adjudication, en offrit une seconde dont on ne tint pas compte.

Barbier, mécontent de ce procédé, intenta à Leclerc, devant le Parlement, un procès qui fut terminé, en août 1542, par un arrêt donnant gain de cause à Leclerc et à l'Université. Leclerc eut pareillement maille à partir avec l'abbé de Saint-Germain, et, la minute du contrat de 1540 ayant été égarée, le 31 mars 1543 on en passa un nouveau, que Leclerc fit homologuer le 4 octobre par les vicaires de l'évêque de Paris. Le jour même il commença la vente du terrain, divisé en parcelles. Nous venons d'indiquer la plupart des transactions relatives à cette vente, y compris la dernière, qui est du 7-15 mai 1546.

Le traité avec Pierre Leclerc n'avait point été conclu sans soulever de l'opposition au sein de l'Université. Les écoliers regrettèrent cet amoindrissement de leur fief, et prétendirent qu'il constituait une spéculation imaginée dans l'intérêt de certains de leurs suppôts. Les plaintes prirent bientôt un tel caractère de vivacité, que les chefs de l'Université, entraînés, demandèrent au Parlement la cassation du traité, et, ce qui était fort injuste, la démolition des maisons construites en vertu des baux passés par Leclerc. Celui-ci fut amené, le 17 avril 1549, à résilier tous ses droits, dont il proclama derechef l'abandon le 31 octobre 1552, mais à la condition qu'il demeurerait possesseur d'un lot et que les maisons récemment élevées seraient laissées intactes. L'Université recouvra ainsi la propriété du Petit-Pré-aux-Clercs. En 1552, il était entièrement couvert d'édifices et de jardins, à l'exception de cette pièce de cinquante-neuf perches qui était en bordure sur le chemin de la Noue et ne fut accensée qu'en 1565 [1].

CONTINUATION
DE LA RUE DU COLOMBIER
DU CÔTÉ SEPTENTRIONAL.

CENSIVE DE L'ABBAYE SAINT-GERMAIN-DES-PRÉS.

Quatre maisons sans désignation (1595), dont la dernière faisait le coin occi-

[1] Les titres relatifs aux propriétés du Petit-Pré-aux-Clercs se trouvent aux Archives nationales, carton S 6188, et ils ont été résumés dans l'opuscule anonyme publié, en 1694, sous le titre de Mémoire touchant la seigneurie du Pré-aux-Clercs, appartenante à l'Université de Paris, pour servir d'instruction à ceux qui doivent entrer dans les charges de l'Université, in-4°; Paris. Cet opuscule, récem-

70   TOPOGRAPHIE HISTORIQUE DU VIEUX PARIS.

dental de la rue de l'Échaudé, et qui furent élevées sur un terrain d'environ trente et une perches, baillé à bâtir, le 17 février 1541, au libraire Jean Longis. Les deux dernières de ces maisons en formaient trois vers 1680 et n'en constituent plus qu'une aujourd'hui.

RUE DU VIEUX-COLOMBIER.

La rue du Vieux-Colombier commençait autrefois à la rue du Petit-Bourbon (partie occidentale de la rue Saint-Sulpice), et finissait, comme aujourd'hui, au carrefour de la Croix-Rouge. Elle a maintenant son point de départ à l'ouest de la place Saint-Sulpice.

Le nom de cette rue provient d'un colombier qui appartenait probablement aux moines de l'abbaye, lesquels, d'ailleurs, ne semblent pas avoir monopolisé le droit d'en posséder dans leur fief. Le censier de 1355 mentionne la « masure du « Colombier, » que nous croyons avoir été voisine du carrefour. On l'appelait encore en 1547 : « le lieu appellé le Coulombier et carrefour du Jeu de boulle. » Le rôle de la taille de 1292 renferme un article consacré aux contribuables de la « rue du Colombier; » elle est souvent indiquée par la formule « au Colombier, » et n'a commencé à être dite *rue du Vieux-Colombier* qu'au XVIIe siècle, quand l'existence d'une voie homonyme, devenue importante, a suggéré l'idée d'établir une distinction entre les deux.

Par suite de la proximité du territoire de Cassel, la rue du Vieux-Colombier a été parfois appelée « rue ou chemin de Cassel » (1411). Dans un contrat de 1453, on la voit nommée « rue de Cassel, dite du Colombier; » dans d'autres pièces, « ruelle « par où l'en va par devant l'ostel de Cassel, en alant du chemin de Vaugirart (rue « du Cherche-Midi) devers Saint Souppice » (1388); *vicus per quem itur ad Sanctum Sulpitium* (1272), et, si nous ne nous trompons, *via per quam itur de Sancto Sulpicio apud Vallem-Viridem*[1] (1267). La rue a porté également les dénominations suivantes : « chemin qui va à Saint Supplice » (1409); « Grant rue Sainct Sulpice » (1509, 1524); « rue Sainct Sulpice » (1521); « rue qui vient de Sainct Supplice « à la Tuillerie » (1453); « rue du Puys » (1360) ou « du Puys de Mauconseil » (1506, 1514); « rue de la Maladerie » (1414); « rue qui tend de la Maladerie à « Sainct Sulpice » (1522). Mais la dernière de ces désignations s'appliquait seule-

---

ment réimprimé dans les *Variétés historiques* de M. Éd. Fournier, est l'œuvre d'Edme Pourchot, recteur de l'Université. Dans ce travail, d'ailleurs fort intéressant, se sont glissées plusieurs erreurs que la comparaison avec les documents originaux nous a permis de rectifier.

[1] Communiquant avec les rues du Cherche-Midi et du Regard, ainsi qu'avec la rue du Pot-de-Fer, elle conduisait effectivement de Saint-Sulpice à Vauvert. D'ailleurs, le terrain énoncé, dans la charte de 1267, comme attenant à la voie menant de Saint-Sulpice à Vauvert, est celui qu'on appela plus tard le clos Férou, et qui faisait le coin de la rue du Vieux-Colombier.

ment au tronçon oriental de la rue, lequel est, en outre, énoncé *rue des Champs* dans certains titres des années 1509, 1520 et 1524, qui sont tous relatifs à la maison du seigneur de Villacoublay.

Ce manoir, qui faisait le coin des rues du Vieux-Colombier et des Canettes, est décrit comme ayant sa façade sur la rue Saint-Sulpice (des Canettes) et son flanc sur *la rue des Champs*. Il ne faut donc pas admettre, avec Jaillot, que la rue du Gindre représente la rue des Champs. Cette dernière rue avait été ainsi dénommée parce que, pendant bien longtemps, il n'y eut guère au delà, dans la direction du midi, que des terres en culture, sans groupes de maisons.

Le puits de Mauconseil, que l'on nommait aussi «puits de l'église Saint-Sul-«pice» (1473), était situé en face de la rue des Canettes; il existait encore au milieu du xvie siècle, et on le trouve déjà mentionné dans le rôle de la taille de 1296.

CÔTÉ MÉRIDIONAL.

PAROISSE SAINT-SULPICE.

JUSTICE
ET CENSIVE DE L'ABBAYE.

MAISON sans désignation (1521), faisant le coin occidental de la rue Férou. Le terrain qu'elle occupait, avec la suivante, dépendait du clos Férou, et était en nature de jardin. Dans une transaction de 1525 relative à ce clos, elle est dite «de présent appellée *la maison Todissée*.» Vers 1532, elle était possédée par Guillaume Audrant, protonotaire du Saint-Siége. En 1595, elle est mentionnée comme appartenant aux «hoirs Estienne Faron (*sic*), nommez messieurs les «Boullardz.» Elle était, en 1628, la propriété de Robert Fusée, sieur d'Assy, qui, le 9 septembre 1655, la vendit à Michel Le Boutiller, dit La Plante, marchand de vin à l'enseigne de *la Nouvelle Plante*. Elle fut acquise, le 23 janvier 1730, par la fabrique de Saint-Sulpice, et son emplacement a servi à l'agrandissement de l'église.

Entre les rues Férou et du Pot-de-Fer.

MAISON sans désignation en 1521, puis DE L'IMAGE-SAINT-PIERRE-AU-PAVILLON (1595), qui appartint également à Étienne Férou. Vers 1628, elle était divisée en deux parties, dont la première a eu pour enseigne *les Trois-Justes* (1687), et fut vendue, le 28 août 1724, à la fabrique Saint-Sulpice. La seconde maison a eu pour enseigne *les Trois-Poissons* (1628-1643), puis *le Pied-de-Biche* (1683-1750), et a été cédée aux marguilliers de Saint-Sulpice, le 9 décembre 1727.

DEUX MAISONS sans désignation, dans l'une desquelles était une étable à pourceaux, vers 1523. Judas Beaufils, «sieur de Rinarenne,» après les avoir rebâties, en fit don à Daniel, seigneur de Cernay, et celui-ci, le 30 avril 1547, les vendit à Gilles Bourdin, avocat, puis procureur général au Parlement. Elles sont dites être, l'une petite et l'autre grande, dans l'acte du 12 octobre 1643, par lequel Gilles Bourdin, s' de Genouilly, les donna en échange à Blaise Méliaud, s' d'Esgligny et président aux Enquêtes du Parlement. Elles furent acquises pour la fondation du grand séminaire Saint-Sulpice, le 27 mai 1645. Nous ne savons rien de positif sur leur profondeur; mais il est fort probable qu'elles s'étendaient jusqu'au terrain où s'éleva, dans la suite, le petit séminaire.

GRANDE MAISON sans désignation, faisant le coin oriental de la rue du Pot-de-Fer et aboutissant à la rue de Vaugirard, après avoir d'abord abouti à la maison précédente. Elle fut bâtie, vers la fin du xv⁰ siècle, par le boulanger Henry du Verger, et fut donnée, le 3 juillet 1515, par sa veuve Marguerite à leur fils Jean du Verger, qui exerçait le même métier que son père. Honoré Chevalier la posséda ensuite du chef de sa femme, fille de Jean du Verger. Elle était alors fort délabrée, et le nouvel héritier la morcela de telle sorte qu'elle forma, le long de la rue du Pot-de-Fer, plusieurs propriétés, dont nous n'avons jamais trouvé le détail. La partie qui faisait front sur la rue du Vieux-Colombier constituait, en 1628, trois maisons distinctes, dont deux furent achetées par le séminaire Saint-Sulpice, le 15 septembre 1655. La troisième, celle du coin, large de quatre toises et demie, fut acquise par le séminaire, le 18 septembre 1728; mais elle n'y fut point absorbée comme les autres, et elle a subsisté jusqu'à la destruction de l'établissement.

<small>Entre les rues du Pot-de-Fer et du Gindre.</small>

MAISON sans désignation (1523), faisant le coin occidental de la rue du Pot-de-Fer. Le terrain de cette maison paraît avoir encore été en culture vers le commencement du xvi⁰ siècle.

MAISON sans désignation, qui, en 1523, dépendait de la précédente. Toutes deux occupaient une superficie d'environ un demi-arpent, et, après avoir appartenu à Pierre de Bresme et à Millet Perrot, elles furent possédées par les hoirs de ce dernier, ainsi que la maison suivante.

MAISON sans désignation (1523), faisant le coin oriental de la rue du Gindre, et attenante auparavant à des terres en culture. Antérieurement à 1595, elle avait déjà subi deux morcellements dans le sens de sa profondeur; ce qui en subsistait, sur la rue du Vieux-Colombier, était divisé en deux parties dès 1628.

<small>Entre les rues du Gindre et Cassette.</small>

MAISON sans désignation (1586), faisant le coin occidental de la rue du Gindre. Elle fut donnée à l'église Saint-Sulpice par Jean Lemaire, dont le testament est daté du 5 octobre 1617. Le terrain occupé par cette maison et par celles qui suivent, jusqu'à la rue Cassette, était encore cultivé vers 1529. La pièce de cinq quartiers, qui avait existé en cet endroit, était déjà couverte de maisons en 1559.

Maisons qui sont dites, en 1595, appartenir aux héritiers de Jean Martin, voyer de l'abbaye Saint-Germain, et qui, en 1628, étaient au nombre de quatre. La deuxième a eu pour enseigne *le Compas-Couronné* (1641), puis *le Barillet* (1663). Elle fut donnée, le 15 septembre 1663, par la dame Rousseau aux Filles de l'Instruction chrétienne. Elle avait été bâtie sur une place contenant quatorze pieds et demi de largeur dans œuvre, par devant, sur quatorze toises deux pieds de profondeur, place cédée, le 14 décembre 1579, par Marin Loret à Fourcy Lefèvre, et provenant d'un morcellement de la maison de Loret, laquelle constituait la première des quatre. La troisième maison a eu pour enseigne *la Croix-Verte* (1628-1687). Elle est aussi mentionnée en 1579, mais nous ne savons si elle était alors distincte de la quatrième. Avec celle-ci et la deuxième, elle a été absorbée dans l'établissement des Orphelins de la paroisse Saint-Sulpice.

Deux maisons sans désignation (1595).

Maison sans désignation en 1595, puis «du Mylion d'or» (1628-1687), faisant le coin oriental de la rue Cassette.

Maison sans désignation en 1523, puis «de la Pye» (1595-1628), faisant le coin occidental de la rue Cassette. Dans la première moitié du xvi° siècle, elle renfermait les deux suivantes :

Maison sans désignation en 1595.

Maison du «Porte-Enseigne» (1595).

Maison de la Tour (1595) ou Tour-d'Argent (1628).

Tuilerie, puis clos Chéradame, faisant le coin oriental de la rue du Cherche-Midi. La tuilerie située sur ce point existait déjà en 1414, et il y avait alors à l'encoignure de la rue du Cherche-Midi «une haulte maison.» Au commencement du xvi° siècle, elle s'appelait *la Vieille-Tuilerie* ou *la Tuilerie-Bailly*, du nom d'un de ses propriétaires, mort avant 1522, et elle contenait environ un arpent, plus cinquante perches situées derrière. Le lieu appartint ensuite à «scientifficque personne M° Jehan Chéradame, professeur des trois langues, c'est assavoir : grec, «hébraïcque et latin[1].» Le censier de 1536 consacre un article à ce personnage, à cause de sa maison, «qu'il a de nouvel fait bastir, avec galleries, estuddes, «cour, caves et jardin, dedans lequel jardin il a, ceste année, fait bastir, sur ung «petit mont environné de arbres, une petite maison pour servir à se aler recréer «aux escolliers; le tout «anciennement appelé *la Vieille-Tuilerie* et de présent le «*Collége de l'Academye Chéradame*.» D'après le censier de 1595, le clos Chéradame, considérablement augmenté puisqu'il renfermait alors quatre arpents, était

---

[1] Jean Chéradame, savant français, originaire d'Argentan, vivait au commencement du xvi° siècle. Il fut un des premiers professeurs de grec au collége Royal. On lui doit plusieurs ouvrages, notamment des dictionnaires et des grammaires. Il tenait évidemment, dans sa maison de la rue du Vieux-Colombier, une sorte de *pédagogie* d'enseignement supérieur. — L. M. T.

possédé par un nommé Bouchardeau, qui y avait construit plusieurs maisons. En 1628, ces maisons, sur la rue du Vieux-Colombier, étaient au nombre de deux, et celle du coin avait pour enseigne *la Croix-Blanche*. A la même époque, d'autres maisons, le long de la rue du Cherche-Midi, couvraient l'emplacement du clos, dont les limites vers le midi sont toujours confuses par suite des fausses énonciations des titres, et sur la transformation duquel les documents font défaut.

CÔTÉ SEPTENTRIONAL.

PAROISSE SAINT-SULPICE.

JUSTICE

ET CENSIVE DE L'ABBAYE.

Entre le carrefour de la Croix-Rouge et l'ancienne rue Beurrière.

Tuilerie, puis maison des Quatre-Vents (1595), faisant le coin du carrefour de la Croix-Rouge. (Voir Rue du Four.)

Partie postérieure de la Maison de l'Image-Notre-Dame, située rue du Four. C'était une propriété distincte, dès le commencement du xviie siècle, et Adrien Drappier, qui l'acheta de Jean Cabry, le 16 juin 1603, la donna, le 12 mars 1626, à l'hôpital des Petites-Maisons. Elle a été rebâtie ensuite en deux, puis en quatre maisons.

Partie postérieure des maisons de la Vieille-Fontaine et de la Fontaine, ayant leur principale entrée rue du Four.

Maison sans désignation en 1523, puis du Gril-Fleuri (1623), faisant le coin occidental de la rue Beurrière. Ainsi que les deux précédentes, elle fut élevée sur la place vendue, en 1511, à Vaucombert; nous en avons parlé à l'article de la rue Beurrière.

Partie postérieure de la maison de la Corne-de-Cerf, faisant le coin oriental de la rue Beurrière. Elle était tout à fait distincte de cette maison, à la fin du xvie siècle, et bientôt après elle a formé deux ou trois propriétés différentes, dont l'agencement est devenu méconnaissable par suite des modifications radicales qui furent apportées dans la disposition du lotissement, à l'occasion du percement de la rue Guillemin.

Maison sans désignation (1595), où fut établi, en 1651, le couvent des Filles de la Miséricorde. Les titres de cette communauté ne remontant pas au delà de 1630, il est impossible de constater si la maison qu'elle occupait représente, comme cela est vraisemblable, certaine propriété d'environ trois quartiers de superficie, laquelle était, vers 1523, intermédiaire entre la maison du coin de la rue Beurrière et la maison du coin de la rue des Canettes.

Maisons sans désignation (1595), contiguës à celles du coin occidental de la rue des Canettes. Ces maisons, probablement au nombre de deux, ont été abattues pour l'agrandissement de l'Académie de Vaudreuil, et il ne reste plus de trace appréciable de leurs limites du côté de l'orient. Du temps de François Ier, il y avait sur le même emplacement une grange enclavée dans la grande maison faisant le coin de la rue des Canettes.

RUE DE L'ANCIENNE-COMÉDIE.

La rue de l'Ancienne-Comédie commence à la rue de Bussy et finit à la rue des Boucheries (de l'École-de-Médecine).

Ancien chemin ménagé le long des fossés de la ville, cette rue s'est appelée «la rue Neufve du fossé» au commencement du XVIIe siècle, et, depuis, *la rue des Fossés-Saint-Germain;* mais elle n'avait d'abord aucun nom particulier, et on la désignait par les appellations suivantes : «sur les fossez,» «chemin par lequel «l'on va sur les fossez de ladite ville» (1502), et «chemin allant à la rivière de «Seyne et au Pré aux Clercs» (1507). Un titre de 1560 l'énonce «la rue ou «chemyn qui est sur les fossez, entre les portes Sainct Germain des Prez et de «Bussy;» c'est à cette époque, en effet, que le chemin se transforma en rue. Les inventaires de l'abbaye mentionnent, à la date du 21 janvier 1560, le procès-verbal de Toussaint Villette, voyer du monastère, «pour faire l'alignement de la «rue des Fossés, entre la porte de Bussy et celle de Saint-Germain.» Le côté occidental de la voie était alors et depuis longtemps bordé de constructions, tandis que le côté oriental n'était qu'imparfaitement bâti. Circonstance assez surprenante, il paraît que, de ce dernier côté, il avait existé une fontaine, dite «la fontaine «des fossez Sainct Germain» en 1521. Elle était moins rapprochée de la porte de Bussy que de la porte Saint-Germain, et nous ne l'avons vue indiquée qu'en 1521 et 1523.

CÔTÉ ORIENTAL.

AROISSE SAINT-SULPICE.

JUSTICE
ET CENSIVE DU PARLOIR AUX BOURGEOIS.

Maison sans désignation (1610), contiguë à la maison faisant le coin de la rue Saint-André-des-Arts. Elle fut abattue en 1589, et rebâtie sur le même terrain, baillé par le Prévôt des Marchands, le 5 août 1605, à Jean Thibaut, fils de celui qui la possédait lorsqu'elle fut démolie. Elle avait pour enseigne «*l'Escu Daulphin*»

10.

en 1614; sa profondeur était d'abord d'environ sept toises et demie par le milieu; mais, comme les deux maisons suivantes, elle fut augmentée, le 11 août 1614, d'une partie du fossé, ce qui lui donna les proportions qu'elle présente aujourd'hui.

Maison de l'Image-Sainte-Geneviève (1578-1635). Elle fut ruinée pendant le siége de Paris, et ce qui en restait fut baillé, le 14 août 1604, au nommé Nicolas Caron, qui la reconstruisit.

Maison sans désignation (1610), élevée sur un terrain large de trois toises et profond de cinq, que Jean Pichard prit à bail le 10 novembre 1578. Abattue pendant le siége de Paris, elle fut remplacée par un autre bâtiment construit sur un terrain large de cinq toises et demie, que Nicolas Dubois acheta le 26 septembre 1606.

Deux maisons sans désignation (1610), bâties sur une place dite large de quatre toises et demie [1] et profonde seulement de trois et demie, qu'on bailla à Simon Turpin, le 24 mars 1607. Au XVIᵉ siècle, sur l'emplacement de ces maisons, il existait deux autres constructions contiguës, qui furent détruites en 1589 et dont nous ignorons les dimensions. La première était attenante à celle de J. Pichard.

Maison sans désignation, bâtie sur une place large de trois toises, baillée au nommé Cheveneu, le 1ᵉʳ juin 1607, et sur une autre place large d'environ deux toises et un quart, qu'il avait acquise de Jean Lepaintre, le 22 mai précédent. La profondeur de cette maison et de la suivante fut augmentée en 1632.

Maison sans désignation (1610), construite sur la seconde moitié d'un terrain large de quatre toises et demie, baillé à Jean Lepaintre, le 18 mai 1607; l'autre moitié fut comprise dans la maison précédente.

Maison sans désignation (1610), bâtie sur une place large de trois toises, cédée à Louis Billonneau, le 18 décembre 1607, et formant la moitié d'une place large de six toises et profonde de cinq, baillée à Guillaume Clément, le 24 novembre 1607. Cette maison et les deux précédentes sont actuellement réunies et forment celle du café Procope. Procope Coutraux les acquit les 8 octobre 1695, 13 août 1699 et 21 décembre 1740.

Maison du Soleil-d'Or (1616), bâtie sur une place large de trois toises, que Guillaume Clément retrancha de la sienne, le 28 novembre 1607, au profit d'Étienne Miot. Elle fut augmentée, le 14 juin 1617, d'un terrain de quatre toises et demie de profondeur et de quatre toises de largeur, qui s'étendait un peu derrière la maison suivante.

Trois maisons sans désignation en 1610, dont la dernière a eu l'enseigne de la Couronne-d'Or, en 1620. Elles furent élevées sur trois lots de terrain, larges chacun de trois toises, et baillés, le premier, le 26 novembre 1607, à Pierre Clavier; le deuxième, le 24 novembre 1607, à Jacques Geoffroy, et le troisième, le 27 no-

---

[1] Il faut probablement lire cinq toises et demie.

vembre 1607, à Guillaume Charrier. De même que toutes les suivantes, ces maisons n'étaient d'abord profondes que de cinq toises; elles durent ensuite leurs proportions actuelles à l'addition d'une zone du fossé, vendue aux propriétaires le 11 août 1614.

Maison sans désignation (1610), bâtie sur une place large de trois toises cinq pieds, baillée à Gédéon Bouchet, le 28 novembre 1607. C'est sur une partie de l'emplacement de cette maison qu'a été ouverte l'entrée du passage du Commerce.

Maison sans désignation, construite en 1607 sur une place large de deux toises et demie, baillée, le 6 juin de cette année, à Simon Turpin.

Maison sans désignation (1610), bâtie sur une place large de deux toises et demie, baillée à Thomas Névot, le 19 janvier 1607, et par lui cédée, le 27 septembre suivant, à Durant Lorée, maître brodeur du roi.

Deux maisons sans désignation (1610), dont l'emplacement, large de quatre toises et demie[1], fut baillé à Thomas Névot, le 9 novembre 1606.

Maison sans désignation (1610), construite sur une place large de trois toises et profonde de cinq, baillée à Jean Lepaintre, le 19 novembre 1606, et par lui cédée au brodeur Nicolas Gibert, le 29 (ou le 24) janvier 1607. Elle est actuellement réunie à la suivante.

Maison sans désignation (1610), attenante à celle du coin de la rue de l'École-de-Médecine. Elle fut élevée sur un terrain large de quatre toises et demie, baillé, le 28 septembre 1606, à Durot, *alias* Evro Lefebvre, qui, le 17 octobre 1608, la revendit au nommé François Macaire. Sur l'emplacement de cette maison, dès 1541, il s'en trouvait une qui appartenait au nommé Jean Périgaut. Elle était attenante, vers le nord, à une autre qui, large de cinq toises, profonde de seize pieds vers le midi et de douze vers le nord, avait été construite sur une place baillée à Michel de Maupertuys, le 30 juin 1541. Toutes deux furent détruites en 1589.

CÔTÉ OCCIDENTAL.

PAROISSE SAINT-SULPICE.

JUSTICE
ET CENSIVE DE L'ABBAYE.

Maison sans désignation (1595), contiguë à celle du coin de la rue des Boucheries, et provenant du morcellement de cette propriété. Elle dépendait probablement de l'immeuble situé entre la maison du coin et le jeu de paume de Savoie, dans la rue des Boucheries.

---

[1] Cette dimension semble inférieure à la réalité et ne se retrouve point sur le terrain.

Partie du Jeu de paume de l'Écu-de-Savoie (1523), qui, à la fin du xvie siècle, formait une grande maison. Vers 1628, celle-ci en formait quatre ou cinq autres, et la précédente trois ou quatre. Ces diverses maisons, que les documents ne permettent point d'identifier avec certitude, étaient disposées dans l'ordre suivant : deux maisons ayant pour enseigne *l'Écritoire* et attenantes à la maison du coin; — une autre ayant pour enseigne *la Talemouse*, et depuis *la Tour-d'Argent* (1643); — deux maisons ayant eu précédemment pour enseignes *le Champ-des-Oiseaux* et *l'Âne-Vert;* — deux maisons ayant pour enseignes *la Clef* et *la Roze-Rouge;* — enfin une dernière maison dont l'enseigne n'est point indiquée.

Petite maison avec jeu de paume (1595), qui semble avoir été élevée sur une certaine place mentionnée en 1523. Il y avait là un chantier énoncé « devant la « Fontaine » et appartenant à Jean Huot.

Maison sans désignation (1523), dépendant du grand hôtel de l'Écu-de-France, situé rue des Boucheries. Dès 1595, elle renfermait un jeu de paume, qu'on appelait *le Jeu de paume de l'Écu*, en 1628 et 1592.

Maison du Colombier (1523-1531) ou «du Coulon» (1547), puis de l'Aigle-Royal (1628).

Maison de l'Étoile (1523-1688), qui renfermait un jeu de paume dès 1547; elle dépendit d'abord du grand hôtel de l'Écu-de-France. Elle se composait, en 1523, de deux petites maisons, et, au xviie siècle, elle en formait également deux, qui furent achetées les 8 mars et 23 décembre 1688 par les comédiens du roi. Ils y établirent le théâtre de la Comédie-Française, lequel a donné son nom à la rue et y a subsisté jusqu'en 1770.

Maison sans désignation (1523), qui fit aussi partie des dépendances du grand hôtel de l'Écu-de-France. Elle avait pour enseigne « *le Petit More,* » en 1628.

Maison sans désignation (1595), contiguë à la maison faisant le coin de la rue de Bussy. C'était un morcellement de la précédente, dont elle n'était point distincte encore dans la première moitié du xvie siècle. Elle était déjà divisée en deux, vers 1630.

Presque toutes les maisons du côté occidental de la rue de l'Ancienne-Comédie furent abattues lors du siége de Paris, et on ne les rebâtit que graduellement, plusieurs années après la paix. Il se peut que les anciennes limites des propriétés, qui sont extrêmement difficiles à déterminer, aient alors été changées.

RUE DE CONDÉ.

La rue de Condé commençait à la rue des Boucheries (de l'École-de-Médecine) et finissait, comme aujourd'hui, à la rue de Vaugirard.

RUE DE CONDÉ.

Le nom que porte cette rue, et dont elle est redevable au grand hôtel de Condé, commence à paraître dans la seconde moitié du xviie siècle, et remplace celui de rue Neuve-Saint-Lambert, qu'on lui donnait habituellement alors, et qui provenait sans doute d'une enseigne. Nous l'avons rencontré pour la première fois à la date de 1604. Dans les documents antérieurs, la rue de Condé est énoncée : «rue qui tend au clos aux Bourgeois» (1523); «rue qui tend de la «porte Sainct Germain au cloz aux Bourgoys et à Vaugirard» (1517); «rue Neufve «allant à la porte Sainct Michel» (1530); «rue Neufve de la Foire» (1510); «rue Neufve, par cydevant dicte le cloz Bruneau» (1531); rue Neufve aultre-«ment dicte le cloz Bruneau» (1523 et 1543); «rue du Cloz Bruneau» (1517, 1510, 1502), et, le plus souvent, *rue Neuve* seulement.

Il est évident que la rue de Condé n'a point été ouverte avant la fin du xve siècle, et l'on pourrait supposer que, comme la rue du Petit-Lion, elle n'a été percée que vers 1501, puisqu'elle n'est point mentionnée dans le bail fait, en cette année, du terrain qui a formé l'extrémité orientale de l'îlot compris entre les rues du Petit-Lion (Saint-Sulpice) et des Quatre-Vents. Le terrain est dit aboutir, du côté de la ville, «aux Friches,» en d'autres termes, aux terrains vagues. Toutefois la partie de cette voie la plus rapprochée de la rue des Bou-cheries était ouverte dès 1494; on la considérait comme le commencement de la rue des Quatre-Vents, et elle était qualifiée de «chemin qui va à la Foire, «près la voierie des Bouchiers.» Quant au reste de la rue de Condé, il est vraisemblable qu'il y avait là tout au moins un sentier qui isolait le clos Bru-neau.

Ce clos, peu connu, était planté de vignes, suivant des documents de 1457 et 1475; il est indiqué, dans le censier de 1355, par la formule «en Borneau,» et, dans un titre de 1412, par les mots : «certains champs appelés clos Bruneau.» On en rencontre la première mention dans le bail qui fut consenti, au mois d'avril 1268, à Guillaume surnommé Lescervelé, bail de deux arpents à prendre «in «loco qui dicitur Berneau.» Il était limité, au midi, par la rue de Vaugirard, et, au nord, par la voirie des Bouchers, ou rue des Quatre-Vents, laquelle est dé-clarée y tenir en 1509. Vers le levant, rien n'indique, contrairement à l'affirma-tion de Jaillot, que le clos Bruneau ait jadis atteint le chemin sur les Fossés, au lieu d'être borné par l'emplacement de la rue de Condé, qui en était certaine-ment la limite en dernier lieu. Vers le couchant, il paraît s'être étendu d'abord jusqu'à la rue Garancière, car l'hôtel de Garancière est déclaré y aboutir en 1457. Plus tard, il ne dépassait point la rue de Tournon, attendu que l'îlot dans lequel il était contenu avait, lorsque l'abbaye le bailla à bâtir, c'est-à-dire aux environs de 1510, à peu près les mêmes dimensions qu'aujourd'hui. Du reste, il n'est pas une seule pièce des archives de l'abbaye qui ait directement trait au clos Bru-neau, avant l'époque de sa transformation. Nous croyons inutile d'ajouter que le clos Bruneau du bourg Saint-Germain n'a jamais eu rien de commun, si ce n'est le nom, avec le clos Bruneau de la montagne Sainte-Geneviève. En affirmant le contraire, Géraud a commis une grave erreur.

CÔTÉ ORIENTAL.

PAROISSE SAINT-SULPICE.
JUSTICE
ET CENSIVE DE L'ABBAYE.

Maison des Cinq-Pucelles (1613), contiguë, d'une part, à la maison faisant le coin de la rue des Cordeliers ou de l'École-de-Médecine, et attenante, de l'autre côté, à la maison qui formait l'angle septentrional de la rue Monsieur-le-Prince. Elle fut bâtie sur un terrain large de cinq toises, cédé, le 29 mai 1604, à Charles Barbe, par Vincent Notaire, qui l'avait retranché de l'emplacement de la maison de la Sirène, à lui vendu quatre mois auparavant.

Maison sans désignation en 1523, puis dite du Riche-Laboureur (1581-1773), et aussi la Grande-Maison (1580). Elle faisait le coin méridional de la rue Monsieur-le-Prince, et fut bâtie sur un terrain baillé, le 1er mars 1494, à Me Jehan Rouyer. Ce terrain appartenait à l'enlumineur J. Pichore, lorsque celui-ci y joignit, le 30 avril 1516, une petite place vide, qui forma la pointe de l'îlot et qui présentait treize pieds de largeur sur un de ses côtés, sept toises et quatre toises sur les autres. La maison fut ensuite possédée par le banquier italien Albert Salviati, et, dès 1523, par Julien de Bonacoursi, trésorier de Provence, notaire et secrétaire du roi. Partagée, le 8 juillet 1580, entre les héritiers de Jean Arnoul, puis complétement abattue pendant le siége de Paris, elle n'était point encore réédifiée en 1595, et elle le fut plus tard de manière à former trois maisons distinctes. Une partie de son emplacement a été absorbée dans le carrefour de l'Odéon.

Maison du Petit-Écu-de-France (1517-1648), contenant environ un quartier, et élevée sur un terrain pris à bail, le 28 août 1509, par Jean Lefort. Au xviiie siècle, c'étaient les écuries de l'hôtel de Condé.

Maison sans désignation (1523), construite sur un terrain large de neuf toises et profond de vingt-six et demie, pris à bail, le 8 (10?) décembre 1510, par Durant (alias Laurent) Pergues. Elle appartenait, en 1595, à Jean Briçonnet, seigneur de Glatigny, président des généraux des finances en la Cour des aides. Elle avait pour dépendance une maison sur la rue du Fossé, et la propriété s'appelait l'hôtel de Provence, vers 1740.

Maison de «l'Image-Saint-Eustace» (1523), bâtie sur un terrain large de neuf toises et profond de vingt-huit, baillé à Jacques Morant, le 17 janvier 1509, à charge d'y construire une «maison manable,» de paver devant jusqu'au milieu de la rue, et de ne point nourrir de pourceaux. La maison de l'Image-Saint-Eustache appartint, vers 1585, à l'avocat de Rochefort, bailli de Saint-Germain-des-Prés; elle était encore possédée par sa famille en 1628.

Maison de l'Épée-Royale (1523), bâtie sur un terrain large de neuf toises et profond de vingt-neuf et demie, qui fut accensé, le 17 janvier 1509, à Guy Herluppe. Au xviiie siècle, elle faisait partie de l'hôtel de Condé, et contenait ce qu'on appelait *la cour des Fontaines* et *la cour des Écuries*.

Maison sans désignation (1523), bâtie sur un terrain de dix toises de largeur et de trente et une toises et demie de profondeur, pris à bail, le 17 mars 1510, par Waleran de Bées (*alias* Bèze), «marchant appoticaire.» En 1595, elle appartenait à Jérôme de Gondi, et a été absorbée dans l'hôtel de Condé.

Petites maisons avec étables, ayant pour enseigne l'Image-Notre-Dame (1523). Elles furent élevées sur un quartier de terre accensé à Jean Martin en 1515, et par lui revendu, avec le commencement d'habitation qui s'y trouvait, le 22 novembre 1518, au marchand Jean Bruneau. En 1547, à la place de ces petites maisons, il y en avait une grande que le chanoine de Paris, Me Robert Cordier, avait fait construire[1], et qui fut le noyau de l'hôtel de Gondi.

Hôtel de Gondi, depuis de Condé. Suivant Jaillot, cet hôtel célèbre eut pour origine une maison de plaisance élevée par Arnaud de Corbie sur le clos Bruneau, achetée, au mois de juillet 1610, par Jérôme de Gondi, duc de Retz, maréchal de France, et adjugée par décret, en 1612, à Henry de Bourbon, prince de Condé. Ce sont autant d'inexactitudes. L'hôtel de Gondi, dont l'emplacement ne dépendait pas du clos Bruneau, ne fut point adjugé au prince de Condé; mais il lui fut donné, le 2 septembre 1612, par le roi Louis XIII, auquel il avait été adjugé par sentence du Châtelet du 14 juillet précédent, après avoir été saisi sur Jean-Baptiste de Gondi, gentilhomme ordinaire de la chambre, à cause des dettes grevant la succession de son père. Le membre de la famille de Gondi revêtu de

---

[1] L'article consacré à la maison de l'Image-Notre-Dame, dans le censier de 1547, est conçu en ces termes : «De maistre Robert Cordier, chanoine de Paris, fils de feu Guillaume Cordier, lequel Guillaume Cordier avoit esté ou lieu de maistre Adrien Forme, procureur ou Chastellet de Paris, et sa feue femme, fille et héritière de feu maistre Guillaume le Vavasseur, en son vivant cirurgien, demeurant à Paris, pour une maison de nouvel rebastie par ledict Cordier, et court en laquelle soulloit naguères, auparavant ledict rebastiesment, plusieurs petites maisons et louaiges, jardins et estables; le lieu comme il se comporte, assis audict Sainct Germain des Prez, en ladicte rue Neufve, où soulloit pendre pour enseigne *l'Image Nostre Dame*, qui fut à feu Jehan Martin; tenans d'une part ausd. vefve et héritiers de feu Walleran de Beest, d'aultre part de présent à Baptiste de la Vergne, ou lieu de Albert Salvyaty; aboutissans à ladicte rue, et par derrière à maistre Guillaume Coignet; lequel lieu, qui contient ung quartier, doibt de cens chacun an, ledict jour sainct Remy, xiii s. parisis, comme appert par la lectre de prinse de ce faicte par ledict Jehan Martin, dattée de l'an mil cinq cens et quinze.» (Arch. nat. reg. LL 1125, fol. 126 v°.)

la dignité de maréchal de France s'appelait Albert, et non pas Jérôme; il mourut en 1602, de sorte qu'il n'a rien pu acheter en 1610. Ce n'est pas non plus à cette époque que Jérôme de Gondi, introducteur des ambassadeurs, chevalier d'honneur de la reine Marie de Médicis et père de Jean-Baptiste, acquit son hôtel du faubourg Saint-Germain, car il mourut le 31 janvier 1604. Il le possédait déjà en 1595, comme le prouve un censier de cette année; il en était même propriétaire dès 1581, ainsi qu'il appert d'un croquis contemporain, où sont indiquées « la maison de Gondy » et « la rue Neufve où se tient M. de Gondy. »

Les archives incomplètes de l'abbaye ne nomment point Arnaud de Corbie à propos de l'hôtel de Gondi[1], et n'apprennent rien sur l'époque où Jérôme de Gondi acheta les diverses propriétés dont la réunion forma ce grand hôtel. Il est simplement dit, dans le censier de 1595, qu'elles lui appartenaient « longtemps « avant les troubles. » Nous constatons d'ailleurs, par l'étude de ce censier, rapproché d'autres documents, qu'à la fin du XVIe siècle l'hôtel de Gondi offrait des dimensions qui ont été peu modifiées jusqu'en 1699. Il présentait ainsi, sur la rue des Fossés (Monsieur-le-Prince), un développement que nous ne pouvions préciser, mais qui ne devait point être inférieur d'abord à trente toises, et qui atteignit quarante-trois toises au milieu du XVIIe siècle. Sur la rue de Vaugirard, le mur de clôture avait au moins quarante toises, et, sur la rue Neuve (de Condé), dont l'hôtel formait l'encoignure et où il avait sa principale entrée, nous sommes certain qu'il était large d'environ quatre-vingt-quatre toises et demie.

Jardin contenant un arpent et demi (1523). Il appartint en 1531 au banquier Bénard Carissau, et en 1547 à l'Italien Baptiste de la Vergne, « traeur d'or du « Roy, » qui y avait bâti « une grande maison, couverte d'ardoise, à la mode yta- « lienne, » à la place d'une autre construction couverte en tuiles, que le nommé Albert Salviati, son compatriote, avait fait élever précédemment. Le terrain en avait été accensé, le 17 novembre 1520, à Ravaut du Mesnil, procureur et receveur de l'abbaye.

Maison sans désignation en 1517, puis du Heaume (1523-1543), faisant le coin de la rue de Vaugirard. Elle avait été bâtie sur un terrain de vingt-quatre perches, baillé à Jean le Fort, le 2 août 1509, et le jardin qui en faisait partie, formant l'encoignure de la rue, mesurait neuf toises cinq pieds sur quinze toises de profondeur. En 1547, elle était déjà unie à la précédente, et toutes deux furent englobées dans l'hôtel de Gondi, avant 1595.

---

[1] Il est probable que Jaillot a commis une erreur de lecture, et que la notoriété du chancelier Arnaud de Corbie lui a fait voir ce nom là où il y avait, en réalité celui de Robert Cordier. La généalogie de la maison de Corbie, donnée par le P. Anselme, n'indique aucun individu ayant porté le prénom d'Arnaud, depuis le chancelier, qui mourut en 1413.

CÔTÉ OCCIDENTAL.

PAROISSE SAINT-SULPICE.

JUSTICE
ET CENSIVE DE L'ABBAYE.

Jardin (1517) faisant le coin de la rue de Vaugirard et aboutissant rue de Tournon. Il fut vendu par Robert Thierry à Jean Bruneau, le 8 janvier 1518; à la fin du xvie siècle, il était, en partie, remplacé par une maison, qui appartint ensuite au maréchal d'Ancre, et où ce dernier plaça ses écuries. Cette maison ayant été confisquée, le 8 juillet 1617, fut possédée par la reine Marie de Médicis et vendue, le 6 septembre 1657, à Armand de Peyre, comte de Troisvilles, d'où est venu le nom d'*hôtel de Troisvilles* ou *Tréville*, qu'elle a longtemps porté. *Entre les rues de Vaugirard et du Petit-Lion.*

Maison de l'Image-Sainte-Barbe (1523-1534), aboutissant rue de Tournon. Vers 1595, elle appartenait au conseiller au Parlement « Coustel [1]. » Il semble qu'elle dépendait de la précédente, en 1581.

Maison sans désignation en 1523, dite du « Cheval-d'Erain » en 1581, et aboutissant rue de Tournon. Elle fut acquise par le roi du nommé Pierre Spine, qui y avait fait élever un bâtiment propre à la fonte d'une statue équestre, confiée au sculpteur florentin Jean Francisque. Les *Archives curieuses* renferment à ce sujet l'article que voici, extrait des comptes royaux : « 28 avril 1531. A Pierre Spine, « la somme de 3,820 livres tournois, que le Roy lui a ordonné et ordonne pour « son remboursement de pareille somme qu'il a advancée et fournie par ordon-« nance verballe du dit seigneur pour faire construire le cheval de fonte que icelluy « seigneur a ordonné estre faict par *Jehan Francisque*, Fleurentin, maistre sculp-« teur, lequel besongne ès faulxbourg Saint Germain des Prez lès Paris. C'est « assavoir, pour l'achapt d'une maison pour faire le dit cheval et loger icelluy « maistre *Jean Francisque* et son train, la somme de 500 livres tournois, et « 220 livres tourn. pour le bastiment de la granche qu'il a convenu faire pour « ses besongnes. Plus, pour dix milliers de cuyvre fourni au dit maistre *Jehan* « *Francisque*, à raison de six vingt cinq livres tournois le millier, dont il est de-« meuré de reste jusques à près de trois à quatre milliers, duquel cuyvre s'en « pourra faire la statue qui sera sur le dit cheval, douze cens cinquante livres. Et

---

[1] Le catalogue de Blanchard ne mentionne qu'un *Jacques Cotel*, reçu conseiller au Parlement de Paris le 1er mars 1595. Cependant cette assemblée compta encore parmi ses conseillers Antoine Cotel, auteur de poésies légères, né à Paris en 1550 et mort en 1610.

« la somme de 1,850 livres tournois, tant pour le vivre d'icelluy *Francisque* et de « son dit train, que pour faire la fonte du dit cheval [1]. »

Par lettres patentes délivrées à Tournan-en-Brie, au mois de juillet 1539, François Ier fit don de cette maison à l'illustre poëte Clément Marot, pour ses « bons, continuelz et agréables services. » La propriété est énoncée dans les lettres : « une maison, grange et jardrin (*sic*), le tout encloz de murailles..... en la rue du « Cloz Bonneau; ouquel lieu a esté fondu ung grant cheval de cuivre que nous y « avons faict faire [2]; laquelle maison et jardrin a esté, pour cest effect, cy-devant « acquise par nostre commandement de Me Jehan Bymont, presbstre, et Pierre « Espine [3]. » La maison du Cheval-d'Airain fut possédée, du temps de Henri III, par Guillaume d'Elbenne, conseiller au Grand Conseil, et, du temps de Henri IV, par Maillet, seigneur de Losson.

Maison et jardin sans désignation (1523), aboutissant rue de Tournon. En 1593, elle appartenait au président Barjot [4], et, comme celui-ci était alors « absent et tenant le party contraire, » les Échevins la louèrent, le 12 février de cette année, à Catherine Rochefort, veuve de Jean Catin, chauffe-cire de la chancellerie. La partie centrale de la maison s'appelait, en 1681 et 1727, l'hôtel de Caderousse, et l'extrémité contiguë, vers le nord, était désignée sous le nom d'hôtel de Valois.

Deux maisons énoncées, en 1523, comme une seule, et contenant deux jeux de paume. La première paraît avoir été un jardin en 1595, et toutes deux aboutissaient d'abord rue de Tournon. Le terrain de la seconde de ces maisons, contenant environ un quartier et une perche, fut baillé, en 1510, à Pierre Pommier.

---

[1] *Archives curieuses*, 1re série, t. III, p. 83.

[2] Le texte des lettres patentes, qui ont été signalées par M. de Fréville (*Athenæum* du 19 mai 1855), se trouve dans le registre des Archives coté JJ 254, n° 301. On ignore ce qu'était ce cheval de bronze fondu par ordre de François Ier, et quelle en fut la destinée. Il paraît que l'artiste qui l'exécuta eut un collaborateur, ou plutôt qu'il était aussi connu sous un nom autre que celui de Jean Francisque, car nous avons trouvé dans les acquits au comptant une pièce contenant l'article suivant : « .... A François Roustien, sculpteur, *lequel faict* « *le grant cheval de cuivre, à Paris*, pour sa pen- « sion de sept mois entiers, commencez le premier « jour de juing mil v[c] xxxi et finissant le dernier « jour de décembre ensuivant, à c l. tournois par « mois : appointcé moitié sur le quartier de juillet « et l'autre moitié sur octobre, novembre, décembre « prouchain venans. Pour ce vii[c] l. » (Arch. nat. J 960, n° 17.)

[3] L'article du censier de 1547 est ainsi conçu : « Des ayans cause de Clément Marot, par donnation « à luy faicte par le Roy, nostre sire; qui estoit ou « lieu dudict feu Pierre Spine; lequel Spine avoit « esté en la place de maistre Pierre Vymont, banc- « quier, qui avoit esté ou lieu de la vefve et héri- « tiers feu Hector Hardoyn, en son vivant tonnelier, « demourant à Paris, rue de la Huchette: pour une « aultre maison et jardin assis en ladicte rue Neufve, « où, puis naguères, le Roy, nostre dict seigneur, « *y feist faire ung cheval d'arain*. Contenant ledict « lieu demy quartier, que ledit Hardoyn acquist « dudict maistre Jehan Guichard. » (Arch. nat. reg. LL 1125, fol. 140 v°.)

[4] Apparemment Philibert de Barjot, qui, comme son frère Claude III de Barjot, mort peu après 1572, fut premier président du Conseil d'État. Il se montra fidèle au parti du roi pendant la Ligue. C'est l'auteur de la branche des Barjot d'Auneuil.

Celui de la première paraît avoir été baillé, en la même année, au nommé Baudart.

Maison sans désignation (1523), qui aboutissait d'abord à une place vide; elle est énoncée comme ayant dix-neuf toises deux pieds de profondeur sur huit de largeur. En 1531, elle appartenait à Michel Dumayne, « orloger du Palais. » Le terrain en avait été baillé à Jean Motu, le 27 mai 1510.

Maison de l'Aventure (1522) et de la Pomme-de-Pin (1628). Le terrain, contenant huit toises sur seize, en fut baillé, le 10 décembre 1510, au nommé Jacques Canefitte.

Jardin (1523), puis maison sans désignation en 1547, et des Deux-Balles en 1595. Elle contenait huit toises de largeur sur seize de profondeur, et le terrain en fut baillé à Philippe Leroy, le 9 décembre 1510.

Maison sans désignation en 1523, puis du Barillet (1543) et du Soleil-Bandé (1628).

Maison sans désignation en 1523, puis du Petit-Crucifix (1568-1727).

Maison sans désignation en 1523, puis du Petit-Écu (1568), faisant le coin méridional de la rue du Petit-Lion. Avec les deux maisons précédentes, elle fut élevée sur une place vague, qui avait été baillée à Thomas Vaucombert, le 27 février 1510 (1511), et qui mesurait dix-huit toises de face sur les deux rues. Ces dimensions ne sont plus les mêmes aujourd'hui; mais on les rétablit en supprimant la brisure de l'alignement actuel. On crée alors un autre alignement qui prolonge en ligne droite celui du reste de la rue; d'où il semble résulter que la brisure ne remonte point à 1511. Cependant, lorsque, le 31 décembre 1515, Vaucombert retrancha de sa propriété, au profit des brodeurs chasubliers J. Jouan et Cardin, le jardin où ceux-ci bâtirent les deux maisons du Petit-Crucifix et du Petit-Écu, ce jardin avait quinze toises de profondeur; ce qui prouve qu'à cette époque l'alignement était le même que de nos jours.

Jardin (1532) formant le coin septentrional de la rue du Petit-Lion, et faisant hache derrière la maison suivante, de façon à aboutir sur la rue des Quatre-Vents. En 1595, au lieu de ce jardin, existaient deux maisons avec un jeu de paume établi déjà en 1547, époque où l'on ne voyait là qu'une seule maison, récemment bâtie et ayant pour enseigne le Tartre [1] du Mont-Valléryen.

Entre les rues du Petit-Lion et des Quatre-Vents.

Jardin (1523), puis maison faisant le coin méridional de la rue des Quatre-Vents, sans désignation en 1532, et nommée des Trois-Couronnes en 1595. Le terrain de cette maison et de la précédente, contenant environ un demi-quartier, fut baillé, comme place vide, le 26 août 1501, à Durand Parques.

---

[1] Le Tartre, pour le tertre, ou la butte. Dans un titre de 1644, il est question du « sentier du tartre « au mont Valérien. »

Entre les rues des Quatre-Vents et des Boucheries.

JARDIN (1523), puis MAISON et galerie (1531) faisant le coin septentrional de la rue des Quatre-Vents. La maison occupait l'emplacement d'un terrain baillé au libraire Jean Petit, le 22 août 1509, et dépendait d'abord de la propriété faisant le coin de la rue des Boucheries. En 1595, on y voyait un jeu de paume. Après avoir été saccagée pendant le siége de Paris, la maison fut rebâtie, avec les maisons suivantes, par le bailli de Saint-Germain.

MAISON sans désignation (1595).

MAISON sans désignation en 1595, puis de l'IMAGE-SAINT-CLAUDE (1628-1687).

MAISON sans désignation en 1595, puis DE L'ARBRE-DE-VYE (1628), contiguë à la maison faisant le coin de la rue des Boucheries. Ainsi que les deux maisons précédentes, elle faisait anciennement partie de cette dernière propriété.

RUE SAINT-DOMINIQUE.

La voie qu'on appelle aujourd'hui rue Saint-Dominique commençait jadis, ainsi qu'aujourd'hui, à la rue des Saints-Pères. Comme rue, elle finissait à la porte de la Tranchée; mais, comme chemin, elle se prolongeait au delà du fief de l'abbaye, en passant derrière la ferme de Grenelle, point où elle est devenue la rue Desaix.

Les Dominicains de la rue Saint-Jacques ayant donné le nom du fondateur de leur ordre à une rue qu'ils avaient ouverte à travers leur clos, les religieux réformés du même ordre, établis au faubourg Saint-Germain, voulurent appliquer la même dénomination à la rue qu'ils habitaient. Ils sollicitèrent donc et obtinrent, en 1643, la permission de placer à ses extrémités des tablettes de marbre, avec cette inscription : *rue Saint-Dominique, jadis des Vaches*. Jaillot cite le fait pour prouver que le chemin des Vaches doit toujours s'entendre de la rue Saint-Dominique. Mais, si cette assertion est vraie dans un grand nombre de cas, elle est fausse dans une foule d'autres, et donne lieu à une série de méprises. La vérité peut se résumer en quelques mots. Depuis le milieu du xive siècle, époque où la rue Saint-Dominique commence à être mentionnée, jusqu'au commencement du xvie, elle est dite «voye des Vaches» (1354), ou «chemin aux Vaches» (1355). Dans la première moitié du xvie siècle, plusieurs appellations différentes ont été d'un usage habituel, concurremment avec celle de «chemin aux Vaches,» laquelle était quelquefois accompagnée des mots «allant à l'Isle» (1542), ou «tendant à «l'isle Macquerelle» (1547). Enfin, depuis le milieu du xvie siècle jusqu'au milieu du xviie, le nom de *rue des Vaches*, ou *chemin des Vaches*, suivant la partie dont il était question, a de nouveau et presque exclusivement été employé.

Les dénominations diverses que fournissent souvent les documents de la première moitié du xvie siècle sont les suivants : «chemyn du cymetière Sainct Père»

(1502); «chemin allant de Sainct Père à Grenelle» (1523, 1530, etc.), et «chemin qui tend de Sainct Père à l'Orme de Grenelles» (1523, 1537, etc.) (la rue Saint-Dominique conduisait directement de la chapelle Saint-Père à la ferme de Grenelle et à un orme des environs); «chemin tendant au port de Grenelle» (1530); «chemyn par où l'on va dudict Sainct Germain au port de Grenelle» (1524); «chemin allant du Moulin à vent au Port» (1531); «chemin du Port» (1530, 1539), et «chemin du Moulin à vent» (1523). De la rue Saint-Dominique se détachait un embranchement qui se dirigeait sur le port de Grenelle, et communiquait avec la voie du bord de l'eau, par un petit chemin appelé aussi des Vaches (rue Saint-Jean, au Gros-Caillou). Nous ne savons si c'est ce dernier chemin, ou la rue Saint-Dominique, qu'il faut voir dans le «petit chemyn du Port» de l'arpentage de 1529; «chemin tendant de la Voirie» ou «allant de Sainct Père «à la Petite Seyne» (1523, 1529, etc.).

La rue Saint-Dominique longeait le territoire de la Petite-Seine (vers l'emplacement de l'esplanade des Invalides). Dans cette région, elle est fréquemment dénommée, dès 1355, «la longue Raye,» appellation qui s'est conservée jusqu'au règne de Louis XV. La même partie paraît avoir été désignée sous le nom de *chemin Herbu*, puisque, dans un registre de 1523, il est dit que trois quartiers de terre aboutissant, d'une extrémité, sur la Petite-Seine, touchaient, de l'autre, au «chemin Herbu.» Nous avons vu, en outre, la rue Saint-Dominique appelée «le chemin de l'Oseraye» (1527), à cause de sa proximité du canton de l'Oseraye; «le vieil chemyn des Vignes» (1530), et *le chemin des Treilles*, dans une multitude de titres (1432, 1523, 1595, etc.). Du reste, on ne la désignait ainsi qu'à partir de 600 à 800 mètres de la rue des Saints-Pères, dans la région où elle se rapprochait du climat des Treilles, voisin lui-même de celui de la Petite-Seine.

Jaillot, dont la science et l'esprit de critique sont des plus estimables, mais qui n'a pas toujours été bien servi par les documents auxquels il a eu recours, affirme que le chemin des Treilles est la même voie que la rue de l'Université; c'est une assertion que nous croyons erronée, et cela pour les motifs suivants :

1° Si le chemin des Treilles était celui qui est devenu plus tard la rue de l'Université, il aurait dépendu de la censive de l'Université, et il ne serait point si fréquemment mentionné dans les archives de l'abbaye, où il en est toujours question à propos de terres en culture. Or le Pré-aux-Clercs n'était point cultivé; il était même séparé, par un fossé, des champs environnants.

2° Dans le deuxième triage de l'arpentage de 1529, lequel triage est compris entre le Pré-aux-Clercs et la rue Saint-Dominique, et dans le troisième triage, compris entre les rues Saint-Dominique et de Grenelle, il est très-souvent question du chemin des Treilles. Ce chemin doit donc être commun aux deux triages; or la rue Saint-Dominique, qui les sépare, satisfait seule à cette condition.

3° Dans le troisième triage abondent les indications de terrain aboutissant, d'une extrémité, au chemin des Treilles, et, de l'autre, au chemin des Vaches. Mais puisque, comme nous l'établissons ailleurs (voir à l'article de la rue de Grenelle), le chemin des Vaches de l'arpentage de 1529 n'est autre que la rue de Grenelle, puisque le chemin des Treilles ne peut être situé au midi de cette dernière rue, il faut, de toute nécessité, que ce soit la voie la plus rapprochée vers le nord, c'est-à-dire la rue Saint-Dominique.

4° Enfin, puisque le chemin de la Petite-Seine, comme nous l'établirons également plus loin, se confond avec l'extrémité occidentale de la rue de l'Université, les nombreux documents, où il est parlé de terres aboutissant simultanément au chemin de la Petite-Seine et au chemin des Treilles, ne peuvent désigner, par cette dernière dénomination, que la rue Saint-Dominique.

Le fait, au surplus, est rendu très-vraisemblable par de nombreux documents, et, entre autres, par ce passage d'un acte de 1527, où on lit : «Demi-arpent... «au lieu dict les Treilles... aboutissant d'un bout au chemin des Treilles, et «d'autre à l'isle Macquerelle.» On sait que la rue de l'Université se terminait à la pointe de l'île aux Cygnes, avant la réunion de cette île à la terre ferme. Un autre passage, extrait d'une transaction du 9 juin 1627, n'est pas moins probant : un quartier de terre, qui a été compris dans le couvent des Filles de Saint-Joseph, y est déclaré aboutir, «d'un bout au Pré aux Clerz, d'autre au *chemin des* «*Treilles ou des Vaches.*» Citons en dernier lieu un article du censier de 1687, qui mentionne «un arpent... au terroir de *Verbisson*, lieu dit *le Gros Caillou*... abou-«tissant par bas au chemin vulgairement appelé autrefois *le chemin des Charbon-* «*niers* et à présent *le chemin des Treilles, venant à la rue Saint-Dominique.*» Nous ne connaissons que cet exemple du nom de «chemin des Charbonniers» appliqué au chemin des Treilles, avec cette circonstance qu'il *vient* à la rue Saint-Dominique. Dans notre pensée, il en était la continuation.

CÔTÉ MÉRIDIONAL.

PAROISSE SAINT-SULPICE.

JUSTICE

ET CENSIVE DE L'ABBAYE SAINT-GERMAIN.

Entre les rues des Saints-Pères et Saint-Guillaume.

MAISON sans désignation et avec jardin (1595), contiguë à la propriété faisant le coin de la rue des Saints-Pères. Elle appartenait, en 1628, à D^{lle} Renée de Marnay, veuve de François Bayot, et, le 14 avril 1643, elle fut adjugée sur Pierre Bayot au marquis de Plessis-Châtillon. Marie Dauvet l'ayant vendue, le

26 janvier 1660, à M⁰ François de Matignon, la maison prit le nom d'*hôtel de Matignon* [1].

Maison sans désignation (1595), faisant le coin oriental de la rue des Rosiers ou Saint-Guillaume. En 1687, elle dépendait de l'hôtel de Matignon, dans lequel elle a été englobée.

Masure (1595) faisant le coin occidental de la rue Saint-Guillaume. Au commencement du xvii⁰ siècle, il y avait là une maison, avec tuilerie et grand jardin, appartenant au nommé Nicolas Hullot. Cette propriété, qui contenait environ six quartiers, fut divisée ensuite en quatre maisons, puis en cinq.

Entre les rues Saint-Guillaume et du Bac.

Vers 1595, la maison du coin occidental de la rue Saint-Guillaume était la dernière construction que renfermât de ce côté la rue des Vaches, ou Saint-Dominique; mais, en 1628, la voie était bâtie jusque par delà la rue du Bac. Entre cette rue et la rue Saint-Guillaume, on comptait trois maisons : celle que nous venons de mentionner, celle du coin de la rue du Bac et une troisième, intermédiaire et fort vaste, possédée par les héritiers Hullot. Cette dernière en a formé huit autres, dont la première est devenue *l'hôtel de Maineville*, depuis *d'Asfeld*, et la cinquième *l'hôtel de Chevreuse*, depuis *de Luynes*, dans lequel la quatrième et la sixième maison paraissent avoir été absorbées.

CÔTÉ SEPTENTRIONAL.

PAROISSE SAINT-SULPICE.

JUSTICE
ET CENSIVE DE L'ABBAYE SAINT-GERMAIN.

Le censier de 1595 ne mentionne aucune maison du côté septentrional de la rue Saint-Dominique; mais il indique simplement que le coin de cette rue et de celle de Saint-Père était formé par la maison de Georges Regnier, laquelle aboutissait à la propriété de Denis Allain. Or nous ne savons quelle était, sur la rue Saint-Dominique, la limite de la maison de Georges Regnier, qui avait probablement une certaine profondeur, car elle contenait un grand jardin. Quant à la propriété de Denis Allain, vendue par Regnier le 30 novembre 1625, elle a fait partie de ce vaste clos, renfermant une maison et un jardin, que les nommés Jacques Lefebvre et Pierre Piscard vendirent, le 5 juin 1632, aux Jacobins, et où ceux-ci établirent le noviciat de leur ordre. Il est donc probable que la maison de Regnier se prolongeait jusqu'au mur de ce même noviciat, et ce mur paraît correspondre au lieu où s'élevait la porte de la Tranchée.

Entre les rues du Bac et des Saints-Pères.

[1] Piganiol s'est donc trompé en disant que l'hôtel avait été bâti par Charles de Matignon, mort en 1648.

Si, à la fin du XVIe siècle, la maison de Regnier demeurait la seule qui existât du côté septentrional de la rue Saint-Dominique, il en était autrement cinquante ans plus tôt. On voit effectivement que, en 1551, le «heurt» bornant le Pré-aux-Clercs atteignait «à l'alignement et au coing de partie de la maison de Jehan de «Licieux, dict le Pavanier,» laquelle ne pouvait ainsi se trouver que du côté septentrional de la rue Saint-Dominique, et était effectivement attenante aux 7e, 8e, 9e et 10e bornes du Pré-aux-Clercs, situées au delà de la rue du Bac, là où a été bâti depuis l'hôtel Molé. Cependant on lit, dans le censier de 1547 et dans l'inventaire, que la propriété de «noble homme Jehan de Lisieulx, aultrement «dict le Pavanier, varlet de chambre du Roy[1],» qui contenait deux arpents et demi, et où il avait bâti une maison manable, était comprise entre le chemin de Grenelle et le chemin aux Vaches, ou rue Saint-Dominique. Il faut donc que l'une des deux indications soit fausse, ou que Jean de Lisieux ait eu une maison de chaque côté de la rue, ce qui est peu probable. Quoi qu'il en soit, la maison du Pavanier, appartenant alors à Michel Gaillard, seigneur de Longjumeau, avait été, au mois d'avril 1561, le théâtre d'un combat entre quelques huguenots et la populace ameutée par des écoliers. Elle fut démolie peu de temps après et n'existait plus en 1572. Le terrain en avait été baillé à bâtir à Jean de Lisieux, le 23 mai 1545.

RUE DU DRAGON.

La rue du Dragon commence à la rue Taranne et finit au carrefour de la Croix-Rouge, au droit de la rue de Grenelle; mais, anciennement, on la considérait souvent comme se prolongeant jusqu'à la rue de Sèvres. Ce prolongement, c'est-à-dire la partie comprise entre la rue de Sèvres et la rue de Grenelle, était aussi regardé comme dépendant de la rue du Four.

La rue du Dragon ne porte ce nom que depuis 1806; elle s'appelait auparavant *rue du Sépulcre*, à cause d'une propriété qu'y possédaient les chanoines du Saint-Sépulcre, de la rue Saint-Denis. Nous trouvons la rue du Dragon énoncée «rue allant du Boullouer (carrefour de la Croix-Rouge) au dict Sépulcre,» «chemyn du Sépulcre» et «rue du Sépulcre,» en la même année 1523, puis, dans un titre de 1441, «rue allant à l'hostel du Sépulchre.» Bien qu'elle date évidemment d'une époque relativement ancienne, nous ne saurions citer aucun document antérieur où elle soit certainement indiquée. Toutefois il existe une charte de 1393, où l'on parle d'une maison située dans la grande rue du Four

[1] Jean de Lisieux était aussi «gentilhomme» du cardinal de Tournon, alors abbé de Saint-Germain-des-Prés.

et faisant le coin d'une voie dite « la rue par où on va à l'église Saint-Père. » Cette dernière rue est très-probablement la même que celle du Dragon, qu'un ensaisinement de 1526 énonce *la rue du Four*, apparemment par erreur.

CÔTÉ ORIENTAL.

PAROISSE SAINT-SULPICE.
JUSTICE
ET CENSIVE DE L'ABBAYE SAINT-GERMAIN.

GRANDE MAISON DES TROIS-ROIS (1595), faisant le coin de la Grande rue Taranne et s'étendant jusqu'à la Petite. C'était un des deux lots qui résultèrent du morcellement de l'ancien hôtel de Taranne. En 1595, elle appartenait à l'écuyer Jean-Baptiste Vesle; il l'avait fait alors nouvellement rebâtir et la tenait du nommé Jacques Miot, lequel l'avait acquise de Robert Fallentin. <small>Entre les rues Taranne et du Sabot.</small>

MAISON énoncée « d'ancienneté LE CLOZ COPIEUSE, aultrement dict l'Hermitaige » (1523), faisant le coin méridional de la rue du Sabot. Cette propriété est également dite s'être appelée « anciennement... l'hostel de Guyon Pernée, » *alias* Journée (1531). Elle contenait un demi-arpent, s'étendait le long de la rue du Sabot, et n'a été morcelée qu'au XVIIe siècle; mais il y avait déjà là deux maisons en 1510. Le censier de 1365 mentionne un certain « Copiose, » qui doit être un membre de la famille dont le clos avait pris le nom. Quant à Guyon Journée, c'était un marchand épicier. <small>Entre les rues du Sabot et du Four.</small>

DEUX MAISONS sans désignation (1595), provenant d'un morcellement de la suivante.

MAISON dont la principale entrée était dans la rue du Four, et qui tenait à la maison faisant le coin de cette rue. Les deux constructions n'en constituaient qu'une dans la première moitié du XVIe siècle. (Voir Rue du Four.)

CÔTÉ OCCIDENTAL.

PAROISSE SAINT-SULPICE.
JUSTICE
ET CENSIVE DE L'ABBAYE SAINT-GERMAIN.

MAISON sans désignation (1523), faisant le coin septentrional de la rue de <small>Entre les rues de Sèvres</small>

et de Grenelle (carrefour de la Croix-Rouge).

Sèvres. En 1523 sa superficie était d'un demi-quartier, et il en dépendait un jardin renfermant un quartier.

GRANGES AUX MALADES DE NAPLES, faisant un second coin de la rue de Sèvres. Par une ordonnance du 6 mars 1497, où il est dit que la syphilis avait eu « puis « deux ans en çà... grande force en ce royaulme, tant en ceste ville de Paris que « en d'autres lieux, » le Parlement ordonna que les individus atteints de cette maladie, dont on s'exagérait beaucoup le caractère contagieux, devraient, sous peine de la hart, se retirer à Saint-Germain-des-Prés, « pour estre et demourer ès « maisons et lieux qui leur » seraient « baillez et délivrez » par des commissaires nommés à cette fin [1]. On avait, en effet, disposé une sorte d'hôpital provisoire, destiné à recevoir les malades du *mal de Naples*, comme on disait, et moins de trois mois après plusieurs guérisons y furent obtenues, à ce qu'affirma l'évêque de Paris, dans une visite qu'il fit au Parlement, le 23 mai. La propriété où était situé l'hôpital avait jadis appartenu à Lorin Gauldry, et Jean Pasquier, capitaine des archers de la Ville, la prit, dit-on, à bail de l'abbaye, pour le compte du Prévôt des Marchands et des Échevins. Il est très-certain que cet emplacement avait appartenu à Jean Pasquier; mais, suivant les cartulaires de l'abbaye, le bail de 1497, ayant pour objet une vieille grange et une maison avec cellier et bouge, aurait été fait à Jean Ferry, voiturier.

Quoi qu'il en soit, en 1523, il se trouvait là « deux granches, » en d'autres termes, deux salles couvertes, puis une petite cour et une masure; le tout occupait une surface de trois quartiers, dont il n'est point possible de retracer les limites. Jean Pasquier tenait le terrain des granges à titre précaire; en 1528, son fils Antoine Pasquier le reçut à rente perpétuelle et y bâtit probablement la maison qui remplaça l'hôpital, sans en occuper tout l'emplacement. Elle a eu pour enseigne *la Croix-Rouge* (1595-1628), et, en 1628, elle était divisée en plusieurs corps d'hôtel, dont le dernier s'appelait la maison *de Notre-Dame-de-Grâce*.

MAISON sans désignation, qui faisait le coin méridional de la rue de Grenelle, et où, en 1523, étaient construites trois « loges. » Jean Louvet, propriétaire dès 1523, y avait arboré pour enseigne « ung petit crucifix et aultres petites ymaiges « que feist icelluy... Jehan Louvet, qui les y meist, » et il avait agrandi la maison, en 1529, d'une place large de six pieds par devant, de onze pieds par derrière, et profonde de neuf toises, laquelle formait l'encoignure. Vers 1595, la propriété n'était plus qu'une vieille masure.

Entre les rues de Grenelle et Taranne.

MAISON sans désignation (1543), faisant le coin septentrional de la rue de Grenelle et aboutissant rue des Saints-Pères. En 1628, elle était divisée en deux

---

[1] Arch. nat. reg. X 1503, fol. 74 r°. La pièce a été publiée par Félibien.

dans le sens de sa profondeur. Un peu plus tard, elle a été morcelée en cinq et même six parcelles. Elle avait été construite sur un lot de quinze perches et demie de terre, «baillé à bâtir» à Jean de Morvillet, le 19 avril 1535.

Maison sans désignation (1543), aboutissant rue des Saints-Pères. Elle fut construite sur un lot de quinze perches et demie de terre, baillé, le 19 avril 1535, à Philippot Rebac, bourrelier. Cette maison et les deux suivantes étaient à l'état de mesure vers la fin du xvie siècle.

Maison sans désignation (1543), aboutissant rue des Saints-Pères, et construite sur un quartier de terre baillé à Jean Verdureau, le 19 avril 1535.

Maison sans désignation (1543), bâtie sur une place d'environ quatre toises de largeur sur seize de profondeur, laquelle faisait partie d'un demi-quartier de terre baillé à Jamet Prévôt, le 19 avril 1535.

Maison sans désignation (1543), bâtie sur une place d'environ trente toises de largeur, retranchée du lot de Jamet Prévôt, et cédée par lui à Pierre Puissant, le 16 février 1536.

Maison sans désignation (1543), élevée sur un demi-quartier de terre baillé à Jean Feauveau, le 19 avril 1535. A la fin du xvie siècle, réunie à la suivante, elle avait pour enseigne *le Heaume* (1595-1628). Sur le même emplacement ont été construites depuis trois maisons.

Maison sans désignation (1543), bâtie sur un demi-quartier baillé à Girart du Cerf, le 19 avril 1535. L'emplacement de cette maison, de celle qui est derrière et de tout le reste de l'îlot, jusqu'à la rue de Grenelle, était occupé, en 1529, par une pièce de terre de cinq quartiers appartenant à Jean Petit, libraire-juré de l'Université.

Clos dépendant de l'hôtel du Sépulcre, y attenant (1523) et aboutissant rue des Saints-Pères. Ce clos contenait cinq quartiers de terre et n'a été couvert de maisons qu'au temps de Louis XIII.

Hôtel du Sépulcre, dit aussi le Vieil-Sépulcre (1548) et le Petit-Sépulcre, contigu à la maison faisant le coin de la rue Taranne. Cette propriété, qui renfermait une maison d'habitation, une grange, un jardin et des étables, fut acquise, en 1394, par Pierre Boullard, et, au commencement du siècle suivant, léguée par lui, pour fondation de messe, à l'hôpital du Saint-Sépulcre de la rue Saint-Denis. Une rente de 8 livres parisis, dont elle était chargée envers l'hôpital [1], étant venue à péricliter, les maîtres du Saint-Sépulcre réclamèrent la mise aux enchères de la maison, laquelle leur fut adjugée par sentence du 28 mai 1426, et de là est venu le nom d'*hôtel du Sépulcre*, qu'on lui donnait. Baillée à vie, le 6 mai 1460, au nommé Bonvarlet, et, le 15 septembre 1468, à Henri

---

[1] P. Boullard n'avait probablement fait que léguer la rente, et non la maison.

Lemaître, elle fut baillée de nouveau, et pour quatre-vingt-dix-neuf ans, le 14 janvier 1477, au tuilier Robert Montrouge. En 1574, le fils de ce dernier, nommé Guillaume, fut condamné à en déguerpir à l'expiration du bail, c'est-à-dire en 1576; mais Ravaud, fils de Guillaume, obtint, le 11 octobre 1577, qu'elle lui fût cédée moyennant une rente de 200 livres. Elle appartenait encore à la famille Montrouge en 1668, année en laquelle les dernières cinquante livres de la rente stipulée en 1577 furent rachetées au chapitre du Saint-Sépulcre. Suivant un cartulaire de Saint-Germain-des-Prés, la maison du Sépulcre était la même que celle sur laquelle, l'an 1267, Jean, dit Rane, et sa femme Théophanie, vendirent à l'abbaye une rente de 40 sous parisis. La maison de Jean Rane est énoncée, dans la charte originale, *in vico per quem itur ab abbatia apud Sanctum Petrum*, ce qui doit s'entendre de la rue Taranne actuelle, et elle est dite tenir d'une part à la maison de Gillebert, dit Rane, et d'autre part à la maison du curé de Saint-Sulpice.

RUE DE L'ÉCHAUDÉ.

La rue de l'Échaudé commence à la rue de Seine et finit à la place Sainte-Marguerite. De ce dernier côté, la construction du bâtiment d'une boucherie a transformé la partie méridionale de la rue en une impasse, qui a été nommée *cul-de-sac du Guichet*, et qui a subsisté depuis le milieu du XVIIe siècle jusqu'au commencement de celui-ci, époque où on lui a rendu un débouché.

Ainsi que nous avons déjà eu l'occasion de le dire, les échaudés en pâtisserie affectaient autrefois la forme triangulaire, d'où est venu l'habitude d'appeler *échaudés* les terrains présentant une configuration analogue. La disposition de l'îlot compris entre les rues du Colombier, de Seine et celle qui fait l'objet de cet article, lui valut, peu de temps après sa création, le nom « de l'Eschaudé, » qu'on appliqua ensuite à la rue qui remplaça le chemin longeant le fossé oriental de l'abbaye et conduisant, de la principale porte du monastère, au Pré-aux-Clercs et à la Seine. Cette voie a été énoncée successivement : « chemin qui joint aux « fossez de ladite église (de l'Abbaye), par où l'on va de la porte d'icelle église vers « ledit Pré aux Clers » (1388); « ruelle par où l'on va du Pilory à la rivière de « Seine » (1412); « sentier des fossez dudit Saint Germain » (1414); « grant « rue allant pardessus les fossez à la rivière de Seine » (1541); « petite rue allant « sur les fossez de l'Abbaye... et au Pré aux Clers » (1595); « rue du Guichet[1], « qui conduit du vieux portail et du pont-levis de ladite abbaye, le long des fos-

---

[1] Le guichet en question était la vieille porte de l'abbaye.

« sez d'icelle, ès dites rues du Colombier et de Seine » (1610). Nous trouvons l'appellation de *rue de l'Échaudé* dès 1590; mais elle n'a point été communément employée avant le siècle suivant, pendant lequel on a dit aussi *rue de Metz*, à cause d'un jeu de paume de ce nom établi près du palais abbatial.

Dès son origine, la rue de l'Échaudé a eu son côté oriental bordé de propriétés closes; mais, comme il est parlé ailleurs de ces propriétés (voir Rues de Bussy et de Seine), il ne doit être question ici que de celles qu'on voyait du côté opposé.

CÔTÉ OCCIDENTAL.

PAROISSE SAINT-SULPICE.

JUSTICE
ET CENSIVE DE L'ABBAYE SAINT-GERMAIN.

A l'exception de la maison faisant le coin de la rue du Colombier, les constructions s'étendant de cette rue à la place Sainte-Marguerite ont été élevées sur des terrains baillés à bâtir en 1698, 1702 et 1703. Vers le centre de ces constructions, au droit de la rue Bourbon-le-Château, était placée la grande porte de l'abbaye. Entre la place Sainte-Marguerite et la rue du Colombier (Jacob).

Nous consacrons un chapitre entier à la monographie sommaire de ce monastère, dont l'histoire se lie intimement à celle de Paris, et qui a puissamment contribué au développement de la ville, sur la rive gauche de la Seine.

Deux maisons sans désignation (1595), dont la première était contiguë à celle qui faisait le coin septentrional de la rue du Colombier. Ces deux maisons furent élevées sur le lot de trente et une perches baillé à Jean Longis, le 17 février 1541; elles appartenaient, vers la fin du xvie siècle, au même propriétaire que l'habitation suivante. Entre les rues du Colombier et de Seine.

Maison et grange (1595), contiguës à la maison formant l'encoignure de la rue de Seine.

L'ABBAYE DE SAI

Reproduction d'une plan

CHAPITRE II.

ABBAYE DE SAINT-GERMAIN-DES-PRÉS.

L'abbaye Saint-Germain-des-Près fut fondée par le roi Childebert, fils et successeur du grand Clovis. Grégoire de Tours rapporte que, l'an 542, Childebert et son frère Clotaire, qui assiégeaient Saragosse, ayant été témoins de la vénération que les habitants de cette ville montraient pour l'étole de saint Vincent demeurée en leur possession, renoncèrent à s'emparer de la place, dans la crainte d'encourir la réprobation du saint [1]. Plus explicite, l'auteur des *Gesta regum Francorum*, qui écrivait au commencement du VIII° siècle, et qui relate les mêmes faits en termes presque identiques, ajoute que Childebert réclama le don de l'étole. L'ayant obtenue, il fit élever, à son retour à Paris, une église en l'honneur du bienheureux martyr : « Childebertus vero, Parisius veniens, ecclesiam in honore « B. Vincentii martyris ædificavit [2]. » Acquise de cette façon ou de toute autre, la relique de saint Vincent détermina le vocable de la nouvelle basilique, qui reçut, en outre, celui de Sainte-Croix, à cause, dit Gislemar, d'une croix d'or que Childebert rapporta pareillement d'Espagne [3], et qui passait pour un ouvrage de Salomon. Fortunat, dans sa *Vie de saint Germain*, raconte un miracle que ce prélat aurait accompli en se rendant à la basilique de Sainte-Croix [4], et Grégoire de Tours mentionne plusieurs fois la basilique de Saint-Vincent, où saint Germain avait reçu la sépulture [5].

La grande dévotion des Parisiens envers saint Germain, leur évêque, et la présence de sa tombe dans un oratoire contigu à l'église, amenèrent promptement la substitution du vocable de Saint-Germain à ceux de Saint-Vincent et de Sainte-Croix. En 615, on disait déjà la basilique de l'évêque Germain [6]; en

---

[1] Greg. Tur. lib. III, cap. xxix. ap. D. Bouquet, t. II, p. 199.

[2] D. Bouquet, t. II, p. 558 C.

[3] « Asportavit crucem auream pretiosis gemmis « redimitam, necnon ex opere Salomonis ut fertur... « Gratia igitur vivificæ crucis ecclesiam sanctissimi « martyris, ubi ipsam cum aliis pretiosissimis monu- « mentis delegavit, in modum crucis ædificare dispo- « suit. » (*Vita S. Droctovei*, ap. Act. SS. ord. S. Bened. t. I, p. 240.)

[4] « Cum ad basilicam Beatæ Crucis vir Dei pro- « cederet. » (*Vita S. Germani*, ibid. t. I, p. 240.)

[5] Lib. IV, cap. xx; lib. VIII, cap. xxii et xxiii, et *De Gloria confessorum*, cap. xc.

[6] Childebert avait fait don à saint Germain de la basilique de Saint-Vincent.

690 et 696, la basilique ou monastère des saints Vincent et Germain, et, en 786, le monastère de Saint-Germain seulement [1]. On a ensuite désigné habituellement le monastère sous le nom d'abbaye Saint-Germain de Paris, *abbatia Sancti Germani Parisiensis*; enfin, vers la fin du xii° siècle, a prévalu l'appellation de Saint-Germain-des-Prés, motivée par les prairies environnantes [2]. On écrivait encore, en 1073, *Cœnobium Sancti Vincentii Sanctique Germani*.

Suivant la prétendue charte de fondation de l'abbaye [3], qui porte la date du 6 décembre 558, c'est à la sollicitation de saint Germain que Childebert entreprit l'érection de la basilique de Saint-Vincent; or, saint Germain n'étant devenu évêque de Paris qu'en 555 ou 556, D. Bouillart [4] et les auteurs du *Gallia christiana* ont reporté jusqu'à cette dernière année l'origine du monument; mais l'hypothèse est invraisemblable pour diverses raisons. Sans invoquer le défaut d'authenticité du diplôme qui lui sert de base, on peut objecter que les relations de saint Germain et de Childebert sont antérieures à 556; que ce monarque eut avec ses frères, en 556 et 557, des démêlés au milieu desquels il ne put guère songer à bâtir des églises, et que, d'ailleurs, ayant acquis les reliques espagnoles en 542, il n'avait sans doute point attendu quatorze ans avant de construire l'édifice destiné à les abriter. On connaît en outre ces vers souvent cités de Fortunat :

> Hinc iter ejus erat, cum limina sancta petebat,
> Quæ modo pro meritis incolit ille magis.
> Antea nam vicibus loca sancta terebat amatus;
> Nunc tamen assidue templa beata tenet [5].

Ces vers sont généralement considérés comme se rapportant à l'église Saint-Vincent; il faut donc en conclure que Childebert la visitait fréquemment, et qu'il n'en commença point la construction en 556 seulement. Il est sage de croire, avec Adrien de Valois, Jaillot et Guérard, que la fondation de la basilique Saint-Vincent remonte à l'issue de la guerre de la péninsule, c'est-à-dire à 543 ou à peu près; il y aurait quelque témérité à préciser davantage.

Il y a pareillement doute sur l'année où saint Germain procéda à la dédicace de la basilique, cérémonie que le martyrologe d'Usuard place au 23 décembre, simultanément avec les funérailles de Childebert [6]. La solennité, célébrée avec

---

[1] Conf. le testament de Bertchram, ap. Pardessus (*Dipl.* t. I, p. 202), et les chartes transcrites par D. Bouillart, dans ses Preuves, p. v, vi et xii.

[2] L'abbé Lebeuf (éd. Cocheris, t. III, p. 2) cite une donation de 811, dans laquelle l'abbaye serait appelée *Saint-Germain-le-Neuf;* mais, dans son mémoire sur *Les trois Saint-Germain de Paris*, M. J. Quicherat a combattu cette opinion, que nous aurons l'occasion de discuter ailleurs.

[3] Nous reproduisons en appendice, d'après D. Bouillart, le texte de cette charte apocryphe, avec la solide dissertation de M. H. Cocheris. — L. M. T.

[4] *Hist. de l'Abbaye*, p. 4.

[5] *De horto Ultrogothonis reginæ*, ap. D. Bouquet, t. II, p. 510.

[6] «Decimo calendas januarii, Parisius, dedicatio «basilicæ S. Crucis et S. Vincentii martyris, et de-«positio domni Childeberti regis.»

TOPOGRAPHIE HISTORIQUE DU VIEUX PARIS.

(Bourg et Faubourg St Germain.)

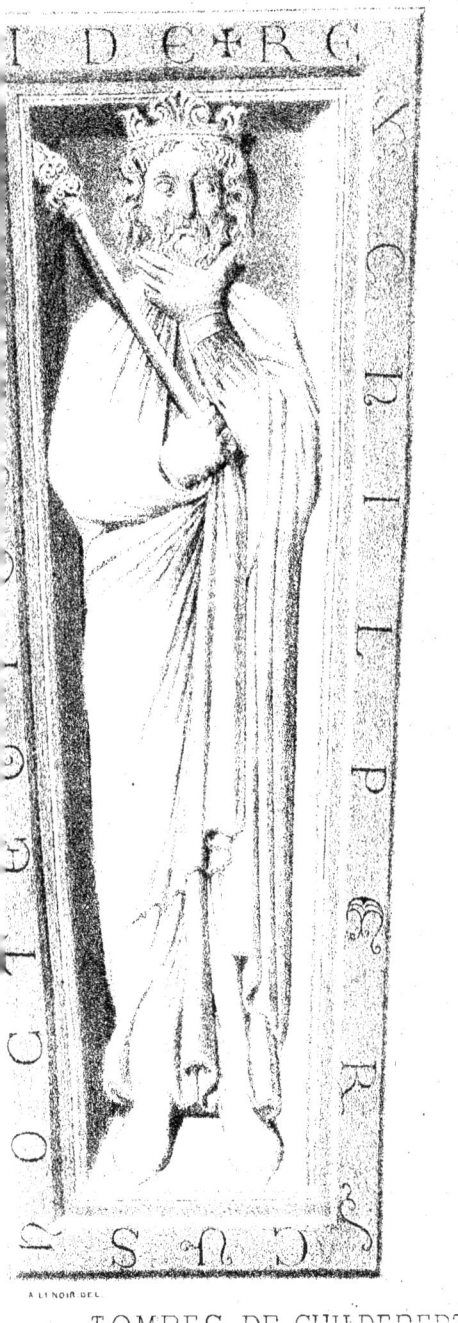

grande pompe par saint Germain lui-même, eut-elle lieu en 557, comme l'assure Félibien, ou en 559, ainsi que l'avancent D. Ruinart et D. Rivet, ou bien en 558, c'est-à-dire au moment de la mort de Childebert, ce qu'ont admis D. Bouillart et Jaillot? Guérard, qui a discuté la question [1], partage l'avis émis par D. Bouillart. Toutefois il convient de faire observer que l'opinion de D. Ruinart a pour elle un passage fort explicite d'Aimoin, ainsi qu'un autre de Gislemar [2], et que l'avis de Félibien est pareillement confirmé par cette phrase d'Aimoin : « Childebertus acceptam beati Vincentii stolam Parisius defert, ædificatam solo tenus basilicam nomini ejusdem levitæ ac martyris dedicari fecit [3]. » Les mots *ædificatam solo tenus basilicam* ont, au surplus, provoqué des discussions. En prenant l'expression *tenus* dans son acception ordinaire, on s'est demandé comment Childebert avait pu faire dédier une église dont les fondements ne dépassaient point le sol [4].

La contradiction entre les deux passages d'Aimoin a suggéré la pensée que Childebert avait fait simplement bénir les premières pierres du monument, ou qu'il lui avait imposé un nom. Cette explication concilie les textes, dont on comprend, en outre, la discordance, en supposant une interpolation. L'unique vérité qui se dégage de tout ceci, c'est que, si la basilique de Saint-Vincent n'était point absolument terminée quand mourut Childebert, puisqu'on y enterra ce prince, elle était du moins bien près d'un entier achèvement. Il en était probablement de même des bâtiments claustraux. Les religieux qu'on y établit paraissent avoir suivi d'abord la règle de Saint-Antoine et de Saint-Basile; ils embrassèrent celle de Saint-Benoît dans la seconde moitié du VIIe siècle; puis ils furent réformés en 1513, et ils adoptèrent, en 1631, les statuts de la congrégation de Saint-Maur, que ses magnifiques travaux historiques ont rendue si célèbre. Soustraite à la juridiction de l'ordinaire, l'abbaye Saint-Germain ne relevait que du pape, et ce privilége, qu'elle prétendait tenir de saint Germain depuis 566, et que les papes confirmèrent plusieurs fois, s'est maintenu intact jusqu'en 1667.

---

[1] *Polyptyque d'Irminon*, Prolégomènes, p. 907 et suiv.

[2] Aimoin (lib. II, cap. XXIX) dit : « Igitur defuncto gloriosissimo rege Childeberto XLIX postquam regnare cœpit anno, nondum quidem dedicata vel consecrata Sancti Vincentii quam fabricaverat ecclesia, gloriosus Clotharius rex non dignum ducens hoc fore procrastinandum, conferre curavit cum beatissimo Germano, etc. » Mais ce texte a été taxé d'interpolation. Quant à Gislemar, il exprime la date de 559 (*Act. SS. ord. S. Bened.* t. I, p. 255); en revanche, il rapporte que la cérémonie eut lieu le même jour que les funérailles de Childebert, ce qui implique contradiction, s'il est vrai que Childebert mourut en 558; on n'en est point, du reste, parfaitement sûr.

[3] Lib. II, cap. XX, ap. D. Bouquet, t. III, p. 57.

[4] Peut-être s'agissait-il d'une crypte ou église souterraine. Beaucoup de basiliques, en effet, ont été l'objet d'une consécration provisoire, et le service divin y a été célébré, alors que leurs murailles ne dépassaient guère le niveau du sol. Les guerres, le défaut de ressources, l'insuffisance des moyens de construction, ou toute autre cause, entravaient l'édification de ces grands édifices et en retardaient l'achèvement. De nos jours, malgré les progrès qu'a faits l'art de bâtir, ne se propose-t-on point de construire et d'utiliser, pendant un temps plus ou moins long, l'étage souterrain d'une grande église votive? M. Cocheris (édit. Lebeuf) a discuté l'expression *solo tenus*. — L. M. T.

100 TOPOGRAPHIE HISTORIQUE DU VIEUX PARIS.

La vie de saint Droctovée, premier abbé du monastère, écrite par Gislemar, qui vivait dans la seconde moitié du xi⁰ siècle [1], nous fournit des détails intéressants sur le monument construit au vi⁰ siècle. «Il nous paraît inutile, dit l'hagio- « graphe, de décrire le merveilleux travail de cette basilique, l'habile agencement « de ses fenêtres, les marbres précieux qui la soutenaient, la disposition des lam- « bris dorés dont la voûte était hérissée, la splendeur des murailles, qui, comme il « convient dans la maison du Christ, étaient revêtues d'une brillante couleur d'or, « et la beauté du pavement orné de mosaïques [2]. Le toit de l'édifice, recouvert « de bronze parfaitement doré, et réfléchissant ainsi les rayons du soleil, étince- « lait de telle sorte qu'il éblouissait les regards par son éclat excessif. De là est « advenu que jadis le vulgaire, par métaphore, et non sans raison, appelait le « monument le Palais (*aula*) de Saint-Germain-le-Doré. » Gislemar ajoute : « Cette « basilique étant, ainsi qu'on l'a dit, construite en forme de croix, contenait « quatre autels. Le premier était consacré à la sainte croix et au saint martyr « Vincent, dont l'étole y avait été déposée par le glorieux roi Childebert, qui « l'avait rapportée d'Espagne. Childebert avait fait dédier l'autel septentrional aux « saints martyrs Ferréol et Ferrution, celui du midi au saint martyr Julien de « Brioude, et celui de l'occident aux saints Gervais et Protais, au jeune Celse et « au saint martyr Georges. Au midi de l'église, avait aussi été bâti, en l'honneur « du martyr saint Symphorien, un oratoire où le même Germain, serviteur de « Dieu, voulut plus tard être inhumé. Du côté du nord, s'élevait une autre cha- « pelle, sous le vocable de l'apôtre saint Pierre, et dans laquelle... à cause des « mérites particuliers du saint apôtre, le Seigneur accomplissait chaque nuit un « nouveau miracle [3]. »

Sous la dynastie mérovingienne, la basilique de Saint-Vincent, alors fort renommée, fut choisie pour la sépulture de nombreux membres de la famille royale. C'est ainsi qu'elle renferma les tombeaux de Childebert, d'Ultrogothe, sa femme, et de leurs filles, Crotberge et Chlodesinde; du roi Charibert; de Chilpéric Iᵉʳ, de Mérovée et Clovis, ses fils, et de Frédégonde, sa femme; de Clotaire II et de Bertrude, sa femme; de Childéric II, de Bilihilde, sa femme, et du jeune Dagobert, leur enfant, dont on plaça le cercueil sur celui de sa mère. Ces trois dernières sépultures furent découvertes, en 1646, sous le pavé du chœur, près du clocher septentrional, puis déplacées [4] avec toutes les autres [5]. Le tombeau de

---

[1] Lebeuf, *Histoire du diocèse de Paris*, édit. Cocheris, t. III, p. 4.

[2] Piganiol dit: « Lorsqu'en 1653 on changea la « disposition du chœur, et qu'on fut obligé d'en lever « le pavé, on trouva une quantité infinie de pierres « de différentes couleurs et taillées différemment; « ce qui confirme qu'autrefois le pavé de cette église

« était fait de grands carreaux en compartiments. »

[3] *Act. SS. ord. S. Bened.* t. I, p. 254 et 255.

[4] Conf. D. Bouillart, p. 252.

[5] Une autre sépulture de la même période avait été trouvée, en 1643, dans le préau du cloître, près de la porte conduisant au dortoir et à l'église: c'était la tombe d'un personnage nommé Hilpéric;

TOMBES DE CHILDÉRIC II, DE CLOTAIRE II ET DE BERTRUDE,
A SAINT-GERMAIN-DES-PRÉS.

Clotaire II était une simple pierre élevée d'un demi-pied au-dessus du sol, sans ornement ni inscription. Le tombeau de Frédégonde était recouvert par une dalle en mosaïque, d'un travail curieux, mais qui ne datait que de la fin du xɪɪᵉ siècle, comme les statues tumulaires de Chilpéric et de Childebert [1]. Aimoin reproduit l'épitaphe qui se lisait sur le tombeau primitif de Childebert; elle avait vraisemblablement été rédigée assez longtemps après sa mort, et elle était ainsi conçue :

> Francorum rector præclarus in agmine ductor,
> Cujus et Allobroges metuebant solvere leges;
> Dacus et Avernus, Britonum rex, Gothus, Iberus.
> Hic situs est dictus rex Childebertus honestus.
> Condidit hanc aulam Vincenti nomine claram,
> Vir pietate cluens, probitatis munere pollens,
> Templa Dei ditans, gaudebat dona rependens.
> Millia mendicis solidorum dans et egenis;
> Gazarum cumulos satagebat condere cœlo.

Une sépulture bien autrement imposante pour les populations que les tombeaux des princes mérovingiens était celle de saint Germain, mort le 28 mai 576. On l'avait enterré dans l'oratoire Saint-Symphorien, qu'il avait fait élever, et où reposaient, à sa droite, son père Éleuthère, et, à sa gauche, sa mère Eusébie. Le 25 juillet 754, le corps du prélat, enfermé dans un cercueil de pierre, fut levé solennellement et transféré dans la partie orientale de la basilique, derrière l'autel de Sainte-Croix, où l'on avait préparé un caveau pour le recevoir. Le roi Pépin, qui assistait à la fête, gratifia, en cette occasion, le monastère de la terre de Palaiseau, près de Paris. Le fait fut attesté par une plaque de marbre blanc, encastrée dans le soubassement de l'autel de Saint-Germain et entaillée d'une croix ancrée avec cette inscription autour : « Hic pausante sancto Germano in die trans- « lationis dedit ei rex Pipinus fiscum Palatiolum cum appenditiis suis omnibus. » Ce marbre faisait, en dernier lieu, partie du cénotaphe dressé, en 1670, dans la chapelle Saint-Symphorien, là où l'on croyait qu'avait jadis été la sépulture du prélat. Sur l'une des extrémités de la dalle qui couronnait le monument, était écrit : « Hic primo fuit tumulatus beatus Germanus; » mais les caractères et les moulures n'indiquaient que le xɪɪɪᵉ siècle, et la dalle, que nous reproduisons d'autre part, devait provenir d'un tombeau refait alors seulement.

Les richesses de l'abbaye Saint-Germain étaient de nature à tenter l'avidité des Normands, et elles n'échappèrent point à leurs pillages : le monastère fut ravagé

---

dans l'intérieur du cercueil était écrit avec du vermillon : « Precor ego Hpericus non auferantur hinc « ossa mea, » et sur le couvercle était gravée cette inscription : « Tempore nullo volo hinc tollantur « ossa Hilperici. » Lebeuf n'a pas parlé de cette inscription, M. Cocheris, dans sa nouvelle édition, lui a consacré une note. (T. III, p. 50.) — L. M. T.

[1] Elles ont été transportées à Saint-Denis. Les pierres tombales de Clotaire II, de Bertrade et de Childéric II ont été refaites au milieu du xvɪɪᵉ siècle.

par eux en 845, 857 et 861. Le 19 juillet 863, les moines y rapportèrent, pour la seconde fois, le corps de saint Germain, qu'ils en avaient tiré pour le mettre en lieu de sûreté, et, le calme renaissant, l'abbé Gozlin put réparer les bâtiments claustraux dévastés. La restauration de l'église paraît avoir été terminée

vers 869, et, selon la remarque de Lebeuf, c'est à cette époque qu'il convient de placer l'une des dédicaces indiquées en marge du martyrologe manuscrit d'Usuard. Ces dédicaces, placées nécessairement entre celles de 559 et de 1163, sont datées du 21 juillet et du 19 novembre; elles indiquent probablement des reconstructions plus ou moins importantes. Au mois de février 886, les Normands saccagèrent derechef l'abbaye, et ils y brisèrent le tombeau des parents de saint Germain.

Une nouvelle réédification de l'église fut certainement entreprise par l'abbé Morard, élu en 990 et mort en 1014. On lisait, en effet, sur sa tombe, placée au milieu du chœur: «Morardus, bonæ memoriæ abbas, qui, istam ecclesiam a «paganis ter incensam evertens, a fundamentis novam reædificavit, turrim quoque «cum signo[1] multaque alia ibi construxit.» Morard fut aidé par des libéralités du

[1] On lit *et signo*, au lieu de *cum signo*, dans le Martyrologe (Arch. nation. reg. LL 1026, fol. 54 r°).

Topographie historique du vieux Paris

roi Robert, à ce point que le moine Helgaud compte l'abbaye Saint-Germain parmi les monuments religieux que ce prince fit rebâtir [1]. Cependant les travaux de Morard n'ont pu être bien considérables en ce qui touche le vaisseau de l'église, à moins de supposer, ce qui est fort invraisemblable, qu'une grande partie des bâtiments élevés par lui ait duré seulement soixante ou quatre-vingts ans. L'édifice est là pour témoigner que, à l'exception du porche intérieur et de la tour, il a été construit à deux reprises différentes : dans la seconde moitié du xie siècle et au milieu du xiie. Complétement achevé, il fut consacré, le 21 avril 1163, par le pape Alexandre III, accompagné de nombreux prélats. Suivant le continuateur d'Aimoin, Hugues III, abbé de 1116 à 1145, avait précédemment restauré les bâtiments du monastère.

En 1227, l'abbé Eudes commença la reconstruction du vieux cloître, qui tombait en ruines, et, à cette occasion, plusieurs anciennes tombes ayant été déplacées, les ossements qu'elles renfermaient furent mis dans des cercueils de pierre, qu'on trouva dans la partie du cloître voisine du chapitre [2]. Avant 1684, le cloître appartenait à deux époques. La galerie méridionale, qui tenait à l'église, et dont il n'exista longtemps que les fondations, fut continuée au mois de novembre 1555. Elle mesurait, dans œuvre, vingt-deux toises trois pieds quatre pouces de longueur sur quinze pieds six pouces de largeur, et elle coûta 5,860 livres 6 sous 5 deniers tournois. Le bâtiment consistait en deux étages : le rez-de-chaussée, voûté d'arêtes, orné à l'extérieur de pilastres doriques, en manière de contreforts ; le second étage, décoré de colonnes ioniques et percé de onze grandes fenêtres. Il renfermait la fameuse bibliothèque des moines [3], et l'on y avait placé les armoiries du cardinal de Tournon, dans l'espoir que ce puissant personnage contribuerait à la dépense ; mais il refusa d'y prendre part, en invoquant, assure D. Bouillart, les frais excessifs de son séjour à Rome. Il semble néanmoins que l'affaire eut un autre dénoûment, car nous avons lu, dans les archives du couvent, l'indication d'une sentence des requêtes du Palais, rendue le 17 juillet 1577 et condamnant Claude de la Tour, dame de Tournon, nièce du cardinal, à payer cinquante écus d'or, reste d'une somme de trois cents écus qu'elle devait, à cause de la réfection d'un des côtés du cloître.

La galerie méridionale était la plus large des quatre, et le style en était « un

---

[1] Jaillot suppose que Helgaud ne fait allusion qu'au monastère fondé par Robert à Saint-Germain-en-Laye ; mais le texte nous paraît exclure cette interprétation, car il est ainsi conçu : « In « civitate Parisius... monasterium S. Germani Au- « tissiodorensis ; S. Michaelis ecclesiam in sylva co- « gnominata Biera ; item, monasterium Sancti Ger- « mani Parisiensis, cum ecclesia Sancti Vincentii « in sylva cognominata Ledia. » (*Vita regis Roberti*, ap. D. Bouquet, t. X, p. 115 D.)

[2] D. Bouillart, p. 118.

[3] En 1714, on la transporta au-dessus du réfectoire. (Voir, pour plus amples détails, dans la collection de l'*Histoire générale de Paris*, l'ouvrage intitulé : *Les anciennes bibliothèques*, par M. A. Franklin.) — L. M. T.

«peu gothique,» dit Sauval, qui ajoute : «Ce bâtiment est assez magnifique; les «culs-de-lampe qui servent de clefs aux arcades du premier étage sont tous d'une «manière différente, et travaillés avec une délicatesse non moins galante qu'in- «croyable. Les chapiteaux ioniques ont aussi de petits ornements tout dissemblables, «de plus si bien découpés et fouillés qu'il ne se peut pas mieux sur la pierre; de «sorte que cet édifice seroit très-bien entendu, si les colonnes n'étoient point trop «courtes de quatre grosseurs, et les pilastres de trois ou environ [1].»

On voit, par le plan de D. Bouillart, que la galerie décrite par Sauval existait encore en 1723, et qu'elle formait douze travées. Elle fut refaite ensuite dans la même ordonnance [2] que la galerie occidentale, dont la réédification avait eu lieu aux mois de septembre et d'octobre 1684, pour servir de base à une partie de la grande maison des hôtes, qu'on venait d'entreprendre alors. La galerie de l'ouest présentait d'abord cinq travées et avait une longueur de dix-neuf toises un pied. Sa largeur primitive ne différait probablement pas de celle des deux autres promenoirs, et une note de Du Breul apprend qu'elle remontait également au temps de l'abbé Eudes [3]. Les galeries du nord et de l'est étaient larges de deux toises. La première, longue de vingt-trois toises cinq pouces, était divisée en sept travées, et la seconde, longue de dix-sept toises quinze pouces, en six travées [4]. A la fin du XVIII° siècle, cette dernière était supprimée, et la galerie du nord avait été rebâtie dans le goût des autres.

La galerie septentrionale du cloître était adossée au bâtiment du réfectoire, jadis réputé l'un des plus beaux que l'on connût. D. Bouillart le décrit en ces termes : «Il a, dans œuvre, cent quinze pieds de longueur sur trente-deux de «largeur. Sa hauteur est de quarante-sept pieds sept pouces. La voûte se soutient «sans avoir des piliers au milieu. Les fenêtres, au nombre de huit, remplissent au- «tant d'arcades; et, quelque solide que soit ce bâtiment, il semble ne se soutenir «que par une infinité de petites colonnes et de petits cordons, qui paroissent sortir «de la muraille, pour se réunir aux arcades qui en composent la voûte. La chaise «du lecteur de table est supportée par un cul-de-lampe de pierre dure, composé «de deux pièces, lequel est chargé d'un grand cep de vigne, dont les branches et «les feuilles sont si bien vuidées qu'on y voit le jour partout. A côté de la chaise «est une colonne de pierre très-deliée, haute de vingt pieds, y compris le chapi-

---

[1] *Antiquitez de Paris*, t. I, p. 340.

[2] Cette galerie fait partie d'une maison de la rue de l'Abbaye.

[3] Dans son édition d'Aimoin (p. 429), Du Breul donne une liste d'abbés du monastère, où on lit ces mots : «Odo, veteris claustri, cujus hodie adhuc tres «partes extant, ædificator.»

[4] Suivant le plan de 1653. D'après celui de D. Bouillart, la galerie septentrionale se composait de cinq grandes travées, à cinq jours, excepté la première, qui n'en aurait eu que trois; la galerie orientale comptait quatre travées, dont trois à quatre jours et une à trois. (Voir et comparer, pour se rendre compte de ces différences, les divers plans que nous reproduisons, ainsi que le plan général que nous avons fait relever.) — L. M. T.

TOPOGRAPHIE HISTORIQUE DU VIEUX PARIS

CHILDEBERT

« teau et le piédestal. Le diamètre du fust de cette colonne est de sept pouces
« quatre lignes. Elle porte des ornemens d'architecture d'une telle délicatesse qu'ils
« paroissent comme suspendus en l'air. Les vitraux, aussi anciens que le réfectoire,
« sont d'un verre épais et peint d'une manière particulière et agréable. L'un deux
« représente les armes de Castille, plusieurs fois répétées en l'honneur de la reine
« Blanche, qui fut pendant longtemps régente du royaume. L'on a placé à la porte
« du réfectoire une statue de pierre qui représente Childebert, laquelle a été faite
« apparemment sur le modèle d'une autre plus ancienne. Elle est haute de cinq
« pieds et demi. Childebert a une couronne ornée de trèfles, et un sceptre à la
« main, dont l'extrémité d'en haut est cassée. Il a une robe qui descend jusqu'à
« la cheville du pied. Sa ceinture, large de six lignes, est ornée, d'espace en
« espace, de petites roses façon d'orfévrerie. Son manteau, qui ne le couvre
« que par derrière, est attaché en devant par un cordon qu'il tient à la main
« gauche [1]. »

Le réfectoire fut bâti en cinq années, et il était garni à l'intérieur « d'une me-
« nuiserie extrêmement propre, » dit G. Brice. Sur la porte était peinte l'inscription suivante : « Anno Domini M.CCXXXIX, R. P. Simon, abbas XLVIII hujus monas-
« terii, hoc refectorium fieri curavit. » Le même abbé Simon avait fait pareillement
rebâtir les murs de l'abbaye depuis la porte voisine du Pré-aux-Clercs jusqu'à la
chapelle Saint-Martin-des-Orges, comme l'apprenait l'épitaphe gravée sur son
tombeau et ainsi conçue : « Hic jacet bonæ memoriæ Simon abbas, qui, hanc ec-
« clesiam laudabiliter in spiritualibus et temporalibus regens, ipsam redditibus ac
« ædificiis magnificis ampliavit. Nam refectorium murosque a porta monasterii, ex
« parte Pratorum, usque ad capellam Sancti Martini ac domum de Brolio, aliaque
« plura sumptuosa ædificia construxit. Obiit autem anno Domini 1244, pridie ca-
« lendas junii. Anima ejus requiescat in pace. Amen. » Le monument de l'abbé
Simon était primitivement placé près des degrés conduisant de l'église au cloître.
On le transféra dans la galerie tenant au chapitre, au commencement du XVIe siècle,
lorsque Guillaume Briçonnet fit relever le pavé du cloître [2].

La galerie orientale du cloître longeait le bâtiment du dortoir et du chapitre,
qui fut construit par les soins de l'abbé Gérard de Moret, vers 1273, au moyen
d'une somme de six cents livres parisis, donnée à cette fin par Me Barthélemy *de
Regio* [3]. A l'étage supérieur était le dortoir, où les moines dormaient d'abord en
commun, suivant la règle, et qui fut divisé en chambres vers 1513. Au rez-de-

---

[1] Cette statue, contemporaine du réfectoire, est conservée au musée du Louvre. Nous en donnons, après M. Albert Lenoir, une reproduction en couleur. — L. M. T.

[2] D. Bouillart, p. 123 et 124.

[3] Suivant l'obituaire de l'abbaye (Archives nationales, LL 1026), où son anniversaire est indiqué au 6 des calendes de mai. Les lettres de l'anni-

chaussée, se trouvait la salle capitulaire, avec d'autres pièces qui, au xviie siècle et peut-être avant, servaient de parloir et de salle de récréation [1]. Elles étaient divisées en deux nefs par une rangée de colonnes, dont la légèreté provoquait l'admiration de D. Bouillart. Cet historien dit, en parlant du chapitre : « C'est une « chose assez singulière que des colonnes de deux pièces, et qui n'ont pas plus de « treize pouces de diamètre (0[m],34), ayent pu porter si longtemps une voûte chargée « d'un grand dortoir et qui a six toises ou environ de largeur sur vingt-cinq pieds « de hauteur et cinquante-neuf de longueur. Le parterre est à la mosaïque, orné « de divers compartimens quarrez, de desseins différens et vernis de diverses cou- « leurs ; ce qui ne s'est pu faire qu'avec un travail incroyable. La peine et la même « variété éclatent dans les vitres qui éclairent ce chapitre. Quantité d'entrelas et « lavis de plusieurs couleurs en font la beauté et marquent le goût du temps. La « sale qui est à côté, que l'on nomme parloir, est voûtée et pavée de la même ma- « nière que le chapitre. Ce qu'il y a de surprenant, c'est qu'une colonne d'une « seule pièce, placée au milieu, puisse soutenir une voûte de trente-trois pieds et « demi de longueur sur vingt-neuf de largeur. La chambre du prieur, les grandes « maisons qui étoient entre les murs de l'abbaye et la grande chapelle de la Vierge, « furent bâties en même temps [2]. » Le style des croisillons de l'église prouve qu'ils furent semblablement restaurés dans le dernier tiers du xiiie siècle.

La grande chapelle de la Vierge était l'édifice le plus remarquable de l'abbaye Saint-Germain. Isolée et formée d'une nef de quatre travées avec un chevet à sept pans, elle fut commencée en 1245 par l'abbé Hugues d'Issy, comme l'indiquait une inscription placée au-dessus du portail : « Hanc præclaram D. Mariæ « Virginis capellam, anno Domini mccxlv, ab Hugone de Issiaco, hujus monas- « terii abbate xlix, ædificari cœptam, successor ejus Thomas de Malo-Leone per- « fecit. » Hugues d'Issy et Thomas de Mauléon, en leur qualité de fondateurs de la chapelle, y « avoient des sépulcres élevez de terre, avec leurs statues de pierre ; « lesquels le père Simon Clou, vicaire et prieur perpétuel de céans, fit démolir « environ l'an 1517, pour aplanir également le cœur de ladicte chapelle, et la ré- « parer de tumbes rapportées de cà et de là [3]. »

Le tombeau d'Hugues d'Issy disparut à cette époque ; quant à celui de Thomas de Mauléon, lequel était devant le grand autel, il fut remplacé par une simple dalle tumulaire, sur laquelle on grava son image et cette autre inscription : « Hic « jacet Thomas de Malo-Leone, quondam abbas hujus ecclesiæ. Cujus temporibus « completa fuit ista capella, fundata et ædificata per bonæ memoriæ Hugonem de

---

versaire de l'abbé Gérard contenaient cette phrase : « Ædificavimus et de novo construximus dormito- « rium, capitulum, latrinas operis nimium sump- « tuosi. »

[1] On en voit deux arcades dans la maison n° 10 de la rue de l'Abbaye.
[2] D. Bouillart, p. 137.
[3] Du Breul, p. 318.

ABBAYE DE St GERMAIN DES PRÉS
RESTES DE LA CHAPELLE DE LA VIERGE
PORTE

TOPOGRAPHIE HISTORIQVE DV VIEVX PARIS.

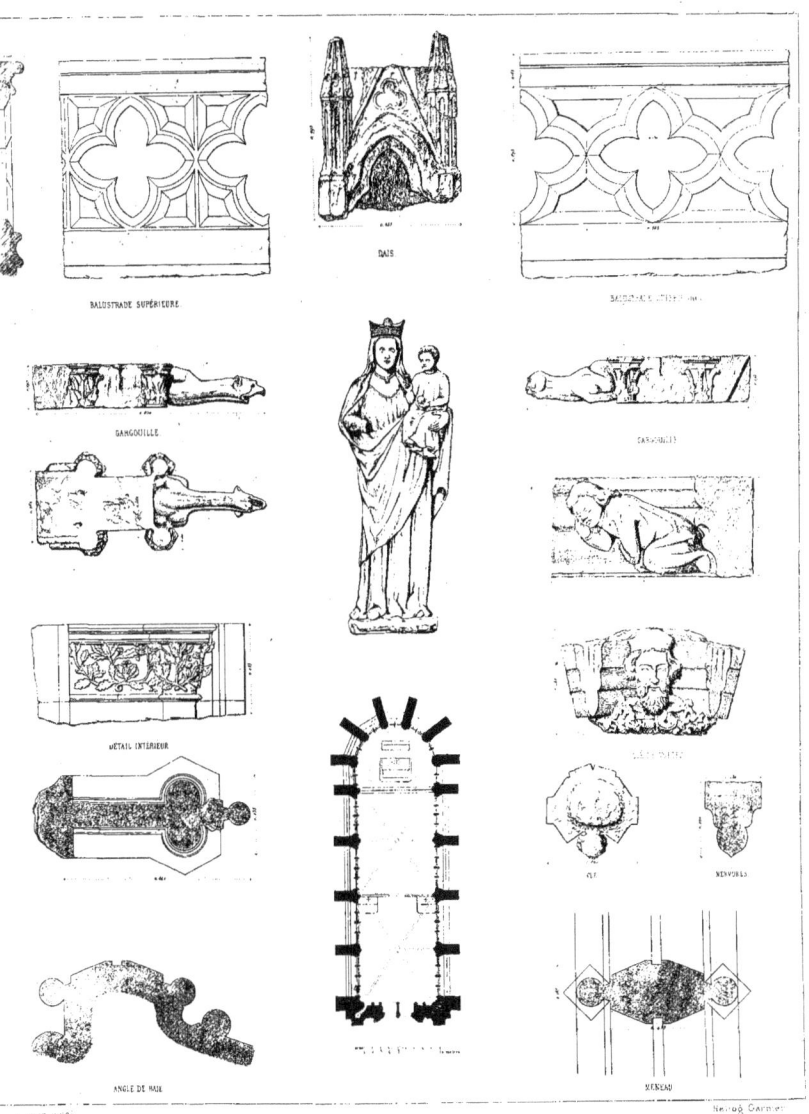

ABBAYE DE St GERMAIN DES PRES
CHAPELLE DE LA VIERGE
PLAN ET DÉTAILS

TOPOGRAPHIE HISTORIQUE DV VIEVX PARIS

ABBAYE DE St GERMAIN DES PRÉS
DÉTAILS INTÉRIEURS DE LA CHAPELLE DE LA VIERGE

ABBAYE DE SAINT-GERMAIN-DES-PRÉS.

« Issiaco, abbatem hujus loci. Anima ejus requiescat in pace. » Thomas de Mauléon fit face aux dépenses de l'achèvement du monument par le moyen des sommes que les habitants du bourg payèrent pour obtenir leur affranchissement; il mourut le 21 mars 1255. Un an après, fut inhumé à côté de lui l'illustre architecte Pierre de Montreuil [1], qui avait donné les plans de la chapelle. Suivant un martyrologe cité par Du Breul, cet artiste avait en outre construit le réfectoire, et sa mort arriva le 17 mars 1266. Sur sa pierre tombale, où il était représenté tenant un compas et une règle, on avait gravé son épitaphe rédigée en vers léonins :

> Flos plenus morum, vivens doctor latomorum,
> Musterolo natus, jacet hic Petrus tumulatus,
> Quem Rex celorum perducat in alta polorum.
> Christi milleno bis centeno duodeno
> Cum quinquageno quarto decessit in anno.

Non loin de Pierre de Montreuil reposait sa femme Agnès, dont la tombe était signalée par ces mots : « Ici gist Annès, famme feu mestre Pierre de Monstereul. « Priez Dieu pour l'âme d'èle. »

La chapelle de la Vierge est détruite; mais il en subsiste des fragments qui sont un exemple du style de Pierre de Montreuil et témoignent de l'excellence de son goût, comme la Sainte-Chapelle du Palais, sa grande œuvre, révèle l'ampleur de son génie [2].

Il n'y avait d'abord qu'un autel dans la chapelle de la Vierge. En 1530, on en établit trois autres, que l'abbé Guillaume Briçonnet consacra le 4 septembre. Celui du nord fut dédié aux saints Ignace, Chrisante et Daric; celui du midi, aux anges Gabriel et Raphaël, ainsi qu'à Marie de Cléophas; le troisième, situé derrière le grand autel, fut placé sous l'invocation de saint Lambert, de saint Servais et autres. On posa en même temps dans le chœur un revêtement de menuiserie, avec des sièges pour les officiants. D. Bouillart assure, sans citer d'autorité, que l'édifice de la chapelle avait été bâti au lieu où l'on voyait jadis ces cryptes qui, suivant le martyrologe d'Usuard, furent dédiées le 1er juin en l'honneur de la Vierge, de saint Pierre, etc., et qui contenaient plusieurs autels consacrés sous de nombreux vocables [3]. Lebeuf a admis la possibilité de cette identité d'emplacement, mais

---

[1] Il était évidemment le parent d'Eudes de Montreuil, dont il a été parlé à l'occasion de l'église des Quinze-Vingts. (Voir le I" volume de la *Topographie historique du vieux Paris*, région du Louvre et des Tuileries, p. 68.) En 1292, un maçon de la même famille, «Raoul de Monstreul,» possédait une maison dans le bourg Saint-Germain.

[2] La porte a été transférée à Saint-Denis, et l'un des propriétaires de la rue de l'Abbaye conserve des chapiteaux, des bases, etc. Pour la *Statistique monumentale* de M. A. Lenoir, nous avons dessiné tous ces fragments, que nous reproduisons ici, et parmi lesquels on remarque une clef de voûte ornée d'une belle tête d'homme mitré; elle a la physionomie d'un portrait et doit être celui d'un des deux abbés fondateurs de l'édifice.

[3] Cette assertion de D. Bouillart est contenue dans une note de son édition du Martyrologe, p. 91;

non sans faire observer qu'il semblerait plus naturel de placer les cryptes en question sous le rond-point de la grande église, que l'ordinaire du couvent appelle *chorea*.

En 1368, des travaux assez considérables, prescrits par le roi, mirent le monastère en état de soutenir un siége. L'abbé Richard, dit D. Bouillart, reçut l'ordre de faire élever de nouvelles murailles autour de son abbaye, de la fortifier de tours et de fossés profonds. Une transaction passée avec l'Université rappelle que les fossés furent effectivement creusés en 1368; mais il n'y a, dans les archives du couvent, rien à apprendre sur l'importance des constructions qui en renforcèrent ou en transformèrent l'enceinte. Cette enceinte serait alors devenue beaucoup moins vaste que précédemment, affirme D. Bouillart; toutefois, si le périmètre en fut réellement amoindri, ce ne put être que dans de faibles proportions et seulement du côté de Paris. Il est manifeste que, dans les autres directions, les anciennes limites ne furent point sensiblement modifiées.

L'enceinte de l'abbaye, dont nous connaissons rigoureusement le contour, consistait en une muraille crénelée, non terrassée, flanquée de trois tours d'angle portant de fond, et munie de cinq tourelles, ou échauguettes, en encorbellement. Au nord, la courtine était rectiligne [1]; elle commençait à une tour dite *du Colombier*, qui était large de trois toises [2], et dont le centre était au droit d'un point placé sur l'alignement méridional de la rue du Colombier, à trente-six toises du coin de la rue de Seine. A l'autre extrémité de la même courtine, on rencontrait une seconde tour d'angle portant de fond comme celle du Colombier. Vers l'occident la muraille présentait un décrochement ou retraite d'à peu près quatorze toises, et à l'angle saillant de cette espèce de redan s'élevait la troisième tour [3]. Au milieu de la courtine légèrement brisée qui la reliait à la seconde, était une porte flanquée de deux tours rondes. On la nommait *porte Papale*, parce que, le 21 avril 1163, le pape Alexandre III y passa, dit-on, pour aller prêcher dans le Pré-aux-Clercs. Close par un arrêt de 1551, dont nous aurons l'occasion de reparler, elle ne fut plus jamais ouverte. D'après un dessin exécuté au milieu du

---

il est singulier qu'il ne l'ait point renouvelée dans son histoire de l'abbaye.

[1] Elle ne l'était pas parfaitement; il s'y trouvait une légère brisure, à dix-sept mètres du centre de la tour du Colombier. — TH. V.

[2] Il subsiste un indice de cette tour au fond de la maison rue Jacob, n° 5. La largeur de trois toises indiquée ici doit se rapporter à l'intérieur de la tour; extérieurement, elle devait être d'un plus grand diamètre. — TH. V.

[3] Il subsistait, il y a peu d'années, une partie de cette tour dans le mur mitoyen de la maison tenant au passage de la rue Saint-Benoît. Elle avait 5^m,85, soit trois toises de diamètre intérieur; ce qui indique que la même dimension attribuée par l'auteur à la tour du Colombier est une mesure prise dans œuvre, et que, par conséquent, les tours de l'abbaye avaient la même grosseur. Leur mur, ainsi que celui des courtines, avait 1^m,30 d'épaisseur. — TH. V.

VVE DE L'ABBAYE SAINT GERMAIN DES PRÉS
AV COMMENCEMENT DV XVᵉ SIÈCLE
AVEC LE LOUVRE ET LE PETIT BOURBON SVR LE SECOND PLAN

ABBAYE DE SAINT-GERMAIN-DES-PRÉS.

xvie siècle[1] (voir le *fac-simile* ci-contre), la partie de la courtine qui s'étendait de l'angle rentrant du redan à l'encoignure sud-ouest de l'enceinte était défendue par deux échauguettes. Les trois autres tourelles de cette sorte avaient été placées à chaque extrémité ainsi qu'au centre de la muraille méridionale, laquelle était aussi rectiligne et apparaît sur le tableau du Louvre[2], où l'on voit qu'elle était buttée de contre-forts à l'extérieur.

Du côté de l'orient, l'enceinte, qu'on a toujours fort mal restituée, se composait d'un premier pan de mur qui, long de vingt-sept toises quatre pieds à partir de la tour du Colombier, faisait un angle de 123 degrés avec la courtine septentrionale. Venait ensuite un autre pan de mur, long de quinze toises cinq pieds, qui allait s'attacher au pavillon du logis abbatial, à cinq pieds en retraite de son parement. Au milieu était pratiquée une porte large de deux toises un pied, garnie de pilastres et appuyée sur des éperons intérieurs. Elle fut refaite par le prince de Conti, et s'ouvrait sur un pont qui débouchait devant la rue Bourbon-le-Château. Le reste de l'enceinte était formé par le flanc du logis abbatial et une muraille parallèle à la rue de l'Échaudé.

Tel était l'état des choses après la construction du palais abbatial qui existe encore aujourd'hui, c'est-à-dire après 1586; mais antérieurement la grande porte d'entrée, munie d'un pont-levis et même d'une planchette, était bien plus rapprochée de l'encoignure sud-est, ce qu'indiquent très-clairement le tableau du Louvre et le dessin précédemment cité. Sur ce dernier document, le mur d'enceinte, vers l'orient, est représenté sans flexion aucune, disposition très-probable, qui implique un déplacement de la clôture en 1586 et un reculement partiel du fossé. La connaissance de l'emplacement des angles sud-est et nord-est de l'enceinte permet de restituer le mur détruit sous Henri III[3], mais non l'agencement du « Vieux Portail, » comme on appelait l'ancienne entrée, en 1610. Au milieu du xviie siècle, l'enceinte de l'abbaye était déjà fort entamée; les premières démolitions avaient été effectuées du temps de Louis XIII, dans les environs du redan.

---

[1] Feu Berty avait retrouvé ce dessin aux Archives nationales, et M. A. Lenoir, auquel il l'avait signalé, l'a reproduit dans sa *Statistique*. C'est l'original de la prétendue vue de l'abbaye en 1368, que D. Bouillart a donnée dans son ouvrage et que nous plaçons, après l'avoir fait réduire, en regard du dessin lui-même, afin de mettre le lecteur en garde contre les arrangements et les interprétations arbitraires. Il n'était pourtant pas difficile de reconnaître que ce croquis informe avait été exécuté à l'occasion du grand procès que les moines soutinrent contre l'Université en 1548. Dans tous les cas, on ne saurait le faire remonter au xive siècle, puisqu'on y fait figurer la maison du Chapeau-Rouge, qui n'existait point encore en 1539. — L. M. T.

[2] Nous avons déjà reproduit, par la gravure, ce tableau, qui provenait de l'abbaye (*Topographie historique du vieux Paris*, région du Louvre et des Tuileries, t. Ier, p. 146). Nous croyons, avec feu Berty, utile de le donner ici de nouveau, mais après l'avoir dégagé des personnages qui occupent une partie du champ. — L. M. T.

[3] Il subsiste de ce mur biais un fragment de plus de quatre mètres, appuyé sur le flanc occidental de la maison située à l'extrémité du passage de la Petite-Boucherie.

En 1636, les fossés du midi et de l'orient, qui n'avaient jamais été fermés de murailles, subsistaient encore; mais ils allaient bientôt disparaître; nous avons dit ailleurs ce qui advint de ceux du nord et du couchant[1].

Les grands bâtiments claustraux ayant été somptueusement établis au XIII° siècle, il s'écoula près de trois cents ans avant qu'on eût à en élever de nouveaux d'une importance notable. L'abbé Richard, mort en 1387, est cependant ainsi qualifié dans son épitaphe : *istius ecclesiæ lapsæ quondam relevator;* circonstance dont Du Breul a conclu que cet abbé pouvait avoir restauré la voûte du chœur. Mais le caractère archéologique de la voûte exclut l'hypothèse, et l'on n'aperçoit rien dans l'église qui justifie la phrase citée.

En 1541, le cardinal de Tournon fit bâtir au bout du dortoir, près du grand jardin, une infirmerie dont les vues, imprudemment ouvertes, valurent aux moines bien des déboires. A en juger d'après une planche publiée par D. Bouillart et reproduite par nous, l'aspect de l'édifice n'était aucunement monumental, et la seule construction vraiment capitale dont l'abbaye se soit enrichie depuis le moyen âge est le beau palais abbatial que le cardinal de Bourbon commença en 1586[2]. Il était, dit Sauval, enrichi d'un portique du côté de la cour, et, du côté du jardin, d'une «gallerie» ou longue serre, ornée d'une belle suite de têtes de cerfs, admirables pour leurs «singularités.» Cette galerie n'existe plus.

Le premier plan géométral de l'abbaye que nous ayons trouvé a été dressé en 1653[3]. Le monastère renfermait alors, appuyés sur le mur occidental de l'enceinte, plusieurs bâtiments dont la plupart se retrouvent sur le plan de Quesnel, mais n'apparaissent point sur le mauvais dessin de 1548; il est d'ailleurs impossible d'en distinguer les parties relativement modernes. Durant le XVII° siècle et surtout pendant le XVIII°, les constructions se multiplièrent dans le pourpris même du couvent; on y bâtit des maisons disposées en rues[4]; on y pratiqua trois ou quatre portes nouvelles, etc. Aujourd'hui l'ancienne physionomie des lieux est complète-

---

[1] Aux articles des rues Saint-Benoît et du Colombier.

[2] On pourrait croire que ce palais ne fut point achevé et que le projet primitif comprenait un second pavillon, destiné à faire, vers l'ouest, le pendant de celui qui existe à l'est; mais la corniche, se continuant en retour sur le mur occidental de l'édifice, infirme la supposition.

[3] Arch. nationales, Seine, N, n° 1. Il y a un croquis de plan de l'église, en 1644, dans la chronique manuscrite de l'abbaye. (Bibl. nat. Résidu Saint-Germain, n° 1151, p. 94.)

[4] Lorsqu'on bâtit les maisons des rues Childebert et Sainte-Marthe, commencées en 1715, «on «découvrit en terre, dit Lebeuf (édit. Cocheris, t. III, «p. 13), une grande quantité de cercueils de pierre «tendre ou de plâtre... On en découvrit encore, à «trois ou quatre pieds en terre, au mois de mai 1748, «beaucoup d'autres semblables près le portail de la «rue Sainte-Marguerite, à droite en allant à l'église, «lorsqu'on bâtit les petits logements qu'on voit du «côté du jardin du palais abbatial. Ce qui en prouve «la haute antiquité est qu'en tête de quelques-unes, «au côté extérieur, était figurée une croix et une «colombe sur cette croix. On n'y remarque point «autre chose.» De nouvelles et nombreuses découvertes de ce genre ont eu lieu en 1873 et 1874, par les soins de M. Th. Vacquer. — L. M. T.

TOPOGRAPHIE HISTORIQUE DV VIEVX PARIS.

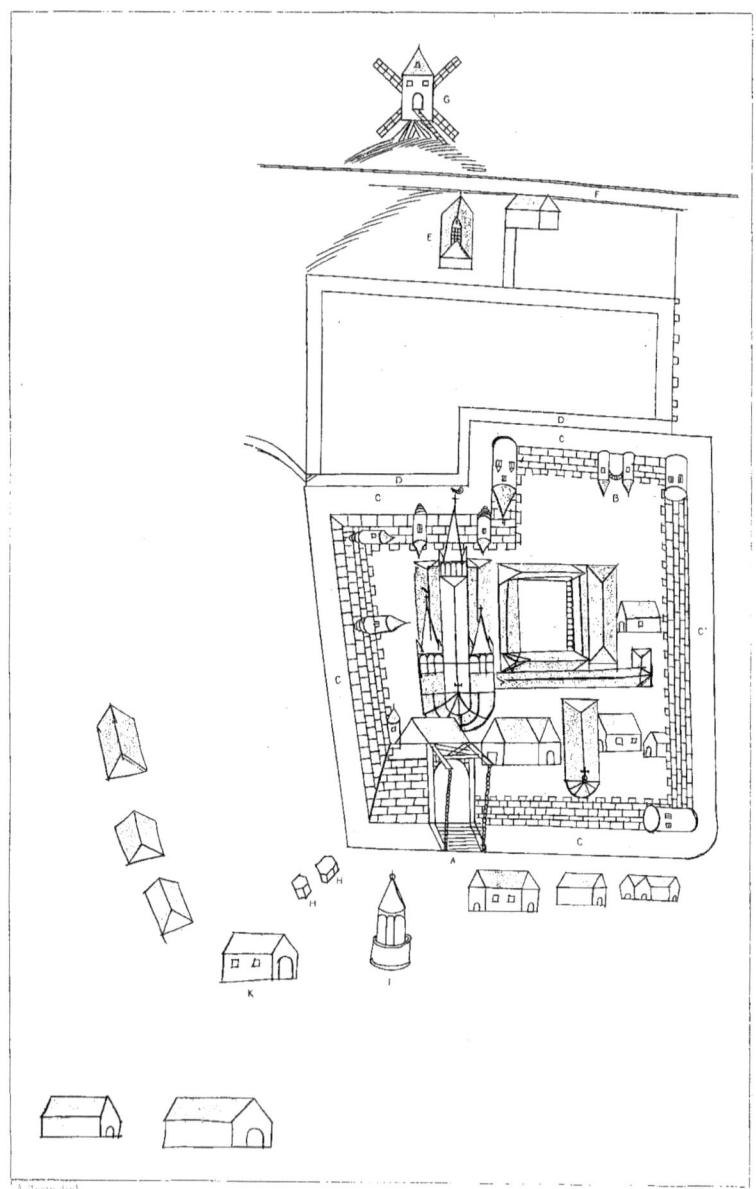

PLAN MANVSCRIT DE L'ABBAYE DE St GERMAIN DES PRÉS.
(MILIEU DU XVIe SIÈCLE.)

A. Grande Porte. _ B. Porte Papale. _ C. Fossés. _ D. Chemin sur les Fossés. _ E. Chapelle St Père. _ F. Grande rue St Père. _ G. Moulin St Père. _ H.H. Barrières sur les fossés. _ I. Pilori. _ K. Lhostellerie du Chapeau rouge.

— TOPOGRAPHIE HISTORIQUE DU VIEUX PARIS. —

Planche 6

A. Chemin qui conduit à la Seine.
B. Chapelle de S. Pierre.
C. Clos de l'Abbaye.
D. Chemin qui conduit au prez aux Cler.
E. Endroit de la Breche.
F. Fossez de l'Abbaye.
G. Porte Papale.
H. Cloitre.
I. Refectoire.
K. Le Dortoir.
L. L'Eglise.
M. Chapelle de la Vierge.
N. Chemin sur les fossez du côté du pré aux clercs.
O. Espace depuis la Bariere jusqu'à la rue des Ciseaux.
P. La grande porte du Monastere.
Q. Chemin pour aller à la Riviere.
R. Bariere sur les fossez.
S. L'hotellerie du Chapeau rouge.
T. Le Pilory.

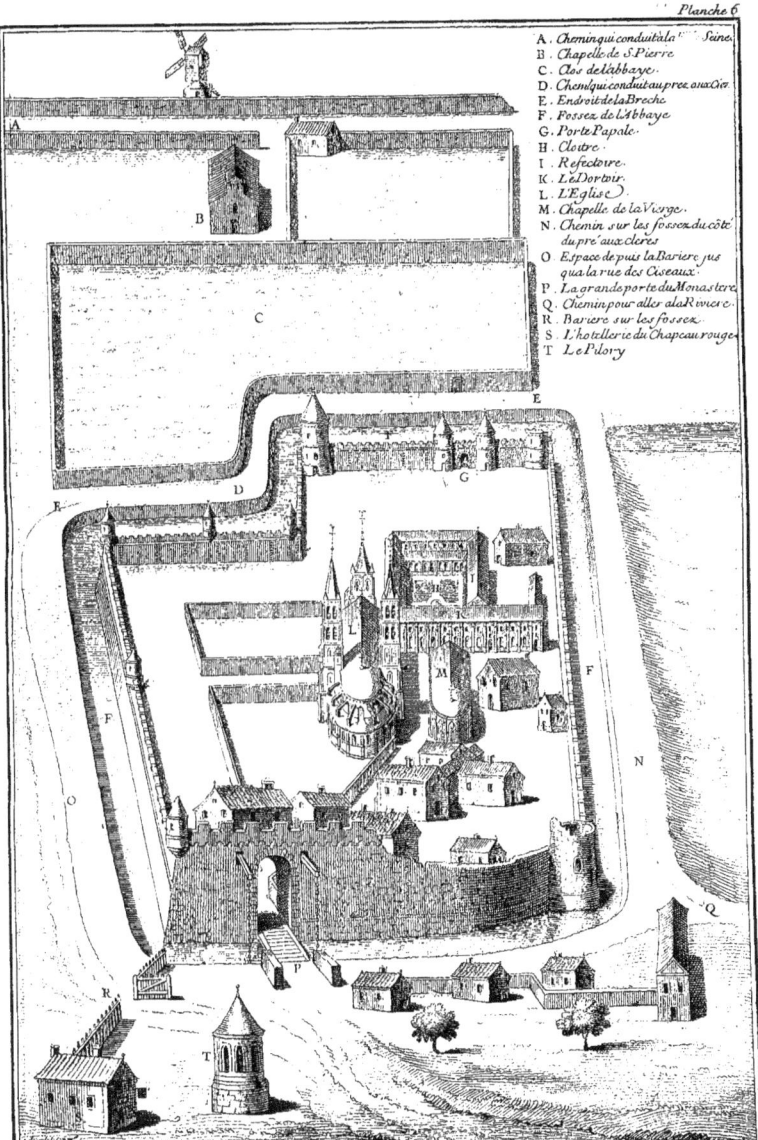

VUE ORIENTALE DE L'ABBAYE DE S. GERMAIN DES PREZ TELLE QU'ELLE ÉTOIT EN 1368

Arrangement et interprétation du dessin original ci-joint.

(Planche insérée par Dom Bouillart dans son *Histoire de l'abbaye de Saint-Germain-des-Prés*, page 160.)

ment effacée, tant par le percement de deux rues récentes que par la démolition des grands édifices claustraux, dont il ne subsiste plus que l'église et le palais abbatial, devenu propriété particulière.

Le palais abbatial, restauré et modifié en 1691, est bâti en pierres et en briques; il consiste en un corps d'hôtel, flanqué d'un grand pavillon en retour d'équerre, à la suite duquel est une petite construction, également en manière de pavillon. L'ordonnance, surchargée de bossages, ne manque point de grandeur, et l'édifice, bien que gâté, mérite plus d'attention qu'on ne lui en accorde ordinairement. Dans un des frontons du pavillon d'angle, on observe une figure, de mauvaise exécution, qui tient un cartouche sur lequel est posé un écusson. Cet écusson, mutilé, ne porte aucune charge; il paraît avoir été timbré d'un chapeau de cardinal, dont les cordons sont encore distincts.

L'église de l'abbaye, dont la maçonnerie accuse d'innombrables reprises, fort gênantes pour l'étude, est maintenant l'un des vieux monuments les plus considérables de Paris. Elle se compose d'une nef de cinq travées, à bas côtés simples, précédée d'un porche que surmonte une tour; d'un transept; d'un chœur de quatre travées, garni de collatéraux simples, avec chapelles latérales; enfin d'un chevet circulaire, garni de cinq absidioles. Dans tout l'édifice, le porche et la tour dont il est surmonté sont seuls l'œuvre de l'abbé Morard [1]; encore faut-il en retrancher l'étage supérieur de la tour, qui date de la fin du xi° siècle, et la baie ogivale du portail, construite au milieu du xii°. Cette baie, sur l'âge de laquelle on a jadis avancé beaucoup d'erreurs, a son linteau orné d'un bas-relief représentant la Cène; avant la Révolution, les pieds-droits en étaient décorés de huit statues de personnages, sur l'identité desquels on a aussi disserté longuement [2] et

---

[1] La tour est celle dont fait mention l'épitaphe de Morard. Lebeuf, qui la croyait mérovingienne, dit (p. 427): «Je penserois aussi volontiers que «certaines arcades et voûtes, par où l'on va de la «tour septentrionale à la chapelle de la Vierge, «hors l'église, après avoir descendu huit marches, «peuvent être de ces tems-là, ou approchant.» Ces voûtes, situées entre le chapitre et les sacristies, sont détruites.

[2] L'une de ces figures était incontestablement celle de saint Germain; quant aux autres, toutes couronnées, il est bien difficile de ne pas y voir des princes et des princesses de la famille de Clovis, puisque D. Ruinart avait lu, sur deux des phylactères des statues, les noms de CLODOMIRVS et CHLO- (tari)vs, et que Clotaire et Clodomir furent les frères de Childebert, qui fonda l'abbaye. On croit que les statues étaient, au nord et en allant du dedans au dehors, celles de saint Germain, de Clovis, de Clotilde et de Clodomir; au midi, celles de Thierry, de Childebert, de la reine Ultrogothe et de Clotaire. Cependant Lebeuf (t. II, p. 431) est d'avis que ces figures, à l'exception de celles qui avaient une inscription, représentaient des rois et reines de l'ancienne loi. Cette opinion paraît ici insoutenable; car comment imaginer que les moines de l'abbaye, reconstruisant leur portail au xii° siècle, y aient placé la statue de Clodomir et non celle de Childebert, dont ils se plaisaient à invoquer si souvent le souvenir? Et d'ailleurs, la présence de Clotaire et de Clodomir n'implique-t-elle pas celle de Clotilde, partant de Clovis, etc.?

Lebeuf dit aussi que la porte avait jadis un trumeau auquel était accolée une statue, et que cette statue, ayant été déplacée, était probablement celle qu'on voyait au côté septentrional de l'église, qui

112 TOPOGRAPHIE HISTORIQUE DU VIEUX PARIS.

qui ont été brisées. La nef et ses bas-côtés indiquent la fin du xie siècle et présentent plusieurs chapiteaux historiés fort curieux à étudier[1]. Les bases des piliers sont modernes : le sol a été remué sous la Restauration. La voûte de la nef fut faite en 1644 et remplaça un lambris, dont on retrouve les traces dans les combles[2]. En 1653 existaient, accolées au bas côté méridional, deux ou trois chapelles qui ont été jetées bas pour l'établissement d'un cimetière. Dans le transept, les piliers de la croisée sont du xiie siècle; mais les croisillons, avec leurs grandes fenêtres géminées, appartiennent à la fin du xiiie[3]; ils ont été fort remaniés dans leurs voûtes et leur ornementation vers 1644. La chapelle à lanterne et la porte à côté sont de cette dernière époque. Le chœur, dont le triforium offre, particularité rare, plusieurs fûts en beau marbre varié[4], a été bâti tout d'un jet, ainsi que ses dépendances, au milieu du xiie siècle, et a été terminé peu avant la consécration de 1163.

La basilique Saint-Germain possédait naguère encore trois tours, ou clochers : celle du portail, qui subsiste, et deux autres adossées aux croisillons et au chœur. La tour du portail s'appelait au moyen âge *turris plumbata*, évidemment parce que la flèche qui la surmontait était revêtue de plomb. Elle renfermait les cloches qu'on sonnait aux grandes fêtes. En 1557, les deux qui s'y trouvaient, étant rompues, furent descendues au bas de la nef, où elles demeurèrent jusqu'à ce que, par un marché passé au prix de 400 livres, Pierre le Roy les prît pour les refondre dans des proportions plus fortes qu'auparavant. La première fut coulée au mois de septembre 1580, et la seconde au mois de janvier 1581. Les tours du transept, abattues en 1822 et 1823, ne remontaient probablement qu'au xiie siècle. Suivant l'Ordinaire publié par D. Bouillart[5], celle du midi se nommait anciennement *turris major* ou *magna*, et elle renfermait un autel consacré à saint Michel, ce qui signifie sans doute que cet autel était dans le croisillon, sous la tour. Celle du nord était qualifiée de *turris minor* ou *parva*, parce qu'elle était moins haute, et Lebeuf dit qu'on voyait aisément qu'un étage y avait été ajouté.

---

a passé pour une image de la déesse Isis, et qui fut détruite en 1514, parce qu'elle était devenue l'objet d'un culte superstitieux; mais on sait que cette statue était de plâtre, et il serait fort étrange qu'une statue ornant un trumeau du xiie siècle fût en pareille matière.

[1] Ces chapiteaux ont été refaits vers 1820. Les originaux sont au musée de Cluny. M. Albert Lenoir a publié les plus curieux dans sa *Statistique monumentale*. — TH. V.

[2] Les chapiteaux de cette voûte, qui étaient de style composite, ont été refaits récemment dans le style de l'époque de transition.

[3] Nous en jugeons surtout par des colonnettes du croisillon sud, lesquelles ont conservé leurs bases et leurs chapiteaux intacts. La décoration des chapelles de Saint-Casimir et de Sainte-Marguerite a été exécutée vers 1675, d'après les dessins de Bullet.

[4] Aujourd'hui toutes les colonnettes de ce triforium paraissent être en marbre; quelques-unes seulement sont réellement de cette matière; les autres, qui sont en pierre, ont été stuquées en imitation de marbre, il y a plusieurs années, pour les accorder d'aspect avec les premières. — TH. V.

[5] Pages CXXXV, CL, CLV et CLVII.

ABBAYE DE St GERMAIN DES PRÉS.
PORTE PRINCIPALE DE L'ÉGLISE
Reproduction réduite de la planche publiée par Dom Bouillart Montfaucon et M. A. Lenoir

TOPOGRAPHIE HISTORIQUE DV VIEVX PARIS

ABBAYE DE ST GERMAIN DES PRÈS
FAÇADE OCCIDENTALE DE L'EGLISE RESTITVEE

ABBAYE DE ST GERMAIN DES PRÈS

TOPOGRAPHIE HISTORIQUE DU VIEUX PARIS

COUPE SUR LA NEF

ABBAYE DE St GERMAIN DES PRÉS

COUPE SUR LES TRANSSEPTS

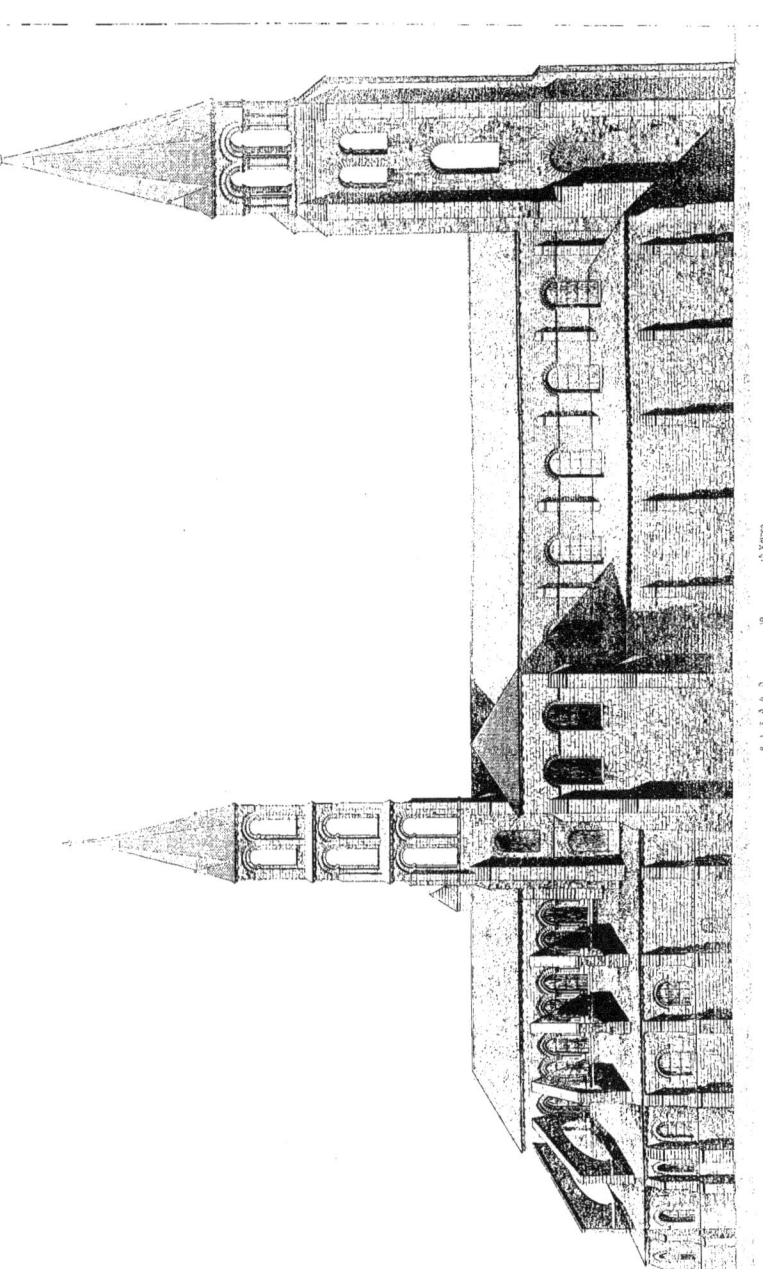

ABBAYE DE ST GERMAIN DES PRÉS
FAÇADE LATÉRALE RESTITUÉE

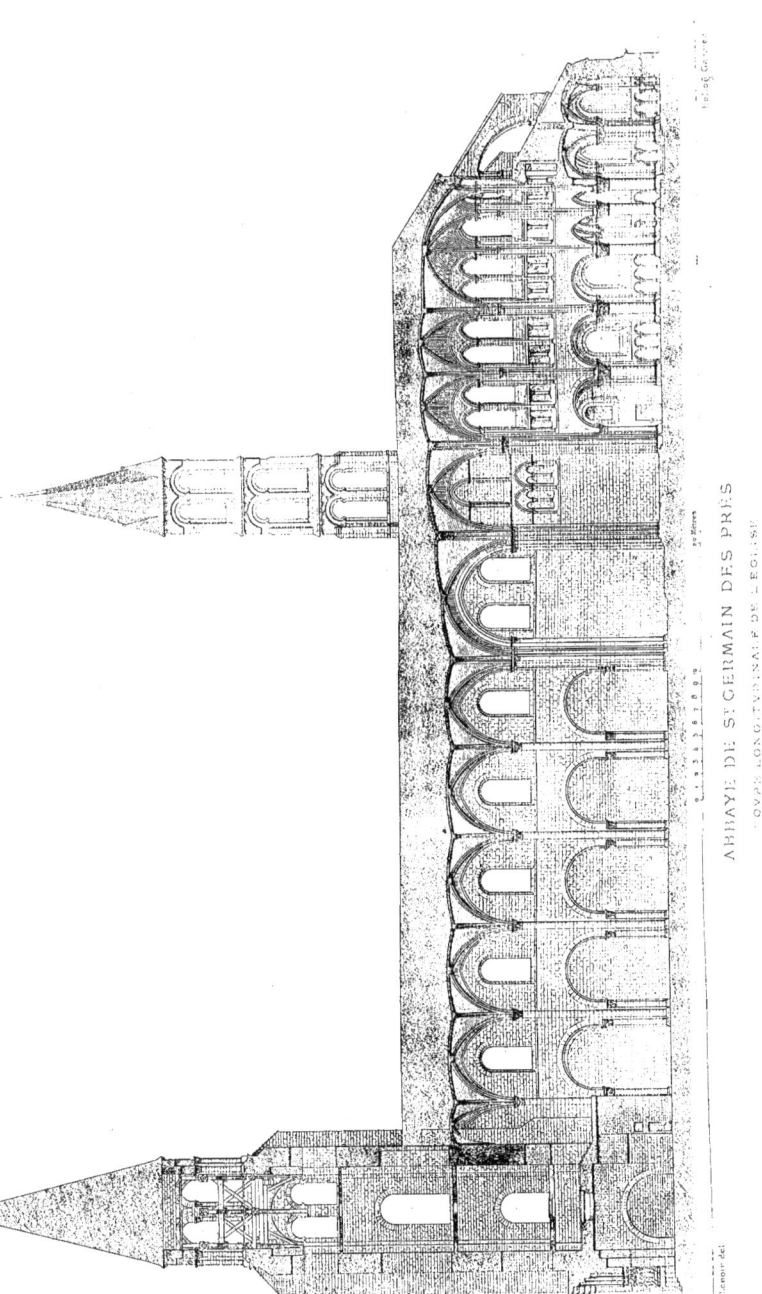

TOPOGRAPHIE HISTORIQUE DU VIEUX PARIS

ABBAYE DE ST GERMAIN DES PRÉS
COUPE LONGITUDINALE DE L'ÉGLISE

ABBAYE DE SAINT-GERMAIN-DES-PRÉS. 113

Nous avons vu, dans un compte de 1505-1506, l'une des tours énoncée « tour « des Monnyaulx; » mais nous ne savons point celle qu'on désignait ainsi.

A la tour du nord attenait une sacristie extérieure, à chevet circulaire, qui, d'après le plan de D. Bouillart, aurait remplacé l'antique chapelle Saint-Ferréol-et-Saint-Ferrution, circonstance sur la réalité de laquelle nous ne sommes point du tout édifié. Cette sacristie est actuellement détruite, ainsi qu'une autre de même forme, mais plus grande, qu'on y accola en 1715. Au midi et dans une situation correspondante, D. Bouillart fait figurer, à titre de restitution, un édicule avec abside, qu'il nomme la chapelle Saint-Julien-Martyr; mais il est clair que D. Bouillart n'avait pas plus de renseignements graphiques sur l'ancienne chapelle de ce nom que sur celle de Saint-Pierre, à laquelle il prête aussi un chevet circulaire et dont il fait un pendant de la chapelle Saint-Symphorien[1]. L'oratoire Saint-Pierre, où l'on affirme que saint Droctovée fut enterré[2], était certainement au nord de la basilique, *ad aquilonis partem*, dit Gislemar; mais c'est là tout ce qu'on en sait, et Jaillot, en avançant que l'oratoire a été rapproché de la grande église au xe siècle, n'a émis qu'une conjecture. Quant à la chapelle Saint-Symphorien, rien ne s'oppose à ce qu'on admette qu'elle s'élevait sur l'emplacement de l'édifice actuel[3], où, en 1670, fut refait le cénotaphe de saint Germain. Les neuf chapelles entourant le chœur furent consacrées, le 21 avril 1163, par Hubault d'Ostie et trois évêques, qui leur donnèrent une foule de vocables[4]. La première, en commençant par le nord (voir la planche), fut dédiée à saint Clément, saint Saturnin, etc.; la deuxième, à saint Laurent, saint Xiste, etc.; la troisième, à saint Denis, saint Nicolas, saint Martin, etc.; la quatrième, à saint Benoît, saint Marc, saint Luc, etc.; la cinquième ou chapelle centrale, à la Vierge, aux apôtres Pierre[5], Paul, etc.; la sixième, d'abord appelée de Saint-Turiaf, puis de Saint-Félix, fut dédiée à saint Jean l'Évangéliste, etc.; la septième, à saint Claude, saint Georges, etc.; la huitième, à sainte Marguerite, saint Christophe, etc.; et la neuvième, à sainte Magdeleine, aux saints Innocents, etc.

En 1527, Guillaume Briçonnet appuya contre la muraille et consacra de nou-

---

[1] Si la chapelle Saint-Pierre occupait cet emplacement, elle dut être démolie lorsqu'on construisit la galerie occidentale du cloître, c'est-à-dire dans le xiiie siècle au moins. D. Bouillart n'en pouvait donc avoir de plan.

[2] Gislemar ne confirme aucunement l'assertion, car il dit : «Sepultus est autem idem Dei gloriosus «sacer Droctoveus, ad *occidentalem* plagam basilicae, «retro scilicet Sancti Germani altare;» ce qui ne peut s'entendre d'un oratoire placé au nord de la grande église, comme l'était, suivant lui, la chapelle dédiée à saint Pierre.

[3] Elle avait toujours été très-proche de la basilique, et assez proche même pour qu'on la confondît avec cet édifice. Le testament de Bertchram, fait en 615, l'énonce la «basilique de Saint-Vincent, où «le corps de saint Germain reposait : *basilica domni* «*Vincentii, ubi ejus sanctum corpusculum requiescit.*»

[4] Conf. D. Bouillart, p. 310.

[5] Ce fait, que la chapelle de la Vierge fut consacrée sous le vocable de Saint-Pierre en 1163, tend à établir que le vieil oratoire mérovingien de ce nom était déjà détruit, ou plutôt transporté hors du monastère. (Voir Rue des Saints-Pères.)

veau les autels de Saint-Clément, Saint-Martin, Saint-Benoît et Saint-Placide; ce dernier était dans le croisillon septentrional. Le 10 août de l'année suivante, il fit la même cérémonie dans la chapelle Sainte-Marguerite, à laquelle il donna pour patrons supplémentaires saint Nicaise et saint Éloi. Six jours après, il consacra de plus, en l'honneur des anges, un autel érigé derrière celui de Saint-Germain. On le blâma d'ailleurs, rapporte D. Bouillart, d'avoir «interrompu le «tour des chapelles» en prenant celle de Saint-Nicolas pour y placer la tribune, à l'usage de l'abbé, qu'on y voyait encore au xviiie siècle. En 1557, le 21 avril, Charles Boucher, évêque de Mégare, consacra derechef, en l'honneur des saints Étienne, Vincent, Gervais et Germain de Paris, le grand autel qui venait d'être refait pour remplacer celui de 1163. «On y montoit par cinq ou six degrez, et il «étoit environné de quatre colonnes de cuivre; le saint sacrement suspendu par «le moyen d'une crosse de même métail; les figures de saint Vincent et saint «Germain, de marbre blanc, placées aux deux côtez; son circuit enfermé d'un «balustre de bois fort bien travaillé; telle étoit à peu près sa structure, dont on «n'a laissé aucun dessein. On trouve, par le nombre des dépenses qui y ont été «faites, qu'il avait coûté deux mille huit cens huit livres quatre sols tournois[1].»

Le grand autel était alors au centre du chœur, d'où il fut déplacé en 1644 et reporté à l'entrée du transept. Au centre du rond-point était l'autel matutinal, ou de Saint-Germain, qu'on remplaça dans la suite par le siége abbatial, et, derrière, quatre colonnes portaient la magnifique châsse de saint Germain, refaite, en 1408, par l'abbé Guillaume[2]. Tout à côté se trouvait le *puits de Saint-Germain*, auquel on accédait en descendant quelques marches, et dont, au ixe siècle, l'eau était réputée excellente pour guérir la fièvre. L'église de l'abbaye possédait un splendide devant d'autel, donné en 1409 par l'abbé Guillaume, et un grand nombre d'objets d'orfévrerie fort précieux, dont on trouve des dessins dans l'ouvrage de D. Bouillart. Elle était moins riche en vieux monuments, et n'en comptait que trois ornés d'une statue ou d'une mosaïque : c'étaient ceux de Childebert, de Chilpéric et de Frédégonde; mais plusieurs pierres tombales offraient des figures gravées au trait avec incrustations de marbre blanc sur marbre noir.

Quelques-unes des inscriptions que renfermait l'abbaye ont été rapportées précédemment; voici le texte des autres :

GRANDE ÉGLISE.

Dans un caveau, à l'entrée du sanctuaire, sur une dalle funéraire en cuivre, où était gravée la figure d'un abbé revêtu des ornements pontificaux :

Hic jacet frater Guillermus [3], quondam abbas hujus ecclesie, doctor regens Parisius in

---

[1] D. Bouillart, p. 189. — [2] Voir l'ouvrage intitulé *Paris et ses historiens*, p. 482. — [3] Guillaume III, dit l'Évêque.

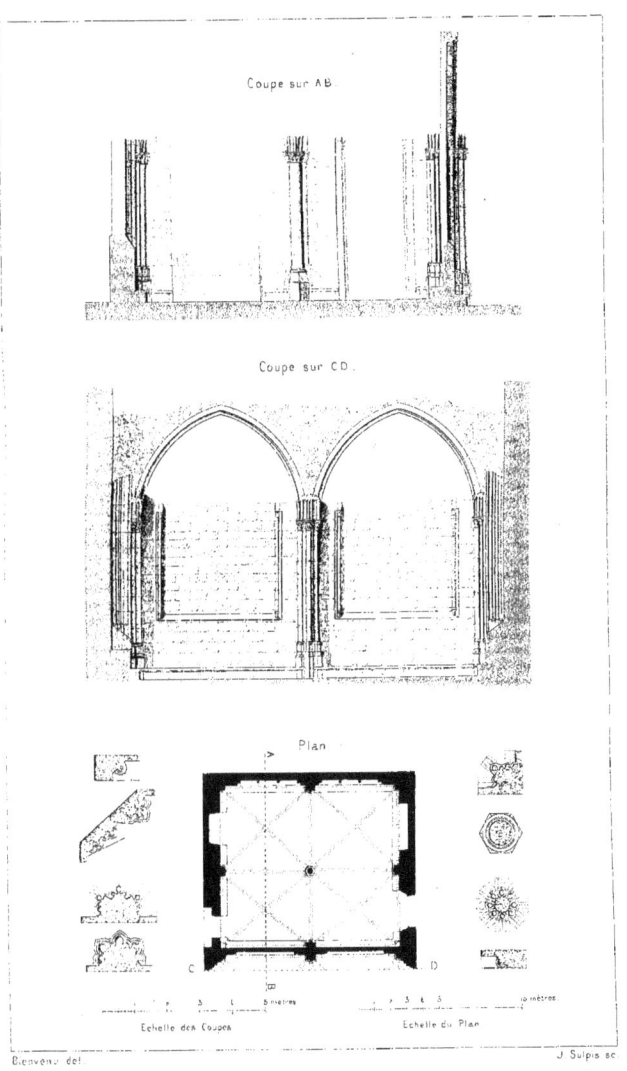

PARLOIR DV CLOITRE DE L'ABBAYE DE St GERMAIN DES PRÉS.
COVPES ET PLAN DE DEVX TRAVÉES

theologie Facultate, nunc vero vermis et non homo; quo nihil fetidius, nihil horribilius, et quasi putredo consumendus; expectans tamen resurrectionem mortuorum et vitam eternam. Qui obiit anno Domini m cccc xviii, undecimo die mensis decembris. Orate pro eo.

Dans le même caveau :

> Hanc Deus Osanna mulierem dicta Joanna,
> Que fuit in mundo, nunc est scrobis abdita fundo.
> Domni Guillermi quondam mater fuit hujus
> Patris cenobii. Requiescat spiritus ejus.
> Anno milleno, cum c ter et octuageno
> Vicesimo quinto, clausa sub hoc tumulo.

Devant le grand autel, sur la tombe en marbre de l'abbé Richard d'Atri, ou de l'Aître :

> . . . . . Pater noster.
> Hic fragrans nardus, late redolens jacet hic thus.
> Sollicitus pastor, publice bonitatis amator,
> Istius ecclesie lapse quondam relevator;
> Prudens prelatus, circumspectus velut Argus.
> Pastor amabilis et venerabilis omnibus illis.
> Post tua tedia det tibi gaudia dulcia celi.
> Amen.
> Anno milleno ter cent. sept. octuageno
> Idibus in julio transiit e medio.

Sur un caveau, près des marches du grand autel, à droite :

Hic jacet illustrissima princeps Catharina Borbonia, Henrici Borbonii, principis Condæi, et Mariæ de Clèves filia, quæ annos nata 21 obiit Lutetiæ, in castro Luparæ, die 30 decembris 1595.

Dans le chœur, derrière la tombe de l'abbé Morard, sur une dalle usée, en marbre noir incrusté de blanc, et couvrant le corps de l'abbé Pierre de Courpalay :

> . . . .
> Consiliis certus, omni bonitate refertus.
> Pauperibus largus, circumspectus velut Argus.
> Quem clerus clarum, rex, plebs habuit monachique,
> In vultu clarum, sobrium... corpore mundum.
> Traxit aprilis eum ter nonas m. c ter, x ter, 1 quater.

Près de la précédente :

Hic jacet bone memorie frater Gaufridus de Cousturis, quondam abbas hujus monasterii, consiliarius domini Regis Francorum, gratissimus principibus et toti populo. Qui obiit anno Domini M CCC LIX, XXIV die mensis aprilis. Anima ejus requiescat in pace.

Également près de la tombe de l'abbé Pierre :

Cy gist révérend père en Dieu messire Pierre Danès, en son vivant évêque de Lavaur, institué premier lecteur royal ès lettres grecques par le roy François premier, et envoyé pour son ambassadeur au concile de Trente; lequel décéda en la maison de céans le vingt-troisième jour d'avril 1577.

Au-dessous des pieds de la figure étaient gravés ces mots : *non quæ super terram*, qui formaient la devise du cardinal de Tournon, bienfaiteur du mort.

Dans le sanctuaire, près et derrière la tombe de l'abbé Guillaume l'Évêque, entre l'aigle de cuivre et le banc des chantres :

Hic jacet reverendissimus D. Dominicus du Gabré, episcopus Lodovensis, regis consiliarius ac legatus Venetus; qui obiit prima die mensis februarii, anno Domini 1558.

> Qui jacet hoc tumulo, præsul lectissimus olim,
> Virtutum merito splendidiore fuit.
> Legatus varias pro rege electus in oras,
> Præstitit exacte munere digna suo.
> Sed quia res Christi longe studiosius egit,
> Jam fruitur tanto post sua fata Deo.

Devant le jubé, en entrant, à droite :

Cy gist Monseigneur Burqueus de Bellée, jadis chevalier et ..... du Roy nostre sire, le Roy de France et le Roy de Navarre; qui trespassa l'an de grâce M. CCC XIII, le mercredy après Nostre Dame de septembre. Priez Dieu pour l'âme de luy.

Aussi devant le jubé :

Cy gist M° Eustache de Chambelli, chevalier, seigneur du Val, qui trespassa le lundy devant la Saint Marc l'Évangéliste, l'an de grâce M. CCC XLI. Priez Dieu pour l'âme de luy, que Dieu luy fasse mercy.

En la chapelle Saint-Germain, c'est-à-dire au rond-point du chœur :

Cy gist religieuse personne et honneste frère Simon de Saint Benoist, jadis trésorier et depuis grand prieur de ceste église; fils de feu Simon de Saint Benoist, jadis ..... de Paris, et de Marie, sa dernière femme; qui trespassa l'an M. CCCC XXXVII, le XIV° jour d'aoust. Dieu ait l'âme de luy. Amen.

Devant la porte de la sacristie, autour d'une grande dalle où étaient gravées les effigies d'un homme, d'une femme et de sept enfants :

Cy gist noble homme Antoine de Lyon, conseiller du Roy et auditeur en la chambre des comptes, sieur des Landes et de la Motte-Charny; qui trespassa le 22 avril 1556.

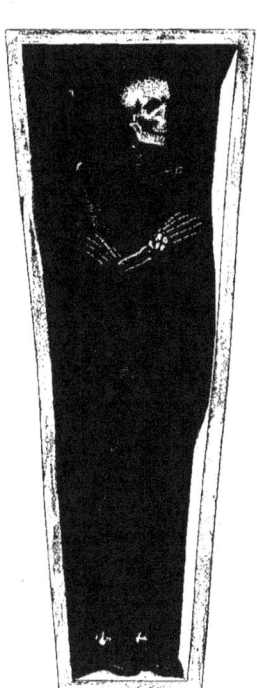

ABBAYE DE SAINT GERMAIN DES PRÉS

Au bas de la même tombe on lisait :

> Conditur hoc tumulo, fatali morte peremptus,
> Clara cui semper fama superstes erit.
> Viva etenim virtus vivum dedit esse Leonis
> Nomen : sic vivo nomine, vive Deo.

Près du pilier oriental du croisillon méridional :

Hic jacet R. P. D. Jacobus du Breul, olim abbas Sancti Illidii Clarom., demum prior hujus monasterii, regulæ observantia, antiquitatis peritia et operibus editis celebris. Qui obiit die 17 julii, anno Domini 1614, ætatis 86, monach. 66. Requiescat in pace. Amen.

Dans la nef :

Cy gist..... comte Chapon (?) de Jaisne la Vieille, qui trespassa l'an de grâce M CC IIII^{xx} XVIII, le dimanche d'après Pasques. Priez Dieu pour son âme, que Dieu bonne mercy luy fasse. Amen.

Autre :

Cy gist Juba Alesi, fils de Berault Alesi de Sirie, qui trespassa l'an de grâce M CC IIII^{xx} XV, le mardy d'après la Saint Leu Saint Gilles du mois de septembre. Priez Dieu que bonne mercy lui fasse. Amen.

Autre :

Hic jacet dominus Guillelmus de Faugerelle (*alias* de Fougeretto), legum professor, decanus Nivernensis, consiliarius illustrissimi et potentissimi ducis Borbonie; qui obiit die veneris ante festam beati Clementis, anno Domini M CCC XXX III. Orate pro eo.

Autre :

Sous cette même tombe repose dame Claude, épouse de Guillaume Boullanger, seigneur de Vaumesnil, gouverneur de Chastillon-sur-Indre, conseiller d'état et premier échanson de Monseigneur, fils de France, fils unique du Roy; laquelle décéda le 3e ou 9e jour de may, l'an 1581.

Autre :

Hic jacet Guillelmus Boullangerius, dominus de Vaumesnil, Francisco regum Henrici secundi filio et Henrici III fratri unico ab interioribus consiliis et a poculis prepositorum primus. Obiit Lutetiæ, XI cal. april. anno 1595.

Devant le grand autel, du côté du nord, autour d'une petite pierre tombale incrustée de lames de cuivre et joignant un pilier :

Cy gist François de Monceaux, fils de noble sieur messire François de Monceaux, chevalier, sieur de Viléacoubley, et de madame Catherine de la Broye, dame de Carnoy; qui mourut en l'an mil cinq cents trente cinq.

A droite était en outre écrit :

In brevi consummavit tempora multa.

Et à gauche :

Raptus est, ne malitia mutaret intellectum.

Dans la chapelle de Notre-Dame :

Cy gist Charles de l'Aigle, escuyer, qui trespassa l'an de grâce m ccc xvii, le mercredy après la Saint Barnabé, au mois de juillet. Priez Dieu pour luy.

Dans la chapelle Saint-Casimir :

Hic jacet reverende recordationis Herveus Morillon, quem genuit bassa Britannia, diocesis Corisopitensis, ortu nobilis, moribus clarissimus, religionis decore venustus; hujus cenobii annis xxii pastor dignissimus, fratrum piissimus consolator, edificiorum restaurator, eleemosinarum largitor, jurium defensor et in omnibus fidelissimus minister; qui obiit die xxv februarii, anno Domini m cccc lix. Orate pro eo.

Autre sur une dalle funéraire, près du grand autel :

Cy gist messire Jean Grollier, en son vivant chevalier, seigneur vicomte d'Aguisy, thrésorier de Milan et de France, en la charge et thrésorerie d'oultre Seine et Yonne, général des finances du Roy; qui trespassa le 22 octobre 1565. Priez Dieu pour luy.

Et au pied de la dalle :

Joanni Grolerio Insubriæ dudum, Galliæ nuper questori, castiss. fideliss. integer. V. C. Virtutum omnium, litterarum comprimis et venerandæ antiquitatis amantiss. observantiss. studiosiss. Anna et Jacobella filiæ, Antonius et Petrus nepotes, parenti cariss. M. M. P. P. Vixit annos lxxxvi. Obiit xi calend. novembris.

Dans la chapelle Saint-Symphorien :

> Hic jacet abbas Johannes de Précy nomine dictus,
> Nobilis hic moribus papa Burgundie natus,
> Ejus cura fuit semper venerari Mariam.
> Omnibus hic largus vixit, non parcus egenis.
> m semel, c ter, l, i ter mortuus in (?) anno
> Decembris mense, septena dena die.
> Spiritus ejus in pace requiescat. Amen.

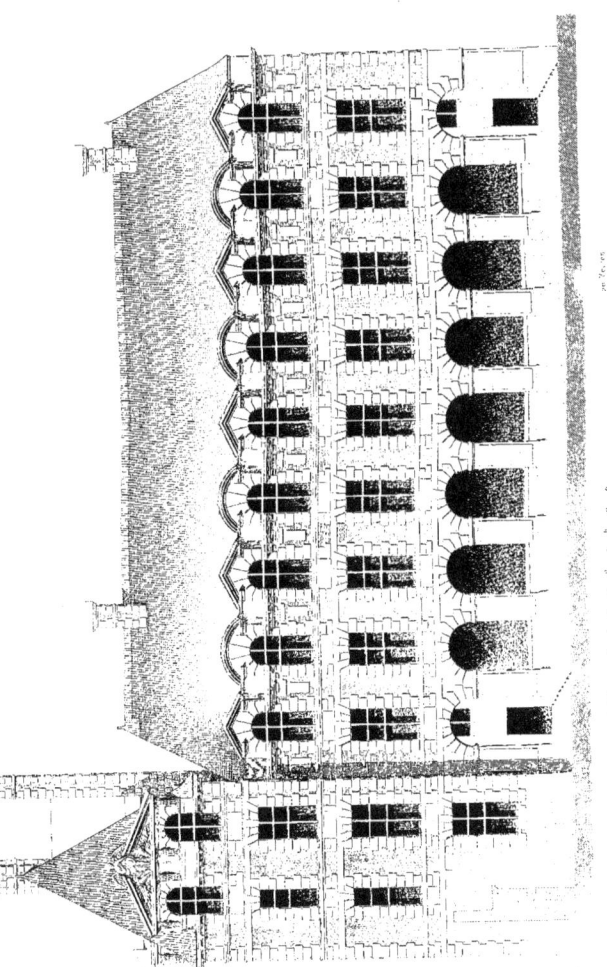

ABBAYE SAINT GERMAIN DES PRÉS

Autre :

Anno Domini M CCC VIII, die sabbathi ante Epiphaniam Domini, obiit nobilis vir Guillelmus de Oriento (*alias* Alento), domicellus, Lemovicensis diocesis. Cujus anima requiescat in pace.

Autre :

Cy gist vénérable homme et sage messire Jean Garvrier de Chaalons, avocat du Parlement du Roy nostre sire; qui trespassa le x° jour de febvrier, l'an de grâce M CCC XLVIII. Priez Dieu pour luy.

GRANDE CHAPELLE DE LA VIERGE.

Les tombes de la grande chapelle étaient placées, dit D. Bouillart, «depuis «les degrez de l'autel jusques à la porte du chœur,» ce qui doit s'entendre de l'espace correspondant aux troisième et quatrième travées de l'édifice. Ces tombes étaient en outre disposées sur six rangs parallèles à l'axe du vaisseau. Le premier rang, en commençant vers le nord, était formé par la tombe de l'abbé Hugues d'Issy, par deux autres dont on ne pouvait lire les inscriptions, et par celle de l'architecte Pierre de Montreuil.

Épitaphes du second rang :

Hic jacet frater Johannes de Prigniaco, quondam prior hujus monasterii, qui tributum naturale persolvit, anno Domini M CCC LXII, die penultima junii. Cujus animam Christus perducat ad gloriam. Amen. Orate pro eo.

Cy gist dévote et religieuse personne frère Philippe le Harle, jadis prieur de céans et prévost de Thiais, qui trespassa le XVII° jour de février, l'an de grâce M CCC et vint. Dieu ait l'ame de lui. Amen.

Jehan le Harle, écuyer, seigneur de Parant en partie, pannetier du Roy nostre sire, Charles VI, nepveu dudit prieur, a fait faire ce tombeau. Lequel a servi plusieurs abbez de céans par l'espace de XXXXVI ans, et repose au cimetière. Il trespassa la vigile de la my aoust mil CCCC XXX. Dieu lui fasse mercy et à tous trespassez. Amen.

Cy gist Jehan de Coutures, écuyer, qui trespassa l'an de grâce M et CCC LV, le XVI jour de mars. Priez pour l'ame de li.

Ici gist Agnès, jadis femme de mestre Raoul de Modferel, qui trespassa en l'an de grâce M CC LXXX et V, la veille de la Manceiche [1]. Priez pour elle.

Hic jacet bone memorie frater Johannes Bély, quondam succentor hujus ecclesie, qui obiit anno Domini millesimo quadringentesimo tertio decimo, in vigilia sancti Andree. Orate pro eo.

---

[1] Le 24 mars.

Troisième rang :

>Sanguine preclarus, sibi vilis, et ordine natus,
>Impiger, antiquus gregis ac virtutis amicus,
>P_____ de Nangiaco prior hic jacet, astitit a quo
>In grege grande bonum, vigor et pax. Tu sibi donum
>Fili sancte Dei, da Christe, des et requiei.
>Unde vigen mille cum c. et transiit ille
>Idus in terno februi, non absque veterno.

>Hic lapis Agnetem tegit; extitit orta Moreto,
>Dulci voce peto, sibi da, pie Christe, quietem.
>Ejus erat frater hujus ecclesie dominator [1].
>O Rex, summe pater, huic sis pius et miserator. Amen.

Hic jacet frater Johannes de Pontisara, quondam camerarius hujus ecclesie; in quo sensus erat, bonitas, pax et moderamen. Omne malum spernat, pace fruatur. Amen.

Hic jacet frater Petrus de Couliaco, quondam thesaurarius istius ecclesie, vir prudentissimus, qui obiit anno Domini M CCC LVIII, quarto mensis junii. Anima ejus requiescat in pace. Amen.

Hic jacet frater Robertus bone memorie, venerabilis magister..... in finem. Istius ecclesie cantor extitit egregius. Obiit anno Domini M C (?) et octogesimo secundo, in vigilia apostolorum Symonis et Jude. Anima ejus per misericordiam Dei requiescat in pace. Amen.

Quatrième rang :

>Quo fugiam miser, o, qui feci tot mala : quero
>Quid fiet misero; de justo vix bene spero.
>Non, Deus, ut cujus lapis hic est, des sibi ne jus,
>Sed veniam poscit : se plus peccasse reo scit.

Hic jacet frater Guillelmus de Domato, monachus istius ecclesie, cujus anima preciosis precibus gloriose virginis Marie et omnium sanctorum requiescat in pace. Amen. M CC LXXX et VII, la veille seint Père et S. Pol.

Cy gist Emmeline de Petit Pont, jadis fame mestre Eude de la Courrarie, qui trespassa l'an de grace M CC LXXXVIII, a sa ..... kalende d'avril. Priez Dieu qu'il ait merci de s'ame.

Hic jacet frater Johannes Guerin, quondam prepositus de Theodosio, qui obiit anno Domini M CCC...

---

[1] Gérard de Moret, mort en 1278.

TOPOGRAPHIE HISTORIQUE DV VIEVX PARIS

Façade latérale

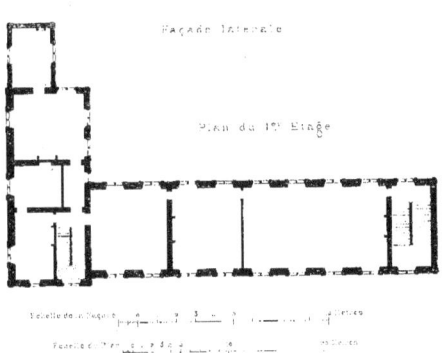

Plan du 1er Étage

ABBAYE SAINT GERMAIN DES PRÉS
PALAIS ABBATIAL

ABBAYE DE SAINT-GERMAIN-DES-PRÉS.

Cinquième rang :

> Ecce prior magnus, jam dudum mitis ut agnus,
> Simon formosus, sapiens et religiosus,
> De Montelleto generoso germine natus.
> Cujus, si placet, o pie Rex, absterge reatus.

Cy gist Jehans de Laigle, escuyer, qui trespassa l'an de grace M CCC et XVII, le vendredi après saint Barnabé... Priez pour l'ame de li.

Cy gist Regnauld de Camps, escuyer, nés de Picardie, jadis lieutenant du chastelain et concierge du Louvre; qui trespassa à Paris, en l'ostel des escoliers de Dainville, devant seint Cosme et seint Damien, le XXI jour d'avril M CCC LXXX et V. Priez pour l'ame de luy.

Sixième rang :

Hic jacet frater Henricus de Monte Calveto, monachus istius ecclesie, qui, prepositus Ville Nove Sancti Georgii, obiit anno Domini M CC nonagesimo, VI idus februarii. Anima ejus requiescat in pace.

> Annis millenis tricenis et quadragenis
> Octonis, mensis decembris totque calendis
> Migratus, medici [pre] Adam (?) positus Ici[aci]
> Parisius juxta, Sancti Germani cenobita.
> Illius absque mora titulum qui legeris, ora.

Hic jacet frater Petrus Herouardi, quondam official[is] hujus ecclesie, qui obiit anno Domini M CCC octuagesimo septimo, sexto idus julii, decima die mensis predicti. Orate pro eo.

Épitaphe de l'abbé Nicolas de Ladit, aussi enterré dans la chapelle de la Vierge :

> Sub lapide (in ?) XPO requiescit nunc de Ladito
> Nicolaus abbas. Si sexto julii tradas
> Idus, reperias cum clauditur ultima dies.
> Anno milleno trecento quater quindeno,
> Adjuncto primo. EL[1] cœlo levet ab imo. Amen.

Devant le portail de la chapelle :

Cy gist Alixandre, moyne de ceste église, qui fist mettre en argent le menton seint Vincent et le chef seint Aman et le pié des Innocens; qui toujours en son vivant fu preud'homme et vayllant. Priez pour l'ame de lui.

> In me mors sevit puero, sic tibi inolevit :
>   Prosternit juvenem sepius ante senem.
> Monachus, abbatisque nepos de stirpe Johannis,
> Paucis annis vixi.

[1] « EL, nom hébreu signifiant force et vertu, se prend pour Dieu, comme l'interprète sainct Hierosme, » dit Du Breul.

Cy gist Pierre, dit Damedieu de Giry, moine de Seint Germain des Prez de Paris.
Prions pour lui à Nostre Dame.
Que son chier fius veuille avoir l'ame.

>Cy gist frère Jehan de Villemer,
>Jadis de ceste église aumosnier.
>Prions à Dieu que par sa grâce
>De ses péchez pardon li face [1].

GRAND CLOÎTRE.

Du côté du chapitre :

>Clauditur hac tumba, rosa primula, grata columba,
>Dulce decus morum, genus altum, culmen honorum,
>Guillelmus dictus de Barre, cujus amictus
>Carnis adit cineres; sit regni perpetui heres.
>Hujus nunc anime, Deus, alme pater, miserere,
>Devotus precor; et qui versus hos leget, oret
>Te tumulus ut is S.

Hic jacet Guillelmus de Pouniarco (?), monachus istius ecclesie et prepositus de Antoniaco, qui obiit anno Domini m. ccc xi, viii kalendas februarii. Anima ejus requiescat in pace. Amen.

Hic jacet magister Gerardus de Romano, utriusque juris doctor, et monachus istius ecclesie ad succurendum; qui.... Orate pro eo. Pater noster.

>Hic Herberte jaces, recoli qui dignus in hac es
>Ecclesia; merita te laudant et tua vita.
>Pauperibus Christi vivens bona multa dedisti,
>Et nobis tale quod credit nemo jocale.

Hic jacet frater Guillelmus de Pivelas, condam tertius prior et penitenciarius de intus, qui obiit anno Domini millesimo quadringentesimo quarto, die vigesima quinta mensis octobris. Orate Deum pro eo.

Hic jacet magister Stephanus de Sacleis, olim thesaurarius ecclesie Beati Hilarii Pictaviensis, qui obiit sexto kalendas januarii, in festo beati Johannis Evangeliste, anno Domini m cc lxxvi. Orate pro eo.

Cy gist messire Charles de Saclois (*alias* Salers), chevalier, qui trespassa.... en l'an de grace m cc lxxvi. Orate pro eo.

.... Gal..rius de Boulayo, quondam abbas Sancti Maglorii Paris. qui laudabiliter vixit per lx et quatuor annos.... obiit anno Domini m ccc xxvvii, xii kalendas novembris. Orate pro eo.

[1] D. Bouillart fait observer que l'écriture de cette épitaphe et des trois précédentes indiquait une antiquité d'au moins quatre cents ans, ce qui équivaut à dire qu'elles dataient environ de l'an 1300.

TOPOGRAPHIE HISTORIQUE DU VIEUX PARIS

Coupe sur le Jardin

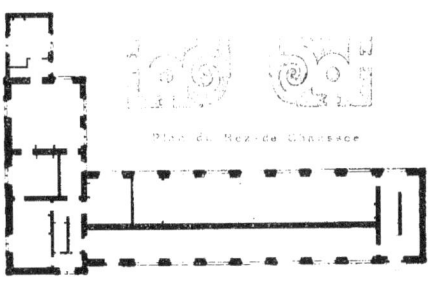

Plan du Rez-de-Chaussée

ABBAYE SAINT GERMAIN DES PRÉS

ABBAYE DE SAINT-GERMAIN-DES-PRÉS.

Hic doctor Clemens habuit cor nobile, clemens.
Est signum vehemens quod XPC erit sibi clemens.
Prudens canonicus fuit olim Parisiensis,
Et Laudunensis archilevita pudicus.

Autre épitaphe :

Cy gist noble homme Jean de Gabre, secrétaire du Roy et greffier du greffe et de la ville et vicairerie de Toulouze, lequel décéda le 13° jour de janvier 1554. Priez Dieu pour son ame.

Cy gisent nobles personnes Antoine de Cion, conseiller du Roy nostre sire, et auditeur en sa chambre des comptes à Paris, sʳ des..... qui trespassa le 22° jour d'avril 1556; et damoiselle Perrette du Prés, sa femme, qui trespassa le..... jour de..... l'an mil.....

Les armes de l'abbaye étaient : *d'azur à trois fleurs de lys d'or*, à cause de la fondation royale, *avec un écu en abîme, de sable à trois besants d'argent*, que l'on disait être le blason de saint Germain lui-même. On le trouve aussi sous une autre forme; l'écu en abîme s'est agrandi, et l'azur des armes de France, chargé de six fleurs de lys d'or, n'en forme plus que la bordure.

L'abbaye, étant une des grandes juridictions de la banlieue de Paris, a dû s'affirmer par des actes nombreux, et elle les a authentiqués en y faisant apposer tantôt le sceau impersonnel du monastère, tantôt le sceau personnel des abbés et des divers officiers claustraux[1]. Ces actes, conservés en partie aux Archives nationales,

---

[1] Feu Berty n'avait pas donné à cette partie de son travail l'importance qui lui appartient : il avait indiqué quelques sceaux seulement, et les avait décrits d'une façon sommaire, sans distinguer suffisamment les sceaux de l'abbaye, ceux des abbés et ceux des officiers claustraux. Il nous a paru que la monographie de Saint-Germain-des-Prés exigeait, au point de vue sphragistique, un développement plus considérable. Nous avons donc fait recueillir, aux Archives nationales, les sceaux les mieux caractérisés, dans chaque catégorie. Les uns ont été gravés sur bois, pour être intercalés dans le texte; les autres ont été rangés symétriquement, de manière à former deux planches consacrées, la première aux abbés, la seconde aux officiers chargés de l'administration temporelle du monastère. Ce travail, et les explications dont il fallait l'accompagner, ont exigé la refonte complète du texte de l'auteur. — L. M. T.

fournissent une certaine quantité de documents sphragistiques, parmi lesquels nous avons fait un choix qui permît aux lecteurs de parcourir sommairement cette intéressante série.

On ne connaît que deux sceaux du monastère : le premier, appendu à une charte de 1216, est de forme ogivale. Il représente saint Germain debout, vu de face jusqu'à mi-jambes, revêtu d'un costume d'évêque, bénissant de la main droite et tenant sa crosse de la gauche (voir le n° II de la première planche). Légende : ✠ SIGILLVM SCI GERMANI PARISIENSIS EPISCOPI. Le second sceau est attaché à un cahier de titres de 1695; mais il semble remonter au moyen âge. Il est la reproduction complète du premier, et n'en diffère que par des détails insignifiants.

Les sceaux personnels des abbés étaient aussi de forme ogivale; ces dignitaires y sont représentés debout, de face, crossés, mitrés et bénissant ou tenant un livre. Le plus ancien de la collection, qui remonte à l'année 1138, époque où Hugues III administrait le monastère, est très-fruste d'aspect. Il représente un personnage debout, tenant de la main droite un sceptre fleurdelysé et de la main gauche un livre ouvert. Un seul mot de la légende est visible, c'est celui-ci : ......SIGILLVM; le reste est indistinct. Ce sceau est appendu à un accord entre l'abbé de Saint-Germain et Étienne de Garlande, au sujet de Villeneuve et de Valenton (voir le n° I de la première planche).

Hugues V, qui était abbé en 1176, est représenté, sur un sceau de cette même année, debout et tête nue, autant que l'état fruste de l'empreinte permet d'en juger. Il tient la crosse de la main droite et un livre de la main gauche; la légende est : (✠ S)IGILL · HVGONIS ABBATIS SCI GERMANI PARISIENSIS.

Le sceau de l'abbé Eudes, apposé à un acte de 1234, est plus distinct, et la forme ogivale en est très-nettement accusée. Le personnage a la même attitude,

TOPOGRAPHIE HISTORIQUE DV VIEVX PARIS

ABBAYE ST GERMAIN DES PRÉS

et la légende, fort lisible, est ainsi conçue : ✠ S · ODONIS ABBIS S · GERMANI D · PRATIS · PAR ·

Un contre-sceau du même dignitaire et de la même année, montre une tête rasée avec la couronne monacale, de profil, tournée à gauche, avec la légende suivante, qui est celle des anciens rois de Navarre : ✠ GRACIA DI SVM ID QVOD SVM.

Ce contre-sceau, qui est de petite dimension et de forme ronde, présente une certaine originalité.

Thomas de Mauléon, l'un des abbés dont l'administration a été la plus active et la plus féconde, a authentiqué ses actes d'un sceau, que nous reproduisons au n° III de la première planche, et qui représente le type abbatial ordinaire, accosté de deux quartes-feuilles. La légende, qui se lit difficilement, porte ces mots et ces parties de mots : ✠ S' THOM....BATIS S......ANI DE PRATIS. Le contre-sceau, en forme de losange (n° VI), offre un buste d'évêque, entouré de la légende : ✠ SANCTVS GERMANVS. L'acte est de l'année 1251.

Le sceau de l'abbé Raymond (1285) nous offre également deux empreintes. La face représente, comme toujours, l'abbé crossé, mitré et bénissant, avec la légende : S · R · DI GRA ABBIS SCI GMAI D PTIS PARISIEN. Le revers, ou contre-sceau, de forme ronde comme celui de l'abbé Eudes, que nous avons reproduit plus haut, porte ces mots : ✠ SECRETVM STI GERMANI. (Voir les n°ˢ IV et V de la planche première.)

Jean IV, de Précy, qui fut élu en 1334, a fait usage de sceaux d'un type différent. Nous en avons trouvé deux, l'un de forme ogivale, l'autre de forme circulaire. Dans le premier, ce dignitaire est représenté en costume d'abbé, sous une niche gothique très-ornée, avec la légende : S:FR̄IS:IOHR̄IS:ABBR̄IS:SC̄I:GERMANI: D' PRATIS:PAR'·

Le second type, de forme ronde, ne nous présente qu'un contre-sceau, sur lequel est figuré un abbé ou un évêque nimbé, vu de face et à mi-corps, se détachant sur un fond réticulaire, avec la légende suivante : SANCTVS GERMANVS DE PRATIS.

Un demi-siècle plus tard (1399), le sceau de Guillaume III nous offre une nouvelle variante. Dans une niche gothique, du même style que celle de Jean IV, saint Germain, placé à droite, est représenté debout, en costume épiscopal, bénissant l'abbé Guillaume, placé à sa gauche, crossé, mitré et agenouillé devant lui. Au-dessous se montre l'écu de sable, à trois besants d'argent et à la bordure fleurdelysée, tel que nous l'avons reproduit plus haut. La légende est : S GVILLERMI ABBĪS SC̄I GERMANI DE PRATIS PROPE PARISIVS. (Voir le n° VII de la première planche.)

Un type particulier nous est encore fourni par le contre-sceau de l'abbé Hervé (1454), qui présente un écu chargé d'un dragon ailé, avec une crosse en pal et la légende : CONT̄S ABBATIS S. GERMANI. (Voir le n° VIII de la même planche.)

TOPOGRAPHIE HISTORIQUE DV VIEVX PARIS

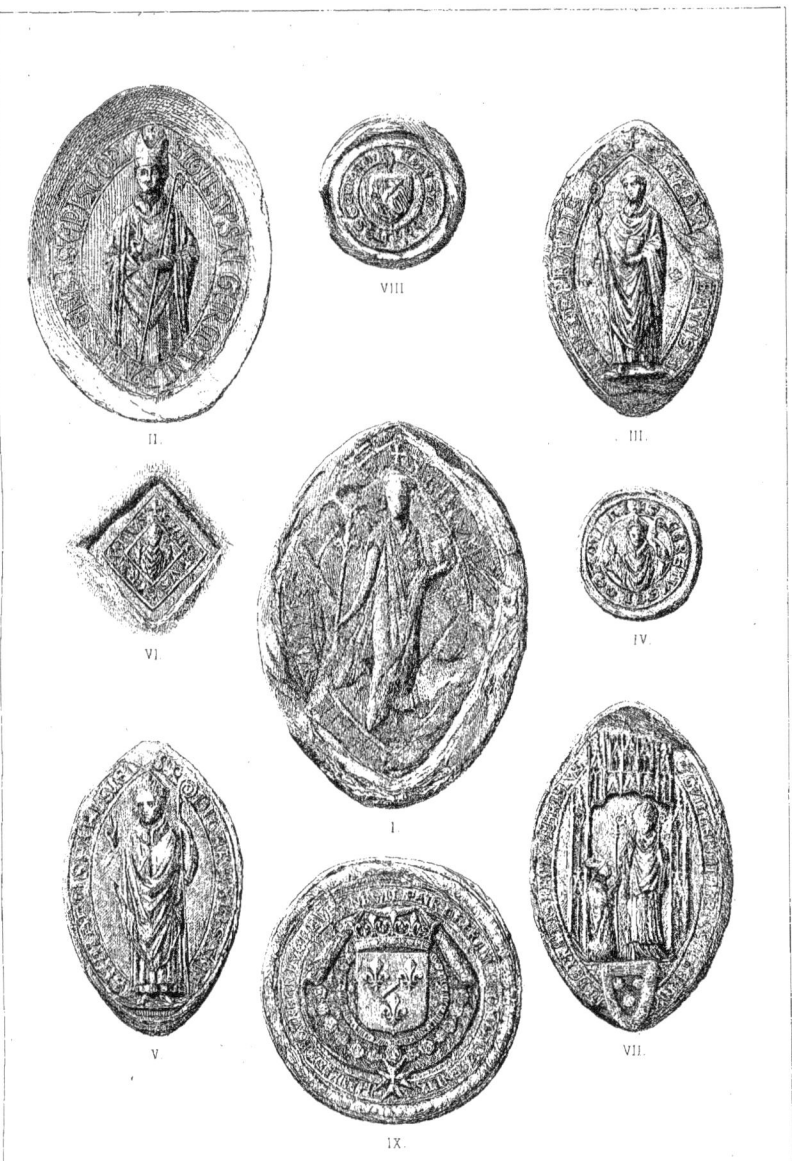

SCEAVX DES ABBÉS DE SAINT GERMAIN DES PRÉS

I. Sceau de Hugues III (1158). — II. Sceau de 1216. — III. Sceau de Thomas de Mauléon (1251). — IV. Contre-Sceau de Thomas de Mauléon.
V. Sceau de Raymond (1285). — VI. Contre-Sceau de Raymond. — VII. Sceau de Guillaume III (1399). — VIII. Contre Sceau de l'Abbé Hervé (1415).
IX. Sceau de Henri de Bourbon, Abbé Commendataire (1663).

TOPOGRAPHIE HISTORIQVE DV VIEVX PARIS

SCEAVX DES OFFICIERS CLAVSTRAVX DE L'ABBAYE SAINT GERMAIN DES PRÉS.

I. Sceau de la Prévôté. II. Sceau d'un Chambrier. III. Sceau de l'Officialité. IV. Sceau de la Graineterie.
V. Sceau d'un Prieur. VI. Contre-Sceau de la Prévôté. VII. Sceau de la Pitancerie. VIII. Contre-Sceau de la Pitancerie.
IX. Sceau d'un Prieur. X. Sceau d'un Trésorier.

Enfin l'un des plus puissants abbés commendataires du vieux monastère Saint-Germain, Henri de Bourbon, faisait apposer sur ses actes un sceau rond de quatre-vingt-dix millimètres de diamètre, portant l'écu de sa famille, avec la brisure héraldique des cadets : de France, au bâton péri en barre, timbré d'une couronne et entouré des colliers de Saint-Michel et du Saint-Esprit, sur manteau d'hermine. Légende : HENRI DE BOURBON, DUC DE VERNEUIL, PAIR DE FRANCE, COMTE DE SENLIS. (N° IX de la même planche.)

A côté et au-dessous des abbés, les principaux officiers du monastère avaient leur part d'administration et authentiquaient les actes de leur gestion au moyen de sceaux particuliers. Parmi ces sceaux, les uns étaient impersonnels et ne mentionnaient que la fonction claustrale dont ils étaient le signe; les autres portaient le nom du dignitaire qui en faisait usage. Nous avons groupé, sur une seconde planche, ceux qui nous ont paru les plus caractéristiques dans chacune de ces catégories.

La série des sceaux impersonnels nous présente quatre types fort curieux.

Le premier, par ordre de date (1267), est celui de l'officialité, juridiction disciplinaire qui comptait parmi les plus importantes de l'abbaye. On y voit un personnage de face, debout, à mi-corps, bénissant de la main droite et tenant une crosse de la main gauche. Il sort d'une nue sous laquelle est la fleur de lys, qui rappelle la fondation royale. La légende, à demi effacée, ne contient plus que ces mots : CVRIA BĪ GERMANI DE PTIS. C'est le n° III de notre seconde planche.

Le second type, que nous trouvons à l'année 1304, est le sceau de la prévôté de l'abbaye. Il est de forme ronde et présente une petite image topographique du monastère. Dans le champ, une fleur de lys, souvenir de la fondation royale, et la crosse, symbole de la juridiction abbatiale. La légende porte ces mots : ✠ SIGIL · PREPOSITVRE BĪ G'E(RM)ANI DE PRA(TIS). Le contre-sceau représente une tête de profil, tournée à droite, avec cette légende : ✠ 9TS[1] PPOSITVRE SCĪ GMANI. Ce sont les n°ˢ I et VI de la seconde planche.

Nous rangeons dans la même catégorie un troisième sceau de l'année 1380, où l'on ne peut déchiffrer que la fin de la légende : c'est le sceau de la graineterie du monastère. Il représente un petit monument à trois tours, avec toits aigus surmontés de croix; ce sont, sans doute, les greniers de l'abbaye. La tour du milieu, plus élevée que les deux autres, est à trois étages, et sa baie est remplie par une fleur de lys. Les deux tours latérales sont à deux étages et sans baies. Au-dessus de la tour du milieu planent deux étoiles. La légende ne porte que ce mot abrégé : GMANI. (N° IV de la seconde planche.)

---

[1] *Contra-sigillum.*

La fin du xive siècle nous offre un sceau d'aspect assez original : c'est celui de la pitancerie, office spécial du réfectoire. Ce sceau, qui porte la date de 1396, est de forme ogivale et représente un moine debout, tenant un couteau d'une main et un poisson de l'autre; au bas, à dextre, se voit la fleur de lys accoutumée, et à sénestre une rose ou quinte-feuille. Sous la terrasse est gravé l'écu du monastère : de sable, à trois besants d'or, posés deux et un, à la crosse abbatiale brochant sur le tout et à la bordure fleurdelysée. La légende porte ces mots : (S. PI-TA)NCIARIE SCI GERMANI DE PRATIS IVSTA PA(R). Le contre-sceau, dépourvu de toute légende, montre un médaillon à quatre lobes et quatre pointes, contenant deux fleurs de lys et un poisson. (Nos VII et VIII de la seconde planche.)

Dans la série des sceaux personnels figure, en première ligne chronologique, celui du prieur Eudes, qui porte la date de 1228, époque où son homonyme — lui-même peut-être, cumulant les deux fonctions — gouvernait le monastère. Le prieur est représenté à gauche, de profil, assis sous un clocheton qui surmonte une stalle, et lisant dans un livre ouvert sur un pupitre. La légende offre ces mots : S ODONIS PRIORIS SCI GERMANI PAR. Le siège et le pupitre offrent des détails très-curieux. (No IX de la seconde planche.)

Vingt ans plus tard, en 1253, nous rencontrons le sceau de Galeran ou Valeran, camérier ou chambrier de l'abbaye. Ce personnage est représenté debout, vu de face, et tenant à la main une clef, ou peut-être des ciseaux; l'indécision du dessin et l'usure de l'empreinte ne permettent pas de distinguer. On lit autour cette légende : (S) VALERANDI CAMERARII S · GERM D · P · TIS (PAR ·)

En 1270, nouveau sceau du prieur de l'abbaye, personnage considérable qui, après l'abbé, occupait le premier rang dans la hiérarchie monastique. L'empreinte nous montre deux saints personnages debout et priant dans une niche, ou stalle géminée; à droite, saint Vincent, et à gauche, saint Germain. La légende : S ƩY-MONIS PORIS SCI GMA PAR, nous apprend que nous avons sous les yeux le sceau de Simon, prieur du monastère. (No V de la seconde planche.)

Enfin, à une époque indéterminée, se place le sceau d'un des trésoriers de l'abbaye. Ce ministre des finances monastiques ne s'est pas fait représenter lui-même sur le sceau dont il faisait usage pour les actes de sa gestion. Il y a fait graver deux dés, instruments de calcul, entre deux chandeliers. Rien de plus clair que cette figuration emblématique : les comptes de l'abbaye se font en pleine lumière; rien de ténébreux dans le maniement des deniers du monastère. La légende porte ces mots : S IOҺIS TҺSAV.... Ω D PRATIS PAR. (No X de la seconde planche.)

Une monographie détaillée de l'abbaye comporterait beaucoup d'autres renseignements; mais nous ne devons point oublier que la nôtre a plus particulière-

— TOPOGRAPHIE HISTORIQUE DU VIEUX PARIS. —

A. Porte de l'Abbaye.
B. L'Église.
C. Chapelle de la Vierge.
D. Réfectoire.
E. Dortoir.
F. Cloître.
G. Bibliothèque.

H. Le Préçoir.
I. Infirmerie.
K. Jardin.
L. Porte Papale.
M. Fossés.
N. Maison Abbatiale.
O. Chapelle de S. Symphorien.

VÛE OCCIDENTALE DE L'ABBAYE DE S. GERMAIN DES PREZ TELLE QU'ELLE ÉTOIT AVANT 1640.

(Planche insérée par Dom Bouillart dans son *Histoire de l'abbaye de Saint-Germain-des-Prés*, page 100).

TOPOGRAPHIE HISTORIQUE DU VIEUX PARIS

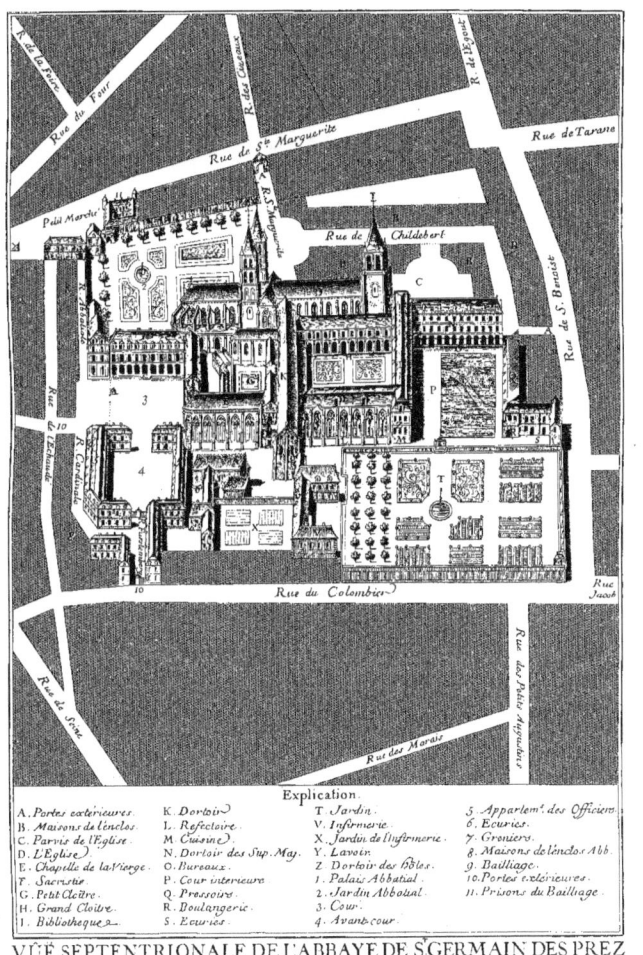

Explication.

A. Portes extérieures.
B. Maisons de l'enclos.
C. Parvis de l'Eglise.
D. L'Eglise.
E. Chapelle de la Vierge.
F. Sacristie.
G. Petit Cloître.
H. Grand Cloître.
I. Bibliothèque.
K. Dortoir.
L. Réfectoire.
M. Cuisine.
N. Dortoir des Sup. Maj.
O. Bureaux.
P. Cour intérieure.
Q. Pressoirs.
R. Boulangerie.
S. Ecuries.
T. Jardin.
V. Infirmerie.
X. Jardin de l'Infirmerie.
Y. Lavoir.
Z. Dortoir des Bôtes.
1. Palais Abbatial.
2. Jardin Abbatial.
3. Cour.
4. Avant-cour.
5. Appartem.ᵗˢ des Officiers.
6. Ecuries.
7. Greniers.
8. Maisons de l'enclos Abb.
9. Bailliage.
10. Portes extérieures.
11. Prisons du Bailliage.

VÛE SEPTENTRIONALE DE L'ABBAYE DE S.ᵗ GERMAIN DES PREZ
Telle qu'elle est présentement.

L'ABBAYE DE SAINT GERMAIN DES PRÉS
AU COMMENCEMENT DU XVIIIᵉ SIÈCLE

ment le caractère topographique. Nous renvoyons donc au savant ouvrage de D. Bouillart, aux grands recueils des Bénédictins, continués de nos jours par l'Académie des inscriptions et belles-lettres, ainsi qu'à l'excellente réédition de l'abbé Lebeuf, donnée par M. H. Cocheris, pour tout ce qui concerne l'histoire religieuse, civile et littéraire de Saint-Germain-des-Prés.

CHAPITRE III.

SUITE DE LA DESCRIPTION DES RUES DU BOURG SAINT-GERMAIN.

RUE DE L'ÉGOUT.

La rue de l'Égout, aujourd'hui absorbée dans le tracé de la rue de Rennes, commençait au carrefour Saint-Benoît et finissait à la rue du Four.

Le censier de 1355 mentionne un certain «Jehan Forestier, pour sa masure que «l'an dit à la Lanterne,» et c'est à lui que la rue de l'Égout doit le premier nom qu'on lui trouve. Des titres de 1409 et 1399 offrent des indications de la *rue Forestier*, qui, dans le même siècle, s'est aussi appelée *rue de la Courtille*, parce qu'elle conduisait au clos de l'Abbaye, et «rue de Tarennes,» à cause de l'hôtel de Taranne, qui y avait son entrée. Nous lisons dans un acte de 1534 : «ruelle «qui va en Tarennes,» et dans le censier de 1531 : «rue de Tarennes, aultrement «dicte la rue du Forestier et de la Courtille;» mais alors la première dénomination était devenue la plus commune. Plus tard, on a dit *Grande rue de Tarennes* (1595), afin d'éviter la confusion avec la Petite rue Taranne récemment ouverte; et, bientôt après, l'égout creusé, vers 1578, pour l'écoulement des eaux de la rue du Four et des environs, a fait remplacer le nom de rue Taranne, qui passa à une autre voie, par celui de *rue de l'Égoût*. Le censier de 1628 indique «la rue Tarenne, aultrement dicte la rue de l'Égoust,» et le plan de Gomboust, «la rue des Esgousts.» Au reste, là ne s'arrête pas la liste des vocables appliqués à la rue de l'Égout, et nous nous sommes assuré, non sans difficulté, qu'elle est la même que la *rue des Vaches*, énoncée dans des documents de 1518, 1527, 1540, 1542 et 1620. Elle constituait effectivement le chemin que devaient parcourir les vaches du bourg Saint-Germain, lorsqu'on les menait aux pâturages des îles.

Le carrefour Saint-Benoît s'appelait, au xvie siècle, *le carrefour aux Vaches*; mais généralement la localité est mentionnée sans dénomination particulière. On y franchissait l'égout par le moyen d'un pont de pierre, qui était situé en face de la rue Taranne, et qu'un titre de 1604 énonce «le pont antiennement appelé *pont* «*des Moynes.*» Ce pont existait encore en 1635, et n'a sans doute disparu qu'à l'époque où l'on a voûté l'égout, c'est-à-dire vers 1640. En cette même année, Christophe Gamard, qui l'avait fait détruire, eut à ce sujet une contestation avec les trésoriers de France.

CÔTÉ ORIENTAL.

PAROISSE SAINT-SULPICE.
JUSTICE
ET CENSIVE DE L'ABBAYE.

Maison sans désignation (1399), faisant le coin de la rue Sainte-Marguerite. Elle était déjà divisée en deux vers 1628, et le second corps d'hôtel faisait hache derrière celui du coin. Le 6 mars 1412, elle fut vendue au boucher Lorin Gauldry, par Étienne, seigneur d'Avanton, en Limousin.

Maison sans désignation, qui, en 1523, contenait des granges, des étables et un jardin s'étendant, à ce qu'il semble, sur le chemin des Fossés (rue Sainte-Marguerite), jusqu'à la maison des Ciseaux. Les titres relatifs à cette masure lui prêtent un arpent de superficie, ce qui est peu vraisemblable.

Maison sans désignation (1595), qui paraît être un morcellement de la précédente.

Maison avec bergerie (1523), contiguë à la maison du coin de la rue du Four. En 1628, elle était déjà annexée à une maison de la rue du Four.

CÔTÉ OCCIDENTAL.

PAROISSE SAINT-SULPICE.
JUSTICE
ET CENSIVE DE L'ABBAYE.

Jardin, puis maison de la Gallée-d'Or (1522-1595), contiguë à la maison faisant le coin de la rue du Four.

Maison sans désignation (1595), faisant le coin méridional de la Petite rue Taranne. Cette maison et les suivantes ont été élevées sur le terrain de l'ancien hôtel Taranne. (Voir Rue Taranne.)

Deux maisons sans désignation (1628), dont la première faisait le coin septentrional de la Petite rue Taranne. Nous n'avons pu reconnaître si elles existaient déjà au xvie siècle.

Grande maison sans désignation, faisant le coin de la rue Taranne. C'était un des deux grands lots provenant du morcellement de l'hôtel de Taranne. En 1595, après avoir appartenu à Séraphin du Tillet, greffier civil au Parlement, elle était possédée par Mlle de Vaumesnil. Dans le milieu du siècle suivant, la propriété était remplacée par cinq maisons faisant front tant sur la rue de l'Égout que sur la place Saint-Benoît, et par trois autres sur la rue Taranne. La première des maisons construites sur son emplacement, celle où a été ouvert le passage du Dragon, s'appelait, en 1687, *l'Académie du sieur de Longpré*, et elle renfermait un manège dès 1652.

RUE D'ENFER.

La rue d'Enfer commençait aux fossés de la ville, devant la porte Saint-Michel, à l'extrémité de la rue des Francs-Bourgeois, et, après un certain parcours, elle se transformait en un chemin de très-médiocre importance, qui menait vers Montrouge; mais ce chemin dépendait du faubourg Saint-Jacques, et nous en reparlerons en son lieu. La partie de la rue d'Enfer comprise entre les fossés et l'ancien chemin de Vanves, ou d'Issy, se rattache seule au faubourg Saint-Germain, dont elle constituait une limite. Continuant la rue de la Harpe, elle remplaçait une voie gallo-romaine, sur laquelle s'embranchait le chemin de Vanves, et on ne la considérait généralement que comme un tronçon de celui-ci. Il y est ainsi fait allusion sous le nom de *cheminum Issiaci* dans la sentence de 1210, relative aux bornes de la paroisse Saint-Sulpice, et elle a été désignée par la formule *via qua itur apud Vallem Viridem*, en 1251, ainsi que par une formule analogue, en 1265[1]. Suivant Jaillot, elle aurait été dite, en 1258, «rue de la Porte Gibart,» et nous la trouvons énoncée «rue par laquelle on va de la porte Saint Michel aux Char-«treux,» en 1435; «chemin par où l'on va de ladite porte Saint Michel au «clos des Chartreux,» en 1453; «chemin tendant de la porte Saint Michel au «couvent des Chartreux,» en 1518; «grant chemyn de la porte Sainct Michel «allant aux Chartreux,» en 1545; «rue tendant aux Chartreux,» en 1582, et «rue des Chartreux,» en 1571, 1581, 1587, etc.

Aussi bien, dans la seconde moitié du XVIe siècle, la partie de la rue d'Enfer dont nous parlons a commencé à n'être plus distinguée du chemin conduisant à Montrouge, avec lequel elle s'est confondue, et, en conséquence, elle a reçu les mêmes dénominations de rue *Neuve*, rue *Neuve-Saint-Michel* et *Saint-Louis*. C'est

---

[1] Nous ne connaissons aucun ancien exemple du nom de *rue de Vauvert*, cité par Jaillot, qui a peut-être un peu confondu les époques; mais nous avons lu dans un titre de 1680: «rue d'Enfer, autrement de Vauvert.» La rue d'Enfer ne pouvait guère mériter le nom de rue avant d'être bordée de maisons, et elle ne l'était point encore au temps de François Ier.

au tronc commun des deux voies — celle du faubourg Saint-Germain et celle du faubourg Saint-Jacques — qu'a spécialement été appliquée l'appellation de rue d'Enfer; nous le croyons du moins, parce que la première mention que nous ayons découverte de la rue d'Enfer, avec ce vocable, ne date que de 1569, et qu'elle est constamment désignée d'une manière différente dans tous les documents, en assez grand nombre, où il en est question antérieurement. Nous ferons observer, de plus, que le nom de rue d'Enfer n'a guère été employé avant le règne de Louis XIII, et que l'on écrivait encore « rue Saint Michel lez Paris » en 1622. On a dit, en outre, *rue des Pavillons* vers 1639.

Suivant Piganiol, dont l'opinion a été adoptée par Jaillot, le nom de la rue d'Enfer proviendrait de sa situation, moins élevée que celle de la rue Saint-Jacques; mais nous rejetterons obstinément cette hypothèse, tant que l'on ne nous aura pas prouvé qu'il existe des documents où la rue Saint-Jacques est qualifiée de *via superior*, et la rue d'Enfer de *via inferior* ou *infera*, comme on trouve commode de l'imaginer afin de justifier l'étymologie[1]. Il est infiniment plus probable que la rue d'Enfer, autrement Saint-Michel, a emprunté son nom à la porte voisine, pareillement dite d'Enfer ou Saint-Michel, et le fait semble en quelque sorte évident. Il est possible aussi que le mot *enfer* ait réveillé le souvenir de la tradition populaire sur les démons, anciens hôtes de Vauvert, et que tel soit le principal motif pour lequel l'appellation de rue d'Enfer a fini par prévaloir sur les deux ou trois autres qui ont été également en usage. On remarquera qu'elle apparaît simultanément au faubourg de la rive gauche et dans la Cité, où elle ne saurait assurément s'expliquer par une légende fantastique.

Au XIIIe siècle, le voisinage du coin formé par la rue d'Enfer et le chemin de Vanves se nommait « l'Ourme le Roy » (1299), *Ulmeolum Regis* (1224), à cause de quelque ormeau qui s'élevait là, à la façon de ceux qu'on était dans l'habitude de planter aux carrefours. La ferme de l'Hôtel-Dieu, située en cet endroit, est énoncée dans une charte de 1265 : « Ultra portam Gibardi, ab oppositis vinearum « domini Regis, in cuneo, ad Urmetellum, juxta viam per quam itur ad Vallem « Viridam (*sic*). »

Le pavé de la rue d'Enfer, depuis la porte Saint-Michel jusqu'au monastère des Chartreux, fut fait aux frais de Thierry de Lyencourt[2], l'un des bienfaiteurs

---

[1] Quoi qu'en dise l'auteur, et malgré l'absence de documents écrits, la rue d'Enfer était réellement une *via inferior*. Sa situation, par rapport à la grande voie de la rue Saint-Jacques, son niveau moins élevé, son importance secondaire et son rôle supplémentaire l'indiquent clairement. Il en existait d'ailleurs un autre exemple aussi concluant : c'est celui que présentait la rue d'Enfer en la Cité, longeant extérieurement le rempart gallo-romain. Au reste, quelques lignes plus loin, l'auteur infirme lui-même son opinion, en signalant la simultanéité chronologique d'appellation des deux rues, et en admettant implicitement que la rue d'Enfer de la Cité était bien une *via inferior*. — TH. V.

[2] *Theodorus de Lyencuria*, et non de Biencourt, comme écrivent Du Breul et Félibien. (Conf. la *Généalogie des maistres des requestes de l'Hostel du Roy*, in fol. Paris, 1670, p. 37.)

de ces moines «....lequel pavé, dit Du Breul, fut encore refait tout de neuf en « l'an 1504, par la diligence et mesnage desdits religieux, moyennant certaines « sommes de deniers provenants des amendes de la cour de Parlement et de la « Chambre des comptes, que messieurs de l'Hostel de Ville leur firent délivrer. » Thierry de Lyencourt, qui vivait sous le règne de Charles V, avait aussi bâti, pour son usage, « audit lieu de Vauvert, sur les grands murs devers Notre Dame des « Champs, » un hôtel touchant lequel nous ne possédons point de renseignements.

CÔTÉ OCCIDENTAL.

PAROISSE SAINT-ÉTIENNE-DU-MONT.

JUSTICE

ET CENSIVE DE L'ABBAYE SAINTE-GENEVIÈVE.

FERME ou PRESSOIR DE L'HÔTEL-DIEU, faisant le coin septentrional du chemin de Vanves et contigu au monastère des Chartreux. (Voir, dans le tome deuxième de cet ouvrage, le treizième triage des terres en culture.) Au mois de mars 1223, Odon de Vernouillet, chevalier, et sa femme Marguerite, cédèrent à Roger Comin, pour cent vingt livres parisis, un clos de vigne qui avait été à Philippe de Saint-Paul, aussi chevalier et père de Marguerite. Au mois de février 1224, Haoïse, veuve de Pierre Vilain, vendit à Roger Comin, pour la somme de vingt-quatre livres parisis, une pièce de vigne qu'elle avait près du lieu dit l'Orme-du-Roi, *apud Ulmeolum Regis*, dans la censive d'Agnès *de Codrecsso*. Au mois d'octobre 1248, Philippe Comin, reconnaissant que les vignes attenantes à un pressoir qu'il possédait près de Vauvert étaient grevées, envers l'archiprêtre de Saint-Séverin, d'une redevance annuelle de deux muids de vin, en assigna le payement sur d'autres vignes qu'il avait à Ivry. En décembre 1251, le même fit acquisition : 1° de trois quartiers de vignes voisines des siennes, qui étaient situées dans la terre de la confrérie Saint-Martin de l'église Saint-Séverin, et que lui abandonnèrent, moyennant vingt-six sous parisis, Richard *de Ollyaco* et sa femme Héloïse; 2° de trois quartiers de vignes contiguës à celles du chapitre Notre-Dame, en bordure sur la voie allant à Vauvert (rue d'Enfer), et que lui cédèrent également pour vingt-six sous parisis Barthélemy de Montreuil et sa femme Benoîte, lesquels tenaient ces vignes du roi « à moitié. » En février 1257, l'abbaye Saint-Victor, en échange d'un arpent et demi de terre labourable au Chardonnet, renonça à deux sous de chef-cens qu'elle percevait sur le clos qui avait été à Philippe de Saint-Paul, et dont jouissait alors Théophanie, veuve de Philippe Comin.

Nous avons lu, dans les archives de l'abbaye Sainte-Geneviève, qu'en 1258 quelques maisons au duc de Bourgogne, existant dans les environs du Pressoir, y furent plus tard réunies, et qu'en 1258 la métairie appartenait à Guillaume de Mâcon. Celui-ci n'est sans doute qu'un seul individu avec Guillaume *Vinterarius*, dont, au mois d'avril 1265, la veuve Pétronille la Vignotière donna à l'Hôtel-Dieu le Pressoir et six arpents de vignes en un clos, qui en dépendaient, cette aumône devant servir à fonder une chapelle pour le salut de l'âme du défunt. Enfin, l'an 1297, le dimanche devant la Saint-Denis, Pétronille, veuve de Nicolas Arrode[1], donna aussi aux frères de l'Hôtel-Dieu une pièce de vigne attenante aux leurs, et contenant un arpent et demi. Telles sont, d'après les documents authentiques[2], les origines du Pressoir, que les titres énoncent aussi la ferme de l'Hôtel-Dieu.

Les maîtres de l'Hôtel-Dieu aliénèrent plusieurs fois le Pressoir, à long terme, et il appartint ainsi à M° Nicolas Gossemart, procureur du roi au Châtelet, qui en fut ensaisiné, le 7 janvier 1435, par l'abbé de Sainte-Geneviève. Le Pressoir était chargé d'abord de cinq livres parisis de cens envers ce monastère, et il ne le fut, dans la suite, que de trois sous six deniers, à raison de six deniers par arpent. La ferme contenait effectivement sept arpents, ou, d'après une estimation plus récente et apparemment plus juste, sept arpents et demi. Remise aux mains des administrateurs de l'Hôtel-Dieu, elle fut de nouveau baillée, à plusieurs reprises, notamment au laboureur Minart, le 7 décembre 1576. Enfin, les 18 et 19 juin 1613, après un premier refus, les administrateurs de l'Hôtel-Dieu l'abandonnèrent à Marie de Médicis, qui voulait en annexer le terrain à son parc et l'acheta cinquante mille livres, mais en obtenant en même temps une pièce de vingt-cinq arpents qui faisait partie d'une autre pièce contenant cinquante arpents et demi; elle était située au delà des Chartreux et dépendait de la Ferme.

Les bâtiments de la Ferme de l'Hôtel-Dieu s'étendaient sur le chemin de Vanves, et offraient un double pan coupé à l'encoignure de la rue d'Enfer, le long de laquelle il n'y avait qu'un mur commençant à quatorze toises au nord de l'axe supposé prolongé de la rue Saint-Dominique. Indépendamment du Pressoir, la Ferme contenait des granges, des étables, des clos et un moulin à vent, dont il est question dès 1533. Il est dit, dans une déclaration de 1587, qu'il était posé «sur une tour de pierre,» et l'assertion est confirmée par le plan manuscrit de Quesnel, que nous reproduisons ci-contre.

Sauval a dit[3], et l'on n'a pas manqué de le répéter, que le Pressoir de l'Hôtel-

---

[1] La famille bourgeoise des Arrode était riche. Au XIII° siècle, elle possédait, entre autres, divers immeubles dont une partie a servi à l'agrandissement de l'église Saint-Jacques-de-la-Boucherie. Quant à Pétronille de la Vignotière et à la veuve de Nicolas Arrode, il semblerait que ce fût la même personne. D'après des titres relatifs à Saint-Jacques-de-la-Boucherie, il pourrait se faire que cette Pétronille eût eu successivement trois maris, au dernier desquels elle aurait survécu. — TH. V.

[2] Arch. des hôpitaux, lay. 76, n°ˢ 432 et 433.

[3] T. II, p. 365.

Dieu était le même que le Pressoir de Gibart. C'est une méprise grossière : les deux établissements, éloignés l'un de l'autre de plus de quatre cents mètres, n'ont jamais eu le moindre rapport, à part la similitude de leur destination, et ils relevaient de fiefs différents.

Deux maisons, dont la première avait pour enseigne l'Écu-de-France, en 1582, et la seconde s'appelait la Maison de briques, en 1585. Elles ne formaient qu'une propriété en 1613, et étaient pour lors en ruines. Elles avaient été bâties sur deux places, chacune large de quatre toises et profonde de quinze et demie, qui furent vendues par l'Hôtel-Dieu à Pierre Huberson, le 15 juillet 1545. Une troisième place, exactement de mêmes dimensions, qui fut cédée, le 8 juin 1547, au nommé Jean Lenormand, à charge de bâtir, était attenante aux précédentes, et devint ensuite un jardin. Elle était contiguë à une allée servant d'issue, sur la rue d'Enfer, à la pièce «en hache, close à murs,» d'un arpent et demi et sept perches, laquelle fut acquise de l'Hôtel-Dieu par le duc de Luxembourg, le 18 mars 1588, et était séparée, par une haie de rosiers, d'avec les maisons du Clos-aux-Bourgeois. L'Hôtel-Dieu prétendait avoir en sa censive cette pièce de terre et les maisons situées par devant.

JUSTICE
ET CENSIVE DU CHAPITRE NOTRE-DAME.

Maison sans désignation, qui paraît avoir été construite au milieu du XVIe siècle, mais dont nous n'avons pu retrouver les titres pour cette période. Sous Louis XIII, elle était déjà divisée en deux; un peu plus tard, elle a formé quatre maisons distinctes.

La totalité du terrain en censive du chapitre Notre-Dame, sur la rue d'Enfer, formait, en 1435, un jardin, qui appartenait aux chanoines. Ceux-ci l'avaient acquis par échange, au mois de janvier 1224, de l'abbé de Sainte-Geneviève, et c'était alors une vigne dite la vigne de la Sœur, *vinea Sororis*. La même désignation se retrouve dans un bail qui en fut fait, le 21 août 1270, à Thomas de Saint-Benoît, auquel, moyennant cinquante sous parisis de droit de cens, on la loua avec deux autres, l'une située au territoire de Vigneroy, et l'autre au lieu de Crève-Panse [1]. Cependant la vigne de la Sœur est énoncée «vinea Capituli Parisiensis, que vinea vocatur Troispelez, ut dicitur,» dans la charte de décembre 1251, que nous venons de citer [2].

---

[1] On peut suivre ces transactions dans le *Cartulaire de Sainte-Geneviève*, p. 197, et dans le *Cartulaire de Notre-Dame*, t. II, p. 558.

[2] Les dénominations quelque peu gauloises, «Crève-Panse, Trois-Pelez,» par lesquelles on désignait communément la vigne ou le jardin des chanoines, ne seraient-elles pas un exemple, entre mille, de l'esprit satirique qui a inspiré les fabliaux

PAROISSE SAINT-SULPICE.

JUSTICE DU ROI.

CENSIVE DE LA GRANDE CONFRÉRIE.

FIEF DU CLOS-AUX-BOURGEOIS.

Maison et jeu de paume du Pavillon (1582), qui contenait, en 1607, une grange et un colombier. Antoine Chabiot, sieur de la Fond, valet de chambre du roi, en passa déclaration le 9 septembre 1585.

Maison sans désignation (1582). Elle occupait, avec la précédente, l'emplacement d'une partie de l'hôtel de Bourges. Cet hôtel renfermait un pressoir, mais il tombait en ruines lorsqu'il fut acheté des héritiers de François Roger, le 1er mars 1558, par Jean-Antoine Lombard, plus communément dit *Brusquet*, valet de chambre et fou célèbre des rois François Ier, Henri II, etc.[1]

Maison sans désignation (1571), qui paraît s'être appelée «la maison de la «Salle neufve» vers 1582, et avoir fait hache derrière la suivante. Le séminaire Saint-Louis, érigé en 1696 et habité en 1705, fut établi dans la partie postérieure de cette maison, par donation de l'abbé de Marillac, qui avait acquis l'emplacement en 1683.

Maison et jeu de paume du Cygne-de-la-Croix (1571-1585). En 1578, elle était en masure, et l'on a peine à la distinguer de la maison précédente, avec laquelle on l'a confondue pour plusieurs raisons.

Maison sans désignation (1584), faisant le coin de la rue des Francs-Bourgeois. Elle contenait un jeu de paume en 1593, et derrière s'étendait un jardin de forme triangulaire. Guillaume Duval, seigneur de Vaugrigneuse, l'acquit, le 14 janvier 1584, de *Hatiforel* Lombard, fils d'Antoine Lombard. Comme le jeu de paume du Cygne-de-la-Croix, et très-probablement aussi comme la maison précédente, celle-ci constituait un morcellement de la *maison de l'Image-Saint-Étienne*, dite également *de la Poste* (1570), dont Étienne Loiseau était possesseur dès 1537[2], et qu'il avait vendue, le 13 mai 1552, à Antoine Lombard, — probablement Brusquet, ou son fils, — lequel tenait la poste royale. Le 11 février 1571, ses héritiers se partagèrent ses biens, ce qui produisit les trois lots que nous venons d'indiquer, et dont la plus grande partie était en jardins, vers 1615. Sur l'emplacement des héritages «Brusquet» avaient été antérieurement les principaux bâtiments de

et introduit, dans les églises mêmes, les chapiteaux grimaçants, les mascarons grotesques et autres représentations railleuses? Il est du moins permis de le supposer. — L. M. T.

[1] Il mourut en 1563, suivant la *Biographie*

universelle, où son véritable nom n'est point indiqué.

[2] Il n'y a rien dans les archives de la confrérie qui apprenne à quel titre Étienne Loiseau possédait cette maison; mais il paraît très-probable qu'il l'avait acquise de Marthe de Selve.

l'hôtel de Bourges, qui fut longtemps la seule construction élevée sur les terrains du Clos-aux-Bourgeois.

C'est dans la maison du seigneur de Vaugrigneuse que fut transféré le collège du Mans, en 1683.

Clos-aux-Bourgeois, Hôtel de Bourges. Dès le commencement du xiiie siècle, la Grande Confrérie aux Bourgeois de Paris, placée sous l'invocation de Notre-Dame, possédait, près de la porte Gibard, certaines vignes dont, au mois de janvier 1217, elle bailla le quart au nommé Odon le Hardi, à la charge de cultiver ce quart et d'y faire la vendange, en abandonnant la moitié du produit à la Confrérie, qui devait fournir le pressoir et payer un homme pour le manœuvrer. Les vignes baillées à Odon se composaient de deux pièces, l'une appelée la vigne du Châtelet, *vinea de Castellulo*, et l'autre dite Odeline, *vinea que dicitur Odelina*; cette dernière, contenant cinq quartiers, fut amortie, en avril 1263, par la confrérie des marchands de la Hanse Parisienne, envers qui elle était grevée d'une rente de sept deniers et une obole. Au mois de février 1258, sur la demande de Louis IX, la Confrérie abandonna aux Chartreux six autres quartiers de vignes, au canton de Briscbarre, avoisinant leur couvent, et, en échange, elle reçut du roi cinq quartiers situés au territoire *de Brahüs*. Le samedi après la Nativité 1276, un nouvel échange de terrains eut lieu entre les Chartreux et la Confrérie, échange qui arrondit encore son domaine par des acquisitions effectuées en 1316. L'ensemble des vignes de la Confrérie, au faubourg Saint-Michel, formait un clos important que Philippe le Bel comprit dans l'amortissement général des biens de la communauté, par lui accordé en avril 1293. Il y existait alors, depuis plus de dix-sept ans, une maison où la Confrérie s'assemblait au « temps « de son siége, » et qui conserva cette désignation jusque vers l'année 1356, époque où le creusement d'un fossé autour des murailles de la ville motiva la destruction d'une partie de « l'ostel du siége[1]. »

On lit dans l'inventaire de 1390 : « La Confrarie ot jadis un hostel séant audit « lieu (à la porte Gibart, à présent appellée la porte d'Enfer), appartenant à yce- « lui hostel; et grant partie des héritaiges furent desmoliz et anientez pour la for- « tification de la Ville de Paris, car partie dudit hostel et des héritaiges estoient « joignans à icelle porte d'Enfer et aux murs de la ville ; et présentement èsdiz « héritaiges et masure n'y a que xiii quartiers de terre, lesquelz ont esté baillez à « ii fois, à Jehan Mouchart, à xl sols de rente et ii deniers de fons de terre. Et « d'icelles vignes vi quartiers en ont estez depuis bailliez par ledit Mouchart à Phi- « lippot Regnier, demourant à la porte Saint Jacques, à l'Escu de France, à xvi sols

---

[1] Sauval et les historiens postérieurs ont confondu la maison des Bourgeois de la Confrérie, dont ils n'avaient qu'une idée vague, avec l'édifice municipal du Parloir-aux-Bourgeois, attenant au couvent des Jacobins et contigu à la porte Gibard, ou d'Enfer.

140   TOPOGRAPHIE HISTORIQUE DU VIEUX PARIS.

« de rente et 1 denier de fons de terre à ycelle Confrairie deubz. Et le résidu, qui
« fait vii quartiers tant en masure comme en vignes joignans à ycelle, et de nouvel
« mesurez et abonnez [1], demeurent chargez à ycelle Confrarie en xxiiii sols de
« rente et 1 denier de fons de terre[2]. »

Le bourgeois de Paris Jean Mouchart, « porte-chappe du Roy, » prit à cens les restes de l'hôtel de la Confrérie le 15 juin 1364, et il y exécuta quelques travaux, puisqu'un paragraphe de l'inventaire que nous venons de citer est ainsi conçu : « Masure, court, jardin et vigne, contenant ensemble environ un quartier, où « jadis fu lostel du sierge (sic) de la Grant Confrairie Nostre Dame, appelée le Clos « aux Bourgois. Tout ce baillé à Jehan Mouchart..... En ladite terre ou partie « d'icelle, séant sur la chaussée, a fait ledit Mouchart granche et cloison entour, « et contient, par droite mesure, tant le clos avecques jardin et court, comprins « la muraille, xxxiii perches; et les vignes séans au plus près d'ycellui hostel ap- « partenant à ce, abonnées et mesurées par Michelet le Tonnelier..... et con- « tiennent v quartiers xviii perches : tout ce mesuré par le dessus dit Michelet, « juré du Roy nostre sire, jeudi iiiie jour de janvier, mil ccc iiiixx et onze, présent « ledit Mouchart [3]. »

Entre 1409 et 1421, le manoir amoindri de la Confrérie Notre-Dame eut pour propriétaire Guillaume de Boisratier, archevêque de Bourges; il le tenait du prêtre Roulant Bélier, et le reconstruisit probablement, ce qui valut audit manoir le nom d'hôtel de Bourges. Il consistait, à cette époque, en un « petit hostel, » un pressoir, une grange, une foulerie, et quatre arpents et demi, plus un demi-quartier de vignes. Guillaume de Boisratier se proposait d'en gratifier l'Hôtel-Dieu, établissement qu'il visitait souvent; mais une longue absence ne lui permit pas de réaliser ses intentions, et les maîtres de l'Hôtel-Dieu, voyant que, faute d'entretien, les bâtiments et les terres de l'hôtel de Bourges périclitaient, s'adressèrent aux commissaires sur le fait des confiscations et obtinrent d'y pourvoir à leurs propres frais. L'hôtel demeura en leurs mains, et ils en jouirent jusqu'au 4 septembre 1532, jour auquel ils l'aliénèrent au profit de Me François Roger (alias Roigier), procureur général au Parlement de Rouen. On l'appelait alors le *Petit-Pressoir* (1523), pour le distinguer du Grand-Pressoir, attenant, lequel était aussi une propriété de l'Hôtel-Dieu. Il passa alors aux héritiers de ce dernier, qui le morcelèrent et s'en défirent successivement. Marthe de Selve, veuve de F. Roger, en vendit, de 1534 à 1537, les jardins divisés en sept lots, et, en 1537, elle avait déjà vendu la moitié septentrionale des bâtiments, dont l'autre moitié cessa d'appartenir à sa famille en 1558.

---

[1] Bornés. On dit encore aujourd'hui *abornés; abonnez* est une allitération. — L. M. T.

[2] Fol. 72 v°. L'inventaire de 1390 et celui de 1348 sont conservés aux Archives nationales, dans le portefeuille coté S 882.

[3] *Ibid.* fol. 11 r°.

L'hôtel de Bourges, ne contenant que trois arpents environ, n'atteignait point, vers l'ouest, les limites du clos. La superficie de ce clos, qui sans doute a beaucoup varié réellement, est fort différemment indiquée dans les titres. Elle est évaluée à huit arpents, en 1293 et 1348; à quatre arpents et demi, en 1453; à cinq arpents un quartier, en 1532; à cinq arpents trois quartiers et cinq perches, dans un arpentage du 4 septembre 1570; à sept arpents trente-huit perches, dans un autre d'avril 1612, et à sept arpents un quartier, en 1615; mais ces dernières estimations ne comprennent point les mille quatre-vingts toises absorbées dans le palais et le jardin du Luxembourg. Nous aidant des divers documents graphiques[1] ou écrits, que nous fournissent les archives de la Confrérie, nous trouvons que, aux derniers temps de son existence, le Clos-aux-Bourgeois, formant un des côtés de la rue des Francs-Bourgeois, se développant sur une longueur de soixante et une toises dans la rue de Vaugirard et sur une longueur de trente-trois toises dans la rue d'Enfer, présentait une surface totale d'environ huit arpents et demi.

Le Clos-aux-Bourgeois nous apparaît pour la première fois, en 1344, avec cette dénomination. Il a été dit également «cloz de la porte d'Enfer» (1348), et «le «Mertray» (1452) ou «Martroy.» Un registre de 1348 rapporte que «le cloz de «ladite Confrérie... souloit estre appelé Chastelet[2],» ce qui fait allusion à la vigne *de Castellulo*, un des objets de la transaction de 1217. Dans un grand nombre de pièces se rencontre la locution «au clos de Vignerai, ou au clos aux «Bourgeois,» parce que, suivant une habitude ordinaire en pareil cas, on comprenait sous le nom de Clos-aux-Bourgeois non-seulement les terres de la Confrérie, mais encore celles qui y étaient attenantes et méritaient plutôt d'être considérées comme dépendant du territoire de Vignerai, dont les limites n'étaient point rigoureusement fixées. Une raison analogue a produit quelque confusion entre les climats du Clos-aux-Bourgeois et du clos Saint-Sulpice; le fief de la Confrérie a néanmoins été toujours fort distinct de la propriété de Saint-Sulpice. Piganiol a donc commis une erreur en affirmant que le nom de clos Saint-Sulpice a été appliqué au Clos-aux-Bourgeois; pour être dans le vrai, il faut étendre aux territoires seulement cette identité d'appellation.

---

[1] Parmi les plans du clos qui proviennent des archives de la Grande Confrérie, il s'en trouve un (cart. S 882), fort curieux et entièrement inédit, que nous avons fait reproduire. Levé à l'occasion de contestations provoquées par l'abbaye Saint-Germain-des-Prés, il représente l'état des lieux au mois de mars 1615. Il a été exécuté par François Quesnel, assisté de Claude Vellefaux, dont il porte les signatures. On le trouvera plus loin, au chapitre que nous consacrons à l'origine du palais Médicis.

[2] Fol. 108 r°. C'est à propos d'un don de cinq quartiers, fait à la Confrérie, audit lieu du Châtelet, par Huc le Borgne; la date n'est point mentionnée.

RUE FÉROU.

La rue Férou, qui commence aujourd'hui à la place Saint-Sulpice, commençait jadis à la rue du Vieux-Colombier; elle finit à la rue de Vaugirard.

Elle comptait au nombre de ces voies qu'on appelait collectivement et même isolément, avant le milieu du xvie siècle, *les ruelles Saint Sulpice*. Nous la trouvons énoncée *rue Saint Sulpice*, dans un titre de 1517, le premier que nous puissions citer où elle soit certainement désignée; elle a été nommée ensuite *rue Férou*, à cause du grand clos qu'elle longeait et qui appartenait à Étienne Férou, sieur de Frétoiseau, procureur au Parlement, lequel mourut avant 1547 et fut un des transformateurs du quartier. Une pièce de terre, qu'il aliéna le 14 mars 1542, est dite dans le texte du bail [1] aboutir «par devant sur une rue qui sera nom-«mée rue Férou [2],» et ce vocable a effectivement été consacré depuis, non sans éprouver quelquefois les modifications d'orthographe habituelles : ainsi, on lit *rue Farrou* dans une transaction de 1555, et *rue de Ferron* dans le censier de 1595. Il est arrivé de plus que, par confusion avec l'impasse qui en était voisine, la rue Férou a été dénommée *rue des Prêtres*. Les titres relatifs à une maison qui était située près de l'église Saint-Sulpice, et dont la principale façade donnait rue Servandoni, nous ont fourni, entre autres, une preuve très-authentique, datant de l'année 1620. Au reste, la synonymie est affirmée dans des documents de 1608, 1617 et 1627, où il est question de la «rue des Prestres, autrement dit «Férou,» et de la «rue Férou, cy-devant dite des Prestres.» Nous croyons qu'on s'exprimait ainsi dès 1553.

Le 26 mai 1421, Pierre Morissel vendit à Lorin (*alias* Laurent) Gauldry, boucher et bourgeois de Paris, une pièce de deux arpents sur le chemin (la rue) de Vaugirard, et à ces deux arpents Gauldry en ajouta deux autres. Le tout forma un clos qu'on appela «le cloz Lorin Gauldry,» et dont les archives de l'abbaye offrent plusieurs mentions, que les historiens n'y ont point remarquées. Le clos Gauldry, augmenté d'autres terrains et acquis en 1505 par Me Adam Fumée, sieur des Roches, maître des requêtes de l'Hôtel, fut par lui cédé, avec ses dépendances, le 28 avril 1517, à Christophe de Brilhac, archevêque de Tours, qui, le 9 février 1518 (n. st.) [3], l'abandonna à Étienne Férou. Celui-ci, faisant de cette propriété un objet de spéculation, la bailla par parcelles à divers particuliers,

---

[1] Le titre n'est point passé dans nos mains; nous ne le citons que d'après un mémoire imprimé en 1767, dont il y a un exemplaire aux Archives nationales (cart. Q 1292), et qui fut rédigé à propos d'un procès entre la Ville et les créanciers des Jésuites.

[2] Il ne serait point impossible que la rue dont il est question fût celle qui est devenue plus tard l'impasse Férou.

[3] Reg. d'ensaisinements de 1530 et 1531, fol. 32 v°, Arch. nation. portefeuille S 3006. La date de la cession faite à Férou est très-précise et implique une erreur dans le *Gallia*, où on lit que Christophe de Brilhac mourut le 10 mai 1517.

qui y bâtirent, et le clos où, en 1542, existaient « d'ancienneté » trois maisons, disparut promptement sous les constructions. La rue prit alors une importance qu'elle était loin d'avoir jusque-là, et on la considéra même, en quelque sorte, comme une voie neuve; aussi la trouve-t-on appelée, en une transaction de 1560, « rue faicte de nouvel. »

Le clos Férou comprenait d'abord le clos Gaudry, c'est-à-dire une pièce de onze quartiers, que représente indubitablement l'îlot renfermé entre les rues Férou, de Vaugirard, du Pot-de-Fer, et l'impasse Férou, récemment fermée; le reste du clos Férou consistait en d'autres terrains correspondant aux maisons situées au nord de l'impasse, et le long de la rue Férou jusqu'au coin de la rue du Vieux-Colombier[1]. Cette seconde partie du clos Férou, suivant les archives de l'abbaye, avait été vendue, en 1267, par Guillaume Lesnelle et Pétronille, sa femme, au curé de Saint-Sulpice; et elle avait été cédée, en 1305, par Ysabeau de la Cour, femme de Jean de Bancy, à Guillaume de Sucy. Elle avait ensuite appartenu à M⁰ Pierre Veault et à Jehan Rat. Nous avons reconnu que les limites du clos, vers le nord et l'ouest, d'ailleurs très-difficiles à fixer, coïncidaient avec celles du grand séminaire de Saint-Sulpice, avant qu'on y annexât le petit séminaire. L'ensemble du clos, ainsi restitué, donne une superficie d'environ cinq arpents, équivalente à celle qu'il présentait jadis. Nous sommes dans l'impuissance de préciser davantage, par suite de la déplorable insuffisance des documents, qui ne nous permettent point de discerner l'état ancien sous l'état moderne. Il n'y a, dans les archives de l'abbaye, aucune transcription des baux de morcellement du clos Férou, de l'hôtel de Garancière et des propriétés de Henri du Verger, de sorte que la transformation de toute la région au xvi⁰ siècle est impossible à suivre.

---

[1] Dans l'acte du 9 février 1518 (ou 1517 v. st.), la propriété est décrite en ces termes : « C'est assavoir : une maison, court, cave, puys, jardin, pourpris et appartenances des dicts lieux, ainsi que (ils se) poursuivent et comportent; contenant troys quartiers ou environ, assis à Sainct Germain des Prés lez Paris, en la grand' rue Sainct Sulpice, près, devant et à l'opposite de l'esglise Sainct Sulpice; tenant d'une part et ayans yssue sur le cymetière d'icelle esglise; d'autre part, du costé du puys, devers le dict Sainct Germain, à Geuffroy Landier, aboutissant d'un bout au mur du jardin qui fust feu messire Jehan Ra; en la censive des relligieux, abbé et couvent de Sainct Germain des Prez, et chargés envers eulx de trois solz parisis de cens, et encore chargés envers les hoirs feu Jacques Jacotin les Cordons de soixante solz parisis de cens (et) rente rachetable. Item, certaine pièce de terre contenant dix sept piedz de largeur et autant par hault, et de longueur trente neuf toises, montant ensemble (à) unze perches trois quars ou environ; tenant d'une part, en partie, aus dictes maisons et jardins dessus déclarés; d'autre part, et d'un bout par bas au dit Geufroy Landier et Marion, sa femme, et d'autre bout à Guillaume Gilbert, tout le long de la muraille, et faisant portion de demy arpent de terre ou environ assis au dict lieu; les dites unze perches trois quars ou environ franches et quictes de toutes charges, parce que le seurplus les en acquite. Item, une autre pièce de terre contenant cinq arpens et plus apellée le *cloz Lorin Gauldry*, tenant d'une part aux hoirs feu Henry du Verger, d'autre part à la rue Sainct Sulpice, aboutissant d'un bout au chemin de Vaugirard, d'autre part.... en la dicte censive du dict Sainct Germain des Prez. »

CHAPITRE IV.

ÉGLISE SAINT-SULPICE.

L'église Saint-Sulpice, comprise en la justice et en la censive de l'abbaye Saint-Germain-des-Prés, faisait le coin de la rue du Petit-Bourbon. Elle n'est point mentionnée, comme paroisse du bourg Saint-Germain, avant l'année 1210, et l'on ne sait à quelle époque elle commença à avoir le caractère paroissial. Dans le martyrologe d'Usuard, ouvrage dédié à Charles le Chauve, on lit, à la date du 10 mai : «Apud monasterium Sancti Germani, dedicatio ecclesiæ in honore «Johannis Baptistæ, sancti Laurentii archidiaconi atque sancti Sulpitii episcopi;» mais, comme le passage provient incontestablement d'une interpolation du XIIe siècle, il n'apprend que peu de chose sur l'origine de l'église. Si l'on rapproche ce passage de l'éloge que fait de l'évêque saint Sulpice Usuard, qui en parle comme d'un saint à lui familier, on comprend que Lebeuf ait été amené à croire que, sur l'emplacement du monument actuel, il a pu exister, dès le temps d'Usuard, un oratoire dédié à saint Sulpice. Cet oratoire, ayant d'abord servi de baptistère pour les habitants du bourg, aurait ensuite été leur unique paroisse située en dehors des murs du monastère. Jaillot soutient, au contraire[1], que la première paroisse du bourg fut la chapelle Saint-Pierre, attenante au clos du Couvent (voir Rue des Saints-Pères), et que, au XIIe siècle, elle a été remplacée, comme paroisse, par la chapelle Saint-Jean, c'est-à-dire par la petite église Saint-Sulpice. On comprend ainsi, ajoute-t-il, que saint Pierre soit l'un des patrons de l'église Saint-Sulpice, circonstance dont Lebeuf ne donne point d'explication satisfaisante.

Nous préférons à l'hypothèse de Lebeuf l'opinion de Jaillot, que l'absence de documents ne permet pas de contrôler, mais que nous savons avoir pour soi l'autorité de la tradition[2], et qu'il appuie d'ailleurs de raisonnements très-plausibles, sur lesquels nous aurons l'occasion de revenir. Remarquons toutefois qu'elle ne

---

[1] T. II, p. 444.
[2] Voir à l'article de la chapelle Saint-Père. — Simon de Doncourt, dans ses *Remarques historiques sur l'église et la paroisse Saint-Sulpice*, p. 114, rapporte que la confrérie des savetiers disait, par tradition, que l'église Saint-Sulpice avait été fondée, au Xe siècle, sur les ruines d'un prieuré de Saint-Pierre, où la confrérie avait été établie. Cette tradition est encore une présomption en faveur de l'opinion de Jaillot.

prouve rien contre l'antiquité d'origine qui est attribuée par Lebeuf à l'église Saint-Sulpice, et qui a été matériellement confirmée, au mois de janvier 1724, par la découverte d'une inscription gravée sur le couvercle d'un tombeau de pierre que l'on trouva en exécutant des fouilles pour asseoir les fondations du bâtiment moderne. Cette inscription, que nous reproduisons ici[1], offre, en effet, les caractères épigraphiques du xe siècle. Elle démontre l'existence d'un cimetière contemporain, dépendant d'une chapelle, et Lebeuf l'interprète ainsi :

> Hic jacet inclusus, Tetopi[2] de stirpe creatus
> Herluinus, cumdam vocatus nomine, qui obiit L (*quinquagenarius?*)

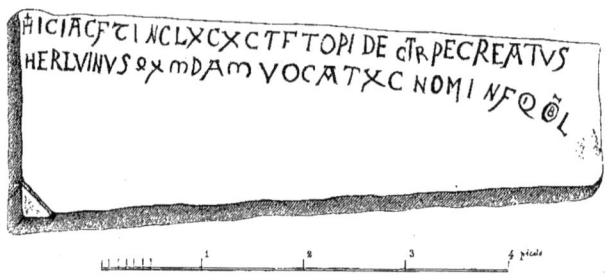

L'église Saint-Sulpice fut rebâtie, en partie, au xiiie et surtout au xive siècle; mais il n'y a plus rien qui nous renseigne sur les travaux de cette période, dans les archives de la paroisse, où nous trouvons seulement quelques détails sur les accroissements de l'édifice au xive siècle. Le 2 mars 1528, Jeanne Montrouge, veuve de Jean Marché, vendit aux marguilliers de Saint-Sulpice une partie de son jardin, contiguë au presbytère et destinée à faire une ruelle pour conduire à l'église. A la date des 27 et 28 octobre 1530, elle leur vendit encore un autre morceau de son jardin, mesurant onze toises sur treize et demie, «au chevet de l'église,» et pour son agrandissement; le 17 septembre 1536, Jacques et Charlotte Plateau cédèrent à l'œuvre une bande de terre, longue de onze toises quatre pieds et large d'une toise, «près l'église... au long de l'accroissement du cueur d'icelle,» et cette bande, aboutissant au cimetière, servit aussi à faire une ruelle; enfin, le 23 juin 1539, Jean Marché, fils de Jeanne Montrouge, céda à son tour un quartier de terre, où l'on établit le cimetière neuf, derrière l'église.

Dans un vieil inventaire, il est dit que, sur le lot acquis en 1530, «sont à pré-

---

[1] Le dessin ci-joint est la copie de celui qui parut dans le *Mercure de France* du mois de mai 1724, p. 893. Nous y avons simplement restitué, d'après les conseils de M. Jules Quicherat, les lettres mal lues par le premier dessinateur.

[2] Ce nom est peu vraisemblable.

ÉGLISE SAINT-SULPICE.

« sent bastiz et construictz les six piliers entre lesquelz est le grand autel de ladicte
« église... et aussi les chappelles de Saint Fiacre, du Nom de Jésus, de Saint
« Michel, Saint Claude et les trois grandes chappelles qui sont derrière le grand
« autel de Notre Dame, de Saint Cler et de Sainte Barbe. » Un autel de Notre-
Dame, où de temps immémorial la confrérie des peintres du faubourg faisait célé-
brer l'office, est indiqué dès 1528, et la consécration du grand autel ainsi que
des chapelles absidales eut lieu, par les mains de l'abbé de Saint-Magloire[1], le
29 mars 1548. Le 24 mai 1620, l'évêque de Troyes fit une nouvelle consécration d'autels, qui sont dits être le grand autel, où furent mises les reliques de
saint Christophe, de saint Éleuthère et de saint Sulpice ; l'autel de Sainte-Catherine de Sienne, placé derrière le précédent; ceux des chapelles de la Trinité et
de M. de Ventadour, et celui de Sainte-Anne-et-Sainte-Marguerite.

L'église Saint-Sulpice a pareillement renfermé une chapelle de Saint-Christophe,
qui était située au nord et avait remplacé une chapelle de Notre-Dame; elle fut
baillée à la duchesse d'Aiguillon en 1640, et était alors attenante aux chapelles
de Sainte-Catherine et du prince de Condé. On y voyait également une chapelle
de Sainte-Julienne, qui était placée au bout de l'église, à gauche, en entrant par
la grande porte, et qui fut baillée en 1637 à la confrérie des fripiers; une chapelle
Saint-Jacques-et-Saint-Philippe (1638); des chapelles de l'Immaculée-Conception,
de Notre-Dame-de-Liesse, de Notre-Dame-des-dix-Vertus, du Rosaire, du Nom-
de-Marie, de Saint-Roch, de Saint-Joseph, de Saint-Jean, de Saint-Nicolas, du
Saint-Ange-Gardien, de Saint-Éloy, de Saint-Fiacre, de Saint-Honoré, et une
chapelle des fonts.

La chapelle de la Vierge était la chapelle centrale de l'abside; la chapelle
Sainte-Barbe y était contiguë à droite, et la chapelle Saint-Clair contiguë à gauche;
les quatre autres chapelles étaient, vers le nord, celles de Saint-Fiacre et du Nom-
de-Jésus; vers le sud, celles de Saint-Michel et de Saint-Claude.

Nous n'avons point de renseignements fort authentiques sur la situation respective des chapelles de la nef, dont plusieurs, comme celle de Saint-Roch, par
exemple, ne consistaient qu'en un autel adossé à un pilier. Suivant Simon de
Doncourt, « il fut question, en 1614, de bâtir six chapelles, dont trois du côté
« du presbytère et trois du côté du clocher, pour les joindre à la nef qui avait
« été faite sous François Ier; » ces chapelles, que nous ne pouvons reconnaître,
étaient achevées en 1631. Simon de Doncourt ajoute que « l'on proposa, en 1615,
« de bâtir pour la communion un nouveau charnier du côté de la rue des Fos-
« soyeurs, en commençant près la porte collatérale de la chapelle Saint-Clair; »
que « Christophe Gamard fut chargé d'en dresser les plans, » et que « l'on y tra-

---

[1] Inventaire des titres de la paroisse (Archives nationales, reg. LL 952, fol. 251 v°). Lebeuf dit *l'évêque de Mégare*.

« vailla aussitôt. » Les registres de la paroisse nous apprennent qu'on y travaillait en 1618.

Lorsqu'on procéda à la démolition de la vieille église Saint-Sulpice, pour y substituer un nouvel et plus vaste édifice, ainsi qu'il avait été décidé dans une assemblée tenue le 10 mars 1643 et présidée par le prince de Condé, on ne détruisit point complétement l'ancienne construction, dont le pavement était bien inférieur à celui que devait avoir la nouvelle église; mais on se borna à la déraser à une certaine hauteur, de sorte qu'il a été possible d'en lever un plan exact[1]. En outre, comme le dérasement n'a point atteint les bases des piliers et qu'elles subsistent intactes, il nous a été facile de reconnaître l'âge des différentes parties du monument détruit, et voici le résultat de notre examen :

Le vaisseau de l'ancienne église Saint-Sulpice, qui, hors œuvre, était long d'environ cinquante-six mètres et large de vingt-sept mètres soixante centimètres, se terminait par un chevet polygonal à dix pans. La nef, dont la voûte était peu élevée, se divisait en sept travées; elle était précédée d'une espèce de grand porche intérieur, et flanquée de bas côtés simples, auxquels on avait accolé, du côté du nord, cinq chapelles, et, du côté du midi, quatre chapelles latérales avec une sacristie. Parmi les chapelles, les unes répondaient à une seule travée, et les autres à deux travées, parce qu'elles avaient été agrandies. Il n'y avait pas de transept. Le chœur consistait en une travée, avec un rond-point de cinq travées, un pourtour continuant les bas-côtés, et sept chapelles absidales. Ce que l'on distingue aujourd'hui de plus ancien, c'est la base du clocher, laquelle forme la cinquième travée du collatéral du sud et remonte à la fin du xiiie siècle. Les piliers de la nef, à fût cylindrique, sur une base octogonale, montrent un exhaussement du pavement antérieur; comme les piliers des bas côtés, ils accusent la première moitié du xive siècle. Au xive siècle, les bas côtés, buttés de contre-forts, n'étaient point garnis de chapelles latérales. Celles qu'on y ajouta, de même que tout le reste de l'édifice, appartiennent au temps de François Ier, et, sous le rapport du style, à la dernière période gothique, excepté néanmoins quatre piliers du rond-point du chœur vers le midi, et aussi une partie de mur du chevet vers le nord, qui présentent des profils de la Renaissance. Quant à l'extérieur de l'édifice, la vue que nous reproduisons d'après Van Merlen en donne une excellente idée et dispense de toute description. La statue qu'on remarque adossée au trumeau de la porte était celle de saint Jean-Baptiste.

Les marguilliers de Saint-Sulpice avaient un sceau dont nous ne connaissons point le spécimen. Lebeuf dit à ce sujet : « Dès le xive siècle au moins, la pa-

---

[1] Quelques parties de l'église ancienne étant engagées dans la maçonnerie moderne, il a été nécessaire de les restituer sur le plan.

TOPOGRAPHIE HISTORIQVE DV VIEVX PARIS

LA SECONDE ÉGLISE SAINT SVLPICE
AV COMMENCEMENT DV XVIIᵉ SIÈCLE
Facsimilé d'une planche de Marot

« roisse de Saint-Sulpice avait une fabrique sous le nom de laquelle les actes se
« passaient. On m'a fait voir le sceau qui a servi à les sceller, et qui a été trouvé
« dans un champ, à Montrouge, en cette présente année 1753. Saint Sulpice y
« est représenté en mitre, tenant une croix et bénissant un estropié, avec cette ins-
« cription autour, en lettres capitales gothiques : S. FABRICE STI SVLPICII PPE
« PAR. Quant aux épitaphes que pouvait renfermer l'ancienne église, elles parais-
« sent avoir été détruites lors de la démolition, et on ne les trouve rapportées nulle
« part[1]. »

[1] Ici se termine la monographie de l'église Saint-Sulpice, telle que nous l'avons extraite des papiers de feu Berty. Cependant nous l'avons considérée comme un peu trop incomplète, bien qu'elle constitue un réel progrès sur celle qu'a donnée l'abbé Lebeuf. Nous avons donc chargé notre collaborateur, M. Th. Vacquer, d'étudier à nouveau les substructions de l'ancienne église, d'y recueillir tous les débris de nature à compléter ce qu'on sait sur cet édifice, d'en relever le plan avec le plus grand soin et de faire graver les fragments de sculpture et d'architecture, ainsi que les rares inscriptions dont feu Berty n'avait pas eu connaissance. M. Vacquer s'est acquitté de cette tâche avec un soin et un dévouement très-dignes d'éloges. Les deux plans que nous publions sont la reproduction de ses dessins, et le supplément, que nous renvoyons aux appendices, ainsi que la planche hors texte et les bois gravés dont il est enrichi, est dû à sa collaboration éclairée.

Nous donnons, à la suite de ce texte supplémentaire, une note bibliographique fort intéressante, rédigée par notre savant ami, M. H. Cocheris, pour son édition de l'abbé Lebeuf. Elle est relative à l'indication des documents manuscrits existant aux Archives et à la Bibliothèque nationale, et pouvant aider à compléter la monographie de Saint-Sulpice.— L.M.T.

CHAPITRE V.

SUITE DE LA DESCRIPTION DES RUES DU BOURG SAINT-GERMAIN.

RUE FÉROU.

L'église Saint-Sulpice était précédée d'une sorte de parvis, où s'élevait une croix, et dont une partie fut employée à la construction des charniers bâtis sous Louis XIII. Ce parvis faisait le coin septentrional d'une

Entre les rues du Vieux-Colombier et du Canivet.

Petite ruelle qui longeait l'église en la séparant du cimetière, et aboutissait à la rue Servandoni. Nous croyons, sans avoir réussi à en acquérir l'entière certitude, que cette ruelle, dont les auteurs ne parlent point, est la même que celle qui est énoncée, dans les archives de Saint-Sulpice, «ruelle par laquelle on faict «la procession d'icelle église» (1537-1546), et aussi «ruelle de la Procession» (1556). Elle a disparu en même temps que le cimetière auquel elle était attenante, et semble avoir été ouverte sur la bande de terrain acquise des hoirs Plateau en 1536; car, au revers de l'acte de vente, on lit: «Lettre d'acquisition de «la ruelle et chemin de la maison qui fut de Nicollas Hénart, tenant, d'une part, «au vieil cymetière Saint Sulpice, qui est un recoing du costé des chappelles «Saint Claude et Saint Michel.» On lit de plus, dans le cartulaire de la paroisse, à propos de la même acquisition : «En laquelle place sont à présent les chap- «pelles Sainct Claude et Sainct Michel, et le lieu par lequel on passe, faisant la «procession, dudict cimetière neuf au vieil [1].»

Cimetière Saint-Sulpice. Un titre de 1457 mentionne simultanément le petit et le grand cimetière Saint-Sulpice; mais nous ne savons avec lequel des deux se confond celui dont il est ici question, et dont nous constatons l'existence en 1424. Il contenait, au xvie siècle, une petite maison où demeurait le fossoyeur de la paroisse, et il a été supprimé en vertu d'une autorisation du 22 février 1719, pour permettre l'extension de la nouvelle église.

Partie postérieure de la maison de Saint-Pierre-aux-Pavillons, ou du Pied-de-Biche, ayant sa principale entrée rue Servandoni.

---

[1] Arch. nat. reg. LL 962, fol. 250.

Partie postérieure d'une MAISON faisant front sur la rue Servandoni. Elle présentait sept toises de largeur; divisée en deux lots d'une profondeur de sept toises trois quarts, elle fut vendue, le 23 juillet 1620, par Jean Musnier aux nommés Léonard Bourlon et Lagay.

Partie postérieure de DEUX MAISONS donnant sur la rue Servandoni, et dont la seconde était contiguë à celle du coin septentrional de la rue du Canivet.

Entre les rues du Canivet et de Vaugirard.

Partie postérieure d'une GRANDE MAISON faisant le coin méridional de la rue du Canivet, et s'étendant sur la rue Férou.

Partie postérieure de DEUX AUTRES MAISONS ayant leur entrée principale en la rue Servandoni, et contiguës à la maison faisant le coin de la rue de Vaugirard.

CÔTÉ OCCIDENTAL.

PAROISSE SAINT-SULPICE.

JUSTICE
ET CENSIVE DE L'ABBAYE SAINT-GERMAIN-DES-PRÉS.

HÔTEL DE PLANCY, tenant, d'une part, au jardin faisant le coin de la rue de Vaugirard, et formant, de l'autre, l'angle méridional de l'impasse Férou. Cette maison appartenait au seigneur de Plancy[1], en 1553, et au nommé Jean Lempereur, en 1628.

MAISON sans désignation, faisant le coin septentrional de l'impasse Férou, et donnée, le 12 novembre 1553, par Eymart Grand-Jean et Marguerite Duchesne, sa femme, à la grande confrérie du Saint-Sacrement de l'église Saint-Sulpice. Comme cette maison est plusieurs fois énoncée attenante à la précédente, il est à croire que l'une des deux formait voûte au-dessus de la ruelle.

MAISON sans désignation, résultant du morcellement d'une des maisons contiguës. Elle paraît avoir existé dès 1583, et fut donnée à l'église Saint-Sulpice, le 30 mars 1608, par Claude de Cambray, exécuteur testamentaire de Jean Bouderot. Elle n'avait que treize pieds et demi de largeur sur le devant, quatorze pieds sur le derrière, et sept toises et demie de profondeur.

GRANDE PROPRIÉTÉ qui est mentionnée dès 1553, et ne consistait encore, vers 1595, qu'en un jardin avec appentis. En 1628, elle renfermait une maison qui avait pour enseigne *le Nom-de-Jésus*, et appartenait à Jean de Brion, président de la Cour des aides, par le fils duquel elle fut vendue, le 8 juillet 1661, à Henri Coulon, écuyer du roi, et à Nicolas Dury. Elle s'étendait alors jusqu'à la rue

[1] Ce pouvait être François de Courtenay, seigneur de Plancy et autres lieux, qui, élevé à la cour de Louis XII, mourut en 1561.

du Pot-de-Fer, et contenait une superficie de neuf cent vingt toises. Dury et Coulon en divisèrent l'emplacement en deux lots, dont l'un, situé au nord de l'autre, et renfermant quatre cent quatre-vingt-dix-sept toises et demie, demeura à Coulon, qui y établit une académie. La maison de l'académie Coulon fut achetée, le 15 octobre 1695[1], par les directeurs du grand séminaire de Saint-Sulpice, et devint le petit séminaire de ce nom. Quant au lot de Dury, la partie postérieure, large de huit toises et demie et profonde de vingt-trois et demie, fut acquise, le 21 mai 1707, pour y loger la communauté des philosophes, aussi dépendante du séminaire. Enfin, dans la partie antérieure était placée, à la fin du xviiie siècle, une école de sœurs de charité.

Maison sans désignation (1595). La largeur de cette maison et de la suivante, qui toutes deux ont été subdivisées dans la suite et sont détruites depuis plus d'un siècle, est aujourd'hui impossible à fixer.

Grande maison sans désignation (1595), contiguë à la maison faisant le coin de la rue du Vieux-Colombier; elle appartenait, vers 1595, à M. du Tremblay, sieur de la Tour-Tillery.

IMPASSE FÉROU.

L'impasse Férou commençait à la rue Férou, et se terminait au revers d'une maison faisant front sur la rue du Pot-de-Fer.

Suivant les apparences, c'était primitivement une rue qui traversait de la rue Férou à la rue du Pot-de-Fer, et qui a dû être ouverte vers 1540, à l'époque où l'on bâtissait le clos Férou, dont elle limita la pièce de onze quartiers. Les archives de l'abbaye n'en contiennent aucune mention antérieure à celle du censier de 1595, où elle est énoncée «rue Férou dit Sainct Pierre;» mais, dans le mémoire imprimé auquel nous avons déjà renvoyé, on cite diverses indications de la rue Saint-Pierre, ou Saint-Père, remontant jusqu'en 1547. Dans le censier de 1628, la rue Saint-Pierre est appelée *rue des Prestres*, soit parce qu'elle débouchait devant le noviciat des Jésuites, soit parce que des ecclésiastiques de la paroisse y demeuraient. On y lit: «rue Saint Père, à présent dicte des Prêtres,» et «rue «des Prêtres, autrement dite de Saint Pierre,» dans des contrats de 1614, 1632 et 1637.

L'acte de vente de la maison qui formait le fond de l'impasse, et qui fut acquise par les Jésuites en 1639, portait que ladite maison avait issue par derrière «sur «la rue Saint Pierre, autrement cul de sac.» La sincérité de cette affirmation a

---

[1] Jaillot dit le 31 mai 1686. La date que nous donnons est celle qu'on trouve dans les archives du séminaire et de l'abbaye.

été révoquée en doute lors du procès de 1767, entre autres raisons, parce qu'il est encore question de la rue Saint-Pierre dans des titres beaucoup plus récents. Toutefois l'argument est sans valeur; car la rue, bien que figurée comme une impasse sur le plan de Gomboust (1652), y est désignée par le nom de « rue des « Prestres. » L'impasse Férou, qu'on ne voit point ainsi désignée avant 1680, a été supprimée depuis quelques années. Nous n'avons jamais rencontré de documents datant de l'époque où il constituait une rue, et dans lesquels il fût parlé de son extrémité occidentale. Cette extrémité était déjà bouchée en 1609, comme le montre le plan de Quesnel; il se pourrait d'ailleurs que, du temps de cet artiste, la rue Saint-Pierre, passant sous une voûte, allât encore s'ouvrir dans la rue du Pot-de-Fer.

La rue Saint-Pierre était entièrement bordée de constructions vers 1560.

CÔTÉ MÉRIDIONAL.

PAROISSE SAINT-SULPICE.
JUSTICE
ET CENSIVE DE L'ABBAYE.

Trois maisons sans désignation (1595), dont la première était contiguë à celle du coin de la rue Férou. Ces trois maisons semblent n'en avoir formé d'abord que deux. L'une provenait d'une vente faite, le 20 septembre 1547, par Laurent Mansion au nommé Blanchet-Faverat, et l'autre est mentionnée dès 1571.

Deux maisons sans désignation (1593), dont la seconde, contiguë à la maison du coin de la rue du Pot-de-Fer, a formé le derrière de l'hôtel d'Elbeuf.

CÔTÉ SEPTENTRIONAL.

PAROISSE SAINT-SULPICE.
JUSTICE
ET CENSIVE DE L'ABBAYE.

Maison sans désignation (1595), contiguë à la propriété faisant le coin de la rue du Pot-de-Fer. Au milieu du xvii° siècle, cette maison était divisée en deux parties, qui furent successivement acquises par le séminaire Saint-Sulpice, le 28 juillet 1708 et le 26 septembre 1714. Sur leur emplacement, on bâtit la maison des pauvres étudiants en théologie, connus sous le nom de *Robertins*.

Maison sans désignation (1595), contiguë à celle du coin de la rue Férou. Elle était divisée en deux dès 1628.

Le censier de 1595 mentionne trois maisons du côté septentrional de la rue Saint-Pierre, non compris la propriété faisant le coin de la rue Férou. Nous n'avons pu constater si la troisième de ces maisons se confond avec l'une de celles que nous venons d'énoncer, ou bien si elle serait celle qui faisait le coin de la rue du Pot-de-Fer.

RUE DU FOUR.

La rue du Four commence à l'extrémité de la rue des Boucheries (de l'École-de-Médecine) et finit au carrefour de la Croix-Rouge.

La rue du Four, quoiqu'elle se raccorde assez avec la rue des Boucheries pour en paraître la continuation, n'est en réalité que le prolongement de la rue de Bussy [1] et une partie du chemin, extrêmement ancien, qui conduisait de la cité aux villages d'Issy et de Sèvres, en desservant ce domaine d'Issy, possédé par l'abbaye Saint-Germain. Une preuve de son antiquité et de son importance primitive, c'est que, dans une charte de 1398, elle est encore dite « chaussée du « Roy, » qualification qui ne convenait à aucune autre voie de toute la région. Moins peuplée que la rue des Boucheries, elle avait été cependant la première près de laquelle s'étaient groupées les maisons de la *villa* Saint-Germain, et elle en constitua toujours l'artère centrale, de sorte qu'il se pourrait que le nom de « rue du Bourg, » qui lui est donné dans un titre de 1412, ne fût point une erreur de copiste, et répondît à la locution *per burgum dicte ville*, employée avec un sens analogue dans un document de 1272. Malgré l'époque reculée de son origine, la rue du Four, *vicus Furni*, n'est mentionnée, pour la première fois, qu'à la date de 1261. Elle a été souvent appelée *Grant rue du Four*, ou simplement « Grant rue, » au xv⁰ siècle. Parfois elle a été nommée aussi « Grant rue Saint-« Germain » (1388, 1401), « Grant rue qui va à la Maladerye » (1456), et « rue « de la Maladerie » (1413). Elle conduisait, en effet, à la rue de Sèvres, où était située la maladrerie Saint-Germain, et, comme elle menait également à un des chemins de Vaugirard (la rue du Cherche-Midi), elle est énoncée *chemin de Vaugirard*, dans un document de 1428.

Jusque sous le règne de François Ier, on divisait habituellement la rue du Four actuelle en deux parties : la rue *de la Blanche-Oie*, qui s'étendait de la rue

---
[1] La rue des Boucheries avait pour prolongement la voie qui a été supprimée en 1368 et remplacée par la rue Sainte-Marguerite.

des Boucheries à la rue des Canettes, et la véritable *rue du Four*, où avait été situé le four banal de l'abbaye. Celle-ci s'étendait de la rue des Canettes au carrefour de la Croix-Rouge, et elle est dite «la rue de la Granche Jehan le Bouvier,» dans le rôle de la taille de 1296. La «rue de la Blanche Oe,» dont il est question dans le rôle de la taille de 1292, devait cette désignation à l'enseigne d'une maison sur laquelle nous n'avons point de renseignements topographiques, mais qui subsistait en 1398, époque où elle est énoncée «en la rue qui va du Pillory «à l'église Saint Sulpice.» Comme dans tous les cas analogues, les deux rues du Four et de la Blanche-Oie étaient fréquemment prolongées aux dépens l'une de l'autre. Ainsi, on lit dans un acte de 1429 : «rue qui va du Pillory à la Mala«derie, appelée la Blanchouë» (*sic*).

La rue du Four présente, au droit de la rue des Canettes, un élargissement assez considérable. Cette dilatation de la voie, qui est accusée sur le plan de Quesnel, remonte à une époque ancienne; toutefois aucun document n'y fait allusion. Il est à présumer que la petite place qu'elle forme a servi de marché, et que, avant le xvie siècle, c'était un lieu de réunion pour les habitants du bourg.

CÔTÉ MÉRIDIONAL.

PAROISSE SAINT-SULPICE.

JUSTICE
ET CENSIVE DE L'ABBAYE.

GRANDE MAISON ET TUILERIE attenantes à la dernière maison de la rue des Boucheries. Cette propriété, qui offrait une superficie d'environ trois quartiers, et renfermait, en 1523, divers bâtiments, des granges, ainsi qu'un four à tuiles, s'appelait encore, en 1581, «la Vieille maison de la Tuilerie,» bien que, depuis plus de vingt ans, on n'y fabriquât plus de poteries. En 1595, elle était divisée en plusieurs maisons distinctes, mais dont on ne trouve point le détail. Sur le même emplacement nous discernons, en 1628 :

1° Trois maisons ou échoppes au lieu où fut ouverte, en 1726, la rue de Bissy, actuellement Montfaucon, conduisant au marché Saint-Germain;

2° *La maison de l'Écu-de-Bourbon;*

3° *La maison de Saint-Cosme;*

4° *La maison de Saint-Damien;*

5° Les maisons des *Quatre-Évangélistes*, dont la quatrième, celle de *Saint-Marc*, faisait le coin oriental de la rue de la Foire.

RUE DE LA FOIRE, aujourd'hui RUE MABILLON. Destinée à servir de principale entrée à la foire Saint-Germain, elle fut ouverte sur une partie du terrain de la maison suivante, en vertu d'une clause insérée dans le bail que l'abbaye en fit le 15 août 1584[1]; mais il est vraisemblable que le passage qui conduisait à la Foire, en traversant la maison, existait là depuis longtemps, et qu'on n'eut qu'à le clore d'un mur, vers l'occident, pour le transformer en une rue publique. Cette rue fut d'ailleurs fermée de portes à ses extrémités, et la propriété en demeura réservée au monastère. Le 13 décembre 1607, lorsque «l'allée et voye» de la foire fut accensée à maître Émery Moreau, elle avait deux toises cinq pieds neuf pouces de large sur dix-neuf toises et demie de longueur, c'est-à-dire les mêmes dimensions que la rue actuelle.

HÔTEL DE NAVARRE, ou MAISON DE LA FOIRE. La maison qui faisait le coin occidental de la rue de la Foire, bien qu'elle ait été possédée sous le règne de Louis XV par le marquis de Brulard, s'est appelée, jusqu'à la Révolution, *hôtel de la Guette*, parce qu'elle avait appartenu, vers le milieu du siècle précédent, au maître des requêtes Bon-André de Broé, sieur de la Guette, fils de maître Bon-François Broé, également sieur de la Guette et président du Parlement, qui la tenait de son oncle le président de la première chambre des enquêtes, maître Bon de Broé, mort en 1588. Elle avait été vendue à ce dernier le 15 août 1584, et, en ce temps-là, elle était encore connue sous le nom de *maison de la Foire*, qu'on lui donnait dès 1542 et depuis que la foire Saint-Germain fut établie dans les jardins. Néanmoins, vers 1530, on n'avait point encore perdu l'usage de la désigner sous son ancien nom d'*hôtel de Navarre*, dénomination qu'elle devait au séjour de Charles le Mauvais. Nous ne savons si c'est bien le fameux roi de Navarre qui lui donna le développement qu'elle prit; mais le censier de 1355, au lieu d'énoncer ce manoir, énumère de la façon suivante les diverses masures abattues pour lui faire place : «Le roy de Navarre, pour II masures qui furent l'évesque «de Carcassonne, vi^s; pour la masure qui fut Berthaut de Meullent, x^s vi^d; pour «la masure qui fut l'évesque du Puy....; pour la masure qui fut Jehan la Bour-«goise, III^s; pour la masure qui fut Girart le Boucher, III^d; pour les masures qui «furent Robert Charles, III^s; pour les vignes qui furent Simon Barbète, xxxIII^d; pour «les jardin et terres de Borneau (du clos Bruneau), xx^s, c'est assavoir à Noël x^s et «à la Saint-Jehen x^s; item, pour la masure Thévenin Derby, III^s; pour les masures «qui furent aus Peletiers, vi^s [2].»

Nous trouvons, dans les cartulaires de l'abbaye, que l'évêque de Carcassonne acheta, en 1311 [3], d'Isabelle dite La Vire, veuve de Nicolas Burgoise, sa maison

---

[1] Arch. nat. cart. S 2870-71. L'original de cette transaction n'existe plus dans les archives de l'abbaye, et nous n'en connaissons l'existence que par une simple citation.

[2] Arch. nat. reg. LL 1033, fol. 10 v°.

[3] En 1311, l'évêque de Carcassonne était Pierre de Rochefort.

voisine de la Boucherie, laquelle maison tenait alors, d'un côté, à Alain de Meulan, et, de l'autre, à maître Raoul de Presles. Or Sauval rapporte[1] qu'en 1317 Louis de France, fils de Philippe le Hardi, père de Philippe, roi de Navarre, et grand-père de Charles le Mauvais, acheta de l'avocat Raoul de Presles, au prix de trois mille livres, plusieurs maisons et jardins; c'est donc lui qui fut le véritable fondateur de l'hôtel de Navarre, dont l'extension put être due à ses descendants, et qui est indiqué comme la maison du comte d'Évreux, c'est-à-dire de Philippe, roi de Navarre, dans une charte de 1324.

Compris dans la confiscation des biens de Charles le Mauvais en 1386, l'hôtel de Navarre fut donné, au mois de mars 1398[2], par Charles VI à son oncle le duc de Berry, qui, le 2 avril 1399, après Pâques, l'abandonna aux religieux de l'abbaye, en échange de leur renonciation à une rente de neuf livres neuf sous quatre deniers dont son hôtel de Nesles était chargé envers eux. L'hôtel de Navarre, incorporé dans le fief particulier des abbés de Saint-Germain, fut baillé par eux à divers individus, mais morcelé au moins en deux parties, non compris les jardins. Le plus vaste des deux lots était celui qui fut pris par Étienne Sandrin, le 12 janvier 1461, et qui, depuis, forma toujours une propriété particulière, sur laquelle l'abbé ne conserva que les droits féodaux et la servitude du passage dont nous avons parlé. Le second lot, au contraire, c'est-à-dire la maison de la Foire, baillé successivement, le 5 avril 1500, à Thomas Vaucombert, le 4 juillet 1542, à Jean Rotonnet, et, le 14 mai 1547, à Pierre de Mareuil, évêque de Lavaur, ne fut aliéné que temporairement jusqu'en 1584. Nombre de titres font savoir que ces deux lots avaient été jadis des parties de l'hôtel de Navarre, tandis qu'on ne trouve rien de semblable dans les documents relatifs aux maisons intermédiaires entre l'hôtel de la Foire et celui de Sandrin. Ces maisons semblent donc avoir été une enclave dans le manoir de Charles le Mauvais. Il se pourrait même qu'elles n'en fussent qu'un morcellement très-ancien. La maison de l'Image-Saint-Jacques est aussi mentionnée comme ayant dépendu de l'hôtel de Navarre, ainsi que nous l'avons dit déjà.

L'an 1176, Louis le Jeune obtint des moines de l'abbaye Saint-Germain l'abandon à son profit de la moitié des revenus d'une foire que ceux-ci tenaient chaque année sur leur fief, et qui, commençant quinze jours après Pâques, durait trois semaines. Cette cession, dont le motif n'apparaît pas dans le texte de

---

[1] T. II, p. 248. Nous avons dit plus haut qu'une partie de l'hôtel de Navarre paraît avoir appartenu en 1319 à un abbé de Corbie.

[2] Jaillot (*Quartier du Luxembourg*, p. 13 et 14) indique ainsi la date de cette première donation, en citant à l'appui les mémoriaux de la Chambre des comptes. Mais nous ne trouvons rien de directement relatif à ce sujet, ni dans l'inventaire des mémoriaux, ni dans celui du trésor des chartes, ni dans les archives de l'abbaye, où il n'existe qu'une simple indication de la charte. (Arch. nat. reg. LL 1091, fol. 128 r°.)

la transaction elle-même, fut faite à la condition que, si jamais le roi voulait aliéner la part qui lui avait été octroyée, elle retournerait sans contestation à ses anciens propriétaires; mais, bien loin que l'occasion s'offrît d'exécuter la clause stipulée, il arriva, au contraire, que, un siècle plus tard, l'abbaye renonça au reste de ses droits. Ne pouvant, en effet, se décider à payer les quarante livres de rente formant la dotation des deux chapellenies qu'ils avaient été condamnés à fonder en expiation du meurtre de l'écolier Gérard de Dôle[1], les religieux livrèrent à Philippe le Hardi la seconde moitié des revenus de la foire, à charge par lui de prendre à son compte le payement des quarante livres. Des lettres expédiées à ce sujet, au mois de juin 1285, par Mathieu, abbé de Saint-Denis, et Simon de Nesle, régent de France, furent confirmées, en juillet 1286, par le roi Philippe le Bel, qui transféra ensuite la foire Saint-Germain aux halles de Champeaux, où il paraît qu'elle conserva longtemps son ancien nom. On ignore l'emplacement qu'elle occupait lorsqu'elle se tenait encore au bourg.

L'autorisation de rétablir une foire sur le territoire de Saint-Germain fut accordée à l'abbaye par lettres patentes du roi Louis XI, données au château de Plessis-lès-Tours, en mars 1482. La nouvelle foire devait être franche, comme celle de Saint-Denis, et durer du 1ᵉʳ au 8 octobre; mais, sur les plaintes des moines de Saint-Denis, un arrêt de la chambre des vacations, rendu le 1ᵉʳ octobre 1484, remit le commencement de la foire au lendemain de la Saint-Martin. Un autre arrêt de la même année reporta la foire du 3 au 10 février, et fut confirmé, en février 1485, par Charles VIII. Ce prince permit aussi, le 1ᵉʳ janvier 1491, que la foire se tînt à deux reprises, le 25 février et le 12 novembre. Elle fut remise ensuite au 3 février, et c'est dans ce mois, l'an 1486, qu'elle se tint pour la première fois, suivant D. Bouillart. Le compte de 1491-1492 mentionne le produit des loges louées aux drapiers, tapissiers, merciers et bonnetiers, ainsi qu'une somme de sept livres quatorze sous quatre deniers, remise à Jean Lesturjon, charpentier, pour avoir fait dresser cent cinquante loges nécessaires à la tenue de la foire. Le même compte contient un article relatif à «la façon du pressouer de «Navarre, fait en ceste présente année (1491-1492); en ce non compris la «massonnerie et couverture de la halle où il étoit assiz et des foulleries d'icelluy.» En 1524, les deux pressoirs banniers des halles furent vendus, pour être démolis, à un des habitants du bourg, le nommé Jean Bart, dit Brodequin.

Les lettres patentes de 1482 ayant laissé les moines maîtres de choisir le lieu dans lequel seraient construits les bâtiments de la Foire, ils n'en trouvèrent point de préférable aux jardins de l'hôtel de Navarre, qu'ils avaient précédemment baillés au nommé Pierre Benoist, sa vie durant. Ils se les firent rétrocéder en 1486, et ils y élevèrent trois cent quarante loges. On a dit que les halles de la foire

---

[1] Voir, dans le second volume de cet ouvrage, la notice sur le Pré-aux-Clercs.

avaient été rebâties, en 1512, par l'abbé Guillaume Briçonnet; mais il semble plutôt qu'elles furent simplement réparées et peut-être augmentées; car il est question, dans le compte de 1510-1511, de travaux effectués pour la halle vieille et la halle neuve. Plusieurs fois restaurées, elles ont ensuite subsisté jusqu'à la nuit du 16 au 17 mars 1762, où elles furent entièrement détruites par un violent incendie. Les plans que nous en avons vus donnent à croire que, à cette dernière époque, les halles étaient encore celles du xvie siècle, mais qu'elles avaient subi de nombreux remaniements qui en avaient sensiblement modifié l'aspect.

Les halles Saint-Germain se composaient d'un grand corps de bâtiment rectangulaire en pierre, butté de contre-forts, et mesurant, dans œuvre, environ trente-quatre toises et demie du nord au sud sur quarante-neuf et demie de l'est à l'ouest. La charpente de la toiture, qui possédait une grande célébrité parmi les gens du métier, formait deux grands combles à pignon, fort élevés, percés de nombreuses lucarnes et reliés entre eux par cinq petits combles transversaux. A l'intérieur, les groupes de loges, qui comprenaient chacune une boutique surmontée d'une chambre, étaient séparés les uns des autres par des allées larges de neuf pieds et au nombre de onze, savoir : cinq parallèles au petit axe de l'édifice et six parallèles à son grand axe. D'après un curieux procès-verbal du 23 janvier 1615, confirmé par les plans, les cinq allées parallèles au petit axe se distinguaient par les noms de première, deuxième, troisième, quatrième et cinquième traverse, en comptant de l'orient à l'occident. Quant aux autres allées, la première, c'est-à-dire la plus rapprochée de la rue du Four, s'appelait *la rue de Normandie;* la deuxième, *la rue de Paris;* la troisième, *la rue de Picardie;* la quatrième, *la rue Chauldronnière* [1]; la cinquième, *la rue Mercière*, et la sixième, *la rue de la Lingerie*.

Au reste, ces désignations étaient certainement usitées bien avant 1615, et peut-être l'avaient-elles été dès l'origine. L'ordonnance sur la police de la foire, rédigée en 1528 [2], porte qu'il est «enjoinct et commandé à tous marchands, tant de «Paris que d'ailleurs, qu'ils mettent ou fassent mettre par escrit, en grosses lettres, «devant leurs loges ou eschoppes, au moing au commencement des rues et aux «coings d'icelles, les villes ou pays d'où ils sont, sous peine d'amande arbitraire.» Nous avons trouvé l'indication de la rue Chaudronnière en 1606, de «la rue Mer-«cière de la Foyre [3]» dès 1585, et celle de la porte de la Lingerie à la même époque. La porte qui correspondait à la troisième traverse était dénommée *porte Syndicale* au xviie siècle; quant aux portes placées aux extrémités des rues de la Chaudronnerie, de Picardie et de Normandie, elles ont pu prendre le nom de ces rues, mais nous ne savons si elles appartenaient à la disposition primitive,

---

[1] Les chaudronniers de la foire sont mentionnés dans une sentence du 12 février 1544.

[2] Voir aux appendices.

[3] Elle a été dite aussi *des Orfèvres* au xviie siècle.

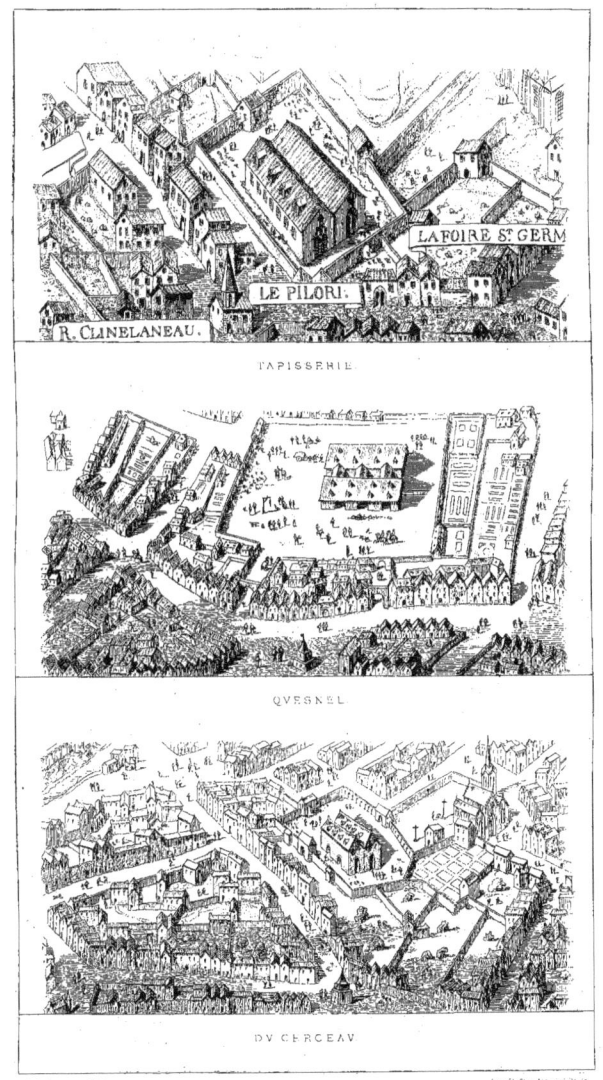

LA FOIRE SAINT GERMAIN
d'Après les plans de la Tapisserie de Quesnel et de Du Cerceau

non plus que certaine chapelle dont parle Piganiol et qui était au bout de l'une des halles. On remarque sur les plans que les quatre grands îlots compris entre les rues de Picardie et de la Chaudronnerie renfermaient chacun des chambres avec une petite cour et un puits.

Le bâtiment des halles n'était séparé, vers le midi, du mur de clôture de l'ancien jardin de Navarre que par une ruelle très-étroite; il n'en était pas non plus fort éloigné, du côté de la rue des Canettes; mais l'espace s'élargissait du côté opposé, et, vers le nord, derrière les maisons de la rue du Four, sur une profondeur d'environ vingt-cinq toises, il formait ce qu'on appelait le préau de la foire. Ce préau, loin d'être vide, contint jusqu'à quatre cents loges. D'après le procès-verbal de 1615, on y voyait une *rue de Mercerie;* une *Grande rue Ferronière;* une «rue du Milieu-Pottière;» une *rue de la Vannerie;* une *rue Gaufrière;* une *rue de Beauvais;* plusieurs traverses, dont l'une conduisant à la *Halle aux draps;* un lieu dit le Tourniquet; des *Halles à la filace,* voisines de la rue des Canettes, et «un petit «bastiment servant à l'exercice de la justice du bailliage.» Le plan de Quesnel montre qu'il y avait en outre une potence. On accédait au préau et à ses halles de trois côtés : par la rue de la Foire, par le passage de la Treille et par une porte donnant sur la rue du Brave; celle-ci remontait à l'origine même de la foire; elle a été appelée *la porte Peincte* vers 1595, «le petit huis de la Halle» en 1499, et, dans la première moitié du xvie siècle, on l'énonçait ordinairement *la porte des champs de la Foire.* Elle avait sans doute été substituée à l'ancienne issue de l'hôtel de Navarre.

Maison sans désignation (1595). Elle paraît avoir été un morcellement de la suivante, avec laquelle elle était solidairement chargée d'une rente de vingt-quatre livres.

Grange (1423), puis maison bâtie, suivant le censier de 1595, par le nommé Denis Tabouret. Sous Louis XIII, elle appartenait au propriétaire de l'hôtel de la Guette, et faisait le coin oriental de la rue Princesse, moyennant un élargissement d'environ quatre mètres, pris sur l'hôtel de Roussillon, auquel elle était précédemment contiguë. Elle avait été possédée par Adam de Baillon, puis par le président René Gentils, et elle fut comprise dans la confiscation des biens de ce dernier.

Grande maison renfermant des granges, des bergeries, ainsi que deux jardins, et dite, en 1523, contenir cinq quartiers, ce qui semble exagéré. Elle est mentionnée dès 1419, et fut vendue, le 28 février 1535, par Adam de Baillon, seigneur de Valence, à Jérôme Gentils, notaire et secrétaire du roi. Elle appartenait à René Gentils, président des requêtes au Parlement, lorsqu'on lui intenta le procès à la suite duquel il fut pendu à Montfaucon, le 25 septembre 1543. Au moment de son exécution, il y avait déjà plusieurs mois que ses biens étaient confisqués, puisque le cardinal de Tournon, abbé de Saint-Germain, en avait été mis en possession dès le 12 mai précédent. La réunion des maisons que Gentils possédait sur la rue du Four et de celles qu'il y avait annexées sur la rue des Canettes formait une propriété considérable. Le cardinal ne la garda point; il s'en défit, le 20 septembre 1544, en faveur de son neveu Juste de Tournon, comte de Roussillon, d'où est venu le nom d'*hôtel de Roussillon*, qui lui a été donné. Le 12 avril 1619, Henri Juste, baron de Tournon, fils du précédent, devant de fortes sommes aux nommés Pierre Germain et Claude Saullier, marchands lyonnais, leur vendit l'hôtel de Roussillon au prix de quarante-deux mille livres [1]. Ceux-ci firent abattre l'hôtel et en baillèrent le terrain à bâtir, en ouvrant deux voies nouvelles, les rues Princesse et Guisarde, que nous avons vues mentionnées dès le mois d'octobre 1621. La maison faisant le coin occidental de la rue du Four a eu pour enseigne *le Grand-Moïse* (1628-1690).

Maison sans désignation (1595), morcellement de la suivante.

Maison sans désignation, faisant le coin oriental de la rue des Canettes. Au commencement du xve siècle, elle appartint à Martin Gouge, dit de Charpaigne, évêque de Chartres, puis de Clermont, et elle passa ensuite au président du Parlement Yves de-Scepeaux. En 1523, on la qualifiait de grange, et elle était depuis peu divisée en deux dans le sens de sa profondeur. En 1543, elle avait pour enseigne *l'Image-Saint-Maurice*, rappelant le prénom d'un de ses propriétaires, Maurice Moye, qui la possédait en 1534 et la tenait de maître Léon le Gentilhomme. A la fin du xvie siècle, la maison de l'Image-Saint-Maurice proprement dite formait deux propriétés distinctes sur la rue du Four. Celle du coin, en 1628, était à son tour subdivisée en trois, dont deux étaient situées dans la rue des Canettes, et la troisième faisant front sur la rue du Four. Cette dernière avait alors pour enseigne *le Corbeau*.

<small>Entre les rues des Canettes et Beurrière.</small>

Maison de l'Image-Saint-Christophe (1413-1628), faisant le coin occidental de la rue des Canettes. On la confondait souvent avec la suivante, dont elle était séparée, en 1628, par une maison dite *la Chaumière*, dépendance d'une des propriétés contiguës. En 1595, elle aboutissait encore à la maison du Chef-Saint-Jean de la rue des Canettes; mais, en 1628, elle avait été morcelée, et, entre la maison du Chef-Saint-Jean et celle du coin, il s'en trouvait trois autres qui ont eu pour enseignes, la première (vers le midi), *la Folie;* la deuxième, *les Deux-Haches* (1687), et la troisième, *Saint-Claude*. Une portion du jardin de la maison de l'Image-Saint-Christophe fut aliénée, dès 1529, par le propriétaire, et paraît se rapporter au plus grand des deux corps d'hôtel de la maison de la Folie.

---

[1] Arch. nat. cart. S 2842.

Maison de « la Follye » (1513).

Maison sans désignation en 1513, et dite dans la suite hôtel de Vigny (1687).

Maison sans désignation en 1523, puis des Trois-Rois (1547-1687). Au xvii° siècle, elle formait trois maisons, dont la première a eu pour enseigne le Chariot-Rouge (1628), la deuxième, les Trois-Rois et la Ville-de-Bergerac (1687), et la troisième, la Croix-Blanche, autrement le Pavé-Rompu (1687). Elle s'était alors agrandie de la partie postérieure de la maison suivante.

Maison sans désignation (1523). Au xvii° siècle, elle paraît avoir été divisée en deux, et appartenait à l'abbé de Saint-Germain-des-Prés.

Maison dite, en 1523, formée de trois autres. Elle a eu pour enseigne les Trois-Croissants (1592), puis le Grand-Monarque (1687). C'était une propriété de l'Hôtel-Dieu dès 1523. En 1628, un de ses corps d'hôtel, constituant une propriété particulière, la séparait de la suivante.

Maison sans désignation en 1523, puis de l'Image-Saint-Jean-Baptiste (1595), aboutissant à la précédente.

Maison de l'Image-Saint-Pierre (1417-1534), puis de la Cloche-Perse (1543-1687). Elle avait été élevée sur deux pièces de terre, et formait deux maisons en 1595 et 1680. A cette dernière date, la seconde maison avait pour enseigne le Bras-d'Or. Sur son emplacement existait, en 1456, une grange à l'état de masure et distincte de la maison de l'Image-Saint-Pierre.

« Hostel du Four-Bannier » (1456), ou maison de la Corne-de-Cerf (1522-1688), faisant le coin oriental de la rue Beurrière et s'étendant le long de cette rue jusqu'à celle du Vieux-Colombier. Ce four banal de l'Abbaye est celui qui a donné son nom à la grande rue du bourg Saint-Germain. A la fin du xvi° siècle et au commencement du xvii°, la maison où il avait existé appartenait à maître Guillemin, auditeur de la Chambre des comptes. De là vient que la rue qui, vers 1631, fut percée sur une partie de son terrain, et qui l'a séparée de la précédente, a été appelée rue Neuve-Guillemin, ou simplement Guillemin, autrement de la Corne.

Il est fait mention, dans une charte de 1271, de la maison faisant le coin de la rue du Four et de la rue Beurrière; mais nous ignorons s'il s'agit de celle-ci ou de la suivante. Le four existait dès 1259, et paraît avoir été supprimé avant 1472.

Entre la rue Beurrière et le carrefour de la Croix-Rouge.

Maison sans désignation (1523), faisant le coin occidental de la rue Beurrière. Elle renfermait plusieurs corps d'hôtel qui, vers 1610, étaient devenus trois maisons distinctes : la deuxième avait alors pour enseigne l'Écu-de-France, et la troisième, la Tête-Noire (1602). Il s'y trouvait une bergerie en 1543.

Maison de la Fontaine (1547-1623), aboutissant à la rue du Vieux-Colombier. En 1687, elle était divisée en deux parties, dont l'une avait pour enseigne la Ville-d'Épernon. Cette maison a conservé jusqu'à nos jours son ancienne enseigne, bas-relief en pierre, placé au-dessus de la porte, et exécuté au commencement du xvii⁰ siècle. Nous en donnons ici la reproduction [1] :

Maison de la Vieille-Fontaine (1595), ou Petite-Fontaine (1687), aboutissant à la rue du Vieux-Colombier. Avec la précédente et la suivante, elle ne constituait, en 1523, qu'une même propriété, énoncée qui « soulloit estre deux maisons. »

Maison du Soufflet-Vert (1595), morcellement de la précédente. Cette maison est la dernière de celles que l'on construisit sur le terrain large de trente toises, qui fut baillé, en 1511, par Liénard-Baudart à Vaucombert, et qui est dite faire le coin de la rue de Vrolande. (Voir Rue Beurrière.)

Maison sans désignation en 1595, puis de la Salamandre (1628-1690).

Maison sans désignation en 1595, puis de l'Image-Notre-Dame (1628), qui aboutissait primitivement à la rue du Vieux-Colombier; la partie donnant sur cette rue formait une propriété distincte dès 1603.

Maison des Quatre-Vents (1595), faisant le coin du carrefour de la Croix-Rouge, et s'étendant sur la rue du Vieux-Colombier. Au xvii⁰ siècle, elle a été

[1] Il y a quelques années, lors de la démolition de cette maison pour le percement de la rue de Rennes, cette enseigne de *la Fontaine* a été recueillie et transportée à l'hôtel Carnavalet. — TH. V.

divisée en trois propriétés, qui eurent pour enseignes, la première, *les Quatre-Évangélistes;* la deuxième, *les Quatre-Éléments*, et la troisième, *les Quatre-Vents*.

La maison des Quatre-Vents et les deux précédentes ne formaient d'abord qu'une grande propriété qui renfermait une maison, des jardins, une tuilerie, et fut baillée, le 10 avril 1388, à Bélot-Mahieu, marchand de Paris. En 1534, une seconde maison était déjà bâtie sur le terrain de la tuilerie, encore mentionnée en 1547; le morcellement eut lieu peu après. En 1428, elle est dite occuper tout l'îlot jusqu'à la rue Beurrière; il faut en conclure qu'elle était alors plus vaste qu'un siècle auparavant; car, au mois d'octobre 1315, lorsqu'elle fut vendue par Pierre de Montreuil et Isabelle, sa femme, à Étienne Domont, chantre de l'abbaye, elle aboutissait à l'hôtel de l'évêque de Rodez, qui doit être la propriété bordant la rue Beurrière.

CARREFOUR DE LA CROIX-ROUGE. Ce lieu est appelé le «bout de la ville» dans le rôle de la taille de 1292, «le chief de la ville» dans le même document, ainsi que dans d'autres de 1315, 1355 et 1415, et «l'entrée de la ville» dans un acte de 1531. C'est là, en effet, que se terminait le bourg Saint-Germain. Nous trouvons, dans des titres de 1400 et 1411, la mention d'une porte placée en cet endroit; elle fermait apparemment la rue du Four, et était déjà ancienne alors, puisque, dans une charte de 1377, une vieille grange est dite située «au «bout de la ville Saint-Germain, *oultre la vielle porte* et carrefour, devent le Grez [1].»
Au XVe siècle, le carrefour de la Croix-Rouge était assez souvent nommé *carrefour de la Maladerie*, non pas, assurément, à cause du voisinage des granges aux malades de Naples, comme l'a pensé Jaillot, mais bien à cause du chemin de la Maladerie, ou rue de Sèvres. Une raison analogue, la proximité du chemin de la Justice, paraît être le motif pour lequel le carrefour a été aussi nommé «carrefour «de la Justice» (1529). Nous n'avons, en effet, jamais rencontré la moindre indication des prétendues fourches patibulaires qui se seraient élevées là, suivant Jaillot, tandis que nous connaissons une foule de documents faisant allusion à celles de Grenelle.

Le carrefour de la Croix-Rouge s'appelait encore «le carrefour de la grant rue» (1531), «le carrefour du Four» (1535), et «le carrefour du Jeu de boules» (1531). Cette dernière désignation, extrêmement commune dans la première moitié du XVIᵉ siècle, provenait d'un «boullouer» dont il est indirectement question dans les archives de l'abbaye, de 1492 à 1543, mais sur la disposition et même l'emplacement exact duquel nous n'avons point obtenu d'éclaircissement. Il est très-probable que ce n'était point une construction; c'était simplement un terrain qui, préparé pour le jeu, s'étendait le long de la rue de Sèvres; car, des

---

[1] Nous ne savons ce qu'il faut entendre par ce mot. S'agirait-il de quelque borne ou «gros caillou?»

maisons formant les coins du carrefour, il n'en est aucune que les titres déclarent contiguë au jeu de boules, et nous voyons que, en 1535, une propriété, située à l'encoignure des rues du Dragon et de Grenelle, a été énoncée «au heurt du car-«refour au dessoubz du *lieu appelé le Jeu de boulles.*» Le jeu de boules était donc un emplacement, une aire, plutôt qu'une bâtisse quelconque.

Une croix monumentale, peinte en rouge, est, dit-on, la cause du nom que porte actuellement le carrefour; toutefois nous n'avons jamais obtenu la preuve que cette croix ait réellement existé, et la lacune existant dans les archives de l'abbaye nous a empêchés de vérifier si le carrefour doit réellement son nom à une croix qui en aurait occupé le centre. Ne le doit-il pas bien plutôt à l'enseigne de la maison formant le coin de la rue de Sèvres?

Quoi qu'il en soit, la première indication de la «Croix-Rouge,» monument ou enseigne, que les documents nous aient offerte, date de 1377, et nous doutons fort que l'origine en soit beaucoup plus ancienne, parce qu'il n'en est point parlé dans les nombreux titres antérieurs à 1550, relatifs à la localité. Sur le plan de la Tapisserie, dont l'inexactitude, en ce qui touche les faubourgs, est d'ailleurs assez grande, le carrefour est représenté avec une croix au milieu; mais peut-être est-ce là une invention du dessinateur, qui s'en est permis plusieurs autres. Dans tous les cas, il serait imprudent de rien conclure du fait, attendu que, sur le plan de Braun, publié en 1575, à la place de la croix on remarque un arbre, et il est certain qu'on constate l'existence d'un arbre planté au carrefour, longtemps avant celle d'une croix quelconque. Cet arbre était nommé «l'Orme du Four,» en 1489, et il servait à dénommer l'un des coins de la rue du Cherche-Midi, qu'on trouve appelé «la Pointe de l'Orme,» en 1372 et 1355. Sur le plan de Quesnel, un arbre est encore figuré au milieu du carrefour [1], et l'enseigne de la Croix apparaît suspendue à la maison du coin de la rue de Sèvres, ce qui achève de nous persuader qu'on s'est mépris jusqu'ici sur l'origine du nom que porte le carrefour [2].

---

[1] On le retrouve sur le plan de Gomboust, où il est placé à l'extrémité de la rue du Four.

[2] Une croix monumentale en pierre n'eût assurément point été peinte en rouge, et l'on n'aurait point barbouillé de cette couleur une croix en bois sculpté. L'hypothèse que nous rejetons implique donc que la croix en question n'eût consisté qu'en une menuiserie grossière, comme ces croix de mission qu'on voit encore dans les campagnes et qui datent de la Restauration. Dans le riche faubourg Saint-Germain, à l'époque où s'épanouissait la Renaissance, il est peu probable qu'on se fût contenté d'un pareil insigne. — A. B.

En l'absence de tout dessin authentique et de toute figuration contemporaine, vraiment digne de foi, nous avons pensé à reproduire les divers aspects du carrefour, tels que les anciens plans les donnent. La vieille notoriété de ce point de Paris, appelé à perdre prochainement sa physionomie primitive, exigeait au moins ce genre de représentation. — L. M. T.

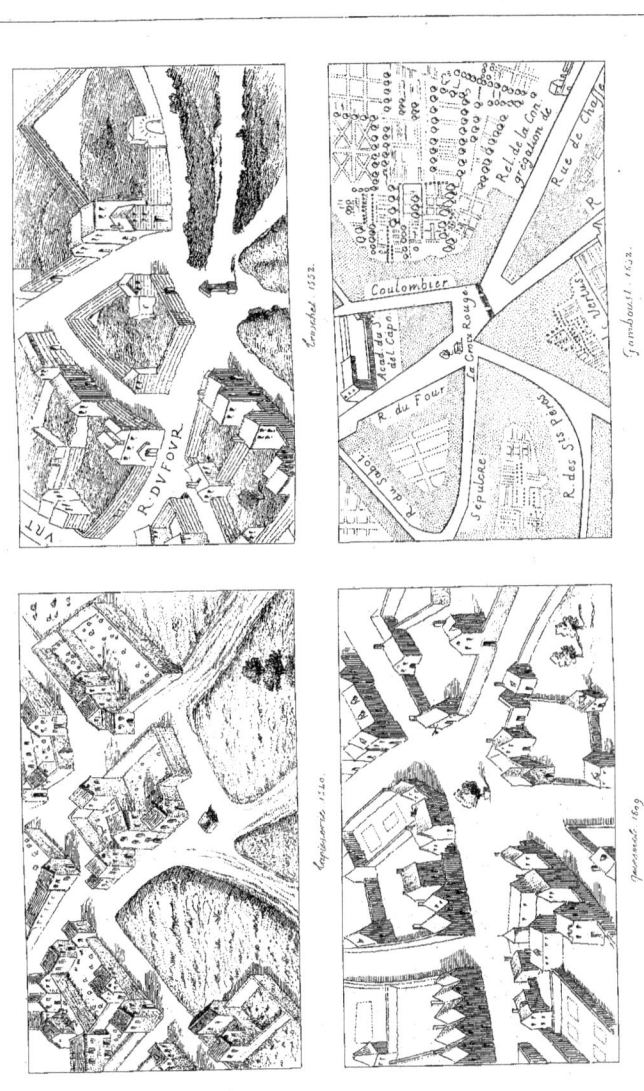

LE CARREFOUR DE LA CROIX-ROUGE
D'APRÈS LES PLANS DE LA TAPISSERIE, DE TRUSCHET, DE QUESNEL ET DE GOMBOUST.

CÔTÉ SEPTENTRIONAL.

PAROISSE SAINT-SULPICE.

JUSTICE
ET CENSIVE DE L'ABBAYE.

Maison sans désignation, faisant le coin de la rue du Dragon, et qui appartenait, en 1595, à M. de «Louans.» En 1615, c'était une masure large de huit toises sur la rue du Four, et de trois toises par derrière, profonde de vingt-sept toises d'un côté et de vingt-six de l'autre. *(Entre les rues du Dragon et du Sabot.)*

Grande maison sans désignation en 1595, puis DE LA CHASSE (1628), faisant hache derrière la précédente et répondant sur la rue du Dragon.

Trois maisons, dont la première a eu pour enseigne LA CHASSE-ROYALE (1628-1687, et la deuxième, LA PERLE. Nous ne les avons point trouvées indiquées d'une manière spéciale avant le xviie siècle; mais elles devaient exister auparavant, et constituaient peut-être l'une de ces trois «demeures» que renfermait, en 1523, la propriété formée de la maison précédente et de celle du coin. Cette propriété, aboutissant au clos Copieuse, contenait environ trois quartiers de terre.

Maison sans désignation en 1531, puis DE LA HACQUEBUTE (1595). En 1628, elle était divisée en deux demeures, la première ayant pour enseigne *la Marguerite-Couronnée*, et la seconde, *l'Image-Notre-Dame*.

Maison de l'Agnus-Dei (1595-1687), qui, en 1523, était l'un des deux corps d'hôtel de la maison suivante. Dès 1628, elle était aussi divisée en deux parties, et la première avait alors pour enseigne *les Trois-Chapelets*.

Maison sans désignation en 1523, puis DE LA QUEUE-DE-REGNART (1543-1687), faisant le coin occidental de la rue du Sabot.

Maison du Sabot (1514-1628), faisant le coin oriental de la rue du Sabot. Elle aboutissait à la Petite rue Taranne en 1595; mais, dans la première moitié du xvie siècle, elle était moins profonde; car elle était limitée par un jardin qui la séparait de l'hôtel de Taranne. Les deux maisons suivantes, qui n'en formaient qu'une, en dépendaient alors [1] et contenaient une grange. *(Entre les rues du Sabot et de l'Égout.)*

Maison sans désignation en 1595, puis DES CARNEAUX (1628-1687).

Maison sans désignation en 1595, puis DE L'ÉPÉE-ROYALE (1628-1687).

Jardin (1523), puis MAISON DE LA VÉRONIQUE (1595), DU JARDIN-D'OLLIVET (1628) et DU ROI-FRANÇOIS (1687).

---

[1] Certains documents donnent à la maison du Sabot une superficie de trois quartiers; elle ne semble pourtant en avoir jamais contenu plus de deux.

168   TOPOGRAPHIE HISTORIQUE DU VIEUX PARIS.

Maison sans désignation en 1523, puis du «Chappeau-de-Triomphe» (1595-1628).

Maison sans désignation en 1595, puis de la Souche-Couronnée (1628-1680), morcellement probable de la suivante.

Maison sans désignation (1484), faisant le coin occidental de la rue de l'Égout. Elle appartenait à la Sainte-Chapelle, à laquelle elle fut donnée, le 12 mai 1484, par maître Robert Cordel, chanoine de cette église. En 1542, ce n'était plus qu'un jardin, et, le 7 mars, Guillaume Bernard en vendit à Toussaint de Villette une partie large de six toises et profonde de dix. C'est celle où a été bâtie la maison qui forme l'encoignure actuelle.

Entre les rues de l'Égout et des Ciseaux.

Maison de la Croix-de-Feu (1409), puis de l'Hermine (1628-1690), faisant le coin oriental de la rue de l'Égout. Cette maison, ou la précédente, appartint à ce Jean Le Forestier dont la rue de l'Égout a porté le nom.

Maison sans désignation (1523).

Maison sans désignation en 1523, puis du Soleil-d'Or (1628-1687). Au commencement du xviie siècle, on y réunit une maison de la rue de l'Égout. En 1595, cette maison, ou celle qui suit, avait pour enseigne *l'Image-Saint-Vincent*.

Maison sans désignation en 1523, puis du Chapelet (1628), ou des Grosses-Patenôtres (1687).

Maison sans désignation en 1523, puis du Petit-Cerf (1595-1687). Avec les trois précédentes, elle formait la moitié occidentale de l'hôtel de Gamaches.

Maison sans désignation en 1523, puis de «la Lyme» (1595), ou de la Lune (1628-1687).

Maison sans désignation en 1523, puis «du Vert-Gallant» (1628). Avec la précédente, elle formait la moitié orientale de l'hôtel de Gamaches.

Hôtel de Gamaches. Cet hôtel, aussi connu sous le nom de Maison-aux-Creneaux (1412-1486), est dit, dans un document de 1409, appartenir alors à Mme de Gamaches. Il fut ensuite possédé par un sergent d'armes appelé Hermant, et, vers 1473, par Mme de Châtillon, à laquelle succédèrent des particuliers sans notoriété. Au reste, nous n'avons vu aucun titre directement relatif à l'hôtel de Gamaches avant son morcellement, qui était déjà effectué en 1509.

En 1324, le cardinal d'Ostie [1] vendit à son neveu la maison vulgairement appelée *aux Carneaux*, qu'il possédait à Saint-Germain-des-Prés, et qui avait été précédemment à l'évêque de Paris, Simon Matifas de Bussy. Il se défit en même temps, au profit de son neveu, de quelques petites maisons qui avaient appar-

---

[1] Ce doit être Regnault de la Porte, évêque de Limoges, puis archevêque de Bourges, fait cardinal en 1320, et évêque d'Ostie en 1321. Il mourut à Avignon en 1325.

tenu à Simon du Mont-Sainte-Marie [1]. Selon toute apparence, cette maison était la même que l'hôtel de Gamaches, puisqu'on ne peut la confondre avec la maison des Carneaux de l'évêque Bernard Brun. On apprend, du reste, par le censier de 1355 [2], qu'un autre «cardinal d'Ostie,» qui fut Pierre de Colombier, évêque de Nevers, puis d'Arras, mort le 13 juillet 1361, était propriétaire, à Saint-Germain-des-Prés, d'une masure, laquelle avait été antérieurement à «la fame Lorens «Daire,» et où «Billebaut demouroit.» Nous ignorons l'emplacement de cette masure et celui de plusieurs autres que Pierre de Colombier tenait de son oncle «le «cardinal d'Ostun,» c'est-à-dire de Pierre Bertrand, aussi évêque de Nevers, puis d'Autun, et cardinal du titre de Saint-Clément.

MAISON sans désignation en 1523, puis DU HEAUME (1595-1687).

MAISON sans désignation (1523).

MAISON sans désignation en 1523, puis DES TROIS-VISAGES (1595-1628) et DU CHAPEAU-FORT (1687). Cette maison n'offrait qu'un corps d'hôtel très-étroit sur la rue, mais elle en contenait d'assez vastes au centre de l'îlot. Elle fut, en effet, agrandie, après 1595, de la partie postérieure de la maison suivante, et, vraisemblablement aussi, d'une portion des jardins de l'hôtel de Gamaches, qui y aura été annexée avant 1523. A cette époque, en effet, la maison des Trois-Visages constituait déjà l'un des deux aboutissants des bâtiments de l'hôtel, c'est-à-dire qu'elle présentait, vers l'ouest, une disposition en hache semblable à celle qu'elle affectait de nos jours.

MAISON sans désignation en 1523, puis DE «LA HARCE» (1595), ou HERSE-D'OR (1628-1687).

MAISON DES CISEAUX (1453-1543), faisant le coin occidental de la rue des Ciseaux. Elle renfermait deux corps d'hôtel, dont le premier, formant propriété séparée, a eu pour enseigne *l'Image-Saint-Michel* (1628-1687). Derrière ces deux corps d'hôtel se trouvait un jardin qui fut pris à bail, le 19 septembre 1453, par Jean Laigneau, et s'étendait le long de la rue Sainte-Marguerite. D'après certains documents, d'ailleurs très-obscurs, ce jardin était divisé en deux sous le règne de François Ier; et, si les titres sont exacts, la partie qui correspond à la maison du coin de la rue Sainte-Marguerite (rue Gozlin) était réunie, en 1595, à un autre jardin sur le chemin des fossés de l'abbaye. En 1628, ce qui restait du jardin des Ciseaux, sur la rue de ce nom, avait fait place à une maison.

DEUX MAISONS sans désignation (1595), dont la première faisait le coin oriental de la rue des Ciseaux. Ainsi que les trois suivantes, elles provenaient du morcellement d'une grande propriété occupant tout l'îlot compris entre les rues des Ciseaux, du Four et Sainte-Marguerite (Gozlin). Cette grande maison est dite, dans le cen-

Entre
la rue des Ciseaux
et la place
Sainte-Marguerite
(place Gozlin).

---

[1] Arch. nat. reg. LL 1091, fol. 21 v°. — [2] *Ibid.* reg. 1053, fol. 13 r° et 30 v°.

sier de 1523, s'être « appellée de toute ancienneté l'ostel de Casin. » Elle renfermait plusieurs corps d'hôtel, des granges, des étables et un jardin, et, dès 1523, était divisée en trois ou quatre lots, que les censiers ne mentionnent point séparément. On lit, dans les archives du monastère, qu'elle avait appartenu à un certain Casin de *Cornuille* (*alias* de Rouvillier); mais le nom de ce particulier paraît avoir été en réalité Casin d'Estouville [1]. Dans l'adjudication qui fut faite de la maison aux religieux de Saint-Germain-des-Prés, le 24 mai 1429, elle est effectivement dite avoir été jadis à « feu Casin d'Estouville. » Toutefois la maison de Casin, qui, en 1377, appartenait à « messire Ferry de Mez, chevalier, » ne constituait alors que la plus grande des trois maisons dont se composait l'îlot, et celle que longeait la rue des Ciseaux. La première de ces maisons, c'est-à-dire la plus rapprochée du Pilori, était, vers le même temps, possédée par un abbé de Saint-Jean de Laon; elle n'existait plus en 1398, et l'emplacement fut adjugé à l'abbaye, en vertu du privilége aux bourgeois [2].

Grange (1595) qui, en 1628, était remplacée par deux ou trois maisons [3], dont la dernière avait pour enseigne le « Poulonnois-Armé. »

Maison ayant pour enseigne « le Coq-en-Casin » (1536-1595). Sur son emplacement, en 1628, étaient bâties trois maisons; la première avait pour enseigne *le Mouton*, et la troisième, qui était vaste et aboutissait rue Sainte-Marguerite, *la Pomme-d'Orange*.

Maison ayant pour enseigne « la Foretz-Casin » (1523-1595). En 1628, elle était remplacée par quatre maisons, dont les trois dernières, aboutissant rue Sainte-Marguerite, avaient les enseignes de *Saint-Augustin*, *Saint-Hiérosme* et du *Pilier-Rouge*.

Il est dit, dans le censier de 1595, que les maisons de la Forêt et du Coq-en-Casin étaient alors ruinées et en masures. Peu de temps se passa, sans doute, avant qu'elles fussent rebâties suivant le lotissement actuel.

Maison du Chapeau-Rouge (1543), aboutissant rue Sainte-Marguerite (Gozlin), et faisant l'encoignure de la place, devant la rue des Boucheries. Cette propriété, qui servait d'hôtellerie en 1548, fut construite sur un terrain vide, pris à bail, le 13 décembre 1539, par Mathurin Brinon, tavernier, lequel adopta pour enseigne « ung chappeau rouge de cardinal, aux armes de mondict seigneur le car- « dinal de Tournon, » abbé de Saint-Germain. Elle appartint ensuite au collége de Fortet, et, en 1628, elle était subdivisée de façon à former quatre maisons. Les deux premières, réunies depuis, avaient alors pour enseignes *l'Image-Saint-*

---

[1] Ou plutôt *d'Estouteville*; on ne trouve cependant, dans la généalogie de la famille d'Estouteville, aucun individu du nom de Casin.

[2] Nous avons recueilli et placé aux appendices les divers documents relatifs à ce privilége. — L. M. T.

[3] Nous ne sommes point absolument sûr des limites de ces diverses propriétés mentionnées en 1595. Rien, sauf les apparences, ne nous a permis de les relier aux maisons de 1628, dont, au contraire, nous connaissons bien l'emplacement.

Ambroise et *l'Image-Saint-Grégoire*; la troisième est devenue *la maison du Petit-Chapeau-Rouge*, et la dernière celle *du Grand-Chapeau-Rouge*.

En 1419, il y avait, dans la « grant rue » du bourg Saint-Germain, une maison où pendait pour enseigne *la Hache*, et dont nous n'avons pu déterminer l'emplacement.

RUE GARANCIÈRE.

La rue Garancière commence à la rue du Petit-Bourbon (Saint-Sulpice) et finit à la rue de Vaugirard.

Circonstance assez singulière : elle doit son nom à l'hôtel de Garancière qu'elle bornait, et cependant on ne le lui a donné qu'après le morcellement et la destruction au moins partielle du manoir, ce qui, d'ailleurs, n'est point sans exemple. En effet, nous n'avons vu nulle part la mention d'une rue dite de Garancière avant l'année 1540, et certainement alors plusieurs maisons avaient été bâties à la place du vieil hôtel, dont il ne subsistait plus guère que des bâtiments remaniés. Dans la première moitié du xvie siècle, la rue Garancière s'énonçait « ruelle par la- « quelle on va à l'église Sainct Sulpice » (1536), et aussi « ruelle Sainct Sulpice » (1522, 1523, 1531, etc.). Le mot *ruelle*, dans ce dernier cas, était souvent employé au pluriel, comme s'il s'agissait, non d'une voie unique, mais du territoire appelé *les Ruelles*, dont la rue faisait partie. Rien n'indique si la rue Garancière existait au xve siècle.

CÔTÉ ORIENTAL.

PAROISSE SAINT-SULPICE.
JUSTICE
ET CENSIVE DE L'ABBAYE.

Le côté oriental de la rue Garancière était formé tout entier par la partie postérieure des grands hôtels bâtis sur l'emplacement du Pré-Crotté, ou marché aux chevaux. Ces hôtels avaient leur façade en la rue de Tournon, à l'article de laquelle ils seront indiqués.

CÔTÉ OCCIDENTAL.

PAROISSE SAINT-SULPICE.

JUSTICE

ET CENSIVE DE L'ABBAYE.

Maison sans désignation (1628), contiguë à la maison du coin de la rue de Vaugirard. Elle remplaçait deux petites maisons qui, après avoir appartenu à l'illustre chirurgien Ambroise Paré, étaient, en 1595, la propriété de ses héritiers. Le 9 avril 1603, ils les vendirent, avec deux autres situées sur la rue des Fossoyeurs, à Mathurin Duhamel, et celui-ci, le 13 mars 1615, les donna à l'avocat Nicole Acard.

Grande maison aboutissant rue Servandoni, et possédée, en 1595, par M. de Genyers, sieur de Massac, maître d'hôtel du prince de Conty. On l'appelait l'Hôtel de Sourdéac à la fin du xviie siècle, parce qu'elle passa, en 1651, à Guy de Rieux, seigneur de Sourdéac. Jaillot rapporte qu'elle avait été bâtie par René de Rieux, évêque de Léon, et qu'on la connaissait sous le nom d'*hôtel de Léon*. Elle portait, en 1750, celui d'*hôtel de Montaigu*.

Grande maison (1576) aboutissant rue Servandoni. Elle est dite, en 1595, appartenir à M. de la Tour, gentilhomme genevois, et, en 1628, à Mme d'Elbenne. Elle fut plus tard possédée par Marie-Anne de Campet de Saujon, qui, l'ayant achetée le 26 août 1663, y établit les religieuses appelées *Filles de l'intérieur de la très-sainte Vierge*, communauté supprimée par un arrêt du Conseil du mois d'août 1674. Mme de Saujon augmenta sa maison d'un lot de soixante-quinze toises de terre qui bordait la rue Palatine jusqu'à la rue Servandoni, et qu'elle acquit, le 13 septembre 1666, de maître Jacques Bénard, avocat au Parlement. Par testament du 24 novembre 1690, elle la légua, avec tous ses biens, à Élisabeth de Beauvau, qui, le 2 avril 1712, la donna à son frère le lieutenant général comte de Beauvau. La maison était alors divisée en deux, et la plus grande était désignée sous le nom d'*hôtel Palatin*, d'où est venu celui de la rue dont elle faisait le coin, et qu'on appela d'abord *rue Neuve-Saint-Sulpice* et aussi *rue du Cimetière*. Cette rue fut longtemps à l'état de projet; car, dès le 4 janvier 1613, le prince de Conty, abbé de Saint-Germain, avait gratifié les habitants du faubourg d'un terrain mesurant onze toises en longueur sur sept en largeur, pour en faciliter le percement, et un arrêt du 5 février suivant avait chargé les trésoriers de France d'en faire le devis; mais la chose traîna en longueur et donna lieu à des procès contre les paroissiens et les marguilliers qui voulaient s'emparer du terrain donné par le prince de Conty. Aussi, quoiqu'une sentence du Châtelet, du 13 février 1642, eût prescrit l'ouverture de la rue, cette ouverture n'eut lieu, en définitive, que le 15 janvier 1651, comme nous l'avons constaté sur un vieux plan.

Maison sans désignation (1595), tenant d'une part et aboutissant au cimetière neuf de Saint-Sulpice, dans lequel elle était déjà absorbée vers 1650.

Cimetière Saint-Sulpice. Le cimetière situé au chevet de l'église Saint-Sulpice, et supprimé lors de la reconstruction de l'édifice, était nommé «le cymetière nou-« veau,» par opposition à l'autre, qui remontait à une époque plus ancienne. Il fut établi sur un quartier de terre cédé aux marguilliers par le savetier J. Marché[1], aux dates des 23 juin et 13 juillet 1539. Ce terrain est énoncé, dans le censier de 1547, «assis devant et contigu la maçonnerye encommencée à faire au chevet « de l'église dudict Sainct Sulpice, où on a faict un cymetière appellé *le cymetière* « *nouveau*; » il aboutissait vers l'orient à la rue Garancière, et vers l'occident à l'église; mais rien n'en laisse voir les limites ni la forme.

Au milieu du xvii° siècle, le cimetière s'étendait en bordure sur les rues du Petit-Bourbon, Garancière et Palatine; mais il avait alors été beaucoup augmenté par l'adjonction successive de l'emplacement de plusieurs maisons faisant front jadis sur les deux premières rues. Le terrain annexé du côté du midi, «tenant « depuis la rue Garancière jusques au coin de la porte dudit cimetière, sortant en « la rue du Pied de Biche » (Servandoni), fut béni, le 15 juin 1631, par le curé Simon de Montereul, qui en excepta néanmoins une zone de onze toises de longueur, au long de la rue projetée (rue Palatine?), laquelle zone fut destinée pour « les enfants mors nez et les noyez non recongnus. » Le nouveau cimetière Saint-Sulpice a disparu sous les constructions de la grande église moderne. Il n'était point encore clos en 1624; car, le 30 mai de cette année, l'abbé de Saint-Germain ordonna qu'on l'environnât de murailles pour parer à divers inconvénients, et particulièrement pour empêcher qu'on y enterrât la nuit des protestants, des hommes tués en duel et des victimes de la contagion, pour l'inhumation desquels il fut prescrit de chercher un lieu éloigné des habitations.

Maison sans désignation, faisant le coin de la rue du Petit-Bourbon. Elle appartint, avant 1595, à J. J. de Magance, Italien, et fut achetée, le 11 février 1658, pour l'agrandissement du cimetière, auquel elle aboutissait d'abord.

Hôtel de Garancière. C'est sur l'emplacement des maisons du côté occidental

---

[1] Ce savetier était le fils de Jean Marché et de Jeanne Montrouge, l'une des plus riches héritières du bourg Saint-Germain. Le métier qu'il exerçait, ou qu'il faisait exercer par ses valets et apprentis, était sans doute plus considéré et plus productif, au xvi° siècle, qu'il ne l'est aujourd'hui. Peut-être Jean Marché, qui était établi au bourg Saint-Germain, en dehors de l'enceinte, réunissait-il en un même atelier les trois spécialités relatives à l'industrie de la chaussure : le métier de *Cordouannier,* celui de *Çavetonnier de petits soulers de bazenne*, et celui de *Çavetier* proprement dit. (Voir, dans le Livre d'Ét. Boileau, dont le Service historique de la Ville de Paris prépare une nouvelle édition, les titres LXXXIV, LXXXV et LXXXVI, 1re partie, où sont énumérés les charges et avantages de ces trois métiers.) — L. M. T.

de la rue Garancière qu'était situé le grand hôtel de ce nom. Les plus anciens de ses propriétaires à nous connus furent messire Guillaume de Dormans [1], puis Mme de Dormans et «le fizicien maître Guibert.» Il appartenait, en 1399, à Yon de Garancière, chambellan du roi, et, vers 1418, à Mme de Garancière, autrement appelée Mme de Bruynissant, vicomtesse de Lentrel, veuve du précédent. Le 6 juin 1457, après avoir été mis en criée, il fut baillé à maître Yves de Scepeaux, président du Parlement. Il n'était point alors en masure, comme le dit Jaillot, mais il en contenait une, ainsi qu'un colombier. Vers 1472, il était possédé par Jacques Montrouge, un des principaux habitants du bourg Saint-Germain; aussi le trouvons-nous énoncé «le cloz Jacquet Montrouge» dans un acte de 1538. A cette époque, il avait passé à la fille de Montrouge, Jeanne, épouse de Jean Marché. Leur fils paraît être celui qui morcela l'hôtel et le vendit par lots séparés. La cession d'une parcelle, faite par lui à Jean Obelyn le 25 mai 1537, est au surplus la seule transaction de ce genre que nous puissions signaler; car nous n'avons vu aucune indication des autres dans les archives de l'abbaye. La transformation de la propriété, avancée déjà en 1536, était complète en 1543.

L'hôtel de Garancière ne renfermait qu'un peu plus de trois arpents; de sorte qu'il ne semble pas possible qu'il ait occupé tout l'îlot compris entre les rues Garancière et Servandoni, dont faisait aussi partie, il est vrai, le pressoir bannier de l'abbaye. (Voir Rue de Vaugirard.) Cependant les limites que lui prêtent les titres sont celles de l'îlot même, et on l'énonce de la manière suivante dans une déclaration passée par Jeanne Montrouge, le 21 février 1522 : «tenant d'une «part tout du long de la ruelle Sainct Sulpice (rue Servandoni), d'aultre aux terres «de Messieurs, esquelles se tient le marché aux chevaulx (îlot entre les rues de «Garancière et de Tournon) durant la foire; aboutissant d'un bout au Cloz aux «Bourgois (le Luxembourg), le chemin (la rue) de Vaugirard entre deux, et «d'aultre bout aux halles et à l'esglise et jardin [du presbytère] de Sainct Sulpice.» Le texte du bail de 1457 montre que l'entrée principale était vers l'occident [2], sur la ruelle devenue la rue Servandoni, et effectivement indiquée, dans un document de 1424, «la ruelle qui va au long de l'ostel de Garancières.»

---

[1] Vraisemblablement le chancelier de France, qui mourut en 1373.

[2] «Tenant, d'une part, au mur du petit cyme-«tière de Sainct Soulpice; aboutissant par devant «au grand cymetière, et par derrière à ung cloz de «vigne nommé le cloz Bruneau; et lesdits jardins à «ung petit cloz de vigne appartenant à Jehan Ma-«checlou.»

RUE DES MAUVAIS-GARÇONS,

OU GRÉGOIRE-DE-TOURS.

La rue des Mauvais-Garçons, à laquelle on a donné depuis peu le nom de Grégoire-de-Tours, commence à la rue de Bussy et finit à celle des Boucheries (de l'École-de-Médecine). Au mois de février 1254, moyennant un cens annuel de quarante sous, Thomas de Mauléon, abbé de Saint-Germain, céda à Raoul d'Aubusson, chanoine d'Évreux, une place de cent soixante pieds carrés, en s'engageant à faire auprès une rue neuve large de trois toises, dont Raoul d'Aubusson ne posséderait que l'usage. La rue ouverte en conséquence de cet accord est celle des Mauvais-Garçons. Elle a conservé jusqu'à nos jours ses anciennes dimensions et son alignement primitif; mais elle a été successivement désignée par cinq ou six vocables différents. On n'a guère signalé que trois de ces appellations. Nous avons recueilli, entre autres, les énonciations suivantes : «*quedam via que in... via Carnificerie Sancti Germani incipit, juxta puteum qui est in dicta via*» (1292); «rue du Champ de la Boucherie» (1292, 1296); «ruelle si comme on dessant là de la Boucherie ou (au) Champ des Bouchiers» (1317); «rue qui va au Pré aux Clercs et au Champ de la Boucherie» (1363); «ruelle qui descend par devers Saine» (1376); «ruelle de la Boucherie» (1378); «ruelle de la Grant Boucherie» (1409); «ruelle de la Boucherie... qui va au Pré aux Clercs» (1415); «petite ruelle de la Boucherie» (1417); «ruelle allant de la Boucherye au Pré aux Clercs» (1471); «rue de l'Escorcherie, dicte la Follye Regnier» (1518); rue «de la Tuerie» (1527); «rue dicte à present la rue de la Follye de l'Escorcherie Regnier» (1543); «rue de la Follye Regnier, autrement dicte des Mauvais Garçons» (1595).

Cette dernière dénomination, que nous avons rencontrée dès 1559, et devant laquelle les autres s'effacèrent dans la seconde moitié du XVI° siècle, provenait d'une enseigne représentant apparemment quelque groupe de ces coupe-jarrets, «mauvais garçons et ribbleurs,» que leurs méfaits rendirent célèbres vers l'époque de Louis XII. Un certain hôtel de la Folie-Regnier lui a fait donner le nom de *rue de la Folie-Regnier*, que Jaillot assure mal à propos avoir été le premier employé. Ceux de *rue de l'Écorcherie* et *du Champ-des-Bouchers* avaient pour raison d'être un abattoir dont il est encore question en 1543; puis une place ou voirie, dans laquelle les bouchers prétendaient avoir le droit de déposer leurs immondices, et qu'ils furent contraints d'abandonner à l'abbaye, en 1362, à la suite d'un procès.

Le Champ des Bouchers, situé derrière des maisons ayant leur façade dans la rue des Boucheries, occupait la plus grande partie de l'îlot compris entre les rues des Mauvais-Garçons, de Bussy et de l'Ancienne-Comédie; car il est décrit, en 1362, comme « assis du cousté de la rivière de Seinne (par rapport à la rue « des Boucheries), en alant au Pré aux Clers; tenant d'une part fossez de la « forteresse de Paris, depuis environ la porte que l'on dit la porte des Cordeliers, « en descendant aval jusques à une autre porte close qu'on souloit appeller la « porte de Sainct Germain des Prez, près l'hostel de mons. Simon de Bucy, et en « venant de là tout droit jusques à une petite rue qui descend de ladite boucherie « droit au chemin pour aler audit Pré aux Clercs. »

C'est du même îlot que dépendaient l'écorcherie mentionnée plus haut et le terrain de Raoul d'Aubusson, que les moines récupérèrent en 1292. Il faisait le coin de la rue des Boucheries, et a été morcelé de telle sorte qu'il n'en reste d'autre trace que le mur mitoyen de la maison de l'Écu, placé à cent soixante pieds environ de la rue des Mauvais-Garçons, et parallèle à sa direction [1]. En 1254, la place ou pièce de terre de Raoul d'Aubusson, *plateam sive peciam terre*, ne contenait aucune construction. Les maisons qu'on y voit sont donc d'origine postérieure; mais, en 1292, il y existait déjà une maison, au moins, à l'encoignure. Alors aussi elle était attenante à un manoir où habitait un évêque d'Orléans, et qui semble avoir fait l'encoignure de la rue de Bussy. L'emplacement de l'îlot bordant vers l'ouest la rue des Mauvais-Garçons devait être déjà bâti en 1254.

La rue des Mauvais-Garçons a donné lieu à de nombreuses contestations entre l'abbaye et l'Université. Nous lisons dans des « articles » rédigés en 1319, pour le compte des écoliers, que la rue était bien « en semblance de voye royal; » mais qu'elle n'était point « parcementée à guise de voye royal, » et qu'elle constituait simplement une « voye privée ou vincinal. » En 1345, l'abbaye en racheta définitivement la possession de l'Université, aux pauvres écoliers de laquelle Raoul d'Aubusson avait cédé tous ses droits quatre ans après son acquisition.

CÔTÉ ORIENTAL.

PAROISSE SAINT-SULPICE.

JUSTICE

ET CENSIVE DE L'ABBAYE.

Maison sans désignation en 1523, puis des « Trois-Mores » (1531-1595), con-

---

[1] Les textes relatifs à la place de Raoul d'Aubusson ne sont pas très-faciles à interpréter graphiquement. Toutefois le passage suivant de la charte de 1292 démontre bien qu'elle faisait effectivement le coin de la rue des Boucheries : *Universitas dicebat quod se jus habebat in platea predicta ex parte qua continuatur cum via predicta, per quam itur ad Fratres minores, in centum et sexaginta pedibus.*

RUE DES MAUVAIS-GARÇONS, OU GRÉGOIRE-DE-TOURS. 177

tiguë à des maisons s'étendant jusqu'au coin de la rue de Bussy. Elle semble avoir été une dépendance de l'hôtel de l'Échiquier, situé rue des Boucheries; elle y aboutissait et appartint au même propriétaire.

Petite maison sans désignation en 1523, puis de la Corne-de-Daim (1628).

Petite maison ayant pour enseigne les Mauvais-Garçons (1518-1687), et contiguë à la maison du coin de la rue des Boucheries. Nous supposons que cette petite maison et les deux précédentes se confondent avec les propriétés qui sont mentionnées dans un titre de 1524 comme attenantes entre elles et consistant : 1° en un petit corps de dix-neuf pieds de longueur sur quatre toises de profondeur; 2° en une grange de pareille largeur et de six toises et demie de profondeur; 3° en un jardin également large de dix-neuf pieds et profond de huit toises. Ces propriétés touchaient, en effet, à celle de Beauvallet, laquelle s'étendait au coin de la rue de Bussy.

CÔTÉ OCCIDENTAL.

PAROISSE SAINT-SULPICE.

JUSTICE
ET CENSIVE DE L'ABBAYE.

« Arpentilz » ou hangars contigus à la maison faisant le coin de la rue des Boucheries et en dépendant au xvi° siècle. Détruits pendant les guerres de la Ligue, ils furent remplacés par trois petites maisons qui étaient déjà construites en 1595, et qui ont été depuis rebâties de façon à n'en former que deux.

Petit appentis, aussi rebâti après la reddition de Paris; puis maison du Dauphin (1628). Le terrain de cette maison avait sans doute dépendu également de celle du coin.

Hôtel de la Folie-Regnier (1399-1543). Il présentait deux pignons sur rue, et son nom donne à croire que c'était, dans l'origine, une maison de plaisance. Annexé, dans le xvi° siècle, à la maison de l'Image-Saint-Martin, située rue des Boucheries, il en dépendait encore en 1628. On a ensuite élevé sur son emplacement trois maisons : celles de *l'Amérique*, de *l'Image-Saint-Martin* et de *la Reine-de-France* (1687).

Maison avec jeu de paume (1595), contiguë à celle du coin de la rue de Bussy, et provenant du morcellement, effectué postérieurement à 1547, d'une des propriétés attenantes. En 1628, le jardin de cette grande maison, où se trouvait le jeu de paume, était séparé de la maison qui avait alors pour enseigne *la Ville-de-Prague*. Les limites de ces propriétés ressortent fort mal de la teneur des titres.

RUE DU GINDRE.

La rue du Gindre commence à la rue du Vieux-Colombier et finit à la rue de Mézières.

Un titre de 1547 [1] fait mention de la rue du Gindre sous son nom actuel, écrit « du Joindre, » qui est le seul qu'elle ait porté. En 1547, la rue du Gindre ne pouvait être que de création très-récente, attendu qu'il n'y en a pas d'indication dans les censiers de 1536, 1543, etc., ni même dans celui de 1547, qui, suivant une fâcheuse habitude, a été calqué servilement sur les précédents. Jaillot s'est mépris en confondant cette voie avec la rue des Champs existant dès 1509, et il n'a pas plus été dans le vrai en imaginant que la rue du Gindre, se prolongeant d'abord jusqu'à la rue Honoré-Chevalier, avait eu une partie de son parcours absorbé dans le noviciat des Jésuites. On n'aperçoit, en effet, aucune trace de cette absorption, et le censier de 1595 prouve que la rue du Gindre, vers la fin du XVI° siècle, se terminait, comme aujourd'hui, à la rue de Mézières. Aussi bien la rue de Mézières paraît-elle marquer le lieu où aboutissait la seconde des maisons le long desquelles la rue du Gindre a été ouverte, et peut-être y avait-il là un sentier qui donna l'idée d'y établir une rue.

Les auteurs ne nous renseignent pas plus sur la cause qui a motivé le nom de la rue du Gindre que sur l'époque de son percement. Mais, comme Honoré Chevalier et Jean Boutevillain, maîtres boulangers, ont été propriétaires de divers terrains dans les environs de la rue du Gindre; comme, en outre, Jean du Verger, aussi boulanger, a possédé un grand hôtel au long de la rue, nous ne doutons point que le nom qui lui a été donné ne soit une allusion à la profession de l'un de ces industriels.

CÔTÉ ORIENTAL.

PAROISSE SAINT-SULPICE.

JUSTICE
ET CENSIVE DE L'ABBAYE.

Maison sans désignation (1595), contiguë à la maison du coin de la rue du Vieux-Colombier.

Maison sans désignation (1595), provenant, ainsi que la précédente, d'un morcellement de la maison du coin.

---

[1] Fonds de Saint-Sulpice, Arch. nat. cart. S 3515. Il n'est point parlé de la rue du Gindre, dans les archives de l'abbaye, avant l'année 1595.

RUE DU GINDRE.

Maison sans désignation (1595), dont la principale entrée, en 1628 et depuis, donnait sur la rue du Pot-de-Fer.

Maison sans désignation (1595), qui faisait hache derrière la suivante, et avait, dès 1628, une issue rue de Mézières. Dans cette maison paraît avoir été absorbée une place vendue par les marguilliers de Saint-Sulpice à Antoine Lantour, le 9 septembre 1547. Elle provenait d'une fondation faite par le charpentier Guillaume Tortu, et mesurait quatre toises de largeur sur neuf de profondeur. Il est dit, dans l'acte de vente, qu'elle renfermait un « commencement de maison » montée jusqu'au second étage, et qu'elle faisait partie d'un plus grand terrain où il y avait plusieurs habitations récemment bâties.

Maison sans désignation (1583), faisant le coin de la rue de Mézières.

CÔTÉ OCCIDENTAL.

PAROISSE SAINT-SULPICE.

JUSTICE
ET CENSIVE DE L'ABBAYE.

Maison sans désignation en 1595, puis du Croissant (1628-1687), faisant le coin de la rue de Mézières. *Entre les rues de Mézières et Charpentier.*

Deux Maisons sans désignation (1595), dont la seconde faisait le coin méridional de la rue Charpentier.

Maison sans désignation (1571), faisant le coin septentrional de la rue Charpentier. *Entre les rues Charpentier et du Vieux-Colombier.*

Appentis (1595) réuni dans la suite à la maison précédente. D'abord c'était aussi un simple appentis. En 1595, la propriété est dite appartenir à Trouillard, sergent des pauvres, et, en 1628, au bureau des pauvres, à qui elle avait effectivement été donnée, le 20 février 1614, par Simon Yvon. Celui-ci l'avait fait bâtir sur l'emplacement d'une masure qui lui avait été vendue par Robert de Templeux, avocat, le 21 décembre 1571, et que ce dernier avait acquise, le 5 septembre 1570, d'Anne Lemaçon. Elle est dite, dans la transaction de 1571, avoir environ cinq toises de largeur sur six de profondeur; mais, dès 1579, elle était aussi profonde que de nos jours, puisqu'elle formait alors l'aboutissant de la maison appelée plus tard *du Barillet*, située rue du Vieux-Colombier.

RUE DE GRENELLE.

La rue de Grenelle a toujours commencé au carrefour de la Croix-Rouge; elle se terminait, comme rue, à la porte de la Tranchée, placée un peu après la rue de la Chaise, et se prolongeait ensuite, sous forme de chemin, par delà le fief de l'abbaye, en passant devant la ferme de Grenelle.

Nous avons dit, en opposition avec Jaillot, que le nom de chemin des Vaches, dans les archives de l'abbaye, est loin d'indiquer toujours la rue Saint-Dominique; nous allons montrer qu'il s'applique très-fréquemment à la rue de Grenelle.

Dans le second triage de l'arpentage de 1529, lequel est compris entre le Pré-aux-Clercs et le chemin représenté par la rue Saint-Dominique, cette dernière voie, mainte fois mentionnée, ne l'est jamais par le nom de chemin aux Vaches[1]. Dans le troisième triage, compris entre les rues Saint-Dominique et de Grenelle, on rencontre, au contraire, de continuelles énonciations du chemin aux Vaches; et il en est de même dans le quatrième triage, où il ne saurait être question de la rue Saint-Dominique, puisque ce quatrième triage est renfermé entre les rues de Grenelle et de Babylone. Il est donc incontestable que le chemin aux Vaches, de l'arpentage, est la rue de Grenelle, séparant le troisième triage du quatrième. Ce fait est, du reste, pleinement confirmé par la rubrique du troisième triage et par plusieurs passages de ce document, où il est parlé de pièces de terre «sur le «chemyn aux Vaches, à l'entrée de la ville,» c'est-à-dire près du carrefour de la Croix-Rouge, «aboutissant d'un bout au chemyn aux Vaches, d'autre bout au «chemyn allant de Sainct Père à Grenelle» (rue Saint-Dominique), ou «aboutis-«sant d'un bout au chemyn aux Vaches, et d'autre bout au chemyn des Treilles» (aussi la rue Saint-Dominique). Nous pouvons encore citer, comme probant au plus haut degré, un titre de 1524, où une maison est dite «faisant le coing de la «rue aux Vaches, tenant... à la grande rue du Four,» en d'autres termes, au carrefour de la Croix-Rouge, et un acte de 1585, où l'on fait allusion à «la rue «aux Vaches près la Croix Rouge.» Toute confusion avec la rue Saint-Dominique est ici absolument impossible.

D'un autre côté, il appert d'un texte de 1542, qui est cité par Jaillot lui-même, et où le chemin aux Vaches est énoncé «autrement dict de la Justice,» que les deux dénominations s'appliquaient à la même voie, et, par suite, si nous établissons que le chemin de la Justice ne peut être la rue Saint-Dominique, nous aurons prouvé que le chemin des Vaches, dans le texte allégué, est la rue de Gre-

---

[1] Ce nom s'y rencontre à peine, et se rapporte à une petite voie de communication perpendiculaire à la Seine (rue Saint-Jean ou Nicot, au Gros-Caillou).

nelle. Or nous savons parfaitement où s'élevait le gibet ou justice de l'abbaye. Plusieurs vieux plans, gravés ou manuscrits, nous ont permis de constater avec toute certitude qu'il était situé à un peu moins de quatre cents mètres de l'axe des Invalides, sur un chemin supprimé lors de l'ouverture de l'avenue de la Motte-Piquet. La rue Saint-Dominique en était éloignée d'environ cent quatre-vingts mètres de plus que la rue de Grenelle; celle-ci méritait donc bien mieux d'être regardée comme le chemin de la Justice que la rue Saint-Dominique, qui, en réalité, ne conduisait point au champ de la Justice. Du reste, les documents ne laissent pas de doute sur le fait que le chemin de la Justice partait, non du voisinage de la chapelle Saint-Père, mais du carrefour de la Croix-Rouge, et les passages suivants en font foi : «Maison... rue du Four» (carrefour de la Croix-Rouge), «tenant d'une part à Jehan Pasquier» (dont la maison faisait le coin de la rue de Sèvres), «et d'autre part au grand chemin tendant à la Justice» (1524). «Cinq quartiers[1] derrière le Sépulchre, tenant... au chemin allant à la Justice «et à l'entrée du boullouer» (le carrefour), «aboutissant d'un bout à la rue du «Sépulchre» (du Dragon), «et d'aultre bout au petit chemin allant dudict Sainct «Germain à Sainct Père» (extrémité de la rue des Saints-Pères). «Cinq quartiers» (les mêmes), «tenant d'une part au chemin du Sépulchre, d'autre au chemin «du cimetière aux malades» (rue des Saints-Pères), «aboutissant d'un bout sur la «terre du Sépulchre, et d'autre bout au chemin qui tend de la rue du Four à la «Justice.»

La rue de Grenelle ne formait donc qu'une seule et même voie avec le chemin de la Justice; mais il faut observer que ce nom lui convenait uniquement dans sa partie orientale, et avant sa bifurcation en deux routes, dont la seconde, située au sud de l'autre et passant au pied même des fourches patibulaires, demeurait le vrai chemin de la Justice. Un autre embranchement, partant de la rue de Grenelle à la hauteur des fourches, l'a fait également dénommer quelquefois «chemin «du Port» (1529, 1535), et cela dans le voisinage même de la Croix-Rouge.

Le censier de 1355 indique «deux chemins aux Vaches,» et l'un de ces chemins est forcément la rue de Grenelle. On a dit en 1416 : «le petit chemin aux «Vaches comme l'on va à Grenelle;» en 1419 : «le petit chemin aux Vaches,» et en 1419 aussi : «le grand chemin des Vaches.» A la même époque, se trouve énoncé «le chemin de la Justice, dit, en certains cas, grant chemyn de la Justice» (1534), ou «chemin tendant à la Justice.» Divers titres offrent des exemples de l'emploi simultané des deux dénominations.

La rue de Grenelle était la voie centrale parmi celles qui conduisaient au territoire de Grenelle, et elle peut ainsi se confondre avec «la voye de Garnelles»

---

[1] Il s'agit de la partie méridionale de l'îlot compris entre les rues du Dragon et des Saints-Pères.

du censier de 1355. On l'appelait sûrement « le grand chemin de Garnelles » en 1440, et cette locution, ainsi que celle de « chemin de Garnelles, » était fort communément usitée au XVIe siècle. Sur un plan de 1670, nous avons lu « chemin « de la Forest, » et, sur un autre de 1674, « rue de la Grande Forest, » à cause du territoire de la grande forêt, placé là où a été bâti depuis l'Hôtel des Invalides. Sur un troisième plan, dressé en 1696, la rue de Grenelle est appelée *le petit chemin de Grenelle*, par opposition au chemin de la Justice, appelé abusivement *grand chemin de Grenelle*.

CÔTÉ MÉRIDIONAL.

PAROISSE SAINT-SULPICE.

JUSTICE
ET CENSIVE DE L'ABBAYE.

Entre le carrefour de la Croix-Rouge et la rue de la Chaise.

PETITE MAISON sans désignation (1532), contiguë à celle qui faisait le coin du carrefour de la Croix-Rouge. Allain Leclerc, qui la possédait, l'augmenta, en 1529, d'une place profonde de onze pieds d'un côté, de dix-sept pieds de l'autre, et large de sept toises un pied, ce qui mit la maison à l'alignement de celle du coin.

MAISON sans désignation (1532), qui appartenait, en 1532, au boucher Pierre Tubœuf. Il n'en était, du reste, que le troisième possesseur.

PETITE MAISON couverte de chaume, laquelle était en masure vers 1532, et abattue à la fin du siècle.

MAISON ET GRAND JARDIN (1595), qui, en 1628, appartenait à Sébastien Zamet, évêque de Langres, et s'étendait alors, derrière les propriétés suivantes, jusqu'à la rue de la Chaise, sur laquelle elle avait issue. La maison de S. Zamet fut donnée par lui, le 4 novembre 1651, à Marie-Christine Zamet, femme de Hector Roger de Pardailhan de Gondrin, marquis d'Antin, et, le 28 mai 1657, Marie Zamet la vendit à Louis Foucault de Saint-Germain, maréchal de France, dont la veuve s'en défit, le 23 mars 1661, au profit du conseiller Pierre de Beauvais et de sa femme Claude de Bellier. Appelée, depuis, l'hôtel de Beauvais, la maison fut acquise, le 4 mai 1686 [1], des créanciers de la famille de Beauvais, par la communauté des Petites-Cordelières, qui y demeurèrent jusqu'à l'époque de leur suppression, en 1749. Le terrain de l'hôtel fut encore vendu et morcelé.

MAISON ou « PLACE » servant de bouverie (1595).

[1] D'après le censier de 1687. Jaillot indique le 15 mai 1687, et nous trouvons, dans un des dossiers de l'abbaye, la date du 15 mai 1686, que donne aussi Piganiol.

Quatre petites maisons sans désignation (1595). Elles étaient aussi à l'état de masure, ainsi que la plupart des précédentes, plusieurs années après le siége de Paris.

Trois maisons sans désignation, dont la dernière faisait le coin oriental de la rue de la Chaise.

Maison et tuilerie (1595) faisant le coin occidental de la rue de la Chaise. Cette maison était la dernière de la rue de Grenelle, à la fin du XVIᵉ siècle; au delà et tout auprès passait la Tranchée.

<small>Entre les rues de la Chaise et du Bac.</small>

CÔTÉ SEPTENTRIONAL.

PAROISSE SAINT-SULPICE.

JUSTICE
ET CENSIVE DE L'ABBAYE.

Masure attenante aux remparts (1595), c'est-à-dire à la Tranchée.

Maison et tuilerie (1595) appartenant à Julien Heude, et vendues par lui, le 21 juillet 1618, à Guillaume Martin. En 1628, les dépendances de cette propriété s'étendaient jusqu'à la rue Saint-Guillaume et bornaient, par derrière, la maison suivante.

<small>Entre les rues du Bac et Saint-Guillaume.</small>

Petit appentis et jardin (1595), puis maison en deux corps d'hôtel (1628).

« Terre » (1595) formant le coin occidental de la rue Saint-Guillaume et appartenant à l'église Saint-Jean-en-Grève. D'après le censier de 1595, elle faisait hache derrière le jardin précédent, ce qui donne à penser qu'elle a été en partie absorbée dans la tuilerie de Heude. Divers censiers antérieurs, entre autres celui de 1532, mentionnent la terre d'un arpent que les marguilliers de Saint-Jean-en-Grève possédaient en la rue Saint-Guillaume, mais ne l'indiquent point du tout comme constituant l'encoignure de cette rue.

Maison et grand jardin (1595) faisant le coin oriental de la rue Saint-Guillaume. La partie de cette propriété qui était en bordure sur la rue de Grenelle provenait d'un demi-arpent de terre baillé à bâtir à Arnoul de l'Isle, le 19 octobre 1529.

<small>Entre les rues Saint-Guillaume et des Saints-Pères.</small>

Deux maisons avec jardins (1595), dont l'une a eu pour enseigne *le Bœuf-Couronné* à la fin du XVIᵉ siècle.

Maison en plusieurs corps d'hôtel (1595), faisant le coin occidental de la rue des Saints-Pères. Elle fut élevée, avec les maisons de l'article précédent, sur un terrain d'environ un demi-arpent baillé à Jean Salmon en 1529 (?), et possédé aussi plus tard par Arnoul de l'Isle.

184 TOPOGRAPHIE HISTORIQUE DU VIEUX PARIS.

Entre les rues des Saints-Pères et du Dragon. Avant le xvii° siècle, la rue de Grenelle n'était bordée, entre les rues des Saints-Pères et du Dragon, que par le flanc d'une maison aboutissant sur chacune de ces deux rues.

RUE SAINT-GUILLAUME,

ANCIENNE RUE DES ROSIERS.

La rue des Rosiers, aujourd'hui réunie à la rue Saint-Guillaume, commençait à la rue Saint-Dominique et finissait à la rue de Grenelle.

On la considérait d'abord comme ne faisant qu'une même voie avec la rue de la Chaise, et on la désignait, en conséquence, sous la même dénomination. Elle est ainsi énoncée : « chemin qui tend de l'église Sainct Père à la Maladerie, » dans un document de 1523, et « chemin qui va de Sainct Père à la Maladerie, » dans l'arpentage de 1529. Nous la reconnaissons aussi avec certitude « dans ce chemyn « du cymetière Sainct Père » que mentionne un titre de 1502. Elle ne prit un nom spécial qu'à la fin du xvi° siècle, époque où le sieur du Plessis, l'un de ses habitants, lui donna son nom, comme on le voit dans les censiers de 1595 et 1628. La dénomination de *rue des Rosiers* apparaît sous Louis XIII avec la variante de *rue Neuve-des-Rosiers*. Nous en ignorons l'origine, mais il n'est pas probable, ainsi que le suppose Jaillot, que la rue ait été ouverte alors sur un champ de rosiers, puisqu'elle existait authentiquement cent ans plus tôt, et que plusieurs désignations ont été en usage avant celle-là.

CÔTÉ DU SUD-EST.

PAROISSE SAINT-SULPICE.

JUSTICE

ET CENSIVE DE L'ABBAYE.

Petite maison, jardin et masure (1595), qui dépendaient d'une maison de la rue des Saints-Pères, et appartinrent, vers le milieu du xvi° siècle, à Louis Vachot, président des Monnaies; vers 1595, à la demoiselle Tristan et au sieur du Plessis, ayant cause du médecin Frontebœuf; puis, en 1628, au maçon Salomon de la Fond. En 1628, une maison que nous supposons être un morcellement de celle-ci la séparait de celle du coin de la rue Saint-Dominique. Cette maison intermédiaire a été absorbée dans l'hôtel de Matignon.

PETITE MAISON ET PETIT JARDIN (1595), à la place desquels se trouvait, en 1628, un jardin dépendant d'une vaste maison de la rue des Saints-Pères. Ce jardin était attenant à un autre qui faisait le coin de la rue de Grenelle.

CÔTÉ DU NORD-OUEST.

PAROISSE SAINT-SULPICE.
JUSTICE
ET CENSIVE DE L'ABBAYE.

MAISON sans désignation (1595), que nous croyons avoir réussi à identifier, et qui, en 1628, était attenante à des dépendances de la tuilerie Martin. Ces dépendances étaient contiguës à la maison du coin de la rue de Grenelle; mais le censier de 1595 n'en fait point mention.

MAISON sans désignation, contiguë à la propriété faisant le coin de la rue Saint-Dominique. En 1595, elle appartenait à la nièce du sieur de la Guyterie, et ce doit être celle où se trouvait, en 1628, une bouverie possédée par la Sorbonne.

RUE HONORÉ-CHEVALIER.

La rue Honoré-Chevalier commence à la rue du Pot-de-Fer, aujourd'hui rue Bonaparte, et finit à la rue Cassette.

Honoré Chevalier, maître boulanger de Paris [1], qui possédait du terrain au lieu où cette rue a été ouverte, lui a fait donner le nom qu'elle porte, et, par conséquent, c'est bien à tort que, dans quelques documents, assez modernes pour la plupart, elle est appelée rue du Chevalier ou du Chevalier-Honoré. Le rédacteur du censier de 1628 la désigne par la formule à la fois compliquée et confuse de «rue Verger du Chevalier Honoré, dicte du commissaire Juveau.» Il y a là plusieurs erreurs : la rue Honoré-Chevalier, en effet, a toujours été très-distincte de «la rue Verger,» qui s'appelait en réalité *Henri du Verger*, et le commissaire en question s'appelait de son vrai nom *Jaulneau*.

Maître Germain Jaulneau, examinateur au Châtelet, et Pierre Le Teincturier, acquirent, antérieurement à 1531, deux arpents et demi de terre, qui, situés sur les rues Cassette et de Vaugirard, avaient appartenu à Honoré Chevalier; de

[1] C'était un des héritiers directs de Jean de Verger, riche propriétaire, qui a lui-même donné son nom à la rue voisine, appelée depuis rue du Pot-de-Fer et réunie à la rue Bonaparte. Honoré Chevalier était déjà mort en 1544, et avait épousé Antoinette Rigault, qui lui survécut.

sorte qu'il n'est point surprenant que la rue Honoré-Chevalier ait été dite aussi rue du Commissaire-Jaulneau. Il semble même que cette dernière désignation, eu égard à l'emplacement des terrains de Jaulneau, convenait mieux à la rue Honoré-Chevalier qu'à la rue Mézières, à laquelle elle a été pareillement appliquée. La plus ancienne mention de la rue Honoré-Chevalier que nous ayons rencontrée ne date que de 1561; mais la rue devait exister depuis plus de vingt ans à cette date.

CÔTÉ MÉRIDIONAL.

PAROISSE SAINT-SULPICE.
JUSTICE
ET CENSIVE DE L'ABBAYE.

Ce côté de la rue était bordé, au xvi° siècle, par trois maisons dont l'entrée était située en l'une des rues du Pot-de-Fer, de Vaugirard ou Cassette, et dont nous parlons à l'article de ces rues.

CÔTÉ SEPTENTRIONAL.

PAROISSE SAINT-SULPICE.
JUSTICE
ET CENSIVE DE L'ABBAYE.

Hôtel de Mézières (voir Rue de Mézières), formant, d'une part, le coin de la rue du Pot-de-Fer, et attenant, de l'autre, à une maison faisant le coin de la rue Cassette.

RUE DU PETIT-LION.

Cette rue commençait à la rue de Condé et finissait à la rue de Tournon; elle fait aujourd'hui partie de la rue Saint-Sulpice.

Suivant un titre de 1422, la maison de l'Image-Saint-Michel, sise en la rue des Boucheries-Saint-Germain, aboutissait «à certains champs appellés Cloz Bru-«neau.» D'après un autre titre de 1509, la rue des Quatre-Vents était attenante à ce clos; c'est donc sur une partie de son emplacement qu'a été ouverte la rue du Petit-Lion. Cette dernière voie n'existait point encore au milieu de l'année 1501, puisque les terrains qui ont formé plus tard l'îlot compris entre ladite rue et celle des Quatre-Vents sont alors énoncés aboutir, d'un côté, sur la rue des Quatre-Vents, et, de l'autre, «aux terres.» Mais la création de l'îlot, effectuée par la vente de ces terrains, au mois d'août 1501, fut l'origine même de la rue du Petit-Lion, dont l'âge se trouve ainsi nettement fixé.

Dans un grand nombre de documents du xvie siècle, la rue du Petit-Lion est désignée par des formules qui lui étaient communes avec la rue des Quatre-Vents. Telles sont celles de «rue qui descend de la Grant rue Neufve (de Condé) «à la porte des champs de la Halle» (1523, 1531, etc.); «rue allant à la «Foire» (1521); «rue de la Foire» (1514, 1530, etc.). Néanmoins, dès 1524, la rue du Petit-Lion avait un vocable spécial, et elle s'appelait *rue Combault*, à cause de Pierre Combault, chanoine de Romorantin, qui y demeurait. La maison qu'habitait ce personnage ayant eu ensuite pour enseigne le Petit-Lion, cette dénomination fut donnée à la rue, qu'on trouve désignée plus tard, dans le censier de 1595, «rue du Clos Bruneau, dit Petit Lyon,» et dans les accensements de 1510, «rue du Cloz Bruneau» seulement. Le plus ancien titre que nous ayons rencontré avec l'appellation de rue du Petit-Lion est de 1565.

CÔTÉ MÉRIDIONAL.

PAROISSE SAINT-SULPICE.

JUSTICE
ET CENSIVE DE L'ABBAYE.

Maison du Cœur-de-France (1628-1687), d'abord contiguë à la maison faisant le coin méridional de la rue de Condé. Elle paraît n'avoir point encore existé en 1595, et elle a été élevée sur un emplacement pris aux dépens de la maison du coin.

Maison sans désignation en 1522, puis ayant eu les enseignes du Petit-Lion (1595-1628) et du Panier-Fleuri (1687). Elle fut achetée, le 14 avril 1524, par le chanoine Combault, auquel la rue dut son premier nom.

Maison sans désignation (1522). Le terrain de cette maison et de la précédente, mesurant neuf toises par devant, huit par derrière et treize de profondeur, fut acheté par Étienne Rousseau, le 17 février (ou le 15 mars) 1510.

Maison sans désignation (1522), qui fut bâtie sur un lot de terre vendu, le 10 février 1510, au nommé J. Baudart. Elle était déjà divisée en deux à la fin du xvie siècle, et le second des corps d'hôtel dont elle se composait a eu pour enseigne *la Bannière-de-France* (1628-1776). D'après les inventaires de l'Hôtel-Dieu, la maison de *la Bannière-de-France* fut donnée à cet établissement, le 19 mai 1535, par Jean Baudart; elle avait alors pour enseigne *la Prise Saint-Jean (sic)*.

Maison sans désignation en 1522, puis de « la Petite Herpe » (1628) et des Armes-de-Bourgogne (1687). Elle a été construite, avec la suivante, sur un terrain d'environ neuf perches de superficie, acheté de l'abbaye, le 9 février 1510, par Jean Signeau.

Jardin (1522), puis maison de l'Image-Notre-Dame (1523-1628) et de la Croix-Verte (1687), faisant le coin méridional de la rue de Tournon.

CÔTÉ SEPTENTRIONAL.

PAROISSE SAINT-SULPICE.

JUSTICE
ET CENSIVE DE L'ABBAYE.

Maison sans désignation (1520), faisant le coin de la rue du Brave (de Seine) et aboutissant rue des Quatre-Vents. A la place de cette maison il s'en trouvait deux en 1570, et, en 1628, on en comptait trois sur la rue des Quatre-Vents et quatre sur la rue du Petit-Lion. Parmi ces dernières, la deuxième avait pour enseigne *la Foi*, et la troisième, *l'Espérance*. Nous n'avons pas retrouvé le premier bail du terrain de ces maisons.

Maison sans désignation (1522), aboutissant rue des Quatre-Vents. En 1628, elle formait deux propriétés, dont la première avait pour enseigne *la Ville-de-Clamart*, et occupait, à ce qu'il semble, l'emplacement du jardin de la maison primitive, qui, vers 1540, appartenait au nommé « Jean Yllebec, paticier de « la Bazoche. » Le terrain de cette maison fut baillé, en 1501, à Jean Lefort. Il contenait environ un demi-quartier, et est dit situé « sur le hault de la voirie; « tenant d'une part à la voie (rue des Quatre-Vents), d'aultre part aux terres; « aboutissant d'un bout à la voie du coing du clos de Navarre (vers le couchant) « et d'aultre bout à Jehan de Louvres. » Il semble donc avoir formé alors l'extrémité occidentale de l'îlot, qui aura été allongé plus tard.

Jardin (1522) qui aboutissait rue des Quatre-Vents, et sur l'emplacement duquel il y avait, à la fin du XVIe siècle, deux maisons avec un jeu de paume. Le sol de ce jardin, renfermant un demi-quartier, fut baillé, le 26 août 1501, à Jean de Louvres, et vingt ans plus tard il était déjà divisé en deux parcelles, appartenant à des propriétaires différents. Nous avons parlé, à l'article de la rue de Condé, des maisons élevées sur le quatrième lot de terrain, qui, avec les trois précédemment mentionnés, a formé l'îlot compris entre les rues du Petit-Lion et des Quatre-Vents.

Il paraît avoir existé, en 1608, dans la rue du Petit-Lion, une maison ayant pour enseigne *l'Enfant-Perdu*.

QUAI MALAQUAIS

ET EMPLACEMENT DU QUAI VOLTAIRE.

Au lieu où est aujourd'hui le quai Malaquais, il existait «ung chemin de char-«roy» qui longeait la rivière, et auquel la fermeture répétée de la porte de Nesle ne permit pas de prendre une grande importance avant la seconde moitié du xvie siècle; aussi n'en trouve-t-on des mentions qu'à une époque assez récente. Il passait probablement sur le sommet d'une sorte de levée qui protégeait les terrains voisins contre les inondations, et qu'un titre de 1519 énonce «le dodasne (dos «d'âne) de la rivière de Seyne.» Ce dos d'âne, que les religieux de l'abbaye louaient pour qu'on y fît sécher des toiles, ayant été exhaussé par des décharges de décombres [1], finit par se transformer en un véritable quai, non revêtu de maçonnerie, si ce n'est peut-être auprès des fossés de la ville. Là se trouvait, en effet, un emplacement qu'on appelait «le Heurt du port aux Passeurs» (1530), et l'expression de *heurt*, encore usitée dans les campagnes, désigne un petit mur de soutènement. Dès 1510, il est d'ailleurs plusieurs fois question du quai situé en cet endroit; toutefois le nom de quai Malaquais, qui fut d'abord écrit *Malacquest*, et dont nous ignorons l'étymologie exacte [2], ne semble pas avoir été anciennement employé. Nous l'avons rencontré pour la première fois dans un document de 1581. En 1636, la voie du quai n'était encore entièrement pavée que sur une largeur de trois toises, auprès des maisons, et jusqu'à la hauteur de l'hôtel de Brienne. Au delà, le pavé ne se montrait que par intervalles.

Placé en face du Louvre, le quai Malaquais fut longtemps le seul point où s'embarquaient les habitants du bourg Saint-Germain, quand ils voulaient se rendre sur la rive droite sans remonter jusqu'aux ponts de la Cité. Avant la construction du pont Neuf, le service de passage, rendu facile par la création d'un bac, devait y être fort actif, circonstance d'où provient le nom de port aux Pas-

---

[1] En 1554, le Parlement ordonna aux charretiers de ne plus porter leurs gravois au Pré-aux-Clercs, mais de les déposer le long de la rivière, pour prévenir ses débordements.

[2] Le nom de *Mal-acquest* (mauvais acquêt) est peut-être le surnom d'un individu mal famé, peu délicat dans ses acquisitions; en effet, il n'y a point d'apparence qu'un territoire ainsi appelé ait jamais existé dans les environs de la porte de Nesle, à quelques pas seulement de l'enceinte de Philippe-Auguste. On écrit maintenant *Malaquais*, ce qui est une orthographe abusive.

seurs, que nous venons de signaler. On disait également « le port de Nesle » (1491), ou *le port Saint-Germain* (1510), et nous voyons que des bateaux y venaient décharger leur cargaison; mais, soit que le commerce s'y fût éteint, soit qu'on n'y pût exercer librement tous les genres de trafic, le 11 avril 1580, les vassaux de l'abbaye firent observer qu'ils étaient obligés de se battre au quai de l'École pour avoir du bois, et ils supplièrent le roi de permettre qu'on établît, au bout de la rue de Seine, un port qu'on appellerait « le port du Roy de Po- « longne. » Cette demande ne paraît point avoir eu plus de résultat qu'une requête analogue présentée à Henri II en 1550, en même temps qu'on sollicitait de lui une clôture pour les faubourgs.

Au droit de la rue de Seine existait, en 1543 et depuis, un abreuvoir qui datait sans doute d'une époque reculée, et, au devant du quai Malaquais, en 1500 et 1535, une partie de la rivière, affermée à des pêcheurs, était désignée par l'appellation de « la Tuillecte. »

Le port aux Passeurs et le quai Malaquais commençaient au fossé de la ville, et, s'étendant peu vers l'occident, n'avaient, de ce côté, que des limites vagues. En aval, antérieurement au règne de Louis XIII, le chemin du bord de l'eau n'avait point de nom particulier, ou il prenait celui des territoires qu'il séparait de la rivière, et que nous examinerons successivement. (Voir planche V.)

<small>Entre les rues du Fossé et de Seine.</small>

Îlot de la Butte, compris entre le quai Malaquais, la rue de Seine, la Petite rue de Nesle, et la rue du Fossé ou Mazarine. Il eut pour origine le bail fait le 6 septembre 1530, à charge de bâtir, aux nommés Nicolas Canivet, dit Grandval, charpentier de bateaux, et Jacques Audouart, de deux lots de terrain de dix perches et demie chacun [1], usurpés sur la pièce de Gilles le Maître (voir Rue Mazarine). Le lot de Jacques Audouart se composait de la moitié orientale de l'îlot, et, en 1532, avait été cédé à Canivet, qui le confondit avec le sien. Le tout passa ensuite à la veuve de Canivet, qui épousa le tonnelier Guillaume Mercureau. Leurs héritiers ayant, dans la seconde moitié du XVIe siècle, divisé la propriété en parcelles, elle forma, sur le quai, les maisons suivantes :

Maison de l'Image-Notre-Dame (1579-1628), puis de la Croix-de-Lorraine (1660), faisant le coin de la rue Mazarine. Elle présentait trente-quatre toises de superficie, lorsque, le 12 mars 1663, elle fut acquise par les exécuteurs testamentaires du cardinal Mazarin, qui démolirent tout l'îlot, pour élever, sur son emplacement, les bâtiments du collège des Quatre-Nations. Cette maison, ou l'une des suivantes, appartenait, vers 1590, à Georges Renier, « cappitaine du « batteau du Roy, » c'est-à-dire patron de la barque sur laquelle le roi passait la rivière, lorsqu'il se rendait directement au faubourg Saint-Germain.

---

[1] L'îlot ne contenait pourtant point vingt et une perches; nous n'en connaissons d'ailleurs que le périmètre, car nous n'en avons jamais trouvé aucun plan détaillé.

QUAI MALAQUAIS ET EMPLACEMENT DU QUAI VOLTAIRE.   191

Maison sans désignation en 1595, puis du Montier-d'Or (1628). Elle fut achetée le 31 mars 1663, et contenait dix-sept toises de surface.

Maison sans désignation en 1595, puis de l'Image-Saint-Antoine (1628) et du Petit-Louvre (1660). Achetée le 29 mars 1663, elle était large de deux toises et profonde de cinq.

Maison sans désignation (1595), faisant le coin oriental de la rue de Seine, et acquise, pour être abattue, le 15 octobre 1663.

Séjour de Nesle. Dès le commencement du xive siècle, l'hôtel de Nesle avait pour dépendances des jardins situés au delà de l'enceinte de la ville. Nous trouvons, en effet, dans une charte de 1317, la mention d'une place qui s'étendait entre la chapelle Saint-Martin-des-Orges et les murs du jardin de Nesle : *platee site inter capellam Sancti Martini de Ordeis et muros jardini de Nigella*. Cinquante ans plus tard, ces jardins étaient disparus, puisque, dans un titre de 1368, relatif à la même région, il est parlé de «la place où jadiz furent les jar- «dins de Nesles.» Le souvenir de ces jardins, dont les historiens n'ont point eu connaissance, ne pouvait être effacé en 1380, quand le duc de Berry devint possesseur de l'hôtel de Nesle, et de là lui vint sans doute le projet d'en créer de nouveaux, projet qu'il réalisa en faisant acheter, en son nom, le 13 janvier 1385, deux tuileries, l'une renfermant deux arpents et demi, et l'autre cinq. L'acquisition n'eut point lieu d'ailleurs sans rencontrer, de la part des moines de l'abbaye, une opposition à laquelle mit fin une transaction du 3 avril 1399, qui leur valut la propriété de l'hôtel de Navarre.

Sur les terrains vendus au duc de Berry en 1385, il disposa des jardins, des granges, ainsi que des écuries, et le tout prit le nom de *Séjour de Nesle*. Monstrelet raconte qu'en 1411 les Parisiens, irrités contre le duc de Berry, allèrent saccager son château de Bicêtre et le Séjour de Nesle. «En après, dit-il, en faisant «plusieurs autres maulx, vindrent encore abatre et destruire une autre maison «sur la rivière de Seine, où icellui duc tenoit ses chevaulx et n'estoit point loing «de l'ostel de Néelle, au dehors de la porte⁽¹⁾.» Les fragments de comptes que nous publions aux appendices fournissent quelques détails sur les divers travaux de réparation qui furent faits au Séjour de 1412 à 1416, et sur la disposition intérieure des écuries. Le duc de Berry étant mort en 1416, le Séjour revint à la couronne, et Charles VII, en 1446, le donna au duc de Bretagne en même temps que l'hôtel de Nesle. Il est très-douteux, toutefois, que le Séjour eût été complétement relevé de ses ruines après 1411. Quoi qu'il en soit, en 1449 il devait être détruit, puisque les sept arpents qui le formaient sont alors indiqués comme le lieu «où jadis soulloit estre le Séjour de Nesles,» et appartenaient à Antoinette Magnac, qu'une sentence du 24 mars contraignit à payer ses redevances.

_{Entre les rues de Seine et des Petits-Augustins.}

⁽¹⁾ *Chron.* t. II, p. 197 de l'éd. Douët d'Arcq.

Suivant l'acte de vente de 1385, les terrains du Séjour étaient limités par le chemin formant aujourd'hui la rue Bonaparte, le Petit-Pré-aux-Clercs, le chemin du bord de l'eau et les fossés de Nesle. Doit-on en induire qu'il atteignait le bord même des fossés? Ce qui tendrait à le faire croire, c'est que l'îlot borné par la rue de Seine, auquel, dans le xvi⁰ siècle, était demeurée l'appellation de Séjour de Nesle, ne contenait guère que six arpens. Mais, d'un autre côté, il est tout à fait invraisemblable que la rue de Seine coupât en deux le Séjour, dont le principal corps d'hôtel, suivant un article des comptes de 1416, paraît avoir été large de quarante toises et profond de vingt-quatre. Cette superficie se conçoit très-bien dans l'îlot situé à l'ouest de la rue de Seine, et n'a jamais pu exister dans l'îlot situé sur le bord du fossé. Au reste, dans la cession que, le 17 janvier 1486, Jean Spifame, écuyer du roi, fit au tuilier Robin de Montrouge de la «masure et jardin appelé le Séjour de Nesles,» et de huit arpens attenants, il est dit que la totalité était bornée par la rue de Seine[1].

La partie, en bordure sur le quai, de l'îlot compris entre les rues de Seine et des Petits-Augustins, formant une pièce de deux arpens, fut vendue, le 2 septembre 1519, par Antoine de la Vernade aux gouverneurs de l'Hôtel-Dieu. Elle était toute en culture, lorsque ceux-ci la baillèrent à bâtir, l'an 1538, ainsi que l'exprime l'article suivant du censier de 1547 : «Nouveaulx bastiemens sur l'eaue «de la rivière de Seyne, des terres dudict Hostel Dieu; par icelluy Hostel Dieu «baillez à rente, l'année mil cinq cens trente huict. De Jehan Haultebesse, orfé-«vre, Pierre Reboures, la veufve et héritiers feu Jehan Sollayne, Jehan du Mas, «m⁰ de la poste à Paris, comme ayant droict de Pierre Boutin et Jehan Loret, et «de maistre Antoine de Gouzolles, ou lieu dudict Boutin, pour six quartiers sept «perches de terre, faisant ung arpent et demy sept perches ou environ en une «pièce assise audict lieu de Sainct Germain des Prés, le long de la rivière de Seyne. «Esquelz lieux chacun des propriétaires ont basty maisons manables; mesme-«ment ledict du Mas, une maison couverte d'ardoyse, faisant le coin de la rue «de Seyne, tenant la totalité des six quartiers sept perches de terre, d'une part «et d'aultre à deux chemyns descendans de l'abbaye dud. Saint Germain des Prés «à ladicte rivière (rues de Seine et Bonaparte), d'aultre part à ladite rivière «de Seyne, et par hault audict Hostel Dieu. Lesquelz six arpens sept perches «de terre, qui, par les commis de par la cour du Parlement au régime et gou-

---

[1] Une indication semblable est fournie par le texte de la sentence de 1449, où on lit l'énoncé suivant : «Place vuyde, masure et terres entrete-«nans, contenant toult ensemble deux arpens ou «envyron, où jadis souloit estre le séjour de Nelles, «sur la rivière de Seine; tenant toult au long d'une «part à lad. rivière, et d'aultre part aux terres de «lad. église; aboutissant d'ung bout à ung grant «fossé par lequel se vuyde l'eaue des fossez de lad. «église abbaye dud. Saint-Germain à Seine, et «d'aultre bout à *ung chemin par lequel on va de lad.* «*abbaye à icelle rivière.*»

QUAI MALAQUAIS ET EMPLACEMENT DU QUAI VOLTAIRE. 193

« vernement du revenu et temporel dudict Hostel Dieu de Paris, furent baillez à
« tiltre de rente ausd. Boutin et Gelin, dès l'an mil cinq cens trente huit, le
« vendredi dixiesme jour de janvier, ausdicts Boutin et Gelin doibvent de cens
« chacun an, ledict jour Sainct Remy, au pris de douze deniers par l'arpent,
« XXII^d ob. p.[1] »

Les maisons de Du Mas et consorts sont mentionnées dans le censier de 1543, mais sans aucun détail; celle de Pierre de Sollayne, probablement fils de Jean, est dite, en 1568, n'être que commencée et contenir un jeu de paume. A la fin du XVIe siècle, toutes ces maisons étaient ainsi disposées :

MAISON sans désignation (1595), appartenant à M. de Vinot (*alias* de Minon) et contiguë à la maison de Du Mas faisant le coin occidental de la rue de Seine.

MAISON sans désignation (1595), appartenant au contrôleur Du Mas, s'étendant derrière la suivante et communiquant sans doute avec celle du coin de la rue de Seine. Cette maison et la précédente furent démolies pour la construction de l'hôtel de la Reine-Marguerite, et, après le morcellement de cet hôtel, elles furent remplacées par deux propriétés : 1° une maison double qui appartint, en 1628, à M. de Sève, sieur de Forêt, puis à Mme Dorat (1687), dont l'héritier, Claude-Joseph Dorat, sieur de la Barre, s'en défit, le 25 avril 1733, au profit de Nicolas Talliot; 2° une maison qui appartint à M. de Garsaulan en 1628, puis à Antoine Loisel, conseiller au Parlement, à sa fille Élisabeth, femme de Charles de l'Aubépine, marquis de Châteauneuf, et, en 1702, à leur fils, le marquis de l'Aupépine, seigneur de Varise.

MAISON ET JEU DE PAUME dit DU ROI-CHARLES (1595).

MAISON sans désignation (1595), faisant le coin oriental de la rue des Petits-Augustins. Ainsi qu'on le constate par le procès-verbal de 1620, cette maison, ou tout au moins le jeu de paume qui y était attenant, ne disparut point quand on construisit l'hôtel de la Reine-Marguerite, mais y demeura à l'état d'enclave. Sur ce même emplacement, en 1628, il y avait une maison aussi appartenant à M. de Garsaulan, qu'on nomma ensuite *l'hôtel d'Hollande* (1687).

LA CHARITÉ ou LE SANITAT. On appelait ainsi, au XVIe siècle, le terrain compris entre le quai, le Grand-Pré-aux-Clercs, le chemin de Saint-Père (la rue des Saints-Pères) et la Petite-Seine, ou, plus tard, le chemin de la Noue (rue Bonaparte), à cause de certain hôpital que François Ier voulut y créer, et pour la fondation duquel il donna une somme de 10,000 livres tournois, par lettres patentes du 13 août 1519, où le but et la raison d'être de l'établissement sont indiqués en ces termes : « Comme pour éviter à la contagion des malades de peste, « qui peut advenir quant les malades et actainctz de peste sont portez en l'Hostel

Entre les rues Bonaparte et des Saints-Pères.

[1] Arch. nat. reg. 44, 1125, fol. 190 v°.

« Dieu de nostre bonne ville et cité de Paris, logez et couchez avec les autres ma-
« lades de diverses maladies, qui y affluent journellement, nous ayans advisé.....
« faire bastir et construire une grant closture de maison qui se nommera *la Charité*,
« hors et audessoubz nostre dicte ville de Paris, et le plus près d'icelle que faire
« se pourra, et sur la rivière de Seine. En laquelle seront portez et logez doresna-
« vant lesdicts pestillencieux, quant le cas y adviendra. Pour laquelle Charité en-
« commencer, etc. [1] »

Le même jour, 13 août 1519, d'autres lettes patentes chargèrent les gouverneurs de l'Hôtel-Dieu de diriger les travaux, de les payer et de faire les acquisitions de terrains nécessaires. Ils achetèrent en conséquence, le 2 septembre suivant, de M° Antoine de la Vernade et au prix de 160 livres tournois, deux pièces de terre longeant le quai : l'une contenant deux arpents et située entre la rue de Seine et le canal de la Petite-Seine; l'autre contenant cinq arpents, située au delà du canal. Le 19 septembre, ils achetèrent une troisième pièce de terre, voisine des fossés de la ville (voir Rue Mazarine); mais ils n'en avaient pas grand besoin, car la pièce de cinq arpents acquise d'Antoine de la Vernade offrit assez de surface pour y bâtir l'hôpital, après toutefois qu'on l'eut augmentée d'un champ appartenant au curé de Saint-Sulpice. L'emplacement présentait une superficie totale de cinq arpents et demi, dix-neuf perches et deux tiers de perche. D'après le registre des comptes que nous avons retrouvé [2], les travaux furent commencés dès le 3 septembre 1519; un autre document nous apprend que, le 11, on mesura un fossé de 29 perches de longueur, lequel avait été creusé dans le lit de la rivière et devait servir de limite à l'édifice.

En fondant, sur le fief de l'abbaye, le nouvel hôpital de la Charité, dit plus souvent du *Sanitat*, on ne satisfit point les moines de Saint-Germain; ils firent une opposition assez vive à cet établissement. « Plus de demy an, est-il dit dans le « Journal d'un bourgeois de Paris, y eut grande contrariété par l'abbé de ladicte « abbaye... et les religieux... pour empescher ledict édifice [3]. » Nous lisons aussi, dans les comptes, qu'il y eut à ce sujet contestation judiciaire, et qu'au mois de septembre 1520 une enquête fut ordonnée à propos des menées des moines, qui avaient fait combler les tranchées et jeter à la rivière des pierres ainsi que du merrain pris sur les chantiers de l'Hôtel-Dieu. Ils espéraient ainsi prévenir l'exécution du projet qu'ils estimaient contraire à leurs intérêts, mais dont ils avaient pourtant admis la réalisation, puisque, le samedi 2 juin 1520, l'abbé Briçonnet avait, en personne, posé la première pierre des constructions [4].

Quoi qu'il en soit, les taquineries des moines demeurèrent impuissantes; on

---

[1] Arch. de l'Hôtel-Dieu, layette 74.
[2] Dans les archives de l'Hôtel-Dieu, où il ne porte aucune cote particulière.
[3] *Journal, etc.*, publié par M. Lalanne, p. 84.
[4] *Ibid.* Il y a peut-être quelque confusion dans les dates.

poursuivit l'œuvre entreprise, et, si elle fut interrompue bientôt après, le manque d'argent seul en fut la cause. En effet, lorsque les 10,000 livres accordées par le roi eurent été épuisées, l'impossibilité de se procurer des ressources de quelque importance amena presque immédiatement la cessation des travaux. D'après le compte fini le 15 octobre 1520 et rendu le 12 novembre 1528, on n'avait fait qu'une dépense totale de 10,842^{tt} 3^s 6^d ob. pite, plus 345^{tt} 12^s 6^d ob. pite. En 1527, on avait définitivement renoncé à continuer les travaux. Aussi, le 13 décembre, François Ier, après avoir reconnu qu'il était dans l'impossibilité de les reprendre et fait remarquer que le voisinage de la Charité aurait eu de graves inconvénients pour sa santé pendant son séjour au Louvre, approuva la vente de 454^{tt} 19^s tournois de matériaux, à laquelle avaient eu recours les gouverneurs de l'Hôtel-Dieu, les autorisa à se débarrasser du surplus et leur octroya la propriété des terrains dépendant de l'hôpital.

Les terrains sur lesquels avait été commencé le Sanitat, qui en conservèrent assez longtemps le nom et qu'on appelait encore «la Prés (prairie) l'Hostel Dieu» en 1613, furent ensuite aliénés en deux parcelles[1]. L'une, contenant cinq arpents, fut baillée, le 23 avril 1544, à Henry Guyot et Christophe Aubry; l'autre, renfermant un arpent et attenante à la rue des Saint-Pères, fut baillée, le 13 décembre 1542, au tailleur François Lebouc, à charge de bâtir «maison manable[2]. » Cependant nous n'avons jamais rencontré aucune mention bien précise de maison en ce lieu avant le XVIIe siècle, à l'exception du manoir de Jean Bouyn, qui occupait l'emplacement du canal de la Petite-Seine, faisait le coin occidental de la rue des Petits-Augustins (voir à l'article de cette rue), et était séparé des terres du Sanitat par le fossé de l'hôpital dont nous venons de parler. Ce manoir fut absorbé dans la cour de l'hôtel de la Reine-Marguerite, dont la largeur était de trente-huit toises sur trois pieds, le long de la rue des Petits-Augustins, et de quarante-six toises le long de la rue des Saint-Pères, à compter du mur de clôture vers la rivière. On ne modifia point l'alignement de ce mur lorsque, après la vente de l'hôtel, on construisit les maisons du quai[3].

[1] Dans l'ouvrage de Sauval (t. III, p. 28), où la fondation du Sanitat est faussement rapportée à 1556, on lit qu'en 1581 le Parlement accorda 1,500 livres pour l'accroissement de cet hôpital; mais cette assertion résulte d'une méprise évidente.

[2] L'inventaire de l'abbaye mentionne le bail fait, le 26 août 1540, à François Ollivier, André Guillart et Pierre Perdrier, d'un terrain à bâtir, de six arpents et un demi-quartier, lequel terrain était situé entre le Pré-aux-Clercs et la Seine; mais on ne voit pas quelles ont été les conséquences de cet accensement.

[3] Bien que l'histoire de ces maisons ne rentre point dans notre cadre, nous croyons devoir en donner ici l'indication :

Maison faisant le coin occidental de la rue Bonaparte et remplaçant celle de Jean Bouyn. Elle appartint, en 1628, à Mrs Jean et Jacques de Hillerin, et fut donnée, le 5 mai 1660, par ce dernier à son petit-neveu, M. d'Hillerin, ou du Bucq, seigneur de Boitissandeau, dont l'héritier la vendit, le 20 avril 1720, à la princesse de Conty. Une note, ajoutée au censier de 1720, dit que la maison ci-devant nommée *l'hôtel de Transylvanie* avait été achetée, par la duchesse de Grammont, de Marie Pétard de Guiry, veuve de

196   TOPOGRAPHIE HISTORIQUE DU VIEUX PARIS.

LA SAUMONIÈRE. L'îlot dit le Sanitat constituait le commencement d'un grand territoire que les titres appellent « la Saulmonière » ou « la Saulmoncrie. » Ce territoire était limité vers le nord par la rivière, vers l'orient par le chemin de la Noue, vers le midi par le Grand-Pré-aux-Clercs, ainsi que par le chemin formant aujourd'hui l'extrémité de la rue de l'Université, et, vers le couchant, il aboutissait à l'île Maquerelle, qui n'en faisait point partie, quoique, dans l'arpentage de 1529, elle soit dite « assise en ce lieu de la Saulmoncrie. » Les archives de l'abbaye n'apprennent point d'où provenait le nom donné au canton de la Saumonière, dont la plus ancienne mention ne remonte qu'à 1480; mais il semble naturel de croire qu'il y avait eu là une pêcherie ou un réservoir pour les gros poissons. Nous voyons même que, dans un titre de 1497, il est question d'une « portion d'eau appelée *la place de la Saulmonière*, à la prendre depuys le « commencement de la porte des vignes Jehan Legendre jusques aux haultes mottes « de la Molange. » Cette place attenait à la rive droite de la Seine, à la hauteur des Tuileries, ainsi qu'une autre (peut-être la même) qui fut baillée, le jour de Pâques 1480, « pour en icelle place faire attrait à poisson et y pescher à la verge. » Celle-ci est énoncée « place appelée *les Mottes de la Saulmonière*, contenant six « perches de long sur une perche de lé, à bort et à autre, assise en la rivière de

Nicolas de Fontaine. Elle s'appelait *l'hôtel de Lautrec*, en 1775.

GRANDE MAISON, possédée en 1628 par Henry-Auguste de Loménie, sieur de la Ville-aux-Clercs, et dite L'HÔTEL DE BRIENNE, vers 1650. Elle fut ensuite la propriété de Marie Martinozzi, princesse de Conty, qui l'échangea contre l'hôtel de Guénégaud le 30 avril 1670; puis elle appartint au duc de Créquy, gouverneur de Paris (1687), au duc de la Trémouille, gendre du précédent, et au duc de Lauzun, qui l'acquit d'Édouard de la Tour d'Auvergne le 3 juillet 1712. La duchesse de Lauzun, le 12 octobre 1733, la céda à Louise-Adélaïde de Bourbon-Conty, nommée Mlle de la Roche-sur-Yon, après la mort de laquelle on loua l'hôtel pour y placer les écuries de la dauphine. Le duc de Mazarin en était propriétaire en 1775.

MAISON sans désignation, qui n'était point encore bâtie en 1628, et qui, en 1687, dépendait de la suivante, avec laquelle elle a été confondue depuis.

HÔTEL DE BOUILLON. L'emplacement était encore vide en 1628. Sauval (t. II, p. 386), de Lamarre (t. Ier, p. 83) et Félibien (t. II, p. 1326) disent que Louis XIII permit à un nommé Marsilly de bâtir des maisons symétriques sur le quai, à certaines conditions, ce qui fut exécuté en 1619, époque où l'on vendit le palais de la Reine-Marguerite. Pas plus que Jaillot nous n'avons la preuve du fait; mais, le Domaine ayant manifesté des prétentions sur les terrains de l'hôtel de la reine, il ne serait pas impossible qu'une transaction pareille à celle que mentionne de Lamarre eût été conclue à la date indiquée. Du reste il est sûr que, si cette transaction a réellement eu lieu, elle n'a produit aucun résultat. Mais l'hôtel existait déjà vers 1650. Il avait été bâti par Macé de la Basinière, qui le vendit au duc de Bouillon.

MAISON qui appartint en 1687 à Mme de Briçonnet. Elle avait été bâtie, ainsi que la suivante, postérieurement à 1628.

HÔTEL DE FALCONI (1652) et DE MORSTIN, faisant le coin oriental de la rue des Saints-Pères. Cette importante propriété fut cédée, le 17 juin 1680, avec une autre maison située derrière dans la rue des Saints-Pères, par Marie de Falconi, femme de Louis, comte d'Amanzé, à M. de Montbrisoul. En 1687, l'hôtel appartenait à Jean-André, comte de Morstin, trésorier de Pologne, et passa ensuite aux filles de ce seigneur, desquelles il fut acquis, le 29 mars 1710, par le marquis de Bassenage, qui s'en défit, le 27 juillet 1724, au profit de Joachim Descazeaux.

« Seyne, au dessoubs et près des tuilleries qui sont hors Paris, oultre la porte
« Saint-Honoré, sur la dicte rivière. » Il est constant, au surplus, qu'on pêchait
anciennement dans la Seine, aux environs de Paris, des saumons, ou, du moins,
des poissons qu'on désignait ainsi; car, dans les lettres du prévôt de Saint-Germain-
des-Prés, datées de 1433, il est rappelé que, d'après des ordonnances antérieures, les pêcheurs de la ville ne devaient « pescher en ladite rivière aucuns
« *saulmons*, daulphins, ne autres poissons royaulx, sans les apporter en ladite église
« de Saint Germain, » et qu'ils étaient tenus de donner aux moines le tiers de ces
poissons, s'ils ne préféraient en payer la valeur, le tout à peine de soixante sous
parisis d'amende [1].

La plus grande partie du territoire de la Saumonière fut acquise par la reine
Marguerite et transformée en un parc dépendant de son hôtel. Ce parc se trouvait
borné par la rue des Saint-Pères, le Pré-aux-Clercs, le chemin du bord de l'eau,
et aussi, de ce dernier côté, par la tuilerie aux Flamands et le lieu dit la Grenouillère, dont nous parlerons plus loin. On n'a presque aucun renseignement sur sa
disposition intérieure, et vraisemblablement il ne fut planté et orné que d'une
manière très-imparfaite. Nous lisons dans l'adjudication de 1622 : « Dans lequel
« parc y a une longue allée qui va de bout à autre, où, des deux costez, fors et
« excepté au droict de ladicte thuillerie et jardin en dépendant, y a une palissade
« plantée d'ormes et autres arbres, et, du costé de lad. Grenouillère, au parc,
« plusieurs petitz ormes et autres sortes de bois; au bout d'icelluy, du costé du
« chemin, plusieurs allées communes et quelque peu de murailles, à l'entour du
« parc, fors et excepté à l'endroict de ladicte thuillerie et jardin que y a fossé. »
Un fossé existait aussi entre le parc et le Pré-aux-Clercs, et près de ce fossé,
à la hauteur de la rue du Bac, était « le bout de la seconde allée et estoille
« plantée en icelluy parc. » On voit par le procès-verbal de vente dressé en 1620,
dont nous donnons le texte, que la grande allée avait quatre cent vingt-cinq toises
de longueur; elle s'étendait donc jusque vers le milieu de l'espace compris entre
les rues Bellechasse et de Bourgogne, et n'atteignait point la Noue du Pré-aux-
Clercs. D'après un arpentage du 18 janvier 1622, le parc contenait quarante-
neuf arpents trois quartiers et demi, soit quarante-quatre mille huit cent quatre-
vingt-sept toises. Le procès-verbal de 1620, sans doute moins exact, n'indique
qu'un chiffre total de trente-cinq mille deux cent quatre-vingt-huit toises, déduction faite, il est vrai, des terres de la Grenouillère, qui en contenaient deux
mille cent douze, et d'une pièce de deux mille quatre cents. Dans le même
procès-verbal, les experts proposèrent d'ouvrir trois rues en travers du parc et
une autre dans le sens de sa longueur. La rue longitudinale projetée, c'est la rue

---

[1] Cart. de Saint-Germain-des-Prés. Bibl. de l'Arsenal, mss. H F 326, fol. 262 v°.

de Lille, avant la Révolution dite de Bourbon, en l'honneur du cardinal de Bourbon, abbé de Saint-Germain; elle correspond sans doute à la grande allée de quatre cent vingt-cinq toises. De la teneur de certains titres il résulte que l'alignement en était déjà arrêté en 1628; mais, en 1631, on ne l'énonçait encore que la « rue qui se doibt faire dans ledict Pré aux Clercs [1], » et nous ne l'avons pas vue indiquée par le nom de rue de Bourbon avant 1638.

ÉCORCHERIE-SABLONNIÈRE. Au delà de la rue des Saint-Pères, il y avait deux arpents qui appartenaient à l'abbaye, et dont un quartier servait d'abattoir pour les chevaux, de 1510 à 1540. En effet, dans le bail du 25 avril de cette dernière année, fait à François Olivier et consorts, d'une pièce de six arpents et demi-quartier « entre le Pré aux Clercs et la rivière de Seyne, ou lieu dict l'Es-« corcherie et Sablonnière, » tenant d'une part à ladite Écorcherie, d'autre à Pierre Marcel, « d'un bout sur le rivaige de lad. rivière de Seyne, » et d'autre bout aux hoirs de Pernet Lescuyer, il est spécifié que, « à l'endroict de laquelle pièce « s'est faict par cy-devant et faict encores de présent la voirie des chevaulx [2]. »

« L'Escorcherie aux chevaux, » du censier de 1365, diffère notablement, comme nous le dirons ailleurs, de celle qui donna son nom au territoire, appelé aussi et à peu près simultanément la Sablonnière. Toutefois « la Sablonnière, » ou « terres « du Gros Sablon » (1529), étaient plus loin vers l'ouest, et paraissent s'être étendues jusque dans le voisinage de l'extrémité du Pré-aux-Clercs, puisqu'un arpent situé près de ce pré est dit, en 1510, aboutir d'un bout sur la Sablonnière, et de l'autre sur « la Noue » du Pré. En outre, un arpent, à la Saumonière, est énoncé, en 1547, aboutir « d'un bout sur l'Ozeraye, et d'autre bout aux terres « èsquelles on prent le gros sablon; » or l'Oseraie et la Saumonière ne se rapprochaient qu'au delà du Grand-Pré-aux-Clercs. Le censier de 1510 indique quatre tuileries établies au Gros-Sablon; mais il n'est plus question d'aucune construction de ce genre en 1523, ni depuis jusqu'au commencement du XVIIe siècle, époque où l'on en rétablit une de quelque importance.

Le terrain de l'encoignure occidentale du quai et de la rue des Saint-Pères était encore en culture au moment où il fut enclavé dans le parc de la Reine-Marguerite. Après le morcellement de cet hôtel, on fit là un lot d'environ un arpent dix-sept perches, lot que l'abbé de Saint-Germain bailla, le 15 mars 1613, à Sasbout de Varic, propriétaire de la tuilerie voisine, et qui est représenté au-

---

[1] Arch. nat., fonds des Théatins, cart. S 4356.

[2] *Ibid.* cart. S 2836. Une note ancienne, écrite au revers de la pièce, apprend que le terrain fut abandonné par le preneur à cause des inondations et des défenses, faites par le roi, de bâtir aux faubourgs; puis, que la pièce fut ensuite baillée par le cardinal de Tournon à Jean Moireau. Une autre note fait savoir qu'à l'époque de la Révolution on appliqua le titre aux propriétaires des maisons du quai, entre les rues de Seine et des Petits-Augustins; mais ce fut indubitablement le résultat d'une erreur, et nous en donnerions toutes les preuves si le fait devait donner lieu à une discussion.

jourd'hui par la partie orientale de l'îlot compris entre la rue de Bourbon et le quai Voltaire. Vers 1628, le même emplacement était divisé en trois propriétés : la première, celle du coin, consistait en une maison avec jardin, de quatorze toises deux pieds de largeur, laquelle s'appelait *l'hôtel de Tessé*, au siècle dernier; la deuxième propriété était large de dix toises deux pieds. Avec la troisième, qui avait une largeur de cinq toises quatre pieds, elle formait une grande maison qui appartenait à Louis Le Barbier, et qui, après avoir été possédée par le président Perrot, est devenue l'hôtel de Labriffe. Immédiatement après se trouvait :

LA TUILERIE AUX FLAMANDS. C'était d'abord un clos avec masure contenant cent cinquante et une perches, que, le 15 septembre 1595, Élégantine du Coudray, héritière de son père Fiérabras du Coudray, vendit à Hiérôme Franco, peintre, et que celui-ci, le 31 décembre 1599, céda à Sasbout de Varic, gentilhomme flamand. De Varic, dans les premiers mois de l'année suivante, s'étant fait donner des alignements par le bailli de Saint-Germain, bâtit là une maison et une tuilerie qui devint connue sous le nom de *Tuilerie aux Flamands* ou *Tuilerie flamande*. Elle est figurée, sur un ancien plan, comme présentant une largeur de cinquante-six toises sur le quai, et une profondeur déterminée par une ligne parallèle à la rue de Bourbon, à cinq toises trois pieds de cette rue, du côté de la rivière; mais il semble qu'elle avait alors été agrandie, vers le couchant, d'une zone d'environ sept toises et demie de largeur, provenant d'un lot de trente-trois toises de façade sur le quai. Ce lot avait été assigné au nommé Briois, dans le partage que firent entre eux les acquéreurs du parc de la Reine-Marguerite, et il n'avait plus que vingt-six toises trois pieds de largeur, à l'époque où le plan dont nous parlons fut exécuté[1]. La moitié, par indivis, de la Tuilerie flamande et d'une brasserie qu'on y avait établie, fut aliénée par de Varic, le 21 février 1613, au profit de Pierre de Vliet. Ce dernier étant mort en 1634, le 23 février 1635 ses enfants firent procéder au partage de la tuilerie entre eux et de Varic, qui en garda la partie orientale, laquelle fut confisquée le 25 juin 1638, puis rendue aux enfants du sieur de Varic en 1666, à la suite d'événements inutiles à rapporter.

Sur l'emplacement de la Tuilerie aux Flamands on construisit plus tard les hôtels de Choiseul et de Baufremont, ainsi que l'église des Théatins. Ce dernier édifice fut élevé sur un terrain large de vingt-deux toises trois pieds neuf pouces et d'une superficie de six cent cinquante et une toises trois quarts, acquis, le 2 juin 1661, de la veuve de Jérôme Tixier, fille de Pierre de Vliet[2]. Le reste du couvent des Théatins couvrit le lot de Briois, lequel se terminait à environ dix toises avant la rue de Beaune et échut par déshérence au roi, qui en fit don

[1] Il existe une copie de ce plan, faite en 1663, dans le carton de Saint-Germain-des-Prés, coté 32857, aux Arch. nat. — [2] Arch. nat., fonds des Théatins, cart. S 4356.

à la duchesse de Guise. Le quai Voltaire, auparavant quai des Théatins, n'était indiqué par aucun nom particulier avant que ces religieux y vinssent demeurer; ou, du moins, on le confondait avec le quai Malaquais et celui de la Grenouillère. (Voir, pour la suite des quais, TERRES EN CULTURE, *1er triage, 2e volume de la région*).

C'est probablement dans le canton de la Saumonière qu'était placé ce marché aux chevaux, voisin du Pré-aux-Clers, qui remplaça celui du Pré-Crotté. On lit dans un arrêt de 1548 : «Lesdicts religieux (de l'abbaye) ont baillé, près lesdicts prez des escholiers, un certain lieu auquel la foire Saint Germain est, où l'on vend les chevaux que l'on vouloit vendre en un autre lieu, près de la foire, lequel autre lieu ils ont baillé pour bastir... Et, sous ombre que le lieu nouveau qu'ils ont baillé, auquel de présent l'on vend lesdicts chevaux, est près lesdicts Prez aux Clercs, les maquignons et autres vont pour mener leurs chevaux dedans iceux prez, les gastant et corrompant.»

RUE DES MARAIS

(OU VISCONTI).

La rue des Marais, qui porte depuis peu le nom de l'architecte Visconti, commence à la rue de Seine et finit à celle des Petits-Augustins (Bonaparte).

Elle fut ouverte, pour la plus grande partie, sur le Petit-Pré-aux-Clercs, lorsque Pierre Le Clerc bailla à divers particuliers le terrain de ce pré, divisé en parcelles. Or, les premiers baux ayant été passés à la fin de 1543, il est invraisemblable que la rue ait existé avant cette époque. Toutefois, dans un acte du 4 octobre 1543, le plus ancien où nous en ayons rencontré une mention, elle est indiquée par la formule assez étrange de «une rue que ledict bailleur (P. Le Clerc) a laissée dudict Petit Pré aux Clercs, pour continuer depuis *la rue des Maraiz* jusques a une grant rue tendant du coing des fossés de l'Abbaye» (la rue des Petits-Augustins). On doit en conclure que l'extrémité orientale de la rue des Marais, connue sous ce vocable et d'ailleurs ne relevant point du fief de l'Université, était déjà livrée à la circulation depuis quelque temps.

Dans un acte de 1544, la voie est énoncée «rue laissée... dudict Petit Pré, pour aller à la rivière de Seyne,» et, dans un autre de 1546, «ruelle appellée la rue des Maraiz.» Jaillot assure que, les environs étant couverts de ces jardins potagers dits marais, on en donna le nom à la rue; mais il se trompe, car le Petit-Pré-aux-Clercs était en friche et même impropre à la culture. Effectivement, en 1539, P. Le Clerc fit observer qu'il «ne sçauroit... aulcunement bastir sur

RUE DES MARAIS, OU VISCONTI.

« ladicte pièce de terre, appellée le Petit Pré aux Clercs, sans premièrement avoir
« faict haulser l'aire d'icelle, parce qu'elle estoit plus basse que les aultres terres;
« au moyen de quoy, elle estoit inondée bien souvent. Et encores à présent,
« ajoute-t-il, les eaues qui y sont entrées par l'hiver ne sont retirées. » Cette circonstance a conduit Du Boulay à affirmer que le nom de la rue des Marais provient certainement des marécages du Petit-Pré [1].

Sans rejeter absolument cette hypothèse, nous la regardons comme très-douteuse, et cela pour plusieurs raisons. On peut objecter, d'abord, que des flaques d'eau disséminées sur un espace de deux à trois arpents, et n'ayant qu'une durée accidentelle, constituent des bourbiers, mais non pas des *marais*; on peut ajouter ensuite qu'il n'est question nulle part de marais au Petit-Pré, ou dans les terrains environnants, lesquels n'étaient guère moins exposés aux inondations que le Petit-Pré lui-même; enfin il est un fait qui suggère, touchant l'appellation de la rue, une explication au moins aussi spécieuse que celle de Du Boulay. Le voici : En 1529, un certain « Nicolas Maretz (*alias* Marays), poullalier, » possédait une pièce de terre [2] s'étendant entre le pré et la rivière, et, vers 1547, le même individu avait, rue de Seine, une maison attenante presque à la rue des Marais. Il se pourrait donc que cette rue fût redevable de son nom à l'un des anciens propriétaires du voisinage, ce qui ferait immédiatement comprendre pourquoi ce nom est écrit en un seul mot (« Desmaretz ») dans le censier de 1547 et autres documents contemporains [3]. »

La rue des Marais comptait beaucoup de huguenots parmi ses habitants, et d'Aubigné rapporte qu'on l'appelait à cause de cela « le Petit Genève [4]. »

---

[1] *Hist. Universit.* p. 68.

[2] Il s'y trouvait, en 1532, « deux petits caveaux façon de voûte. »

[3] M. Éd. Fournier, dans les notes qu'il a ajoutées à sa réimpression du mémoire de Pourchot, dit (p. 125) que La Tynna attribue le nom de la rue « aux marais qui l'infectaient, » et il déclare que cette hypothèse est meilleure que la nôtre, parce qu'elle se trouve corroborée par l'opinion de Du Boulay. Nous ferons remarquer que nous n'affirmons rien à ce sujet, que nous nous bornons à présenter des objections et à indiquer des apparences, après avoir mis sous les yeux du lecteur le seul document dont se soit appuyé Du Boulay. Aussi bien M. Fournier se méprend en donnant la supposition de Du Boulay comme reproduite par La Tynna, attendu que ce compilateur, dénué au surplus de toute autorité, ne détermine aucunement la nature des marais dont il parle, et qu'il a simplement, suivant son habitude, résumé l'article de Jaillot.

[4] « La rue des Maraiz, que nous autres appellons le Petit Genève. » (*Les aventures du baron de Fœneste*, p. 161, édit. Mérimée.) La même qualification avait été appliquée par les protestants à l'ensemble du faubourg Saint-Germain, où ils trouvaient sans doute plus de liberté pour l'exercice de leur culte : « on l'estimoit une petite Genève, comme ils en parloyent entr'eux, » est-il dit dans l'*Histoire de l'Estat de France*, publiée en 1576.

CÔTÉ MÉRIDIONAL.

PAROISSE SAINT-SULPICE.

JUSTICE
ET CENSIVE DE L'ABBAYE SAINT-GERMAIN.

Maison sans désignation (1547), contiguë à la maison faisant le coin méridional de la rue de Seine. Elle appartenait, vers 1550, aux héritiers de Philippot Bouchier, maître brodeur, ainsi que plusieurs autres propriétaires du quartier.

Deux maisons sans désignation, qui, en 1547, appartenaient au maître brodeur Honoré Georges.

Deux maisons sans désignation, qui, en 1547, appartenaient au mercier Gérard Davisson. Elles lui avaient été vendues, la première, qui était large de trois toises et profonde de douze, par Gilles de Laval; la seconde, qui avait cinq toises de largeur sur vingt-six de profondeur, par Jean Champont. La moitié de la profondeur de cette dernière maison a été supprimée depuis.

Maison sans désignation, qui est mentionnée en 1547, et paraît n'avoir point encore été bâtie en 1543. Elle était partiellement en la censive de l'Université, et, de même que la suivante, elle a subi un retranchement dans sa partie postérieure. Peut-être était-elle d'abord beaucoup plus étroite.

CENSIVE DE L'UNIVERSITÉ.
PETIT-PRÉ-AUX-CLERCS.

Maison sans désignation en 1547, puis de la Corne-de-Cerf (1687).

Maison sans désignation (1595), bâtie sur une partie du terrain retenu par Pierre Le Clerc en 1552. Au xviie siècle, divisée en deux, elle était distincte de la maison à laquelle elle aboutissait et avec laquelle elle est actuellement confondue. Elle fut donnée, le 14 février 1636, par D^{elle} Françoise Bouille, veuve de François Fontaine, aux dames de la Visitation de la rue Saint-Antoine.

Partie postérieure d'une maison de la rue du Colombier. Elle en était séparée vers le milieu du xviie siècle, et s'appelait au xviiie l'hôtel de Rannes, ayant été acquise, en 1713 et 1714, par Louis d'Argouges, marquis de Rannes, maréchal de camp.

Partie postérieure de la maison de Christophe Lemercier, ayant sa principale façade rue du Colombier.

Partie postérieure de la maison de Baptiste du Cerceau, faisant le coin de la rue des Petits-Augustins.

CÔTÉ SEPTENTRIONAL.

PAROISSE SAINT-SULPICE.
JUSTICE DE L'ABBAYE SAINT-GERMAIN.
CENSIVE DE L'UNIVERSITÉ.

GRANDE MAISON sans désignation, faisant le coin septentrional de la rue des Petits-Augustins et s'étendant en la rue des Marais, sur une longueur d'environ cinquante-trois toises. Elle occupait l'emplacement de deux pièces de terre, l'une contenant trente-neuf toises, qui fut baillée, le 9 octobre 1543, à Nicolas de la Marre, et l'autre, qui l'avait été cinq jours auparavant, à Martin Freté, greffier criminel au Parlement; celle-ci faisait le coin. Pourchot dit que la maison élevée sur ce terrain fut bâtie par Thomas *de Burgensis*, acquéreur des deux parcelles; mais il est à croire que Freté avait déjà construit sur son terrain, car Regnier de la Planche [1] raconte qu'en 1559 cet individu, exerçant avec beaucoup de zèle le métier de délateur, fit un jour cacher chez lui une cinquantaine de sergents destinés à assaillir certaine maison huguenote du voisinage [2]. D'un autre côté, le censier de 1547-48 indique qu'il y avait un commencement de maison dans le jardin de Nicolas de la Marre. Suivant Pourchot, la maison de Burgensis avait deux corps de logis en ailes, avec cour au milieu et jardin derrière. Jeanne, fille de Burgensis, en ayant hérité, la donna, le 5 septembre 1576, à Hiérôme de Berzeau, sieur de la Marcillière, qui la vendit, le 2 juillet 1583, à Jean Robineau, sieur de Croissy-sur-Seine; puis celui-ci la céda, le 11 janvier 1602, à Claude Lebret, et c'est de ce dernier que, le 28 mars 1607, elle fut achetée par Nicolas Le Vauquelin, seigneur des Yveteaux et de Sacy, conseiller d'État. Cependant des Yveteaux dit lui-même [3] qu'il avait acheté la maison 17,000 livres huit ans avant la mort de son père, c'est-à-dire en 1599.

Quoi qu'il en soit, Des Yveteaux, par le luxe qu'il déploya dans sa demeure, la rendit fort célèbre, à ce point que le cardinal de Richelieu manifesta la pensée de l'acquérir. Il en dépendait un vaste et très-beau jardin, situé de l'autre côté

---

[1] *Histoire de l'Estat de France ..... sous le règne de François II*, t. I, p. 73; passage cité par M. Éd. Fournier dans les notes ajoutées au mémoire de Pourchot.

[2] C'était celle du nommé Le Visconte, dont les titres ne nous ont fourni aucune indication. Mais peut-être y a-t-il là une erreur, et s'agit-il de la maison de Philippe Le Comte, procureur à la Chambre des comptes. Nous savons que l'habitation de ce dernier aboutissait au Petit-Pré-aux-Clercs et faisait front sur la rue de Seine, ou sur la rue de l'Échaudé.

[3] Factum analysé par M. J. Pichon, dans ses *Notices biographiques et littéraires sur la vie et les ouvrages de Jean Vauquelin de la Fresnaye et Nicolas Vauquelin des Yveteaux*, 1846, p. 40.

204 TOPOGRAPHIE HISTORIQUE DU VIEUX PARIS.

de la rue des Petits-Augustins. On y accédait par une galerie souterraine, qui fut bouchée en 1658 [1].

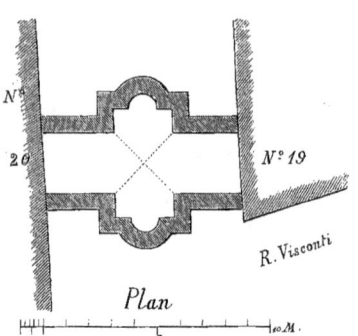

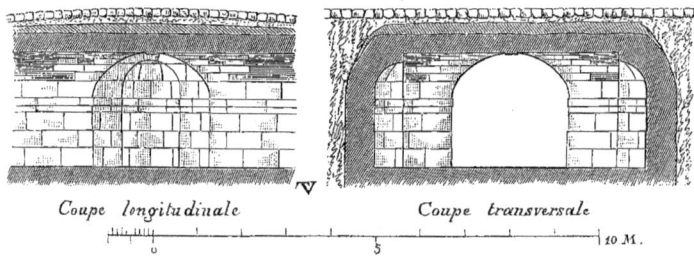

La maison de Des Yveteaux fut donnée par lui à son neveu Nicolas Le Vauquelin, le 18 octobre 1644, et celui-ci l'abandonna par échange, le 30 décembre 1658, à Jacques Lemaçon, seigneur de la Fontaine, par lequel elle fut morcelée en trois parties, dont on a fait depuis sept propriétés différentes.

CENSIVE DE L'ABBAYE SAINT-GERMAIN.

Deux maisons sans désignation (1595); en 1547, le terrain était occupé par des jardins.

Maison sans désignation (1547). Cette maison et les deux précédentes furent achetées, en 1640, 1642 et 1644, par le duc de Liancourt, qui les annexa à son hôtel. Toutefois, en 1687, deux maisons seulement de la rue des Marais sont déclarées dépendre de l'hôtel de la Rochefoucauld, soit parce que la troisième

[1] Cette galerie, dont nous donnons le plan et la coupe d'après les relevés de M. Th. Vacquer, a été coupée, en 1874, pour le passage d'un égout, et reconnue par le Service historique de la Ville.— L. M. T.

fut aliénée, soit parce qu'elle fut confondue avec une autre. Vers la même époque, la maison servant d'issue à l'hôtel de la Rochefoucauld était déjà séparée de la suivante par une allée conduisant en la maison du Point-du-Jour, rue de Seine.

Maison sans désignation. C'était peut-être la troisième de celles qu'acheta le duc de Liancourt; ce qu'il y a de certain c'est qu'elle était comprise dans la suivante avant le xviie siècle.

Maison sans désignation, que paraît avoir habitée, vers 1547, un artiste illustre, le peintre Jean Cousin. Voici, en effet, comment est conçu l'article du censier de 1547-1548 qui s'y rapporte : « De maistre Jehan Cousin, painctre, pour sa maison « et jardin, assise en ladicte rue Desmaretz, contenant... tenant d'une part à « Loys Vachot, et d'aultre part à ladicte rue Desmaretz. » Cet article est d'ailleurs confirmé par celui du censier de 1595, où on lit : « De Claude Alexandre et sa « femme, ayant les droictz des héritiers, hoirs ou ayant cause de feu maistre « Jehan Cousin, pour une maison et appartenances assise en ladicte rue Desma- « retz; tenant d'une part aux hoirs feu M. le président de la Porte, d'autre part « à une maison faisant le coing de ladicte rue Desmaretz, et d'autre bout par der- « rière à... qui doibt de cens, chacun an, ledict jour Saint Rémy, iiii^s ii^d p. »[1]

RUE SAINTE-MARGUERITE

(OU GOZLIN).

La rue Sainte-Marguerite, aujourd'hui dénommée rue Gozlin, commence au lieu où se réunissent les rues de Bussy, des Boucheries, de l'École-de-Médecine et du Four. A son extrémité occidentale, qui touchait à l'ancienne rue de l'Égout, elle a été raccourcie, d'abord par le prolongement de la rue Bonaparte, puis par l'ouverture de la rue de Rennes.

Nous rectifierons, à l'article de la rue Taranne, l'erreur dans laquelle sont tombés Sauval et Jaillot, en identifiant la rue «Madame de Valence» avec la rue Sainte-Marguerite; mais, à propos de cette dernière voie, des méprises bien plus importantes ont été commises et doivent être relevées. En effet, suivant Jaillot et tous les écrivains postérieurs, la rue Sainte-Marguerite ne daterait que de 1636, et occuperait l'emplacement même du fossé de l'abbaye, creusé en 1368. Or ces deux affirmations sont erronées; car, si le comblement du fossé, en 1636, a permis de bâtir des maisons sur le côté septentrional de la rue, il n'en est pas moins vrai que la voie existait antérieurement, bordée de constructions du côté

---

[1] Arch. nat., reg. LL 1125, fol. 329 v°, et reg. S 3058, fol. 124 v°. — La superficie de la maison est restée en blanc dans le censier de 1547.

méridional seulement, et cela dès l'origine des fossés, absolument comme les rues de l'Échaudé et du Colombier, dont la situation était analogue. Il y a plus : nous sommes sûr que la rue dont il s'agit, placée sous le vocable de Sainte-Marguerite à partir de 1625, n'a subi alors aucun changement dans sa direction. Il en existe deux preuves certaines : d'une part, les maisons bâties sur le côté septentrional et profondes de dix toises, ainsi que les maisons correspondantes de la rue du Colombier, ont pareillement leurs façades élevées sur le mur de la contrescarpe, laquelle était parallèle à l'enceinte de l'abbaye; d'autre part, en 1640 encore, lorsqu'on donnait les alignements d'une maison faisant le coin de la rue des Ciseaux, on déclarait s'en tenir aux « anciens vestiges. » Cette dernière circonstance explique l'irrégularité d'alignement de ce côté de la rue, qu'on n'a jamais cherché à redresser avant notre époque.

Depuis l'établissement des fossés, la rue Sainte-Marguerite a été énoncée dans les titres « chemin qui est sur les fossez » (1398), « ruelle des Fossez » (1453), « chemin des Fossez » (1530) et *rue des Fossés-de-l'Abbaye* (1628); mais bien plus souvent on ne la désignait que par la formule « sur les fossés. » Avant l'établissement des fossés, la rue Sainte-Marguerite proprement dite n'existait pas; mais il y avait là une voie, un peu plus distante de la rue du Four, longeant les murs de l'abbaye, et reliant, sans décrochement, la rue des Boucheries à la rue Taranne. L'ancien carrefour Saint-Benoît et l'ancienne place Sainte-Marguerite provenaient de cette voie primitive, qu'on n'a point encore signalée, et dont on a peine à découvrir quelques mentions dans les archives de Saint-Germain-des-Prés.

Un manoir qui y était situé et qui fut vendu, le jour de l'Ascension 1336, par Jean-Robert de Verdelles au chevalier Henri de Courpalay, est simplement déclaré « devant les murs de l'Abbaye; » mais un document de 1406, dans lequel on lit « maison... rue du Four... aboutissant aux terres des fossés où souloyt « avoir une ruelle appelée *rue Neufve*, » nous apprend que tel était le nom porté alors par la rue dont nous parlons. Elle est également appelée « rue Neuve » dans le censier de 1355, antérieur de treize ans au creusement des fossés. On la voit dénommée, en outre, « rue du Perron, » dans le rôle de la taille de 1292, où il est impossible de douter de son identité, et « rue delez les murs de l'Abaïe, » dans le rôle de la taille de 1296.

Le perron auquel il est fait allusion dans le rôle de 1292 était peut-être l'entrée de l'abbaye, voisine de la place Sainte-Marguerite. Il est question de la maison du Perron en 1270, ainsi qu'en 1355, et, d'après une charte de 1272, une maison placée auprès formait l'encoignure : *domus juxta Perronem, que facit cuneum.* Quant à la place Sainte-Marguerite, elle était appelée jadis, non point place, mais « chemin par où l'on va au pont de l'Abbaye » (1398); « chemin du

« pont de l'Abbaye » (1393); « rue devant l'entrée de l'Abbaye » (1474); « rue du « pont de l'Abbaye » (1523), et « chemin par lequel l'on va à l'Abbaye » (1530).

Les maisons des environs ont souvent été dites aussi « devant le Pilory, » à cause du pilori qui fut érigé au carrefour et que représente le plan de 1548. Il consistait en une lanterne, coiffée d'un toit conique et exhaussée sur un soubassement. Comme sa situation le rendait gênant, afin de le reculer on le démolit peu après 1636, et quelques années plus tard on renonça à le rebâtir. Il avait été érigé en vertu de l'autorisation que Philippe le Hardi accorda aux moines de l'abbaye, au mois d'août 1275, d'avoir des piloris et des fourches patibulaires dans les fiefs où ils posséderaient le droit de haute justice. Il est parlé, dans une sentence de 1453, des masures situées devant le pilori, et de celles *de Bello Visu*, assises au dit lieu.

En 1548, à l'entrée de la rue Sainte-Marguerite étaient placées des barrières situées à quarante-huit toises de la rue des Ciseaux.

CÔTÉ MÉRIDIONAL.

PAROISSE SAINT-SULPICE.

JUSTICE
ET CENSIVE DE L'ABBAYE.

Partie postérieure de la MAISON DU CHAPEAU-ROUGE, faisant le coin de la rue du Four et ayant sa principale entrée dans cette rue.

Partie postérieure de la MAISON DE LA FORÊT-EN-CASIN, située rue du Four.

GRANGE ET JARDIN (1595) aboutissant à la maison du Coq-en-Casin, et, plus tard, partie postérieure de la maison de la Pomme-d'Orange (1628). Une des maisons bâties sur cet emplacement avait pour enseigne *la Bastille* en 1628.

MAISON sans désignation (1595).

MAISON sans désignation en 1595, puis DE L'ÉTOILE (1633), faisant le coin oriental de la rue des Ciseaux. En 1633, elle renfermait cinq jeux de boules, et fut rebâtie en 1640. Cette maison et toutes les précédentes faisaient anciennement partie de la grande maison de Casin.

Entre les rues des Boucheries et des Ciseaux.

JARDIN dépendant de la maison des Ciseaux (1453) et faisant le coin occidental de la rue de ce nom. En 1595, il était réuni au suivant, et, au commencement du XVIIe siècle, il fut remplacé par une maison à laquelle pendait pour enseigne *l'Image-Sainte-Marguerite*.

Entre les rues des Ciseaux et de l'Égout.

JARDIN (1453-1531) contigu à la maison faisant le coin oriental de la rue de l'Égout. Sur l'emplacement de ce jardin et du précédent étaient déjà bâties, en 1628, quatre maisons, dont la deuxième a été ensuite divisée en trois; la dernière a eu pour enseigne *le Nom-de-Jésus* (1628).

CÔTÉ SEPTENTRIONAL.

Les maisons du côté septentrional de la rue Sainte-Marguerite ont été construites sur l'emplacement du fossé de l'abbaye. La propriété de ce fossé fut cédée, le 1er juillet 1635, par les moines de Saint-Germain à leur abbé. Le 1er septembre suivant, celui-ci vendit le terrain à Christophe Gamard, maître juré du roi en l'office de maçonnerie[1], à charge d'y bâtir des maisons qui commenceraient à six toises du pont de pierre jeté sur l'égout passant au carrefour Saint-Benoît, et seraient séparées de celles auxquelles elles devaient faire face par un espace de quatre toises. (Voir Rue de l'Égout.) Parmi les autres conditions stipulées dans la transaction du 1er juillet et également imposées à Gamard, fut comprise l'obligation de transporter en face de la rue des Ciseaux l'entrée de l'abbaye, alors voisine du Pilori : on ne voulait plus que cette entrée touchât à la geôle.

RUE MAZARINE

ET PETITE RUE DE NESLE.

La rue Mazarine commence au carrefour de Bussy et finit maintenant à la rue de Seine, en faisant un coude; elle débouchait sur le quai Malaquais avant la construction du collége des Quatre-Nations.

L'îlot compris entre la rue Mazarine et la rue de Seine était encore tout en culture vers 1529[2], et se composait alors de deux pièces de terre. La première, celle du midi, en bordure sur la rue de Bussy, contenait deux arpents et demi et fut baillée à bâtir à plusieurs individus, dès 1530. Au mois de mai de cette année, Thomas Blanche, Jean Gaudin, Denis Du Pont et Geoffroy Guibaut en

---

[1] Il avait été «commis» de Claude Vellefaux, et, dès le mois de mai 1627, il lui avait succédé dans sa charge de voyer de l'abbaye. C'est Gamard qui donna le premier plan de la reconstruction de Saint-Sulpice.

[2] En 1385, François Salle, conseiller du roi, prit à bail de l'abbaye, pour y établir une tuilerie, un arpent de terrain situé près des fossés de la ville, tenant, d'une part, «à la terre de Monsieur «de Barry.» Cette tuilerie, qu'on avait laissée à l'état de masure dès 1396, était probablement située dans l'îlot formé par les rues de Seine et Mazarine, ainsi que trois arpents de vigne que Malotio, chambellan de Philippe-Auguste, vendit à l'abbaye, l'an 1200. Ces trois arpents avaient appartenu aux Juifs et étaient situés devant la porte Saint-Germain (de Bussy), près d'un lieu dit le Petit-Pré (*parvum pratum*).

prirent chacun un quartier, et Philippe Lenoir, ainsi que Nicole Prévot, chacun un demi-quartier. La première pièce appartenait à l'aumônier de Saint-Germain-des-Prés, et ne fut séparée de la seconde qu'en 1510. Cette dernière s'étendait jusqu'au bord de l'eau, et contenait cinq arpents un quartier et vingt perches; elle fut accensée, le 3 mai 1510, à l'enlumineur Jean Pichore, duquel elle fut acquise, le 19 septembre 1519, par les gouverneurs de l'Hôtel-Dieu, à l'occasion de la fondation de l'hôpital voisin, dit *le Sanitat*.

L'abbaye, ne trouvant point son compte à ce que le terrain de Pichore passât à un établissement de mainmorte, se pourvut devant le Parlement à l'effet de contraindre les Frères de l'Hôtel-Dieu à exhiber leurs titres de possession, à payer les droits de lods et ventes et à vider leurs mains de leur nouvelle propriété. Un arrêt rendu le 28 septembre 1530 et confirmé par un autre du 20 août 1531 obligea les Frères de l'Hôtel-Dieu à aliéner, dans les trois mois, la pièce qu'ils tenaient de Pichore; ils la cédèrent à Gilles Lemaître, avocat du roi, et plus tard premier président du Parlement.

Quelques années après, Gilles Lemaître intenta, à son tour, un procès aux moines de Saint-Germain. Il leur reprochait d'avoir élargi à ses dépens les deux voies qui limitaient son lot, et même d'en avoir vendu une partie à leur profit. L'accusation était fondée, car l'abbaye, par transaction du 25 septembre 1538, accorda comme indemnité à Lemaître un terrain de 150 perches carrées, attenant au Petit-Pré-aux-Clercs. C'est sans doute à la suite de cet accord que Lemaître commença à morceler ses cinq arpents et à en céder les lots à des particuliers, qui y bâtirent rapidement. En 1542, l'îlot entier était couvert de constructions.

La rue Mazarine doit son nom au collége Mazarin, autrement des Quatre-Nations (aujourd'hui palais de l'Institut), fondé vers 1665, et elle a été dite alors *rue Mazarini* (1687). Elle s'appelait auparavant *rue du Fossé* (1617), ou *des Fossés de la Porte de Nesle*, « rue d'entre les portes de Bussy et de Nesle » (1628), ou simplement *rue de Nesle*, parce qu'elle longeait le fossé de la ville entre les deux portes, comme faisait anciennement le chemin qu'elle a remplacé et qu'on ne désignait que par la formule générique de chemin sur les fossés. Au xvie siècle, la rue Mazarine était fréquemment dénommée *la rue des Buttes* (1547), à cause de buttes qui servaient au tir des archers, et semblent avoir été placées sur le bord même du fossé, attendu qu'on lit dans des titres de 1531 et 1554 : « maison... « près les buttes où tirent les archers... aboutissant d'un bout sur la rue de Seine, « et d'autre sur les fossez de la ville, le chemin et les buttes entre deux; » « maison... sur les fossez, devant la butte des archers. » Ces buttes provenaient, suivant Jaillot, des décombres amoncelés de tuileries voisines. Il en est question déjà en 1523, et même encore en 1580; mais nous ne savons quand elles furent rasées. Nous remarquons seulement que, en 1595, les maisons formant l'îlot compris entre la petite rue de Nesle et le bord de l'eau sont déclarées se trouver «sur la butte,» et, en 1629, ainsi qu'en 1663, «sur la butte du port Malaquest.» L'îlot même est appelé «la Bute» sur un plan de la fin du xvii° siècle.

Avant la construction du collège des Quatre-Nations, la rue Mazarine débouchait directement sur le quai, en un lieu où il y avait un abreuvoir. Le coude qu'elle présente aujourd'hui et qui la met en communication avec la rue de Seine tient lieu d'une petite rue englobée dans les bâtiments du collège. Celle-ci n'est mentionnée ni dans l'arpentage de 1529, ni dans les documents relatifs à la pièce de l'Hôtel-Dieu, toujours décrite comme aboutissant sur le quai; mais elle est, au contraire, indiquée, et d'une manière incontestable, dans le censier de 1531-1532, même dès 1530. Il est donc manifeste qu'elle a été ouverte en même temps qu'on baillait à bâtir les terrains bordant la rue de Bussy et qu'on alignait les rues voisines, c'est-à-dire en l'année 1530, où nous constatons d'ailleurs que fut accensé le terrain de l'îlot de la Butte, terrain que Gilles Lemaître soutenait avoir été une portion du sien[1]. Jaillot rapporte que, dans une déclaration de 1540, la petite rue dont nous parlons est appelée *rue Traversine*[2]. Nous l'avons vue énoncée «chemin du port de la Tour de Nesle,» en 1530 et 1547, désignation qui a été aussi appliquée à la rue Mazarine (1542); puis «Petite rue de «Nesle,» de 1595 à 1663; «Petite rue qui aboutit à la rue de Seyne d'un bout, «et de l'autre sur la porte de Nesle apelée la rue de Nesle,» en 1604; «Petite «rue de Seine,» en 1617, et (peut-être par erreur) «rue des Portes,» en 1600 et 1622.

En 1636, la rue Mazarine n'était encore pavée que sur une largeur de huit à neuf pieds, le long des maisons.

---

[1] On ne s'explique pas quelle était l'utilité de cette rue, si celle des fossés aboutissait alors sur le quai, et il en était certainement ainsi à la fin du siècle. Peut-être y a-t-il lieu d'en conclure que la Butte interceptait la voie et qu'on eut alors l'idée de briser, à son extrémité, la ligne droite de la rue nouvelle, pour lui créer une issue. A l'appui de l'hypothèse que nous hasardons, nous constatons que la maison faisant le coin nord-ouest de la petite rue est dite, dans le censier de 1595, contiguë vers l'orient à la Butte, détail évidemment copié sur un document ancien.

[2] Il ajoute que la maison dont il s'agit dans la déclaration relevait de la censive du président Lemaître. La censive de cette région appartenait à l'abbaye Saint-Germain, et, si le Domaine l'a revendiquée, le président Lemaître n'y a jamais rien prétendu.

CÔTÉ OCCIDENTAL.

PAROISSE SAINT-SULPICE.

JUSTICE
ET CENSIVE DE L'ABBAYE.

Maison sans désignation (1547), faisant le coin de la rue de Bussy. Elle était complétement ruinée en 1595, et, en 1628, elle avait été rebâtie de manière à former cinq maisons distinctes : une sur la rue de Bussy, laquelle a eu pour enseigne *le Port-de-Salut* (1628-1696); celle du coin, qui a eu pour enseigne *l'Image-Sainte-Geneviève* (1687); puis, sur la rue Mazarine, cinq autres, dont la troisième a eu pour enseigne *l'Image-Sainte-Catherine* (1628-1687), et la dernière, *les Trois-Escabels*, puis *la Trinité* (1687-1729).

Maison sans désignation en 1547, et alors aboutissant rue de Seine, puis de la Roze-Blanche en 1595. En 1628, elle avait été morcelée en deux parties, dont la première a été connue sous le nom de *Jeu de paume du Roi-Charles* (1628-1710).

Partie postérieure de la maison de Claude Vellefaux, ayant sa principale entrée rue de Seine. En 1687, c'était déjà une maison distincte, et elle avait pour enseigne *la Ville-de-Francfort*.

Maison où pendait pour enseigne, en 1534 et 1549, le Jeu de paulme de Fort-Affaire, et qui a eu après celle de l'Image-Saint-Louis (1628-1687). Elle aboutissait à la rue de Seine, et semble avoir été élargie un peu de ce côté. Le terrain de cette maison appartenait au libraire Thomas Blanche dès 1531, et c'est lui qui y fit construire le jeu de paume.

Maison sans désignation en 1547, dite ensuite de l'Ange (?) (1568), puis le Jeu de paume des Deux-Anges (1595), ou de la Place-Royale (1628-1734). L'emplacement sur lequel on éleva cette maison, et qui présentait une superficie de vingt-cinq perches, fut vendu, le 16 mai 1531, par Jean Gauldrier à Pierre Roffet, libraire, qui y fit bâtir. La maison aboutissait primitivement rue de Seine.

Maison contenant, dès 1547, un jeu de paume, dit, en 1628, le Jeu de paume de Saint-Nicolas. A cette dernière date, la maison était divisée en deux. Elle avait appartenu au boulanger *Nicolas* Testu, et de là sans doute le choix de l'enseigne primitive, qui paraît avoir été remplacée dans la suite par celle du *Roi-d'Angleterre* (1694).

Les maisons venant après le jeu de paume de Saint-Nicolas sont celles qui furent élevées sur le terrain de Gilles Lemaître.

Maison sans désignation en 1547, puis de la Corne-de-Cerf (1595). Renfermant une superficie d'environ quatre-vingt-quinze toises et demie, elle appartenait, en 1554, à Marie Prévot, et, en 1606, à un nommé Barthélemy Prieur. C'est probablement le même individu que le sculpteur de Henri IV.

Maison sans désignation en 1547, puis du Cœur-Croissant (1628). En 1628, elle était séparée de la précédente par une allée conduisant à la maison de la rue de Seine, à laquelle elles aboutissaient toutes deux.

La maison du Cœur-Croissant et les maisons suivantes, jusqu'à celle de l'Aventure, furent ruinées durant les guerres de la Ligue et rebâties après la reddition de Paris.

Maison sans désignation (1547).

Maison du Cheval-Noir (?) (1595), qui, en 1628, était divisée en deux et dépendait de la maison située derrière, en la rue de Seine.

Partie postérieure d'une maison de la rue de Seine, divisée en deux à la fin du xviie siècle.

Partie postérieure d'une maison de la rue de Seine, où se trouve actuellement le passage du Pont-Neuf.

Maison sans désignation en 1595, puis Jeu de paume de la Bouteille (1608-1670) et «Hostel des Comédiens du Roy.» Les comédiens de la troupe de Molière y jouèrent de 1673 à 1688, dans une salle d'opéra que le marquis de Sourdéac avait fait construire par Quichard, intendant des bâtiments du duc d'Orléans, et dont naguère on voyait encore quelques restes. L'ouverture de cette salle eut lieu le 19 mars 1671.

Maison sans désignation (1628), qui, au xvie siècle, faisait sans doute partie de celle à laquelle elle aboutit depuis.

Partie postérieure d'une grande maison de la rue de Seine; en 1628, il y pendait pour enseigne l'*Image-Saint-Louis*. En 1687, elle formait deux corps d'hôtel ayant pour enseignes, l'un *le Lion-d'Or*, l'autre *la Croix-Blanche*. Entre ces deux corps d'hôtel était pratiquée une allée conduisant au jeu de paume du Soleil-d'Or, en bordure sur la rue de Seine.

Maison et jeu de paume de l'Aventure (1505-1696). En 1687, elle avait une issue sur la rue de Seine, et quatre petites maisons y étaient adossées.

Maison sans désignation en 1595, puis de l'Uitre (1628), ou Huistre à l'Escaille (1716), et du Château-de-Saint-Germain (1722).

Maison de la Corne-de-Daim (1595), d'abord aboutissant rue de Seine.

Partie postérieure d'une maison de la rue de Seine.

Maison sans désignation en 1595, et appartenant alors à l'un des architectes du Louvre sous Henri IV, «Loys Fournier, maistre juré maçon, au lieu de Jehan «Fournier.» Jean Fournier était orfévre, ainsi que nous l'avons vu dans un titre, et c'était évidemment le très-proche parent de ce Guillaume Fournier, charpentier, que le compte de 1547 mentionne comme possédant un terrain de deux cent cinquante-huit toises situé entre les rues de Seine et Mazarine. Quant au terrain, nous le croyons représenté par la maison de Louis Fournier, par les deux maisons venant ensuite et par les trois maisons correspondantes faisant front sur la rue de Seine.

Maison sans désignation en 1595, puis des Trois-Empereurs (16??).

Maison de l'Image-Notre-Dame (1595).

Maison sans désignation en 1595, et alors aboutissant rue de Seine; ce fut plus tard la partie postérieure de la maison de la Marguerite, sise en cette rue.

Maison sans désignation en 1595, puis de la Ville-de-Lyon (1628) et de la Reine-de-Suède (1687). Elle semble avoir dépendu de la suivante dans la seconde moitié du xviie siècle, et se confondre avec celle qui, mesurant dix toises de profondeur sur environ trois toises et demie de largeur, fut vendue, le 11 mai 1547, par Philippe de Trépigny à Jean Charton. Elle renfermait alors un jeu de paume.

Partie postérieure du jeu de paume de Métayer, ayant sa principale façade sur la rue de Seine.

Partie postérieure de la maison du Cercle-d'Or.

Partie postérieure d'une maison de la rue de Seine. En 1628, il y pendait pour enseigne *la Fleur-de-Lys*.

Petite maison de l'Image-Saint-Julien (1617), confondue plus tard avec la suivante.

Maison sans désignation en 1595, puis du Petit-Saint-Jean (1613), faisant le coin méridional de la Petite rue de Nesle. Au milieu du xviie siècle, elle était divisée en six corps d'hôtel, dont trois sur la rue de Nesle, deux sur la rue Mazarine et un à l'encoignure des deux rues. Elle fut achetée, le 2 mars 1663, par les exécuteurs testamentaires du cardinal Mazarin, et démolie pour le déplacement de la rue de Nesle. Elle avait probablement été agrandie aux dépens de la maison du coin de la rue de Seine.

CÔTÉ ORIENTAL.

PAROISSE SAINT-SULPICE.

CENSIVE CONTESTÉE.

Par un arrêt du Conseil du 19 juin 1619, et afin de subvenir aux frais de la reconstruction du palais de la Cité, récemment incendié, le roi ordonna de bailler à bâtir les terrains du fossé de l'enceinte, entre les portes de Bussy et de Nesle, où, sur une longueur de cent quatre-vingts toises, on avait intention de construire soixante maisons, larges chacune de trois toises et profondes de douze. Mais le duc de Nevers, les religieux de l'abbaye de Saint-Germain et les échevins de la ville, qui, à divers titres, possédaient des droits sur ces terrains, firent une telle opposition à l'arrêt, qu'il ne reçut point son exécution [1]. C'est plus de quarante ans après que furent construites les maisons du côté oriental de la rue Mazarine, à l'exception toutefois des quatre premières, à partir de la rue Dauphine. Celles-ci, qui s'étendaient sur une longueur d'environ dix-huit toises et demie, à compter du coin, existaient dès 1628, et la quatrième avait alors pour enseigne l'*Orme-d'Or*. La place sur laquelle la seconde fut bâtie avait été achetée le 20 novembre 1618. Le duc de Nevers avait pris à bail d'abord, le 9 juin 1580, une partie du fossé contenant un arpent, puis la totalité le 11 avril 1586.

CÔTÉ MÉRIDIONAL.

PAROISSE SAINT-SULPICE.

JUSTICE
ET CENSIVE DE L'ABBAYE.

Le côté méridional de la rue de Nesle était formé par les deux maisons faisant les coins des rues de Seine et du Fossé, ou Mazarine. (Voir à l'article de ces rues.)

CÔTÉ SEPTENTRIONAL.

PAROISSE SAINT-SULPICE.

JUSTICE
ET CENSIVE DE L'ABBAYE.

Maison sans désignation (1570), faisant le coin de la rue du Fossé. En 1570, elle appartenait à Antoine Briant, qui était « capitaine du bateau du Roi; » le fils de ce personnage la revendit, le 18 décembre 1601, à Dimanche Joulin. Ce n'était plus alors qu'une place, avec masure, dévastée durant la guerre, et mesurant quatre toises et demie de largeur sur quinze pieds de profondeur. Elle était large de cinq toises et profonde de dix-neuf pieds, lorsque, le 2 mars 1663, elle fut vendue aux exécuteurs testamentaires du cardinal Mazarin, qui la démolirent, ainsi que les suivantes, pour élever à leur place les bâtiments du collége des Quatre-Nations.

Deux maisons sans désignation en 1595, dont l'une, en 1663, avait pour enseigne la Botte-de-Lorraine. Ces maisons et la précédente avaient fait partie de la prise de Jacques Audouart. (Voir Quai Malaquais.)

---

[1] Par convention du 26 août 1647 et moyennant une somme de 30,000 livres, l'abbaye abandonna à la Ville tous ses droits sur le fossé allant de la porte de Nesle à la porte Saint-Michel.

Petite maison sans désignation en 1595, puis DE L'IMAGE-DE-SAINTE-ANNE (1663), contiguë à celle du coin de la rue de Seine. A l'époque de la démolition, elle avait une superficie de douze toises et demie.

RUE DE MÉZIÈRES.

La rue de Mézières commence à la rue du Pot-de-Fer (Bonaparte) et finit à la rue Cassette.

Jaillot, qui a relevé plusieurs erreurs de Sauval, en a commis une relativement à cette rue, et c'est Sauval qui a raison contre lui. En effet, ce dernier écrivain ayant avancé que la rue de Mézières s'est appelée «autrement Petite rue Cassette,» Jaillot prétend que Sauval s'est mépris, et affirme que la seule «Petite rue Cassette» qui ait existé était la rue Beurrière. Or l'erreur est manifeste, attendu que, dans le censier de 1628, la rue de Mézières est énoncée : «Petite rue Cassette, dicte du Jeu de paulme de Messieurs,» et, dans le cueilleret de 1595, «rue du Commissaire Jauneau, dit Petit Cassel.» Les diverses désignations que nous venons de citer s'expliquent par l'établissement, dans la rue, d'un jeu de paume qui appartint aux religieux de Saint-Germain-des-Prés; par le désir de la distinguer de la Grande-rue-Cassette, où elle aboutissait, et par les acquisitions de terrains environnants, dont nous avons déjà parlé, et qu'effectua le commissaire Jaulneau [1]. Quant à l'appellation moderne, motivée par l'hôtel de Mézières, nous ne l'avons rencontrée et elle n'a prévalu que postérieurement à l'année 1612. C'est alors que l'hôtel, cessant d'être une maison particulière pour devenir un établissement religieux, dut perdre son ancien nom et commença d'en prendre un autre.

CÔTÉ MÉRIDIONAL.

PAROISSE SAINT-SULPICE.

JUSTICE
ET CENSIVE DE L'ABBAYE.

HÔTEL DE MÉZIÈRES, faisant le coin de la rue du Pot-de-Fer, d'une part, tenant, de l'autre, à une maison faisant le coin de la rue Cassette, et aboutissant rue Honoré-Chevalier, suivant le censier de 1595. Il appartint successivement à

[1] Voir à l'article de la rue Honoré-Chevalier, p. 185.

« Monsieur le Prince Daulphin, » c'est-à-dire à Louis de Bourbon II, duc de Montpensier, dauphin d'Auvergne, qui mourut en 1582; puis à « Monsieur et Madame « de Mézières, » c'est-à-dire à François de Bourbon, duc de Montpensier, aussi dauphin d'Auvergne, qui mourut en 1592, et fut marquis de Mézières, du chef de sa femme Renée d'Anjou, et il était, en 1595, à leurs ayants cause. Les archives de l'abbaye ne fournissent aucun autre détail sur l'hôtel de Mézières, qui, acheté de Claude Genoux, le 3 avril 1610, au prix de 24,000 livres, par Marguerite Lhuillier, fut donné par elle, le même jour, aux Jésuites, afin qu'ils en fissent un maison de noviciat pour leur ordre [1].

CÔTÉ SEPTENTRIONAL.

PAROISSE SAINT-SULPICE.

JUSTICE

ET CENSIVE DE L'ABBAYE.

Entre les rues Cassette et du Gindre.

Deux maisons sans désignation (1595), dont la première était contiguë à la maison faisant le coin de la rue Cassette.

Maison sans désignation en 1583, puis ayant eu l'enseigne « DE L'ARBORISTE » (1595), parce qu'elle appartint à René Bassert, herboriste. Ce personnage possédait aussi, sur la rue Cassette, une autre maison qui aboutissait à celle-ci, mais que nous n'avons pu identifier avec certitude. La maison de l'Herboriste était attenante à celle qui faisait le coin occidental de la rue du Gindre, et elle y a été réunie dans la suite.

Entre les rues du Gindre et du Pot-de-Fer ou Bonaparte.

La rue de Mézières était bordée, entre les rues du Gindre et du Pot-de-Fer, par des maisons ayant leur entrée dans ces dernières voies.

RUE DES SAINTS-PÈRES.

La rue des Saints-Pères commence au quai Malaquais et finit à la rue de Grenelle.

Cette rue doit être celle qui, dans le rôle de la taille de 1292, est appelée « rue Neuve Saint Père; » d'où il semblerait résulter qu'elle était peu ancienne alors.

---

[1] Lestoile raconte que, dès le mois de septembre 1609, le père Cotton avait obtenu l'hôtel de Mézières de la libéralité du roi; mais, au lieu de faire don d'une importante propriété, c'est peut-être seulement la permission de posséder l'hôtel que le roi accorda en cette circonstance.

RUE DES SAINTS-PÈRES.

Elle paraît avoir eu une certaine importance avant les démolitions effectuées en 1360; depuis, et jusqu'au milieu du règne de François Ier, ce ne fut plus une véritable rue, mais un simple chemin, que nous trouvons énoncé «chemin qui «va au jardin à l'aumosnier de ladite église» (de Saint-Germain), en 1393; «chemin qui tend du Pré aux Clercs à l'église Sainct Père, par lequel on va en «procession,» en 1523; «grand chemin de Sainct Père,» en 1531; «chemyn «estant entre le cymetière Sainct Père (et la Butte), allant à la Tuillerie» (vers la Croix-Rouge), en 1530; «chemin qui va de Sainct Pierre à la rivière,» en 1531, et «rue Sainct Pierre,» en 1535, 1543, etc. Ce dernier vocable a été corrompu, au XVIIe siècle, en celui de rue des Saints-Pères, qui est demeuré seul en usage, bien que rien ne le motive, puisque la rue a emprunté son nom à la chapelle Saint-Pierre, dite autrement Saint-Père. Au siècle de Louis XIV, on disait souvent *rue de la Charité*.

Il est arrivé très-fréquemment que la partie de la rue des Saints-Pères, s'étendant de la rue Taranne à la rue de Grenelle, a été considérée comme une voie spéciale et distincte de la partie aboutissant sur le quai. On désignait la première par les noms de «chemin tendant de Sainct Père à la Vieille Tuillerie» (1531); «petit chemin allant dudict Sainct Germain à Sainct Père» (1532); «chemin «tendant de Sainct Père au chemin de la Justice» (la rue de Grenelle) (1535); «petit chemin allant à Sainct Père» (1535); «chemin qui va du Carrefour (de «la Croix-Rouge) à Sainct Père» (1535), et enfin de «chemin du Cimetière aux «Malades» (1531), à cause du cimetière aux Lépreux, situé au coin de la rue Taranne.

Jaillot affirme que la rue des Saints-Pères a été qualifiée de rue des Vaches; mais cette assertion est contraire à tous les documents que nous avons vus, et nous la croyons erronée.

CÔTÉ ORIENTAL.

PAROISSE SAINT-SULPICE.

JUSTICE
ET CENSIVE DE L'ABBAYE.

On ne trouve, au XVIe siècle, aucune mention de maisons en bordure sur la rue des Saints-Pères, depuis le quai jusqu'au delà du Grand-Pré-aux-Clercs, qui, à la rencontre de la rue, présentait une largeur d'environ soixante-quatorze toises.

HÔTEL DE SANSAC. C'était la première des constructions qui commençaient immédiatement au-dessus du Pré. Le 27 avril 1542, Charles Thomas, conseiller

<small>Entre le Pré-aux-Clercs et la rue Taranne.</small>

au Grand Conseil, prit à bail, des religieux de Saint-Germain, une pièce de terre de cinq quartiers, où, moyennant une dépense de quinze cents écus, il bâtit une des belles habitations du faubourg. Mais la plus grande partie de ce terrain se trouvant sur le fonds du Pré-aux-Clercs, lequel avait été envahi par les moines, Thomas s'en vit dépossédé après la fameuse émeute de 1548, durant laquelle sa maison fut saccagée. Il obtint, du reste, en dédommagement, le 3 novembre 1553, un arpent retranché de la courtille de l'abbaye, et il l'annexa à sa maison, de sorte que celle-ci, par ses dépendances, vint aboutir sur le chemin des fossés du monastère (rue Saint-Benoît). L'hôtel construit par Thomas fut ensuite acquis par Jean de Sansac [1], qui, le 16 décembre 1579, le céda à Sébastien de Chauvigny, « monnoyer de France. » Le censier de 1595 mentionne l'hôtel de Sansac comme étant alors en ruine et mis en criée. Nous voyons qu'il était effectivement très-dégradé, lorsque, le 19 novembre 1601, moyennant sept cents écus, Louis Monthéron (alias Montbron), sieur de Fontaine-Challandray, le vendit à l'orfévre Jean Meurier. C'est de ce dernier qu'il fut acquis, le 4 septembre 1606, par le président aux enquêtes, Me Pierre Lescalopier, au nom de la reine Marguerite.

Cette princesse le donna aux Frères de la Charité, en échange de leur maison voisine du quai (voir Rue des Petits-Augustins), qu'elle se proposait d'englober dans son nouveau palais. Suivant Lestoile, au mois de mars 1607, « les pauvres « Frères Ignorants » se transportèrent dans ce second domicile « pour s'y accom- « moder et estre gardes du sépulchre. » L'hôtel de Sansac a ainsi été le noyau autour duquel sont venus se grouper les bâtiments qui ont formé l'hôpital de la Charité, dont les dépendances s'étendirent, dès 1613, de la rue Taranne à la rue Jacob. (Voir à la fin de la notice sur le Pré-aux-Clercs.)

CHAPELLE et CIMETIÈRE SAINT-PIERRE, faisant le coin septentrional de la rue Taranne. Les archives particulières de la chapelle Saint-Pierre sont perdues depuis très-longtemps, et il en est si peu question dans celles de l'abbaye Saint-Germain, qu'on ne peut presque rien en dire. Pour en expliquer l'origine, qui est inconnue, Lebeuf et Jaillot ont présenté chacun une hypothèse. Suivant le premier de ces auteurs, la chapelle Saint-Pierre, dite plus souvent *Saint-Père*, toujours située au même lieu, aurait été sans doute consacrée sous ce vocable, en mémoire de l'oratoire mérovingien attenant à la grande église du monastère, et dédié au prince des apôtres; enfin elle n'aurait jamais été la paroisse du bourg, si ce n'est d'une façon provisoire et accidentelle [2]. Selon Jaillot, dont les conjectures semblent manquer de précision, le service parochial du bourg se serait fait primitivement dans une chapelle voisine de la grande église, chapelle qu'il semble confondre avec l'oratoire Saint-Pierre. A la fin du xe siècle, ce dernier édifice aurait été

---

[1] Apparemment Jean de Sausac, capitaine de la Porte, premier gentilhomme de la Fauconnerie, qui, en 1572, épousa Catherine de Maillé.

[2] *Histoire du diocèse de Paris*, t. I, p. 445.

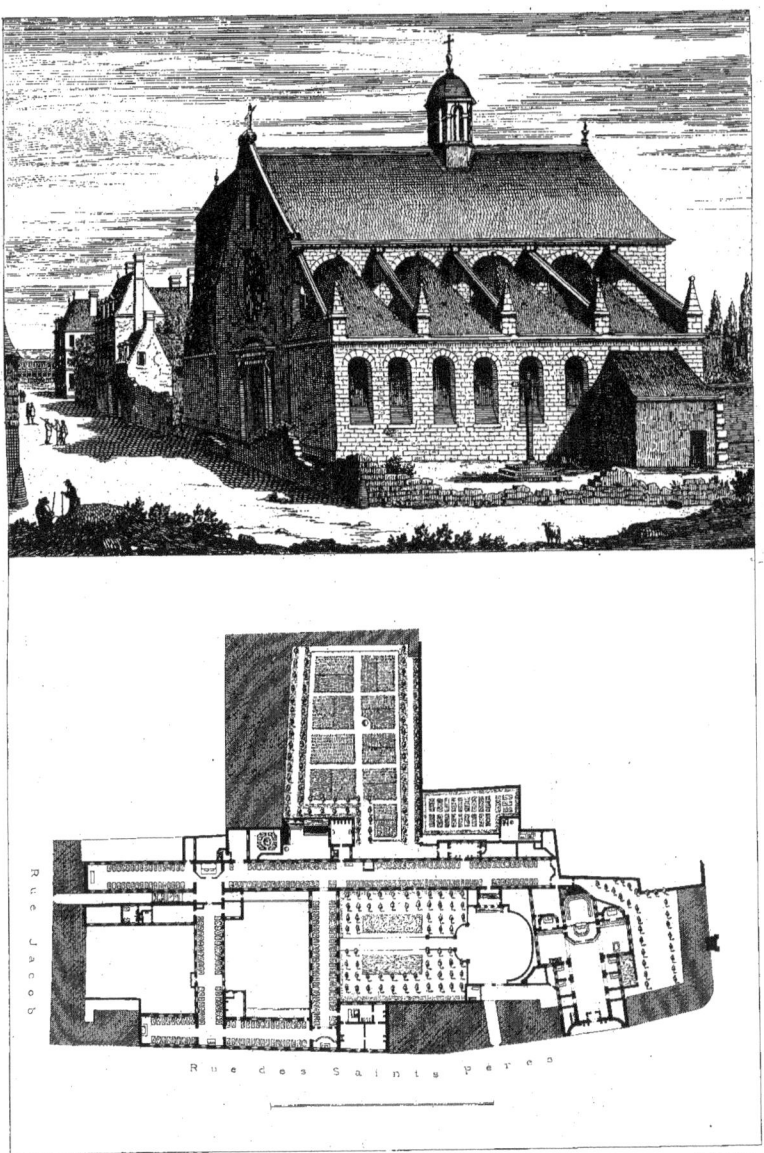

CHAPELLE DE L'HÔPITAL DE LA CHARITÉ

Vue perspective d'après une gravure de J. Marot.

AVEC VN PLAN DE L'ENCLOS ET DES BÂTIMENTS À LA MÊME EPOQVE

réuni à la basilique et transporté plus tard hors de l'enceinte de l'abbaye; puis, au xII^e siècle, il aurait été remplacé, comme paroisse du faubourg, par l'église Saint-Sulpice [1].

Il est probable, en effet, que la chapelle Saint-Père a été la première paroisse des vassaux de Saint-Germain. C'est l'opinion de Du Breul, de D. Bouillart et de Sauval, opinion généralement acceptée au commencement du xvII^e siècle [2]. Elle semble d'ailleurs justifiée par la haute antiquité du culte de saint Pierre chez les moines de Saint-Germain, et surtout par un titre du 6 février 1380, dans lequel est indiqué, comme charge incombant au curé de Saint-Sulpice, l'obligation d'aller, à certains jours, faire l'office dans la chapelle Saint-Pierre, d'y dire la messe tous les dimanches et de s'y rendre en procession à des époques déterminées. On peut en inférer la suprématie primitive de la chapelle Saint-Père sur l'église Saint-Sulpice : il semble, en effet, que le curé de Saint-Sulpice ait un devoir à remplir et non un droit à exercer. La question, au surplus, n'en demeure pas moins indécise, et l'on ne saurait rien affirmer quant à l'époque où la chapelle Saint-Pierre a cessé d'être renfermée dans les murs du couvent. En 1557, elle était dans un tel état de vétusté, que le légat du pape accorda des indulgences à ceux qui feraient des aumônes destinées aux travaux de restauration. Au commencement du xvII^e siècle, elle ne servait plus que «pour les processions «et services, en certains jours de l'année.»

Par accord du 27 août 1611, le curé et les marguilliers de Saint-Sulpice cédèrent à perpétuité la chapelle Saint-Père aux Frères de la Charité qui étaient établis dans le voisinage depuis quatre ans et avaient déjà l'usage de cet édifice. D'après un devis du 12 mai 1612, que nous avons vu aux archives des Hôpitaux, on se proposait d'agrandir le bâtiment de façon qu'il atteignît quatorze toises d'un bout à l'autre; on voulait, en outre, y annexer de chaque côté quatre chapelles de neuf pieds de large sur douze de long [3]. L'ancienne construction fut abattue vers 1613, et, en cette même année, la reine Marguerite posa la première pierre d'un nouvel édifice plus vaste, lequel ne fut dédié qu'au mois de juillet 1621.

A en juger d'après un plan manuscrit de 1677, la nouvelle chapelle Saint-

---

[1] *Quartier du Luxembourg*, p. 49 et suiv.

[2] Dans l'accord de 1611, dont nous parlons plus loin, il est dit que «ladicte chapelle estoit «anciennement la première église parroichiale du-«dict faulbourg, lorsqu'il ne s'estendoit si avant «vers la ville, comme... à présent; en laquelle «aussy ils (les marguilliers de Saint-Sulpice) sont «toujours allez en procession à certains jours de «l'année.»

[3] La chapelle Saint-Père était sans doute très-petite au commencement du xvII^e siècle; mais on ne saurait croire qu'elle ne pouvait contenir alors que douze personnes. Il ne faut donc point ajouter foi aux assertions contenues dans les nombreux factums rédigés à l'occasion du procès qui eut lieu, en 1658 et 1659, entre les marguilliers de Saint-Sulpice et les religieux de la Charité.

28.

Père formait un rectangle d'environ quinze toises un pied de long sur cinq toises cinq pieds de large. Le croquis de 1548 et le plan de Quesnel donnent à croire que l'ancien bâtiment avait aussi un chevet carré.

Le cimetière Saint-Père, dont le terrain, y compris celui de la chapelle, formait un demi-arpent, faisait l'encoignure de la rue Taranne. Il paraît avoir été en dernier lieu large de treize toises sur cette rue et de douze sur celle des Saints-Pères; on ne l'a clos que fort tard, car l'alignement de la muraille dont il finit par être entouré fut donné par Claude Vellefaux le 19 janvier 1612.

Il est fait mention du cimetière Saint-Père, *atrium Sancti Petri*, dès 1259 [1]; on doit le considérer tout au moins comme contemporain de la fondation de la chapelle à laquelle il devait son nom.

Il paraît n'avoir plus eu qu'une médiocre importance au xvie siècle; c'est alors, en effet, qu'il servit à enterrer les pestiférés, après la suppression du cimetière aux Lépreux, avec lequel les historiens l'ont tous confondu, et qui était situé à l'autre angle de la rue Taranne. Le cimetière Saint-Père fut ensuite réservé aux protestants, qui en disposaient déjà en 1598, comme l'indique le texte de l'édit de Nantes. Ils en furent dépossédés par un arrêt du Conseil, daté du 4 mai 1604, et rendu à la sollicitation des paroissiens de Saint-Sulpice.

Les catholiques [2] rentrèrent alors en possession du cimetière Saint-Père, et y trouvèrent grand nombre de sépultures huguenotes, entre autres la somptueuse tombe du trésorier Arnauld, mort le 21 mai 1603. « Elle étoit, dit Lestoile, d'un
« fort beau marbre noir, tout d'une pièce, estimée à deux cents escus ou environs,
« élevée d'un demi-pied de terre et couchée de plus; autour de laquelle il y avoit
« gravé en lettres d'or ce qui s'ensuit :

« Cit-git noble homme maistre Claude Arnault, vivant conseiller, notaire et
« secrétaire du Roy, maison et couronne de France et des finances de Sa Majesté;
« trésorier général de France en la généralité de Paris, et ordonné par le Roy
« près la personne de monseigneur le marquis de Rosni, pour l'administration des
« finances de Sa Majesté, sous le commandement dudit seigneur. »

« Dans le milieu du marbre étoit gravé en lettres d'or ce qui s'ensuit :

« Passant, tu ne liras point ici les louanges de celuy qui est sous ce tombeau.
« Sa vie les a, comme immortelles, gravées dans le ciel, jugeant indigne
« qu'elles traisnassent en terre.
« Quant à ce qu'il a été, tu le pourras apprendre de sa fortune;
« mais de sa vertu seule, ce qu'il méritait d'estre.
« *Mœstissimo fratri*
« *Plura non permisit*
« *Dolor.*

---

[1] Dès 1271, on constate l'existence d'une maison contiguë à la partie postérieure du cimetière.

[2] *Remarques historiques sur l'église et la paroisse Saint-Sulpice*, p. 5.

« Au-dessus se voyoient gravées ses armoiries. — Quinze jours ou trois semaines
« après on couvrit de plâtre ce beau tombeau, de peur que la populace, envieuse
« de tels monuments, n'achevât de le gaster, comme elle avoit déjà commencé, et
« qu'enfin elle ne le brisât et le rompît du tout, comme aussi on fut averti qu'on
« avoit délibéré de le faire en une nuit. »

Cette effervescence fut apparemment la cause déterminante de l'arrêt du 4 mai, qui autorisa d'ailleurs les protestants à établir, de l'autre côté de la rue, un nouveau cimetière dont nous parlons plus bas.

On voyait jadis, auprès de la chapelle Saint-Père, une longue pierre qui avait nom « la Tunbe ou la Mesure du géant Isoret [1]. » Cette prétendue tombe du fabuleux géant Isore, auquel on prêtait plusieurs sépultures de même sorte, était évidemment un monument celtique, table de dolmen ou menhir abattu. Il n'y est fait aucune allusion dans les titres de l'abbaye, mais, dans son ouvrage intitulé *Otia imperialia*, Gervais de Tilbury, qui écrivait au commencement du XIII° siècle, rapporte, dit Du Breul, qu'il avait vu la tombe du géant Isoret, tué par saint Guillaume, et qu'elle avait vingt pieds de long, non compris la partie correspondant au cou et à la tête [2].

Petite maison sans désignation (1595), contiguë à la maison faisant le coin méridional de la rue Taranne; elle devait occuper aussi une partie de l'emplacement de l'ancien cimetière des Lépreux. Suivant certain croquis qui existe dans les archives de Saint-Germain des Prés et a certainement eu pour base des données authentiques, cette maison, bien qu'elle soit qualifiée de *petite* dans le censier de 1595, seul document du XVI° siècle où il en soit question, aurait été élevée sur un terrain de vingt-cinq perches, baillé à Jean Pinson le 30 avril 1530.

Entre les rues Taranne et de Grenelle.

Clos dépendant de l'hôtel du Sépulcre et ayant sa principale entrée en la rue du Dragon.

Trois maisons sans désignation en 1547, dont l'une a porté, en 1595, l'enseigne du *Cerceau*. Elles furent construites sur trois lots de terre baillés, le 19 avril 1535, le premier à Pierre Riffaut, maçon; le deuxième à Israël Roze, brodeur, et le troisième à Richard Carré, aussi brodeur. D'après le croquis dont il vient d'être question, ces lots auraient été chacun de douze perches et demie, comme les lots correspondants de la rue du Dragon. Ils auraient donc offert une surface

---

[1] Du Breul, p. 339. — Sauval dit (t. II, p. 674) que de son temps elle était disparue.

[2] « Nos vidimus sepulcrum Isoreti. in suburbio « Parisiensi, viginti pedes in longum habens, præter « cervicem et caput. Quem Sanctus Guillermus pere- « mit. » Cette phrase, empruntée à un manuscrit du collège de Navarre, ne se trouve pas dans le texte des *Otia imperialia* publié par Leibnitz (ap. *Scriptores rerum Brunsvicensium*, t. I, p. 881, et t. II, p. 751), et peut-être n'était-ce qu'une glose du chapitre LXXIII de la troisième partie; dans ce chapitre, intitulé *De equinocephalis*, il est parlé d'hommes dont les cuisses auraient atteint douze pieds de longueur.

totale de trois cent trente-sept toises, chiffre un peu inférieur à la réalité. Dans les censiers, au contraire, la superficie indiquée est de plus de trois quartiers, ce qui paraît être une exagération considérable. De la teneur des censiers nous croyons d'ailleurs devoir conclure que, vers le milieu du xvi⁰ siècle, la deuxième propriété avait déjà été élargie aux dépens de la première; il subsiste encore des traces de cet état.

Partie postérieure de trois MAISONS qui avaient leur entrée principale rue du Dragon, et dont la dernière faisait le coin de la rue de Grenelle.

CÔTÉ OCCIDENTAL.

PAROISSE SAINT-SULPICE.

JUSTICE
ET CENSIVE DE L'ABBAYE.

Entre les rues de Grenelle et Saint-Dominique.

PLACE AVEC MASURE (1595), contiguë à la maison faisant le coin de la rue de Grenelle. En 1628, c'était un jardin dépendant d'une maison de cette rue.

MAISON sans désignation (1543), dont les limites vers le midi ont subi des modifications que nous ne pouvons préciser.

MAISON sans désignation (1543), qui renfermait deux corps d'hôtel en 1595, et dont faisait alors partie un grand jardin en bordure sur la rue des Rosiers (Saint-Guillaume). Ce jardin dépendait déjà de la maison en 1543, car on lit, dans le censier de cette année, que Jérôme Dupuis avait augmenté sa propriété de quarante-six perches de terre, étendue qui équivaut à la superficie du jardin. La maison séparée du jardin s'appelait *l'hôtel de Cossé*, à la fin du xvii⁰ siècle, parce que, dit Piganiol, elle fut bâtie par Marie de Cossé, veuve du maréchal Charles de la Porte de la Meilleraie. En 1701, l'hôtel fut vendu au maître des requêtes Charles Pécoil, dont la fille épousa le duc de Brissac, ce qui fit donner ce dernier nom à l'hôtel.

L'hôtel de Cossé et les deux maisons précédentes furent élevés sur trois lots de terre, énoncés comme contenant un quartier chacun [1], que l'abbaye bailla à bâtir, le premier à Jean Hénart, en 1529; le deuxième à Robert Cosson, le 19 février 1529, et le troisième à Jean Cosson, fils de Robert, le 13 juillet 1530.

MAISON sans désignation (1595), qui, en 1687, appartenait au marquis de Vaires. La partie postérieure de cette maison a servi à l'agrandissement de l'hôtel de Pons.

---

[1] Ces indications de superficie semblent être autant au-dessous de la réalité que celles que nous venons de signaler sont au-dessus. Nous observons, au surplus, qu'en 1543 la maison qui devint l'hôtel de Cossé est dite contenir un demi-arpent, énonciation exacte à très peu près.

Maison sans désignation (1595). Elle était de la même « prise » que la suivante, et, en 1595, elle appartenait au même propriétaire.

Maison sans désignation (1540), bâtie par Robert Beaugrand sur un demi-arpent de terre pris à bail de l'abbaye, le 2 mars 1529. En 1547, elle était possédée par Louis Vachot, président de la Chambre des monnaies, et, vers 1595, par la demoiselle Tristan et le sieur du Plessis, qui la tenaient du médecin Frontebœuf; elle aboutissait alors à la rue des Rosiers. Dans le censier de 1628, elle est qualifiée de « jardin, » dit appartenir au maître maçon Salomon de la Fond[1], dont la veuve, Marie Loiseleur, le céda à un abbé de Saint-Thierry. Celui-ci, ayant acquis la maison précédente, fit construire sur l'emplacement des deux propriétés un hôtel qu'il vendit, le 20 juin 1643, à M. de Creil, auquel l'hôtel fut acheté par la duchesse de Villars en 1658. En 1687, c'était l'hôtel du marquis de Cavoye, grand maréchal des logis de la maison du roi, et, en 1749, *l'hôtel de Pons.*

Propriété avec grange, dite, en 1543, appartenir également à Louis de Vachot. En 1595, elle formait deux petites habitations.

Maison sans désignation (1595), qui, en 1628, se trouvait absorbée dans la suivante. Cette maison et la précédente paraissent avoir été construites sur les deux moitiés d'un quartier de terre baillé à J. Doillet vers 1529.

Maison sans désignation (1543), faisant le coin méridional de la rue Saint-Dominique. En 1628, unie à la précédente, elle était possédée par M. de Vanelli, qui l'augmenta d'une place de quarante toises, achetée, le 5 mai 1638, de la veuve Salomon de la Fond. Elle appartint ensuite au nommé Thomas Cantarini, qui la vendit, le 5 juillet 1660, à Olivier Selvois. Marie de l'Épinay, veuve de ce dernier, en retrancha une partie, qu'elle aliéna le 22 juillet 1668, et qui a formé la maison du coin actuel. Les quatre autres maisons attenantes, sur la rue Saint-Dominique, proviennent également de morcellements contemporains effectués aux dépens de l'hôtel de Selvois, que, vers la même époque, on appelait aussi *hôtel de Saint-Simon,* parce qu'il était habité par le fameux duc de Saint-Simon, l'auteur des Mémoires. On l'a nommé ensuite *hôtel de la Force,* après que le marquis Nonpar de Caumont la Force l'eut acquis, le 4 mars 1714, de Henri de Selvois, fils de Marie de l'Épinay.

Maison sans désignation (1595), faisant le coin septentrional de la rue Saint-Dominique, et appartenant à Georges Regnier, fournisseur de matériaux pour le palais des Tuileries et les fortifications de la ville. Nous n'en avons rencontré d'indication positive qu'à la fin du xvie siècle; mais elle dut être construite assez longtemps auparavant, car elle occupait l'emplacement d'un terrain de cinq

Entre les rues
Saint-Dominique
et le quai.

---

[1] Salomon de la Fond était protestant et possédait une certaine notoriété. Il eut un fils qui fut architecte du roi, et il était lié lui-même avec Salomon de Brosse. Ces détails biographiques résultent de notes qui nous ont été obligeamment communiquées par M. Ch. Read.

quartiers qu'on bailla à bâtir à Jean Bocheron, le 31 août 1530, et qui devint la propriété de l'orfévre Pierre Delaunay vers 1543; il était alors clos de murailles. Ce terrain se prolongeait probablement jusqu'à celui où a été établi le couvent des Jacobins.

Maison avec moulin à vent. Cette maison n'est point mentionnée avant 1595; mais le moulin à vent apparaît plus tôt. Suivant Jaillot, il aurait existé dès 1368, ce dont nous doutons fort [1], car il n'en donne pas de preuve, et nous voyons que ce fut à charge de bâtir le moulin que, le 22 juin 1509, son propriétaire, Guillaume Thibaut, prit de l'abbaye, à titre précaire, le quartier de terre qu'il occupait, « avec son allée et venue par le chemin, convenable pour aller audict lieu. » Cette cession avait été faite en échange de cinq autres quartiers situés auprès et « le chemin passant parmy. » Dans l'arpentage de 1529, l'enclos du moulin est énoncé contenir trois quartiers; il paraît avoir compris plus tard une assez vaste étendue de terrain. A une date que nous ignorons, mais postérieurement à 1630, les sieurs de Lalaure acquirent la propriété du moulin à vent; ils y bâtirent des maisons et vendirent diverses parcelles de terrain à des particuliers qui y construisirent également.

La Voirie ou la Butte. Le lieu où s'élevait le moulin à vent était le point culminant du bourg Saint-Germain, de sorte qu'on comprend facilement qu'il ait été appelé la Butte. Cette désignation, au surplus, implique sans doute que le mamelon naturel était couronné d'une éminence, créée artificiellement par l'accumulation des matières apportées à la voirie [2]. Celle-ci, dite « la vieille voyrie » en 1522, et *la voirie Saint-Germain* en 1509, consistait, vingt ans plus tard, en une pièce de trois quartiers, qui aboutissait sur la rue des Saints-Pères. Elle tenait, vers le midi, à la terre du moulin; vers le nord, à une autre pièce de trois quartiers, et s'étendait derrière les deux, en présentant une forme analogue à celle d'un T; du moins cette disposition résulte des détails de l'arpentage de 1529. La voirie Saint-Germain fut probablement supprimée vers 1530; aussi, dans un titre de 1542, est-il parlé de « la Butte du moulin à vent où estoit an- « cyennement la voyerie dudict Sainct Germain. » Quant à la Butte du moulin, elle dut être aplanie après l'acquisition des sieurs de Lalaure. Elle avait pour limites, au nord, le cimetière des Huguenots, et, au couchant, le noviciat des Jacobins, qui est énoncé y tenir. Mais il ne faut peut-être voir dans ces énonciations qu'un renseignement approximatif. Au XVIᵉ siècle, les environs du commencement de la rue Saint-Dominique constituaient un territoire qu'on nommait presque indiffé-

---

[1] L'assertion de Jaillot paraît n'avoir d'autre base que la gravure de l'ouvrage de D. Bouillart, qui est censée représenter l'abbaye et ses environs en 1368, mais qui a été faite, en réalité, d'après le dessin de 1548 que nous avons déjà signalé.

[2] Dans un titre de 1531, il est question de la voirie *à présent appellée la Butte*. La butte du moulin semble donc n'être point fort ancienne.

remment *la Butte, la Petite Butte, la Butte de la Voirie, la Petite Voirie* et *le Moulin à vent.*

Rue Saint-Guillaume. Elle remplace un petit chemin par lequel on montait au moulin, et dont nous n'avons jamais trouvé qu'une seule indication; ce renseignement est fourni par un document de 1542, où il est question d'une pièce de terre en bordure sur «la rue de devant Sainct Père descendant à la rivière de «Seyne (rue des Saints-Pères), ... tenant d'une part à la dicte rue, d'autre à la «butte et voyrie; d'un bout (vers le nord) *au chemyn par où l'on monte audict moulin «à vent,* et d'autre bout au chemyn aux vaches allant à l'Isle» (rue Saint-Dominique). La rue Saint-Guillaume ne paraît ni avoir été bordée de maisons avant 1625 ou 1630, ni avoir abouti antérieurement à la rue Saint-Dominique. Elle était appelée *rue de la Butte,* sur un plan manuscrit signalé par Jaillot, et elle est dénommée *rue Neuve des Rosiers* dans le procès-verbal de 1636. Il n'en est, du reste, question ni dans le censier de 1595, ni dans celui de 1628, ni dans aucun acte, à nous connu, de la même période; elle n'est point représentée non plus sur le plan de Quesnel, de sorte que l'emplacement et la direction du chemin auquel elle a succédé demeurent fort incertains.

Propriété de sept quartiers (1529), où, dès 1543, Jean Fraguyer, conseiller au Châtelet, avait planté un jardin et bâti «une petite maison à la mode ytal-«lienne,» avec un jeu de paume[1]. Attenante au Pré-aux-Clercs, cette maison fut saccagée par les écoliers pendant l'émeute de 1548; on en morcela ensuite le terrain, dont la partie bordant la rue des Saints-Pères forma un jardin large de quinze toises et profond de vingt-sept, qui dépendit de l'hôtel situé vis-à-vis et appartint ainsi à Jean de Sansac, puis au sieur de Fontaine-Challandray et à l'orfévre Joachim Meurier. Celui-ci le céda pour une somme de 700 livres que lui paya le trésorier de l'épargne, suivant une ordonnance délivrée à Meurier le 2 juin 1604. Le terrain avait été mesuré et estimé par Jean Fontaine le 18 mai précédent, et, par arrêt du Conseil du 4 de ce mois, il avait été «destiné pour la sépulture et «enterrement des corps de ceux de la religion prétendue réformée;» leurs représentants en furent mis en possession le 6 du même mois[2].

Le cimetière des Huguenots perdit naturellement sa première destination à la révocation de l'édit de Nantes, et il fut donné par moitiés, le 9 juillet 1685, à l'hôpital général et à celui de la Charité; mais il demeura à ce dernier établissement, qui désintéressa l'autre.

---

[1] Dans les environs de la maison de Fraguyer était celle de Jean Gentils, joueur d'instrument (1543), maison dont une partie avait été usurpée sur le Pré-aux-Clercs. Nous ne pouvons préciser l'emplacement.

[2] Les pièces à l'appui se trouvent aux Archives nationales, cart. S 2839. M. Ch. Read, à qui nous les avons signalées, les a publiées dans le *Bulletin de la Société de l'histoire du protestantisme*, t. XII, p. 36 et suiv.

L'OSERAIE. Le 5 septembre 1344, l'abbaye bailla à Étienne de Senlis une pièce de terre contenant trois arpents, dite *l'Oseraie*, et située sur le fossé du Pré-aux-Clercs, au bout des murs de la Courtille des moines. Dans un autre bail de 1354, la même pièce est indiquée comme tenant d'une part au Pré-aux-Clercs, et d'autre part à la voie des Vaches (rue Saint-Dominique); le censier de 1355 énonce en outre la «pièce de terre... laquelle on appelle l'Oseroye... tenant d'une «part à la voye aux Vaches, d'aultre au Pré aux Clercs, aboutissant d'un bout aux «murs de la Courtille dudit Saint Germain[1].» Ainsi, la terre de l'Oseraie était comprise entre le Pré-aux-Clercs, la rue Saint-Dominique et la rue des Saints-Pères; par conséquent la Butte en faisait partie. Au xvie siècle, elle en était distinguée, et le territoire de l'Oseraie, sur la rue des Saints-Pères, se bornait à l'emplacement de la maison de J. Fraguyer. Les locutions «en l'Oseraye» et «sur «le Pré-aux-Clercs» étaient alors employées fréquemment comme synonymes, et il semble que le nom de l'Oseraie se donnait parfois plus spécialement au voisinage du Pré-aux-Clercs, non confondu avec les terrains longeant la rue Saint-Dominique. Cette interprétation résulte de divers textes, et, entre autres, du passage suivant d'un titre de 1531 : «arpent... aboutissant d'un bout à l'Oseraye, «d'aultre au chemin des Treilles» (rue Saint-Dominique). Toutefois il était plus ordinaire de considérer le territoire de l'Oseraie comme borné par la rue Saint-Dominique; on écrivait donc «arpent en l'Ouzzeraye, tenant... au Pré-aux-Clercs, «et d'autre bout au chemin aux Vaches» (1415); «pièce de terre, à l'Oseraye, «.... aboutissant d'un bout au chemin des Treilles» (1531), etc.

Aussi bien, ce que le territoire de l'Oseraie avait perdu sur la rue des Saints-Pères, il le regagna largement vers le couchant, dans la direction duquel il finit par s'étendre assez pour atteindre le canton de la Petite-Seine : plusieurs documents mentionnent le lieu «dict la Petite Seyne, aultrement dicte l'Oseroye» (1527, 1533, etc.). Ce lieu, où les deux climats se confondaient, était placé à la hauteur de l'extrémité du Pré-aux-Clercs, à 800 mètres au moins de la rue des Saints-Pères.

Au commencement du xviie siècle, après le jardin de J. Meurier on ne rencontrait plus jusqu'à la Seine que des terres dépourvues de constructions, c'est-à-dire le Pré-aux-Clercs et des champs ou des jardins.

---

[1] Sous-entendu : le chemin entre deux.

RUE DU POT-DE-FER

(ACTUELLEMENT PARTIE MÉRIDIONALE DE LA RUE BONAPARTE).

La rue du Pot-de-Fer commençait à la rue du Vieux-Colombier et finissait à la rue de Vaugirard.

C'était aussi, probablement, une des ruelles Saint-Sulpice; mais nous n'en avons jamais eu la preuve. Jaillot assure que, dans des actes du xve siècle, elle est désignée par la formule : ruelle tendant de la rue du Colombier à Vigneray. Nous n'avons point retrouvé ces actes; toutefois il n'est point douteux que la locution rapportée par Jaillot ait été en usage, puisqu'elle est reproduite dans des documents postérieurs. La rue du Pot-de-Fer est effectivement énoncée, dans le censier de 1523, «ruelle qui tend de la rue du Colombier à Vigneray, appellée «la ruelle Henri du Verger.» Dans le censier de 1543, elle est désignée ainsi : «chemyn par lequel on va à la maison qui fut Henry du Vergier.» Henri du Verger, maître boulanger, mort entre 1498 et 1510, possédait plusieurs maisons dans la rue, et même il était le seul qui y en possédât; son nom a donc été donné tout naturellement à la rue, qu'on énonçait encore *rue Henry du Verger* en 1656. Néanmoins on disait de préférence alors *rue du Verger*, et cette dénomination figure dans les titres jusqu'en 1696. On lit dans le censier de 1595 : «petite ruelle «appellée du Verger,» et dans celui de 1628 : «rue du Pot de Fer, dicte du Verger.» Le censier de 1687 contient une note exprimant que la rue du Pot-de-Fer s'appelait anciennement *la ruelle des Champs;* le fait n'est point invraisemblable; mais, comme nous l'avons fait remarquer ailleurs, nous avons constaté que l'unique rue, ou ruelle des Champs, qui soit maintenant mentionnée dans les archives de l'abbaye, se confond avec la rue du Vieux-Colombier. Le voisinage de cette dernière rue a, d'ailleurs, fait donner parfois à la rue du Pot-de-Fer le nom de «ruelle du Coulombier» (1534-1543). Sauval affirme qu'elle commençait de son temps à «prendre le nom de *rue des Jésuites*, à raison de leur noviciat;» mais nous n'avons rencontré la preuve de cette assertion que dans un seul document, d'où il faut conclure que cette dénomination populaire a été peu usitée.

La liste des rues donnée par Corrozet contient l'indication d'une certaine «rue «des Jardins, près Saint-Sulpice,» que Jaillot identifie avec la rue du Pot-de-Fer. Il y avait effectivement des jardins dans la rue du Pot-de-Fer, et une confusion a pu naître dans l'esprit du vulgaire, par suite de la synonymie des mots *verger* et *jardin*. Nos recherches ne nous ont fourni aucun renseignement sur ce point; elles ne nous ont pas appris non plus où était placée l'enseigne du Pot-de-Fer qui a donné à la rue sa dernière dénomination. Au reste, de toutes les petites voies des environs de Saint-Sulpice, la rue du Pot-de-Fer est celle sur laquelle il existe le moins de documents anciens, car, par une fatalité surprenante, le censier de 1595 a perdu le feuillet qui s'y rapportait, et les archives du noviciat des Jésuites, d'où nous aurions tiré sans doute quelque éclaircissement, sont disparues. Le nombre et l'emplacement précis des maisons de la rue du Pot-de-Fer ne se révèlent à nous qu'au temps de Louis XIII.

CÔTÉ ORIENTAL.

PAROISSE SAINT-SULPICE.

JUSTICE
ET CENSIVE DE L'ABBAYE.

MAISON attenante à celle du coin de la rue du Vieux-Colombier, sans désignation en 1628, puis ayant eu l'enseigne de *la Fontaine* (1651); elle le devait apparemment au brasseur Jean de la Fontaine, qui en était propriétaire vers 1628. Cette maison provenait du morcellement d'une des propriétés contiguës, et fut absorbée dans les bâtiments du séminaire Saint-Sulpice, par les directeurs duquel elle fut achetée le 15 mars 1655. Sa superficie était de quatre-vingts toises.

MAISON sans désignation, dite, en 1595, appartenir à « M. de Hèves, secrétaire. » En 1687, on l'appelait *l'hôtel de Saint-Quentin*.

MAISON sans désignation, bâtie sur une place de onze toises et demie de large, cédée, le 25 janvier 1634, par Pierre de Brion au chanoine de Notre-Dame, Pierre de Montreuil. Elle fut donnée au séminaire le 31 mars 1682.

Partie postérieure de la GRANDE MAISON du président Brion. (Voir Rue Férou.)

MAISON sans désignation, faisant le fond du cul-de-sac Férou, et contiguë au jardin du coin de la rue de Vaugirard. Les Jésuites l'achetèrent, le 3 décembre 1639, de Mᵉ François Robert de Montry, qui l'avait bâtie sur une place par lui acquise du président Brion, le 29 avril 1638. Cette place, ainsi que l'emplacement de toutes les maisons précédentes, provenait du morcellement de la grande maison de Henri du Verger, s'étendant jusqu'à la rue du Vieux-Colombier.

CÔTÉ OCCIDENTAL.

PAROISSE SAINT-SULPICE.

JUSTICE
ET CENSIVE DE L'ABBAYE.

Entre les rues de Vaugirard et Honoré-Chevalier.

DEUX MAISONS sans désignation (1628), dont la première était contiguë à la maison du coin de la rue de Vaugirard et la seconde appartenait aux Mathurins.

Maison sans désignation (1628), faisant le coin de la rue Honoré-Chevalier, et appartenant aux Jésuites. Nous n'avons trouvé aucun document du xviᵉ siècle relatif à ces maisons, qui, très-probablement, étaient des morcellements de celle du coin de la rue de Vaugirard. En 1529, l'emplacement de toutes ces maisons était occupé par un jardin appartenant à Mᵉ Michel Raimbaut.

Hôtel de Mézières, faisant le coin septentrional de la rue Honoré-Chevalier et l'angle méridional de la rue de Mézières. (Voir à l'article de cette dernière rue.) Entre les rues Honoré-Chevalier et de Mézières.

Grande maison sans désignation (1628), faisant le coin septentrional de la rue de Mézières, et aboutissant en partie sur la rue du Gindre. Elle appartenait en 1628 à Robert de Montry, et occupait l'emplacement d'une autre construction connue, au temps de François Iᵉʳ, sous le nom de maison aux Firelins. Celle-ci avait été élevée, vers le commencement du xviᵉ siècle, sur un arpent de terre labourable, par Jean du Verger, et, après la mort de ce dernier, elle était passée à son épouse Jeanne Firelin (*alias* Filletin et Fizelin), puis aux héritiers de cette femme. Il est probable qu'elle formait primitivement l'encoignure des rues de Mézières et du Gindre. Dès 1547, elle était divisée en deux maisons, dont une appartenait à Nicolas Pot, marchand boucher, et l'autre à la veuve Grand-Jean Boutevillain. Entre les rues de Mézières et du Vieux-Colombier.

Maison sans désignation (1628), contiguë à la maison du coin de la rue du Vieux-Colombier, et en ayant fait partie dans la première moitié du xviᵉ siècle.

RUE MONSIEUR-LE-PRINCE

ET

RUE DES FRANCS-BOURGEOIS.

La rue Monsieur-le-Prince commençait à la rue de Condé et finissait à la rue des Francs-Bourgeois, qui en formait la continuation. Celle-ci commençait au droit de la rue de Vaugirard et finissait à la rue d'Enfer. Les deux rues, qui ont été récemment réunies sous une dénomination unique, étaient bien rarement distinctes l'une de l'autre avant la seconde moitié du xviiᵉ siècle. Elles formaient une voie qui, longeant le fossé de la ville, a été appelée successivement : « voirie qui « va à la porte Saint Michel (1419); « chemin de dessus les fossez, par lequel « on va à Saint Germain des Prés » (1435); « chemin allant à la porte Sainct

« Michel » (1510); « rue estant dessus les fossez » (1532); « rue des Fossez d'entre « la porte Sainct Michel et celle Sainct Germain » (1559); « chemin sur les « fossez » (1579), et « rue des Fossez » (1582); puis, sous Louis XIV, à cause de l'hôtel du prince de Condé, *rue des Fossés-Monsieur-le-Prince*, et par abréviation *rue Monsieur-le-Prince*.

Quant à la rue des Francs-Bourgeois, considérée isolément, elle a été énoncée « chemin des Fossez qui va de ladite porte (Saint-Michel) au chemin de Saint « Sulpice » (1414); « chemin des Fossez par où l'on va à Saint Souplice » (1453); « rue devant la porte Sainct Michel » (1570). Le nom de *rue des Francs-Bourgeois* est peu ancien, car nous ne l'avons point trouvé consigné dans les titres avant le règne de Louis XIV; mais il a pu être en usage antérieurement, car le clos de la grande confrérie, qui a motivé cette appellation, est dit « le cloz des Francz- « Bourgeois » dans le censier de 1628[1]. Cette désignation n'avait d'ailleurs aucune raison d'être, attendu que les membres de la confrérie n'étaient nullement exempts d'impôts, et ne méritaient point par conséquent qu'on les qualifiât de francs bourgeois.

CÔTÉ ORIENTAL.

PAROISSE SAINT-SULPICE.

JUSTICE
ET CENSIVE DU PARLOIR-AUX-BOURGEOIS.

DÉPENDANCES DE L'HÔTEL DE LA SYRÈNE, faisant le coin de la rue des Boucheries (de l'École-de-Médecine), et s'étendant sur trois places acquises de la Ville. La première, qui était déjà aliénée dans le premier tiers du XVIe siècle, et que Jean Lamoureux vendit, en 1547, à Julien de Bonacursi, propriétaire de la maison située en face, fut acquise, le 2 mai 1564, par Charles de Dormans; elle était large de douze toises, et en offrait sept de profondeur d'un côté et quatre de l'autre. La deuxième était large de huit toises, et la troisième, mesurant treize toises et demie de largeur, avait une superficie de quatre-vingt-douze toises[2]. Celle-ci fut prise à bail par Charles de Dormans, le 18 juin 1561; mais nous ignorons si elle n'avait point été aliénée précédemment. Vincent Notaire, propriétaire de l'hôtel de la Syrène, en posséda pareillement les dépendances, qu'il morcela, par une série de transactions qui portent les dates du 4 novembre 1605, des 22 mars, 4 octobre 1608, etc., et dont nous n'avons pu suivre le détail.

C'est sur l'emplacement des anciennes dépendances de l'hôtel de la Syrène

---

[1] Arch. nat. S 3059, fol. 201 r°. — [2] On entrevoit à peine l'agencement de cette place.

que les administrateurs de l'Hôtel-Dieu ont fait ouvrir la rue de Touraine, à la fin de l'année 1673 ou dans le courant de l'année 1674. Cette spéculation a causé un bouleversement complet dans les terrains des environs, où nous ne retrouvons plus le lotissement ancien.

Place baillée par la Ville à Gilles Pinel, le 11 mars 1608. Elle avait seize toises de largeur sur cinq toises un pied de profondeur vers le nord, et neuf pieds seulement vers le sud. Pinel la divisa en deux parties : une première, large de quatre toises, qu'il céda, le 19 septembre 1608, à François Ferry, et la seconde, large de douze, qu'il céda, le 4 novembre suivant, à Claude Paulmier, par lequel elle fut ensuite morcelée.

Nous n'avons point vu que la place acquise par Pinel ait été donnée à bail avant 1608, et les terrains qui la suivaient ne l'ont été que postérieurement; mais il y avait au xvie siècle, près de la porte Saint-Michel, quatre ou cinq petites maisons qui furent démolies en 1589; l'une avait été baillée à Pierre Lombard, le 24 juin 1542, et paraît avoir fait le coin du chemin sur le fossé, au bout du pont Dormant. Dans les environs se trouvait une place qui fut cédée, le 1er avril 1540, à René Fleury, et mesurait sept toises de large sur trois toises deux pieds de profondeur vers le midi et dix-huit pieds vers le nord.

CÔTÉ OCCIDENTAL.

PAROISSE SAINT-SULPICE.
JUSTICE DU ROI.
CENSIVE DE LA GRANDE CONFRÉRIE.

(Clos-aux-Bourgeois).

Maison sans désignation (1585), et de plan triangulaire, formant le coin de la rue d'Enfer. Le terrain de cette maison, mesurant dix toises deux pieds sur la rue, quatorze toises deux pieds d'un côté et douze toises quatre pieds de l'autre, renfermait un berceau de cave avec trois caveaux, lorsque, le 7 février 1534, il fut baillé à bâtir au procureur Louis Roucher, par le fondé de pouvoirs de Marthe de Selve, veuve de François Roger, procureur général au parlement de Rouen.

Entre les rues d'Enfer et de Vaugirard.

L'emplacement de la maison de Louis Roucher et de toutes les suivantes jusqu'à la rue de Vaugirard était occupé, au xve siècle, par les jardins de l'hôtel de Bourges. (Voir Rue d'Enfer.)

Maison sans désignation en 1545, et alors nouvellement bâtie; puis de l'Image-Saint-Jean (1568...) et du Heaume (1642). Elle renfermait, dès 1558, un jeu de paume, qui tombait en ruine vers 1577 et fut réédifié en 1657; il s'appelait *le Jeu de paume Fesson*. Le terrain de la maison de l'Image-Saint-Jean fut cédé par Marthe de Selve à Antoine Choquier, le 25 septembre 1537; il est énoncé dans l'acte de vente : « place en laquelle est de présent une grande porte. » Cette grande porte était sans doute celle de l'ancien hôtel de Bourges.

Maison sans désignation en 1586, puis du Grand-Roi-François (1622). Elle fut élevée sur un terrain vendu par Marthe de Selve au procureur Me Guy Baillart, le 9 février 1534, et elle paraît avoir été annexée, dès le xvie siècle, à la maison suivante.

Maison et jeu de paume des «Rabatus» (1574), ou «Ratz batteurs» (1582). Un morcellement de cette propriété avait pour enseigne la Croix-Blanche en 1642, et le jeu de paume qui en dépendait s'appelait alors le Jeu de paume du Pavillon-Royal. La maison des Rats-Batteurs, dont l'enseigne comportait un jeu de mots[1], avait été construite sur un terrain vendu par Marthe de Selve au maçon Jean Martin, le 7 février 1534; ce terrain était clos dès 1537.

Maison de la Cage-d'Or (1579-1582), dépendance de la suivante.

Maison de l'Image-Saint-Michel (1545?-1582), contenant un jeu de paume, qui s'est appelé, en 1640, le Jeu de paume de Montgaillard. Le terrain de cette maison et de la précédente fut vendu par Marthe de Selve à Claude Verdureau, le 7 février 1534.

Maison des Trois-Boules (1574-1582), qui appartenait, en 1574, à Baptiste Bérardier, «joueur de comédie,» et avait été, avant lui, à Jean de Bénac, sieur de «Beau» (Baux). Le terrain de cette maison fut vendu par Marthe de Selve à Jean des Gastières, «maistre esteufier,» le 7 février 1534.

Maison de la Grenade (1559-1563), puis de l'Agnus-Dei (1571), qu'on appelait la Grande-Brasserie en 1607. Elle fut donnée, le 25 novembre 1559, à l'église Saint-Côme, par Me Antoine Lefèvre, vicaire de Saint-Séverin. Le terrain de cette maison et des deux suivantes avait été acheté par Guillaume Lefèvre, de Marthe de Selve, le 8 juin 1535.

Maison sans désignation en 1571, puis de la Pie (1632). C'est peut-être la même que celle du Coffin (1560), que nous n'avons pu reconnaître.

Maison sans désignation (1582), faisant le coin méridional de la rue de Vaugirard. On voit, par le plan de 1615, qu'elle était alors divisée en trois maisons ou corps d'hôtel : le premier formant l'encoignure, et les deux autres ayant leur façade sur la rue de Vaugirard. Un arpentage de 1612 indique que le troisième corps d'hôtel, offrant une superficie de neuf toises, constituait une maison distincte, et que les deux premiers corps d'hôtel étaient réunis en une seule propriété. Nous sommes sûr toutefois que le second corps d'hôtel est la même maison que celle qui, mesurant quatre toises de largeur sur quatre toises de profondeur, appartenait, en 1551, à Pierre de la Baume (alias de la Bonne), doreur sur fer. Il semble

---

[1] Rats batteurs, Rabatteurs. — Rabattre à la longue paume, disent les dictionnaires, c'est envoyer la balle à la partie adverse le plus près de terre qu'il est possible.

aussi qu'une certaine *maison de l'Étoile*, mentionnée en 1576, doit ne pas différer de la maison du coin, laquelle, probablement, n'était point encore séparée de la précédente.

JUSTICE

ET CENSIVE DE L'ABBAYE SAINT-GERMAIN-DES-PRÉS.

Toutes les maisons du côté occidental de la rue Monsieur-le-Prince, jusqu'au droit de la rue de Touraine, furent élevées sur une grande pièce de terre de quatre arpents trois quartiers et demi, «appellée Bel Ayr» (1515-1527), que les Cordeliers vendirent cent livres à Ange Coignet, sieur de Croix-Fontaine, avocat au Parlement. Celui-ci, ayant annoncé l'intention de bailler son terrain à des particuliers pour qu'ils y construisissent, rencontra, à ce sujet, une vive opposition de la part des religieux de l'abbaye, qui lui reprochèrent, entre autres choses, de s'approprier une lisière de sol à eux appartenant et large de trois à quatre pieds. L'affaire se termina par un accord du 1er août 1515, suivant lequel Coignet s'engagea à payer aux moines une rente annuelle de six sous parisis, et fut libre ainsi de procéder à l'aliénation de sa propriété.

Entre les rues de Vaugirard et de Condé.

GRANDE MAISON sans désignation en 1543, puis DE L'IMAGE-NOTRE-DAME (1628), faisant le coin septentrional de la rue de Vaugirard. Elle paraît être la même que le «grant hostel de Bel Ayr,» mentionné en 1547, et fut élevée sur un jardin ou place vide baillée, en 1531, par Ange Coignet à Pierre Jacquin, principal du collége de Calvi. Ce jardin mesurait vingt-sept toises sur la rue de Vaugirard, vingt-deux toises sur la rue Monsieur-le-Prince, vingt toises cinq pieds et sept toises un pied dans les deux autres sens.

MAISON sans désignation en 1547, puis JEU DE PAUME DU BEAU-REGARD (1560-1687), où il y avait une académie en 1725. Elle semble avoir eu, dès 1547, des dépendances sur la rue de Vaugirard, et fut élevée sur une place cédée par Ange Coignet au coutelier Georges Métais, le 30 juin 1518.

MAISON sans désignation en 1531, puis JEU DE PAUME DE «BEL ESTAT» (Bel-Ébat) (1547) et DU PETIT-RENARD (1628-1687), élevée sur un lot de terre cédé par Ange Coignet à Nicole Aubry, avant l'année 1519.

MAISON sans désignation en 1531, puis JEU DE PAUME DE LA «CITÉ DE JHÉRUSALEM» (1546-1687). Vers 1740, réunie à la suivante, elle renfermait encore un jeu de paume.

MAISON sans désignation (1531).

MAISON sans désignation (1531), bâtie sur une place large de quatre toises et profonde de dix-sept et demie, baillée, le 10 janvier 1527, à Richard Le Tort, tailleur. Elle fut acquise, le 18 août 1703, par le prince de Condé, et servit à agrandir son hôtel, dans lequel elle fut englobée, de sorte qu'on n'en retrouve aucun plan. Même défaut d'indication pour les maisons suivantes qui ont été pareillement abattues pour l'accroissement de l'hôtel.

Maison sans désignation en 1531, puis jeu de paume de Plaisance (1547-1690), acquis par le prince de Condé, le 12 avril 1707. Cet établissement paraît être le même que le jeu de paume de la *Queue-de-Renard*, mentionné en 1595.

Maison sans désignation (1531), acquise par le prince de Condé, le 22 août 1699. Nous n'avons vu aucun plan de cette maison, ni de celles que nous énonçons à la suite et qui ont été également réunies à l'hôtel de Condé; il n'est donc pas possible d'en indiquer les dimensions.

Maison sans désignation (1531), acquise par le prince de Condé le 19 août 1699.

Maison sans désignation en 1531, puis du Saint-Esprit (1628), acquise par le prince de Condé le 1er juin 1705.

Maison sans désignation (1531), acquise par le prince de Condé le 4 septembre 1700.

Maison sans désignation (1531), acquise par le prince de Condé le 17 août 1700. Cette maison et les quatre précédentes étaient « en masure » dans les dernières années du xvie siècle.

Plusieurs maisons sans désignation (1531), qui furent la propriété du cardinal de Tournon, et qui, dès 1595, ainsi que les deux suivantes, appartenaient à M. de Gondi, comme on le voit par le censier de ladite année. Elles y sont énoncées, en effet, dans un seul article, sans détails, peut-être parce qu'elles ne formaient, en réalité, qu'une seule maison divisée en plusieurs corps d'hôtel. Avant 1699, l'hôtel de Condé ne s'étendit point, dans la rue Monsieur-le-Prince et vers le midi, au delà de l'emplacement occupé par ces maisons.

Maison sans désignation (1531), qui fut absorbée dans l'hôtel de Gondi. Coignet l'avait bâtie sur un emplacement qu'il s'était réservé dans la vente de son terrain.

Maison sans désignation (1523), dont l'emplacement a été compris le dernier dans l'hôtel de Condé. Elle fut bâtie sur un terrain mesurant quatre toises de largeur et vingt de profondeur, et fut baillée par Coignet à Nicolas Lourdel, en 1510?

Maison avec jeu de paume (1531), ayant pour enseigne la « Chiche Face » (1595). En 1628, elle était unie à la maison correspondante de la rue de Condé. Elle fut aussi achetée par le prince de Condé, et probablement en même temps que la suivante.

Maison avec jeu de paume, sans désignation en 1522, puis de la Salamandre (1564-1628). Elle avait été bâtie sur un terrain large de huit toises et profond de dix-sept toises quatre pieds, cédé par Étienne Taboullart à Jacques Testelin, le 7 juillet 1516. Le prince de Condé en fit acquisition le 5 juillet 1703.

Jardin (1531), puis maison du Griffon (1595). En 1628, cette maison dépendait de celle de la rue de Condé à laquelle elle aboutissait, et fut achetée par le prince de Condé au mois de décembre 1703. Elle avait été élevée sur deux pièces de terre cédées, le 10 mai 1520, par la veuve de Gilles Liénard à M⁰ Pierre François, dit *de Colonia*, chanoine de Saint-Benoît. La première de ces pièces, qui avait été baillée le 22 novembre 1515 à Jacques L'Héritier, avait environ quinze toises et six pouces de profondeur sur quatre toises un pied de largeur; la seconde, un peu moins profonde, était large de cinq toises. Toutes les deux aboutissaient à la propriété de Durant Parques, ce qui nous a permis d'en restituer l'emplacement.

Jardin (1531), puis maison sans désignation (1543), qui fut achetée, le 18 février 1705, par le prince de Condé. C'est la dernière, dans cette direction, que ce personnage ajouta à son hôtel. Elle constituait l'extrémité de la pièce de terre d'Ange Coignet, et contenait, en 1628, cent trente toises de superficie. Une partie du terrain qu'elle occupait était formée d'une place de douze toises de profondeur sur cinq toises un pied de largeur; cette place, contiguë aux terrains dont nous venons de parler, avait été baillée en même temps à de Colonia, et aboutissait à la maison du Petit-Écu-de-France. Au même lieu avait existé un lot de quatorze toises de largeur, baillé par Coignet à Jean Yve, le 20 novembre 1516.

Deux jardins (1547) dépendant de la maison du *Riche-Laboureur*, faisant le coin de la rue de Condé. En 1628, à la place de ces jardins, il y avait des constructions formant la partie postérieure de deux maisons ayant leur entrée par la rue de Condé.

RUE DU SABOT

(FAISANT AUJOURD'HUI PARTIE DE LA RUE BERNARD-PALISSY).

La rue du Sabot commence à la rue du Four et finit à la rue du Dragon.

Cette petite rue, assez rarement mentionnée à cause de son peu d'importance, apparaît pour la première fois dans un titre de 1468, où elle est énoncée «ruelle «qui va en la rue du Four.» Au xvi⁰ siècle, on l'appelait «rue Copieuse» (1523, 1531, etc.), à cause du clos Copieuse, qui formait une de ses encoignures. Dans le censier de 1531, elle est appelée «petite ruelle qui descend du chemin «dudict hostel du Sépulchre à la rue du Four,» et dans le censier de 1595, «rue «de l'Arpenteur.» Ce dernier vocable n'a jamais été signalé, et nous ne l'avons point rencontré ailleurs. Le nom de rue du Sabot ne commence à être employé dans les actes qu'à l'époque de Louis XIII, bien que l'enseigne du Sabot, d'où il provient, soit beaucoup plus ancienne. La rue du Sabot doit se confondre avec une certaine *rue Saunet-le-Breton*, dont les auteurs ne parlent point non plus, et qui est indiquée dans un titre du 22 juin 1518. Il nous paraît, en effet, impossible d'interpréter autrement le passage de ces pièces où il est question d'une maison, que nous connaissons d'ailleurs, qui, ayant sa façade sur la rue de l'Égout et faisant le coin de la rue du Four, aboutissait par derrière « à quelzques « myneurs, avec un aultre petit jardin joignant en la rue Saunet le Breton. » A la date de 1723, on trouve la mention suivante : « rue appellée aux Vaches, autre- « ment dite *du Sabot.* »

Une seule propriété avait son entrée principale dans la rue du Sabot : c'était un petit jardin (1523), remplacé plus tard par une petite maison, qui, située du côté oriental de la rue, séparait l'hôtel de Taranne de la maison faisant le coin de la rue du Four. Ce jardin, dépendant probablement de la maison du Sabot, est celui auquel il fait allusion dans le document énonçant la rue Saunet-le-Breton.

RUE DE SEINE.

La rue de Seine, prolongée en 1812 jusqu'à la rue de Tournon, commençait auparavant à la rue de Bussy, et elle a toujours fini au quai Malaquais.

La principale destination de la rue de Seine était de conduire les habitants du bourg Saint-Germain et du quartier Saint-André au port de Nesle, et, subsidiairement, au Petit-Pré-aux-Clercs. Confondue avec une partie de la rue de Bussy, elle est énoncée, dans une charte de 1259, *vicus per quem itur ad Secanam;* puis, dans les documents postérieurs, « chemin par lequel on va de ladicte abbaye à « icelle rivière » (1449); « chemin allant au Pré aux Clercs et à la rivière » (1510); « chemin qui va de Sainct Germain à la rivière » (1529); « chemin qui tend de « ladicte rue (de Bussy) aux Prés aux Clercs » (1522); « chemyn de la Rivière » (1528); « chemin du Port » (1529); « chemin du Port aux Passeurs » (1530), et « chemin de l'Abruvoir, de présent appellé la voye de Seine » (1531). Dans un acte de 1521, nous lisons « rue de Seyne, nouvellement ainsi nommée; » cependant il y avait plus de trente ans que l'appellation était en usage, puisque nous l'avons rencontrée dans une transaction de 1489.

Du côté occidental de la rue de Seine, entre les rues de Bussy et du Colombier, il y avait des constructions, c'est-à-dire une tuilerie, dès le xive siècle, et plus bas, à la même époque, la voie paraît avoir été bordée par les murs du Séjour de Nesle; mais les maisons bâties au lieu où était ce séjour, et à partir de la rue du Colombier jusqu'à la rivière, n'ont été élevées que de 1535 environ à 1541, sur des terrains depuis très-longtemps rendus à la culture ou y ayant toujours été consacrés. Du côté oriental, on éleva les premières maisons en 1530, année qui doit être celle où la rue de Seine, élargie, reçut l'alignement qu'elle a conservé.

Elle ne fut pavée, au reste, qu'en 1545, à la suite d'un arrêt rendu, le 30 mars, sur la réquisition de l'abbé de Saint-Germain, et qui avait été précédé d'un autre du 2 janvier 1544 (1545 n. st.)[1]. La pente devait être d'un demi-pouce par toise. En 1543, la rue semblait assez récente pour qu'on l'appelât « rue de Seine « nouvellement faicte, » et en 1541, alors qu'elle était encore inachevée, elle est dite « rue encommancée à faire, par laquelle on va de la porte Saint Germain « sur la rivière de Seine. » Le nom de *rue de Seine* n'a été d'un emploi général qu'un peu plus tard, et, suivant Sauval, on y a fréquemment substitué celui de *rue Dauphine*, à cause de l'hôtel Dauphin ou de Liancourt. Nous croyons effectivement avoir vu un exemple de ce vocable, mais nous n'en avons point rencontré deux, ce qui prouve qu'il est extrêmement rare dans les titres.

CÔTÉ OCCIDENTAL.

PAROISSE SAINT-SULPICE.

JUSTICE
ET CENSIVE DE L'ABBAYE SAINT-GERMAIN.

Maisons sans désignation (1595), contiguës aux maisons du coin occidental de la rue de Bussy, et faisant le coin méridional de la rue du Colombier. Elles étaient, dans la première moitié du XVIe siècle, confondues avec la tuilerie de Moussy. (Voir Rue de Bussy, p. 42.) En 1628, entre la rue de Bussy et la rue du Colombier, on comptait neuf propriétés distinctes, et celle du coin de la rue du Colombier avait pour enseigne *la Bergerie*. *(Entre les rues de Bussy et du Colombier.)*

Maison sans désignation (1547), faisant le coin septentrional de la rue du Colombier, et aboutissant rue de l'Échaudé. Elle fut bâtie sur une pièce de huit perches et demie, baillée, le 6 mai 1541, à Me Nicole Le Brun, qui en rétrocéda une partie à Me Jean Martin et à Me Léon de Marzelles. Le terrain qu'elle occupe, avec les maisons suivantes, servait encore, en 1531, à déposer les « thuilleaux » de la tuilerie voisine, dont les propriétaires le prenaient à bail pour cet usage. C'est apparemment lorsqu'on a commencé à y construire qu'a été donné à la rue du Colombier le débouché qu'elle possède sur la rue de Seine, et dont il est fait mention dans le censier de 1547, où il est dit que le lieu s'appelait alors « l'Eschaulté »[2]. *(Entre les rues du Colombier et de l'Échaudé.)*

Maison sans désignation (1590), faisant le coin oriental de la rue de l'Échaudé. Elle était en ruines, lorsqu'elle fut cédée, le 28 mars 1590, au barbier Jean

---

[1] La date de ce premier arrêt est indiquée dans les registres du Parlement, et Félibien donne le texte du second dans ses Preuves (t. IV, p. 715).

[2] Arch. nat. reg. LL 1125, fol. 392 v°.

Leschemains par Marie de Villars. Elle avait été construite sur un terrain cunéiforme de cinq toises de profondeur, baillé, le 7 mai 1586, à Geoffroy Lambert, cette place, est-il dit dans l'acte, ayant été « de tout temps délaissée en voirye et « descharge d'ordures » [1].

<small>Entre les rues de l'Échaudé et des Marais.</small>

Maison sans désignation en 1543, puis du Petit-Saint-Jean (1628-1720), faisant l'encoignure occidentale de la rue de l'Échaudé. Elle aboutissait à celle de Guillaume Maillard, rue du Colombier, et paraît lui avoir également appartenu. Elle fut augmentée, en 1543, d'un emplacement de cinq toises carrées, pris sur le terrain du Petit-Pré-aux-Clercs.

Maison sans désignation (1595), provenant d'un morcellement de la suivante. Vers 1560, le terrain en fut augmenté de vingt-quatre toises et demie, retranchées de la maison Nicolas Baujoan, située rue du Colombier.

Grande maison couverte d'ardoise (1547), qui fut bâtie par Arnault Palerne, procureur au Parlement, sur un terrain à lui baillé par l'abbaye, le 1er mars 1543. En 1568, elle était au procureur Gabriel Montaigne; en 1595, au président Thévin, et, en 1677, au président Boulanger de Viarmes. Elle renfermait, vers 1670, un manége ou académie, et s'étendait, vers l'ouest, sur des terrains qui dépendent actuellement d'une maison de la rue du Colombier.

Maison de la « Margarite » (1595), puis des Trois-Pensées (1628). C'était un morcellement de la précédente, à laquelle elle aboutissait.

Maison sans désignation en 1595, puis du Fénix (1628) et de l'Annonciation (1686).

Maison de « l'Image Saint Ypolléte » (1595), puis des Trois-Boules (1628-1720) et de la Ville-de-Chaumont (1717). Elle a été quelquefois confondue avec la suivante, dans laquelle, en 1547, elle était comprise ainsi que la précédente.

Maison sans désignation (1547), faisant le coin méridional de la rue des Marais.

<small>Entre la rue des Marais et le quai.</small>

Maison sans désignation en 1547, puis du Fer-à-Cheval (1595), faisant le coin septentrional de la rue des Marais. Vers 1628, elle était divisée en deux.

Maison de la Croix-Blanche (1595-1628), provenant d'un morcellement de la précédente.

Maison sans désignation en 1547, puis du Point-du-Jour (1628-1687). Vers 1547, elle appartenait au peintre « Loys Vachot, » et, en 1595, elle était séparée de la suivante par une autre maison, absorbée plus tard dans une de celles qui lui étaient attenantes.

Cette maison et celles qui précèdent, depuis l'hôtel du président Thévin, furent

---

[1] La maison construite sur cet emplacement étant mentionnée dès 1590, Jaillot se trompe en disant qu'on ne permit d'y bâtir qu'en 1608.

construites sur la pièce d'un arpent et demi que le cardinal de Tournon céda, le 25 septembre 1538, à l'avocat du roi Gilles Le Maître, comme dédommagement des pertes de terrain subies par ce dernier lors de l'élargissement de la rue de Seine et de la rue sur les fossés. (Voir Rue Mazarine.) Il avait été convenu toutefois que Lemaître payerait à l'abbaye, à titre de redevance féodale, un cens de six sous parisis. Le 13 novembre suivant, François Bastonneau, voisin de Le Maître, s'engagea à acquitter ce sens pour lui, en échange d'une perche de la pièce appartenant à ce dernier. Suivant les titres, la pièce en question offrait une largeur de dix perches, devant et derrière, sur une profondeur de quinze. Elle devait donc empiéter sur le Petit-Pré-aux-Clercs, car les limites de ce pré, vers l'orient, ne s'éloignaient guère de la rue de Seine que de trente-cinq ou trente-six toises. Cependant on lit dans le censier que cette profondeur de quinze perches se continuait «jusques à un fossé, icelui comprins, qui sépare le Pré aux «Clercs de ladicte terre.»

HÔTEL DAUPHIN, DE BOUILLON, DE LIANCOURT et DE LA ROCHEFOUCAULD, aboutissant rue Bonaparte. Cet hôtel occupait l'emplacement de deux propriétés contiguës, qui bordaient la rue de Seine, et dont la première contenait un demi-arpent. Après avoir appartenu à Charles de Magny, «capitaine de la «porte du Roi,» elle était, dès 1538, à François Bastonneau, notaire, lequel y fit construire une maison. La seconde propriété consistait en un jardin clos, d'environ sept quartiers, lequel, après avoir appartenu aussi à Charles de Magny, et ensuite à Jean-Jacques de Mesmes, seigneur de Roissy, lieutenant civil de la prévôté de Paris, était passé, dès 1543, aux mains de Nicolas Dangu, évêque de Seez[1], puis de Mende. En 1586, les deux propriétés étaient fondues en une seule, et appartenaient à François de Bourbon, duc de Montpensier, dauphin d'Auvergne; d'où le nom de «hostel Daulphin» qu'on trouve dans le censier de 1595, où il est dit que l'hôtel était alors possédé par M. de Penillac. Il fut ensuite acquis par Henri de la Tour, duc de Bouillon, maréchal de France[2], et après sa mort, arrivée en 1623, par Roger du Plessis, sieur de Liancourt, qui le fit

---

[1] D. Bouillart rapporte (p. 191) que le roi Charles IX alla loger, en 1561, rue de Seine, chez l'évêque de Châlons. Cet hôtel était peut-être le même que celui de N. Dangu.

[2] Le fameux Salomon de Brosse, architecte du palais du Luxembourg, fit dans l'hôtel de Bouillon des travaux de construction, à l'occasion desquels il délivra le reçu suivant, que nous a communiqué M. Ch. Read : «Jay (?) soubsigné, confaise avoir eu «et receu de Monseigneur le duc de Bouillon, pre-«mier mareschal de France, par les mains de mon-«sieur le Vasseur, son segrétaire ordinaire, la somme «de trois milles livres tournois sur et tant moins à «compte des ouvrages tant de massonnerie, char-«penterie, couverture et autres ouvrages que je «fais faire pour mondit seigneur, en son logis du «faulxbourg Saint Germain des Prés, rue de Seine «lès Paris; de laquelle somme de trois milles livres «je tient quite mondit seigneur, le Vasseur, et tous «autres. Faict ce xxviii° jour de juing mil six cens «treze.»

«Q. de la somme de iii^m l. S. DE BROSSE.»

rebâtir sur les dessins de Lemercier, l'architecte du Louvre. La petite-fille du duc de Liancourt ayant épousé, en 1659, le duc François de la Rochefoucauld, celui-ci devint propriétaire de l'hôtel, que l'on continua à appeler l'hôtel de la Rochefoucauld; cependant il fut vendu, en 1718, par le prince de Marcillac à la famille Gilbert des Voisins. La rue des Beaux-Arts a été ouverte, en 1825, sur l'emplacement de cet édifice, détruit peu auparavant.

GRANDE MAISON contenant un arpent et un quartier, et aboutissant à la rue des Petits-Augustins. Elle appartint, vers 1543, à Jean-Jacques de Mesmes, puis fut possédée par Gilbert de Lévis, gentilhomme de la chambre, duc de Ventadour, et, vers 1595, par le conseiller au Parlement François Lecoq, dont la famille la conserva pendant plus d'un siècle. En 1687, la partie postérieure de cette maison était annexée à l'hôtel de Boulanger, président au Grand Conseil, lequel hôtel était situé en la rue Bonaparte.

MAISON sans désignation (1547), qui appartenait, vers 1595, à M. Leclerc, sieur de la Forêt, docteur en droit. Elle était alors divisée en plusieurs «demeures,» dont l'une avait nom *l'hostel du batteau du Roy*.

DEUX MAISONS sans désignation (1595). Elles existaient probablement dès 1545, et furent, ainsi que la précédente et la suivante, bâties sur des terrains vendus, en 1538, par l'Hôtel-Dieu. (Voir Quai Malaquais.)

GRANDE MAISON sans désignation (1547), formant le coin du quai. Bâtie par Jean Dumas, maître de la poste de Paris, comme les trois que nous venons d'indiquer, elle fut abattue vers 1606, pour faire place à l'hôtel de la Reine-Marguerite. Il ne reste aucune trace du plan de ces constructions.

HÔTEL DE LA REINE-MARGUERITE. Cet édifice, qui a subsisté pendant moins de vingt ans, a été en quelque sorte oublié des historiens, qui en parlent à peine. On ne peut suppléer que très-imparfaitement à leur silence, tant à cause de l'absence des comptes de construction que par suite des lacunes existant dans les archives de l'abbaye.

C'est en 1605 que Marguerite de Valois, première femme de Henri IV, quitta l'Auvergne et revint à Paris, où elle choisit l'hôtel de Sens pour résidence. Elle y demeurait encore le 5 avril 1606, jour où l'un de ses anciens amants, nommé Vermont, tua le favori qui l'avait supplanté près de sa maîtresse. Ivre de colère, celle-ci, raconte Lestoile [1], jura de ne prendre aucune nourriture qu'elle ne fût vengée, et, afin que le serment ne lui devînt pas trop pénible à tenir, dès le lendemain elle fit exécuter Vermont, sous ses propres yeux, devant la porte de son hôtel. Mais, «la nuit même, tout effrayée, elle en délogea et le quitta avec «protestation de n'y jamais rentrer.» La reine Marguerite n'alla donc habiter le

---

[1] T. XLVII, p. 526. Coll. Petitot. — Ces détails sont confirmés par d'autres historiens, et Lestoile cite un mot de Henri IV qui y fait allusion.

faubourg Saint-Germain que postérieurement au 6 avril 1606, et au mois de septembre suivant elle y avait certainement son «logis,» puisque, comme le rapporte aussi Lestoile, elle fut contrainte, par la peste qui s'y manifesta, de l'abandonner et de se retirer à Issy. Des acquisitions effectuées le 9 août et le 31 juillet resserrent dans de plus étroites limites encore l'époque à laquelle il faut reporter l'installation de la reine Marguerite au quai Malaquais. Quant à l'époque où commencèrent les travaux de son palais, nous n'en connaissons qu'une particularité : au mois d'octobre 1610, la chapelle inachevée attendait encore sa toiture[1].

Pour réaliser les plans qu'elle avait adoptés, la reine dut obtenir l'autorisation de supprimer l'extrémité septentrionale de la rue appelée aujourd'hui Bonaparte, ce qui lui permit de réunir une portion des deux îlots compris entre les rues de Seine et Saint-Père. Le tout forma une propriété large de quarante-deux toises et demie sur la première rue et de quarante-six sur la seconde[2]. La superficie totale était de cinq mille trois cent vingt-quatre toises, savoir : pour les bâtiments bordant la rue de Seine et faisant le coin du quai, quatre cent soixante-huit toises; pour la cour venant ensuite, quatorze cent douze; pour le jardin situé derrière la cour et faisant le coin du quai et de la rue des Saints-Pères, trois mille quatre cent quarante-quatre[3]. Au delà de cette dernière rue, qui les séparait de l'hôtel proprement dit, d'immenses terrains furent achetés pour faire un parc, dont nous parlons ailleurs et qui demeura inachevé. (Voir Quai Malaquais.) On ne termina point non plus certains édifices de l'hôtel, dont la disposition intérieure n'est point connue, parce qu'il n'en subsiste aucun dessin et que les plans de Quesnel et de Mérian en donnent à peine une idée. A défaut de documents graphiques plus complets, nous pouvons du moins citer et nous transcrivons une curieuse description de l'hôtel que renferme un procès-verbal de visite et d'estimation, dressé au mois d'avril 1620. A cette époque, la reine étant morte depuis cinq ans, et ses nombreux créanciers réclamant le payement de ses dettes, la vente du palais légué à Louis XIII par Marguerite fut ordonnée.

PROCÈS-VERBAL DE VISITE DE L'HÔTEL DE LA REINE-MARGUERITE.

Noble homme monsieur maistre Courtin, conseiller du Roy nostre sire en sa court de Parlement, commissaire en ceste partie; nous, Pierre Dubuisson, Pierre Hachette, bourgeois de Paris; Anthoine Desnotz, Perceval Noblet, Charles Contesse, maçons jurez du Roy nostredit seigneur aux œuvres de maçonnerie; François Galoppin, maistre maçon; Sébastien Bruant,

---

[1] Lestoile, coll. Petitot, t. XLVIII, p. 328.

[2] Un ancien plan manuscrit nous fournit ces cotes de quarante-deux toises trois pieds et de quarante-six, qui paraissent plus exactes que celles dont il est question dans le procès-verbal qu'on va lire et où nous supposons une erreur du copiste.

[3] D'après un arpentage qui porte la date du 18 janvier 1622, la superficie des bâtiments et de la cour aurait été de mille neuf cent quatre-vingts toises, et celle du jardin de trois mille quatre cent vingt, ce qui produit un total de cinq mille quatre cents toises.

maistre charpentier à Paris; par vertu de certain arrest de la dite court, datté du trentiesme jour de mars mil six cens vingt, signé Voisin, donné au Parlement, sur la requeste presentée par Berthellemy de la Fonds, secrétaire du Roy, Charles Robin, François Frezon, Thoussaint Dyry, Jehan Langereu, Tristan Guérin, Pierre Robin, Anthoine Lamy, Guillaume Pijard, Jehan Baudouyn et Nicolas Libert,.... Racine, Simon et Pijard Paris, Tarques Bailliart, François Normant, Pierre Nazereau, Louis de la Haye, Thomas Boucher, Anthoine Michault, François Lesveilley, Jehan Dubois et aultres créantiers de la feue royne Margueritte, les dix, treize, quatorze et plusieurs aultres jours ensuivans du mois d'avril, au dit an mil six cens vingt, nous sommes transportez en l'hostel, lieux, jardin, et parc derrière, quy fut et appartint à la dite feue Royne, scis ès faulxbourgs Saint Germain des Prez, ayant sa principalle entrée du costé de la rue de Seine, pour iceux lieux veoir et visitter, et faire rapport de l'estat d'iceux, qualitté et quantité, valleur des toises qui se trouveront en icelluy, et de la commodité de la vente du tout ensemble, ou en particulier et par toises.

Tous les quelz lieux, ès présences de vous, Monsieur, du sieur Tranchot, substitut de monsieur le procureur général du Roy en la dite court, le serment préallablement par nous fait et presté par devant vous, sur les ditz lieux; présens maistres Nicolas Taneguy, curateur à la succession de la dite feue Royne, Bonnadventure Quantin, saindicq des créantiers, François Rousseau, Guillaume Frezon, Jehan Péron, Guilleaume Pijeard, Nicolas Libert, Jehan Bourdon, Jehan Duboys et autres créantiers de la dite feue Royne; nous avons veuz et visittez, de fondz en comble et d'un costé et d'aultre, comme il appartient, et avons trouvé iceux lieux concister en plusieurs corps de logis, bastimens, edifices, courtz, jardin et parc derrière, et iceux estre en tel estat, disposition et qualittez qui sera cy-après declaré; le tout comme il en suit:

Premièrement. Un corps d'hostel de sept travées de longueur, estant à l'un des costez de la chappelle, vers le faulxbourg Saint Germain, tenant à monsieur Lecocq, couvert d'ardoise, en pavillon, à esgoust, d'un costé sur une court qui est vers la dite rue de Seine, et d'aultre costé sur la terrasse, du costé de la grande court cy après declarée, appliqué par bas au rez de chaussée, et (à) deux escuries, cuisine et passage; un estage caré sur le dit rez de chaussée, qui est à la haulteur de la terrasse cy après declarée, appliqué à six chambres separrées l'une de l'autre, tant de murs de refend que de cloisons; un estage dentresolle audessus, appliqué aussy à six chambres separrées de semblables sepparations que l'estage au dessoubz, et un grenier dessus separré en trois; un escallier dans œuvre servant à monter au dit corps d'hostel, au hault du quel, en l'estage de galtas, y a un siége de privé, et au devant du quel corps d'hostel y a une courcelle du costé de la rue, cloze de murs; à l'un des costez de la quelle y a un commencement de bastiment imparfait, du costé de la chappelle, et à l'autre costé d'icelle court un aultre commencement de bastiment, eslevé jusques au premier plancher, où y a deux poultres levées sans aucunes sollives; et à costé du dit corps d'hostel est une chappelle couverte d'ardoise, en dosme [1], et lanterne audessus en forme d'auvalle, couverte aussy d'ardoise; l'aire de la quelle chappelle est à la haulteur de la terrasse cy après declarée, soubz la quelle y a un grand passage voulté.

---

[1] Le plan de Quesnel, dont un fragment est placé en tête de ce volume, et celui de Mathieu Mérian, que nous reproduisons partiellement en regard du présent procès-verbal, ne font pas deviner, comme le remarque avec raison feu Berty, les dispositions intérieures du logis de la reine Marguerite; mais ils en présentent du moins le plan en élévation et l'aspect général. Ils montrent surtout les fameux jardins, qui ont donné plus tard l'idée du Cours la Reine, et dont les *Estats généraux tenus à la Grenouillière en juin 1623* déplorent la destruction récente. (Voir, aux appendices, les passages que nous avons extraits de ce pamphlet curieux et peu connu.) — L. M. T.

Un aultre corps d'hostel, à costé de la dite chappelle, contenant huit travées de long, estant en suitte d'icelle, vers la dite rue, couvert aussy d'ardoise, en pavillon, à esgoust, d'un costé sur une forme de terrasse estant d'un costé de la dite rue, pour rachepter le carré du dit pavillon, et d'autre costé sur la terrasse, vers la grande court cy après declarée; applicqué, au rez de chaussée, à escuries, cuisines, offices, passage et petit escaillier pour monter à la chappelle; un estage carré dessus estant à la haulteur de la terrasse, où y a une salle; un estage de galtas dessus, lambrissé, où y a quatre cheminées, le quel galtas appert avoir esté cy devant sepparé de cloisons.

Un autre corps d'hostel, tenant le dessus dit, contenant cinq travées de long, couvert d'ardoise, en pavillon, à esgoust sur la dite rue de Seine et sur la terrasse cy après declarée, applicqué, au rez de chaussée, à une salle basse, gardemanger et allée; un estage carré dessus à la haulteur de la dite terrasse, applicqué à une salle; un estage dessus, applicqué à deux chambres et deux garderobbes, et un grenier par hault.

Un aultre corps d'hostel en suitte du dessus dit, contenant quatre travées de long, couvert aussy d'ardoise, applicqué, au rez de chaussée, à une cuisine; un estage carré dessus au rez de la dite terrasse, applicqué à une grande chambre, et galtas dessus; deux viz rondes de pierre de taille, hors œuvre, servant à monter aus ditz deux corps de logis et au logis de retour d'esquerre cy après declaré; un corps d'hostel en retour d'esquerre, de trois travées de long, couvert d'ardoise, en pavillon, à esgoust, d'un costé sur une petite intervalle qui est entre le dit corps d'hostel et un mur basty de pierre de taille, jà eslevé du costé du quay de deux estages, pour à l'advenir bastir, jusques sur icelluy mur, et d'autre costé sur le retour de la terrasse, qui est au droit du dit corps d'hostel, vers la grande court cy après declarée; applicqué par bas, au rez de chaussée, à un buschée; deux estages carrez l'un sur l'autre sur le dit rez de chaussée; le premier, qui est à la haulteur de la dite terrasse, applicqué à une salle, petit cabinet et escaillier; le second estage, applicqué à une chambre, garderobbe et cabinet, et grant galtas dessus, sepparé en deux; un petit appentis, couvert d'ardoise, estant au devant du dit corps d'hostel, sur partie de la dite terrasse, servant de garderobbe à la dite salle.

Pour le regard de la qualité des bastimens dessus declarez, il appert par l'inspection d'iceux avoir esté bastis et construitz depuis douze ou quinze années en sça; partie d'iceux faitz de moillon, chaulx et sable, partie de pierre de taille tant dure que tendre; les jambes soubz poultres, croisées, lucarnes et entablement de la dite pierre; et sur le devant de la fassade d'iceux bastimens, vers la grande court cy après declarée, y a une terrasse eslevée jusques à la haulteur des premiers estages d'iceux bastimens, dont les planchers d'icelle terrasse sont de poultres et sollives, et pavés dessus de pierre de taille de liaiz et aultres pierres. Les quelz planchers sont portez et soustenus en partye de murs, et aultre partie sur pilliers et treumeaux de pierre de taille. Et sur le devant d'icelle terrasse y a plusieurs piedz d'estalz de pierre de taille, et barres de fer qui y servent d'appuys; un perron hors œuvre, à deux costez, en forme de demy auvalle; les marches du quel et murs d'appuys sont aussy de pierre de taille, servant à monter du rez de la dite grande court sur icelle terrasse; et soubz icelle terrasse y a plusieurs buschers, passages et un mannage [1].

Et oultre les ditz bastimens, ediffices et terrasse, une grande court en la quelle y a un puys : à l'un des costez de la quelle, au devant des corps de logis et courcelles cy après declarez, y a une terrasse contenant seize travées de longueur, garnye de planchers, de poultres et sollives portez sur pilliers de pierre de taille et partie de murs, et pavée, partie pardessus les ditz planchers, de carreau de terre cuitte; iceux planchers en partie pourris et de peu de valleur.

[1] Manége.

Au derrière de la quelle terrasse, vers le quay de la rivière, y a une courcelle attenant le corps de logis de trois travées, cy devant dernier declaré; en la quelle courcelle y a un escaillier de charpenterye, hors œuvre, servant à monter à une partie du dit corps d'hostel; un petit ediffice à costé du dit escallier, applicqué par bas à estable, chambre et galtas dessus; deux autres courcelles sepparées d'un mur, où y a une gallerie vers le quay de la rivière.

Un viel corps d'hostel de quatre travées de long, couvert de thuille, en comble, à esgoust, d'un costé vers le dit quay de la rivière, et d'autre costé sur une petite intervalle de courcelle qui est entre icelluy corps d'hostel et la dite terrasse devant declarée, applicqué, au rez de chaussée, à une escurye; deux estages carrez l'un sur l'autre sur le dit rez de chaussée, applicquez chascun à deux chambres et allée de passage; un estage de galtas, applicqué aussy à deux chambres, et grenier dessus, auquel l'on monte par une eschelle; une viz hors œuvre, servant à monter au dit corps d'hostel; et, joignant, y a une masure où appert y avoir eu quelque logement, et de présent y a un privé et petite gallerie.

Et ensuitte, à costé du dessus dit, y a un viel corps d'hostel, couvert de thuille, en comble, à esgoust, d'un costé vers la dite terrasse, et d'aultre costé vers le quay de la rivière, applicqué, au rez de chaussée, à une salle basse, cuisine et garde manger; deux estages carrez l'un sur l'autre sur le dit rez de chaussée, applicquez chacun à deux chambres, garderobbe et cabinet; et un estage de galtas dessus, où y a trois petittes chambres; une viz dans œuvre, servant à monter au dit corps d'hostel.

Et à costé, ensuitte du dessus dit corps d'hostel, y a deux petitz corps d'hostelz, vielz et caducques. L'un d'iceux, quy est joignant le dessus dit, contenant deux travées de long, couvert de thuille, en comble, de semblable esgoust que les dessus ditz, applicqué, au rez de chaussée, à une salle; une cave dessoubz, garnye de sa descente droitte; un estage carré sur le dit rez de chaussée, applicqué à une chambre de garderobbe; un estage de galtas dessus, où y a aussy chambre et garderobbe, et grenier par hault; une viz dedans œuvre, servant à monter au dit corps d'hostel. Et l'autre corps d'hostel tenant le dessus dit, contenant aussy deux travées de long, couvert aussy de thuille en comble, applicqué, au rez de chaussée, à une salle basse; cave au dessoubz, une chambre à garderobbe et galtas dessus; une viz pour y monter; icelluy corps d'hostel en péril et de présent estayé. Lesquelz deux petitz logis dessus derniers declarez, ainsy vielz et caducques, estoient cy devant des appartenances du jeu de paulme appelez le *jeu de paulme du Roy Charles*; desquelz n'appartenoit à la dite feue royne Margueritte que la superficye de la place; et quand aux mathereaux, tant de pierre que charpenterye, couvertures et autres y estant, appartenoient à ....
suivant les contratz de ce faitz avecq la dite feue royne Margueritte, ainsy qu'il nous a esté dit par ...... Lévesque, maistre paulmier, demeurant rue Saint Germain de l'Auxerrois. Et au devant des quelz logis, du costé du dit quay de la rivière, est un commencement de pan de mur, tout le long d'iceux, construit tout en pierre de taille, partie d'icelluy eslevé de deux estages, et aultre partie d'un estage seullement; les croisées de pierre de taille y erigées.

Tous les quelz bastimens, ediffices, tant neufz que vielz, petittes courtz, terrasses et grande court, ayant veu plusieurs plans et desseins faitz, tant d'iceux édiffices, bastimens, courtz, terrasses, grande court, que jardin et parc; faisans la demonstration d'iceux avons trouvé particullierement contenir, à sçavoir : par la face d'iceux bastimens, sur le costé de la rue de Seine, quarante deux toises de largeur [1], à prendre icelle largeur depuis la moitié de l'espesseur du mur meitoyen sepparant le dit hostel et la maison du sieur Le Cocq, jusques et compris l'espesseur du mur; du costé du quay de la rivière, trente huit toises trois piedz et demy de lon-

---

[1] Le véritable chiffre est quarante-deux toises trois pieds.

gueur, depuis le dehors de la dite encoignure, sur la dite rue de Seine, jusques et compris l'espesseur du mur qui fera closture d'une rue quy sera faite par le travers d'icelle grande court, au bout d'icelle, du costé du jardin, pour aller, du dit quay de la rivière, gaigner une rue jà faite au devant du monastère des Augustins réformez [1]; la quelle rue, quy ainsy sera faite, aura quatre toises deux piedz de largeur dans œuvre, entre le dit mur quy sepparera la dite grande court et icelle rue et un aultre mur quy sera fait au dedans du jardin cy apres declaré; trente huit toises de largeur depuis le dehors du mur du costé du dit quay, fait de pierre de taille, sur le costé d'icelluy jardin, jusques à la moitiée de l'espesseur du mur moitoyen sepparant la dite grande court et le jardin de la maison du dit sieur Le Cocq, et cinquante six toises de longueur depuis la dite rue quy sera faite jusques et compris l'espesseur du mur sur la dite rue de Seine, à prendre icelle longueur tout le long du dit mur de closture du dit sieur Le Cocq; de sorte que tous les ditz bastimens, édiffices, tant vielz que neufs, terrasses, courcelles et grande court cy dessus spéciffiez, contiennent ensemble, en superficye de place et platte forme, la quantité de dix huit cens quatre vingtz toises ou environ.

Item un grand parterre de jardin, oultre la dite rue qui sera faite, clos de mur au pourtour, peuplé de quantité d'arbres fruitiers, pallissaddes et aultres arbres, contenant quatre vingtz deux toises de longueur par son meilleu, à prendre la dite longueur depuis la dite rue qui sera faite jusques et compris neuf piedz par avance, oultre le mur de closture de l'aboutissant d'icelluy jardin, sur une grande rue publicque allant du dit quay à l'hospital de la Charitté [2], sur quarante deux toises [3] de largeur prins par son meilleu, compris moitiée de l'espesseur du mur de closture sepparant le dit jardin et le dit monastère des ditz Augustins réformez, jusques et compris l'espesseur du mur de closture du dit jardin, du costé du quay de la rivière; qui vallent en superficie de platteforme, de parterre, la quantitté de trois mil quatre cens quarente quatre toises.

Dans le quel jardin y a un logis pour le jardinier, qui contient deux travées de long, couvert de thuille en comble, à esgoust, d'un costé sur le quay de la rivière, et d'autre costé sur icelluy jardin, appliqué, au rez de chaussée, à un cellier; un estage carré dessus, appliqué à une chambre et garderobbe; un estage de galtas, appliqué aussy à une chambre et garderobbe, et un grenier par hault; une viz dedans œuvre, servant à monter au dit corps d'hostel; y a un édiffice clos de cloisons au pourtour, au meilleu du quel y a un grand puys en forme d'auvalle, pour y faire une pompe; audessus du quel puys y a un plancher, où y a deux poultres, sollives et terrasses au dessus, appuyés de balustraddes, petitte viz pour y monter, et cabinet à costé soubz icelle terrasse; le tout en partie pourry.

Et oultre icelle grande rue publicque allant du dit quay à l'hospital de la Charitté, un grand parc non clos, sinon de quelques fossez, au quel y a une allée plantée d'ormes, et prez icelluy parc, contenant quatre cens vingt cinq toises de longueur ou environ par son meilleu, et quatre vingtz huit toises de largeur, rapporté le fort au foible, qui vallent, en superficye de terre et platteforme, trente sept mil quatre cens toises, dont est à rabattre pour les bastimens, courtz, jardins et thuillerye des maisons appelées *la Grenouilleres*, qui sont enclavées dans partie d'icelluy parc, du costé de la rivière, qui contiennent vingt quatre toises de largeur sur quatre vingtz huit toises de longueur, qui vallent en superficye deux mil cent douze toises. Partant reste, le dit rabat fait, trente cinq mil deux cens quatre vingts huit toises.

Et à costé d'icelluy parc, une pièce de terre en pré, aussy non cloze, sinon de quelques petitz

---

[1] C'est l'extrémité septentrionale de la rue Bonaparte. La cote indiquée n'est point juste, parce que, lorsqu'on rouvrit la rue, on lui fit subir une flexion, au lieu de la prolonger en ligne droite.

[2] Rue des Saints-Pères.

[3] Nous avons dit qu'il faut peut-être lire quarante-six toises.

fossez, estant icelle pièce de pré du costé des champs, contenant deux cens toises de longueur sur douze toises de largeur par son meilleu, rapporté aussy le fort au foible; qui vallent, en superficye de terre et plate forme, deux mil quatre cens toises.

De tous les quelz bastimens, courtz, jardin et parc dessus coutenus et declarez, nous avons fait les prisées et estimations sepparément, selon leur assiette, l'estat et disposition d'iceux, le tout comme il suit :

Premier. Les bastimens estans sur le costé de la rue de Seine, avecq la terrasse le long d'iceux, vers la court, qui contiennent trente neuf toises de longueur par leur meilleu, et rapporté le fort au foible, à prendre depuis la moitiée du mur mitoyen du costé du sieur Le Cocq jusques au dehors du mur, du costé du quay, sur douze toises de largeur, aussy rapporté le fort au foible, depuis le dehors du mur du costé de la rue de Seine jusques et compris la dite terrasse qui est au derrière des ditz bastimens sur la grande court; qui vallent quatre cens soixante huit toises de superficye. Nous estimons chacune des dites toises, eu esgard aus ditz bastimens quy sont sur icelle superficye, vallent bien siz vingtz quinze livres; qui seroit en somme, pour les ditz III^c lxviii toises, à la dite raison, $\mathrm{lxiii}^m \mathrm{ciii}^{xx}$ livres tournois (63,180^{lt}).

La court et vielz bastimens et masures vers le quay, jusques à la dite rue qui sera faite pour aller du quay au monnastère des Augustins resformez, montent à quatorze cens douze toises de superficye; nous estimons chacune toise, excepté les mathéraux des deux petitz logis, chacun de deux travées de long, vielz, caducques et en péril, où estoit anciennement le jeu de paulme du Roy Charles, vault bien trente six livres tournois; qui seroit, pour les dites $\mathrm{xiii}^c \mathrm{xii}$ toises, à la dite raison, la somme de $\mathrm{l}^m \mathrm{viii}^c \mathrm{xxxii}$ livres tournois (50,832^{lt}).

Le jardin cloz de murs, qui est oultre la dite rue qui sera faite pour aller du dit quay au dit monnastère des Augustins réformez, lequel est clos de murs, planté d'arbres, pallissades, dans le quel est le logis du jardinier, et puys pour une pompe, montant, en superficye de plateforme, à la quantitté de trois mil quatre cens quarente quatre toises ou environ : nous estimons chacune toise valloir bien vingt quatre livres; qui seroit, pour les ditz $\mathrm{III}^m \mathrm{III}^c \mathrm{xliii}$ toises, à la dite raison, la somme de $\mathrm{III}^{xx} \mathrm{II}^m \mathrm{vi}^c \mathrm{lvi}$ livres tournois (82,656^{lt}).

Quand au parc non clos, sinon de quelques petitz fossez, planté en partie d'ormes, et aultre partye en prez, et pièce de pré à costé vers les champs, montant ensemble à la quantité de trente sept mil six cens quatre vingtz huit toises de superficye de terre ou environ, nous estimons que une tierce partie d'icelle superficye de terre, à prendre la dite tierce partie au bout vers la rue allant du quay à Saint Père, vault bien la somme de soixante solz tournois chacune toise ; une autre tierce partie ensuivant vault bien la somme de vingt solz la toise; et le reste, jusques au bout de la pointe, vault bien dix solz tournois la toise; qui est trente solz tournois chacune toise, l'une portant l'autre, et rapporté le fort au foible, quy seroit, pour les dites $\mathrm{xxxvii}^m \mathrm{vi}^c \mathrm{iiii}^{xx} \mathrm{viii}$ toises, la somme de $\mathrm{lvi}^m \mathrm{v}^c \mathrm{xxxii}$ livres tournois (56,532^{lt}).

Somme à quoy se monte les prisées de tous les dictz lieux, tant bastimens, courtz, jardin et parc dessus declarez : deux cens cinquante trois mil deux cens livres tournois. Sy $\mathrm{ii}^c \mathrm{liii}^m \mathrm{ii}^c$ livres tournois (253,200^{lt}).

Pour plus facillement vendre le dit parc susdit dernier declaré, est nostre advis qu'il soit fait

LE BOURG SAINT GERMAIN

une rue tout le long d'icelluy parc, depuis la dite rue publicque allant du dit quay de la rivière à l'hospital de la Charitté jusques au bout d'icelluy parc, et trois aultres rues traversantes allant de la rivière à la grande rue vers.......... chacune d'icelles rues de quatre toises de largeur; le tout sy bon semble aus ditz creantiers de la dite feue Royne le faire. Et tout ce certiffions estre vray : tesmoing nos seing cy mis les an et jours dessus ditz.

Ainsy signé en la minutte :
Du Buisson, Hachette, Desnotz, Contesse, Perceval, Noblet, Bernard, de Saint-Galoppin[1].

L'hôtel de la Reine-Marguerite, y compris le parc, fut adjugé, le 11 mai 1622, aux nommés Jacques de Garsaulan, sieur de Chambrejon, Jacques de Vassan, sieur de Massan, trésorier des parties casuelles; Jacques Potier, secrétaire des finances; Louis le Barbier, contrôleur général des bois de l'Île-de-France, et Joachim Sandras, sieur de Bellouard (ou Villouars), commissaire de l'artillerie; lesquels, après avoir payé, le 13 avril 1622, la somme de 1,315,000 livres tournois, furent mis en possession le 21 juin de l'année suivante. L'hôtel fut ensuite partagé entre les acquéreurs, et la partie en bordure sur la rue de Seine forma trois grands lots. Le premier appartint, en 1629, à M. de la Moinière, puis à sa fille; on l'appelait, en 1687, *l'hôtel d'Angoumois*. Le deuxième, qui a conservé longtemps le nom d'hôtel de la Reine-Marguerite, appartenait, en 1629, à M. de Garsaulan; en 1640, à Madeleine de Bailly, veuve de Jacques de Vassan, et, en 1685, à Charles de Vassan, président de la Cour des comptes, lequel, le 31 mars de cette année, le céda, en avancement d'hoirie, à son fils Charles-Jacques de Vassan, seigneur des Tournelles, avocat général à la Cour des comptes. Le troisième lot, celui du coin, appartenait, en 1629, à M. de Vassan; en 1687, il était subdivisé en deux, la seconde parcelle ayant été aliénée au profit de M. de Bérulle.

CÔTÉ ORIENTAL.

PAROISSE SAINT-SULPICE.
JUSTICE
ET CENSIVE DE L'ABBAYE SAINT-GERMAIN.

Maison sans désignation en 1595, puis de l'Arche-de-Noé (1654), faisant le coin septentrional de la rue de Nesle, et contiguë à la maison faisant le coin du quai Malaquais. Lors de sa démolition, elle avait seize toises de superficie. C'était un morcellement de l'emprise de Nicolas Canivet. (Voir Quai Malaquais.)

---

[1] Arch. nat.

Maison du «Coiffin» (1595), puis de l'Image-Saint-Claude (1623), faisant le coin méridional de la rue de Nesle, sur laquelle sa largeur était de six toises et demie, tandis que sur la rue de Seine elle mesurait dix-neuf pieds. Elle fut acquise, les 22 mars et 13 avril 1663, par les exécuteurs testamentaires du cardinal Mazarin, puis démolie pour permettre le déplacement de la rue de Nesle.

Maison sans désignation en 1595, et de l'Image-Saint-Nicolas en 1617, laquelle renfermait un jeu de paume en 1622. Elle fut achetée, le 22 février 1663, par les exécuteurs testamentaires du cardinal Mazarin, et une partie de son emplacement a été comprise dans la nouvelle issue de la rue Mazarine. Sa superficie était de vingt-neuf toises.

Maison sans désignation (1595), aboutissant rue Mazarine. (Voir planche IX.)

Maison du Cercle-d'Or (1628), aboutissant rue Mazarine. Elle devait avoir été bâtie en même temps que la précédente.

Maison avec jeu de paume (1628-1790), dit le Jeu de paume du Métayer, parce qu'il appartint, au commencement du xviie siècle, à un individu appelé Arnoul Mestayer. La maison a eu pour enseigne *le Lion-d'Argent* en 1637; elle aboutissait alors à la rue Mazarine. Elle existait sans doute dès 1595, mais, dans le censier de cette année, elle n'est point indiquée d'une manière spéciale et se trouve comprise dans un seul article, avec toutes les suivantes, jusqu'à la maison des Trois-Cygnes. Les comédiens de la troupe de Molière ont eu leur théâtre dans le jeu de paume du Métayer. Selon M. Eud. Soulié, il leur avait été loué pour trois ans, le 12 septembre 1643, par le maître paumier Noël Gallois.

Partie postérieure de la maison de la Ville-de-Lyon, faisant front sur la rue Mazarine.

Maison sans désignation en 1628, puis de la Marguerite-Couronnée (1687), ayant une façade sur la rue Mazarine.

Maison de la Tour-Carrée (1607-1696), aboutissant rue Mazarine. Avec les deux suivantes et les maisons correspondantes de la rue Mazarine, elle paraît occuper ce lot de deux cent cinquante-huit toises, qui appartenait au charpentier Guillaume Fournier en 1547.

Maison sans désignation en 1628, et probablement bâtie dès le règne de Henri IV.

Maison sans désignation en 1628, et dite l'hôtel Dauphin en 1696. Elle dépendait d'abord d'une maison de la rue Mazarine.

Maison sans désignation (1628), qui semble devoir s'identifier avec celle de quatre-vingts toises de superficie, occupée, en 1549, par Claude Boysart, «dict «le Dyable,» maître passeur.

Maison sans désignation en 1628, puis des Trois-Daims en 1750. Elle ne faisait d'abord qu'une seule et même propriété avec la maison de *la Corne-de-Daim*

(1595), située rue Mazarine. En 1547, elle comprenait l'emplacement de la maison suivante et renfermait un jeu de paume.

Maison sans désignation (1601), qui aboutissait primitivement à la rue Mazarine, et comprenant la maison de *l'Huitre*, en bordure sur cette rue.

Maison et jeu de paume des Trois-Cygnes (1595-1623), puis des Aigles (1687) et des Trois Canettes (1687-1728). Dès 1687, cette maison était divisée en deux et avait issue en la rue Mazarine par une allée.

Maison avec jeu de paume (1595-1696), qui avait pour enseigne le Soleil-d'Or en 1687. Elle avait, sur la rue Mazarine, divers corps d'hôtels qui devinrent des maisons séparées.

Maison sans désignation en 1595, et dite l'hôtel d'Avray vers 1687.

Maison sans désignation (1595), qui n'était probablement pas distincte d'abord de la maison correspondante sur la rue Mazarine. Plus tard, elle en constitua la partie postérieure, et elle servit de chantier lorsque les comédiens du roi eurent abandonné le jeu de paume de la Bouteille. Elle appartenait, à cette époque, à Marie-Angélique Laffemas, dont la famille la possédait depuis cinquante ans au moins.

Maison sans désignation (1595), aboutissant à la rue Mazarine. C'est celle où a été ouvert, en 1823, le passage du Pont-Neuf.

Maison sans désignation en 1549, et appartenant alors à Claude André, conseiller au Parlement. Elle aboutissait rue Mazarine, et a été subdivisée en deux. La seconde partie avait nom *l'hôtel de Châteauneuf*, à la fin du xviie siècle, parce qu'elle appartenait au marquis de l'Aubépine, seigneur de Châteauneuf.

Grande maison couverte d'ardoise, qui appartenait, en 1595, à M. du Peyrat, trésorier général du duc de Montpensier. En 1628, elle aboutissait à la rue Mazarine.

Maison sans désignation en 1595, puis dite des Trois-Mortiers (1680) et hôtel de Nismes (1697).

Maison sans désignation (1595), aboutissant d'abord à la rue Mazarine, puis au jeu de paume de Saint-Nicolas.

Maison sans désignation en 1547, et dite le Jeu de paume des Deux-Anges en 1595. Elle a ensuite formé deux maisons appelées, l'une *la maison Rouge* ou *de l'Image-Saint-Martin* (1711), et l'autre *le Jeu de paume des Trois-Torches* (1687). Cette dernière, dont l'agencement se comprend mal, paraît avoir été séparée de la suivante par l'allée servant d'issue au jeu de paume de la Place-Royale, situé rue Mazarine.

Partie postérieure du jeu de paume de Fort-Affaire (1536), dans la suite maison de l'Image-Saint-Louis (1628-1696) et du Heaume (1710). Cette maison semble avoir été élargie du côté de la rue de Seine.

Maison sans désignation (1547), qui s'étendait encore jusqu'à la rue Mazarine en 1628. A la fin du xvi° siècle, elle appartenait à l'architecte Claude Vellefaux, comme l'indique l'article suivant du censier de 1595 : « De M° Claude Vellefaux, « juré du Roy en l'office de massonerye, et voyer général de la terre et seigneurie « de Saint Germain des Prez et ses appartenances, au lieu des héritiers de M° René « Saulson, procureur au Grand Conseil, pour une maison et jardin assis en ladicte « rue de Seyne, tenant d'une part audict J. Martin, d'aultre part à la veufve et « héritière de feu François Pastoureau, d'un bout par devant sur ladicte rue et par « derière sur les fossez; qui doibt de cens chacun an, ledict jour Saint-Remy, « tant cens que rente, cinquante-un sols six deniers parisis. » Claude Vellefaux, en mourant, laissa à sa famille, qui en a joui pendant soixante ans encore, sa maison de la rue de Seine, laquelle a eu pour enseigne le Lion-Noir et l'Autruche, dans le cours du xvii° siècle.

Partie postérieure d'une maison située rue Mazarine (1547). Elle était déjà séparée de celle-ci en 1595 et renfermait un jeu de paume. Elle paraît avoir eu pour enseigne le Cygne-de-la-Croix en 1687, et était contiguë aux maisons du coin de la rue de Bussy.

En 1566, il y avait dans la rue de Seine, auprès de la rue des Marais, une maison de l'Image-Saint-Christophe, dont nous ne connaissons point la situation exacte. Nous n'avons pu déterminer davantage celle du « jeu de paume de Tout-« voye » (1540), qui appartenait à Jean Touvoye, maître esteufier, et s'étendait de la rue de Seine à la rue Mazarine, offrant ainsi une superficie de quatre cent douze toises. Il est probable que ce jeu de paume fut abattu, avec la plupart des propriétés attenantes, lors du siége de Paris.

RUE SERVANDONI.

La rue Servandoni, qui a toujours fini à la rue de Vaugirard, commence aujourd'hui à la rue Palatine; elle partait autrefois de l'église même ou du cimetière Saint-Sulpice.

Comme elle longeait, au commencement du xvi° siècle, les bâtiments de l'hôtel de Garancière, elle avait, suivant plusieurs censiers, « esté prise de ladicte mai-« son. » On pourrait donc en induire qu'elle a été ouverte assez tard; mais il est parlé, dans une transaction de 1424, de « la ruelle qui va au long de l'ostel de « Garancières, » et il paraît constant que cette ruelle est la même que la rue Servandoni [1]. Dans des actes de 1522, 1537 et 1554, celle-ci est appelée « la ruelle

---

[1] Le document qui nous fournit cette citation est l'acte de la vente d'une propriété située devant Saint-Sulpice, tenant d'une part à Jacques Cardon, et d'autre à la ruelle; aboutissant d'un bout à Lorin Gauldry, et d'autre au cimetière Saint-Sulpice. Or ces indications s'appliquent exactement au clos

«Sainct Sulpice;» dans un autre document de 1548, «rue Sainct Sulpice qui «tend du chemyn de Vaugirard à l'église dudict Sainct Sulpice,» et, dans des titres de 1556 et 1566, «Petite rue Sainct Supplice,» sans doute pour la distinguer de la Grande rue Saint-Sulpice ou des Canettes. Nous sommes bien certain d'ailleurs de ne point tomber ici dans une de ces confusions si difficiles à éviter lorsqu'on étudie l'histoire topographiques des environs de Saint-Sulpice; le titre de 1566 auquel nous venons de faire allusion se rapporte, en effet, à la maison de Jean Allain, dont l'emplacement n'est pas douteux.

Dans le censier de 1595, la rue Servandoni est énoncée «rue des Cordiers,» et, dans un acte de 1620, «rue des Fossoyeurs, ditte des Cordiers.» L'appellation de «rue du Fossoyeur» se rencontre dès 1577; avec le pluriel ou avec le singulier, elle a été d'un usage général jusqu'au moment où une ordonnance de 1806 y substitua le nom moins lugubre de Servandoni, architecte de la façade de l'église Saint-Sulpice. Sauval dit, et on le devine sans peine, que le fossoyeur de Saint-Sulpice demeurait dans la rue. Il est question, en termes obscurs, dans un document de 1537, de la maison qu'il habitait, et une sentence du 23 décembre 1541, où il est appelé Pierre Chaufard, nous apprend que cette maison, de petites dimensions, était située près de l'église.

Sous le règne de Louis XIII, la rue Servandoni a été parfois nommée, surtout dans sa partie septentrionale, *rue du Pied-de-Biche*, à cause de l'enseigne d'une maison attenante au cimetière, et l'identité résulte des termes mêmes d'un bail de 1631 : «rue du Pied de Biche, aultrement dict des Fossoyeurs.» L'enseigne d'une autre maison faisant le coin de la rue de Vaugirard lui a valu le nom de *rue du Fer-à-Cheval*, dans le contrat de vente de l'hôtel du Luxembourg, en 1612; mais nous ne connaissons point d'autre exemple de cette appellation, qui a dû être peu employée.

Vers l'extrémité méridionale de la rue Servandoni, le long de la rue de Vaugirard, existait un «lieu dict la Kalende,» sur lequel nous n'avons jamais recueilli de renseignements détaillés. Un arpent de terre qui y était situé est énoncé, en 1400, «tenant d'une part à la vigne de monseigneur de Garencières, d'autre à «Pierre Gaucher, fossoyeur; aboutissant aux ruelles qui vont à Vangirard.» Un demi-arpent contigu est, en outre, énoncé tenir «aux ruelles Saint Sulpice.» Le territoire de la Kalende est mentionné dans le censier de 1355 et dans des documents de la fin du xvᵉ siècle. Il n'en est plus question après.

Féron, qui appartint à J. Cardon. La ruelle longeant l'hôtel de Garancière était donc à l'ouest de cet hôtel, et, par conséquent, ce ne peut être que la rue Servandoni.

CÔTÉ ORIENTAL.

PAROISSE SAINT-SULPICE.

JUSTICE
ET CENSIVE DE L'ABBAYE.

Partie postérieure de L'HÔTEL de la rue Garancière, qui appartint à M. de la Tour. Cet hôtel, du côté de la rue Servandoni, était apparemment contigu au cimetière Saint-Sulpice, et, dès 1628, on avait bâti sur son emplacement quatre ou cinq maisons peu profondes. Au même lieu il y avait, en 1595, deux maisons que nous n'avons pu identifier; la plus rapprochée de l'église était possédée par M° Lejay, procureur au Parlement.

Partie postérieure de L'HÔTEL DE SOURDIAC, remplacée par trois ou quatre maisons en 1628.

MAISON sans désignation (1566), dite, en 1595, composée de deux corps d'hôtel, et, en 1628, de deux maisons. Elle aboutissait à la propriété d'Ambroise Paré, située rue Garancière, et en dépendait en 1603.

MAISON sans désignation, qui dépendait de la suivante et fut cédée, le 31 décembre 1566, à Jean Allain par Guillaume d'Aussy. Elle n'avait alors que vingt pieds neuf pouces de largeur sur rue, et quinze pieds seulement à son extrémité opposée; la maison qui, selon nous, la représente aujourd'hui a donc dû être élargie.

MAISON sans désignation, appartenant, en 1566, à Guillaume d'Aussy. Elle paraît être la même que celle qui fut vendue, le 18 novembre 1597, par Jean du Verger à Thibaut Cressé, élu à Clermont en Beauvoisis. Nous sommes sûr de son emplacement, mais non de ses limites.

MAISON sans désignation (1595), dont les limites sont également douteuses, et qui était contiguë à la maison faisant le coin de la rue de Vaugirard.

CÔTÉ OCCIDENTAL.

PAROISSE SAINT-SULPICE.

JUSTICE
ET CENSIVE DE L'ABBAYE.

Entre les rues de Vaugirard et du Canivet. — MAISON DU FER-À-CHEVAL (1595-1687), faisant le coin de la rue de Vaugirard. Elle appartenait à Étienne Casin, qui demeurait en la maison du Fer-à-Cheval, située rue de la Harpe. Elle était divisée en deux dès 1626.

Maison sans désignation en 1595, puis DE LA CHAISE (1628-1635). L'un de ses propriétaires s'appelait Marguerite Chaize.

Maison sans désignation (1595).

DEUX MAISONS sans désignation (1595), aboutissant à la rue Férou. En 1628, la seconde appartenait à Robert Fusée, sieur d'Assy, et s'appelait, en 1653, *la Grange d'Assy Fusée*.

GRANDE MAISON sans désignation (1595), faisant le coin méridional de la rue du Canivet et aboutissant à la rue Férou. Elle était divisée en deux dès 1628.

Maison sans désignation (1595), puis DU VERT-BOIS ou GAILLARD-BOIS [1] (1628-1735), aboutissant à la rue Férou et contiguë à la maison faisant le coin septentrional de la rue du Canivet. Entre la rue du Canivet et l'église Saint-Sulpice.

Maison sans désignation (1595), aboutissant à la rue Férou. Elle paraît avoir été divisée en deux dans sa largeur, car, dès 1628, elle était séparée de la précédente par une maison qui ne doit point avoir été bâtie sur le terrain de celle-ci, dont elle a d'ailleurs dépendu dans le dernier siècle.

Maison sans désignation (1556), aboutissant à la rue Férou. La partie postérieure en fut retranchée l'an 1620, et la partie antérieure fut achetée par la fabrique de Saint-Sulpice le 14 mai 1737.

Maison sans désignation en 1556, puis DE L'IMAGE-SAINT-PIERRE-AUX-PAVILLONS (1580) et DU PIED-DE-BICHE (1631-1661). La première enseigne rappelait le nom de Pierre Pavillon, à qui elle fut adjugée le 27 mars 1577. Elle aboutissait à la rue Férou, et, comme elle était destinée à être démolie, elle fut achetée par la fabrique de Saint-Sulpice le 22 février 1719.

CIMETIÈRE SAINT-SULPICE, faisant le coin de la ruelle longeant l'église. (Voir Rue Férou.)

RUE DE SÈVRES.

La rue de Sèvres commençait, comme aujourd'hui, au carrefour de la Croix-Rouge, et finissait à la barrière qui limitait le faubourg. Au delà c'était le chemin de Sèvres.

Il est douteux que la rue de Sèvres se soit appelée *rue de la Maladerie* dès le XIIIe siècle, ainsi que l'assure Jaillot en faisant allusion à des chartes de l'abbaye, qu'on ne retrouve point dans ses archives. Au commencement du règne de François Ier, en effet, bordée exclusivement de terres en culture, elle n'était point

---

[1] Les deux expressions étaient synonymes : appliqué au mot bois, l'adjectif *gaillard* signifiait *verdoyant*.

encore une rue, mais bien un chemin qu'on appelait le chemin ou « le grant che-
« min de la Malladerie » (1531, 1534, etc.), et « le grand chemin qui tend de
« la rue du Four à la Maladerie » (1523). Un titre de 1414 l'énonce « chemin
« par lequel on va de Paris à la Maladerie, » et un acte de 1419, « chemyn qui
« va de la Maladerie en la grant rue dudict Sainct Germain. » Sans aucun doute,
des locutions analogues ont dû être employées dès l'origine de la Maladrerie; mais
nous n'en avons point rencontré d'exemple antérieur à celui que nous citons.

La rue de Sèvres est nommée « voie de Sèvres » dans le censier de 1355; « che-
« min qui va, par devant la Maladerie, droit à Sèves, » dans un document de
1447, et « *chemin* ou *grand chemin* de Sèvre » dans une foule d'autres. Comme
elle conduisait à Meudon aussi bien qu'à Sèvres, elle a été dite *chemin de Meudon*,
en 1474, et « chemin tendant dudict Sainct Germain à Meudon, appellé chemin
« des Charbonniers, » dans un ensaisinement de 1534, relatif à un terrain situé
au-dessus et près de la Maladrerie. Sur un plan de 1671, le vocable de *chemin des
Charbonniers* est également appliqué à la route de Sèvres, au delà de Grenelle.

La voie dont nous nous occupons n'a commencé à être ordinairement qualifiée
de rue que dans la seconde moitié du XVIe siècle, et, en 1554, on y voyait encore
le « chemin par lequel on va dudict Sainct Germain à Sèvres. » Elle est appelée
« rue allant à l'Hospital » et « chemin par lequel on va de la Maladrye à Vaugi-
« rard, » dans le cueilleret de 1595; « rue des Petites-Maisons, » dans un acte de
1624, et « rue du Boullouer, » dans d'autres de 1568, 1638 et 1658. Le « che-
« min du Boullouer » est mentionné dans le censier de 1547. Nous avons expli-
qué ailleurs l'origine de cette dénomination.

CÔTÉ DU SUD-EST.

PAROISSE SAINT-SULPICE.

JUSTICE
ET CENSIVE DE L'ABBAYE SAINT-GERMAIN-DES-PRÉS.

(Voir le plan de la paroisse Saint-Sulpice.)

Maison de la Taverne (1372), faisant front sur le carrefour de la Croix-Rouge,
et formant à la fois le coin de la rue du Cherche-Midi et celui de la rue de
Sèvres. Le 8 janvier 1489, Pierre Montrouge la prit à bail avec l'arpent qui en
dépendait et qui était situé derrière. En 1523, elle appartenait à Tanneguy
Aulbry, et renfermait, indépendamment de l'arpent que nous venons de mentionner, une grange, une bergerie et un jardin, le tout offrant une superficie d'un
quartier et demi. En 1595, elle était possédée par Julienne Bouchardeau, riche
propriétaire du quartier, et, en 1628, elle contenait une tuilerie. Suivant les

titres de cette époque, elle aurait alors eu trois arpents de superficie, ce qui impliquerait qu'elle s'était étendue jusqu'à la première brisure de la voie. Saisie sur Geoffroy Lambert et Julienne Malherbe, sa femme, elle fut adjugée, le 3 février 1627, au conseiller et médecin du roi, René Chartier. D'autres décrets d'adjudication, datés des 17 juin 1662 et 17 février 1663, en procurèrent la possession aux Prémontrés réformés, qui s'y installèrent[1].

Maison sans désignation (1595), aboutissant à la précédente.

Deux maisons sans désignation (1547), qui, réunies en une seule, ont formé l'hôtel de la Faye au XVIII° siècle. Ainsi que toutes les suivantes, elles devaient être bâties déjà vers 1535, mais alors la plus grande partie de leur emplacement était en jardins.

Deux maisons sans désignation (1547). Elles furent élevées, avec les deux précédentes, sur quatre pièces de terre baillées à bâtir par l'abbaye le 9 décembre 1529. Ces pièces s'étendaient de la rue de Sèvres à la rue du Cherche-Midi, de même que celles dont il sera question ci-après. Les deux premières, que prirent les nommés Richard Greslé et Antoine Greslé, contenaient chacune cinquante perches ; les deux autres, qui échurent à Geoffroy Hévet et à Jacques Rigaut, renfermaient chacune vingt-cinq perches.

Deux maisons sans désignation (1547). Le 9 février 1712, Jeanne de Sauvaget fit donation de la seconde au profit des dames de Saint-Thomas, qui s'y établirent. Ces deux maisons, ainsi que celles auxquelles elles aboutissaient rue de Sèvres, furent construites sur cinq pièces de terre baillées à bâtir, savoir : la première et la deuxième, qui contenaient chacune un quartier, à Pierre de Bagneux et à veuve Jacques Berthon, le 9 novembre 1529 ; la troisième, qui contenait cinquante perches, à Jean Allain, probablement aussi en 1529 ; la quatrième, qui contenait vingt-cinq perches, à Jean Poussin, le 10 mars 1530 ; et la cinquième, qui paraît avoir contenu trois quartiers, à Richard Le Tort, en 1529[2].

Deux maisons sans désignation (1595). Elles n'étaient sans doute pas moins anciennes que les précédentes, car elles occupaient l'emplacement d'un demi-arpent baillé, le 19 février 1529, à Jean Boillet, et d'un quartier baillé, en la même année, à Guyot Fleury.

Pièce de terre attenante à la Tranchée et aboutissant à la rue du Cherche-Midi (1595). Elle était large de trente toises cinq pieds et demi sur cette dernière rue, et de vingt et une toises un pied et demi, sur la rue de Sèvres.

---

[1] Jaillot dit que la veuve de René Chartier la leur avait vendue le 16 octobre 1661 ; nous n'avons retrouvé dans leurs papiers que la copie des décrets. (Arch. nat. cart. 3434 1.)

[2] La superficie réelle des deux maisons dont il s'agit est supérieure à celle qu'indiquent les titres, dont l'application offre des difficultés sans nombre. Cette superficie est d'ailleurs portée à quatre arpents au lieu de trois et demi, dans l'arpentage de 1529, et, pour les lots suivants, à un arpent au lieu de trois quartiers, ce qui paraît être un peu plus exact.

L'Hôtel-Dieu, à qui elle appartenait dès 1529, la vendit, à charge de bâtir, au nommé Jean Langellé, dit Marchand, le 3 juillet 1509. (Voir Rue du Cherche-Midi.)

CÔTÉ SEPTENTRIONAL.

PAROISSE SAINT-SULPICE.

JUSTICE

ET CENSIVE DE L'ABBAYE SAINT-GERMAIN-DES-PRÉS.

Entre la rue de la Charité et le carrefour de la Croix-Rouge. MAISON sans désignation, avec un jardin et terres dépendantes (1595), faisant le coin oriental de la rue de la Chaise. A la fin du XVIe siècle, elle appartenait à Claude Morel, et, le 30 juillet 1638, renfermant alors deux arpents dix-sept perches, elle fut vendue 18,000 livres tournois, par Guillaume Bouchardeau, aux Annonciades de Bourges. Les créanciers de ces religieuses les en firent exproprier par arrêts du Parlement rendus en 1650, 1652 et 1654; puis, le 9 mars 1654, la maison fut acquise, au prix de 126,000 livres, par les dames de l'Abbaye-aux-Bois, qui s'y établirent.

TERRE OU JARDIN (1595) contigu à la maison faisant le coin du carrefour de la Croix-Rouge. Ce jardin occupait l'emplacement d'un arpent de terre qui appartenait, en 1523, à Jean Bausart, à cause de sa femme, fille de Jean Ballay, lequel avait possédé la plus grande partie de l'îlot. En 1628, il y avait là une petite maison, puis deux autres renfermant des jardins; Pierre Racine en était propriétaire. Ce fut ensuite un grand chantier, large de quarante toises, que les religieuses de l'Abbaye-aux-Bois acquirent le 24 septembre 1679.

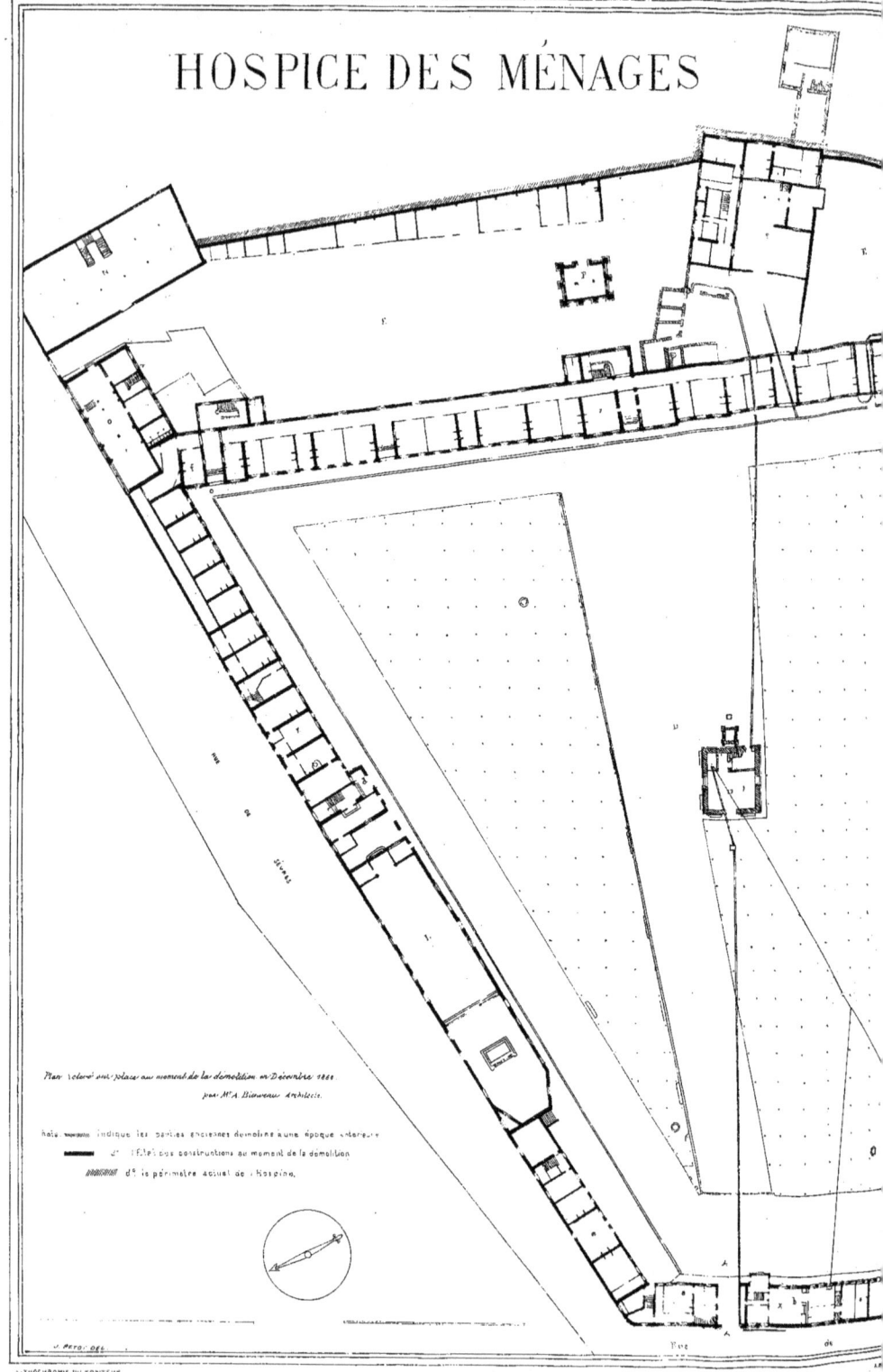

DU VIEUX PARIS.

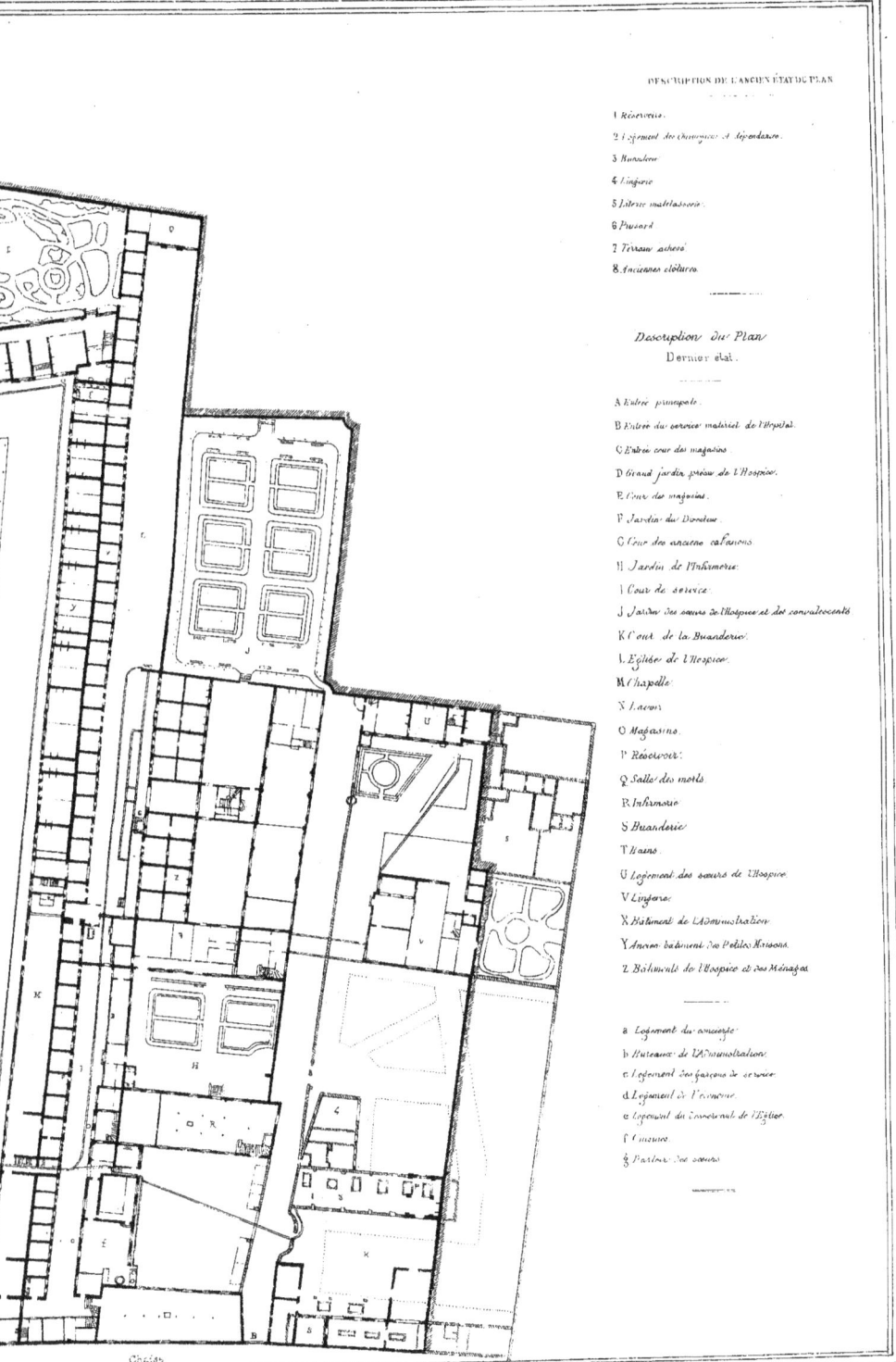

DESCRIPTION DE L'ANCIEN ÉTAT DU PLAN

1 Réservoirs.
2 Logement des Chirurgiens et dépendances.
3 Buanderie.
4 Lingerie.
5 Literie matelasserie.
6 Pissard.
7 Terrain achevé.
8 Anciennes clôtures.

Description du Plan
Dernier état.

A Entrée principale.
B Entrée du service matériel de l'Hôpital.
C Entrée cour des magasins.
D Grand jardin préau de l'Hospice.
E Cour des magasins.
F Jardin du Directeur.
G Cour des anciens cabanons.
H Jardin de l'Infirmerie.
I Cour de service.
J Jardin des sœurs de l'Hospice et des convalescents.
K Cour de la Buanderie.
L Église de l'Hospice.
M Chapelle.
N Lavoir.
O Magasins.
P Réservoir.
Q Salle des morts.
R Infirmerie.
S Buanderie.
T Bains.
U Logement des sœurs de l'Hospice.
V Lingerie.
X Bâtiment de l'Administration.
Y Ancien bâtiment des Petites Maisons.
Z Bâtiments de l'Hospice et des Ménages.

a Logement du concierge.
b Bureaux de l'Administration.
c Logement des garçons de service.
d Logement de l'économe.
e Logement du domestique de l'Église.
f Cuisines.
g Parloir des sœurs.

CHAPITRE VI.

MALADRERIE SAINT-GERMAIN.

(PETITES-MAISONS, PETITS-MÉNAGES.)

La MALADRERIE, ou HÔPITAL SAINT-GERMAIN, était située le long et du côté septentrional du chemin ou rue de Sèvres, entre le débouché des rues du Bac et de la Chaise. Elle avait, après divers changements, sa principale entrée à l'angle occidental de cette dernière rue. Elle était située sur la paroisse Saint-Sulpice, en la justice et censive de l'abbaye Saint-Germain-des-Prés.

Placée hors de la ville, comme Saint-Lazare et pour les mêmes raisons, cette léproserie s'appelait ordinairement *la Maladrerie Saint-Germain;* mais elle est nommée «la Malladrerie Saint-Thomas» dans le censier de 1355, ce qui donne à croire qu'il s'y trouvait une chapelle de ce vocable. Les archives de l'abbaye n'offrent aucune mention de la Maladrerie Saint-Germain avant le milieu du xiv° siècle. Delamare néanmoins, sans toutefois citer d'autorités, la fait figurer sur ses plans comme si elle avait existé dès le temps de Philipe-Auguste, ce qui n'est nullement invraisemblable. Dans un legs fait, le 5 décembre 1398, par Guillaume, dit Hunault, à la Maladrerie Saint-Germain, il est question de sa chapelle et des confréries de Notre-Dame et de Saint-Ladre, qui y avaient leur siége. On ne sait rien, au surplus, ni de sa fondation, ni de son organisation, et il n'y a pas lieu de s'en étonner, car la suppression de cet établissement remonte à la fin du règne de François Ier. La Maladrerie n'avait alors aucun revenu régulier, et elle n'était plus qu'une sorte d'hôtellerie pour les lépreux, qui, affluant de partout, se répandaient de là dans la ville afin d'y quêter et «clicqueter.» En outre, l'accroissement du bourg Saint-Germain avait fait cesser l'état d'isolement de la Maladrerie, désormais trop rapprochée d'un grand centre d'habitation.

Par arrêt du 27 janvier, le Parlement ordonna que la Maladrerie serait détruite, et que les matériaux seraient réservés pour en bâtir une autre dans un lieu plus éloigné, à moins qu'on ne les adjugeât au profit des pauvres. Toutefois, le 16 février 1544, le cardinal de Tournon, sans tenir compte de l'arrêt et en sa qualité d'abbé de Saint-Germain, c'est-à-dire de seigneur haut justicier du fief, bailla le terrain de l'hospice à Guillaume Gellinard, sieur de Maisseville, moyennant la remise des matériaux, la somme de 300 livres, une rente annuelle de 30 livres et un cens de 7 sols 6 deniers par arpent. Informé du fait, le procureur général introduisit une requête concluant à l'exécution de l'arrêt précédemment rendu, et un procès eut lieu, où comparurent simultanément G. Gellinard, le bourgeois Robert Fallentin, qui lui avait acheté le terrain en litige et avait commencé à y construire, puis les religieux de l'abbaye. Ceux-ci consentaient bien à ce que l'emplacement de la Maladrerie fût aliéné dans l'intérêt des pauvres, et reconnaissaient même qu'il leur incombait le devoir de nourrir et entretenir les lépreux de leur fief; mais ils demandaient, en échange, à être déchargés de l'obligation de leur fournir un lieu pour rebâtir l'hospice. Par arrêt du 27 novembre 1548, le Parlement satisfit aux prétentions des moines, et, prenant en considération l'offre faite par Fallentin de payer 600 livres aux pauvres et de leur servir la rente qu'il servait précédemment à l'abbaye, lui adjugea la possession définitive de la Maladrerie [1].

Cependant, le nombre des pauvres augmentant sans cesse, les commissaires nommés par le Parlement pour administrer l'assistance publique proclamèrent la nécessité de créer de nouveaux lieux de refuge, et, par lettres patentes du 11 novembre 1554 [2], Henri II les autorisa à construire, dans les faubourgs, un ou deux hôpitaux « segregés de voisins, pour illec loger et nourrir lesdicts pauvres « mendians en petites loges et eschoppes, de neuf ou douze pieds en carré chas- « cune, selon les pourtraicts, desseings et modelles » qu'ils en avaient présentés au Parlement [3]. Le 3 février 1554, ils achetèrent, dans cette intention, au prix de

---

[1] Arch. nat. cart. S 2842, et reg. Z 7601, fol. 97 v°. Les circonstances à la suite desquelles la Maladrerie est devenue l'hôpital Saint-Germain n'ont point été comprises des historiens de Paris.

[2] Ces lettres patentes avaient été précédées, à dix ans de distance, d'autres lettres datées du 7 novembre 1544, par lesquelles François Ier attribuait au Prévôt des Marchands et aux Échevins de la Ville de Paris la *superintendance*, soin et entretien de la Communauté des pauvres :

« Ordonnons, disait le roi, qu'ils commettent et « deputent, ainsi qu'ils ont acoustumé de faire, « pour le gouvernement de l'Hostel Dieu, ung cer- « tain bon nombre de notables bourgeois, conseillers « de ladicte ville, et aultres gens de bien et chari- « tables, lesquelz ilz présenteront d'an en an et de « deux ans en deux ans, ainsy qu'ilz adviseront, à « notre dicte Court de Parlement, pour illec faire « et prester le serment que font et prestent en icelle « Court les gouverneurs du dict Hostel Dieu... et, « en ce faisant, appellés avec eulx ung bon nombre « de conseillers de ladicte ville, et assistans aucuns

« de nos amez et féaulz conseillers de nostre dicte « Court de Parlement, advisent et regardent à tous « les moyens et expédiens convenables pour pour- « veoir et donner ordre au faict d'iceulx pauvres. »

Nous avons cru devoir reproduire la partie la plus significative de ces lettres patentes, que feu Berty avait omises; elles contiennent, en effet, le principe de l'institution appelée successivement : « l'Aumosne générale, » le Grand Bureau des Pauvres et l'Assistance publique. — L. M. T.

[3] Nous croyons devoir également reproduire en entier les lettres patentes du 11 novembre 1554, dont feu Berty n'a donné que quelques lignes. L'ensemble de cette pièce établit la part que le souverain, le Parlement et le Bureau de la Ville ont prise à la transformation de l'antique léproserie Saint-Germain; elle montre, en outre, que les intentions charitables de François Ier ont été religieusement suivies par Henri II.

« Henry, par la grâce de Dieu..., sçavoir faisons « que, comme pour nourrir avec certain bon ordre « et police ung grant et merveilleux nombre de

LES PETITES MAISONS ET LES PETITS MÉNAGES

ANCIENNE MALADRERIE SAINT GERMAIN.

I. Vue et Coupe des Cabanons — II. Partie des anciens bâtiments des Ménages

MALADRERIE SAINT-GERMAIN.

100 livres tournois de rente, la propriété de Robert Fallentin; elle consistait alors en une maison qui avait pour enseigne sur le portail *l'Image-Sainte-Geneviève*, et comprenait des cours et des étables, avec un jardin; le tout présentant une superficie d'environ trois arpents[1]. L'ancienne Maladrerie redevint ainsi un hôpital,

qu'on appela *l'hôpital Saint-Germain,* et bientôt aussi *les Petites-Maisons,* à cause

«pauvres, qui mendient ordinairement parmy les «rues, maisons et églises de nostre ville de Paris, «cappitale de notre royaulme, quelque aumosne «que on leur distribue par chascune sepmaine, «ayant été pratiquez plusieurs bons moyens, tant «par notre Court de Parlement que par les com- «missaires par elle commis sur le faict et police des- «dicts pauvres, et finablement estre treuvez, ainsi «que lesdicts commissaires nous ont faict entendre, «que il est tres nécessaire de bastir et construire «ung ou deux nouveaulx hospitaulx, en certains «lieulx spacieulx de nostre dicte ville et faulxbourgs, «segregez de voisins, pour illec loger et nourrir «lesdicts pauvres mendians en petites loges et es- «choppes, de neuf ou douze pieds en carré chas- «cune, selon les pourtraicts, desseings et modelles «qu'ilz en ont faict faire et présenter à nostre dicte «Court, laquelle a treuvé ladicte entreprinse tres «bonne et l'a permis et accordé soubz nostre bon «plaisir. Pour ce est-il que donnons en mande- «ment, etc.» (Archives de l'Assistance publique, *Petites-Maisons,* liasse n° 4.)

Ce sont les «pourtraicts, desseings et modelles» des «petites loges et eschoppes,» que nous avons fait reproduire à l'aide des relevés pris par le Service historique, au moment de la démolition des bâtiments. Pour rendre plus sensible les transformations successives de l'antique Maladrerie Saint-Germain, nous avons réuni, sur la même planche, un cabanon des *Petites-Maisons* et une travée des *Petits-Ménages.* — L. M. T.

[1] L'acte de vente, dont la minute est conservée aux archives de l'Assistance publique, est ainsi conçu:

«Par devant Étienne Brulé et Adrian Fournier, «notaires du Roy nostre sire, en son Chastelet de «Paris, fut présent, en sa personne, honorable «homme Robert Fallantin, marchand bourgeois de «Paris, lequel, de son bon gré et bonne vollunté, «recongnut et confessa..... avoir vendu à nobles «hommes et saiges maistres Loys Gayan, M° Jac- «ques Pothier, M° Jehan Berjot, conseiller du Roy «nostre sire, en sa Court de Parlement, M° Paris «Hesselin, aussy conseiller du Roy et maistre de «ses comptes, M° Estienne Dugué, chanoine en «l'esgïse de Paris et archidiacre de Brye, M° Claude «de Verdun, aussy chanoine de Paris, une maison, «court, estables, jardin, lieux et appartenances...

260   TOPOGRAPHIE HISTORIQUE DU VIEUX PARIS.

de sa subdivision en un grand nombre de «loges.» Les bâtiments en avaient été élevés en 1557, dit Corrozet, qui ajoute que l'établissement n'avait d'autres revenus que les aumônes des habitants de Paris[1].

L'hôpital Saint-Germain, contenant au plus trois arpents, tenait d'une part à la rue de Sèvres, et de l'autre à une partie du chemin de Grenelle (rue de Babylone) depuis longtemps supprimée. Il aboutissait par devant et avait son entrée sur le carrefour formé par la réunion des deux voies que nous venons d'énoncer et de la rue de la Chaise. Il aboutissait par derrière à une pièce de terre de trois arpents moins un demi-quartier, qui faisait le coin de la rue du Bac. Baptiste Vesle avait acquis cette pièce de terre, le 12 janvier 1606, de Jeanne Autran, et la céda, le 18 mai 1623, à l'hôpital, par le cimetière duquel elle était partiellement limitée vers le nord. Elle a servi à l'extension de l'établissement, dont une acquisition, faite le 7 octobre 1611, a permis d'effectuer le premier agrandissement, du côté de la rue de Grenelle. La chapelle fut réédifiée en 1615[2].

Du Breul donne les détails suivants sur la destination et l'administration de l'hôpital Saint-Germain : «Premièrement, faut entendre que cest hospital a esté
«basti et édifié pour y loger, enfermer et nourrir sobrement les hommes et femmes
«vieils et décrépits et autres, pauvres incorrigibles ou invalides et impotens, les
«hommes séparez des femmes. Et a esté bien advancé avec l'ayde de deffunct de
«bonne mémoire Monsieur de Boulencourt, en son vivant conseiller du Roy et
«président en sa Chambre des comptes, qui y a employé beaucoup de ses biens et
«facultez, tant en meubles, rentes que édifices, et plusieurs logis et chambres,
«esquelles sont logez les pauvres estropiats et impotens, vieils et caducs, n'ayant
«puissance de gaigner leur vie, qui y sont nourriz, alimentez et chauffez en deux

---

«le lieu, ainsy qu'il se comporte, appellé la Malla-
«drerie de Sainct Germain, situez et assis prez
«Sainct Germain des Prez lez Paris, du costé et sur
«le chemyn par lequel l'en va dudict Sainct Ger-
«main à Sève, pour estre appliquez à ung hospital.»
(Archives de l'Assistance publique, même fonds.)
Cette pièce a son intérêt, en ce qu'elle nous fait connaître quelle était, en 1554, la composition du nouveau Bureau des Pauvres. M. Husson l'a reproduite dans son *Étude sur les hôpitaux*. — L. M. T.

[1] Quelques parties des bâtiments primitifs, édifiés en 1557, étaient restées engagées dans des constructions postérieures. La démolition des ailes qui les enveloppaient a permis d'en reconnaître l'aspect et le style; indépendamment des relevés géométraux, un croquis a pu en être fait par M. Bienvenu; nous l'avons fait graver sur bois, et nous le plaçons dans le texte, à la page précédente,
un peu avant le moment où le récit amène cette figuration. — L. M. T.

[2] La chapelle, dont nous avons fait relever le plan avec soin, au moment de la démolition, avait autrefois son entrée à l'extrémité de la nef et sur la rue de Sèvres, par laquelle on y accédait. A une époque qu'il est difficile de préciser, des bâtiments de service furent appliqués contre le pignon occidental de cette chapelle; on condamna alors la porte et les fenêtres, dont nous avons retrouvé les baies sous une couche de plâtre, et l'on fit une nouvelle entrée latérale donnant sur la cour.

M. Bienvenu a restitué avec soin cet ancien portail, dont aucun historien de Paris ne fait mention; il a, de plus, établi une coupe longitudinale et transversale de la chapelle et de son campanile, ce qui permet d'apprécier l'agencement des combles et la disposition originale de la charpente. — L. M. T.

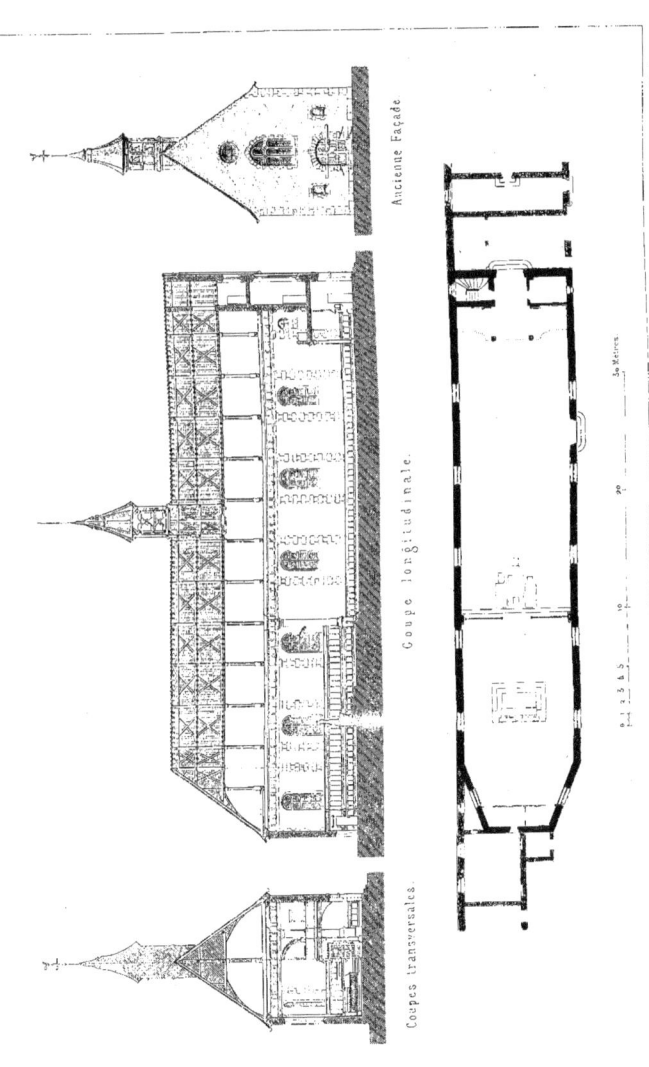

MALADRERIE SAINT-GERMAIN.

« chaufoirs communs, faits en forme de cloche, l'un du costé des hommes et
« l'autre du costé des femmes, le tout aux despens du Grand Bureau, qui fournit
« et satisfait à tout ce qui est de nécessité.

« Plus, audit hospital sont receuz les enfans et pauvres cagnardiers, tant fils
« que filles, qui sont malades de la teigne, qui l'ont gaignée à coucher es basteaux,
« les autres sous les estaux ou par les rues; et sont pensez, médicamentez et guaris,
« tellement que en un an s'est trouvé le nombre de deux cens qui y ont receu
« guarison. Encores sont receues audit hospital plusieurs femmes malades du mal
« caduc, nommé le mal Sainct-Jehan, et autres pauvres alliénez de biens et de
« leur esprit, et courans les rues comme fols insensez; desquels plusieurs, avec le
« temps et bon traictement que on leur faict, reviennent en bon sens et santé. »

L'administration de l'hospice était confiée par le Grand Bureau à un gouverneur, chirurgien émérite, qui dirigeait le service médical et y était aidé par un second chirurgien. Quatre portiers excerçaient la police de la maison, où il y avait deux prisons pour punir les pauvres récalcitrants et incorrigibles. Enfin deux prêtres, logés dans l'établissement, y disaient chaque jour la messe et y accomplissaient les autres fonctions de leur ministère [1].

Une croix, dite de la Maladrerie, existait, vers 1419, dans les environs de l'hôpital.

La date terminale (1610) que feu Berty s'était imposée l'a condamné a écourter la monographie de la Maladrerie Saint-Germain, comme elle l'avait conduit à abréger la notice qu'il a consacrée à Saint-Sulpice, l'antique église paroissiale de cette région. Cependant la vieille Léproserie du bourg Saint-Germain n'en est pas restée à la transformation que lui ont fait subir les arrêts du Parlement, ainsi que les lettres patentes de 1554. Les *Petites-Maisons* sont devenues, au commencement de ce siècle, les *Petits-Ménages*, et c'est sous cette forme que la génération contemporaine a connu l'asile fondé par la piété de nos pères.

L'établissement, réorganisé en 1557 par le Bureau de la Ville et administré par le Grand Bureau des Pauvres, a eu, jusqu'à la fin du siècle dernier, son existence distincte; sa gestion ne relevait ni de l'Hôtel-Dieu, ni de l'Hôpital général. On y recevait indistinctement les pauvres de toutes les paroisses de Paris, et, comme le nombre s'en accroissait toujours, le Grand Bureau prit le parti de faire construire, absolument en dehors des «pourctraicts, desseings et modelles» prescrits par les lettres patentes du 11 novembre 1554, un bâtiment considérable devant occuper tout le fond de la cour. Cette construction, dont nous donnons le profil, au-dessous des *Petites-Maisons* de la fin du xvie siècle et du commencement du xviie, fut élevée en 1785, sur les plans de l'architecte Buron, approuvés par Antoine, architecte du roi. Elle ne présente point un

---

[1] Il existait, aux Petites-Maisons, deux chapelles distinctes : la grande, dont nous donnons une vue, qui fut consacrée le 6 avril 1615, et la petite, ou chapelle de l'infirmerie, bénite le 10 mai 1656. L'abbé de Saint-Germain, en la censive duquel était situé l'établissement, y installa un curé-vicaire en 1665. Cet état de choses s'est continué jusqu'à la fin du siècle dernier. — L. M. T.

style bien accusé; mais elle constitue le dernier agrandissement de la maison aujourd'hui disparue, et, à ce titre, il importait d'en conserver l'aspect.

Le même sentiment de conservation nous a engagé à reproduire la porte d'entrée ouverte sur la rue de la Chaise et contemporaine des premiers travaux de transformation. Enfin il nous a semblé que la monographie architectonique des *Petites-Maisons* et des *Petits-Ménages* devait avoir pour complément un plan général des cours et bâtiments, avec indication des parties qui ont été successivement modifiées ou supprimées, et de celles qui existaient encore au moment de la démolition. Moins heureux que feu Berty, lorsqu'il découvrit et publia, dans le tome premier du présent ouvrage (*région du Louvre et des Tuileries*), un plan inédit de l'ancien hospice des Quinze-Vingts, nous avons dû faire relever minutieusement l'ensemble et les détails de la Maladrerie transformée, en ayant soin de distinguer, par des signes conventionnels, les états successifs de cette antique maison.

Ce plan général, dressé par M. Bienvenu, fait honneur à la sagacité et à l'esprit d'exactitude de ce jeune architecte. Nous l'avons fait réduire, afin de pouvoir le renfermer dans les limites d'une planche double.

Il nous reste, pour terminer cette notice complémentaire, à dire en quelques mots ce qu'étaient les *Petites-Maisons* au moment où la Révolution vint en modifier le régime, et ce qu'elles devinrent sous le Consulat, par suite de la réorganisation du 10 octobre 1801.

Un document, rédigé en 1785 et conservé aux archives de l'Assistance publique, donne des détails intéressants sur le personnel de l'hospice. On y entretenait alors :

« 1° Les vieilles gens infirmes, hommes et femmes, de toutes les paroisses et faubourgs de Paris, pris par ordre d'âge dans ceux qui sont à l'aumône du Grand Bureau..... à qui l'on faisait la paie toutes les semaines, pour fournir à leur subsistance ;

« 2° Les insensés ;

« 3° Les malades de la maladie vénérienne, pour y être pansés ;

« 4° Ceux qui étaient affligés de la teigne ;

« 5° Toutes les personnes, prêtres, religieuses et autres, employés aux différents services nécessaires dans ledit hôpital [1]. »

Suivant Tenon, dont les renseignements ont été acceptés pour exacts par M. Husson, l'hôpital des *Petites-Maisons* contenait, en 1786, outre les places réservées aux indigents valides, 226 lits répartis ainsi qu'il suit :

Pour les pauvres malades de la maison, couchant seuls : 150 lits;

Pour les gardes-françaises et gardes-suisses, atteints d'affections syphilitiques : 14 lits;

Pour les malades civils, atteints du même mal : 18 lits;

Pour les fous furieux des deux sexes, déclarés incurables et installés dans un nombre égal de loges : 44 lits.

Un rapport de M. de Pastoret, que cite également M. Husson, et qui complète ces indications, nous apprend que le nombre des places réservées aux indigents valides atteignait le chiffre de 538, et que les infirmeries contenaient près de 200 lits.

Le règlement du 10 octobre 1801, qui réorganisa l'hospice, n'admit point le principe de la juxtaposition des malades, des indigents et des aliénés : il répartit ces derniers, suivant leur sexe, entre les hospices de Bicêtre et de la Salpêtrière, et affecta définitivement l'antique Maladrerie Saint-Germain aux époux et aux veufs âgés, infirmes et sans ressources suffisantes. De là sa nouvelle et dernière appellation : *Petits-Ménages*.

---

[1] Archives de l'Assistance publique (*Registres d'inventaire du Grand Bureau des Pauvres et de l'hôpital des Petites-Maisons*, 1785).

TOPOGRAPHIE HISTORIQUE DV VIEVX PARIS

Coupe sur l'Axe de la grande porte — ENTRÉE PRINCIPALE sur la rue de la Chaise — Coupe sur l'Axe des petites portes

PLAN PRIS AV-DESSVS DE LA BASE DES PILASTRES

HOSPICE DES PETITS MÉNAGES

MALADRERIE SAINT-GERMAIN.

Les bâtiments avaient été fort négligés pendant la période révolutionnaire. La chapelle, convertie en orangerie, ne fut rendue à sa destination qu'en vertu d'une ordonnance du mois de mars 1817. Les loges d'aliénés furent démolies en 1821 et dans les années suivantes; puis, des travaux de réparation et d'appropriation, exécutés successivement, firent disparaître, au moins à l'intérieur, les dernières traces de la distribution de 1557.

Il ne subsiste plus aujourd'hui que l'espace occupé par la vieille Léproserie, l'hospice des *Petits-Ménages*, qui en était le dernier état, ayant été transféré au village d'Issy. Cette destruction radicale a fait entrer dans le domaine de l'histoire l'antique Maladrerie et ses transformations successives. C'est pour ce motif que nous avons cru devoir conduire jusqu'à l'époque contemporaine la notice arrêtée par feu Berty à l'année 1615. — L. M. T.

TOPOGRAPHIE HISTORIQUE DU VIEUX PARIS

L'HOSPICE DES PETITES-MAISONS ET DES PETITS MÉNAGES
VUE PERSPECTIVE DE LA CHAPELLE ET DES BÂTIMENTS EN BORDURE SUR LA RUE DE SÈVRES
FAÇADE DU GRAND BÂTIMENT CONSTRUIT EN 1785

CHAPITRE VII.

SUITE DE LA DESCRIPTION DES RUES DU BOURG SAINT-GERMAIN.

RUE SAINT-SULPICE

(CI-DEVANT DU PETIT-BOURBON).

La rue du Petit-Bourbon commençait à la rue de Tournon et finissait naguère à la place Saint-Sulpice; mais au xviie et au xviiie siècle on la considérait ordinairement comme formant deux voies distinctes, qui s'étendaient, l'une de la rue de Tournon à la rue Garancière, et l'autre de la rue Garancière à la rue Férou, ou à la rue des Canettes. Cette seconde voie présentait une double brisure, qui disparut en 1775, lorsque l'on commença les travaux d'une grande place monumentale devant Saint-Sulpice, projet qui fut abandonné depuis.

La rue du Petit-Bourbon, dont on a peine à trouver quelques mentions incontestables, si l'on veut remonter un peu haut, est appelée, dans un document de 1538, « la rue par laquelle on va à Saint-Sulpice; » « rue qui est contre l'entrée « des halles de la Foire Sainct-Germain, par laquelle rue on va de Sainct Soulpice « à Paris, » dans une autre pièce de 1543, et « rue tendant du long de la halle de « la Foire, » en 1553.

Il ne semble pas que la rue du Petit-Bourbon ait eu de nom particulier avant l'époque où l'on construisit les maisons qui en bordaient le côté septentrional. Au mois d'août 1579, le cardinal de Bourbon, abbé de Saint-Germain-des-Prés, fit annoncer la vente prochaine de places vagues derrière les halles de la Foire, et, le 7 avril 1581, on bailla effectivement à Pierre Thireul une zone de terrain longeant les murailles de la Foire, entre la maison faisant le coin de la rue du Brave (actuellement rue de Seine) et le presbytère Saint-Sulpice. Cette zone, d'une profondeur irrégulière, était longue de soixante-deux toises cinq pieds, et fut acquise par Thireul, à charge de bâtir, en laissant entre les nouvelles constructions et celles de la halle une ruelle large de cinq pieds, fermée de portes à ses deux bouts. Il est relaté, dans le texte du bail, que la rue sur laquelle les maisons du preneur allaient être en bordure serait « appellée de Bourbon. » Cette dénomination fut évidemment adoptée en l'honneur du cardinal, et ne saurait avoir pour cause, ainsi que l'a imaginé Jaillot, le voisinage de l'hôtel de Montpensier, qui ne bordait point la rue et n'a jamais été appelé hôtel de Bourbon. Dès 1628, on disait d'ailleurs *la rue du Petit-Bourbon*, et cette modification, qui a prévalu, provient soit de l'habitude où l'on était de désigner ainsi une rue très-connue des environs du Louvre, soit plutôt d'un déplacement de mot. En effet, la rue dont il s'agit, formant la continuation de la *petite rue* Saint-Sulpice, a pu être nommée, pendant un temps, *petite rue Bourbon*, et, par une légère interversion, rue du Petit-Bourbon.

Le 2 mars 1528, Jeanne Montrouge, veuve de Jean Marché, vendit aux marguilliers de Saint-Sulpice, moyennant quarante livres et la cession d'un arpent de terre derrière les Chartreux, certaine portion de jardin, tenant aux murs de la Foire, « tirant tout du long au petit jardin du presbytère, depuis le commencement « dudict jardin au bout du pré de la Foire, tirant tout du long jusques au petit « jardin du presbytère, » et de plus « une esquerre au bout dudict jardin, qui va « [se] rendre au coing dudict pignon de ladicte église, à la chapelle Nostre Dame; » ce terrain était destiné à servir de ruelle pour communiquer avec l'église. Dans un autre acte de 1530, il est rappelé que le terrain vendu par Jeanne Montrouge avait été employé à « faire une ruelle pour passer et repasser, et aller dudict Sainct « Germain à ladicte église Sainct Sulpice; » or on ne voit pas quelle pourrait être la ruelle en question, si ce n'est la continuation de la rue du Petit-Bourbon. Il y a donc lieu de supposer qu'en 1528 cette rue n'allait point au delà de la rue Garancière, ce qui explique comment, dans une déclaration de 1522, l'hôtel de Garancière, énoncé comme tenant par le haut « aux Clos aux Bourgois, le chemin « de Vaugirard entre deux, » est dit tenir par bas « aux halles et à l'esglise et jardin « de Saint Sulpice, » sans indication d'une ruelle intermédiaire, mentionnée, au contraire, dans les documents plus récents. On voit, du reste, qu'en 1324, un évêque de Coutances ayant acheté deux jardins de la veuve Hélézote, ces deux jardins furent décrits comme tenant d'une part à l'église Saint-Sulpice et d'autre part au comte d'Évreux, en d'autres termes à l'hôtel de Navarre, ce qui implique également l'absence d'une ruelle intermédiaire.

Avant sa rectification, la seconde partie de la rue du Petit-Bourbon offrait plusieurs brisures, que nous avons reproduites d'après un plan manuscrit de 1755, lequel ne laisse voir qu'un état déjà modifié. On l'appelait *la rue Saint-Sulpice* (1580), *la rue du Petit-Saint-Sulpice* (1595) ou *la petite rue Saint-Sulpice* (1616), et l'on comprenait fréquemment sous ces dénominations la rue du Petit-Bourbon, ainsi qu'on le constate par le censier de 1595. Isolée, elle a été quelquefois appelée *rue des Prêtres* (1642, 1652, etc.), et, dès 1636, jusqu'à la Révolution, *rue de l'Aveugle*, par corruption : *des Aveugles*. « Elle se nomme de la sorte, rapporte

« Sauval, à cause d'un aveugle qui y a demeuré longtemps dans une maison qui
« non-seulement lui appartenait, mais toutes les autres encore[1]. » Cette tradition
populaire a sans doute été amplifiée, mais elle n'était point destituée de tout fondement : un aveugle ayant une certaine notoriété a habité la rue, comme il appert
de la phrase suivante du censier de 1595 : « Ces deux maisons appartiennent à
« présent à un nommé Estienne Belleheure, et y a un pauvre aveugle nommé...[2] »
Le texte de ce document est tronqué.

CÔTÉ MÉRIDIONAL.

PAROISSE SAINT-SULPICE.

JUSTICE

ET CENSIVE DE L'ABBAYE.

Le côté méridional de la rue du Petit-Bourbon était bordé, entre les rues de Tournon et Garancière, par l'hôtel de Savoie, et, au delà, par une maison faisant le coin occidental de la rue Garancière, puis par trois ou quatre maisons *irrestituables*, qui aboutissaient au cimetière et s'étendaient jusqu'à la rue Férou. Ce sont ces maisons qui appartenaient à l'aveugle auquel la rue devait son nom. Elles ont été démolies peu de temps après l'acquisition que la fabrique de Saint-Sulpice en fit, le 7 septembre 1648 et le 4 novembre 1657. Les plans que nous avons vus n'en présentent d'ailleurs aucune trace, et les titres qui s'y rapportent n'en donnent qu'une idée très-confuse.

CÔTÉ SEPTENTRIONAL.

PAROISSE SAINT-SULPICE.

JUSTICE

ET CENSIVE DE L'ABBAYE.

Maison sans désignation (1522), faisant le coin oriental de la rue des Canettes. Elle fut acquise par la fabrique de Saint-Sulpice pour être démolie, le 22 juin 1729. Elle présentait alors deux corps d'hôtel, et celui du coin avait nom *le cabaret de la Magdeleine*. Elle fût bâtie, ainsi que la suivante, sur un terrain pris à bail le 20 janvier 1506.

Cette maison occupait assez probablement le même emplacement que celle de

---

[1] T. I, p. 3. — [2] Arch. nat. reg. S 3058, fol. 102 v°.

l'*Écu-de-France* (1400-1473), qui est dite située « devant le puits de Mau-
« conseil. »

Deux maisons sans désignation en 1522, dont l'une a eu pour enseigne l'Image Saint-Antoine en 1581, et Saint-Guillaume en 1665. Elles dépendaient l'une de l'autre et sont toujours mentionnées simultanément. La fabrique de Saint-Sulpice les acheta en 1728, pour les démolir. Si les titres sont exacts, elles s'étendaient anciennement vers le nord, aussi loin que le presbytère Saint-Sulpice; leur profondeur était trois fois moindre au moment où elles furent abattues. Dans un acte de 1656, elles sont dites « faire le coin du cloître Saint-Sulpice, » expression qu'on ne trouve ni avant ni après. Le lieu qu'elles occupaient, avec les précédentes, forme actuellement une petite place, portion d'une place beaucoup plus vaste, laquelle devait être entourée de constructions monumentales et régulières dont Servandoni avait donné les plans. Le duc de Gèvres, gouverneur de Paris, en posa la première pierre au nom du roi, le 2 octobre 1754; mais le projet n'eut pas de suite.

Presbytère de Saint-Sulpice, mentionné dès 1399 et d'une origine beaucoup plus ancienne. On entreprit de le rebâtir en 1567; mais le manque d'argent fit interrompre les travaux, de sorte que le curé et les vicaires, privés de leur asile naturel, habitaient divers colléges de l'Université, ce qui donna lieu à des plaintes. Pour parer à cet inconvénient, Henri III, à la date du 11 septembre 1577, autorisa les marguilliers à lever sur les habitants de la paroisse une taxe de 1,200 livres, destinée à l'achèvement des ouvrages commencés.

A côté du presbytère, vers l'orient, se trouvait, en 1532 et 1539, un jardin qui en dépendait, et que le curé Simon de Montereul unit au sien de sa propre autorité, en démolissant le mur qui l'en séparait. Mais, comme ce jardin appartenait à la fabrique, les marguilliers, en 1631, protestèrent contre l'usurpation dont il avait été l'objet. Toutefois le terrain, qui était large de treize toises deux pieds et profond de vingt-deux toises, ne leur fut rendu que trente ans plus tard, à la condition d'y bâtir, pour la communauté des prêtres de la paroisse, une maison, qui fut commencée dans la même année 1661. Le presbytère Saint-Sulpice avait aussi pour dépendance un cimetière qui fut béni le 10 juin 1664, et supprimé par lettres patentes du 1er mai 1783.

Maisons sans désignation, aboutissant au mur des halles de la Foire, et construites sur le terrain de soixante-deux toises cinq pieds de long baillé, en 1581, à P. Thireul. En 1628, ces maisons étaient au nombre de sept.

Maison sans désignation (1581), faisant le coin de la rue du Brave. Cette maison semble occuper le même emplacement qu'une autre mentionnée, en 1547, comme ayant onze toises et demie dans un sens et quatre et demie dans un autre.

RUE TARANNE.

La rue Taranne commence à l'ancien carrefour Saint-Benoît (place Saint-Germain-des-Prés) et finit à la rue des Saints-Pères.

Elle n'apparaît avec ce nom que dans le xviie siècle, c'est-à-dire assez longtemps après la destruction de l'hôtel de Taranne. Jaillot dit, il est vrai, qu'on l'appelait déjà rue Taranne au xve siècle et rue de la Courtille au xive; mais, après une vérification minutieuse, nous avons constaté que la rue de l'Égout est seule ainsi désignée dans les titres de l'abbaye. Jaillot s'est donc mépris, comme nous l'avons fait, à notre tour, en croyant d'abord que ces mentions de maisons sises «rue aus Vaches, devant l'hostel de Tarennes,» que nous trouvions aux dates de 1527, 1532, etc., se rapportaient à la rue Taranne, tandis qu'elles n'indiquent encore que la rue de l'Égout [1]. Toutefois il ne serait pas impossible qu'il existât quelque titre où la rue Taranne fût confondue soit avec la rue de l'Égout, soit avec la rue Saint-Dominique : toutes deux ont été dites rue des Vaches, et la dernière n'a pas toujours été bien distincte de la rue Taranne, puisque, dans un document de 1523, celle-ci est appelée aussi «chemin tirant dudit Sainct Germain au port de Grenelle,» locution qu'on avait l'habitude d'appliquer spécialement à la rue Saint-Dominique.

La rue Taranne conduisait à l'église Saint-Père; c'est le plus souvent ce fait qu'expriment les diverses dénominations employées dans les actes où il en est question, et où nous avons lu successivement : *vicus per quem itur ab abbatia ad Sanctum Petrum* (1267); *vicus per quem itur ad Sanctum Petrum* (1274); «rue par «laquelle on va de la porte de l'église droit au cimetière Saint Père» (1347); «chemin par où l'on va à la chapelle Saint Père (1393); «chemin qui maine à «Saint-Père» (1468); «chemin qui va par derriere l'église Saint-Père» (1461); «chemin de l'aistre Sainct Père» (1526); «chemyn qui va du bourg Sainct Germain à Sainct Père» (1529), et «rue Saint Père» (1604). Dans le censier de 1595 se rencontre la rubrique «devant le cloz de Messieurs les religieux,» et la mention de la «rue du Cloz des Moynes;» dans le cueilleret de 1628, la rue Taranne est comprise, avec la rue Sainte-Marguerite, sous le titre de «rue des «Fossez de l'Abbaye.»

Sauval et Jaillot parlent d'une rue qui, dite *Madame de Valence* de 1312 à 1368, aurait été, suivant eux, remplacée par la rue Sainte-Marguerite. C'est encore là

---

[1] Il n'y avait, à cette époque, aucune maison du côté septentrional de la rue Taranne, et, par conséquent, les seules qui pussent être «devant l'hostel de Tarennes» se trouvaient dans la rue de l'Égout, aujourd'hui supprimée, où l'hôtel avait sa principale entrée.

une erreur, mais elle est des plus excusables, attendu que l'identité de la rue en question n'était réellement point facile à établir. Elle ressort des faits suivants : Le 3 février 1329, l'abbé de Saint-Germain vendit à Louis Ier, duc de Bourbon et comte de Clermont, plusieurs propriétés contiguës qui étaient situées « devant la « porte de l'abbaïe » et se composaient, 1° d'une maison appelée « la maison de « l'Omosne, » non compris certaine grange où l'aumônier du monastère resserrait ses grains; 2° d'une habitation nommée « la Haute Maison; » 3° d'un jardin dont le mur s'étendait jusqu'à l'enceinte du couvent; 4° d'un manoir qui avait appartenu à Jean de Néelle, chevalier, sire d'Offémont; 5° d'une grange qui avait été à Robin Le Queux. L'acte de vente exprime, de plus, que le duc se proposait d'acquérir de Marie de Saint-Pol, comtesse de Pembroke, un autre manoir que celle-ci tenait de feu Aymar de Valence, son mari, et dont dépendait une grange bordant la rue des Saints-Pères [1]. Louis de Bourbon devint-il possesseur de la propriété de Marie de Saint-Pol, comme Sauval [2] le donne à entendre?

Les renseignements que fournissent les archives de l'abbaye paraissent impliquer, au contraire, que, si la maison de la comtesse fut annexée à l'hôtel de Bourbon, c'est seulement lorsque cet hôtel appartint à Mme de Valence, et plusieurs années après la cession que, le 17 octobre 1346, le duc Pierre de Bourbon en fit à son frère

---

[1] Arch. nat. portef. P 1563/1. — Voici le texte même de l'acte de vente :

« Les mesons, granches, jardins et murs qui « s'ensuivent, que lesdiz religieux avoient appar-« tenans à leur ditte église, assis devant la porte « de laditte abbaïe. Premièrement, une meson que « l'en dit *la maison de l'Omosne*, si comme elle « se comporte et estent de toutes pars... excepté « tant seulement la granche à l'omosnier de laditte « abbaïe, en laquèle il meit ses grains, et tient aus « jardins de laditte abbaïe... De rechief une autre « meson que l'en dit *la Haute Maison*... tenant « d'une part à laditte meson de l'Omosne, et d'au-« tre part à la maison qui à noble homme Monsein-« gneur Jehan de Néele, chevalier, sire d'Auffemont; « laquèle haute maison est ou treffons de laditte « abbaïe; de rechief le jardin et le mur nouvellement « fait, si comme tout se comporte et estent, du coing « du mur de laditte abbaïe, et la place ou jardin « oultre ledit mur, tout fendant à ligne jusques « aus murs qui tiennent au chemin par là où va à « Seine. Laquèle place et jardin ledit mons. Loys, « ses hoirs ou ceuls qui de lui auront cause feront « clore et maçonner de bons murs et de haus, tout « au long jusques ausdiz murs dudit chemin; et ne « pourra ledit mons. Loys... avoir ouverture, en-« trée ne issue sur lesdiz religieux, parmi ledit « mur, tant fait que affaire... Une autre maison « dudit mons. Jehan de Nelle... qui tient à laditte « haute maison, chargié en un denier de fons de « terre.... pour cause de la cave, la sale, la cha-« pelle, la chambre et de la cuisine, qui sont com-« prises et adjointes à la maison qui fu audit « mons. Jehan de Néele. De rechief une granche, « si comme elle se comporte, qui est tout au dehors, « qui fu Robin le Queu... Et fu encoires accordé et « expressément convenancié entre lesdittes parties « que, ou cas où ledit mons. Loys et ses hoirs au-« roit ou pourroit avoir, par achat ou autrement, « de noble dame, hautre (*sic*) et puissant madame « Marie de Saint Pol, comtesse de Painbroch, dame « de Montignac en Poitou, un manoir et maison... « que ladite dame a de son propre héritage, assis « à Saint Germain des Prez, qui fu feu noble hom-« me monseigneur Emart de Valences, chevalier, « jadis mari de laditte dame; lequel manoir et mai-« son doivent à la selle dudit monseigneur l'abbé « sept soubz... et la granche qui est pardevers les « champs, joignant au chemin pardevens la cha-« pelle Saint Père, chargié en trois soubz par. par « an... »

[2] T. II, p. 66.

Jacques, comte de la Marche. En effet, dans le livre de la recette du pitancier pour 1372, nous trouvons un article ainsi conçu : «A Saint Germain des Prez, «sur une place où jadis fu ung tres bel manoir, lequel fu Mons. de Bourbon, «et, *depuis*, Madame de Valences; qui séoit entre la vielle porte et Saint Père, «et fu abatue ou temps Haudouart, roy d'Angleterre, xx s.[1]» Nous lisons en outre, dans un cartulaire, que, le 10 octobre 1347, le trésorier de Saint-Germain s'étant engagé à fournir lui-même les corporaux nécessaires au service religieux, l'abbé renonça, en sa faveur, à une grande maison énoncée «en la rue «par laquelle on va de la porte de l'église droit au cimetière Saint Père, tenant «aux maisons de l'office de l'Aumosne, d'autre part au *manoir de noble homme* «*Mons. Jacques de Bourbon*, chevalier, qui jadis fut Jehan de Nesle[2].»

Ainsi, le grand hôtel que, au dire de Sauval, on appelait *le Séjour de Bourbon*, et qui, en 1347, était encore au comte de la Marche, passa certainement ensuite aux mains de Mme de Valence; il est donc vraisemblable que ce fut elle qui y joignit l'ancienne maison de son époux. Le censier de l'année 1355[3] montre qu'elle disposait alors de la vaste résidence formée par la réunion des deux manoirs, laquelle eut pour dernier nom celui d'*hôtel de Madame Valence* et fut abattue au mois d'avril 1360. Une partie de ses matériaux servit à la restauration du Louvre vers 1365[4], et, le 11 février 1394, on en bailla l'emplacement, demeuré vide, à Jean Le Bouvier. Or, dans l'acte original, le lieu est décrit comme «une place «où jadis eut maison, qui fut à noble dame Madame de Valences; tenant d'une «part (vers le nord) aux murs de la courtille desdits religieux, et d'autre part «(vers le sud) au chemin par où l'on va à la chapelle Sainct-Père; aboutissant «par hault (vers l'ouest) au chemin qui va au jardin à l'aumosnier de ladite «église, et au dessoubz (vers l'est) aus chemins qui furent faiz pour la clausture «de ladite ville (*lisez* abbaye) de Sainct Germain[5].»

Il résulte bien clairement de tout ce qui précède que l'hôtel de Mme de Valence s'étendait de la rue Saint-Benoît à la rue des Saints-Pères et longeait la rue Taranne. C'est donc cette dernière voie qui a été appelée rue Madame-de-Valence[6], désignation entièrement inapplicable à la rue Sainte-Marguerite primitive. Il paraît également certain que cette dénomination n'a point été en usage

---

[1] Arch. nat. reg. LL 1103, fol. 167 r°.
[2] Arch. nat. reg. LL 1091, fol. 14 r°.
[3] «Madame de Valence, pour la masure qui fu «Hue du Four, III^s; pour la granche qui fu Robert «le Queux, III^s; pour la maison qui fu Jehan le «Bourguignon, III^s; pour 1 po de terre tenant à «ycelle, XII^d; pour la granche qui fu Girart le Bou-«cher, III^s; pour la masure qui fu mons. Jaques «de Bourbon, 1^d.» (Arch. nation. reg. LL 1033,

fol. 14 et 32 v°.) Dans le censier de 1365, il est question de ces propriétés comme appartenant à Mme de Valence.
[4] *Région du Louvre et des Tuileries*, p. 186.
[5] Arch. nat. reg. LL 1103.
[6] C'est ce que démontre encore ce passage de comptes de 1366 à 1368 : «La rue Madame la Va-«lence, devant l'abbaye Saint Germain, jusques «aux fossés.» (Sauval, t. II, p. 126.)

dès 1312, puisque ce n'est point avant le mois d'avril 1321 que Marie de Châtillon, dite de Saint-Pol, devint dame de Valence, en épousant Aymar de Valence II, comte Pembroke et seigneur de Montignac en Poitou [1].

CÔTÉ MÉRIDIONAL.

PAROISSE SAINT-SULPICE.

JUSTICE
ET CENSIVE DE L'ABBAYE.

Entre les rues de l'Égout et du Dragon.

HÔTEL DE TARANNE, faisant le coin des rues de l'Égout et du Dragon. Après avoir appartenu à Jean La Bobeline, puis à messire Jean Pillet, à M⁰ Jean Sardigou, et, vers 1400, à M⁰ Oudart de Trigny, il échut à Jean Tarenne, changeur et bourgeois de Paris, qui le possédait en 1412 [2] et lui donna son nom. Vers 1425, il appartenait à la femme et aux enfants de ce dernier, et, en 1440, il fut rétrocédé à l'abbaye par Christophe de Tarenne ou Taranne, alors « malade de « lèpre. » Il passa ensuite à Michel de Laillier, reçu conseiller au Parlement en en 1439 [3], aux héritiers de celui-ci, et à Jean Le Picard, aussi conseiller au Parlement, qui le donna à son neveu Bertrand Le Picard, licencié ès lois, sieur de Huydeville. Il fut acheté de ce dernier, le 21 septembre 1505, par M⁰ Bernard Roillet, principal du collége de Bourgogne, et passa ensuite à son neveu Georges Roillet, lequel, à la date du 31 décembre 1523, y annexa une place vague, située devant, le long du chemin devenu la rue Taranne, et « contenant icelle place « trente et huict toises de long sur seize toises de large, au bout d'en hault, devers « l'esglise Sainct Père, et quatre toises de large au bout d'embas, devers les fossés « de l'abbaye, à l'alignement du pignon du corps d'hostel neuf dudict hostel de « Tarennes; tenent icelle d'un costé (vers le sud) tout du long audict hostel et « jardin dudict Tarennes, et d'autre costé audict chemyn; aboutissant d'un bout par « hault à l'ostel du Sepulchre, le chemin entre deux, et par bas à la rue de la « Courtille, autrement dict de Tarennes. »

La superficie de l'hôtel de Taranne était d'environ deux arpents et demi, et non de trois, comme l'indique le censier de 1523. Il renfermait une grange, deux bergeries, un colombier et deux grands jardins. Dans la seconde moitié du xvi⁰ siècle, il fut divisé en deux grands lots donnant, l'un rue de l'Égout, l'autre

---

[1] *Hist. général.* t. III, p. 82 c.

[2] En 1412, le changeur Jean Tarenne, mentionné dès 1385, devait être âgé d'au moins cinquante ans.

[3] Dans le compte des confiscations de 1423 à 1427 (Sauval, t. III, p. 305), il est dit conseiller et maître de la Chambre des comptes, et c'est apparemment le même que le Prévôt des Marchands élu en 1436; mais peut-être ce dernier était-il le père du conseiller au Parlement.

rue du Dragon (voir à l'article de ces rues), et, dans le jardin, on perça une rue, la Petite rue Taranne, qui se borda rapidement de maisons.

MAISON sans désignation (1595), faisant le coin occidental de la rue du Dragon. Cette maison et la suivante furent élevées sur l'emplacement d'un petit clos de terre contenant un peu plus d'un quartier, qui était encore en culture vers 1530, et avait été vendu, le 10 janvier 1526, par François Guignart à Guillaume Montrouge. Celui-ci divisa la propriété en parcelles, qu'il céda à des particuliers pour y bâtir, et, dès 1547, il y avait là, au moins, trois maisons. Il paraît que l'une de ces maisons fut, dans la suite, réunie à une autre, puisqu'on n'en comptait plus que deux à la fin du xvie siècle.

Entre les rues du Dragon et des Saints-Pères.

MAISON sans désignation (1595).

MAISON sans désignation (1595), faisant le coin de la rue des Saints-Pères. Elle appartenait, en 1595, au capitaine Augustin Ramelly, et avait été bâtie sur un lot de terre de vingt-cinq perches, baillé à Denis du Guichet le 29 août 1539. Au même lieu se trouvait précédemment un cimetière dit LE CIMETIÈRE DES MALADES DE LÈPRE (1534), ou DE LA MALADRERIE (1523), ainsi appelé parce qu'il dépendait de la maladrerie de Saint-Germain, et servait à l'enterrement des lépreux qui mouraient dans cet établissement. Jaillot a confondu le cimetière de la Maladrerie et celui de Saint-Père, lequel était attenant à la chapelle de ce nom, et par conséquent de l'autre côté de la rue. Le clos du coin de la rue du Dragon est dit aboutir au cimetière de la Maladrerie, dans la transaction de 1526; indication confirmée par l'arpentage de 1529 et par plusieurs autres documents très-précis.

CÔTÉ SEPTENTRIONAL.

PAROISSE SAINT-SULPICE.

JUSTICE
ET CENSIVE DE L'ABBAYE.

CLOS ou COURTILLE DE L'ABBAYE, contiguë, d'un côté, à l'enclos de la chapelle Saint-Père, et faisant, de l'autre côté, le coin de la rue Saint-Benoît. L'espèce de jardin qu'on appelait la Courtille de l'Abbaye était surtout planté de vignes et existait déjà en 1304, car il est mentionné dans une transaction de cette année, à l'occasion d'une maison attenante, que le trésorier du couvent accensa alors au nommé Pierre de Villeneuve.

Les textes cités plus haut prouvent que, avant le milieu du xive siècle, le clos de l'Abbaye n'était pas riverain de la rue Taranne, mais qu'il en était séparé par des constructions dépendant des offices du trésorier et de l'aumônier, ainsi que par le manoir de Mme de Valence. Ces divers édifices ayant été détruits en 1360, leur emplacement forma un grand terrain vide, qui, avons-nous dit, fut acheté, en 1394, par Jean Le Bouvier, et demeura longtemps en culture[1]. L'arpentage de 1539 l'indique comme distinct de la Courtille et contenant trois arpents et demi. Il est énoncé en contenir quatre, dans le bail qui en fut fait, le 10 mai 1507, à Bernard Roillet, propriétaire de l'hôtel de Taranne. D'après ce dernier bail, le même terrain se serait aussi étendu jusqu'à la rue Saint-Père, ce qui impliquerait qu'il formait hache derrière la chapelle, laquelle a eu d'ailleurs une porte sur le clos. Le censier de 1523 indique pareillement la Courtille comme atteignant la rue Saint-Père, et lui prête une superficie de cinq arpents et six perches; mais ces chiffres semblent exagérés, et les limites du clos ne nous apparaissent bien précises que dans le plan dressé en 1548. A cette époque, le clos était borné : au nord, par un mur crénelé prolongeant en ligne droite celui de l'enceinte de l'abbaye, et mesurant vingt et une perches ou soixante-trois toises de longueur à partir de la contrescarpe du fossé; à l'ouest, par un mur de trente-trois perches ou quatre-vingt-dix-neuf toises, probablement brisé vers son centre; au midi, par un mur sur les vestiges duquel ont été élevées les façades des maisons actuelles de la rue Taranne, et qui, prolongé jusqu'à l'encoignure du redan des fossés, était long de vingt-huit perches ou quatre-vingt-quatre toises jusqu'à la contrescarpe; à l'est, par le chemin sur les fossés de l'abbaye, lequel avait un développement de trente-six perches le long de la contrescarpe, sur laquelle, probablement, s'élevait dès lors ce mur de clôture dont on ne constate l'existence que plus tard.

Dans cet état, le clos, où était englobée la pièce de Roillet, attenante immédiatement à l'abbaye, comprenait et supprimait le chemin qui en bordait le fossé occidental. Il empiétait évidemment aussi, mais dans des proportions difficiles à déterminer[2], sur le Grand-Pré-aux-Clercs, usurpation dont fit justice l'arrêt de 1551, après lequel le clos se trouva considérablement amoindri. Le 26 octobre 1637, alors que, divisé en quatre lots de même largeur, il fut baillé à bâtir aux nommés Hierôme Chatelain, Jean Caillé, Charles Robineau et Claude de Vernon, il ne renfermait plus que trois arpents deux perches et demie, et avait, dans œuvre, sur la rue Taranne, soixante-deux toises trois pieds; du côté de la rue Jacob, cinquante-trois toises cinq pieds; du côté de la rue des Saints-Pères, quarante-six toises quatre pieds, et, vers la rue Saint-Benoît, quarante-sept toises

---

[1] En 1417 ou 1407 furent baillées à Jourdain Almauroy : « ...la Courtille fermée de murs et de « fossez, séant derrière icelle église (Saint-Germain); « item, une autre pièce de terre tenant à icelle «Courtille, et certaines places esquelles jadis eust «maison, assises devant l'hostel Jehan Tarenne.»

[2] Nous parlerons plus tard des limites du Grand-Pré-aux-Clercs, aux environs de la porte Papale.

trois pieds[1]. Ces mesures confirment, quant à la largeur du clos, de l'est à l'ouest, celle qui nous est fournie par le plan de 1548.

PETITE RUE TARANNE.

La Petite rue Taranne commençait à la rue de l'Égout et finissait à la rue du Sabot.

Jaillot assure que cette rue se confondait avec la ruelle qui, jadis, séparait l'hôtel de Taranne de celui du Sépulcre; mais le fait est mathématiquement impossible, attendu que l'hôtel du Sépulcre se trouvait, non pas du côté oriental, mais bien du côté occidental de la rue du Dragon (voir à l'article de cette rue), seule voie réellement intermédiaire entre les hôtels de Taranne et du Sépulcre. L'erreur de Jaillot a pour cause l'ignorance où il était de la situation de l'hôtel du Sépulcre, et de la disposition de l'hôtel de Taranne, lequel avait sa façade principale en la rue de l'Égout, au lieu de l'avoir en la rue Taranne, comme Jaillot le croyait.

Tous les documents relatifs à l'îlot compris entre les rues de l'Égout et du Sabot établissent que, dans la première moitié du xvie siècle, l'hôtel de Taranne était immédiatement attenant, vers le midi, à la partie postérieure de diverses maisons en bordure sur la rue du Four, ainsi qu'au flanc d'une maison de la rue de l'Égout, et qu'il n'existait là aucune ruelle longeant les murs de l'hôtel, ou traversant l'îlot[2]. Les documents établissent, en outre, que la Petite rue Taranne a dû être ouverte au milieu des jardins de l'hôtel, à environ quatorze mètres en deçà du mur de clôture de ces jardins; d'où il faut conclure que la rue n'a été percée qu'à l'époque du morcellement de l'hôtel. A quelle date ce morcellement eut-il lieu? La lacune des archives de l'abbaye nous a empêché de l'apprendre, et nous voyons seulement, par le censier rédigé pour l'année 1595, que la nouvelle rue existait alors. Elle était même entièrement bordée de maisons des deux côtés, et s'appelait déjà «Petite rue de Taranne,» ou «rue du Petit «Taranne,» dénominations auxquelles on n'a point apporté de variantes dignes d'être signalées.

[1] Certaines places dépendant du clos et en bordure sur la rue Saint-Benoît avaient été vendues dès 1615, et la cote de quarante-sept toises trois pieds est à prendre derrière ces maisons.

[2] Dans le censier de 1531, l'hôtel de Taranne est indiqué comme limité, sur un point, par la rue du Sabot; s'il l'avait été aussi par la Petite rue Taranne, cette ruelle aurait infailliblement été mentionnée dans le même document. En outre, dans la vente de 1505, on trouve l'hôtel énoncé «à l'opposite de la chapelle Sainct Pierre,» et dit «tenant «des deux costez à deux ruelles (les rues de l'Égout «et du Dragon) aboutissant par derrière à deux jar-«dins.»

CÔTÉ MÉRIDIONAL.

PAROISSE SAINT-SULPICE.

JUSTICE
ET CENSIVE DE L'ABBAYE.

Maison sans désignation (1595), contiguë à la maison faisant le coin de la rue de l'Égout, et à celle du Sabot, qui formait tout le côté oriental de la rue de ce nom. Élevée sur une partie de l'ancien hôtel de Taranne, elle appartenait, en 1595, à Séraphin du Tillet, l'un des acquéreurs de cet hôtel, et était déjà divisée en trois propriétés vers 1628.

Maison sans désignation (1595), faisant le coin de la rue du Sabot.

CÔTÉ SEPTENTRIONAL.

PAROISSE SAINT-SULPICE.

JUSTICE
ET CENSIVE DE L'ABBAYE.

Maison sans désignation, qui, avant 1595, fut acquise par J.-B. Vesle et annexée à sa grande maison des Trois-Rois, faisant le coin septentrional de la rue du Dragon.

Deux maisons sans désignation (1595), dont la seconde était contiguë à celle du coin de la rue de l'Égout. Les limites de ces maisons ne sauraient être fixées rigoureusement avec la seule aide des renseignements dont nous disposons.

RUE DE TOURNON.

La rue de Tournon commence à l'extrémité méridionale de la rue de Seine (anciennement rue du Brave) et finit à la rue de Vaugirard.

Cette rue était d'abord un chemin qui longeait le clos Bruneau à l'ouest, et il n'en est point de mention très-ancienne. Elle a été énoncée, en 1517, « ung grand « chemin; » « ruelle par laquelle on va au jardin de Garancières, » en 1531; « rue « qui tend le long des fossés du marché aux chevaulx de la Foire dudict Saint « Germain, » également en 1517; « rue des Terres où se tient le marché aux

« chevaulx » (1522), et « rue du Marché aux chevaulx de la Foire, » en 1521, 1523, etc. Le marché aux chevaux dont il est ici question, et dont l'emplacement était aussi appelé *le Pré-Crotté* (1541), bordait le côté occidental du chemin, et comme, dans un titre de 1475, l'hôtel de Garancière est dit aboutir au clos Bruneau, il y a apparence que le marché n'existait point encore, et qu'il fut créé postérieurement à la Foire. En 1547, il était supprimé [1], probablement depuis 1538, car, en cette année, le terrain qu'il occupait, et qui formait une pièce de six arpents environ déjà mentionnée en 1438 [2], fut cédé, le 14 janvier, par le cardinal de Tournon, abbé de Saint-Germain, à son valet de chambre et tailleur, Jean Gautier. Celui-ci bailla immédiatement le terrain, à charge de bâtir dans un délai de deux ans, et il donna sans doute à la voie qui nous occupe le nom de rue de Tournon, dont on faisait déjà usage en 1543, et qu'on n'a point changé depuis.

La rue de Tournon est beaucoup plus large à son extrémité méridionale qu'à l'autre, et il est étrange que cette disposition, qu'on a mise à profit en construisant le Luxembourg, n'ait point été modifiée en 1538. Elle a, du reste, failli l'être plus tard; car, en 1581, le cardinal de Bourbon, prétextant qu'on avait besoin de dix à douze mille livres de métal pour la fonte de deux cloches, commença à accenser les places vagues situées derrière les maisons de la rue Neuve (de Condé), de façon que l'entrée méridionale de la rue de Tournon n'offrît plus qu'une largeur de six toises quatre pieds. Les possesseurs de l'hôtel du Cheval-d'Airain et de celui qui formait le coin de la rue de Vaugirard consentirent à les agrandir par ce moyen; ils prirent donc à bail le lot correspondant à leur demeure. En revanche, d'autres propriétaires des environs se montrèrent moins accommodants, et requirent le cardinal d'abandonner l'entreprise, nuisible, disaient-ils, à leurs intérêts. Ce dernier les renvoya à son bailli, lequel nomma des experts pour visiter les lieux et présenter un rapport. Ce rapport ayant été favorable aux prétentions du cardinal, le 19 juillet 1581 il demanda au Parlement d'évoquer l'affaire et d'entériner le rapport des experts, ou d'en nommer de nouveaux, dont l'avis trancherait la contestation; mais le Parlement donna gain de cause aux défendeurs, et les choses sont demeurées jusqu'à nos jours dans leur état primitif. Un croquis de plan de la région, exécuté pendant le procès, figure dans les archives de l'abbaye [3], et le terrain à accenser y est indiqué par la rubrique : « Ycy est le Pré crotté, où l'on tenoit anciennement le marché aux

---

[1] Il est parlé, dans le censier de cette année, des « cinq arpens de terre qui estoient naguères appellez « le *Pré crotté*, aultrement dict le *Pré aux chevaulx* « durant la Foire, quy ont esté baillez... pour y « bastir. »

[2] Il y eut alors, au sujet de cette terre, un procès entre les moines de Saint-Germain et le curé de Saint-Sulpice, qui soutenait avoir le droit d'y prélever une dîme.

[3] Arch. nat. carton S 2848.

« chevaulx durant la foire Sainct Germain, qui sont les places vagues et lieulx
« innutiles que Monseigneur le cardinal de Bourbon veult bailler. Et en lesdictes
« places n'y a que des ordures et immondices et de l'herbe qui croist. »

Jaillot dit que la rue de Tournon faisait partie des ruelles Saint-Sulpice et a
été nommée rue du Champ-de-la-Foire; nous ne l'avons vue désignée ni par l'une
ni par l'autre de ces appellations.

CÔTÉ ORIENTAL.

PAROISSE SAINT-SULPICE.

JUSTICE
ET CENSIVE DE L'ABBAYE SAINT-GERMAIN.

MAISON sans désignation (1522), contiguë à celle qui faisait le coin de la rue
du Petit-Lion. En 1595, cette maison était divisée en plusieurs habitations.

PLACE VIDE (1531) qui, en 1595, était couverte d'une maison et dépendait
d'une propriété faisant front sur la rue de Condé. Sur l'emplacement de cette
maison et de la précédente il y avait, vers 1510, un édifice qui est énoncé, dans
les archives de l'abbaye, « nostre grande Halle, » et « nostre Halle de Sainct Ger-
« main. » On la trouve, en effet, indiquée comme formant l'aboutissant des terrains baillés à Motu, à Vancombert et à Rousseau, lesquels terrains étaient en
bordure sur les rues de Condé et du Petit-Lion (voir à l'article de ces rues). Nous
ne savons rien, au reste, de cette halle, mentionnée seulement à l'époque que
nous venons d'indiquer.

Le reste des maisons du côté oriental de la rue de Tournon dépendait encore,
à la fin du xvi° siècle, des maisons de la rue de Condé (voir à l'article de cette
dernière rue).

CÔTÉ OCCIDENTAL.

PAROISSE SAINT-SULPICE.

JUSTICE
ET CENSIVE DE L'ABBAYE.

GRANDE MAISON sans désignation (1543), faisant le coin de la rue de Vaugirard
et aboutissant rue Garancière. Élevée sur un arpent de terre acquis de Jean
Gautier, le 26 février 1538, par François Bruneau, marchand mercier, elle
fut amoindrie, par des morcellements, dans la seconde moitié du xvi° siècle. Au

commencement du xviie, elle appartenait à Françoise Choart, veuve de Pierre-François de la Robie, seigneur de Puteaux et contrôleur du domaine royal à Paris.

Deux petites maisons sans désignation (1595), bâties sur une partie de la maison précédente. La seconde appartenait à la fabrique de Saint-Sulpice en 1628, et avait dépendu d'abord de la suivante.

Maison sans désignation en 1595, et appelée le PETIT HÔTEL D'ENTRAGUES dans le dernier siècle. Elle fut aussi construite sur l'arpent baillé à François Bruneau.

Grande maison sans désignation (1543), aboutissant rue Garancière. Elle fut élevée sur un arpent de terre baillé par J. Gautier à François Bourret, le 6 mars 1538, et acquis, au mois de mai 1541, par Antoine Fumée, conseiller au Parlement. La maison bâtie par celui-ci appartenait, du temps de Henri III, à Guillaume d'Elbenne, seigneur de l'Espinoux, conseiller au Grand Conseil; elle passa ensuite à Catherine d'Elbenne, femme en secondes noces de Léon d'Illiers, sieur de Chantemerle, puis à leur fils Léon de Balzac d'Illiers d'Entragues, qui en jouit jusqu'en 1699, ce qui lui valut le nom d'HÔTEL D'ENTRAGUES.

Grande maison d'abord sans désignation, puis dite «L'HOSTEL DE PECQUIGNY» en 1593. Elle aboutissait rue Garancière, et fut construite sur un arpent de terre baillé par J. Gautier au maître brodeur Ambroise Boileau, le 29 mai 1539. En 1543, elle était possédée par Me Louis de Lestoille, grand rapporteur de la Chancellerie; elle appartint plus tard à Mme de Piquigny[(1)], et, vers 1595, à Charles du Plessis, seigneur de Liancourt, premier écuyer de la petite écurie. Ayant été acquise par le maréchal d'Ancre, elle fut pillée après sa mort, au mois d'avril 1617, confisquée le 8 juillet suivant, et donnée, par Louis XIII, à son favori Charles d'Albert de Luynes. Mais l'avidité que manifesta ce dernier en s'enrichissant des dépouilles de Concini, dont il avait préparé le meurtre, donna lieu à des railleries telles qu'elles le décidèrent à se défaire de la maison, et il la revendit au roi, le 27 août 1621. L'hôtel, payé 185,625 livres tournois avec ses dépendances qui étaient situées de l'autre côté de la rue, fut alors destiné à la réception des ambassadeurs étrangers, d'où le nom d'HÔTEL DES AMBASSADEURS sous lequel il est demeuré très-longtemps connu. Le 8 février 1748, Louis XV l'échangea, avec le comte de Maurepas et le marquis de Pontchartrain, contre leur hôtel de la rue Neuve-des-Petits-Champs. Il a été ensuite agrandi d'une partie de l'hôtel d'Entragues. Il est aujourd'hui à usage de caserne.

Grande maison sans désignation (1543), aboutissant rue Garancière et élevée

---

(1) De la maison d'Ailly.

280   TOPOGRAPHIE HISTORIQUE DU VIEUX PARIS.

sur un demi-arpent de terre que J. Gautier bailla à Joachim Basselin (*alias* Hesselin*), sergent à verge. En 1593, c'était la propriété du sieur de la Rivière, et, comme il était absent de Paris, les échevins la louèrent, le 16 mars, à Jean Regnauldin, lieutenant des arquebusiers de la ville. Elle est dite, dans l'acte, tenir d'une part à l'hôtel de «Péquigny,» et de l'autre à la dame de Montpensier. Vers 1600, elle appartenait au premier valet de chambre du roi, Pierre de Beringhen, qui, le 22 septembre 1607, la vendit à Anne de Lévy, duc de Ventadour, et depuis lors on l'a nommée L'HÔTEL DE VENTADOUR. En 1713, le fermier général Chartraire de Saint-Agnan la fit rebâtir de fond en comble et y déploya un grand luxe.

GRANDE MAISON, d'abord sans désignation, qui aboutissait rue Garancière et fut construite sur un arpent de terre baillé par J. Gautier à Étienne Guymont, le 14 juillet 1539. Nicole du Val, conseiller au Parlement, en était propriétaire vers 1543, et elle appartint plus tard à Louis de Bourbon II, duc de Montpensier, prince de la Roche-sur-Yon, qui mourut en 1582. Sauval dit que l'hôtel que ce prince avait dans la rue de Tournon était accompagné de bâtiments fort spacieux, et d'un grand jardin embelli de parterres et d'allées. Il ajoute que le même hôtel servait de demeure à Catherine de Lorraine, seconde femme du duc, lorsque, ayant appris l'assassinat de ses deux frères, massacrés à Blois par ordre de Henri III, elle courut les rues de Paris en demandant vengeance. Mais Sauval s'est entièrement trompé en confondant l'hôtel de Montpensier avec l'hôtel de Savoie [1], lequel faisait le coin de la rue du Petit-Bourbon et a toujours été possédé par d'autres propriétaires. Nous sommes d'ailleurs très-sûr que la maison élevée sur l'arpent d'Étienne Guymont s'identifia avec l'hôtel habité par la seconde femme de Louis de Bourbon; car, dans le bail de 1593 que nous venons de citer, elle est énoncée appartenir à la dame de Montpensier, et, dans le censier de 1595, aux hoirs de la princesse de la Roche-sur-Yon. La fameuse duchesse mourut, en effet, le 6 mai 1596. En 1607, son hôtel dit de la Roche-sur-Yon était passé à Thibaut des Portes, sieur de la Bévillière (*alias* de Biviliers), grand audiencier de France au siècle passé; il portait le nom d'*hôtel de Terrat*, ayant été acquis par Jean-Baptiste Terrat, qui fut chancelier du duc d'Orléans et mourut en 1719. L'édifice avait été rebâti par l'architecte Bullet.

HÔTEL DE SAVOIE, aboutissant rue Garancière et faisant le coin méridional de la rue du Petit-Bourbon, actuellement dite Saint-Sulpice. Cette maison, mentionnée sans désignation particulière en 1543, fut construite sur un arpent de terre baillé par J. Gautier, le 22 février 1538, à Denis Corron, prêtre, et à Lancyot, docteur en médecine. Du temps de Charles IX, elle appartenait à Mar-

---

[1] T. II, p. 67, 82 et 120.

guerite de France, duchesse de Berry et femme d'Emmanuel-Philibert, duc de Savoie.

Cette princesse la donna à son secrétaire, M° Raymond Forget, notaire du roi, qui, pour en témoigner sa reconnaissance, fit sculpter au-dessus de la porte les mots : *De la libéralité de ma princesse.* Sauval, en rapportant le fait, ajoute que, «au commencement des troubles de la Ligue, cet hôtel ayant été saisi et «loué par le Parlement comme prétendu appartenir à Forget, après que Guil-«laume Martin, procureur de la princesse, eut remontré à la Cour qu'il appar-«tenait à sa partie, la saisie fut levée en 1570, au mois de décembre, par arrêt, «et la maison rendue à Martin avec tous ses loyers[1].» A la date précitée, les registres du Parlement ne contiennent point l'arrêt de mainlevée dont parle Sauval; mais ils en fournissent un autre, du 18 décembre 1570, qui confirme la plupart des détails précédents[2]. Sur le croquis de 1581, l'emplacement de l'hôtel de Savoie est marqué par cette phrase : «Yci est la maison de M° Loppin, «conseiller;» et le censier de 1595 indique la maison comme étant alors aux hoirs de ce Geoffroy Loppin, conseiller au Parlement, qui la tenait des ayants cause du chevalier Forget. La différence que nous avons établie entre l'hôtel de Montpensier et celui de Savoie est donc doublement justifiée.

Ce dernier logis était déjà morcelé en 1628, de façon à former plusieurs maisons. Des deux qui faisaient front sur la rue de Tournon, l'une s'appelait alors *l'hôtel de Plaisance*; la seconde, celle du coin, a été *l'hôtel de Châtillon*, qui, en 1687, était possédé par François de Sallevolant, sieur d'Argibé-Langlantière, auquel son père l'avait donné le 31 octobre 1669.

RUE DE VAUGIRARD.

La rue de Vaugirard commence à la rue Monsieur-le-Prince, et, en tant que rue, elle finissait à la porte voisine de la rue du Regard.

Il est manifeste que, avant l'existence de l'enceinte de Philippe-Auguste, le chemin de Vaugirard devait avoir un tout autre point de départ que celui de la rue actuelle. Selon toute vraisemblance, il traversait l'emplacement occupé aujourd'hui par le théâtre de l'Odéon, et allait se relier à la rue Hautefeuille. La construction de l'enceinte de Philippe-Auguste modifia profondément cet état de choses; le chemin de Vaugirard se trouvant brusquement intercepté par les murailles de la ville, il devint indispensable de lui créer un débouché dans la direction de la porte la moins éloignée, celle d'Enfer, et telle est la cause pour

---

[1] *Antiq. de Paris*, t. II, p. 67, 82 et 120.
[2] Arch. nat. reg. X 1631, fol. 138 v°. — Dans cet arrêt, la princesse obtient la remise des pièces qu'elle avait présentées pour établir ses droits.

laquelle la rue de Vaugirard, à son extrémité orientale, s'infléchit vers le sud-est. Probablement, d'ailleurs, la partie comprise entre les rues de Condé et des Fossés-Monsieur-le-Prince était elle-même une ancienne voie formant la continuation de la rue des Grès, et s'embranchant sur le vieux chemin de Vaugirard. Le tronçon de ce dernier chemin s'étendant de l'enceinte à cet embranchement, demeuré sans issue et conséquemment sans utilité, a fini par être supprimé et a disparu complétement, en ne laissant que des traces appréciables seulement pour des yeux exercés à un pareil genre d'études. En 1623, la rue de Vaugirard n'était pas pavée au delà de la porte dépendant de la tranchée. Un siècle auparavant, bordée uniquement de terres en culture et de murs de clos, elle était, d'un bout à l'autre, un simple chemin rural. Ce chemin conduisait au village qui se nommait encore *Valboitron* en 1258, et qui a pris le nom de Vaugirard depuis qu'il a été rebâti par Gérard, abbé de Saint-Germain, mort en 1278.

Des appellations particulières ont été spécialement appliquées aux diverses parties de la rue de Vaugirard, indépendamment de celle de *chemin de Vaugirard* ou «voye de Valgirard» (1355), qui a été constamment donnée à la totalité de la voie, du moins jusqu'au règne de Henri II. Dans la partie la plus rapprochée de la ville, où, naturellement, les maisons se multiplièrent d'abord, on la nommait «rue de Vaulgirard» dès 1523, et, suivant une charte dont nous n'avons vu qu'une citation, «rue qui va de la porte d'Enfer à Saint Sulpice,» en 1289. La même partie s'appelait, en 1523, «chemin qui tend de la porte Saint Michel à «Vaulgirard;» en 1547, «chemyn de Bel Ayr,» et, en 1559, «rue de Bel Air,» à cause du territoire de Bel-Air formant l'encoignure du chemin sur les fossés. Au commencement du xviie siècle, comme a eu raison de l'affirmer Sauval, on l'a désignée sous le nom de *rue de la Verrerie*, à cause d'une verrerie dont nous indiquerons plus loin la situation. Dans le voisinage des ruelles Saint-Sulpice, c'est-à-dire entre les rues de Condé et Cassette, la rue de Vaugirard, ou «chemyn «allant de Paris à Vaugirard,» était aussi appelée «la voie des Ruelles» (1355); «chemyn des Ruelles» (1410, 1529); «chemin qui va à Vaugirard, nommé des «Ruelles» (1411); «chemin des Ruelles, par lequel l'on va de Paris à Vaugirard» (1411); «chemin des Ruelles, allant à Vaugirard» (1416, 1529). Enfin l'on disait : «chemin qui a à la Croix de Vaugirard» (1447); «chemin des Car-«rières,» et «chemin qui va de Sainct Germain aux carrières de Vaugirard» (1529), pour désigner le chemin aux environs des territoires de la Pointe et des Fourneaux. La rue de Vaugirard a porté, en outre, le nom de *rue de Luxembourg*; mais il ne semble pas que ce soit avant la construction du palais. Quant à la dénomination de *rue des Vaches*, que Sauval assure avoir été appliquée à la rue de Vaugirard depuis 1543, Jaillot a eu tort de la révoquer en doute, car on lit dans un acte de 1627, relatif à une maison située près de la rue Férou, «rue «vulgairement appelée des Vaches;» mais nous n'en avons point rencontré d'autre exemple, et il ne nous paraît pas probable que cette appellation soit beaucoup plus ancienne que la précédente.

CÔTÉ MÉRIDIONAL.

PAROISSE SAINT-SULPICE.
JUSTICE DU ROI.
CENSIVE DE LA GRANDE CONFRÉRIE.
(Fief du Clos-aux-Bourgeois.)

Maison du jeu de paume Rouge (1559-1614), contiguë aux maisons faisant le coin de la rue des Francs-Bourgeois. Le terrain en fut donné à bail le 16 janvier 1537. Le jeu de paume Rouge paraît être le même que celui qu'on appelait *le Jeu de paume de Coron* en 1576. L'hôtel qui l'a remplacé s'appelait *hôtel de Bissy* dans le dernier siècle.

Maison avec jeu de paume (1595), connue sous le nom de Jeu de paume de Becquet. Cette propriété a été formée de plusieurs autres, notamment d'un quartier de jardin cédé à Jean Becquet, «maistre esteufier,» le 19 avril 1570, par Marie Chevalier, héritière d'Honoré Chevalier; puis d'un jardin avec masure, où avait été l'enseigne du «Bastouer,» et que, en l'an 1576, Antoine Arnaut abandonna à Becquet en échange d'un autre terrain.

N. B. Les autres propriétés situées sur le côté méridional de la rue de Vaugirard ont été englobées dans l'enceinte du palais et des jardins du Luxembourg. On en trouvera la description dans le chapitre suivant. — L. M. T.

CHAPITRE VIII.

LE PALAIS DE MÉDICIS, D'ORLÉANS OU DE LUXEMBOURG.

L'édifice auquel on a donné concurremment ces trois noms n appartient pas, par la date de sa construction, à la période historique dans laquelle l'auteur du présent travail a voulu renfermer la topographie du vieux Paris. Placé chronologiquement sur l'extrême limite de deux âges, il échapperait à toute description et demeurerait ainsi à l'état de lacune, dans l'étude rétrospective d'une région où il tient pourtant une si grande place, si nous n'avions eu la pensée, ici comme ailleurs, de franchir une limite trop rigoureuse et de suppléer, par nos propres recherches, à une omission volontaire, mais assurément fort regrettable.

Au lieu donc de nous borner à retracer, jusqu'en 1610, la physionomie du sol sur lequel devait s'élever le palais de Marie de Médicis, *campos ubi Troja*...., nous avons divisé en deux parties distinctes la monographie sommaire de cet édifice. Dans la première, nous énumérons, à l'aide des notes de feu Berty et des titres inédits que nous avons consultés, les propriétés acquises par la reine et englobées successivement dans son palais ou dans ses jardins : c'est le parcellaire antérieur aux travaux de Salomon de Brosse. Dans la seconde, nous résumons les renseignements de toute nature que nous ont fournis, sur cette résidence princière, les pièces originales et les historiens les plus autorisés. Nous consacrons en outre un article spécial au couvent des Bénédictines du Calvaire et à l'hôtel du Petit-Luxembourg, véritables annexes du palais Médicis.

Les planches destinées à compléter le texte, en l'éclairant, sont la reproduction de dessins inédits et d'estampes anciennes.

Quant aux titres originaux, qui sont conservés à la bibliothèque du palais, et qui n'ont été que très-imparfaitement connus de feu Berty, nous ne pouvons les publier intégralement à cause de leur étendue; mais nous les signalons au lecteur, à titre de documents historiques et topographiques absolument inédits. — L. M. T.

I.

LES PROPRIÉTÉS COMPRISES DANS L'ENCEINTE DU PALAIS ET DES JARDINS.

PAROISSE SAINT-SULPICE.

JUSTICE DU ROI.

CENSIVE DE LA GRANDE CONFRÉRIE.

(Fief du Clos-aux-Bourgeois.)

«Maison close» que l'avocat Gilles Bourdin céda, le 30 novembre 1559, à

M⁰ Philippe Joulin, sieur de la Brosse, et dont il avait pris le terrain à bâtir, le 17 mars 1546, du président Gilles Lemaître. Il est dit, dans l'acte de vente du terrain, qu'il mesurait treize toises de large sur vingt-deux toises deux pieds de long; qu'il faisait partie du jardin de Lemaître, tenant d'une part à « une enclave « close du costé de la porte Saint-Michel, » et de l'autre « à la rue qui sera faicte « de neuf oudict jardin; » mais nous ne trouvons point ailleurs d'autre mention de cette rue projetée. La maison de Joulin lui fut achetée, le 25 juin 1565, par M⁰ Antoine Arnaut, auditeur des comptes, qui l'agrandit, le 26 juin 1576, au moyen d'un échange avec Becquet. Faisant hache derrière les deux précédentes, elle offrait une superficie de deux mille quatre cents toises environ, lorsque, le 23 juin 1614, la propriété, qui ne consistait plus qu'en deux jardins, fut acquise des hoirs Arnaut, au prix de 30,000 livres, par la reine Marie de Médicis. Elle en réunit les sept huitièmes à son parc du Luxembourg, et le reste, disposé en un lot de douze toises de face sur la rue de Vaugirard, fut donné par elle, le 1ᵉʳ juin 1615, à Laurent Stornat, comme dédommagement d'une maison dont elle s'était emparée. Celle que Laurent Stornat bâtit sur son lot fut acquise, avant 1655, par Henri de la Trémouille, duc de Thouars, et prit le nom d'*hôtel de la Trémouille*.

L'emplacement occupé par la maison d'Arnaut et les deux jeux de paume attenants formaient, vers 1535, une pièce de terre plantée en vignes, que possédait le boulanger Honoré Chevalier; Antoinette Rigault, sa veuve, et leurs enfants se la partagèrent le 12 janvier 1544.

JUSTICE
ET CENSIVE DE L'ABBAYE SAINT-GERMAIN-DES-PRÉS.

Maison sans désignation, dont le terrain fut aussi à Honoré Chevalier, et qui appartenait en 1559 à M⁰ Eustache de Corbie. Le 25 janvier 1624, elle fut vendue 17,000 livres à la reine Marie de Médicis par la demoiselle de Corbie, veuve Allemanny. Elle formait alors deux maisons, et derrière était située cette verrerie dont la rue de Vaugirard a quelquefois reçu le nom; elle paraît avoir été établie vers la fin du règne de Henri IV.

Derrière cette maison il s'en trouvait une attenante à celle des hoirs Arnaud, mais dont nous ne voyons pas la disposition. Elle appartenait à Paul de Tournemyne, sieur de Campsillon, et le prix, montant à 54,000 livres, en fut consigné par Marie de Médicis en les mains de Marin Martineau, baron de Thuré, le 18 mai 1615.

Maison sans désignation (1595), qui était peu profonde et que Marie de Médicis, les 20 et 21 février 1617, acheta de Louis Lambert, sieur de la Marche. Il la tenait de sa femme, auparavant épouse du sieur Poussemotte.

CENSIVE DU CHAPITRE SAINT-BENOÎT.

MAISON DES TROIS-FAUCILLES (1546), puis de la «VILLE DE BRESCE» (1613). Elle fut bâtie sur partie d'un arpent de vigne par M⁰ Michel, «serviteur du chancelier «Poyet,» et par Pierre Cardet, qui lui succéda. Elle était possédée, en 1559, par Antoine Fumée, conseiller au Parlement, et fut vendue 24,000 livres à la reine, le 1ᵉʳ juin 1613, par Laurent Stornat, natif de Brescia, en Lombardie, lequel avait eu l'idée d'adopter pour enseigne «la Ville de Bresce.» La maison de Stornat avait été acquise par lui, le 15 décembre 1600, d'Alexandre Moreau et de Marie Triboulet, sa femme. Elle avait douze toises de largeur par devant, sept par derrière et trente-trois de profondeur. Elle était placée devant la rue de Condé, et c'est, par conséquent, sur son emplacement qu'a été dessinée une partie du jardin et du palais du Luxembourg.

Suivant un titre de 1546, la maison des Trois-Faucilles était en censive de Saint-Benoît, et les chanoines de cette collégiale soutenaient qu'une partie du terrain compris dans le Luxembourg dépendait de la prébende du nommé Jean Alton. Il est incontestable que déjà, en 1387, le chapitre Saint-Benoît avait des droits sur le terrain où s'élevait la maison des Trois-Faucilles, terrain jadis planté en vignes, comme tous les environs; mais il est impossible de déterminer aujourd'hui quels étaient ces droits, et surtout de fixer les limites des trois fiefs de l'abbaye Saint-Germain, du chapitre Saint-Benoît et de l'abbaye Sainte-Geneviève, sur le point dont nous parlons.

CENSIVE CONFUSE.

MAISON sans désignation, qui appartenait, vers 1595, au sieur de la Brosse, et fut vendue à la reine, le 17 décembre 1624, moyennant 60,000 livres, par Pierre Denis et Mathias Clopin. Cette maison, dont le prix semble si énorme, était contiguë à la suivante, et nous avons lu qu'elle se trouvait devant la rue de Condé. Ne pouvant, faute de documents, nous rendre compte de sa véritable situation, nous avons renoncé à l'indiquer sur le plan.

HÔTEL DE CHAMPRENARD. Vers l'an 1600, il appartenait à Mᵐᵉ de Cipières et était habité par le président de Champrenard, d'où est venu son nom. Il fut vendu à la reine 27,000 livres, par Philippe et Charles de Biencourt, le 8 février 1613. Il s'étendait alors derrière les deux maisons précédentes, et probablement derrière celle qui appartenait à Eustache de Corbie. Elle contenait environ trois arpents, et son emplacement correspond à celui de la façade du palais.

Maisons sans désignation, au nombre de deux ou trois, dont la dernière appartenait, vers 1580, à Laurent de Bonacursi, Florentin, parent de Catherine de Médicis et abbé commendataire de *Langouët*, au diocèse de Quimper. En 1612, ce groupe de maisons avait été absorbé dans les hôtels attenants, vraisemblablement dans celui de Luxembourg. Il semble qu'on doive y rattacher l'acquisition faite par le duc, à la date du 26 juin 1610, de certaine masure renfermant un arpent, qui tenait de toutes parts à son hôtel et avait été à François du Bois, seigneur du Plessis, lequel l'avait eu de Jean de Rues, notaire. Rien n'est, du reste, plus obscur que l'histoire des propriétés de cette région, qui n'ont point laissé de trace et s'agençaient d'une façon qu'on ne saurait restituer aujourd'hui. En effet, soixante ans après leur destruction, on n'en comprenait déjà plus la disposition relative. La plupart des actes de vente qui les concernent sont d'ailleurs perdus.

Maison sans désignation, qui contenait un jardin et fut vendue, le 17 septembre 1572, par Catherine de la Gazelle, «dame de la Motte au grain,» au duc de Luxembourg. Elle était attenante à son hôtel et y fut annexée, mais non point immédiatement, car le censier de 1595 indique qu'elle était alors possédée par les hoirs du sieur des Chastelliers, après l'avoir été par M. Leschient, et auparavant par Mme de la Motte.

Hôtel de Luxembourg. Jaillot, le seul auteur qui se soit sérieusement efforcé d'éclaircir l'origine très-mal connue de cet hôtel [1], dit que c'était primitivement une grande maison avec jardins, que Robert de Harlay de Sancy fit élever au milieu du xvie siècle, et il ajoute qu'elle est qualifiée d'hôtel *bâti de neuf*, dans un arrêt de la cour des aides, en vertu duquel, l'an 1564, elle fut adjugée à Jacqueline de Morinvilliers, veuve dudit de Harlay. La première de ces assertions est absolument fausse. Le conseiller au Parlement, Robert de Harlay, sieur de Sancy et baron de Montglas, n'a jamais possédé la maison en question; car il était mort lorsque, le 21 juin 1564, elle fut adjugée à sa veuve, après avoir été mise en criée sur le sieur de la Thourette, par lequel, en réalité, elle avait été construite [2].

---

[1] La censive dont l'hôtel de Luxembourg dépendait est fort douteuse, et cette circonstance constitue la principale cause pour laquelle les renseignements sur l'origine de cette propriété sont si rares. Il a pu arriver que le président de la Thourette, profitant de ce que le fonds de terre de sa maison était revendiqué par trois seigneurs, n'en ait jamais passé de déclaration. A la fin du xviie siècle, on ne trouvait, soit dans les archives des abbayes Saint-Germain et Sainte-Geneviève, soit dans celles du chapitre Saint-Benoît, aucun document qui fût directement relatif à l'hôtel de Luxembourg. Or l'hôtel était nécessairement compris dans le fief d'une de ces trois communautés.

[2] Le président de la Thourette était poursuivi par ses créanciers. Il paraît avoir obtenu des lettres royaux portant rescision du décret d'adjudication rendu à son préjudice, mais, le 15 novembre 1564, il en fit l'abandon, à la condition que la dame de Morinvilliers lui louerait pour quatre ans son

Dans une déclaration de 1587, sont mentionnés les « maisons et jardins bastis par « feu M° Alexandre de la Thourette, cy devant président en la Cour des monnoies, « et à présent appellé l'hostel de Luxembourg [1]. » D'autre part, le censier de 1595 contient cette phrase : « De mons. de Luxembourg, au lieu de mons. le président de « la Thorette, pour une grande maison, court, jardin, aysances et appartenances. » Un titre de 1546 énonce l'hôtel des Trois-Faucilles comme aboutissant à la maison du président de la Thourette; mais nous ignorons quand il en avait acquis le terrain, qu'il accrut d'un quartier de vignes que lui abandonna le chapitre Saint-Benoît, à la date du 31 décembre 1565. La dame de Morinvilliers, moyennant une rente de 1,000 livres tournois, céda son hôtel, le 25 octobre 1570, à François de Luxembourg, prince de Tingry, qui lui donna son nom [2]. Les 19 et 23 mars 1580, 24 janvier et 1er février 1581, ce personnage remboursa au président de la Thourette le prix de certains matériaux demeurés sans emploi audit hôtel.

En 1564, l'hôtel du président de la Thourette se composait de plusieurs corps d'hôtel dont nous ne savons point les dimensions et qui avait pour dépendances un arpent de jardin, un autre arpent planté d'arbres fruitiers, ainsi que quatre arpents de vignes. L'arpent planté d'arbres à fruits est probablement celui à l'occasion duquel, le 9 novembre 1572, François de Luxembourg fut condamné à payer un denier parisis de cens et seize sous de rente à la grande confrérie. Cet arpent faisait partie de cinq quartiers de terre qui, ayant été baillés le 20 février 1364 à Jehan Mouchart, appartenaient à Philippot Régnier en 1390, échurent à Valleran de Hévez [3], médecin du roi, le 27 janvier 1563, et semblent seconfondre avec la pièce de mille quatre-vingts toises située sur la limite méridionale du Clos-aux-Bourgeois, annexée à l'hôtel de Luxembourg avant 1585. La pièce dont il s'agit était sans doute comprise dans les trois arpents un quartier et deux perches de terre, dits « au Clos-aux-Bourgeois » et formant deux pièces, que le duc acheta, le 15 décembre 1571, de Jean de Hévez. Il y joignit successivement : un arpent et demi acquis de Claude de Bragelonne, sieur de Charmoy, le 7 janvier 1572; deux pièces, l'une d'un quartier, l'autre d'un arpent, acquises, le 4 août 1572, de Philippe Joulin, sieur de la Brosse; un quartier et demi acquis, le 22 novembre 1572, de Jacques Baston; cinq quartiers acquis, le 26 septembre 1573, du couvent des Chartreux; un jardin entouré de murailles, attenant au clos de l'hôtel, et acquis, le 22 mars 1578, du sieur de Balincourt; trois quartiers acquis, le 2 mai 1584, du collége Mignon, et un demi-arpent acquis, le 6 janvier 1587, de Pierre Danneau.

---

hôtel. (Voir, à la bibliothèque de la Ville, la copie de ces documents originaux.) — L. M. T.

[1] Arch. nat. cart. S 1512.

[2] Conferez la copie des titres d'acquisition du Luxembourg par la reine Marie de Médicis, manuscrit de la bibliothèque du palais, dont il existe une copie à l'hôtel Carnavalet. — L. M. T.

[3] *Alias* de Hèves, *ab Heva*.

Dès 1584, le parc de l'hôtel s'étendait, du côté de l'ouest, derrière des maisons en bordure sur la rue de Vaugirard, jusqu'à la hauteur de la rue du Pot-de-Fer. Dans la direction opposée, le parc s'accrut, par les soins du prince, d'une pièce de vingt-quatre toises deux pieds de long sur quatre toises deux pieds de large, dont il passa déclaration le 18 mars 1588, et qu'il augmenta le même jour d'une autre pièce attenante, renfermant cent cinquante-sept perches, y compris une allée servant d'entrée et communiquant avec la rue d'Enfer. (Voir Rue d'Enfer.) Aucun document ne fournit, au reste, les moyens de retracer l'ancien mur de clôture du parc, démoli il y a deux siècles et demi, et dont le dernier accroissement, du fait des ducs, eut lieu par l'achat de sept quartiers, vendus les 30 juillet, 31 juillet et 7 octobre 1611, par les hoirs Poussemye.

Le prince de Tingry étant mort, son hôtel passa à son fils, François de Luxembourg, duc de Piney, qui, le 2 avril 1612 et au prix de 90,000 livres, le vendit à la reine Marie de Médicis. La vente comprenait, en outre, une petite maison contiguë, le pavillon de la ferme du Bourg, le parc de l'hôtel, la maison du coin de la rue Garancière, une pièce de trois arpents quarante-deux perches et demie, en hache, attenante au parc et aboutissant sur la rue de Vaugirard, et deux autres pièces au même lieu, l'une de sept quartiers et l'autre de cinq. Bientôt après fut commencé, sous la direction du célèbre Salomon de Brosse, le palais auquel est demeuré le nom du Luxembourg, et dont les principaux bâtiments n'occupaient point l'emplacement du vieil hôtel ainsi appelé. Ce dernier se trouvait en face de la rue Garancière, là où sont actuellement le Petit-Luxembourg et une portion de l'édifice contigu; aussi la maison du coin occidental de la rue Garancière est-elle dite, dans le contrat de 1612, «devant l'hostel de Luxembourg.» A l'appui du fait, que confirment tous les renseignements, nous lisons, en outre, dans le censier de Sainte-Geneviève pour 1646 : «Au lieu de l'hostel du Luxem- «bourg... a esté la maison de M⁰ Alexandre de la Tourette, président dans la «Cour des monnoyes, qui fit bastir la maison, fit faire le jardin au lieu où est à «présent l'hostel dict à présent le Petit Luxembourg, que la feue Royne, mère du «roi Louis treize,... ayant achepté, fit bastir comme il est à présent[1].»

C'est dans les environs de l'hôtel de Luxembourg que, vers 1582, habitait l'illustre Bernard Palissy[2]; mais nous n'avons point vu de titre où son nom fût mentionné.

---

[1] Arch. nat. reg. S 1634, fol. 316 r°.
[2] M. Ch. Read nous a communiqué un exemplaire des *Discours admirables*, où, en marge du passage dans lequel Palissy fait savoir qu'on peut connaître sa «demeurance» en s'adressant à son imprimeur, on lit l'annotation suivante, écrite en caractère du temps : «Le susd, imprimeur m'a dit «que l'auteur se tient à présent, l'an 1582, au «faulbourg Sainct Germain, rue de Vaugirard, «près l'hostel de Luxembourg.»

Maison de l'Image-Sainte-Barbe, mentionnée dès 1536, et alors récemment bâtie sur un quartier de terre par M⁰ Michel Bénard, lequel, en son testament, la légua aux religieux de Sainte-Croix-de-la-Bretonnerie. Elle fut vendue par eux, avant 1547, à «M⁰ Kristofle Richer, ambassadeur pour le roi de Dampemart.» Vers 1604, elle existait encore; mais, en 1608, elle était disparue, ou, du moins, elle avait été absorbée dans l'hôtel de Luxembourg [1].

JUSTICE
ET CENSIVE DE L'ABBAYE SAINTE-GENEVIÈVE.

Petit appentis et jardin (1595) où, sous le règne de Henri IV, pendit pour enseigne «la Sigongne.» Cette propriété était une dépendance de la suivante, et doit avoir formé le complément du demi-arpent sur lequel cette dernière fut bâtie.

Jardin clos (1531), puis maison de l'Image-Saint-Nicolas (1595-1612). Elle s'étendait jusqu'au sentier du Pressoir et contenait quarante-cinq perches, partie d'un demi-arpent que Louis Mars acquit de Jean Daneau, et dont il fut ensaisiné le 15 novembre 1529. Le 28 septembre 1622, Jean Baudoin la vendit 9,000 livres aux religieuses du Calvaire, qui l'annexèrent à leur couvent; mais, en 1630, la reine Marie de Médicis la leur reprit, et le terrain qu'elle occupait, joint à celui de l'hôtel de Luxembourg, a servi d'emplacement à l'hôtel du Petit-Luxembourg, comme il est dit dans une déclaration du 26 février 1647. Cette pièce corrobore ce que nous avons avancé plus haut relativement à la situation de la maison du président de la Thourette.

Maison des Trois-Petits-Rois (1585), aboutissant à la suivante, avec laquelle elle était confondue vers la fin du xvɪ⁰ siècle [2]. Étienne Hardouin, sieur de Montherbu, en fut ensaisiné le 28 novembre 1585. Elle était située en face de la rue Servandoni et existait déjà en 1532. Elle appartenait alors à Robinet Fallentin, propriétaire de la maison des Trois-Rois de la rue de la Harpe, et ne contenait qu'un quartier; mais elle est dite depuis renfermer un demi-arpent.

Maison de l'Image-Sainte-Geneviève (1536-1608), ou Hôtel de Montherbu. Elle fut élevée sur un terrain baillé à bâtir en 1529 et faisant partie de sept quartiers que Jean de Néry vendit, le 10 février 1511, à Jean Daneau. Elle était à moitié

---

[1] En 1608, la maison de l'Image-Saint-Nicolas est dite attenante à l'hôtel de Luxembourg.

[2] Elle est cependant mentionnée encore en 1608; mais peut-être n'est-ce que pour mémoire.

— Christophe Richer avait possédé plusieurs autres propriétés auprès de l'Image-Sainte-Barbe; mais nous n'avons pu appliquer les titres qui s'y rapportent.

construite lorsque, le 23 novembre 1531, Robert Fallentin, qui la fit achever, en fut ensaisiné. Elle renfermait un jeu de paume en 1546, et passa, en 1584, à Pierre de Montherbu, qualifié, plus tard, de secrétaire ordinaire de la chambre du roi. Dans une déclaration de 1587, elle est énoncée : « maison au milieu de laquelle, « et proche d'un grand portail, est un pillier enclavé en partie de la muraille de « ladicte maison, une figure, image et représentation de madame saincte Gene- « viefve, entre deux escussons et armoiries painctes contre la muraille, en la pre- « mière desquelles est un lieu où est escrit le mot *Libertas*, et en l'autre il y a « une petite croix au milieu. » Elle aboutissait au sentier du Pressoir, et, unie à la précédente, elle fut rebâtie par Pierre de Montherbu postérieurement à 1594. Le 11 avril 1622, Michel Renouard la céda, moyennant 48,000 livres, aux religieuses du Calvaire, pour l'établissement de leur monastère. Ce couvent, comprenant la maison de l'Image-Saint-Nicolas, offrait d'abord une superficie de près de deux arpents et demi, et a considérablement été amoindri en 1630, afin de construire le Petit-Luxembourg. Au même lieu il existait, en 1243, une vigne pour laquelle l'abbaye Saint-Antoine payait deux sous de cens à Sainte-Geneviève[1]; deux siècles plus tard, cette redevance était réduite à dix-huit deniers, comme il appert d'une sentence du Châtelet, rendue, le 14 juin 1411, pour contraindre les religieuses de Saint-Antoine à s'en acquitter.

Maison dite la Ferme-du-Bourg (1595-1612), faisant le coin du sentier conduisant au Pressoir de l'Hôtel-Dieu. Elle avait trente-six toises de largeur sur la rue de Vaugirard, et fut vendue au duc de Luxembourg, le 11 juillet 1583, moyennant une rente sur la Ville de seize écus et deux tiers, réduits suivant l'édit à 50 livres, par Jean de Hévez, seigneur de la Tillaye, lequel, en 1570, se plaignait de la «grande perte» qu'il y avait subie à cause des guerres. Elle fut comprise dans l'acquisition de l'hôtel de Luxembourg par Marie de Médicis, qui la donna, en 1630, aux religieuses du Calvaire. A cette époque, c'était encore la dernière construction du côté méridional de la rue de Vaugirard, et le terrain au delà, dépendant du fief de l'abbaye Saint-Germain, demeurait en culture.

Au mois de juillet 1230, un arpent de vigne, «en Vigneroi,» en la censive de l'abbaye Sainte-Geneviève, fut vendu quinze livres parisis par le pelletier Milon Le Bourguignon, à M° Étienne Le Poitevin, qui, en octobre 1244, la céda au monastère en échange d'une rente annuelle de cinq muids de vin[2]. Le seul lieu du canton de Vigneroi où les moines de Sainte-Geneviève aient eu droit de censive était précisément celui sur une partie duquel fut bâti le couvent du Calvaire;

---

[1] Le livre du cellerier de Sainte-Geneviève renferme (fol. 28 v°) un article ainsi conçu : *Sanctus Antonius 11 sol. pro vinea comitis de Bello-Monte*, et, à côté de l'article on lit cette note, ajoutée au xvii° siècle : «A présent le monastère du Calvaire.»

[2] *Cart. de Sainte-Geneviève*, p. 151.

TOPOGRAPHIE HISTORIQVE DV VIEVX PARIS.

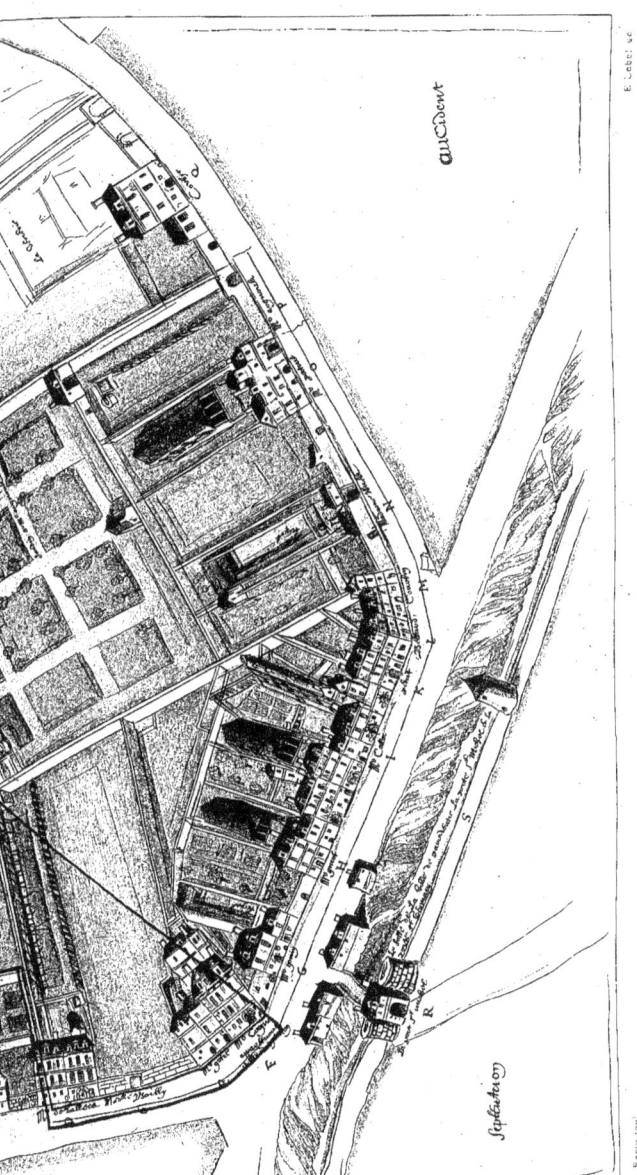

LE CLOS AVX BOVRGEOIS

RÉGION OCCUPÉE PAR LE PALAIS ET LES JARDINS DU LUXEMBOURG

Fac Simile réduit d'un Plan original conservé aux Archives Nationales (Cart. S 882)

c'est donc à ce terrain que doivent se rapporter les deux transactions que nous venons d'indiquer.

Tel était l'état des lieux, au moment où Marie de Médicis prit la résolution d'acquérir les propriétés nécessaires à la construction de son nouveau palais et à l'établissement des jardins dont elle voulait l'entourer. L'aspect de toute cette région nous est révélé par un plan inédit, qui fut dressé à l'occasion d'une contestation judiciaire entre l'abbé de Saint-Germain et la confrérie aux Bourgeois. Ce document porte la double signature de Claude Vellefaux et de François Quesnel, ce qui lui donne une valeur topographique toute particulière. Le célèbre architecte de l'hôpital Saint-Louis et l'auteur du premier plan de Paris, auquel on s'accorde à reconnaître une certaine précision géométrique, ont dû certainement reproduire avec une scrupuleuse fidélité les maisons, jardins et terrains en litige. Voici, d'ailleurs, comment s'exprime à ce sujet François Quesnel, l'un des auteurs de ce plan, dont l'original est conservé aux Archives nationales, sous la cote S 869 :

« Rapport faict par nous, François Quesnel, maistre peintre, bourgeois de Paris,
« commis pour ce faire par monsieur maistre Nicollas Guynet, conseiller du Roy
« nostre sire, en son Grand Conseil, commissaire en ceste partye, de la figure sy
« présentée, suivant le serment par nous faict par devant le dict sieur Guynet,
« des lieux et places qui nous ont esté démontrés par icelluy sieur, contentieuses
« entre les abbé, doyen et confrères de la confrairie aux Bourgeois de Paris, et les
« abbé, prieur du couvent de l'abbaye Monsieur Saint Germain des Prez lès Paris,
« au procès pendant entre eux au dict Grand Conseil, distribué et prest à juger,
« au rapport du dict sieur Guynet. A quoy faire avons vacqué, après le serment
« par nous prestez au cas requis et accoustumé, tant en la présence d'icelluy sieur
« de Guynet, des dictes partyes ou de leurs procureurs pour elles, que en nos
« particulliers, ainsy qu'il apert par le plan de la dicte veue cy-dessus, que en
« toute équicté avons faict et dressé sur ce qui nous a esté désigné, tant les jours
« cottés au procès-verbal faict d'icelle qu'ès autres jours consécutifz et suyvant;
« asisté de plusieurs notables personnes estant, assistant et discourant par les lieux ;
« par la quelle figure avons représenté le plus exactement qu'il nous a esté pos-
« sible, nous estantz transportez plusieurs jours sur les dicts lieux, représentant
« le plan du terreuer avecq la levée des maisons et le nombre d'icelles, avecq les
« closures et murailles, avecq la plus grande fidélité qu'il nous a esté possible.
« Tesmoing mon seings sy-dessoubz mis. Et en tesmoing de ce, nous sommes soubz-
« signez en présence du dict sieur Guynet et des procureurs des partyes, comme
« il est contenu au procès-verbal du dict sieur.

(Signé) « Françoys Quesnel. »

La réalisation des projets conçus par la reine mère eut pour résultat de modifier complétement la région dont Vellefaux et Quesnel nous ont conservé l'aspect. Nous ne possédons point, malheureusement, de plan parcellaire contemporain de l'achèvement du palais; mais, comme la

294   TOPOGRAPHIE HISTORIQUE DU VIEUX PARIS.

configuration des lieux n'a pas varié pendant le xvii° siècle, il est facile de s'en rendre compte, en consultant les plans géométraux dont la série commence à celui de Gomboust. Nous en extrayons le grand îlot comprenant le palais et ses annexes, les propriétés situées en bordure des rues de Vaugirard et des Francs-Bourgeois, de la place Saint-Michel et de la rue d'Enfer, ainsi que le couvent et l'enclos des Chartreux. — L. M. T.

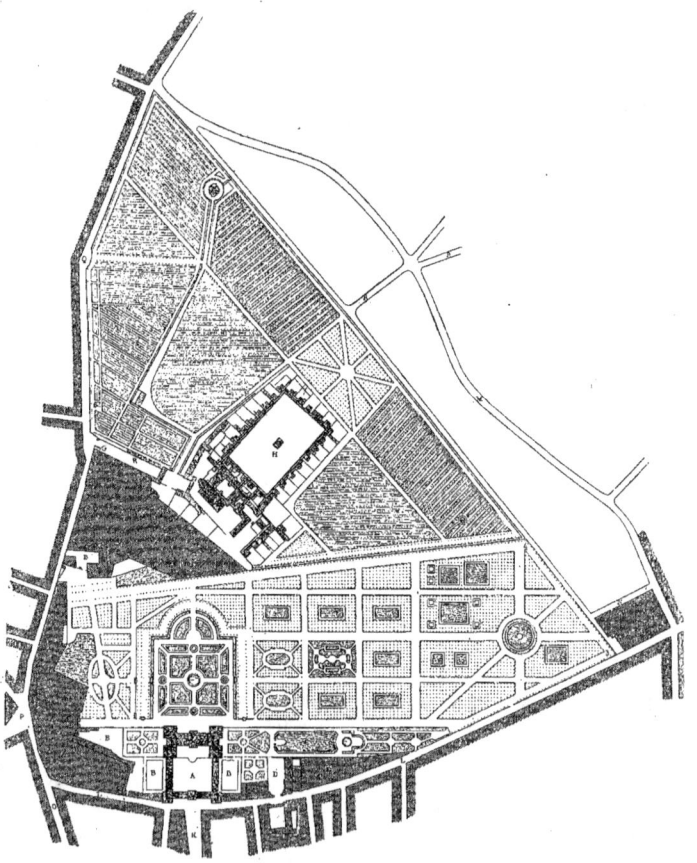

Échelle de ⸺⸺⸺ 200 mètres.

Légende du plan : A, palais du Luxembourg; — B, dépendances du palais; — C, jardin réservé attenant au palais; — D, Petit-Luxembourg; — E, communs du Petit-Luxembourg; — F, couvent des Filles-du-Calvaire; — G, porte d'entrée des Chartreux; — H, puits et pompe des Chartreux; — I, moulin des Chartreux; — K, rue de Tournon; — L, rue de Vaugirard; — M, rue Notre-Dame-des-Champs; — N, impasse Notre-Dame-des-Champs; — O, rue des Francs-Bourgeois; — P, place de la porte Saint-Michel; — Q, rue d'Enfer; — R, ancienne voie romaine.

II.

LE PALAIS, LES JARDINS, LA GROTTE, L'AQUEDUC D'ARCUEIL.

Le Palais. — En prenant la résolution de se faire construire un palais en dehors de la muraille de Philippe-Auguste et sur la partie déclive du plateau de Sainte-Geneviève, Marie de Médicis suivait l'exemple que lui avait donné, un demi-siècle auparavant, sa compatriote et sa parente, lorsqu'elle entreprit de remplacer la vieille résidence des Tournelles, à laquelle s'attachait, pour elle, un pénible souvenir, par le nouveau château des Tuileries, situé, comme on le sait, au delà de l'enceinte fortifiée de Charles V. Les bâtiments de ce dernier palais, encore inachevés à cette époque, promettaient une somptueuse demeure; mais l'altière veuve de Henri IV, qui se trouvait incommodément logée au Louvre, et qui n'aurait pu, en terminant les travaux des Tuileries, se faire honneur d'une construction dont elle n'avait pas eu l'initiative, ne voulait, en outre, partager avec personne la jouissance de la royale habitation qu'elle projetait. Renonçant donc aux deux grandes résidences de la rive droite, elle se trouva conduite à chercher, pour sa nouvelle demeure, des conditions de calme et des facilités de développement que le faubourg Saint-Germain pouvait seul alors lui offrir. C'était la même pensée, le même besoin d'espace et de tranquillité qui avaient déterminé jadis la construction du vieux Louvre, de l'hôtel Saint-Paul et autres palais suburbains.

La reine mère était alors dans la plénitude de son pouvoir; mais elle sentait qu'il allait lui échapper, et elle se hâtait d'en faire usage. L'édifice qu'elle projetait devait porter le nom de «Palais de la Reine douairière,» être achevé le plus promptement possible et rappeler, disent les auteurs du temps, le palais Pitti, résidence de la famille régnante de Toscane, où Marie de Médicis était née et où elle avait passé son enfance. Il ne faudrait pas croire cependant qu'elle ait eu la pensée de faire reproduire servilement à Paris le palais florentin; l'architecture en devait être appropriée aux nécessités de notre climat, et, de fait, l'imitation se borne à l'emploi des refends et des bossages, déjà usités en France avant cette époque [1].

L'architecte choisi par la reine mère était Salomon de Brosse, auquel on avait, jusqu'à nos jours, attribué le nom de Jacques, et que de savantes recherches ont remis en possession de son véritable prénom baptismal [2]. Salomon de Brosse n'avait encore exécuté aucun de ses grands travaux : le portail de Saint-

---

[1] Dedaux, *Chambre de Marie de Médicis*, in-fol. 1838, introd.

[2] M. Jal et les rédacteurs du *Bulletin de la Société de l'histoire du protestantisme français* ont découvert et publié des pièces qui éclaircissent la biographie du célèbre architecte, ensevelie jusqu'ici

Gervais, l'aqueduc d'Arcueil, le temple de Charenton, la salle des Pas-Perdus au palais de Justice, les châteaux de Monceaux et de Coulommiers, sont, en effet, postérieurs de quelques années à la construction du palais Médicis; mais il était déjà, selon toute apparence, en possession de quelque notoriété. Il la devait soit à Jean de Brosse, qu'on croit avoir été son père et qui était architecte de la reine Marguerite de Valois, soit à Jacques Du Cerceau, dont il fut très-probablement l'élève, et qui lui apprit l'art de construire « les plus excellens bastimens. » Ce qui est hors de doute, c'est que, malgré sa qualité de huguenot, il inspira une confiance absolue à la reine mère, puisque cette princesse, italienne et catholique fervente, le choisit pour réaliser le projet qu'elle avait conçu. Après lui avoir proposé son palais natal comme modèle à imiter librement, en appropriant l'architecture florentine aux nécessités de notre climat, elle lui demanda un certain nombre de plans, les examina et fit choix de celui qui lui parut le meilleur; puis elle le communiqua aux architectes italiens les plus en renom, avec prière de lui donner leur avis.

Le projet de l'architecte français risquait d'être mal jugé au delà des monts; cependant il y trouva plus d'éloges que de critiques, et les observations de détail dans la plus profonde obscurité. Voici ce qui résulte des investigations de M. Jal :

Salomon de Brosse naquit à Verneuil-sur-Oise, qui était alors l'un des foyers du protestantisme, et il fit lui-même profession de la religion réformée. Selon toute apparence, il fut l'élève de Jacques Du Cerceau, protestant comme lui, et c'est peut-être à cette circonstance qu'il a dû le prénom de Jacques, sous lequel on l'a désigné pendant si longtemps. Il était sans doute fils de Jean de Brosse, qualifié de secrétaire et architecte de la reine Marguerite de Navarre, dans les comptes de 1579 et de 1582. (Arch. nat. KK 154 et 169.)

Dans les comptes des bâtiments de Marie de Médicis, pour l'année 1616, on le trouve désigné par le prénom de Salomon, et on lui donne le titre de « architecte général des bastimens du Roy et de la « Royne, mère de Sa Majesté. »

Le prénom de Salomon résulte encore de la mention suivante, placée au bas d'une estampe gravée par Michel Lasne : *Salomon de Brosse inven. Micael Asinius sculps.* et de cette autre mention relevée dans un catalogue de M. de Marolles, abbé de Villeloin, publié à Paris, en 1666, par F. Léonard : « Michel Lasne a gravé des dessins de divers ar- « tistes, entre autres de Salomon de Brosse, archi- « tecte, qui a basti Luxembourg. » (*Archives de l'art français*, t. I, p. 41.)

Enfin on a relevé, sur deux registres tenus par les fossoyers du cimetière protestant de Saint-Père, les actes d'inhumation suivants : 1° « Salomon « de Brosse, ingénieur et architecte des bastimens « du Roy, natif de Verneuil, inhumé le 9 décembre « 1626. » 2° « Du 9ᵉ jour de décembre 1626, a esté « enterré Salomon de Brose, architeq de la Raine « mère au cimmetierre Saint Germain (*sic*). »

Les rédacteurs du *Bulletin de la Société de l'histoire du protestantisme français* avaient devancé M. Jal dans la découverte du prénom et des croyances de Salomon de Brosse. Les registres de l'état civil de Charenton leur avaient appris qu'il faisait partie du culte réformé, et que, selon toute apparence, il avait été choisi en cette qualité, par ses coreligionnaires, pour réédifier leur temple. M. Ch. Read, à qui l'on doit la plupart de ces découvertes, prépare, depuis plusieurs années, un travail biographique étendu sur ce personnage.

Fils, père, élève et ami d'architectes distingués, Salomon de Brosse tenait, comme la plupart de ses contemporains, l'équerre et la plume. Il a publié, en 1619, dans le format in-folio et « en la boutique « de Hierosme de Marnef, chez André Sillart, au « Mont Saint Hilaire, à l'enseigne du Pélican, » une édition du fameux livre technique de Jean Bullant : *Règle générale d'architecture des cinq manières de colonnes*, etc. — L. M. T.

auxquelles il donna lieu furent recueillies par Salomon de Brosse, qui en fit son profit. Le célèbre chevalier Bernin, qui vit l'édifice terminé lors de son voyage à Paris, et qui, comme on le sait, n'eut pas la chance de faire accepter ses plans pour la façade orientale du Louvre, déclara loyalement « qu'il n'y avoit nulle part « de palais ni mieux bâti ni plus régulier. » Commencé en 1615, le palais était presque achevé en 1620.

Les historiens de Paris ont confirmé le jugement du chevalier Bernin et de ses compatriotes, sauf certaines restrictions résultant des variations du goût français en matière d'architecture. Le premier en date, Malingre, loue sans réserve, et son appréciation doit être considérée comme celle des contemporains de Salomon de Brosse, puisqu'il la formulait peu d'années après la mort du célèbre architecte, alors que l'édifice, complétement achevé, était dans tout l'éclat de sa nouveauté.

« Le palais, dit Malingre, consiste en quatre grands pavillons, aux quatre coings, « en trois grands corps d'hostel. Celui de main droite, où est le département de « la Royne, est composé d'une belle grande gallerie haute, ayant deux cheminées « aux deux bouts, fort belles pour l'invention, façons et dorures. Les fenestres « regardent sur le petit Luxembourg, d'un costé, et, de l'autre, sur la grande « cour. Aux deux costez de cette belle gallerie, sont quantité de tableaux de l'in-« vention du fameux peintre Rubens d'Anvers, dans lesquels est représentée toute « la vie de la Royne depuis sa naissance.

« Avant d'entrer à cette gallerie, est la chapelle de la Royne, avec ses lambris « dorez et l'autel de mesme, de très belles menuiseries en feuillage dorez, et, au « fond, un fort riche tableau.

« De ce mesme costé et département est la chambre de la Royne, belle, grande « et carrée, enrichie d'une cheminée admirable pour son ouvrage et dorure, garnie « de deux gros chenets d'argent. En cette chambre se voit la place du lict enfermé « de ballustres, dont les pilliers sont d'argent.

« De cette chambre on entre au cabinet, le plus riche qu'il se puisse voir. Le « plancher est faict de marquetterie de bois, la cheminée d'un ouvrage très rare « et tout doré, le lambris fait de pièces de menuiserie de rapport doré, les vitres « de fin cristal, et, au lieu de plomb pour les lier, la liaison est toute d'argent.

« Ce département est dans le pavillon d'en haut (au premier), à main droicte, « entrant au dict hostel. Au-dessous de cette allée sont les salles, au nombre de « trois, la grande sous ce pavillon, les deux autres sous la belle gallerie et le pa-« villon de droicte qui regarde le faulxbourg.

« Le département de main gauche, qui regarde le faulxbourg d'un costé et de « l'autre le jardin, est composé de deux grands pavillons, entre lesquels est une « belle et longue gallerie de mesme façon et ouvrage que celle du costé droict, en

« laquelle, en divers tableaux, se doit voir la vie du roi Louis XIII, ses victoires
« et ses triomphes; mais ce costé là n'est pas encore parachevé[1].

« La face d'en haut (au premier) du dict hostel qui regarde le jardin et la
« grande cour est composée de quatre grandes salles, deux en haut et deux en bas.
« Au milieu est un magnifique escalier en forme ronde et en coquille, couvert de
« tous costez, et on ne peut voir la cisme d'iceluy, qui aboutit à une forme de
« dosme à l'italienne, ainsy que celuy des Thuileries[2]. Au dehors, aux coings du
« dosme, sont de fort belles colomnes de marbre et de bronze, et de très excel-
« lentes statues.

« L'entrée du dict hostel, qui regarde la rue de Tournon, est composée d'une
« haute allée (la terrasse au premier) qui va depuis le pavillon jusques au donjon
« du portail du costé droict, et une autre pareille au costé gauche, laquelle allée
« est toute embellie de ballustres des deux costez. Au dedans, sous ces allées, sont
« d'autres allées en arcades. Ce donjon, fait en rond et enrichy de belles colomnes
« et statues de marbre, et la ceinture toute dorée, comme toutes les autres cein-
« tures des trois autres corps d'hostel, et le haut d'iceulx tout dorez[3]. »

Cette description, un peu trop sommaire, du palais de Marie de Médicis, tel
qu'il était sorti des mains de Salomon de Brosse et des artistes ses auxiliaires, a
été commentée et complétée par un architecte contemporain, qui a fait de cet
édifice une étude approfondie. M. de Gisors, dans la monographie qu'il en a donnée,
le dépeint ainsi :

« Dans l'origine, c'est-à-dire avant les additions nécessitées successivement par
« les nouvelles destinations de l'édifice, la masse du plan général formait un paral-
« lélogramme presque exact et symétrique, dont la plus grande dimension était,
« latéralement, de cent dix-huit mètres et de quatre-vingt-dix mètres du côté
« des façades principales.

« La décoration architecturale du palais, soit du côté de la rue qui y aboutit,
« soit dans la grande cour, était entièrement, sauf quelques légères modifications,
« telle qu'on la voit encore aujourd'hui; mais, au fond de la cour actuelle, entre
« les deux pavillons saillants, il existait, du côté de la ville, une seconde cour
« d'honneur, comme celle que l'on remarque au palais de Versailles; c'était une
« terrasse élevée d'environ un mètre au-dessus du sol extérieur du palais. On y
« montait par un perron demi-circulaire. Elle était séparée de la cour principale

---

[1] Malingre veut sans doute parler des peintures qui devaient décorer la galerie et former le pendant de celle de Rubens; car, en 1640, les bâtiments étaient complètement «parachevés.»

[2] Le « dosme à l'italienne » dont parle Malingre est celui qui couronnait le pavillon central du palais, avant les regrettables remaniements de 'architecte Lemercier. (Voir la *Topographie historique du Vieux Paris*, région du Louvre et des Tuileries, t. II, planche de la page 12.)

[3] Malingre, *Antiquités de Paris*, 1640, liv. II, p. 401.

« par une balustrade à jour en marbre blanc, avec des piédestaux ornés de statues
« qui furent, dit-on, vendues avec les meubles de Marie de Médicis, lorsque les
« mauvais traitements du cardinal de Richelieu obligèrent cette princesse à quitter
« définitivement la France. Au fond de la cour d'honneur, on arrivait à l'escalier
« principal par les trois portes qui existent encore aujourd'hui, et dont la partie
« supérieure était décorée par les bustes de Henri IV, de la reine Marie de Médicis
« et du roi Louis XIII, leur fils.

« Les façades latérales, à l'est et à l'ouest, se composaient chacune d'un pavillon
« d'angle sur la rue, d'une galerie et d'un corps de bâtiment principal divisé en
« deux pavillons par un petit arrière-corps. Les constructions ajoutées dans la
« suite ont, de ce côté, augmenté les façades latérales d'un second arrière-corps
« et d'un troisième pavillon; mais l'ancienne décoration architecturale a été res-
« pectée.

« La façade au sud, du côté des jardins, avait, comme aujourd'hui, deux corps
« de bâtiments saillants à ses extrémités, et un arrière-corps, au centre duquel se
« trouvait un petit pavillon surmonté d'un dôme; mais le portique ouvert dans
« l'arrière-corps ne s'élevait que d'un rez-de-chaussée terminé par une terrasse.
« Il est aujourd'hui surmonté d'un étage. Tous les rampants des frontons des fa-
« çades étaient surmontés de statues couchées, qui n'existent plus. Ces statues pré-
« sentaient entre elles un mélange assez bizarre : celles qui étaient couchées sur
« le fronton circulaire, au-dessous du dôme couvrant la chapelle, représentaient
« des sujets religieux empruntés au culte catholique, tandis que celles des frontons
« triangulaires des grands pavillons en avant-corps appartenaient à la mythologie,
« et les métopes de l'ordre dorique, aux attributs du paganisme, que l'on voit
« encore aujourd'hui.

« A l'intérieur, le rez-de-chaussée était composé de grandes galeries ouvertes et
« de salles entièrement voûtées, réservées pour les différents services généraux du
« palais.

« Le premier étage renfermait les appartements de réception et d'habitation de
« Marie de Médicis. Cette princesse, née et élevée dans une des plus belles parties
« de l'Italie, avait tous les goûts de son pays; douée d'une imagination vive et
« ardente, elle aimait et protégeait les arts; aussi voulut-elle que la décoration du
« palais fût digne de l'édifice. Elle forma une galerie de peinture à la suite de ses
« appartements, qui occupaient, à l'ouest du palais, les pavillons principaux[1]. Les
« peintures de cette galerie, composée de vingt-quatre tableaux représentant
« l'histoire allégorique de Marie de Médicis, furent exécutées par Rubens, qu'elle
« avait appelé à Paris à la fin de 1620. La galerie était éclairée par des fenêtres

---

[1] Les appartements de la reine occupaient la partie du palais où sont la salle des Gardes, le salon d'Hercule, celui du Silence, etc. L'ancienne salle des Gardes occupait l'emplacement de la moderne salle des Conférences. (N. B. Les indications données par M. de Gisors datent de 1847.)

300   TOPOGRAPHIE HISTORIQUE DU VIEUX PARIS.

« ayant vue, d'un côté, sur la cour, et, de l'autre, sur les jardins[1]. Les tableaux
« occupaient les trumeaux existant entre chaque fenêtre et les extrémités de la
« galerie. L'une d'elles était décorée par une cheminée monumentale et par deux
« portes, au-dessus desquelles se trouvaient les portraits de la reine Marie de
« Médicis debout, sous la figure de Pallas, du grand-duc François de Médicis et
« de la grande-duchesse Jeanne d'Autriche. La voûte était richement ornée de
« caissons et de peintures représentant les douze signes du zodiaque, par Jacques
« Jordaëns, élève et ami de Rubens. A la fin du dernier siècle, la construction de
« la seconde galerie, située à l'ouest, était encore inachevée. La reine avait, dit-
« on, le dessein d'y établir une seconde collection de tableaux représentant l'his-
« toire allégorique de son fils Louis XIII, mais les discordes politiques et l'exil de
« cette princesse la forcèrent de renoncer à ce projet [2]. »

Cette description, avons-nous dit, complète celle de Malingre; mais elle ne saurait suppléer aux renseignements que les historiens de Paris ont donnés successivement sur le palais, et qui empruntent leur intérêt à certains détails peu connus aujourd'hui. Ainsi, Germain Brice, qui écrivait en 1683, nous apprend qu'une partie des marbres employés aux balustrades des terrasses du jardin et au pavage intérieur du palais furent enlevés de l'abbaye de Saint-Denis, où ils étaient en dépôt depuis le règne de Henri II, qui voulait les faire servir à la construction d'un grand autel. Marie de Médicis obtint des lettres de cachet, qui triomphèrent de la résistance des religieux; mais les balustrades et le pavage ne furent pas de longue durée : « Ces marbres, dit Germain Brice, aiant été enlevez de nos jours,
« on a mis à la place des pavez de grès, qui rendent cet endroit moins magnifique
« qu'il n'étoit autrefois [3]. »

L'auteur que nous citons décrit assez longuement le palais; mais sa description ne diffère pas sensiblement de celle de Malingre. Il indique seulement une décoration dont celui-ci n'avait pas parlé : il s'agit des deux statues, en marbre, de Henri IV et de Marie de Médicis, placées sur les faces des deux pavillons donnant sur les terrasses qui regardent la rue de Tournon. Son ouvrage étant plus descriptif qu'historique, il énumère, en outre, les vingt et un sujets peints par Rubens et indiqués sommairement par Malingre : 1° la destinée de la Reine; 2° la naissance de la Reine; 3° l'éducation de la Reine; 4° Henri IV délibère sur son futur mariage; 5° le mariage de la Reine; 6° le débarquement de la Reine au port de Marseille; 7° première entrevue du Roi et de la Reine à Lyon; 8° l'accouchement de la Reine; 9° le Roi part pour la guerre d'Allemagne; 10° le couronne-

---

[1] Cette galerie existait sur l'emplacement où a été construit depuis le grand escalier d'honneur, ainsi que quelques petites pièces réservées au musée.

[2] *Le Palais du Luxembourg*, par M. Alphonse de Gisors, Paris, 1847, in-8°, p. 35 et suiv.

[3] *Description de la ville de Paris*, par Germain Brice, t. III, p. 380.

ment de la Reine; 11° l'apothéose de Henri IV et la régence de la Reine; 12° le gouvernement de la Reine; 13° le voyage de la Reine aux Ponts-de-Cé; 14° l'échange des deux Reines; 15° la félicité de la Reine; 16° la majorité de Louis XIII; 17° la Reine s'enfuit du château de Blois; 18° la Reine prend le parti de la paix; 19° la conclusion de la paix; 20° la paix confirmée dans le ciel; 21° le Temps découvre la Vérité.

Cette magnifique suite, qu'on a transportée au Louvre en 1780, puis rapportée au Luxembourg en 1805 et finalement installée au Musée du Louvre en 1815, a été l'objet de nombreuses descriptions, auxquelles nous renvoyons le lecteur; il nous suffit de l'avoir indiquée comme ayant appartenu à la décoration primitive du palais et se rattachant ainsi à son histoire.

Les deux grands historiens de Paris, Félibien et Sauval, parlent peu du Palais Médicis; ce qu'ils en disent est fort louangeur, mais ne nous apprend aucune particularité nouvelle. Le premier se borne à une simple mention[1]; le second ne nous a laissé que quelques notes, jetées en désordre sur le papier et imprimées de même par les éditeurs des *Antiquités de Paris*. Nous les reproduisons telles qu'on les trouve au commencement du troisième volume :

« Le duc d'Orléans a un cabinez d'antiques le plus curieux et le plus complez
« de toute l'Europe, et même il n'y a pas un prince en tout le monde qui se puisse
« vanter d'y avoir qui en approche en beauté, en quantité et en excellence.

« Toutes les faces de ce palais sont riantes, tout y rit de tous les côtés, la face
« est riante, la cour avec les bâtiments riants, le corps de logis vers le jardin, et
« toutes ses parties séparément, et tout cela de plus très-majestueux.

« Le portail est trop étroit pour une si grosse masse; les arcades des portiques
« trop hautes, trop peu larges, trop égayées, et les pilastres trop gros pour la
« gaieté des arcades. La maison est peu logeable et peu commode.

« Les pavillons des deux angles sont trop pressés, et font un creux trop noir et
« trop obscur.

« Le seul tableau où est la Vérité toute nue est de la main de Rubens; pour
« les autres, ils sont du dessin de Rubens et de la main de Juste.

« Le jardin est placé de côté et seroit bien mieux de front.

« Le corps de logis est trop enfoncé du côté du jardin; le vestibule trop petit
« pour l'édifice.

« L'attique couronne mal le bâtiment et est trop grand pour la masse. Les cor-
« niches qui se brisent dans l'attique et dans le pavillon font un effet vilain et ir-
« régulier.

« Il n'y a pas une porte de suite et en correspondance; en tous cas, peu.

« La grande gallerie de Rubens est sans plat-fonds.

---

[1] *Histoire de la ville de Paris*, t. II, p. 1297.

« Avec tous ces défauts, néanmoins, le dessin de ce palais a été promené par toute
« l'Italie avant que d'être exécuté. Il a passé par les mains des meilleurs maîtres
« de l'Europe; et, dans toute l'Europe, il n'y a point de maison qui paroisse avec
« plus d'orgueil et plus de faste; tout en est grand et majestueux; le portail est
« bâti d'une manière grande et toute superbe; le dôme et les deux gros pavillons
« lui donnent une majesté royale. Si le Pont-Neuf et la rue Dauphine eussent
« conduit en ligne droite à la face de cette belle maison, comme la Reine en avoit
« bien envie, il n'y eût point eu d'avenue au monde ni plus longue ni plus ma-
« gnifique, ni de portail plus superbe. L'exécution de ce dessin est maintenant
« beaucoup moins facile que du temps de cette princesse, car pour lors la rue
« des Fossés n'étoit point encore faite.

« L'ouvrage rustique fait un effet aussi surprenant que merveilleux; et, si l'on
« en considère en gros l'architecture, soit du dedans de la cour, soit du dehors,
« partout on la trouve grande et admirable. Le grand cabinet de Madame est
« excellent pour la musique. Quelques-uns se sont plaints de ce qu'une femme
« avoit bâti une maison toscane, mais leur plainte a cessé quand ils se sont sou-
« venus que c'étoit une princesse toscane qui vouloit faire éclater en France l'ordre
« de sa patrie.

« La menuiserie de la porte est de l'ordonnance de Mercier. C'est un portail
« fort bien entendu, dont les masques, qui sont fort bons, ont été faits par Bertheloz
« et Perlan. Plusieurs autres édifices circonvoisins n'ont été bâtis que bien depuis.
« Cette entreprise, ou n'a pas été connue à Rivier, qui a fait la porte Dauphine, ou
« il n'a pas voulu s'attacher à ce dessin, puisqu'il n'a pas dressé cette porte en ligne
« droite au portail du Luxembourg, car il la pouvoit accommoder très-aisément
« et à la rue Dauphine et à ce portail.

« Le Luxembourg est en bel air et pur, mal logeable, point de portes en cor-
« respondance, a de front le plus grand et le plus magnifique parterre de l'Europe.
« L'appartement du Roy est très-riche et très-superbe. Il y a de tout dans le jardin,
« et tout ce qui y est est d'une grandeur extraordinaire: grandes palissades, grandes
« allées et longues, grand bois, grand parterre, plusieurs grands jardins remplis
« de simples.

« L'escalier gauche, dont les traits sont fort hardis et où il y a des rencontres
« de traits dans les fenêtres fort belles, par Marin de La Vallée, et conduit par
« Guillaume de Toulouse.

« Penditif (*sic*) de Valence, ordonné par Jean Tiriot.

« Voûte en cul de four sous la chapelle, fort hardie, par Dominique de Lafons.
« Les arrêts des rampes.

« Grote, une femme qui chevauche un feston.

« Voûte où la voix tourne (voyés Savot). Lanni dit que le même se trouve à
« Mantoue, au palais de (l'indication manque), et à Marseco dans le Trevigiano.

« La porte est des plus galantes et des mieux travaillées de Paris. Berthelot a
« fait les masques et les autres bronzes qui l'embellissent.

« Grand escalier ordonné par Marin de La Vallée et conduit par Guillaume de
« Toulouse. Les moulures de cet escalier ne se suivent et ne se continuent pas.

« Rubens a peint la gallerie droite du Luxembourg; les lambris sont de son or-
« donnance.

« Cochet a fait les excellents stucs de la gallerie gauche.

« Bray, les figures de la grotte du Luxembourg[1]. »

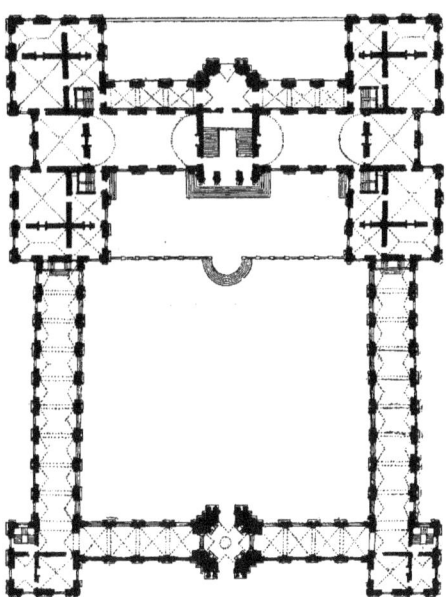

Plan du palais au temps de M.ⁱˢ de Médicis.

Pour trouver une description méthodique et raisonnée du palais, il faut aller jusqu'au milieu du xviii° siècle et consulter le grand ouvrage de Blondel. Voici d'abord le jugement d'ensemble que cet architecte-écrivain porte sur l'œuvre de son illustre confrère :

---

[1] *Histoire et recherches des antiquités de la ville de Paris*, t. III, p. 7.

« L'ordonnance et la proportion des formes générales de cet édifice peut être
« regardée comme un chef-d'œuvre... Les beautés, reconnues telles, consistent
« dans le caractère de virilité qu'on remarque dans toute son ordonnance, dans la
« sévérité des formes, la pureté des profils, la proportion particulière de certaines
« parties, et, en général, dans un certain goût antique, soutenu dans la totalité
« ainsi que dans les détails de l'architecture. Les *licences* qu'on y remarque, » —
licence est un euphémisme dans la langue de Blondel, — « consistent dans l'ap-
« plication de l'ordre toscan au rez-de-chaussée dans l'ordonnance d'un palais où
« la solidité devait présider, mais non la rusticité, surchargée même par l'affecta-
« tion des bossages qui règnent dans tous les ordres, dans les ressauts trop réi-
« térés qu'on remarque sur chaque accouplement des colonnes ou pilastres; dans
« le défaut de rapport, en général, qu'on a négligé d'observer dans la proportion
« de la plupart des arcades du rez-de-chaussée, dans le peu de régularité de la
« distribution des métopes et des mutules de l'ordre dorique; et enfin dans le dé-
« faut de convenance et de proportion qu'on remarque entre les allégories mal
« entendues de la sculpture, et entre sa grandeur gigantesque, par rapport à l'ar-
« chitecture. »

A la suite de cette appréciation générale, Blondel formule des critiques de détail sur les différents corps d'hôtel dont se compose le palais :

« Ce bâtiment, dit-il, est de l'espèce nommée simple; la distribution se ressent
« du peu de commodité qu'on affectoit dans l'intérieur des édifices au commence-
« ment du dernier siècle. La forme de la cour n'est pas non plus d'une proportion
« aussi élégante qu'on les fait aujourd'hui, et l'on peut remarquer que les galeries
« paroissent plus propres à la magnificence qu'à la commodité.

« Le porche est une des parties les plus essentielles de cet édifice, pour ce qui
« regarde la décoration extérieure; mais son peu de largeur annonce assez médio-
« crement l'entrée de ce palais. Celle de la cour au palais est encore moins digne
« de la magnificence d'une maison royale, l'escalier en occupant la plus grande
« partie, contre toute idée de vraisemblance.

« Les deux pavillons, qui saillent d'environ quarante pieds sur le jardin, peu-
« vent être regardés comme un défaut essentiel, parce qu'ils masquent la plus
« grande partie du milieu de cette façade..... Les avant-corps en saillie, du côté
« de l'entrée, sont beaucoup plus tolérables; ils flanquent les galeries et annon-
« cent d'une manière grave et imposante l'immensité de ce bâtiment. Si ces pavil-
« lons avaient pu s'apercevoir de la rue de Tournon, l'aspect de ce palais aurait,
« sans contredit, formé l'un des plus beaux coups-d'œil qu'il y ait à Paris. »

Ces critiques sont d'un homme du métier et ont leur valeur sans doute; cependant il ne faut point oublier que l'architecture de Henri IV et de Louis XIII
avait été, sous les règnes de Louis XIV et de Louis XV, l'objet d'un dédain im-
mérité. Le jugement de Blondel se ressent de cet esprit de réaction, et il ne faut

l'accepter qu'avec certaines réserves. Sous le bénéfice de ces observations, nous continuons à résumer les passages les plus remarquables de sa description, laquelle n'est, en définitive, que le commentaire des belles planches qu'il a fait graver.

L'élévation du côté de l'entrée lui paraît avoir, pour mérite principal « la com-« position générale de l'avant-corps du milieu, dont les formes pyramidales, isolées « dans la partie supérieure, font un bon effet, vues du principal corps de logis et « considérées dans toute la longueur de la rue de Tournon. » Il remarque ensuite « que l'arcade toscane est beaucoup trop svelte, celle dorique trop peu élevée, et « la hauteur de l'attique trop raccourcie. » Il eût préféré « que les statues, placées « autour de cette espèce de rotonde, eussent été distribuées sur la balustrade qua-« drangulaire qui lui sert d'empâtement. »

L'élévation du côté de la cour lui paraît mériter le reproche général qu'il fait à l'ordonnance du palais : « Toute l'architecture de ces bâtiments est trop sur-« chargée de bossages et de refends. » Toutefois il reconnaît, à la décharge de Salomon de Brosse, que « l'architecte avait été chargé d'imiter ce genre de déco-« ration d'après le palais Pitti à Florence. » Après avoir mentionné les trois baies formant l'entrée du palais sur la cour, les « mezzanines » contenant les bustes de Henri IV, de Marie de Médicis et de Louis XIII, il constate l'existence d'un attique « couronné d'un fronton circulaire, dans le tympan duquel sont les armes de France « ornées de guirlandes et de génies d'un goût pesant, » et de « figures assises dont « la proportion est trop forte. »

L'élévation du côté du jardin lui semble offrir les mêmes qualités et les mêmes défauts, ce qu'il appelle en son langage « les beautés et les licences. » Selon lui, la trop grande saillie des pavillons « offusque le milieu du bâtiment. » Il trouve, avec raison, le soubassement beaucoup trop bas; il eût voulu un perron monumental qui annonçât la grandeur et la magnificence de l'édifice. « En général, dit-« il, la façade d'un palais, du côté du jardin, doit être élevée du sol de quelques « pieds; autrement son ordonnance paroit enterrée. »

L'une des parties les moins connues du palais, la chapelle, à laquelle on ne reconnaît pas d'ailleurs un grand mérite, est mentionnée par Blondel : « Je l'estime « particulièrement, dit-il, parce qu'elle est terminée par une voûte en cul-de-four, « d'un trait assez hardi pour le tems où elle fut bâtie, et dont l'exécution est de « Dominique de La Font. On remarque dans cette chapelle des peintures sur bois « que l'on croit être d'Albert Durer. »

Blondel, ayant surtout en vue une description architectonique du palais, s'est peu étendu sur la distribution intérieure, la décoration et l'ameublement. « Les « appartements, dit-il en général, ont de la grandeur et sont décorés avec magni-« ficence, *dans le goût ancien,* » c'est-à-dire dans le style de Henri IV et de Louis XIII[1].

---

[1] Un auteur contemporain, qui a décrit la fameuse chambre de Marie de Médicis, qualifie dans les

L'étage d'honneur a seul attiré son attention; quand au second, « il est composé, « dit-il, de petits appartements occupés par différents particuliers, depuis que ce « palais n'est plus habité par des têtes couronnées. »

En terminant, Blondel exprime la crainte que ses observations « ne paroissent « exposées avec trop de sincérité; » mais il trouve qu'on a beaucoup trop loué le palais Médicis; il veut tempérer ces éloges par une judicieuse critique, « sans avoir « égard au préjugé vulgaire [2]. »

Dans la seconde moitié du xviii° siècle, le palais a été décrit par de nombreux auteurs. Un écrivain hollandais, Nemeitz, qui avait surtout en vue les voyageurs étrangers désireux de connaître Paris, en a donné une description intéressante. Piganiol, Jaillot, Thiéry, Hurtaut et Magny, etc. etc. reproduisent en partie ce qu'avaient dit leurs devanciers. On arrive ainsi, sans avoir à constater autre chose que des changements de distribution, de décoration ou d'ameublement, occasionnés par les affectations successives des bâtiments, jusqu'à la période révolutionnaire, époque du plus grand abandon et du plus complet délabrement du palais.

Propriétaires et usufruitiers s'y sont succédé en grand nombre, depuis Marie de Médicis. Légué par cette princesse, qui l'habita jusqu'en 1631, à Gaston d'Orléans, son second fils, il fut délaissé pour moitié, et moyennant 500,000 livres, à la duchesse de Montpensier, et passa ensuite, par transaction du 1er mai 1672, à Élisabeth d'Orléans, duchesse de Guise et d'Alençon, qui en fit don au roi Louis XIV, le 16 mai 1694. Depuis, il a été occupé successivement, à titre d'habitation viagère, par la duchesse de Brunswick et par la reine douairière d'Espagne, née princesse d'Orléans. A la mort de cette usufruitière, le palais rentra dans le domaine royal, et Louis XVI, par lettres patentes du mois de janvier 1779, en fit don à son frère, Monsieur, comte de Provence, — de-

termes suivants le prétendu *goût ancien* qui choquait Blondel :

« Si la reine mère s'attacha à donner beaucoup « de magnificence à l'intérieur du palais, elle ne mit « pas moins de soins à en faire décorer les apparte-« ments. Rubens, Philippe de Champaigne, Albert « Durer, à qui l'on attribue les peintures sur bois « de la chapelle, et beaucoup d'autres artistes de « mérite, dont les noms n'ont pas été conservés, « mais dont les œuvres attestent l'école italienne, « concoururent à enrichir de leurs productions la « demeure royale.

« Les peintures et ornements qui décoraient au-« trefois l'appartement particulier de la Reine, sa « chambre à coucher, sa bibliothèque et son oratoire, « — qu'on voit aujourd'hui réunis dans la salle dé-

« signée sous le nom de chambre de Marie de Mé-« dicis ou du Livre d'or, — portent particulièrement « l'empreinte de cette époque de transition qui pré-« para la grande époque de Louis XIV. Toutefois, « comme la peinture, à cette époque, se montra le « plus indépendant de tous les arts, et que, au lieu « de céder, comme la sculpture et la poésie, aux « caprices et aux bizarreries de la mode, elle per« sista à chercher, dans l'Italie moderne, ses inspi-« rations et ses modèles, on retrouve dans les ara-« besques de la chambre de Marie de Médicis, le « goût et le sentiment des célèbres arabesques du « Vatican. » (Dedaux, *Chambre de Marie de Médicis*, in-fol. Paris, 1838, introduction, p. 2.)

[2] Blondel, *Architecture françoise*, t. II, p. 48 et suiv.

puis, Louis XVIII, — qui l'habita jusqu'au moment de l'émigration (juin 1791). A partir de ce moment, le palais et son histoire appartiennent aux annales contemporaines [1].

LES JARDINS. — La magnificence des jardins devait naturellement répondre à celle que Marie de Médicis avait rêvée pour son palais. Elle songea même à les créer, avant de poser la première pierre de l'édifice : dès 1613, elle fit commencer le dessin et les plantations. «La Reine mère, dit le cardinal de Richelieu dans ses «Mémoires, achette l'hostel de Luxembourg, au fauxbourg Saint-Germain, et plu- «sieurs jardins et maisons voisines, pour y commencer un superbe palais, duquel «par advance elle commence à faire planter les arbres des jardins, qui, ne venant «à leur croissance qu'avecques le tems qui leur est limité par la nature, sont or- «dinairement devancés par les bastimens, le tems de l'accomplissement desquels «est mesuré à la dépense et hasté selon la magnificence et la richesse de celui «qui les entreprend.»

Les planches de Blondel, auxquelles nous renvoyons, indiquent les dimensions des jardins, telles qu'elles se sont maintenues jusqu'à la suppression de la Chartreuse. Terminés à l'est par les bâtiments en façade sur la rue d'Enfer, ils s'étendaient à l'ouest jusqu'à la moderne rue d'Assas. Au sud, ils avaient pour limite le mur de l'enclos des Chartreux. Quant à leur aspect général, tel que les plans contemporains nous le révèlent, c'était, dit M. Anatole de Montaiglon, «de longues allées, des pa- «lissades, un grand bois, plusieurs grands jardins remplis de simples, et, en face «du palais, des parterres en forme de broderies, etc. [2]» Cette description som-

---

[1] Les diverses transformations du palais, notamment celles qu'il a subies sous le premier Empire et sous la monarchie de Juillet, sont exposées dans l'ouvrage de M. de Gisors, que nous avons déjà cité.

[2] Les transformations que les jardins du Luxembourg ont subies à la fin du XVIII° siècle et au commencement du XIX° sont racontées par M. de Gisors dans sa monographie du palais. Faire entrer ce récit dans notre texte, ce serait dépasser peut-être les limites chronologiques qui s'imposent à une description topographique du vieux Paris; mais il nous a paru intéressant de le transcrire en note.

«Les jardins du Luxembourg ont, comme le pa-
«lais dont ils font partie, subi, à différentes époques,
«d'importants changements et des suppressions qui
«en ont complétement altéré la disposition primitive.
«On a vu plus haut que ce palais et toutes ses dépen-
«dances, comprenant l'hôtel du Petit-Luxembourg
«et les communs, avaient été donnés en apanage à
«Monsieur, comte de Provence. L'édit du roi
«Louis XVI, son frère, concernant cet apanage, est
«du mois de janvier 1779. Monsieur en prit alors
«possession, et, en vertu d'une autorisation qu'il
«avait obtenue le 25 mars de l'année suivante, il
«aliéna, en 1782, une portion considérable des jar-
«dins qui s'étendaient à l'ouest jusqu'à la partie an-
«cienne de la rue de Fleurus. A cette époque, ce
«n'était qu'une impasse connue sous le nom de cul-
«de-sac de Notre-Dame-des-Champs, dont l'entrée
«s'ouvrait sur la rue du même nom. Le sol de cette
«impasse était de deux mètres environ au-dessus de
«la grande allée, où elle aboutissait [1]. La partie du

[1] En juillet 1771, les riverains de l'impasse avaient demandé et obtenu l'autorisation d'ouvrir à leurs frais une entrée sur le jardin du Luxembourg; pour assurer le succès de leur demande, ils avaient offert et donnèrent en effet, à titre de présent, une somme de 6,000 francs à l'école royale de peinture et de sculpture. Le bon approbatif de Louis XV est du 21 juillet 1771.

maire, dont les principaux traits sont empruntés à celle de M. de Gisors, ne mentionne pas le parterre «plus large, mais bien moins profond que celui d'aujour-

«Luxembourg aliénée par le comte de Provence oc-
«cupait une surface de cent neuf mille quatre cent
«quarante-cinq mètres, dont vingt-deux mille quatre
«cent trente et un furent affectés à un projet de per-
«cement de rues à travers le terrain retranché des
«jardins. Ainsi furent complétement abattus, en
«1782, des quinconces et des allées d'arbres cente-
«naires, remarquables par leur belle végétation, et
«le jardin public fut réduit, à l'ouest, aux propor-
«tions que nous lui voyons aujourd'hui.

«Pendant la première révolution, on avait formé
«le projet d'établir, sur le terrain dont il s'agit, des
«cafés et des jeux publics; mais ce projet resta,
«comme tant d'autres, sans exécution, et cet im-
«mense terrain fut pendant environ quinze années
«dans un état complet d'abandon. Plus tard, on y a
«tracé et ouvert la partie de la rue de Fleurus qui
«communique à l'ancienne impasse Notre-Dame-des-
«Champs, celle de Jean-Bart et une portion de la rue
«de l'Ouest aboutissant à la rue de Vaugirard. Avant
«la première révolution, la rue de Madame existait
«déjà, et ses deux premières maisons ont été cons-
«truites en 1788.

«L'ancien parterre du jardin, beaucoup moins
«profond que celui d'aujourd'hui, était borné à son
«extrémité méridionale par le clos des Chartreux,
«qui, de ce côté, n'était éloigné que de deux cent
«trente mètres de la façade du palais. Le mur du
«clos coupait transversalement, vers le milieu,
«l'emplacement du parterre où on a établi la grande
«pelouse de gazon de la Diane.

«Lorsque la Convention nationale décida que le
«siège du Gouvernement serait établi au Luxem-
«bourg, elle ordonna en même temps des travaux
«considérables, dont le but était l'agrandissement du
«jardin public. Vers la fin de l'an IV (1796), on dé-
«truisit, au midi, l'ancienne limite, qu'on agrandit
«dans toute la largeur, de l'est à l'ouest, d'une zone
«considérable de terrain prise aux dépens des bâti-
«ments et du clos des Chartreux. On fit alors le mur
«de soutènement qui longe la grande pépinière. On
«commença en même temps, au moyen de remblais
«considérables, la magnifique avenue qui, de l'ex-
«trémité du parterre actuel, aboutit à l'Observatoire.

«En 1801, tous les arbres de la partie orientale du
«jardin furent renouvelés, et l'on planta entièrement
«la nouvelle zone de terrains provenant du clos des
«Chartreux. La disposition du parterre fut totale-
«ment changée. Aux murs en terrasse, aux balus-
«trades et aux effets d'eau qui enrichissaient cette
«charmante décoration, succédèrent les talus en
«gazon et les grilles d'appui que nous voyons aujour-
«d'hui. Les deux pelouses demi-circulaires, à droite
«et à gauche du bassin central, n'existaient point
«dans l'origine; elles furent établies aux dépens des
«terrasses. On remplaça l'ancien bassin octogone par
«une pièce d'eau plus considérable présentant un
«parallélogramme : au centre fut placé un groupe
«d'enfants supportant une vasque, et à chacun des
«angles un groupe moins important[1]. Le parterre,
«ainsi modifié, avait été terminé par un escalier, ou
«perron, de dix marches, orné de statues, et par une
«grille ouverte sur la grande avenue de l'Observa-
«toire. En 1802, on fit restaurer complétement la
«grotte de Médicis, dont la construction était depuis
«fort longtemps dans un état de dégradation complet.

«En 1810 et 1811, les remblais, successivement
«accumulés sur l'emplacement de l'avenue de l'Ob-
«servatoire, ayant atteint à peu près la hauteur du
«sol du jardin, permirent enfin d'y planter les quatre
«rangs d'arbres qui en sont aujourd'hui le principal
«ornement. Tous ces travaux rendirent le jardin du
«Luxembourg une des plus belles promenades de la
«capitale; ils furent, comme ceux de l'intérieur du
«palais, exécutés par l'architecte Chalgrin. A sa
«mort, son successeur, M. Baraguey, proposa et fit
«adopter le projet de supprimer le perron qui exis-
«tait à l'extrémité du parterre, de changer les ni-
«vellements existants et de baisser le sol inachevé de
«la nouvelle allée, de manière à n'avoir, depuis l'Ob-
«servatoire jusqu'au palais, qu'une seule ligne de
«pente sans ressaut. «Pour l'exécution de ce projet,
«dit Dulaure[2], il fallait opérer plusieurs change-
«ments et remuer beaucoup de terrain. Ces difficultés
«n'arrêtèrent point; la grille qui termine au midi
«cette avenue fut baissée de quelques pieds ainsi
«que le sol environnant. On établit une grille nou-
«velle, et celle qu'elle remplaçait fut employée à

---

[1] En 1840, le groupe principal a été replacé au centre du bassin actuel; les quatre autres sont sur les piédestaux de la grande balustrade qui termine le parterre du côté de l'allée de l'Observatoire.

[2] *Histoire de Paris*, t. VI, p. 15 et 16.

« d'hui, bordé de chaque côté par des plates-bandes ornées de fleurs et renfermées
« dans un double mur, dont l'un, à hauteur d'appui, était garni de balustres, et
« l'autre, plus élevé, soutenant des terrasses, était décoré de petites cuves, ou vas-
« ques, en marbre de couleur, jetant de l'eau et communiquant entre elles au
« moyen de rigoles. » Les terrasses étaient, suivant le goût de l'époque, plantées
d'ifs et de buis découpés en formes bizarres. Le bassin principal, placé au centre
du parterre, était orné d'un groupe en plomb.

A ces détails généraux, suggérés par la vue des plans et des gravures, peuvent
s'ajouter ceux que donnent les descripteurs contemporains :

« Le jardin, dit Malingre, est embelly d'un beau bois par allée, et de deux
« longues allées couvertes d'arbres. Les parterres sont ornés d'un grand nombre
« d'allées et de quarreaux representans diverses figures et inventions des jardi-
« niers. Il y a deux grans bassins de pierre, au milieu une statue jetant de l'eau en
« abondance, qui vient du village d'Arcueil, et dont le regard est devant l'hostel
« de Troyes, au fauxbourg Saint-Michel. Aussy, pour le mesme sujet du jardin et
« d'autres offices, on a pris les places des fermes de l'Hostel-Dieu, qu'on a rem-
« placez d'autres lieux[1]. »

Germain Brice, que nous avons déjà cité à propos du palais, décrit sommairement les jardins tels qu'ils existaient de son temps : « Le jardin de Luxembourg,
« dit-il, étoit autrefois d'une grande beauté; il étoit rempli de charmilles, de bos-
« quets et d'allées couvertes; mais, de rudes hivers l'aïant ruiné, il a été long-tems
« fort négligé; cependant on a commencé à le rétablir, en y plantant de nouveaux
« arbres et en dressant des allées nouvelles, qui n'ont pas encore toute la beauté
« que l'on pourroit désirer. Ce que l'on peut dire à l'avantage de ce jardin, dont
« l'étendue est grande et assez régulière, et où il étoit fort aisé de faire de belles
« distributions, c'est qu'étant situé dans un terrain élevé et avantageusement ex-
« posé, l'air y est très-pur et très-salutaire..... On distingue la balustrade posée

« l'entrée de l'Observatoire et adaptée à deux pavil-
« lons construits alors pour décorer cette entrée.

« Le sol de l'avenue fut, dans toute sa longueur,
« plus ou moins baissé, suivant la ligne de pente.
« L'abaissement fut plus considérable au point où
« cette avenue se rapproche du parterre. Au lieu de
« l'escalier de dix marches on substitua trois mar-
« ches dessinées sur un vaste plan circulaire, qui
« se termine de chaque côté par un piédestal qui
« sert d'acrotère à des balustrades.

« On baissa ensuite le sol du parterre ainsi que
« celui qui avoisine la façade du palais; il fallut re-
« faire le bassin, il le fut sur un plan octogone et
« plus vaste. »

« Ces travaux considérables de terrassement et de
« nivellement permirent, pendant les deux dernières
« années de l'empire, de donner du travail à une
« multitude d'ouvriers inoccupés par suite des désas-
« tres de la guerre. A la même époque on a complé-
« tement dégagé le palais des bâtiments accessoires
« qui masquaient, d'une manière choquante, les faces
« latérales. On a démoli à l'est une orangerie, et à
« l'ouest plusieurs bâtiments, à l'aide desquels on
« communiquait à couvert avec l'hôtel du Petit-
« Luxembourg; on les a remplacés par deux grilles
« à jour sur la rue de Vaugirard. » (*Le palais du
Luxembourg*, par M. Alphonse de Gisors, 1847,
in-8°, p. 76 et suiv.)

[1] *Antiquitez de la ville de Paris*, liv. II, p. 402
et suivantes.

«à l'encoignure d'une des terrasses, dont le parterre est entouré. François Blondel
«l'a trouvée si régulièrement proportionnée, qu'il la propose comme un modèle
«parfait à imiter dans son cours d'architecture [1]. »

Les jardins du Luxembourg ne tardèrent point à être ouverts au public. La population parisienne aimait à les fréquenter, et les étrangers eux-mêmes les préféraient à ceux des Tuileries, selon le témoignage de Nemeitz, écrivain hollandais que nous avons déjà cité.

Ce goût pour les beaux ombrages du palais Médicis n'aimait point à être contrarié. Ainsi la duchesse de Berry, fille du Régent, pendant le séjour qu'elle fit au Luxembourg, s'étant avisée, dit Saint-Simon, «de faire murer toutes les «portes du jardin et de ne conserver que celle de la grille du bas de l'esca-«lier du milieu du palais, tout le faubourg Saint-Germain se trouva privé de «cette promenade, qui avoit été de tout temps publique. M. le Duc (le prince «de Condé) fit ouvrir aussitôt celui de l'hôtel de Condé, et le rendit public en «contraste. Le bruit fut grand et les propos peu mesurés sur la raison de cette «clôture [2]. »

La duchesse dut s'émouvoir de ce bruit et de ces propos, car elle fit rouvrir les jardins peu de temps avant sa mort; mais il semble que la population parisienne en avait oublié le chemin. «Le jardin, assez solitaire, dit M. de Gisors, «continua d'être un lieu de promenade peu couru par le beau monde, et, pour «cela même, fréquenté par les *philosophes*, qui ont laissé leur nom à l'une des «allées. Diderot était, dans sa jeunesse, un des habitués du Luxembourg; dans «un de ses plus piquants ouvrages, *Le neveu de Rameau*, il nous rappelle les pro-«menades qu'il faisait, alors que, pauvre et inconnu, il allait rêver en été, avec «sa redingote de peluche grise éreintée par un des côtés, avec la manchette dé-«chirée, les bas de laine noirs et recousus par derrière avec du fil blanc, et faisant «une assez triste figure, dans l'allée des Soupirs. » A peu près à la même époque, Jean-Jacques Rousseau allait régulièrement s'y promener tous les matins; mais il y renonça plus tard, parce que le lieu ne lui semblait pas assez désert pour sa misanthropie. Il s'y croyait d'ailleurs poursuivi, persécuté, dédaigné même par les gens de la plus basse classe, puisque «ceux qui distribuaient des billets im-«primés à la porte du Luxembourg avaient, disait-il, ordre de le passer avec la «plus outrageante affectation, ou même de lui en refuser tout net, s'il se présen-«tait pour en avoir. »

Malgré les hallucinations misanthropiques de Rousseau, le jardin du Luxembourg reconquit peu à peu la popularité dont il jouissait avant sa fermeture, et,

---

[1] G. Brice, *Description de la ville de Paris*, t. III, p. 403 et suiv. — [2] *Mémoires*, t. XXVI, p. 135.

à la veille de la Révolution, il était en pleine possession de la faveur publique; aussi Thiéry, qui écrivait en 1787, s'exprime-t-il en ces termes :

« Ce jardin est fort fréquenté actuellement par les gens du quartier, et l'on y « voit, les fêtes et dimanches, le matin dans l'allée qui conduit aux Carmes, et le « soir dans la grande allée, une infinité de beau monde.

« Trois portes conduisent à ce jardin, où la police est observée comme aux Tui-« leries. Les Suisses de la porte du Château, de celle de la rue d'Enfer et de celle « qui est vis-à-vis les Carmes déchaussés, fournissent des rafraîchissements. Il y « a un café sous la porte du côté du Château, et un autre dans le jardin près la « grande allée.

« Monsieur (le comte de Provence) se propose de faire beaucoup de changements « à ce palais, ainsi que dans la disposition des jardins; les projets en sont faits; mais « ils ne sont point encore arrêtés par le prince. La partie que l'on a retranchée des « jardins paraît être destinée à percer des rues dans son enceinte : il est même ques-« tion d'y transporter la foire Saint-Germain, et de l'y construire sur un plan ré-« gulier et de forme circulaire, mais il n'y a encore rien de décidé à ce sujet[1]. »

La faveur dont jouissaient alors les jardins du Luxembourg s'est maintenue pendant et après la Révolution. Quant aux transformations dont ils ont été l'objet, nous les avons indiquées sommairement dans une note empruntée à l'ouvrage de M. de Gisors.

Les terrains sur lesquels on a bâti le palais et créé les jardins constituent un sol éminemment historique. Là campaient des troupes romaines; des *villæ*, dont on a retrouvé les substructions, étaient disséminées sur le plateau et sur les pentes, dans un rayon plus ou moins distant du palais des Thermes; une voie romaine, allant de *Lutetia* à *Genabum*, desservait ce campement et cette agglomération de maisons de plaisance. Il n'est donc point étonnant que des découvertes archéologiques aient eu lieu dans cette région, chaque fois qu'on y a fait des fouilles. « En « creusant les fondations du palais, dit M. Anatole de Montaiglon, on trouva une « figurine de Mercure en bronze. Le conseiller des aides, Favereau, publia en son « honneur un recueil d'épigrammes, sous le titre de *Mercurius redivivus*, et il fut « gravé par Léonard Gaultier, avec un quatrain de L. de Sainte-Marthe, où l'on « disait, avec la pointe italienne, que les Dieux voyaient ce palais d'un bon œil, « puisque Mercure, la bourse en main, venait payer les maçons[2]. »

A la fin du xviiie siècle et au commencement du xixe, l'architecte Chalgrin fit opérer, dans les jardins, des remaniements qui amenèrent de nombreuses découvertes du même genre. Des bustes, des figures, de menus objets de ménage et de

---

[1] Thiéry, *Guide des amateurs et des étrangers voyageurs à Paris*, t. II. p. 425. Les projets dont il était question en 1787 se sont réalisés en partie.

[2] La bibliothèque de la Ville possède une plaquette rarissime, contenant une gravure de ce Mercure, et un petit poème en vers latins.

toilette, en bronze et en ivoire, des vases entiers avec les noms des potiers, des fragments de céramique historiée, des médailles gauloises et gallo-romaines, des moules à poterie, furent extraits du sol et donnèrent lieu à d'intéressantes dissertations [1]. De nos jours, ces découvertes se sont renouvelées dans de moindres proportions [2].

LA GROTTE. — L'ornement le plus considérable des jardins du palais était et est encore la « grotte » ou fontaine, qui, dans la pensée de Marie de Médicis, devait faire le pendant de celle que Catherine, sa parente, avait commandée à Bernard Palissy pour la décoration de son parc des Tuileries [3]. Cette importation italienne était encore en pleine faveur, et la Reine mère, imitatrice des deux palais, parisien et florentin, avait ainsi un double motif de se passer cette fantaisie; mais, comme elle ne pouvait en demander la réalisation ni au célèbre auteur des *rustiques figulines*, ni à Luca, ni aux Della Robia, ses continuateurs, elle renonça aux émaux, aux coquillages, aux poissons, aux serpents et à toute cette riche ornementation déployée par Palissy aux jardins des Tuileries, ainsi que dans « l'admirable grotte rustique de nouvelle invention » qu'il fit pour le connétable de Montmorency; elle s'en tint à la pierre sculptée.

Au moment où Salomon de Brosse produisit ce petit chef-d'œuvre, la grotte de Bernard Palissy n'existait plus sans doute : soit qu'elle fût restée inachevée et sujette, par conséquent, à toutes les détériorations, soit, ce qui est plus probable, qu'elle ait eu à subir, pendant les deux sièges de Paris, les outrages des troupes de Henri IV, qui campaient dans le jardin même des Tuileries, elle avait dû laisser, dans l'esprit des Parisiens, un souvenir et un regret. Aussi la nouvelle grotte du palais Médicis fut-elle la bienvenue : les auteurs que nous avons cités en parlent avec enthousiasme. Blondel lui-même, dont on a pu constater la sévérité, la considère « comme un chef-d'œuvre de l'art pour le goût et l'exécution. » La description qu'il en donne et qui reproduit, en les complétant, les descriptions de ses devanciers, mérite d'être citée, surtout après les transformations que la grotte a subies : « Son ordonnance, dit-il, est composée de quatre colonnes toscanes « isolées, dont le fust est orné de congellations en deux parties, et au milieu « duquel est une ceinture, à la hauteur de l'imposte continu, qui reçoit la retom- « bée du cul-de-four des trois niches de cette grotte. Cet ordre forme trois entre-

---

[1] Consulter, pour plus de détails, le grand ouvrage de Grivaud de la Vincelle, in-4°, avec atlas.

[2] Un second Mercure, en bronze, d'une exécution remarquable et d'une belle conservation, a été trouvé, en 1867, lors des travaux exécutés pour l'abaissement du sol, dans la partie des jardins voisine du boulevard Saint-Michel; il a été retenu par l'administration du palais.

[3] Voir, dans le tome II° de la *Région du Louvre et des Tuileries*, page 39 et pages suivantes, la description de cette grotte et le dessin original qui en est, croit-on, le projet.

LE PALAIS DU LUXEMBOURG. 313

« colonnements ; celui du milieu est occupé par une grande niche, au-dessus de
« laquelle s'élève un attique servant d'amortissement à cette composition. Cet attique
« comprend un grand écusson, et est couronné d'un fronton circulaire; sur chaque
« petit entre-colonnement sont, d'un côté, un Fleuve et, de l'autre, une Nayade
« appuyés sur une urne. L'expression et la touche de ces figures sont de toute
« beauté, quoique d'une proportion un peu forte pour le diamètre des colonnes et
« des membres d'architecture qui les reçoivent[1]. »

Établie primitivement à l'extrémité de la grande allée de platanes qui « passait
« devant le palais, le long du parterre, » et appuyée à un mur de clôture, la grotte
de Marie de Médicis n'a pas tardé à se détériorer. À l'époque où écrivait Germain
Brice (1683), elle menaçait déjà d'éprouver le sort de celle des Tuileries : « Tout
« cet endroit, dit l'auteur que nous citons, est présentement tout à fait abandonné
« et fort délabré[2]. » C'était la conséquence des fréquents changements de propriétaires et d'usufruitiers : on jouissait du palais et des jardins; mais on ne les
entretenait pas. D'importantes réparations y furent faites de 1733 à 1736; mais,
moins d'un demi-siècle plus tard, le comte de Provence, recevant le palais en
apanage, constatait le même abandon et le même délabrement : bâtiments, parc,
grotte, tout dépérissait, et l'architecte Chalgrin, auquel on doit l'église Saint-
Philippe-du-Roule, dressait un plan général des restaurations à opérer. Ce plan,
présenté en 1781, ne put s'exécuter que quinze ans plus tard et partiellement[3].

De nos jours, la grotte a été dégagée, enrichie d'une décoration sculpturale
sur ses deux faces, rapprochée du palais, et placée dans un nouvel encadrement.
Plus heureuse que celle de Bernard Palissy, dont les restes sont probablement
enfouis dans le sol du jardin des Tuileries, elle est debout et justifie encore aujourd'hui les éloges que les contemporains de Salomon de Brosse lui ont donnés.

L'AQUEDUC D'ARCUEIL. — Une dérivation d'eaux de sources était le complément indispensable des grands travaux que la reine mère avait prescrits pour la
construction de son palais et l'établissement de ses jardins. Elle le comprit et
chercha les moyens d'y amener de l'eau en abondance. Le point de dérivation
était indiqué tout naturellement. Il existe, sur le territoire du village de Rongis,
à quelques lieues de Paris, de belles sources qu'on avait utilisées, dès le III° siècle
de notre ère, pour l'alimentation du palais des Thermes, et qui, eu égard à leur
altitude, pouvaient être facilement amenées dans les jardins du nouveau palais.
Par une heureuse coïncidence, la Ville s'occupait alors de les capter et de les
conduire à Paris, pour arroser les quartiers de la rive gauche, qui n'avaient jamais
participé aux distributions d'eau des sources de Belleville et des Prés-Saint-Ger-

[1] *Architecture françoise*, t. II, p. 48 et suiv.
[2] *Description de la ville de Paris*, t. III, p. 404.
[3] Voir, pour le détail de ces travaux, la monographie de M. de Gisors, chap. III, p. 69 et suiv.

vais. Sur l'invitation du jeune roi « en son conseil, » et très-probablement d'après les inspirations de la reine mère, un « rapport » avait été communiqué au Prévôt des marchands et aux Échevins, avec prière « d'assembler avec eux experts et « autres personnes entendues, pour dresser les desseings et devis des ouvraiges « pour ce nécessaires. »

Les magistrats municipaux déférèrent aux ordres du roi, et, le 5 septembre 1612, ils présentèrent les « desseings et devis » qu'on leur demandait, avec les propositions d'un sieur Hugues Cosnier, qui s'engageait « à faire lesdicts ouvrai- « ges, les rendre faicts et parfaicts dans trois années, et iceux entretenir à ses des- « pens durant douze années suyvantes et consécutives après lesdictes trois années, « faire les récompenses (indemnités) des moulins, terres, maisons et autres héri- « taiges nécessaires pour ladicte construction, et amener et fournir jusques à « ladicte quantité de trente poulces desdictes eaues... dont douze poulces à ladicte « ville pour le publicq...., moyennant la somme de sept cent dix-huit mille livres, « à prendre sur le prix de la ferme de trente sols par muid de vin entrant en « ladicte ville. » C'était, on le voit, pour nous servir du langage moderne, une véritable soumission, avec délégation de la Ville sur les produits de l'octroi municipal.

Mais les autres entrepreneurs parisiens eurent connaissance des propositions de Hugues Cosnier par l'affiche qui en fut faite le 11 septembre, et, le surlendemain 13, ils se présentèrent au Louvre, en conseil du roi, « pour faire rabais. » Les feux furent allumés : sur le premier, Jehan Gobelin fit un rabais de vingt mille livres; sur le second, le même entrepreneur, plus Jonas Robelin et Anthoine Desnots, firent un rabais de dix mille livres; sur le troisième, les mêmes entrepreneurs, auxquels s'était joint Aubin Hervy, baissèrent encore de dix mille livres, puis de dix autres mille livres sur un quatrième feu. Alors intervint un nouveau soumissionnaire, Loys Marchant, qui fit, d'un seul coup, un nouveau rabais de quarante-huit mille livres, consenti également par le maître maçon René Fleury. Enfin l'adjudication fut tranchée en faveur de Jehan Coing, également maître maçon, que les lettres patentes du roi Louis XIII qualifient de « nostre cher et bien amé, » et qui, moyennant certaines modifications de détail, fit un dernier rabais de quarante mille livres. De rabais en rabais, on était descendu à quatre cent soixante mille livres, qui furent payées à Jehan Coing en six années, « de quartier en « quartier [1]. »

Les travaux commencèrent dès le printemps de l'année suivante; la Ville et la reine mère étaient également intéressées à ce qu'ils fussent menés activement. La pose de la première pierre donna lieu à une cérémonie qui est racontée tout

[1] Voir, aux appendices, le procès-verbal d'adjudication, le cahier des charges et le mémoire présenté au roi sur l'exécution des travaux.

au long dans les Registres du bureau de la Ville, et que Félibien mentionne sommairement dans les termes suivants :

« Le 11 juillet 1613, le sieur de Liancour, gouverneur de Paris, vint à l'Hostel-
« de-Ville, avertit le Prévost des marchands et les Eschevins que le Roy souhaitoit
« d'aller voir les sources de Rongis. Ils allèrent au Louvre, le 12, prier le Roy de
« faire ce voiage, et d'avoir agréable en mesme temps de prendre son disner au
« chasteau de Cachant. Le Roy le promit et alla voir ces sources, accompagné du
« duc de Montbazon, du gouverneur de Paris, du sieur de Souvray et de quelques
« autres seigneurs, avec sa compagnie de chevaux-légers. Il mit pied à terre et
« visita avec beaucoup de satisfaction les fontaines et les tranchées. De là il alla à
« Cachant prendre le repas que la Ville lui avait préparé. Après quoi, voulant chas-
« ser dans le parc, il s'informa du Prevost et des Eschevins quand on mettroit la pre-
« mière pierre, parce qu'il avoit dessein d'y estre présent. On fit venir les entre-
« preneurs pour les interroger là-dessus, et ils répondirent qu'en cinq ou six jours
« tout seroit prest aux ordres de Sa Majesté. Le Prévost et les Eschevins emploièrent
« ce tems aux préparatifs nécessaires, et, entr'autres choses, firent frapper de
« grandes médailles d'or et d'argent qui représentoient, d'un costé, le Roy, et, de
« l'autre, la Reine régente, sa mère, sur un arc-en-ciel. Le 15, ils allèrent prier
« Leurs Majestez de poser la première pierre de la fontaine de Rongis, et de
« prendre leur disner à Cachant. Le Roy accorda l'un et l'autre; mais la Reine, en
« s'excusant du disner, promit de se trouver à la cérémonie de la première pierre.
« Le 17, au matin, le Roy partit et se rendit à Cachant, prenant le plaisir de
« la chasse sur la route. Après le repas, le Roy alla aux fontaines où la Reine mère
« se rendit sur les trois heures après midi, accompagnée du duc de Guise, du
« prince de Joinville, du duc de Montbazon et d'une grande quantité d'autres sei-
« gneurs, princesses et dames. On avoit préparé des tentes pour mettre la compagnie
« à couvert de l'ardeur du soleil. Le Roy posa la première pierre, sur laquelle on
« mit cinq médailles, quatre d'argent et une d'or au milieu, et cette pierre fut
« scellée d'une autre avec du mortier que le Roy prit avec une truelle d'argent
« dans un bassin de même métal. Aussitost les trompettes et les tambours se firent
« entendre de toutes parts, et tout le peuple poussa de grandes acclamations de
« joie. Le Prévost et les Eschevins présentèrent au Roy et à la Reine des médailles
« d'or, et au reste de la compagnie ils en donnèrent d'argent; ce qui fut suivi
« d'une collation qui avoit esté préparée au même lieu [1]. »

Les travaux de l'aqueduc d'Arcueil durèrent près de onze ans : ils ne furent achevés qu'en 1624. L'aqueduc proprement dit, qui franchit la vallée de la Bièvre, à l'endroit même où se voit encore un reste de l'ouvrage romain, fut

[1] *Histoire de la ville de Paris*, t. II, liv. XXV, p. 1297 et 1298. — Voir, aux appendices, le récit détaillé de cette cérémonie.

construit sur les dessins et sous la direction de Salomon de Brosse; il mesure trois cent quatre-vingt-dix mètres de longueur sur vingt-quatre mètres de hauteur, et se compose de vingt-cinq arcades [1]. Les eaux de Rongis et des sources avoisinantes, amenées à Paris par des conduites souterraines d'une longueur totale de onze mille six cent soixante-quatre mètres, furent distribuées à l'origine d'une façon assez libérale. La Reine mère en préleva dix-huit pouces pour son palais et abandonna les douze autres pouces à la Ville, ainsi qu'aux établissements publics : «œuvre vraiment royale, dit le cardinal de Richelieu dans ses *Mémoires*, et ce «d'autant plus que, n'en retenant que la moindre part pour elle, elle donna tout «le reste de ses eaux au public, les divisant au Collége royal et en l'Université.» Il faut bien convenir que la Ville avait quelque droit à cette libéralité, après avoir abandonné, pour l'exécution des travaux, une partie de ses aides et octrois.

Plus tard, lors de la fondation de l'hospice des Incurables, on attribua à cet établissement le trop-plein des fontaines du Luxembourg. «Le Roy, par son brevet «du 17 juin 1643, à la requeste du sieur Robineau, gouverneur particulier de «l'hospital des Incurables, accorde quatre poulces d'eau de fontaine audit hos- «pital, lesquels restoient à disposer de la chute des fontaines du parc de Luxem- «bourg, venant de Rongis, laquelle, après avoir servi dans ledit parc, se des- «charge, par une conduite soubz terre, dans un regard qui est hors iceluy, et se «perd dans les ruës, comme n'estant point recherchée, pour n'estre pas nette; «mais néantmoins ledit hospital s'en pourroit servir, en la faisant épurer, et lui «seroit plus utile que celle des puits dudit lieu, qui estoit mauvaise et fort pré- «judiciable aux pauvres. Sa Majesté ordonne au sieur Franchine, intendant gé- «néral des eaux et fontaines de France, de faire délivrance desdits quatre poulces «d'eau audit hospital [2].»

L'aqueduc d'Arcueil donne encore aujourd'hui son contingent d'eau de source tant au palais et aux jardins du Luxembourg qu'aux différents quartiers de la rive gauche. Il a été certainement dépassé par les grands travaux de dérivation exécutés de nos jours; mais il n'en constitue pas moins une entreprise considérable pour le temps où ce projet a été conçu et mené à bonne fin.

III.

LE PETIT-LUXEMBOURG

ET LE COUVENT DES BÉNÉDICTINES DU CALVAIRE.

Nous avons établi précédemment que «l'hostel à présent appellé de Luxem-

---

[1] De nos jours, un second aqueduc a été construit sur les arcades mêmes de celui de Salomon de Brosse, pour le passage des eaux de la Vanne.

[2] Cette concession figure dans les *Actes relatifs à l'hospice des Incurables*. (Félibien. *Preuves*, t. II, p. 111.)

LE PALAIS DU LUXEMBOURG. 317

«bourg,» dans une déclaration de 1587, avait été bâti par Alexandre de la Thourette, président en la Cour des monnaies et vendu, le 21 juin 1564, à la dame de Morinvillers, veuve de Robert de Harlay, sieur de Sancy et baron de Montglas. Cédé, le 25 octobre 1570, à François de Luxembourg, prince de Tingry, qui lui donna son nom et le transmit à son fils, le duc de Piney-Luxembourg, il fut acquis, le 2 avril 1612, par Marie de Médicis, au prix de 90,000 livres. La vente comprenait, en outre, «le pavillon appellé la ferme de Bourg et estant au «sieur de Montherbu,» puis les terres «n'aguerre acquises par ledit sieur duc de «Luxembourg pardevant sur la rue de Vaugirard; *item*, le parc; *item*, une maison «devant l'hostel de Luxembourg, aboutissant sur les rues de Vaugirard, Garan-«cière et du Fer-à-Cheval.» C'est sur l'emplacement occupé par ces dépendances diverses qu'ont été construits l'hôtel du Petit-Luxembourg avec ses annexes, bordant le côté septentrional de la rue de Vaugirard, et le couvent des religieuses Bénédictines du Calvaire.

La plupart des historiens de Paris, et, en particulier, Jaillot, Piganiol, Dulaure, ont affirmé que l'hôtel du Petit-Luxembourg avait été construit en 1629 par Richelieu, qui voulait en faire sa résidence temporaire, en attendant l'achèvement du Palais-Cardinal. Cette affirmation, déjà contestée par un écrivain italien, Vittorio Siri[1], et par un architecte contemporain, M. de Gisors[2], tombe devant le texte précis du censier de Sainte-Geneviève pour 1646. Ce document, que nous avons déjà cité plus haut, contient l'indication suivante : «Au «lieu de l'hostel du Luxembourg..., a esté la maison de M° Alexandre de la Tou-«rette, président dans la cour des Monnoyes, qui fist bastir la maison, fit faire le «jardin au lieu où est à présent l'hostel dict à présent le Petit-Luxembourg, que «la feue Royne, mère du roi Louis XIII..., ayant achepté, *fit bastir comme il est* «*à présent.*»

Il est donc avéré que Marie de Médicis a fait construire la partie de l'hôtel située en face de la rue Garancière, ainsi que l'aile en retour sur le jardin, et il semble fort probable que le cardinal de Richelieu tenait d'elle ce magnifique

---

[1] *Memorie recondite*, t. VII, p. 576 et 577. M. de Gisors, qui cite cet auteur et lui accorde quelque créance, pense avec lui que Richelieu devait la possession, ou la jouissance, du Petit-Luxembourg à la munificence de Marie de Médicis, alors qu'il était surintendant de sa maison et encore en faveur auprès d'elle. La reine mère, en le lui cédant, se serait, dit Vittorio Siri, réservé la faculté de le racheter moyennant la somme de trente mille livres. Mais, lorsqu'elle voulut faire usage de son droit, on trouva dans le contrat trente mille *écus*, au lieu de trente mille *livres*, et ces mots : *à la volonté du Roy*, au lieu de ceux-ci : *à la volonté de la Reine mère*. Grâce à cette double altération des clauses du contrat, l'hôtel serait resté en la possession du cardinal, qui continua à l'habiter et en fit don plus tard à sa nièce, la duchesse d'Aiguillon. L'accusation est grave et n'a point été prouvée jusqu'ici.

[2] «Il est peu probable que Richelieu, qui fai-«sait alors bâtir le Palais-Cardinal pour l'habiter, «ait fait en même temps construire le Petit-Luxem-«bourg dans le même but.» (*Monographie du palais du Luxembourg*, p. 108.)

logis, à titre de don, d'achat ou de cession temporaire, comme le prétend Vittorio Siri.

Malingre, qui écrivait en 1640, et auquel nous avons emprunté la première description connue du grand palais, s'exprime ainsi au sujet du petit :

« Le petit Luxembourg est joignant le grand, qui a esté rebasty presque tout « de neulf, avec un beau jardin : il a son entrée vers le fauxbourg aboutissant au « monastère des religieuses Bénédictines du Calvaire. Madame la duchesse d'Es-« guillon, niepce de Monsieur l'éminentissime cardinal duc de Richelieu, y est « logée. Aussi, pour eslargir le mesme hostel de Luxembourg, furent prises plu-« sieurs maisons, entre autres celle ou estoit la verrerie, jusques à l'hostel de « l'ambassadeur de Hollande, en la rue dicte de la Verrerie (de Vaugirard). L'es-« curie despendante de cet hostel est celle qui estoit cy-devant au feu mareschal « d'Ancre, au haut de la rue de Tournon, laquelle, ayant esté ruinée l'an 1617, « par la furie de la populace, au mesme temps que l'hostel dudict mareschal fut « mis au pillage, a esté depuis rebastie comme elle se void à présent [1]. »

La duchesse « d'Esguillon, » comme l'appelle Malingre, était Marie-Madeleine de Vignerot, veuve d'Antoine du Roure de Combalet, qu'elle avait épousé en 1620, et dont elle n'eut pas d'enfants. Elle devint duchesse d'Aiguillon en 1638, par suite de l'achat que le cardinal, son oncle, fit pour elle de la terre de ce nom, et continua, comme nous venons de le voir, à habiter le Petit-Luxembourg. Après elle, l'hôtel passa à la famille du maréchal de Maillé-Brézé, qui avait épousé Nicole du Plessis, sœur du cardinal, et dont la fille, Claire-Clémence de Maillé, fut unie au grand Condé. Le fils unique de ce prince, Henri-Jules de Bourbon-Condé, devint aussi propriétaire de l'hôtel et le transmit à la princesse Anne, palatine de Bavière, sa femme, qui, l'ayant choisi pour sa demeure habituelle, y fit faire d'importantes réparations.

Étroitement limité, vers l'ouest, par le couvent des Bénédictines du Calvaire, dont nous parlerons tout à l'heure, arrêté dans ses développements, du côté de l'est, par le pavillon occidental du grand palais, le Petit-Luxembourg, qui ne pouvait d'ailleurs empiéter au midi sur le parc, dut s'étendre, vers le nord, entre les rues Garancière et des Fossoyeurs (Servandoni), en franchissant la rue de Vaugirard. C'était là justement que se trouvait la maison ainsi désignée dans le contrat de vente du 2 avril 1612 : « *Item*, une maison devant l'hostel de Luxembourg, « aboutissant sur les rues de Vaugirard, Garancière et du Fer-à-Cheval » (partie supérieure de la rue des Fossoyeurs). La princesse palatine détruisit donc les vieux bâtiments et fit construire, dit Jaillot, « de l'autre côté de la rue, un second hôtel « pour ses officiers, ses cuisines et ses écuries, avec un passage sous la rue, qui

---

[1] Malingre, *Antiquitez de Paris*, liv. II, p. 402.

« sert encore de communication de l'un à l'autre [1]. » Le Petit-Luxembourg eut alors ses « communs, » ainsi qu'il en existe dans toutes les grandes résidences seigneuriales.

En même temps qu'elle agrandissait et embellissait sa demeure, la princesse palatine voulut imiter l'exemple que Marie de Médicis lui avait donné un siècle auparavant; elle ajouta une nouvelle fontaine publique à celle que la reine mère, d'accord avec la Prévôté des marchands, avait fait établir lors de l'achèvement de l'aqueduc d'Arcueil [2]. Cette fontaine, qui subsiste encore aujourd'hui, est adossée à l'aile droite des communs, en bordure sur la rue Garancière. Elle date de l'année 1715 et porte l'inscription suivante : AQUAM, A PRÆFECTO ET ÆDILIBUS ACCEPTAM, HIC, SUIS IMPENSIS, CIVIBUS FLUERE VOLUIT SERENISSIMA PRINCEPS, ANNA PALATINA EX BAVARIIS, RELICTA SERENISSIMI PRINCIPIS HENRICI JULII BORBONII, PRINCIPIS CONDÆI, ANNO DOMINI M D CC XV. La reconnaissance publique a tenu compte à la princesse de cette utile création : lorsqu'on bâtit la nouvelle église Saint-Sulpice, on prit sur les terrains du cimetière, au sud de l'édifice, une petite rue d'isolement qui fut appelée d'abord rue Neuve-Saint-Sulpice, puis rue du Cimetière, et enfin rue Palatine, « en l'honneur de Mme la princesse palatine, veuve de M. le prince de Condé, « qui logeoit au Petit-Luxembourg au commencement de ce siècle [3]. »

Le séjour de la princesse palatine au Petit-Luxembourg y a laissé de nombreuses et brillantes traces. Dans le cours des années 1710 et 1711, elle modifia heureusement la distribution des grands appartements, les fit décorer avec beaucoup de goût, et voulut que, malgré leur petitesse relative, ils pussent rivaliser d'élégance avec ceux du grand palais. L'escalier destiné à desservir l'étage d'honneur fut établi, dit-on, sur les dessins de l'architecte Germain Bosfrand, qui passe pour avoir dirigé tous les travaux d'agrandissement et d'embellissement ordonnés par la princesse, et auquel on attribue, en particulier, la construction du gracieux cloître des Bénédictines du Calvaire. L'hôtel devint ainsi un séjour fort agréable, et plusieurs princes ou princesses de la maison de Condé l'habitèrent successivement. Il entra de cette façon dans la branche de Bourbon-Condé-Clermont; l'un des membres de cette famille, Marie-Anne de Bourbon-Condé, dite Mademoiselle de Clermont, surintendante de la maison de la reine, y fit un assez long séjour.

Au moment où écrivait Jaillot (1773), l'hôtel était encore en la possession de la maison de Bourbon-Condé; la jouissance en était réglée par des convenances de famille, dont il est impossible de suivre exactement la trace aujourd'hui. Ce

---

[1] *Recherches... sur la Ville de Paris*, XIXe quartier, p. 103. — Le passage souterrain, dont M. de Gisors a constaté l'existence en 1847, subsiste encore aujourd'hui.

[2] Les fontaines publiques alimentées par les eaux de Rongis étaient, au siècle dernier, celles des Carmélites du faubourg Saint-Jacques, de Saint-Marceau, de Saint-Victor, de la porte Saint-Michel, de Saint-Côme, de Saint-Germain, de Saint-Benoît, de la Charité, de Sainte-Geneviève, de Saint-Séverin, des Cordeliers, de la Croix-du-Trahoir, du Palais-Royal, de l'hôtel de Toulouse, de la rue de Richelieu, des Capucins, de la rue Saint-Honoré, etc.

[3] Jaillot, *loc. cit.* p. 75.

qui est certain, c'est que cinq ans plus tard, en 1778, par suite de don, achat, cession ou deshérence, il faisait partie du domaine royal et comptait parmi les

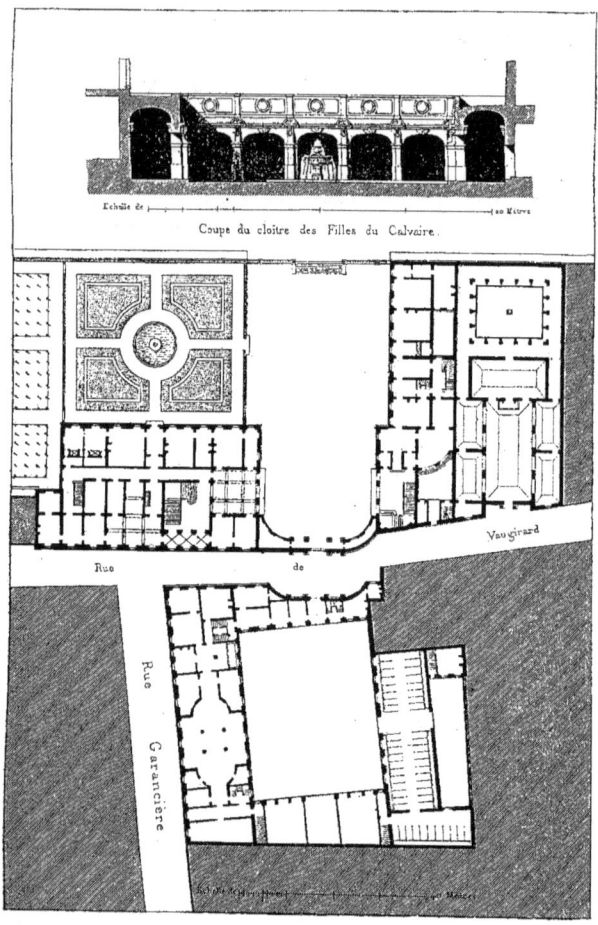

dépendances du grand palais, puisque le jeune roi Louis XVI le donna en apanage à son frère, Monsieur, comte de Provence, depuis Louis XVIII. Ce prince en fit son habitation et l'occupa jusqu'en juin 1791, époque où il émigra. A partir de ce moment, les annales du Petit-Luxembourg appartiennent à l'histoire contemporaine[1].

La monographie du Grand et du Petit-Luxembourg se lie historiquement et topographiquement à celle du couvent des religieuses Bénédictines de Notre-Dame-du-Calvaire. En effet, Salomon de Brosse venait à peine de terminer les parties principales du grand édifice, que Marie de Médicis eut la pensée de fonder, dans le voisinage immédiat, « en son propre palais, » dit Félibien, un nouveau monastère de l'ordre dont elle s'était déclarée protectrice. Elle fit donc venir des religieuses de Poitiers, les dota de mille livres de revenu à prendre sur son douaire, et les logea provisoirement en une maison dite de Beauregard, à l'extrémité de la rue des Francs-Bourgeois, près de la porte Saint-Michel; puis elle se mit en devoir de les installer le plus près possible de sa nouvelle demeure. « Mais, dit « Jaillot, comme les bâtiments nécessaires pour une communauté auroient offusqué « les vues du Palais, les religieuses se virent obligées d'acheter, le 19 mars 1622, « deux hôtels voisins, où elles firent construire quelques cellules et une petite « chapelle [2]. »

Ces acquisitions, que Jaillot fixe au 19 mars 1622, sont celles que nous avons mentionnées précédemment et dont la date offre quelques légères différences. La maison de l'Image-Saint-Nicolas ne fut vendue que le 28 septembre 1622, par Jean Baudoin, au prix de 9,000 livres, et la maison de l'Image-Sainte-Geneviève, ou hôtel de Montherbu, avait été cédée aux religieuses le 11 avril précédent, moyennant 48,000 livres, par son propriétaire, Michel Renouard. Huit ans plus tard, les Bénédictines reçurent de la reine mère, à titre de compensation, la maison dite « la ferme du Bourg, » qui faisait partie des propriétés acquises pour la construction du palais, mais qui était restée en dehors des plans de Salomon de Brosse. Ce don devait servir à les dédommager des emprises que Marie de Médicis s'était vue obligée de faire, en 1630, pour la construction du Petit-Luxembourg, sur les deux arpents et demi de superficie que contenaient alors leur couvent et ses dépendances : nouvelle et décisive preuve que le Petit-Luxembourg a été bâti par elle et non par le cardinal de Richelieu.

Par le fait de ces divers arrangements, l'aile occidentale du Petit-Luxembourg fut accolée au monastère, et les Bénédictines ne furent séparées de cette résidence princière que par un simple mur mitoyen. Dans de telles conditions, le couvent, sorte de dépendance de l'hôtel, ne pouvait guère se développer; le nombre des religieuses demeura toujours assez restreint, et leur chapelle extérieure, due à la munificence de la reine mère, devint naturellement la chapelle de l'hôtel. Ce gra-

---

[1] Le Directoire, puis le premier Consul, dans les trois mois qui suivirent le 18 brumaire, le Sénat et son chancelier Laplace, occupèrent successivement l'hôtel, qui devint, en 1814, la résidence des chanceliers de France.

[2] *Recherches sur Paris*, XIXᵉ quartier, p. 104.

cieux édifice, dont on posa la première pierre au mois de mai 1625, trois ans après l'entrée des religieuses dans leur nouvel asile, fut bénit en 1631 par l'évêque de Léon, et consacré, en 1650 seulement, par l'évêque de Quimper. C'est un spécimen curieux du style architectonique de cette époque. « On voyait « sur la porte, dit Jaillot, une Notre-Dame de Pitié, tenant son fils mort sur ses « genoux, morceau de sculpture que les connaisseurs considèrent avec atten- « tion [1]. » Cette *pietà* était à la fois une réminiscence italienne pour Marie de Médicis, et un symbole extérieur de la dévotion propre des Bénédictines du Calvaire, « instituées pour honorer et imiter « le mystère de la compassion de la Vierge « aux douleurs de son adorable fils [2]. »

La reine mère ne s'était pas contentée de faire bâtir cette chapelle extérieure; elle avait également donné l'ordre de construire, pour ses protégées, un chœur, une tribune, une petite chapelle intérieure et le cloître qui existe encore aujourd'hui. Salomon de Brosse était mort lorsque Marie de Médicis entreprit ces différents travaux; ce fut l'architecte Germain Bosfrand qui les dirigea.

En dehors de sa fondation royale et de ses relations avec les nobles habitants du Grand et du Petit-Luxembourg, le couvent des Bénédictines du Calvaire n'a pas d'histoire. Au moment de la Révolution, il eut le sort de toutes les maisons religieuses : une partie des bâtiments fut vendue; ceux que l'on conserva furent transformés successivement en caserne, en écurie, en cuisines, en magasin à décors; on en fit également une prison. Les constructions s'en allèrent ainsi pièce par pièce.

A diverses époques, des remaniements ont modifié l'aspect et la distribution intérieure de l'aile occidentale du Petit-Luxembourg. D'autre part, il ne reste aujourd'hui, du couvent des Bénédictines, que le cloître et le portail de la chapelle,

---

[1] *Recherches sur Paris*, XIXᵉ quartier, p. 105.

[2] M. H. Cocheris a relevé les noms des personnages qui ont été inhumés dans la chapelle des Bénédictines du Calvaire; nous lui empruntons cet intéressant nécrologe : la présidente Le Cler, mère du fondateur (novembre 1633); Claude du Ménil, en religion de Saint-Paul, profès du calvaire d'Angers (31 décembre 1637); Renée de Baumont, nièce du fondateur (8 mai 1638); Joseph Le Cler, capucin, fondateur du monastère (18 décembre 1638); Marguerite de Saint-Joseph, une des deux religieuses qui accompagnaient l'abbesse de Remiremont, tante de Mᵐᵉ la duchesse d'Orléans (8 septembre 1643); l'abbesse de Remiremont, déposée temporairement (1648); marquise de Lesco : le corps fut déterré, le 17 mai 1672, par ordre de l'archevêque, et remis aux Bernardines du faubourg Saint-Germain (6 décembre 1657); Anne Du Pré (21 octobre 1659); Marie du Saint-Esprit, directrice (23 janvier 1664); Michelle Guisky, fille du marquis Guisky, pensionnaire de ce monastère (20 décembre 1677); la mère de la princesse Marie-Anne de Wurtemberg (10 août 1769); Jacques-Robert de Lesmeré, chapelain (30 juin 1722); le prince de Valois, fils unique de S. A. R. M. le duc d'Orléans (18 août 1652), remporté par les Célestins, le 30 mai 1656; Mˡˡᵉ de Baraux (2 juillet 1654); Jean-Emmanuel de Rieux, marquis d'Asserac (28 septembre 1657); Claude de Saux-Tavannes, comte de Barault (30 décembre 1661); Pierre de Patris, premier maréchal des logis de S. A. R. Monsieur, frère unique du roi Louis XIII, capitaine et gouverneur du comté de Limours, etc. (6 octobre 1671); Compan, bourgeois de Paris (15 avril 1672); Jeanne-Pélagie de Rieux, marquise d'Asserac (24 septembre 1695).

restaurés de nos jours avec une certaine intelligence du style primitif, mais aussi avec des additions qui en ont peut-être altéré la physionomie[1]. Toutefois, après deux siècles et demi, le Petit-Luxembourg, avec le couvent qui lui servait d'annexe, est un point de repère dans l'histoire topographique de cette région, et, à ne le considérer que comme une construction privée, il compte pour quelque chose dans les annales de l'art parisien.

[1] Le plan, que nous avons reproduit, p. 320, d'après M. de Gisors, donne les grandes lignes de distribution, telles qu'elles existaient à l'époque de Marie de Médicis et de la princesse palatine.

CHAPITRE IX.

FIN DE LA DESCRIPTION DES RUES DU BOURG SAINT-GERMAIN.

RUE DE VAUGIRARD.

CÔTÉ SEPTENTRIONAL.

PAROISSE SAINT-SULPICE.
JUSTICE
ET CENSIVE DE L'ABBAYE SAINT-GERMAIN.

MAISON ET CLOS du sieur de l'Aubépine, depuis couvent des Carmes déchaussés, faisant le coin occidental de la rue Cassette. Cette propriété, d'une superficie d'environ quatre arpents, fut formée par la réunion de plusieurs, dont la principale consistait en une pièce de sept quartiers, en hache, donnant sur les deux rues, et où l'on voyait un commencement de carrière, lorsque, le 11 octobre 1543, elle fut achetée de Jean Bart par le nommé Pierre de Valles. Celui-ci y fit bâtir un grand corps d'hôtel, une galerie, ainsi qu'un petit jeu de paume, et vendit le tout, à la date du 27 avril 1570, à Guillaume de l'Aubépine, abbé de Préaux et alors conseiller au Parlement. Il lui vendit en même temps deux places à bâtir : l'une formant l'encoignure des rues Cassette et de Vaugirard, et l'autre aboutissant aussi rue Cassette, mais séparée de la première place par un troisième terrain, large de douze toises et profond de dix-huit. Pierre de Valles l'avait baillé au maçon Marc Le Comte, le 9 janvier 1569, et celui-ci le rétrocéda à Guillaume de l'Aubépine, le 15 mai 1570. Guillaume de l'Aubépine arrondit, en outre, son jardin d'une pièce d'un arpent et demi, qui y était attenante du côté de l'occident, et qu'il acquit, le 1er juillet 1570, de Benoît Villain, beau-fils et héritier du boulanger Honoré Chevalier.

Le clos de Guillaume de l'Aubépine lui fut acheté, le 29 juillet 1578, par Me Robert Barat, contrôleur général de l'argenterie du roi, et fut revendu par ce dernier, le 11 mai 1611, au prix de 15,000 livres tournois, à Nicolas Vivien,

Entre les rues du Regard et Cassette.

maître des comptes. Trois jours après, celui-ci l'abandonna aux Carmes déchaussés, ne leur demandant en retour qu'une somme de 6,550 livres, dont il leur fit d'ailleurs remise le 1ᵉʳ décembre 1612. L'établissement à Paris des Carmes déchaussés avait été autorisé dès le 15 juin 1610, et ils s'installèrent avec tant de rapidité dans leur nouvelle maison, que, une semaine seulement après leur arrivée, le nonce y célébra la messe le 22 mai, en consacrant comme chapelle une salle où les protestants avaient précédemment tenu leur prêche. Cette chapelle improvisée fut, au surplus, remplacée immédiatement par une autre, qu'on put bénir le 6 novembre suivant, mais qui ne dura guère, car, le 7 février 1613, on entreprit une reconstruction générale des bâtiments claustraux, et, le 20 juillet de la même année, la reine Marie de Médicis posa la première pierre de la nouvelle et grande église qu'on voit encore [1].

Vers 1625, le couvent des Carmes était la dernière construction du côté septentrional de la rue de Vaugirard, et l'on n'a bâti au delà que plus tard.

<small>Entre les rues Cassette et du Pot-de-Fer.</small>

Maison sans désignation (1578) et JARDIN, faisant le coin oriental de la rue Cassette et aboutissant rue Honoré-Chevalier. Elle fut construite sur deux pièces de terre, dont l'une contenait deux petites masures et l'autre un jardin clos, et qui furent acquises, le 21 novembre 1561, par Pierre de Valles, de Benoît Villain et de sa femme Jeanne Chevalier, fille d'Honoré Chevalier, ancien possesseur du terrain. Le 9 janvier 1569, Pierre de Valles céda sa propriété au sieur Guillaume de l'Aubépine, et, le 29 juillet 1578, celui-ci la transmit, avec les constructions qu'on y avait élevées, à Mᵉ Robert Barat, qui la vendit, le 25 avril 1598, à Simon le Bossu, maître ordinaire des comptes, duquel elle fut achetée,

---

[1] La construction de la troisième chapelle des Carmes dura près de sept ans; elle ne fut achevée qu'en 1620, à peu près à la même époque que les grands bâtiments du palais du Luxembourg. L'édifice fut bénit le 10 mars de cette année par Charles de Lorraine, évêque de Verdun, et dédié cinq ans et demi plus tard, le 21 décembre 1625, par Éléonor d'Estampes de Valençay, évêque de Chartres, qui y avait été sacré en 1621.

Le monastère était l'un des plus importants de Paris : il comptait, au moment de la Révolution, soixante-quatre religieux, dont quarante-deux prêtres, et jouissait de revenus considérables. Il possédait une bibliothèque composée de douze mille volumes, et des manuscrits, parmi lesquels on remarquait un exemplaire de la chronique Flodoard. (Voir les *Anciennes bibliothèques de Paris*, t. II, p. 313.)

On sait que le couvent des Carmes déchaussés de la rue de Vaugirard, auquel avait été réuni celui de la rue des Billettes, devint, en 1789, un lieu de casernement, puis une prison pour les ecclésiastiques insermentés; cent dix-sept prêtres et dignitaires de l'église y furent massacrés, le 2 septembre 1792, par une bande d'égorgeurs, qui *travailla* également à la Force et à l'Abbaye. Ces scènes d'horreur, racontées par tous les historiens de la Révolution, ont été très-exactement exposées par M. A. Sorel dans son ouvrage sur le couvent des Carmes. M. H. Cocheris a décrit, à son tour, la fameuse «chapelle des Martyrs,» et relevé les nombreuses inscriptions commémoratives qui la décorent. (*Notes et additions* à l'ouvrage de Le Beuf, t. III, p. 166 et suiv.)

Le couvent et la chapelle des Carmes ont leur histoire depuis le rétablissement du culte; mais cette histoire appartient à la période contemporaine. L M T.

en 1612, par demoiselle Doulcin de Lude. Peu de temps après, elle fut morcelée en plusieurs maisons, parmi lesquelles deux étaient en bordure sur la rue de Vaugirard. La première de celles-ci, formant le coin de la rue Cassette, a eu pour enseigne « le Demy-Lion; » la seconde a été annexée au monastère des Bernardines.

Maison sans désignation (1595), qui fut ruinée pendant le siège de Paris, et rebâtie, vers l'an 1600, par le sieur de Bonigalle, premier huissier du Trésor. L'héritier de celui-ci, et sans doute son fils, Antoine de Bonigalle, conseiller du roi, la vendit pour vingt mille livres, le 10 décembre 1658, aux Bernardines du Précieux-Sang, et elle a servi de couvent à ces religieuses jusqu'à la suppression des monastères. La rue Madame a été prolongée sur cet emplacement en vertu d'une ordonnance de 1824.

La maison de Bonigalle aboutissait précédemment à la rue Honoré-Chevalier; mais la partie qui donnait sur cette rue, détachée de celle qui avait sa façade sur la rue de Vaugirard, forma, dès 1628, trois maisons distinctes [1]. Acquises successivement par les Bernardines, elles paraissent avoir subi un retranchement destiné à agrandir le jardin du couvent; car la maison où il fut établi n'avait que vingt-six toises et demie de profondeur en 1658, suivant l'acte de vente; or les plans postérieurs indiquent une profondeur d'une douzaine de toises plus considérable.

Maison sans désignation (1595), rebâtie en même temps que la précédente par l'huissier de Bonigalle, et vendue par son héritier, le 10 décembre 1658, à Charlotte de Ligny, dame de Herse. Sur l'emplacement de cette maison il existait, en 1529, une pièce de neuf quartiers qui appartenait à Honoré Chevalier, et qui, en 1531, morcelée en plusieurs lots, était déjà couverte de « maisons manables. »

Maison sans désignation (1595), faisant le coin occidental de la rue du Pot-de-Fer. Ce même coin de la rue du Pot-de-Fer était formé, en 1529, par le jardin de la maison de Michel Raimbaut, lequel était attenant à une pièce de terre contenant neuf quartiers.

Jardin (1542), puis maison sans désignation (1595), formant le coin oriental de la rue du Pot-de-Fer. Cette propriété faisait d'abord partie d'une pièce de cinq quartiers, dépendant de la grande maison de Henry du Verger aboutissant à la rue du Vieux-Colombier. En 1542, elle appartenait à M° Michel Raimbaut, héritier des Du Verger par sa femme Catherine, et, en 1628, elle était au président Brion. Elle passa ensuite au fils de celui-ci, à M° François Pingré et à Pierre-Nicolas Aunillon, premier président à l'élection de Paris, duquel elle fut achetée, au mois d'avril 1738, pour l'établissement des Filles de l'Instruction chré-

Entre les rues du Pot-de-Fer et Férou.

---

[1] L'une de ces trois maisons, celle du milieu, fut vendue, en 1658, par Antoine Bonigalle à Mathieu Lenain, sieur de la Jumelle, peintre du roi. Les Bernardines n'en firent l'acquisition qu'en 1677.

tienne. Elle paraît s'être étendue, dès l'origine, jusqu'à la ruelle de l'impasse Férou. Comme la suivante, elle provenait d'un morcellement de l'ancien clos Lorin-Gauldry. (Voir Rue Férou.)

GRAND JARDIN faisant le coin occidental de la rue Férou. Il contenait environ un arpent et un tiers, et devait exister déjà en 1542. Il appartenait, vers le commencement du xvii° siècle, à Nicolas Bollard, sieur de Cressé, avocat au Parlement. Par sentence du 11 octobre 1630, ce jardin fut divisé entre les religieuses du Calvaire, qui en avaient acquis la moitié par indivis, le 17 août 1627, et Fiacre Bollard, un des deux héritiers de son père. Suivant le partage, effectué le 14 août 1631, la moitié orientale échut aux religieuses, desquelles elle fut achetée, le 28 août 1640, par le sieur de la Vergne; la moitié occidentale demeura à Fiacre Bollard. Ce dernier lot fut plus tard morcelé; sur l'une de ses deux parcelles, celle du couchant, fut élevé l'hôtel d'Elbeuf ou de Kervenceau, et sur l'autre, l'hôtel de Montataire. L'hôtel d'Elbeuf aboutissait dans l'impasse Férou.

Entre les rues Férou et Servandoni.

MAISON sans désignation (1595), faisant le coin oriental de la rue Férou. En 1626, elle était séparée de la maison du Fer-à-Cheval, formant le coin occidental de la rue Servandoni, par une autre maison dont nous n'avons point constaté l'existence au xvi° siècle.

Entre les rues Servandoni et Garancière.

MAISON sans désignation (1595), faisant le coin oriental de la rue Servandoni. En 1628, il y avait, entre cette maison et la suivante, une maison intermédiaire dont nous n'avons point non plus trouvé, au xvi° siècle, d'indication intelligible. Il existe bien, dans les archives de l'abbaye, plusieurs actes relatifs aux terrains de cette région et aux maisons qu'on y bâtissait vers 1530; mais nous n'avons pu faire l'application des renseignements fort obscurs que ces documents contiennent.

MAISON sans désignation, faisant le coin occidental de la rue Garancière. Elle existait déjà en 1531, et avait été bâtie par Jean Allain sur l'emplacement de l'ancien pressoir bannier de l'Abbaye[1], indiqué, en 1523, comme étant encore une place vide. Elle appartint ensuite à M° Pierre Mesme. Elle était énoncée « un jardin clos de trois quartiers, » lorsqu'elle fut cédée, le 15 juillet 1583, par M° Denis Grasseteau au duc de Luxembourg, dont le fils la vendit, le 2 avril 1612, à la reine Marie de Médicis, en même temps que le grand hôtel de l'autre côté de la rue. Dans l'acte de vente, la maison est déclarée aboutir sur les rues de Vaugirard, Garancière et du Fer-à-Cheval, c'est-à-dire à la rue Servandoni, ce qui impliquerait qu'elle avait une issue sur cette dernière voie; mais les autres documents ne font point mention de cette circonstance. La maison du coin de la

---

[1] La création des pressoirs banniers des Halles de la Foire est probablement la cause de la suppression de celui-ci.

rue Servandoni a été ensuite une dépendance de l'hôtel du Petit-Luxembourg et a passé pareillement à la duchesse d'Aiguillon ainsi qu'à la princesse Anne, palatine de Bavière. Celle-ci la fit rebâtir pour y placer ses écuries et ses cuisines, et paraît en avoir augmenté la surface de deux maisons, acquises l'une le 11 juillet 1678, et l'autre le 14 août 1710.

Maison sans désignation (1595), faisant le coin oriental de la rue Garancière. Cette maison fut bâtie après la reddition de Paris, sur l'emplacement de deux autres qui avaient été ruinées pendant le siége.

<small>Entre les rues Garancière et de Tournon.</small>

Maison de l'Image Saint-Louis, déjà divisée en deux, vers 1595, et contiguë à la maison faisant le coin occidental de la rue de Tournon. Ainsi que la précédente, elle provenait d'un morcellement de cette dernière.

Jardin ou Maison faisant le coin oriental de la rue de Tournon et le coin occidental de la rue de Condé. (Voir à l'article de cette rue.)

<small>Entre les rues de Tournon et de Condé.</small>

Maison du Heaume, faisant le coin oriental de la rue de Condé. (Voir rue de Condé.)

<small>Entre les rues de Condé et Monsieur-le-Prince.</small>

Jardin d'environ un arpent (1531), qui appartenait à l'église Saint-Benoît et que le censier de 1547 énonce comme ayant été «naguères en voyrie et non valleur.» Il était absorbé dans l'hôtel de Gondi avant 1595.

Maison sans désignation (1595), de laquelle dépendait un grand jardin, et qui doit avoir eu pour origine un morcellement de la propriété suivante. Le jardin faisait partie de l'hôtel de Gondi avant 1595.

Grand clos ou Jardin (1523), contigu à la maison faisant le coin de la rue Monsieur-le-Prince [1], et s'étendant derrière les maisons en bordure sur cette rue. Il appartenait à Ange Coignet et formait une grande partie de sa pièce de cinq arpents, dont le reste était occupé par les maisons bâties le long de la rue sur les bas fossés. Il s'étendait vers le nord jusqu'à la maison que Coignet avait dans cette rue, et offrait ainsi une profondeur d'au moins quatre-vingts toises. A la fin du xvie siècle on y avait bâti, du côté de la rue de Vaugirard, une habitation qui subsista longtemps après qu'on en eut annexé les jardins à l'hôtel de Gondi, car elle semble se confondre avec la *maison du Petit-Bel-Air*, achetée par le prince de Condé le 18 août 1703.

[1] Ou à la partie postérieure d'une maison attenante à celle du coin. (Voir rue Monsieur-le-Prince.)

RUE DES QUATRE-VENTS.

La rue des Quatre-Vents commence à la rue de Condé; elle finit à cette partie de la moderne rue de Seine qu'on appelait la rue du Brave, et dans laquelle s'ouvrait une des portes de la Foire Saint-Germain.

Nous avons fait observer que, la rue du Cœur-Volant n'ayant été percée que dans la seconde moitié du xvie siècle, elle ne peut représenter la «ruelle de la «voirie de la Boucherie,» mentionnée dans les titres du siècle précédent. Or l'emplacement de la voirie des Bouchers est clairement indiqué. En effet, tant que cette ruelle a subsisté, les maisons du côté méridional de la rue des Boucheries ont été énoncées y aboutir. Elle était donc derrière ces maisons et par conséquent elle a été certainement remplacée par la rue des Quatre-Vents. Nous voyons, en effet, que les deux parcelles de terrain qui ont formé la partie orientale de l'îlot compris entre les rues du Petit-Lion (Saint-Sulpice) et des Quatre-Vents sont dites situées «sur le hault de la voirie,» dans les baux qu'on en fit en 1501. La rue des Quatre-Vents est, du reste, encore appelée, dans un acte de 1509 : «ruelle dicte «la Voierie de la Boucherie, laquelle ruelle tient au cloz Bruneau,» et, dans un autre de 1502, «chemin de la Voyrie.»

La voirie des Bouchers, nommée «la Bouverie de la Boucherie» en une transaction de 1422, est mentionnée dès 1403; elle servait de réceptacle aux immondices provenant des boucheries de la grande rue voisine [1], et ce devait être un foyer d'infection pour les environs. A la fin du xve siècle, elle avait été supprimée, et, vers l'an 1500, on traça sur son emplacement une rue conduisant directement à l'une des portes de la Foire. Cette rue se trouvait bordée des deux côtés de terrains vagues; ceux du midi furent pour la plupart baillés à bâtir en 1501; ceux du nord, vendus en 1509 et 1510, furent acquis par les propriétaires des maisons de la grande rue, maisons qui s'étendirent ainsi jusqu'à l'alignement de la voie nouvelle.

La rue des Quatre-Vents est énoncée dans divers documents : «Chemin du petit «huys de la Foire» (1499). — «Voye de la Halle» (1501). — «Rue ou chemin «de la Foire» (1522, 1595, etc.). — «Rue Neufve de la Foire» (1510, 1517, etc.). — «Rue nouvellement laissée [2]» (1510). — «Chemin par lequel on va de la «porte dudict Sainct Germain en les Halles dudict Sainct Germain» (1529). — «Rue par laquelle on va aux Halles où se tient la Foire» (1517). — «Rue qui «descend de la rue Neufve à la porte de la Halle» (1531). — «Rue qui vient de

---

[1] Cette voirie remplaça sans doute celle du champ des Bouchers, qui semble bien plus ancienne.

[2] C'est-à-dire dont le terrain a été réservé.

«la porte de la Foire» (1595). Quant au nom actuel, motivé par une enseigne, il n'apparaît que vers le milieu du xviie siècle, dans la première moitié duquel la rue a été appelée *rue du Brave* (1617), *rue du Petit Brave* (1626), *rue de la Foire*, anciennement (*lisez* autrement) *du Brave* (1604); mais ce dernier vocable [1] a fini par ne s'appliquer qu'à la partie de rue qui, continuant en retour d'équerre la rue des Quatre-Vents, a pu être considérée comme n'en différant point et ne porte aucun nom particulier dans les titres anciens. Toutefois un document de 1501 l'énonce : «la voie du coing du clos de Naverre.»

Jaillot a écrit que la rue des Quatre-Vents s'était appelée rue Combaut [2]; mais comme le chanoine Combaut demeurait du côté méridional de la rue du Petit-Lion, la rue des Quatre-Vents ne pourrait avoir porté le nom de Combaut que par erreur. Aussi bien rien n'est plus aisé que de confondre les deux rues, qui, très-rapprochées et parallèles, avaient également pour destination principale de mener à la Foire. Dans les censiers, où elles sont fréquemment désignées par des formules analogues [3], on ne les distingue qu'avec beaucoup de peine, et presque jamais on n'y parviendrait sans l'aide que fournissent les noms des propriétaires.

CÔTÉ MÉRIDIONAL.

PAROISSE SAINT-SULPICE.

JUSTICE
ET CENSIVE DE L'ABBAYE.

Tout ce côté de la rue des Quatre-Vents était formé par des maisons qui donnaient aussi sur la rue du Petit-Lion; nous en avons parlé à l'article de cette rue. (Voir p. 186). C'étaient :

Une MAISON sans désignation (1520), faisant le coin de la rue du Brave, absorbée depuis dans la rue de Seine;

Une MAISON sans désignation (1522), qui fut subdivisée en 1628;

Un JARDIN (1522) sur l'emplacement duquel on construisit plus tard deux maisons, avec un jeu de paume.

---

[1] On lit *rue du Petit Brac* sur les plans de Gomboust et de Jouvin; mais il semble manifeste que c'est par inadvertance du graveur, qui devait écrire *Petit Brave*.

[2] Il ajoute que c'était au commencement du xve siècle; mais il ne faut sans doute voir là qu'une faute d'impression.

[3] Ainsi, dans le censier de 1531, la rue du Petit-Lion est énoncée : «rue qui descent de la «Grant rue neufve à la porte des champs de la «Foire,» et la rue des Quatre-Vents : «l'aultre rue «qui descent de la rue Neufve à la porte de la «Halle.»

CÔTÉ SEPTENTRIONAL.

PAROISSE SAINT-SULPICE.

JUSTICE
ET CENSIVE DE L'ABBAYE.

Entre les rues du Brave et du Cœur-Volant.

Jardin (1523), puis Maison sans désignation (1595), tenant aux murs de la Foire-Saint-Germain et formant l'angle rentrant de la rue du Brave (de Tournon).

Jardin ou Place (1523), puis Petite maison sans désignation en 1595, et de l'Écharpe blanche en 1604, faisant le coin occidental de la ruelle ou impasse des Quatre-Vents. Le terrain de cette maison doit se confondre avec la place de douze toises sur six que Guillaume Drouart prit à bail, le 6 septembre 1490, et où il y avait eu précédemment une construction. En effet, cette place est dite alors tenir d'une part aux jardins de Navarre, d'autre part à la voirie des Bouchers, et aboutir d'un bout à la maison Bretesche (de l'Image-Saint-Jacques), de l'autre aussi au jardin de Navarre. Le même terrain est énoncé, en 1499, tenir au chemin tendant au petit huis de la Halle, et d'autre part au jardin de Guillaume Cornu, et aboutir d'un bout à la voirie, de l'autre au clos de la Halle. Le jardin de Guillaume Cornu existait encore au milieu du xvie siècle.

Ruelle ou Cul-de-sac des Quatre-Vents. Elle constituait primitivement une ruelle qui, formant retour d'équerre, débouchait d'une extrémité rue des Quatre-Vents, et de l'autre, dans le préau de la Foire. Nous l'avons vue désignée, en 1523, comme «une ruelle commune» par laquelle les habitants de maisons situées dans la rue des Boucheries allaient aux champs; puis énoncée «*ruelle* de la Foire» (1531), pour la distinguer de la rue de ce nom. On a dit aussi «Petite ruelle qui «va à la rue» ou «à la porte de la Foire» (1595). Avant 1628, elle a été fermée du côté de l'ouest et, en conséquence, on l'a qualifiée d'impasse. Elle existait dès 1499, et, en 1519, il y avait là trois ou quatre propriétés que nous n'avons pu restituer. Le retour d'équerre de l'impasse doit avoir été formé par l'extrémité de cette ruelle, qui, en 1454, conduisait au jardin de Navarre et constituait la limite de la maison de l'Image-Saint-Michel. Or, évidemment, cette ruelle ne se distingue point de celle de la Voirie, et c'est ce qui a fait que, dans un titre de 1449, la maison de la Rose est énoncée aboutir à «une ruelle ditte la Voirie de la Bou-«cherie, laquelle ruelle tient au clos Bruneau.» Il faut donc admettre que la partie de l'impasse se dirigeant de l'orient à l'occident était un reste de la ruelle de la Voirie, et que la partie débouchant en la rue des Quatre-Vents n'a commencé à exister que lors de l'ouverture de cette dernière voie. La profondeur de vingt toises, attribuée à la parcelle faisant le côté oriental de l'impasse, est une seconde preuve

RUE DES QUATRE-VENTS. 333

que, sur ce point, la ruelle de la Boucherie était alors distante de la future rue des Quatre-Vents, comme le retour d'équerre de l'impasse l'a été depuis.

PLACE VAGUE, puis JARDIN (1523), faisant le coin oriental de l'impasse des Quatre-Vents. Il avait environ vingt toises de profondeur, sur vingt pieds de largeur, et a formé la partie postérieure de la maison du Chef-Saint-Denis, située rue des Boucheries. Le terrain en fut baillé à Guillaume Cornu, le 17 mars 1510, et, un siècle après, c'était encore une place à bâtir ou masure, que, le 31 juillet 1604, Toussaint Morenze céda à Charles Leroy. Entre les rues du Cœur-Volant et de Condé.

JARDIN (1523) de cinq toises de largeur, dépendant de la maison de la Croix-d'Or, située rue des Boucheries. L'emplacement en fut acquis par François Videt, le 6 mars 1509, à charge de se clore, de ne pouvoir élever là «pourceaulx ny «oisons,» de faire paver au devant de son terrain jusqu'au ruisseau, et de contribuer pour sa part «aux fraiz et mises de la cisterne et fousse à eaue» qu'il convenait de construire dans les environs. Ces conditions furent également imposées à tous ceux qui prirent à bail des terrains dans la rue. C'est sur la moitié orientale de ce jardin que fut ouverte la rue du Cœur-Volant; sur l'autre moitié était déjà bâtie, en 1595, une maison qui forma le coin occidental de cette dernière rue et eut pour enseigne *le Cœur Volant*, en 1687.

PLACE VAGUE, puis MAISON avec petit jardin et jeu de paume (1523). Le terrain, large de quatre toises et demie par devant et de cinq par derrière, dépendait de la maison de l'Écu de Bretagne, et fut pris à bail par Jean de Rogehan, le 25 février 1510. Après le percement de la rue du Cœur-Volant, on y construisit une maison qui faisait le coin oriental de cette rue et qui continua à renfermer un jeu de paume, lequel se nommait *jeu de paume d'Orléans* (1628-1690) et s'étendit sur la maison suivante.

JARDIN (1523) de vingt pieds de largeur par devant et de quatre toises par derrière, dépendant de la maison de l'Image-Sainte-Catherine, et planté sur une place vague baillée, le 1er mars 1509, à Augustin Riet, propriétaire de la maison de l'Image-Sainte-Catherine. Ce jardin ainsi que les jardins suivants, à l'exception d'un seul, n'a été remplacé par une maison que pendant le cours du XVIIe siècle.

PLACE (1523), puis JARDIN de vingt et un pieds de largeur, dépendant de la maison de l'Image-Saint-Michel, rue des Boucheries. Le terrain en fut baillé à Jacques Leroux, le 22 avril 1510.

TROIS PLACES (1523), puis JARDINS de dix-sept pieds de largeur, dépendant des maisons des Moutons, de l'Image-Saint-Jacques et d'une troisième, situées rue des Boucheries. Le terrain du premier de ces jardins fut pris à bail par Richard Homo, le 1er octobre 1512; le terrain du deuxième, par le nommé Auffroy, le 18 janvier 1509, et le terrain du troisième par Charles Lemaître, le 3 mars 1509.

PLACE CLOSE (1523), puis JARDIN dépendant d'une maison de la rue des Boucheries.

PLACE CLOSE (1523), puis JARDIN dépendant de la maison de la Licorne. Le terrain de ce jardin et du précédent a dû être baillé en 1509 ou 1510.

JARDIN (1523) de quatre toises et demie de longueur sur la rue, et de cinq de largeur par derrière, dépendant de la maison du Dauphin, rue des Boucheries. On y éleva dans la suite une maison qui a eu pour enseigne *les Quatre Vents* (1628-1690); elle paraît avoir été séparée de la maison précédente par une allée servant d'issue au jeu de paume du Dauphin, et elle tenait, vers l'orient, à la maison du coin de la rue de Condé. L'emplacement fut baillé, le 27 mars 1509, à Nicolas Goret.

N. B. — Ici se termine la description des rues du bourg Saint-Germain proprement dit, c'est-à-dire de la région qui formait les environs immédiats du monastère. Au delà, le territoire de l'abbaye ne comprenait guère, en 1610, que des prairies, des terres labourables, et, dans la partie la plus rapprochée de la ville, des terrains vagues à usage de chantiers de bois, des jardins et des allées d'arbres. C'est là que s'est formé, au XVIIe siècle, et développé, dans le cours du XVIIIe, le faubourg Saint-Germain, extension naturelle du bourg. Les notes de feu Berty indiquent nettement cette seconde formation, et établissent une ligne de démarcation parfaitement tranchée entre les deux territoires. Le second volume du présent ouvrage comprendra donc la description topographique de toute la partie occidentale du vaste domaine de l'abbaye, tel qu'il s'étendait «depuis les grant portes Sainct-Michel, des Cordeliers et la tour de Nesle, jusqu'à la rivyère «de Seyne et au viel ru de Sève.» Aux terrains en culture, que feu Berty s'est borné à décrire, s'ajouteront les voies les plus importantes ouvertes dans cette région et les établissements les plus notables, parmi ceux qui s'y sont formés après 1610. — L. M. T.

APPENDICES

ET PIÈCES JUSTIFICATIVES.

APPENDICES
ET PIÈCES JUSTIFICATIVES.

I

CHARTE APOCRYPHE DE CHILDEBERT Ier,
FONDATEUR DE L'ABBAYE SAINT-GERMAIN [1].

(Voir le texte du présent volume, pages 1 et 98.)

Childebertus, rex Francorum, vir inluster. Recolendum nobis est et perpensandum utilius, quod hii qui templa Domini Jhesu Christi redificaverunt, et pro requie animarum ibidem tribuerunt, vel in alimonia pauperum aliquid dederunt, et voluntatem Dei adimpleverunt, in æterna requie, sine dubio, apud Dominum mercedem recipere meruerunt. Ego Childebertus Rex, una cum consensu et voluntate Francorum et Neustrasiorum, et exortatione sanctissimo Germano, Parisiorum urbis pontificis, vel consensu episcoporum, cœpi construere templum in urbe Parisiaca, prope muros ci[vit]atis, in terra quæ aspicit ad fiscum nostrum Isciacense, in loco qui appellatur Locotitie, in honore Sancti Vincentii martiris, cujus reliquias de Spania apportavimus, seu et Sancte Crucis, vel Sancti Stephani et Sancti Ferreoli, et Sancti Juliani, et beatissimi Sancti Georgii, et Sancti Gervasii, Protasii, pueri Nazarii [et] Celsi, [quorum] reliquię ibi sunt consecra[te. Propte]rea in honore dominorum sanctorum cedimus nos fiscum largitatis nostrę, qui vocatur Isciacus, qui est in pagis Parisiorum prope alveum Sequanę, una cum omnia que ibi sunt aspecta; cum mansis, comanentis, agris, territoriis, vineis, sylvis, pratis, servis, inquilinis, libertis, ministerialis, præter illos quos [nos in]genuos esse precipimus; cum omnibus appenditiis suis qui ibi aspiciunt; cum omnibus adjacentiis qui ibi adagunt; cum omnia quę nos deserviunt, tam in aquis vel insulis; cum molendinis inter portam civitatis et turrim positis; cum insulis quę ad ipsum fiscum adjacent; cum piscatori[a que appel]latur banna; cum pis[ca]teriis om[nibus] quę sunt in ipso alveo Sequane, sumuntque initium a ponte civitatis, et sortiuntur finem ubi alveolus veniens Savara precipitat se in flumine. Has omnes piscationes quę sunt et fieri possunt in utraque parte fluminis, sicut nos tenemus, et nostra forestis est, t[ra]dimus ad ipsum locum, ut habeant ibidem Deo servientes victum cotidianum per suadentia tempora. Damus autem hanc potestatem, ut, cujuscumque potestatis littora fuerint utriusque partis fluminis, teneant unam perticam terre legalem, sicut mos est, ad duc[en]das naves et reducendas, ad mittenda retia et retrahenda, absque ulla refragatione. De argumentis vero per quę aves possunt capi super aquam, precipimus ut nulla potens persona inquietare audeat famulos Dei, sed omnia secure teneant, possideant, per infinitas temporum successiones; et cum arcis et casis in P[ari]sius [civitate, cum] terra, c[um v]inea et oratorio in honore Sancti Andeoli martiris, quę de Elario et Ceraunio, dato precio, compar[avimus], omnia et ex omnibus, quicquid ea nos deservie-

---

[1] Ce diplôme, auquel feu Berty fait allusion, est ainsi analysé par M. Tardif (*Mon. hist.* p. 2, n° 2) : 558, 6 décembre. — Donation faite par Childebert à l'abbaye de Saint-Vincent et de Sainte-Croix (Saint-Germain-des-Prés) du domaine royal d'Issy, depuis le pont de Paris jusqu'au ruisseau de Sèvres. (K. 1, n. 2, copie. — L'écriture de ce diplôme est de la fin du xe siècle.)

runt in postmodum, pro requie animæ meç, quando Deus de hac clarissima luce dederunt discessum, ipse fiscus, qui vocatur Isciacus, cum omnia quæ ibi sunt aspecta ipso die, ad ipsum templum Domini, quod nos edificamus, deserviat; et omnia quæ ibi sunt opus, tam ad lumen quam, in Dei nomine, ad stipendia servis Dei, quos ibi instituimus, seu ad ipsos rectores qui ipsos regere habent, omnia et ex omnibus ibi transsolvant, ejusque temporibus et per longum annorum spatia ad ipsum templum Domini, absque contradictione vel refragatione aut juditiaria contentione, inspecta ipsa preceptio, omnique tempore, profitiat in aucmentum. Et hæc preceptio cessionis nostre futuris temporibus, Deo auxiliante, firmior habeatur, vel per tempora inviolabiliter conservetur, manibus propriis vel nostris signaculis subter infra decrevimus roborare.

Datum quod fecit menso decembre, dies sex, anno XLVI[II°], postquam Childebertus rex regnare cepit. Ego Valentianus notarius et ammanuensis recognovi et suscripsi.

Signum Childeberti gloriosissimi Regis.

(Inventaire des Archives de l'Empire: *Monuments historiques*, publiés par Jules Tardif, p. 2, n° 2, *Cartons des Rois*.)

II

NOTE SUR LA PRÉTENDUE CHARTE DE CHILDEBERT Ier.

On doit placer ce diplôme contrefait (l'acte de fondation de l'église, par Childebert Ier, en 558) au nombre des chartes mérovingiennes forgées, en grande quantité, après l'an 1000. La vie de saint Droctovée par Gislemar est la source où le faussaire a puisé. Ce Gislemar vivait au IXe siècle et non au XIe, comme l'affirme Lebeuf. Voyez à ce sujet le remarquable mémoire de M. Quicherat, intitulé : *Critique des deux plus anciennes chartes de l'abbaye Saint-Germain-des-Prés*, mémoire qui termine ainsi : « En ce qui concerne l'histoire particulière de Saint-Germain-des-Prés, les ori-« gines de l'abbaye doivent être refaites en prenant le contre-pied de la version suivie jusqu'à « présent, car, au lieu qu'on s'est conformé à la charte de fondation sans tirer parti du privilége, « c'est de cette dernière pièce qu'il faudra désormais faire usage, et tenir l'autre pour non « avenue. »

(H. Cocheris, *Notes et Additions* à l'ouvrage de Lebeuf, t. III, p. 43, add. 1.)

III

FONDATION DE L'ABBAYE SAINT-GERMAIN-DES-PRÉS.

On n'est pas d'accord sur l'époque de la fondation de l'abbaye de Saint-Germain-des-Prés. Hadrien de Valois [1], Jaillot [2] et les auteurs de l'*Art de vérifier les dates* la placent vers l'an 553, tandis que D. Bouillart la recule jusqu'à l'an 556 : c'est entre ces deux termes extrêmes que se renferment les opinions des autres savants. Quant à la dédicace de l'église, elle eut lieu le 23 décembre 557, selon Félibien; le 23 décembre 558, selon D. Bouillart, Jaillot et les éditeurs du second *Gallia Christiana*; en 559, selon D. Ruinart; au commencement de 559, selon Baillet; selon D. Rivet, le 23 décembre 559; après la mort ou le jour même de la mort de Childebert, selon presque tous les auteurs, y compris M. Dulaure, à l'exception, toutefois, d'Hadrien de Valois et de l'abbé des Thuileries, qui pensent qu'elle se fit du vivant de ce prince. Mabillon s'est contenté d'indiquer le 23 décembre, en avertissant que l'année était incertaine.

---

[1] Cette opinion d'Hadrien de Valois est surtout exposée dans son livre intitulé : *Disceptationis de Basilicis defensio*, part. I, cap. VI, p. 53 et 54.

[2] *Recherches sur la Ville de Paris*, t. V, quartier Saint-Germain, p. 19.

APPENDICES ET PIÈCES JUSTIFICATIVES.

Les Bollandistes et l'abbé Lebeuf se sont abstenus d'examiner la question. La discussion de ce point de chronologie n'étant pas étrangère à mon sujet, je l'aborderai. Je traiterai d'abord de la dédicace de l'église, et je m'occuperai ensuite de l'époque de la fondation de l'abbaye.

Dans le *Martyrologe* d'Usuard, sous le x des calendes de janvier, nous lisons : «Apud Nico- «mediam, etc. Parisius, dedicatio basilicæ in honore Sanctæ Crucis et Sancti Vincentii mar- «tyris, et depositio domni Childeberti regis [1],» ce qui fixe au 23 décembre et la dédicace de l'église et la mort du roi Childebert. Le jour est seul donné, et les années étant omises dans ce martyrologe, comme dans tous les autres et dans les obituaires un peu anciens, on ne saurait dire, avec le seul secours d'Usuard, en quelle année se passèrent les deux événements dont il est fait mention, ni même s'ils eurent lieu dans la même année.

Quant à la mort de Childebert en particulier, elle est placée par Marius sous la dix-septième année du postconsulat de Basile, c'est-à-dire, suivant la manière générale de compter, sous l'an 558 de notre ère. J'ajoute qu'aucun autre document ne la marque d'une manière aussi précise, les diplômes mérovingiens étant d'ailleurs tout à fait insuffisants pour la déterminer. Cette date doit donc être tenue pour la plus certaine. Si Gislemar [2], moine de Saint-Germain, qui florissait, non dans le ix° siècle, comme l'ont cru les Bénédictins [3], mais dans la dernière moitié du xi°, comme l'a prouvé l'abbé Lebeuf [4], écrit que la dédicace fut célébrée par saint Germain, évêque de Paris, le 23 décembre 559, et le jour même de la mort de Childebert, en reculant ainsi d'une année la date de ce dernier événement, son témoignage ne saurait l'emporter sur le témoignage positif et contemporain de l'évêque d'Avenche. Néanmoins Ruinart [5], Baillet [6] et Rivet [7] se sont fondés sur ce passage de Gislemar, pour renvoyer, comme on l'a vu, la dédicace à l'an 559, sans toutefois qu'aucun d'eux ait osé reculer de même la mort du roi.

L'interpolation faite au texte d'Aimoin [8], de laquelle il résulterait que la dédicace n'eut lieu qu'un an après la mort de Childebert, ne mérite pas plus de confiance; outre qu'elle n'est confirmée par aucune autorité ancienne, elle se trouve en opposition avec le texte même d'Aimoin, qui porte que ce prince fut enterré dans l'église de Saint-Vincent, et qui fait ainsi entendre que l'église était déjà consacrée, car autrement elle n'aurait pu servir de sépulture. De plus, nous lisons dans le même auteur ce passage [9] : «Childebertus acceptam beati Vincentii stolam Pari- «sius defert, ædificatamque solo tenus basilicam nomini ejusdem sancti levitæ ac martyris dedi- «cari fecit; in qua non minimum vasorum partem, quæ eum a Toleto asportasse supra (c. xix) «memoravimus, cum capsis evangeliorum, cruces quoque mirifici operis, aliaque devotus excel- «lentissima contulit munera.» D'où l'on doit conclure que la dédicace, ayant été faite par l'ordre du roi, eut nécessairement lieu de son vivant.

Il faut avouer que les mots «ædificatamque solo tenus» s'appliqueraient difficilement à une église que l'on dédie en réalité, s'ils signifiaient que cette église n'eût été édifiée alors que jusqu'au niveau du sol; mais, dans la basse latinité, le mot «tenus» a pu être employé dans le sens de «depuis» comme dans celui de «jusque;» et si nous lui donnons cette première acception, nous devrons entendre que Childebert fit consacrer l'église qu'il avait bâtie tout entière depuis le sol, c'est-à-dire depuis les fondations. On aurait encore un autre moyen de lever la difficulté, en prenant le terme «dedicari» dans l'acception «d'imposer un nom;» car rien n'em-

---

[1] *Martyrolog. Usuardi*, dans le P. Sollier, p. 760, et dans Bouillart, p. 204.
[2] *Vita S. Droctov.* n° 13, dans Bouquet, t. III, p. 437 et 438.
[3] Voy. Bouillart, *Préf.* p. 3; Bouquet, t. III, p. 436; Rivet, *Hist. litt.* t. V, p. 396 et 397.
[4] *Hist. du dioc. de Paris* (éd. Cocheris), t. III, p. 3.

[5] *De regali abbatia S. Germani a Pratis prope Parisios dissertatio*, dans Bouquet, t. II, p. 722, col. 1.
[6] *Vies des Saints*, t. IV, p. 462 et 463, in-4°.
[7] *Hist. litt.* t. III, p. 311, 661 et 662.
[8] Voy. Bouquet, t. III, p. 61, note a.
[9] *Gesta Franc.* II, 29, 61 D.

pêche que le roi (comme il le dit lui-même dans son diplôme, dont nous parlerons tout à l'heure) ait placé l'église sous l'invocation de saint Vincent [1] avant même que l'édifice fût élevé au-dessus du sol.

On ne pensera pas d'ailleurs que l'observation faite par D. Tassin [2], au sujet de l'église de Notre-Dame de Paris, dans laquelle on célébra le service divin dès l'an 1182, quoiqu'elle ne fût entièrement construite qu'après le milieu du XIIIe siècle, puisse s'appliquer à l'église de Saint-Vincent, dont la construction, parvenue seulement au niveau du sol, n'était pas assez avancée pour qu'un autel y fût consacré, encore moins pour qu'on y célébrât la cérémonie de la dédicace.

On ne peut donc prendre à la lettre le passage d'Aimoin; il faut nécessairement l'interpréter de l'une ou de l'autre manière que nous avons indiquées, et c'est la première interprétation qui paraîtra préférable, si l'on fait attention à la suite du passage, où nous lisons que le roi enrichit cette église de vases, de boîtes, d'évangiles, de croix magnifiques, c'est-à-dire des objets nécessaires au culte; ce qui fait supposer que l'église était déjà construite et toute disposée pour la célébration du service divin.

Mais revenons à des témoignages plus anciens et plus précis, et reprenons le passage d'Usuard rapporté ci-dessus. Cet écrivain, qui suit naturellement l'ordre des faits, ne parle de la mort de Childebert qu'après avoir raconté ce qui concerne la dédicace de l'église de Saint-Vincent : il ne me semble donc pas permis de placer la dédicace après la mort du roi, c'est-à-dire après le 23 décembre 558. Voyons maintenant si l'on peut la rapporter à une année antérieure. Le diplôme du roi Childebert en faveur de l'église de Sainte-Croix et Saint-Vincent [3] porte la date du 6 décembre de la quarante-huitième année du règne de ce prince, ou de l'an 558 de Jésus-Christ, c'est-à-dire que la date précède de dix-sept jours seulement la mort du roi [4]. Or, Childebert n'y fait aucune mention de la dédicace, et même, lorsqu'il parle de l'église, il s'exprime en ces termes : «Exortatione sanctissimi Germani, Parisiorum urbis pontificis..... cœpi construere «templum..... in honore sancti Vincentii;» et, dans un autre endroit : «Templum Domini «quod nos ædificamus [5], etc.»

---

[1] *Gesta Franc.* II, 20, 57 D.

[2] *Nouveau traité de dipl.* t. III, p. 662, note 1.

[3] Dans Bréquigny, p. 53. Le prétendu original de cet acte est conservé aux Archives du Royaume. Ce n'est qu'une copie faite au IXe siècle, mais qui n'en mérite pas moins toute notre confiance.

[4] Félibien (*Hist. de Paris*, t. I. p. 29) fait observer dans une note, que le 6 décembre de la quarante-huitième année du règne de Childebert appartient à l'an 557; mais c'est une erreur, et lui-même marque l'an 558 à la marge du diplôme de ce prince. (*Ibid.* t. III, p. 15.)

[5] Dans Bouquet, t. IV, p. 622 D et 623 B; dans Bréquigny, p. 53 et 54. A propos de «cœpi «construere templum, templum quod nos ædifica-«mus,» M. Quicherat fait cette juste réflexion : «De là ce simple raisonnement : si la construction «n'était pas achevée, l'édifice n'était pas consacré. «Eh bien, dans l'une des phrases qui contiennent «implicitement cette conséquence, nous avons af-«firmation directe du contraire. Le diplôme, à la «suite de l'énumération des saints, atteste que les «reliques de ceux-ci étaient à leur place dans «l'église, qu'elles étaient en état d'y recevoir le «culte qui leur était dû : «Quorum reliquiæ ibi sunt «consecratæ.» En d'autres termes, le service de tous «les autels était en activité lorsque l'église n'était «pas encore tout à fait construite, absurdité résul-«tant d'une faute d'inadvertance au sujet de la-«quelle on ne sait de quoi s'étonner le plus, «qu'elle ait pu être commise ou qu'elle n'ait jamais «été aperçue. Que la grossièreté de cette faute ne «nous empêche pas cependant de voir l'intention «qui a motivé l'emploi des expressions «cœpi con-«struere, ædificamus.» Le diplôme est daté du 6 dé-«cembre, dans la quarante-huitième année du règne «de Childebert, ce qui nous reporte au 6 dé-«cembre 558. Il en résulte que l'acte de fondation «aurait précédé de dix-huit jours seulement le décès «du roi, car Childebert mourut le 23 décembre 558; «et c'est à ce terme extrême qu'il faudrait entendre «que la basilique où il devait être inhumé n'était

Ces expressions, qui seraient certainement impropres si l'église eût été consacrée, prouvent suffisamment qu'elle ne l'était pas encore au jour de la rédaction du diplôme. Mais l'on a conclu de ces passages : 1° qu'alors la construction de l'église n'était que commencée ou qu'elle était au moins encore très-loin de son achèvement; 2° que le roi, ayant été exhorté à la bâtir par saint Germain, évêque de Paris, et saint Germain n'ayant été appelé au siége épiscopal de cette ville qu'en 555 ou 556 [1], les fondations de l'édifice dataient, au plus tôt, de cette même époque. Ces conclusions, quelque rigoureuses qu'elles paraissent, ne sauraient toutefois être admises; il existe, en effet, des témoignages non moins respectables que le diplôme de Childebert qui les combattent, sans d'ailleurs être en opposition avec ce diplôme.

D'abord, Grégoire de Tours dit positivement dans son histoire [2] que le roi Childebert fut enterré dans la basilique de Saint-Vincent, qu'il avait bâtie : «Ad basilicam beati Vincentii, «quam ipse construxerat, est sepultus.» Ce qui prouve que le «cœpi construere» du diplôme ne doit pas être pris à la lettre, attendu que, en outre, il est impossible de supposer, comme on l'a déjà dit, que le roi fut enterré dans une église qui, dix-sept jours avant sa mort, n'eût été que commencée. Ensuite un autre auteur, également contemporain, Fortunat, rapporte, en parlant de l'église de Saint-Vincent, que ce prince traversait ses jardins ou les jardins de la reine Ultrogothe, sa femme, pour se rendre aux lieux saints où l'on voit maintenant son tombeau; c'est ce qui est exprimé dans ces vers :

> Hinc iter ejus erat, cum limida sancta petebat,
> Quæ modo pro meritis incolit ille magis.
> Antea nam vicibus loca sancta terebat amatus,
> Nunc tamen assidue templa beata tenet.

Il s'agit évidemment ici d'une église entièrement appropriée au service divin; les visites fréquentes dont elle était l'objet de la part de Childebert et l'expression «limina sancta» employée pour la désigner ne permettent pas de supposer que ce fût seulement un édifice en construction.

On trouverait encore dans Fortunat une autre preuve formelle de l'achèvement par Childebert de l'église de Saint-Germain-des-Prés, si l'on devait appliquer à cette église, et non pas à l'église cathédrale de Paris, la pièce de vers que cet auteur a intitulée : *De ecclesia Parisiaca* [3]. Hadrien de Valois n'hésite pas à rapporter ces vers à la première [4], et le cardinal Luchi soutient dans ses notes [5] l'assertion de ce savant illustre. Je ferai observer, à l'appui de cette opinion, 1° que la description de l'église de Saint-Germain que nous a laissée Gislemar est entièrement conforme à la description de l'église de Paris que nous lisons dans Fortunat; 2° que, dans un manuscrit du IX° siècle de la Bibliothèque royale [6], le petit poëme en question est intitulé : *Versus in ecclesia nova Parisius* [7], ce qui convient à l'église Sainte-Croix et Saint-Vincent ou de Saint-Germain-des-Prés, beaucoup mieux qu'à la cathédrale de Paris, dont la construction n'est attribuée à Childebert par aucun auteur ancien et dont le titre ou vocable ne paraît pas avoir contenu le nom de la Sainte-Croix, qui se trouve dans le même poëme; 3° que les deux derniers vers semblent indiquer que le roi Childebert fut enterré dans l'église, circonstance qui, si elle

«pas encore arrivée à son achèvement. Or, cela «nous découvre à quelle source notre faussaire s'est «instruit des origines de Saint-Germain. Son guide «a été Gislemar, auteur de la vie de saint Droc-«tovée.»

[1] Voyez le *Gallia christiana*, t. VII, col. 19 et 417; Bouillart, p. 4 et 297; Mabillon. *Annal.* t. I. p. 135, etc.

[2] IV, 20.

[3] *Carm.* II, 11, dans Brower, et II, 14, dans Luchi.

[4] Voy. la première note de la page 338 du présent volume.

[5] T. I, p. 57.

[6] Fonds latin 13048, jadis S. Germain 844.

[7] Voy. *Notices des Man.* t. XII, 2° partie, p. 87.

était plus clairement exprimée, suffirait pour décider irrévocablement la question en faveur de l'église de Saint-Germain. Voici ces vers :

> Hæc prius egregio rex Childebertus amore
> Dona suo populo non moritura dedit.
> Totus in affectu divini cultus adhærens,
> Ecclesiæ juges amplificavit opes.
> Publica jura regens, et celsa palatia servans,
> Unica pontificum gloria, norma fuit.
> Hinc abiens, illic meritorum vivit honore,
> Hic quoque gestorum laude perennis erit.

Or maintenant, si l'on considère que le roi Childebert, suivant le témoignage de Grégoire de Tours[1], mourut d'une maladie très-longue qui ne lui permit pas de quitter le lit, au moins depuis les premiers mois de l'année 558, et les démêlés qu'il eut pendant les deux années précédentes avec son frère Clotaire[2] ne lui laissèrent guère alors le loisir de bâtir ni de fréquenter des églises; si, d'un autre côté, l'on songe au temps nécessaire à la construction d'un édifice aussi coûteux, aussi vaste, aussi magnifique que l'abbaye de Saint-Germain[3], dans laquelle cent vingt moines étaient entretenus avant sa dévastation par les Normands[4], on sera obligé de reconnaître que Childebert en jeta les fondements peu de temps après son expédition d'Espagne de l'an 542, ainsi qu'il est d'ailleurs attesté par Gislemar[5].

Il ne reste plus qu'à concilier cette opinion avec le diplôme de ce roi, et pour cela il suffira d'observer que les termes « cœpi construere » se rapportent à un temps de beaucoup antérieur à la date du diplôme et que le prince, en se servant de cette expression, rappelle seulement en 558 qu'il a commencé ou entrepris jadis, par exemple en 543, de construire l'église de Saint-Vincent et ne donne nullement à entendre qu'il ait tout récemment commencé cette construction. Toutefois, on peut douter qu'elle fût entièrement achevée au moment de la rédaction, attendu que le roi, pour désigner l'église, dit : « Templum Domini quod nos ædificamus; » ce qui suppose qu'il restait encore quelque chose à faire.

Quant à la circonstance relatée dans la même charte, au sujet de saint Germain, évêque de Paris, qui aurait conseillé la fondation de l'édifice, rien n'empêche qu'il n'eût donné ce conseil avant d'avoir été appelé à l'évêché de Paris et que le roi lui eût attribué le titre d'évêque de cette ville, non parce que saint Germain le portait le jour où fut fondée l'église de Saint-Vincent, mais parce qu'il en était revêtu le jour de la confection de la charte, et cette observation suffit pour ôter à l'expression toute apparence d'impropriété. J'ajoute encore, à l'appui de ce raisonnement, que le diplôme de Childebert est plutôt un acte de dotation qu'un acte de fondation proprement dite et que, si le roi eut recours à l'intervention de saint Germain, ce fut moins

---

[1] IV, 20.

[2] Ibid. 16 et 17.

[3] Voyez Gislemar, Vita S. Droctov. n. 10; dans Bouquet, III, 437 C.

[4] Voyez le diplôme de Louis le Débonnaire de l'an 829, en faveur de l'abbaye de Saint-Germain, dans Bouquet, t. VI, p. 560 B.

[5] Vita S. Droctov. n. 9; Bouquet, III, 437 B. Dans un manuscrit du xie siècle, de la Bibliothèque royale (coté S. Germ. lat. 434, auj. fonds latin 12117), on lit, fol. 119, à la marge des tablettes chronologiques qu'il contient, et en face de l'an 546, une petite note, également écrite « Droctoveus abbas, » ce qui indiquait que Droctovée était abbé de Saint-Vincent en 546 et, par conséquent, que le monastère était entièrement construit à cette époque. Toutefois, nous ne pouvons tirer de cette indication un argument bien fort à l'appui de notre opinion, attendu que les notes marginales de ces tablettes sont pleines d'inexactitudes et que, par exemple, la mort du roi Childebert y est marquée vis-à-vis de l'an 535; celle de saint Germain, évêque de Paris, mort en 576, vis-à-vis de l'an 551, etc.

pour bâtir une église que pour instituer des religieux dans une abbaye déjà propre à en recevoir ; en effet, Gislemar dit que le roi, après avoir doté richement et orné avec magnificence le monastère qu'il avait construit, pria cet évêque d'y établir des moines [1].

On doit donc tenir pour certain : 1° que l'abbaye de Saint-Germain-des-Prés fut fondée peu de temps après l'expédition d'Espagne de 542, peut-être en 543 ; 2° que des religieux, comme il est dit dans le diplôme, y furent établis du vivant de Childebert ; 3° que les bâtiments du monastère furent par lui construits, sinon entièrement achevés ; 4° que la dédicace de l'église fut célébrée par saint Germain le jour même de la mort du roi, c'est-à-dire le 23 décembre 558.

(Note de M. Guérard, dans le t. I du *Polyptyque d'Irminon*, rappelée et complétée par M. Cocheris dans son édition de l'*Hist. du dioc. de Paris*, III, p. 43-48, add. 2.)

IV

MANUMISSION DES HABITANTS DU BOURG DE SAINT-GERMAIN-DES-PREZ.

Texte, page 2 et pages suivantes.

Universis præsentes litteras inspecturis, frater Thomas, miseratione divina beati Germani de Pratis Parisiensis minister humilis, et totius ejusdem loci conventus æternam in Domino salutem. Cum homines nostri de burgo nostro Sancti Germani de Pratis grata nobis pluries impenderint obsequia, res, et bona, proprias etiam personas nonnunquam pro necessitatibus nostris periculis exponentes ; nos ipsorum attendentes devotionem et pro ducentis libris Parisiensibus (de quibus nobis est satisfactum) manum mortuam, forismaritagium, et omnimodam servitutem quam habebamus, vel habere poteramus indictis hominibus, et eorum hæredibus quantum ad personas seu corpora ipsorum, ubicunque de cætero se transferre voluerint, totaliter et in perpetuum remittimus, et quittamus, et eosdem manumittimus, ac perpetuæ libertati plene describimus et donamus. Hujusmodi autem remissionibus et libertatibus tantummodo gaudere volumus illos et illas, undecunque duxerint originem, qui et quæ in dicta villa Sancti Germani remissionis et manumissionis tempore morabantur, et illos ejusdem villæ nativos, qui se causa peregrinationis seu ad aliena servitia transtulerint, qui necdum alibi matrimonium contraxerunt. Hanc autem remissionem fecimus salvis nobis et ecclesiæ nostræ omnimoda justitia et dominio in dicta villa Sancti Germani et omnibus redditibus, consuetudinibus et coustumis. Quæ coustumæ tales sunt. Omnes homines de dicto burgo Sancti Germani bannarii ad furnum nostrum, seu furna nostra (dum tamen furnum et furnarium competenter habeamus) per bannum coquere, et furnagia (prout hactenus consueverunt) nobis solvere tenebuntur. Si vero per duos dies aut per tres ad requisitionem illius qui panem suum ad coquendum petierit, furnarius coquere distulerit, ex tunc absque contradictione et emenda quilibet dictorum hominum alibi prout melius placuerit, panem suum deferre poterit ad coquendum. Item, prout hactenus, extitit consuetum, de omnibus bobus et vaccis pascentibus in insula nostra Secanæ, pro qualibet bove sive vacca duodecim denarios ; de jumenta fœta sex denarios in mense Maio annis singulis nobis solvere tenebuntur. Item, census nostros, videlicet pro qualibet masura in magno censu nostro sita, tres solidos censuales. Et si in duas aut plures masura quælibet dividatur, quilibet partem cujuslibet masuræ possidens, tres solidos censuales solvere : si vero ad unum possidentem quælibet masura redierit, non nisi tres solidos tantummodo censuales in festo sancti Remigii solvere tenebitur annuatim. Item, cubas suas et vindemias omnium, vineatum quæ tenentur ad censum a nobis in vindemiis, ad ecclesiam nostram vel ad pressorium nostrum de Gibert quolibet modio

[1] *Vita S. Droctov.* n. 12 ; dans Bouquet, III, 437 D.

vini, unum sextarium de meta gutta vini pro decima, et tertiam partem totius pressoragii, exceptis vineis de territorio Sancti Sulpicii, ex quarum vindemiis unum sextarium vini de meta gutta pro decima, et quartam partem pressoragii tantummodo nobis solvent. De vineis vero quarum vindemias consueverunt et tenentur ducere ad pressorium nostrum de Gibert, quartam partem totius pressoragii nobis solvent, et decimam, prout hactenus extitit consuetum. Et nos prædictis hominibus cubas ad ponendum vindemias dictarum vinearum debemus in eodem pressorio ministrare. De quatuor vero arpentis vineæ, quæ fuerunt defuncti Alerni, quatuor modios vini convenientis solvent pro decima, censu et pressoragio. Vineæ vero quæ sunt in masuris assignatis ad anniversarium bonæ memoriæ Roberti, quondam abbatis ecclesiæ nostræ, solvent dicti homines integram summam pecuniæ, et alia quæ in corta super his confecta continentur. Salvo etiam hoc et retento nobis et ecclesiæ nostræ, quod omnes mulieres prædictæ villæ, in die purificationis suæ post puerperium, et primo die quo accedent ad parrochialem ecclesiam post sponsalia, ad ecclesiam nostram tenentur vertere ratione matricis ecclesiæ, et oblationes ibidem facere, prout hactenus extitit consuetum. Salvum etiam nobis et ecclesiæ nostræ, quod eo anno, quo Dominus Rex a nobis solidos suos levabit, solidos a dictis hominibus levare poterimus quos habito respectu ad solidos nobis impositos et terram nostram tailliabilem viderimus bona fide. Ita tamen quod homines dictæ villæ electi a communitate ejusdem villæ summam pecuniæ, quam nos vel successores nostri super communitate dictæ villæ pro solidis Domini regis bona fide duxerimus imponendam, assidebunt, levabunt, et infra terminum a nobis vel successoribus nostris eis quolibet anno impositum integre persolvent. Et quod si in solutione facienda summæ prædictis hominibus dictæ villæ impositæ eis a nobis vel successoribus nostris impositum, pro prædictis solidi Domini Regis electi a communitate villæ cessarent in toto vel in parte : ex tunc nos vel successores nostri capiemus, vel capi faciemus de bonis cujuslibet hominis in dicta villa commorantis, unius vel plurium, prout nobis melius placuerit, et distrahere poterimus res captas, quosque super tota summa pecuniæ hominibus dictæ villæ impositæ, nobis et ecclesiæ nostræ, vel mandato nostro fuerit plenarie satisfactum. Præterea dicti homines dictæ villæ Sancti Germani omnes alios redditus nostros et consuetudines (exceptis prædictis manumortua, forismaritagio, servitute) et alia ad servitutem corporum, vel personarum ipsarum pertinentia, nobis et ecclesiæ nostræ sine contradictione et difficultate qualibet solvent de cætero pacifice et quiete. Salvo etiam nobis in omnibus omni alio jure nostro. Quod ut ratum et stabile permaneat in futurum, prædictis hominibus in testimonium præsentes litteras concessimus, sigillorum nostrorum munimine roboratas. Actum anno incarnationis Dominicæ millesimo ducentesimo quinquagesimo, mense Maio, regnante Ludovico Ludovici filio, rege Francorum piissimo.

Scellé sur simple queue de cire verte.

(D. Bouillart, *Preuves*, p. 60.)

V

DROITS DE JUSTICE, CENSIVE, FOIRES ET MARCHÉS
APPARTENANTS
À L'ABBAYE SAINT-GERMAIN-DES-PRÉS, EN 1790.

(Texte, page 2 et pages suivantes.)

Le fauxbourg Saint-Germain fait partie du fief d'Issy, donné par le roi Childebert, à titre de dotation, à l'abbaye de Saint-Germain en 558, avec tous droits de haute, moyenne et basse

APPENDICES ET PIÈCES JUSTIFICATIVES.

justice et censive, et tous les autres droits qui lui appartenoient, tant sur l'étendue dudit fief que sur la rivière de Seine et une perche royale des deux côtés, depuis les anciens ponts de Paris jusqu'à la rue de *Seve*, qui fait séparation de ladite rivière avec le seigneur de Saint-Cloud.

Ce fauxbourg formoit une ville séparée de celle de Paris, suivant un arrêt du Parlement de l'année 1297.

Par l'édit du Roy du mois de février 1674, la haute et moyenne justice dudit fauxbourg a été réunie au Châtelet, et elle a été seulement réservée dans tout l'enclos de lad. abbaye, tant du côté de M. l'Abbé que du côté de MM. les Religieux; il a été aussi réservé à l'abbaye de Saint-Germain la basse justice foncière pour les rentes, cens et autres redevances des maisons et biens étant dans la censive et fief dépendant de lad. abbaye, situés dans la ville et fauxbourg de Paris, ainsi qu'il est porté par un arrêt du Conseil d'État du Roy, du 21 janvier 1675, confirmé par des lettres patentes du mois de may 1691, enregistrées au grand Conseil le 15 dud. mois de mars, et par autre arrêt du Conseil du 14 février 1693, confirmé par lettres patentes dud. mois de février, enregistrées au Parlement le 17 du même mois de février.

En sorte que la haute, moyenne et basse justice dans les enclos de l'abbaye, et la basse justice foncière seulement dans tout le fauxbourg Saint-Germain, est exercée par les officiers au nom de l'abbé et des religieux de ladite abbaye conjointement.

Par la suite des temps il s'est fait plusieurs usurpations de la censive sur le petit Pré-aux-Clercs, sur partie du grand Pré-aux-Clercs.

Le petit Pré-aux-Clercs commence à une maison rue du Colombier, presque devant la grande grille de l'abbaye, où loge une fruitière, traversant en droite ligne par derrière jusqu'à la rue des Marais, en montant le long de ladite rue des Marais et du Colombier, jusqu'à la rue des Petits-Augustins, y compris les trois maisons qui font le coin de ladite rue des Marais et des Petits-Augustins.

Plus, de quelques maisons rue des Marais à gauche, en entrant par la rue des Petits-Augustins, jusqu'à une maison qui appartenoit ci-devant à M. de Louvencourt, dont la nue propriété a été acquise par le sieur Pierre-Élie Baraud des Granges, par contrat devant Monnot, n^{re}, le 9 mars 1777, laquelle est la première de ce côté où commence la censive de l'abbaye de Saint-Germain, dont les maisons de ce même côté jusqu'à la rue de Seine sont aussi de la censive de l'abbaye Saint-Germain, ce qui forme six maisons.

De l'autre côté de la rue et (*sic*) marais en entrant par la rue de Seine à gauche, jusques et compris deux maisons appartenantes à la Visitation, ce qui forme huit maisons, sont aussi de la censive de l'abbaye Saint-Germain.

De l'autre côté de la rue des Petits-Augustins, le surplus dudit petit Pré-aux-Clercs reprend à une maison appartenante à l'Hôtel-Dieu, d'où l'on traverse droit dans les jardins des Petits-Augustins, derrière toutes les maisons qui ont été bâties depuis, la susdite maison de l'Hôtel-Dieu, jusqu'au coin de la rue du Colombier, et depuis ladite maison du coin tout le long de la rue Jacob, à main droite jusqu'à la rue des Saints-Pères en entrant à droite jusqu'à deux maisons appartenantes aux Petits-Augustins.

Quant au grand Pré-aux-Clercs, il commence rue Saint-Benoît à droite jusqu'à la rue des Deux-Anges, dont toutes les maisons des deux côtés sont de la censive de l'Université, ainsi que les maisons à gauche de la rue Jacob, et va traverser chez MM. les Religieux de la Charité, et comprend une salle neuve qui va rendre vis-à-vis le cimetière cy-devant appelé des Huguenots, et qui appartient à présent auxdits Pères de la Charité, dont il y a une petite partie à droite en descendant qui est dudit grand Pré-aux-Clercs, aussi bien que toutes les maisons en descendant depuis ledit cimetière et du même côté jusqu'au coin de la rue des Saints-Pères et de l'Université, qui sont prétendues par lesdits sieurs de l'Université.

Et encore toutes les maisons qui sont dans ladite rue de l'Université à main gauche, depuis le coin de la rue des Saints-Pères, qui vont le long de ladite rue de l'Université à gauche jusqu'au coin de la rue du Bacq, dans laquelle rue du Bacq, à droite, il y a deux maisons qui font le second coin de la rue du Bacq, qui aboutissent au passage du jardin de Mme la princesse de Conty, cy-devant appelé l'hôtel de Grimberg, situé rue Saint-Dominique.

Plus, depuis ladite rue du Bacq jusqu'au coin de la rue de Belle-Chasse.

Mais dans cette étendue il y a un hôtel appartenant à M. Feydeau de Brou, qui est la dernière porte cochère avant la rue de Belle-Chasse, qui a été construit sur partie du jardin de l'hôtel de Broglie, sis rue Saint-Dominique, dans lequel hôtel de M. de Brou, qui contient en totalité 282 toises 3 pieds 1 pouce 5 lignes, il n'y en a dans la censive de l'Université que 149 toises 4 pieds 3 pouces 7 lignes, et dans celle de l'abbaye Saint-Germain 132 toises 14 pieds 9 pouces 10 lignes.

Il y a encore dans la censive de l'Université deux maisons rue de Belle-Chasse à gauche, dans l'étendue de 16 toises 2 pieds 2 pouces de face qu'ils ont de ce côté.

De l'autre côté de ladite rue de Belle-Chasse à droite, la censive de l'Université, a 16 toises 2 pieds 5 pouces de face sur la rue et 16 toises 5 pieds 1 pouce 4 lignes dans le fond du côté de l'hôtel de M. le prince de Chalais.

Et l'abbaye de Saint-Germain a la censive sur le surplus de ladite rue de Belle-Chasse à prendre depuis lesdites 16 toises qui appartiennent à l'Université jusqu'à la rue Saint-Dominique, des deux côtés de ladite rue de Belle-Chasse.

Plus, il y a encore dans la censive de l'Université le terrain à prendre depuis le second coin de la rue de Belle-Chasse en suivant la rue de l'Université, passant derrière les murs du jardin du couvent de Saint-Joseph jusques près le corps de garde où la ligne se termine en pointe à côté du jardin de l'hôtel de Brienne, et le surplus de ce côté de la rue jusques dans la campagne est de la censive de l'abbaye Saint-Germain, mais dans cette partie il y a plusieurs hôtels de construits qui sont en partie de la censive de l'abbaye Saint-Germain et en partie de l'Université.

Plus, l'Université a encore dans sa censive une partie de l'hôtel d'Harcourt situé rue de l'Université à droite, l'autre partie est dans la censive de l'abbaye Saint-Germain.

Quant aux autres maisons de la rue de l'Université, à commencer du coin de la rue des Saints-Pères à droite jusques dans la campagne, elles sont dans la censive de l'abbaye Saint-Germain, à l'exception seulement de la portion de l'hôtel d'Harcourt qui est de la censive de l'Université, ainsi qu'il est cy-dessus dit.

L'abbaye de Saint-Germain a encore été traversée par le domaine en 1681. Le Roy, par sa déclaration de ladite année, a déclaré de son domaine toutes les maisons bâties sur les fossés, fortifications et contrescarpes qui commencent rue Guénégaud à main droite en y entrant par la rue Mazarine à main gauche en retournant vers le carrefour de Bussy, anciennement appellé de Nesle, et comprend les maisons rue Contrescarpe à main droite en entrant par la rue Dauphine, aussi-bien que les maisons vis-à-vis ladite rue Contrescarpe rue Dauphine.

De ladite rue Contrescarpe on entre rue Saint-André-des-Arts, pour passer en droite ligne dans la cour du Commerce, autrefois dite Jeu de boule de Mahus, qui fait le derrière de la rue des Fossés-Saint-Germain, dont toutes les maisons qui sont de ce côté de cette rue, depuis le coin de la rue Saint-André passant vis-à-vis les maisons de la Comédie et vont finir à la fontaine des Cordeliers, sont de la censive du Roy.

Toutes les maisons qui sont dans la rue de Touraine et de l'Observance, en tournant et allant jusqu'à la rue des Fossés-Monsieur-le-Prince, paroissent aussi de la censive du Roy, à l'exception des maisons du nommé Bèche, sises au coin de la rue des Cordeliers à droite en y entrant par la rue des Boucheries, et de celles qui appartiennent aux sieurs Bebin et de la Griffe qui sont même rang, d'une aux Cordeliers au coin de la rue de Touraine, et une au coin de la rue de l'Observance, qui sont de la censive de l'abbaye Saint-Germain, et qui termine les fossés.

En continuant sur la rue des Fossés-Monsieur-le-Prince, à main gauche, jusqu'à la porte Saint-Michel ou devant la fontaine, toutes sont prétendues par le domaine du Roy, quoique l'abbaye n'ait jamais été indemnisée par le Roy de tout ce terrein à l'exception de sept maisons en entrant par la rue de Condé, à gauche, qui tiennent à la maison du sieur Allain, qui paroissent être de la censive de l'abbaye de Saint-Germain.

On observe ici que tout le terrein qui composoit cy-devant l'ancien hôtel de Condé, rue de Condé, et plusieurs maisons rue de Condé et des Fossés-Monsieur-le-Prince, ont été acquises par le Roy, en l'année 1774, pour bâtir la salle de la Comédie-Française, et Sa Majesté s'est réservé le droit de disposer du surplus dudit terrein qui ne seroit pas utile à la construction de ladite salle, soit par vente, échange ou autrement.

Que Sa Majesté a vendu à Monsieur, frère du Roy, sous le nom de M. Machet de Velye, le 13 juillet 1779, tous les terreins de l'ancien hôtel de Condé, situés le long de la rue du même nom, des rues de Vaugirard et des Fossés-Monsieur-le-Prince, et les maisons et bâtiments adjacents, à l'exception des terreins qui seroient nécessaires pour la construction de ladite salle et des rues et place appartenant à Sa Majesté, sans cependant aucune réunion à son domaine, en vertu des acquisitions qu'elle en avoit faites.

Que MM. les Commissaires du Roy qui ont fait cette vente ont dit par le contrat que lesdits terreins seroient possédés par ledit sieur de Vellye, en la directe et censive de Sa Majesté, et chargés d'un sol tournois de cens par toise, et ont dispensé ledit sieur de Vellye et ceux qui acquereroient de lui de payer aucuns droits de lods et ventes, même pour les premières reventes qui seroient faites par lesdits acquéreurs dudit sieur de Vellye, dans l'espace de vingt années.

Que ledit sieur de Vellye a obtenu des lettres patentes sur ce contrat le 10 août 1779, qu'il a fait enregistrer au Parlement le 7 septembre suivant.

Qu'il a été présenté au Parlement une requête par le receveur général des économats, et MM. les Prieur et Religieux de Saint-Germain, par laquelle ils ont demandé à être reçus opposants à l'enregistrement desdites lettres patentes, et à être maintenus gardés dans la seigneurie directe et censive desdits terreins, et que M. de Vellye fût condamné à payer à l'abbaye Saint-Germain les lods et ventes de son acquisition.

Sur cette requête il est intervenu arrêt, le 29 décembre 1780, qui a permis de faire assigner M. de Vellye.

M. de Vellye a été assigné au Parlement le 5 janvier 1781, en vertu dudit arrêt.

Mais, par arrêt du Conseil d'État du 11 avril 1781, cette demande a été évoquée au Conseil et elle n'est pas terminée.

Outre les anciens fossés prétendus par le domaine, il y a encore le grand et le petit séjour de Nesle qui sont déclarés de la censive du Roy, par arrêt du Conseil du......

Ce grand et petit hôtel de Nesle commence de la rue Guénégaud, comprend toutes les maisons des deux côtés de ladite rue, les bâtiments de l'hôtel de la Monnoye et tout le terrein du collége Mazarin, tant sur le bord de l'eau que derrière, rue Mazarine, du côté dudit collége Mazarin, à l'exception de quatorze maisons qui font partie du grand pavillon dudit collége, rue Mazarine, dont ils ont été condamnés de payer l'indemnité à l'abbaye Saint-Germain, suivant ledit arrêt du Conseil du ......, lesquelles sont par ce moyen de la censive de Saint-Germain.

Le bureau de l'Hôtel de Ville de Paris prétend aussi avoir un droit de censive sur une maison, rue du Jardinet, appartenante cy-devant à M. de Leneville, et sur quatre maisons dans la rue du Battoir, à gauche en entrant par la rue Hautefeuille, jusqu'au coin de ladite rue;

Plus sur trois maisons rue des Poitevins, appartenantes cy-devant à M. Dufresne, procureur au Parlement, et aujourd'hui au sieur Pierre-Barthelemi-Thomas Lenain, procureur au Châtelet, et à ses cohéritiers.

Il y a encore eu contestation entre l'abbaye Saint-Germain, celle de Sainte-Geneviève et le chapitre Saint-Benoît, au sujet de la censive du grand et petit Luxembourg, et trois maisons, rue d'Enfer, et le petit Calvaire, rue de Vaugirard, et sur d'autres maisons au bout de la rue de Vaugirard, derrière le Luxembourg, dont la censive a été réglée par transaction entre l'abbaye Saint-Germain, l'abbaye Sainte-Geneviève et ledit chapitre Saint-Benoît, devant M° Carnot, notaire, le ..... 1691, par laquelle, entre autres choses, il a été convenu que toutes les mutations qui seront faites du grand Luxembourg, Saint-Benoît en auroit un sixième et demi, et à l'égard de trois maisons, rue d'Enfer, en entrant par la porte Saint-Michel à droite, elles sont demeurées en commune censive, tant de l'abbaye Saint-Germain que de Sainte-Geneviève.

A l'égard du petit Luxembourg, la censive appartient pour moitié à l'abbaye Saint-Germain et pour l'autre moitié à l'abbaye Sainte-Geneviève, et à l'égard de la censive sur le terrain du couvent du Calvaire, elle appartient en entier à l'abbaye de Sainte-Geneviève, ainsi qu'il est porté en une transaction passée entre les deux abbayes les 4 et 5 novembre 1691, et le surplus des maisons et héritages, depuis le couvent du Calvaire jusqu'à une treizième borne du bornage fait entre les deux abbayes le 22 novembre 1691 et jours suivants, en exécution de ladite transaction, laquelle borne est placée à l'encoignure du mur de l'enclos du moulin de la Pointe, entre le chemin de Vaugirard et le chemin des Fourneaux, est de la censive de l'abbaye Saint-Germain.

Et en remontant la rue de Vaugirard jusqu'à la rue des Francs-Bourgeois se trouve une censive qui appartient à la Grande Confrairie de Paris, dont la première borne est posée sur ladite rue de Vaugirard, au coin de l'ancien hôtel de la Trémouille, et montant depuis cette borne jusqu'à une autre et dernière borne qui est posée dans la rue d'Enfer.

Et de la susdite dernière borne de la Grande Confrairie, montant aux Chartreux jusqu'à une cinquième borne posée dans ladite rue, dont la face qui regarde les Chartreux et la rue d'Enfer a les armes de Sainte-Geneviève seulement.

Et de là, étant dans l'enclos nouveau des Chartreux, suivant les murs nouveaux dits de la Forge qui séparent lesdits Chartreux du Luxembourg jusqu'à douze pieds et demi de longueur, et fait coude en cet endroit; de là, continuant le long dudit mur, dudit clos de la Forge qui le sépare du jardin de Dom ....., coadjuteur, et entrant dans la première cour du couvent des Chartreux, où il a dû être posé une septième borne au coin de la Chapelle aux femmes, continuant le long dudit jardin du Père Procureur et de la menuiserie, où passait autrefois ledit ancien chemin de Vanves, allant par deux coudes à une ancienne porte à présent bouchée; tout ce qui se trouve à droite dans ledit clos des Chartreux, c'est-à-dire dans leur ancien clos, maisons, bâtiments, jardins, cellules, est dans la censive et dîmage de l'abbaye Saint-Germain, et tout ce qui est à gauche est de la censive de l'abbaye Sainte-Geneviève; depuis ladite sixième borne, compris le clos de la Forge, traversant la susdite cour, entrant dans l'enclos le long des murailles de celle de l'ancien clos, allant gagner la porte bouchée de l'ancien chemin de Vanves.

Au dehors de l'enclos desdits Chartreux, au milieu de la porte bouchée dudit clos des Chartreux où passait ledit ancien chemin de Vanve, il a été posé une huitième borne, et tout l'emplacement dudit ancien chemin, depuis ledit mur des Chartreux jusqu'à une neuvième borne plantée sur le bord dudit ancien chemin de Vanve et gravée, dans la face qui regarde l'enclos des Chartreux, des armes de l'abbaye Saint-Germain, et la face qui regarde Vanve des armes de l'abbaye Sainte-Geneviève, pour dénoter que les terres qui sont du côté de Paris sont de la censive de l'abbaye Saint-Germain, et tout ce qui est du côté de Vanve à l'abbaye Sainte-Geneviève.

Il est à observer ici qu'il y a eu contestation entre l'abbaye Saint-Germain-des-Prés et l'abbaye Sainte-Geneviève, au sujet de la propriété et seigneurie de l'ancien chemin de Vanve, qui a été supprimé depuis le nouveau boulevard jusqu'à la neuvième borne, et que, par sentence arbitrale du 29 avril 1780, homologuée par arrêt du Parlement du 28 avril 1781, il a été dit que cet ancien chemin appartiendrait pour moitié à chacune desdites abbayes, et qu'il seroit placé huit bornes intermédiaires entre la huitième et neuvième bornes du procès-verbal de bornage de 1691, que ces huit bornes intermédiaires ont été placées et que la dernière desdites huit bornes a été placée au milieu dudit ancien chemin de Vanve, vis-à-vis la neuvième borne du bornage de 1691.

Et de ladite neuvième borne, tirant en droite ligne le long des terres de l'Hôtel-Dieu de Paris, à 49 perches 1/3 de distance, est une dixième borne.

De là, tirant vers le chemin de Paris à Vaugirard, à la distance de 27 perches 1/3 de la dixième borne, est une onzième borne.

Et de ladite onzième borne[1] on tire en droite ligne jusqu'à la treizième borne, qui est placée à l'encoignure du mur de l'enclos du moulin de la Pointe, entre la rue de Vaugirard et le chemin des Fourneaux, dont il est cy-dessus parlé; le surplus du chemin de Vaugirard allant à Vaugirard, à gauche, est dans la censive de Sainte-Geneviève.

Toute la rue de Vaugirard à main droite, depuis la rue des Fossés-de-Monsieur-le-Prince jusqu'à une quatorzième borne qui est plantée sur le chemin de Vaugirard, au coin d'une pièce de terre appartenante aujourd'hui à Julien Sageret, est dans la censive de l'abbaye Saint-Germain.

Depuis la quatorzième borne, tirant en droite ligne vers la rivière de Seine, traversant le chemin Blomet, ensuite le chemin de Sève à côté du clos de la maison de la Folie, est une quinzième borne; de là, tirant aussi en droite ligne vers la rivière, sur le bord du chemin de la Sablonière, est posée une seizième borne, laquelle borne s'étant trouvée mutilée, il en a été fait une neuve qui a été placée de l'autre côté dudit chemin vis-à-vis l'ancienne, dont [dans?] une pièce de terre appartenante à l'École militaire.

De là, continuant toujours à la rivière en droite ligne, est une dix-septième borne placée dans le fossé du Champ de Mars, adossée au mur extérieur dudit fossé, où elle était placée pour empêcher qu'elle ne fût dégradée, ayant dû être posée de l'autre côté dudit mur extérieur, dans l'avenue au dehors du Champ de Mars.

Et de là, tirant toujours en droite ligne jusqu'à la rivière, est une dix-huitième borne, aussi placée dans le fossé du Champ de Mars, et au bout dudit fossé où elle a été placée pour empêcher son dépérissement, ayant aussi dû être placée au dehors dudit fossé et sur le bord de la rivière.

De là, tirant le long de la rivière du côté du Gros-Caillou, est une dix-neuvième borne placée dans un marais avant les premières maisons du Gros-Caillou, où elle a été placée pour empêcher son dépérissement, mais qui doit valoir comme si elle eût été placée sur le bord de la rivière.

De la dix-neuvième borne, en montant vers le Gros-Caillou jusqu'à la rue Saint-Dominique dudit Gros-Caillou, est une vingtième borne posée dans ladite rue à main gauche en y entrant par le Champ de Mars, au coin de la maison de Mme Villiot, veuve Coste.

De ladite vingtième borne, traversant ladite rue Saint-Dominique, de l'autre côté et en

---

[1] Cette onzième borne est placée dans le nouveau mur de la Ville, dans lequel il a été fait hache pour le reconnaître.

descendant, il y a une vingt et unième borne posée au coin de la maison du sieur Binet, charpentier.

Et de là, montant en droite ligne, à main gauche, jusqu'au chemin de l'École militaire, est une vingt-deuxième borne placée dans un marais, sur le bord du chemin des Invalides à l'École militaire.

Il est à observer que le terrain qui est entre les dix-septième, dix-huitième, dix-neuvième, vingtième, vingt et unième et vingt-deuxième bornes est de la censive de l'École militaire et du dîmage de l'abbaye Saint-Germain.

Reprenant de la dix-neuvième borne cy-dessus, qui doit être placée sur le bord de la rivière, en suivant ladite rivière jusqu'au pont Saint-Michel, toutes les maisons et terrains qui sont renfermés dans l'enceinte de toutes lesdites bornes cy-dessus mentionnées et depuis icelles jusqu'à la rivière de Seine, depuis ladite dix-neuvième borne jusqu'au pont Saint-Michel, sont de la censive de Saint-Germain, à l'exception seulement des maisons et terrains qui sont dans la censive du Roi, de l'Université, de la Ville et de la Grande Confrairie, ainsi qu'il est dit cy-dessus, et encore à l'exception : 1° des maisons situées et donnant le pourtour de l'abbaye, à partir de la porte de l'abbaye rue Sainte-Marguerite, revenant par la rue Saint-Benoît jusqu'à la porte abbatiale rue du Colombier, lesquelles maisons sont dans la censive des religieux de ladite abbaye; 2° d'une maison, rue Notre-Dame-des-Champs, près la rue du Montparnasse, qui a été baillée à titre de cens en rentes par MM. les Religieux, au sieur Le Bœuf, charpentier.

Comme jusqu'à présent il n'a été parlé que des maisons du fauxbourg Saint-Germain, dont la directe a été prise en partie par le domaine et usurpée par des particuliers et autres qui en jouissent, on va parler actuellement des maisons dont la censive et directe appartient à l'abbaye Saint-Germain, qui sont dans la ville et hors du fauxbourg.

Rue Saint-Denis.

La maison ayant pour enseigne *la Couronne*, qui est la huitième boutique après la rue Perrein-Gasselin, appartenante au sieur Roudier.

Une autre maison à côté de la précédente, ayant anciennement pour enseigne *l'Échiquier*, et à présent *le Roi de France*, appartenante à M. de la Roche, avocat, mais dont la censive ayant été contestée par M. l'archevêque de Paris, il est intervenu sentence, en la Chambre du domaine, entre M. l'archevêque et M. le comte de Clermont, lors abbé de Saint-Germain, le 9 mai 1766, qui adjuge la moitié de la directe de cette maison à l'abbaye de Saint-Germain, et l'autre moitié à l'archevêché.

Quai de la Ferraille, au lieu anciennement dit Vallée de Misère.

Il y avait autrefois une maison et échoppe sur le bord de l'eau, vis-à-vis le Grand Châtelet, qui appartenait aux marchands de poisson, que la Ville a fait démolir pour faire une place devant le Grand Châtelet.

Rue des Marmousets, paroisse Saint-Landry, près le cloître Nostre-Dame.

Deux maisons attenantes l'une à l'autre, à main gauche, allant au cloître Nostre-Dame, dont l'une appartient aujourd'hui au sieur André et l'autre aux héritiers et représentans M. de Baudry de Vilaine.

Rue du Petit-Pont, au coin de la rue de la Bucherie.

Une maison appartenante aujourd'hui au sieur Philippe Radan, marchand mercier.

Rue de la Huchette, du côté de la rivière en descendant.

1° Une maison dite jadis *la Cloche*, appartenante aujourd'hui au sieur Jean-Louis Rogier, marchand tapissier;

2° Une maison ci-devant *la Souche d'Or*, appartenante aujourd'hui au sieur Jean-Louis Rogier;

3° Une autre maison appartenante aujourd'hui audit sieur Rogier;

4° Maison faisant le coin de la rue du Chat-qui-pêche, appartenante aujourd'hui à Jean-Gui Lathelize;

5° Une maison dite *le Petit-Cerf*, appartenante aujourd'huy à Joseph Normand, marchand limonadier;

6° Une maison appartenante à l'Hôtel-Dieu;

7° Une autre maison aussi appartenante à l'Hôtel-Dieu.

Rue du Chat-qui-pêche, par la rivière, à main droite.

Maison faisant le coin de la rue de la Huchette, ayant pour enseigne l'*Y*, appartenante aujourd'huy au sieur Thomas-Charles de Lastre, marchand mercier.

Id. à main gauche.

Deux maisons appartenantes aux héritiers et représentans le sieur Moissière.
Deux autres maisons appartenantes à l'Hôtel-Dieu.

Rue des Trois-Chandeliers.

Une maison appartenante aujourd'huy à Georges Perdreau.

Rue de Hurpoix.

Toutes les maisons qui sont des deux côtés de ladite rue sont de la censive de l'abbaye Saint-Germain.

Place du Pont-Saint-Michel.

L'abbaye avoit droit de mettre tous les ans dans cette place, du côté du fauxbourg, un pressoir à verjus, dont elle retiroit les rétributions à son profit, mais il paroît qu'elle ne fait aucun usage de ce droit, qui, sans doute, lui étoit plus onéreux que profitable.

Toutes les maisons qui font face sur la place du Pont-Saint-Michel, depuis la rue Hurpois jusqu'à la rue Saint-André-des-Arts du côté du fauxbourg, sont de la censive de l'abbaye Saint-Germain.

Rue Maçon, par la rue de la Vieille-Boucherie, à droite.

Les trois premières maisons sont prétendues par la Sorbonne à cause de leur fief de Rosières.
Les deux suivantes relèvent de l'abbaye Saint-Germain.
La sixième, dite l'hôtel d'Anjou, est prétendue par le Parloir aux Bourgeois.
Et les autres maisons de ce côté jusqu'à la rue Saint-André-des-Arts sont de la censive de l'abbaye Saint-Germain.

Rue Maçon, par la rue de la Vieille-Boucherie, à gauche.

Toutes les maisons de ce côté sont dans la censive de l'abbaye Saint-Germain.

Rue Poupée.

Toutes les maisons des deux côtés de cette rue sont dans la censive de l'abbaye Saint-Germain.

Rue Percée.

Toutes les maisons de cette rue, des deux côtés, sont de la censive de l'abbaye Saint-Germain, à l'exception des deux premières maisons en entrant par la rue de la Harpe, à gauche, l'une appartenante à la fabrique de Saint-Séverin et l'autre au sieur Dumesnil, prêtre.

Rue Serpente, à droite en entrant par la rue de la Harpe.

Il n'y a que deux maisons qui appartiennent actuellement au sieur Bazan, ainsi que celle du coin de la rue Hautefeuille, qui lui appartient aussi, qui soient dans la censive de l'abbaye.

Et de l'autre côté de ladite rue il n'y a que quatre maisons, qui appartiennent aux Chartreux, qui soient dans la censive de ladite abbaye Saint-Germain.

Rue des Deux-Portes, par la rue de la Harpe, à droite.

Il y a trois maisons, mais l'on n'a aucunes déclarations de ces maisons qui constatent qu'elles soient de la censive de l'abbaye Saint-Germain, cependant il paroît qu'il y en a deux qui dépendent et font partie et qui forment le derrière des maisons, rue Serpente, appartenantes aux Chartreux, et qu'elles doivent faire partie de la censive de l'abbaye.

Par la rue de la Harpe, à gauche.

Il y a trois maisons, mais on ne voit rien qui constate la censive de l'abbaye sur ces maisons.

Rue Hautefeuille, par la rue Saint-André-des-Arts, à droite.

Toutes les maisons de ladite rue de ce côté, compris l'église de Saint-André-des-Arts jusqu'aux Prémontrés, sont de la censive de l'abbaye Saint-Germain.

L'autre côté de ladite rue.

Les maisons de l'autre côté, à commencer de ladite rue Saint-André-des-Arts, à main gauche, il y a onze maisons jusques et compris les maisons des Chartreux, qui sont de la censive de l'abbaye Saint-Germain, jusqu'à la maison faisant le premier coin de la rue des Deux-Portes, dont la censive est prétendue par la Ville.

Rue des Cordeliers, par la rue de la Harpe, à droite.

Toutes les maisons depuis le second coin de la rue Hautefeuille jusqu'à la rue du Paon, sont de la censive de l'abbaye Saint-Germain.

APPENDICES ET PIÈCES JUSTIFICATIVES.

De l'autre côté par la rue de la Harpe, à gauche.

Tout ce côté est de la censive de l'abbaye, étant observé que l'abbaye Saint-Germain-des-Prés a originairement concédé aux religieux cordeliers le terrein où ils sont établis dans ladite rue, sous la réserve expresse de la part de ladite abbaye de rentrer dans la propriété dudit terrein dans les cas où lesdits cordeliers ne l'occuperoient plus.

Rue de la Harpe, à main droite, à commencer du coin de l'église Saint-Cosme.

Toutes les maisons et colléges qui sont dans ladite rue de la Harpe de ce côté, depuis et compris Saint-Cosme jusqu'à la porte Saint-Michel, où il y avoit aussi autrefois un pressoir à verjus, sont aussi de la censive de l'abbaye Saint-Germain.

Des remarques cy-dessus faites de toutes les maisons qui sont dans la censive de l'abbaye Saint-Germain, depuis le bout du pont Saint-Michel jusqu'à la porte Saint-Michel, par le chemin tracé de la rue Saint-André-des-Arts, Hautefeuille, des Cordeliers et de la Harpe, il résulte que toutes les maisons des rues du Hurpoix, de l'Hirondelle, de Saint-André-des-Arts, du Cimetière-Saint-André, des Poitevins, du Battoir, des Cordeliers, du Paon, du Jardinet, Mignon, de l'Éperon, cul-de-sac de la cour de Rouen, Gît-le-cœur, Pavée, Grands-Augustins, Savoye, Christine, Dauphine, d'Anjou et autres, qui se trouvent renfermées dans l'enceinte cy-dessus décrites, sont dans la censive de l'abbaye Saint-Germain.

Plus, le Roi, par arrêt de réunion de la justice de l'abbaye au Châtelet, du 21 janvier 1675, a cédé à l'abbaye Saint-Germain-des-Prés, pour indemnité à elle due à ce sujet, 5 s. sur chaque maison bâtie hors des limites qui lui appartenoient, et ces limites commencent par la grande rue du Bacq, revenant du Port-Royal, à main droite, et suivant toute ladite rue du Bacq et revenant dans ladite rue du Bacq, aussi à droite, et de là à la rue Neuve-Notre-Dame, derrière les Chartreux, et toutes les maisons, par conséquent, tant de la Grenouillère que celles qui se trouvent dans le fauxbourg à droite et celles des Invalides et des environs, et des maraîchers, au moyen de quoi toutes lesdites maisons doivent lesdits cinq sols, outre le cens ordinaire.

La mense abbatiale est en outre propriétaire d'un droit de cens et rentes sur le privilége de treize étaux à boucherie, dont cinq situés à la Croix-Rouge, appartenant au sieur Jacques-Pierre Hubert, et sont chargés de 51 l. de cens par an.

Les huit autres priviléges d'étaux à boucherie sont situés, savoir : six ou carrefour de Bussy et deux rue des Boucheries, qui appartiennent au sieur Henry-Jule Rudemare, ancien marchand boucher, et chargés ensemble de 32 l. 12 s. parisis de cens et redevance.

La mense abbatiale est encore seigneur foncier du terrein où se tient la foire Saint-Germain et du préau de ladite foire; il lui appartient d'après les titres des concessions qu'elle en a faites, 3 l. 2 s. 6 d. de cens et rente sur chaque loge de 9 pieds en quarré qui sont construites dans l'enceinte de ladite foire, et le surplus des terreins vagues, ainsi que le terrein des rues de ladite foire du préau d'icelle et du tour d'échelle, appartient en propriété à l'abbaye comme seigneur foncier.

Plus ladite abbaye a droit de foire franche sur ledit terrein pendant huit jours, depuis le 3 février inclusivement, pendant lesquels huit jours les halles de draperie, mercerie, lingerie et filasse de Paris doivent être fermées, et ladite abbaye a le droit pendant ledit temps de faire apporter tous les draps, étoffes et filasses qui viennent à Paris, et de percevoir sur le tout un droit de 12 s. 6 d. sur le cent pesant de filasse, 4 s. 6 d. sur chaque pièce de drap vendue et 4 s. sur chaque pièce non vendue.

Ce droit particulier fait partie du bail général, et sera d'ailleurs évalué cy-après dans le détail des revenus; quant à présent..... *Mémoire.*

Plus ladite abbaye a droit de marché dans le fauxbourg Saint-Germain, et, comme le produit dudit droit sera cy-après porté dans le dénombrement des revenus, il n'en est ici question que pour ordre et mémoire.

Suit le dénombrement des revenus de l'abbaye, divisés en trois parts : Mense abbatiale, Régime de la congrégation, Régime de l'abbaye, et s'élevant, défalcation faite de toutes charges, à près de 363,000 livres. Outre les propriétés urbaines, dont le procès-verbal donne le dénombrement, l'abbaye avait de nombreuses possessions rurales dans la banlieue de Paris, notamment à Issy, Vaugirard, Suresnes, La Celle, Chesnay, Garches, Gentilly, Cachan, Arcueil, Bourg-la-Reine, Châtillon, Fontenay-aux-Roses, Antony, Verrières, Igny, Wissous, Avrainville, Épinay-sur-Orge, Viry, Boissy-Saint-Léger et Valenton. Elle possédait enfin de grands domaines dans les diocèses de Meaux, Sens, Beauvais, Rouen, Chartres et Poitiers.

Ce document, dont l'importance au point de vue historique et topographique est considérable, a été reproduit en entier par M. H. Cocheris, dans son excellente édition de l'abbé Lebeuf. — L. M. T.

(Procès-verbal d'enquête, reproduit par M. H. Cocheris dans ses *Notes et additions* à l'ouvrage de Lebeuf, t. III, p. 53.)

VI

RELATION DE CE QUI S'EST PASSÉ
À LA DÉDICACE DE L'ÉGLISE SAINT-GERMAIN-DES-PRÉS.

(Texte, page 102.)

Anno ab incarnatione Domini millesimo centesimo sexagesimo tertio, Alexander Papa tertius Parisiensem civitatem ingressus per aliquod tempus ibidem moras fecit. Dumque in eadem urbe moraretur, ego Hugo, tertius Dei gratia abbas sancti Germani Parisiensis, accedens ad ejus præsentiam, humiliter exoravi eum, quatinus ecclesiam beati Germani novo schemate reparatam, quia necdum consecrata erat, dignitate consecrationis insignire dignaretur. At idem reverendissimus Papa Alexander precibus nostris gratanter annuens, undecimo calendas Maii prædictam ecclesiam advenit magna pontificum et cardinalium frequentia comitatus, quorum unus fuit Mauricius, Parisiensis episcopus, quem monachi ejusdem ecclesiæ videntes et ob ejus præsentiam nimium perturbati, dixerunt se nullatenus passuros quod consecratio ecclesiæ fieret dum prædictus Mauritius episcopus præsens adesset. Unde dominus Papa, audita et cognita monachorum perturbatione, convocavit ad se domnum Jacinctum diaconum cardinalem sanctæ Mariæ in Cosmidin, et domnum Othonem diaconum cardinalem sancti Nicolai de carcere Tulliano, domnum quoque Wilelmum presbyterum cardinalem sancti Petri ad Vincula. Quibus accersitis præcepit, ut supradictum episcopum Mauritium convenientes, monachorum commotionem diligenter notificarent, et ex ipsius mandato eidem præciperent, ut ab ecclesia discederet, alioquin monachi consecrationem fieri omnimodis refutarent. At ille, audito domini Papæ mandato, cum omni ornatu et vestimentis, quæ secum detulerat, ab ecclesia recessit. Post cujus abscessum, domnus Hubaldus Hostiensis, Bernardus Portuensis, Galterius Albanensis, Joannes Siguinensis, Gerandus Caturcensis, Almaricus Silvanectensis episcopi, et de Hispania Joannes Toletanus archiepiscopus et Hispaniarum primas, Fellandus Asturicencis, Joannes Legionensis, Stephanus Zamorensis, Joannes Luccensis, Assuerus Cauriensis, Petrus Migdoniensis episcopi, præcipiente domino Papa, ecclesiam de foris in circuitu ter, et deintus similiter circumlustrantes, et aqua benedicta, sicut mos est, aspergentes, eam honorificentissime, prout decebat, dedicaverunt. Deinde dominus Papa Alexander majus altare in honore sanctæ Crucis et sanctorum martyrum Stephani atque et Vincentii solemniter consecravit, et in medio crucem de oleo sancto imposuit, circumlustrantibus ad quatuor cornua ejusdem altaris quatuor de supradictis pontificibus, quorum unusquisque crucem de oleo sancto in loco suo similiter imposuerunt. Dominus autem Papa reliquias intra altare posuit; et accepto instrumento, quod vulgo dicitur truella, easdem cæmento intro sigillavit. Quo peracto, domnus Hubaudus, Hostiensis episcopus, et tres episcopi pariter altare matutinale in honore sanctissimi confessoris Germani consecraverunt. Interim dominus Papa Alexander ad pratum, quod est juxta monasterii muros, cum solemni processione procedens, ad populum sermonem fecit, et coram omnibus adstantibus protestatus est, quod ecclesia sancti Germani de Pratis de proprio jure beati Petri existens, nulli archiepiscopo vel episcopo, nisi summo Pontifici sanctæ Romanæ Ecclesiæ, subjacet. His interfuerunt cardinales, quorum nomina subscripta sunt. Hubaudus presbyter cardinalis tituli sanctæ Crucis in Jerusalem. Henricus presbyter cardinalis tituli sanctorum Nerei et Achillei. Joannes presbyter cardinalis tituli sanctæ Anastasiæ. Albertus presbyter cardinalis sancti Laurentii in Lucina. Guillelmus presbyter sancti Petri ad Vincula. Jacintus diaconus cardinalis sanctæ Mariæ in Cosmidin. Odo diaconus cardinalis sancti Nicolai in carcere Tulliano. Ardicio diaconus cardinalis sancti Theodori. Boso diaconus cardinalis sanctorum Cosmæ et Damiani. Cinthius diaconus cardinalis sancti Eustachii juxta templum Agrippæ. Manfredus diaconus cardinalis sancti Georgii ad Velum aureum, etc. Ego Hugo, abbas sancti Germani de Pratis tertius, testificor hanc consecrationem meo instinctu sic peractam fuisse, et ideo ad certitudinem præsentium et futurorum eadem scripto commendavi, et sigillo meo corroboravi.

(D. Bouillart, *Preuves*, p. 40.)

VII

INSCRIPTIONS FUNÉRAIRES DE SAINT-GERMAIN-DES-PRÉS.

(Texte, page 114 et pages suivantes.)

I

Voici l'inscription qu'aurait composée Chilpéric pour la tombe élevée à saint Germain, évêque de Paris, dans l'église Sainte-Croix-et-Saint-Vincent. Suspectée d'interpolation, cette inscription a été, selon Mabillon, corrigée par Aimoin, et, selon Brower et Luchi, à l'avis desquels se range M. Le Blant, composée par Fortunat. (Voy. *Inscript. chrét. de la Gaule*, t. I, p. 285 et suiv.)

ECCLESIÆ SPECULUM PATRIÆ VIGOR ARA REORUM
ET PATER ET MEDICUS PASTOR AMORQUE GREGIS
GERMANUS VIRTUTE FIDE CORDE ORE BEATUS
CARNE TENET TUMULUM MENTIS HONORE POLUM
VIR CUI DURA NIHIL NOCUERUNT FATA SEPULCHRI
VIVIT ENIM NAM MORS QUEM TULIT IPSA TIMET

CREVIT ADHUC POTIUS JUSTUS POST FUNERA NAM QUI
FICTILE VAS FUERAT GEMMA SUPERBA MICAT
HUJUS OPEM AC MERITUM MUTIS DATA VERBA LOQUUNTUR
REDDITUS ET CÆCIS PRÆDICAT ORE DIES
HUNC VIR APOSTOLICUS RAPIENS DE CARNE TROPHÆUM
JURE TRIUMPHALI CONSIDET ARCE THRONI.

On lit, au sujet de la châsse de saint Germain, dans le «Procès-verbal de l'inventaire et description des effets mobiliers de l'abbaye de Saint-Germain-des-Prés, du 14 septembre 1790» (Arch. nat. S 2866), ce qui suit :

«L'an 1790, le mardi quatorzième jour de ce mois de décembre, dix heures du matin, nous, Le Bon, Joseph, Dacier et Claude Lafisse, officiers municipaux..... assisté des prieurs et religieux, nous étant transporté dans l'église abbatiale et conventuelle, nous y avons trouvé MM. Gabriel-François Doyen, peintre du Roy, demeurant aux galeries du Louvre; Louis-Philippe Mouchy, sculpteur du Roy, demeurant auxd. galeries..... pour procéder avec nous commissaires aux opérations ci-après :

«Dans le chœur de lad. église, au-dessus du maître-autel, nous avons reconnu la châsse de saint Germain, telle qu'elle est décrite dans la déclaration faite à la municipalité, le 26 février 1790, par Dom Faverotte, prieur. Cette châsse est longue de deux pieds dix pouces, surmontée d'un clocher, la couverture de lames d'or, le reste en vermeil; elle est garnie de 260 pierres précieuses, qui, sur le rapport du s^r Masson, ne nous ont pas parues de grande valeur, et dont il manque quellesques (sic) unes, et de 197 perles, dont il manque aussi quellesques unes, attendu la difficulté de descendre ladite châsse, nous ne l'avons point fait peser, nous en rapportant au poids annoncé dans ladite déclaration, laquelle porte qu'il a été employé 26 marcs 2 onces d'or et 150 marcs d'argent, suivant le marché de février 1408, d'aucuns inventaires portent 250 marcs d'argent; et pour la sûreté de ladite châsse, nous y avons apposé le scellé sur deux bandes de ruban placées aux deux extrémités de ladite châsse du côté du chœur des religieux,» etc.

On trouve en tête d'un rôle des recettes du pitancier, en 1373 (Arch. nat. carton L 801), une copie des «vers escrips entour la chasse d'or mons. Saint-Germain, nostre glorieux patron et evesque de Paris par Messire Jehan Baudouin, bachelier en decrez, vicaire en la ville S. Léonart de Corbigny, le samedi avant la Toussaint, l'an mil CCCLXXIII, lequel jour fu ouverte ladicte chasse.»

En 1643, on découvrit, dans le préau du cloître de l'abbaye de Saint-Germain, un tombeau de pierre avec cette inscription :

TEMPORE NULLO VOLO HINC TOLLANTUR OZZA HILPERICI
PRECOR EGO ILPERICUS NO AUFERANTUR HINC OZZA MEA.

A l'exception de Valois, qui voit dans ce monument la tombe du roi Chilpéric, tous les érudits s'accordent à reconnaître dans ce Hilpericus un personnage de la cour des rois mérovingiens. La forme du caractère de cette inscription, chargée de ligatures, et la présence d'un crucifix dans la tombe, sont deux motifs qui portent mon savant confrère M. Le Blant à considérer cette inscription comme postérieure au VIIIe siècle, mais (voy. *Inscript. chrét. de la Gaule*, t. I, p. 288 et suiv.) comme la plus antique des épitaphes peintes qui aient été trouvées en Gaule.

Alexandre Lenoir trouva aussi, à la fin du siècle dernier, une inscription qui est aujourd'hui déposée à l'abbaye de Saint-Denis. Les nombreuses mutilations qu'elle a subies en rendent l'intelligence difficile. Les mots imprimés en italique ont été restitués par notre confrère M. Leblant. (Voy. *Inscript. chrét. de la Gaule*, p. 284, et pl. n° 143.)

```
..........TUMULUS EROTRUDI..........
.......LEUTHARDZ PROPRIA GEN..........
....NNIZ·VIXIT·TRIBUZ ET QUADRAGINTA
TERREA POST·LINQUENZ CÆLESTIA REGNA PETIVIT
TRANSITUS EROTRUDIS CELEBRATUR.......
```

Cette inscription, d'un beau caractère, mais d'une très-basse époque, a été publiée également par Alexandre Lenoir (*Musée des monum. français*, édit. de 1801, t. II, p. 10 et pl. LVIII; *Descript. des monum. de sculpture, etc.* p. 81), et par Albert Lenoir (*Statist. monum. de Paris*, monogr. de Saint-Germain-des-Prés, 1re planche).

II

On sait que les inscriptions qui couvraient les tombeaux des religieux célèbres étaient d'une concision extrême. On lisait sur une petite pierre carrée : x decembris 1741, c'était la tombe de Bernard de Montfaucon; sur une autre pierre : x aprilis 1756, c'était celle de Dom Vaissète; sur une autre : xxvii decembris 1707, c'était celle de Mabillon. Les trois grands érudits du xviiie siècle étaient enterrés à côté les uns des autres. Lorsqu'on détruisit la chapelle de Notre-Dame pour percer la rue de l'Abbaye, on demanda que les restes de Montfaucon et de Mabillon fussent recueillis et déposés au Musée des monuments français. La demande en fut faite, le 2 prairial an vii, par une personne nommée Bouillot, rue des Maçons, n° 25. L'autorisation fut accordée, le 5 fructidor suivant, par le ministre de l'intérieur, et, le 9 brumaire an viii, on dressa un procès-verbal de l'exhumation et de la translation des corps (voy. Alex. Lenoir, *Musée des monum. français*, t. VIII, p. 169), qui furent rapportés, en 1819, dans l'église de Saint-Germain-des-Prés. Quant aux restes de Dom Vaissète, ils n'ont malheureusement pas été recueillis, et l'on ne sait ce qu'ils sont devenus.

Voici, d'après D. Bouillart et les épitaphiers manuscrits, les noms des personnages inhumés dans l'église Saint-Germain-des-Prés :

Childebert Ier (23 décembre 558). Ultrogothe, reine (?). Chilpéric Ier (septembre 584). Frédégonde (597). Clotaire II (28 septembre 628). Bertrude (618). Childéric II (septembre 673). Blichilde (septembre 673). Dagobert, son fils (septembre 674). Charibert (?). Chrodesinde, fille de Childebert (?). Chrotberge (?). Geoffroy de Coustures (?). Richard d'Atrie ou de Letré (1387). Hervé de Morillon (1459). Guillaume Martellet, évêque de Bethléem (1402). Dominique de Gabre, évêque de Lodève (1er février 1557). Jean Grolier, trésorier de France (1565). Pierre Danès, évêque de Lavaur (23 avril 1577). Dom Claude Cotton, grand prieur de l'abbaye (16 mars 1660). Charlotte-Louise de Laloë, veuve de Charles de Lusignan, marquis de Saint-Gelais (1er février 1715). Eusèbe Renaudot, prieur de Frossay, membre de l'Académie française (1er septembre 1720). Antoine de Lion, auditeur des comptes, sieur des Landes et de la Motte-Charny (22 avril 1556). Nicolas de Lion, commissaire des guerres, son fils (?). François Thévin, comte de Sorge (23 juin 1637). Henri-Achille de Larochefoucauld, abbé de la Chaise-Dieu (?). Françoise de Larochefoucauld, sa sœur (13 mars 1708). Henriette de Larochefoucauld (3 novembre 1721). Jean Froger (1372); Jacqueline, sa femme (?). Jean, Gabriel et Claude Lhuillier (1647). Claude Grosjean (15 décembre 1667). Jacques Douglas (1645). Robert Douglas, capitaine aux gardes (15 juin 1662). Comtesse de Dumbarthon (25 avril 1691). Georges Douglas, comte de Dumbarthon (20 mars 1692). Guillaume-Mathias Douglas (13 mars 1715).

Jacques du Cellier, chanoine de Lille (1398). Madeleine Baron, femme du comte de Jussac (7 juin 1678). Dom Claude Bennet Withe, général des bénédictins anglais (4 octobre 1655). Olivier, Louis, Charles et François de Castellan (1644, 8 janvier 1683). Ferdinand Égon, landgrave du Furstemberg (6 mai 1696). François de la Mark (18 janvier 1697). François-Henri, prince de la Tour et Tassis, chanoine de Cologne (4 décembre 1700). Guillaume Égon, cardinal (10 avril 1704). N........., comtesse de la Mark (17 août 1704). César, cardinal d'Estrées, évêque d'Albano (18 décembre 1714). Jean de Precy (?). Gérard de Moret, abbé de Saint-Germain (1278). Jeanne Ozanne, mère de Guillaume III, abbé (1405). François de Monceaux, fils de François de Monceaux, chevalier, seigneur de Villeacoubley (1535). François Vindebane, secrétaire d'État de Charles Ier, roi d'Angleterre (12 septembre 1646). Louis Couret, chanoine de Notre-Dame (12 juillet 1760). Robert Racine du Corail (12 décembre 1678). Madeleine Darville de la Grange-Palaiseau (9 avril 1686). Marie de la Fontaine (20 mars 1689). Nicolas Brevant de Roidemont, gouverneur des pages du roi (29 novembre 1713). Hugues d'Issi, abbé (1247). Thomas de Mauléon, abbé (1256). Nicolas de Ladit, abbé (1361). Pierre de Montreuil, architecte (17 mars 1266). Agnès, sa femme (?). Jean de Prigny (juin 1362). Philippe le Harle, écuyer, seigneur de Parant, panetier du roi Charles VI (1430). Jean de Coutures, écuyer (16 mars 1355). Agnès, femme de Raoul de Modferel (1285). Jean Bely, souchantre (1413). P. de Nangis (?). Agnès, sœur de l'abbé Gérard de Moret (12..). Fr. Jean de Pontoise, chambrier (....). Fr. Pierre de Couli, trésorier (4 juin 1358). Frère Robert, chantre (1182). Fr. Guillaume de Domat (1287). Emmeline de Petit-Pont (1288). Jean Guérin, prévôt de Thiais [de Theodosio] (1300?). Simon de Montellet (?). Jean de Laigle (1317). Renaud de Camps, lieutenant du châtelain et concierge du Louvre (21 avril 1385). Henri de Montchauvet, prévôt de Villeneuve-Saint-Georges (février 1296). Adam Medici (décembre 1348). Pierre Herouard (1387). Simon Hay du Chatelet, archid. et chan. du Mans (6 mai 1659). Dom Vincent Marsoles (5 septembre 1681). Dom Benoît Brachet (7 janvier 1687). Dom Arnoul de Loo (9 août 1713). Dom Grégoire Tarisse (24 septembre 1648). D. Bernard Audebert (29 août 1675). D. Claude Boistard (26 mars 1709). Dom Simon Bougis (1er juillet 1714). D. Charles de l'Hostallerie (18 mars 1721). D. Athanase Mongin (17 octobre 1633). D. Cyprien Leclerc (25 avril 1646). D. Antoine Durban (18 octobre 1697). D. Hugues Menard (20 janvier 1644). Frère Alexandre (?). Frère Pierre de Gyry (?). Frère Jean de Villemer (?). Jean Le Bourdais (1634). Claude Pradines, aumônier du roi (30 septembre 1657). Mathurin Langles, docteur en droit (3 juillet 1669). Pierre de Sainte-Marthe, cons. d'État (7 juillet 1679). Fr. Guillaume de Barre (?). Fr. Guillaume Poussiarque, prévôt d'Antony (cal. février 1311). Gérard Romain, docteur en droit civil et canon (?). Herbert (?). Guillaume de Pivelas (25 octobre 1404). Étienne de Saclois, trésorier de l'église Saint-Hilaire de Poitiers (1276). .... de Saclois, chevalier (1273). Simon, abbé (?). Gautier de Boulay, abbé de Saint-Magloire (12 cal. nov. 1337). Clément, archidiacre de Laon (?). Fr. Ursicin de Coray (28 juin 1695). Paul de Laborie, docteur de Sorbonne (12 octobre 1709). Fr. Olivier Simon (10 janvier 1721). Henri de Bourbon, duc de Verneuil, abbé de Saint-Germain (1682). Louis-César de Bourbon, comte du Vexin et légitimé de France (10 janvier 1683). Catherine de Bourbon (30 décembre 1595). Marie de Bourbon-Conti (21 mars 1620). François de Bourbon, prince de Conti (3 août 1614). Charles de l'Aigle, écuyer (1317). Guillaume *de Alento, domicellus*, du diocèse de Limoges (1308). Juba Alesi, fils de Berault Alesi de Seric (1295). Burguaud de Bellée, jadis chevalier de notre sire le roy de France et le roy de Navarre (septembre 1313). Simon de Saint-Benoist, trésorier, puis grand prieur de Saint-Germain-des-Prés (14 août 1437). Guillaume Boullanger, seign. de Vaumesnil, conseiller d'État et premier échanson de M. frère unique du roi Henri III (mars 1590); Clausse, sa femme (9 mai 1581). Regnault de Camps, écuyer, né de Picardie, lieutenant du châtelain et concierge du Louvre, trépassé en l'Hôtel des écoliers de Dainville (21 avril 1385). Eustache de Chambeli, seign. du Val (1341). Comte Chapon, de Sanine-la-Vieille? (1298). Jean de Coustures, écuyer (16 mars 1255). Guillaume de Fougeret (de Fougeretto), professeur de droit, doyen de Nevers, conseiller du duc de Bourbon (1333). Jean Garnier, de Châlons, avocat au Parlement (10 février 1348).

III

Le 13 février 1792, l'abbaye de Saint-Germain-des-Prés fut supprimée et l'église fermée. Le réfectoire, qui servait de prison en 1793, et dont une partie avait été convertie en fabrique de salpêtre, fut détruit le 2 fructidor an II (19 août 1794) par une explosion. C'est alors que les religieux, complétement oubliés dans leur propre demeure, se virent contraints de chercher ailleurs un asile. Dom Poirier fut le seul bénédictin qui, comme Cassandre sur les ruines d'Ilion, voulut ne pas abandonner les restes fumants de l'abbaye. Grâce à lui, la bibliothèque, qui avait été malheureusement atteinte, fut en partie sauvée. Les manuscrits furent complétement préservés, et on les transporta en 1795 à la Bibliothèque nationale. On sait que la bibliothèque de Saint-Germain, ouverte tous les jours au public, ne comptait pas moins de 49,387 volumes imprimés[1] et 7,072 manuscrits[2]. Le cloître, la chapelle de la Vierge, chef-d'œuvre de Pierre de Montreuil, le dortoir, la salle du chapitre, furent successivement abattus. L'église seule resta debout. Elle était depuis longtemps fermée lorsque, le 6 prairial an VII (25 mai 1799), le ministre de l'intérieur autorisa les membres du Conseil de conservation des objets de sciences et arts à y faire des fouilles, afin d'y retrouver le tombeau de Charibert.

«Munis de ces renseignements, écrit Lenoir, à qui j'emprunte ces détails[3], les citoyens Leblond, Poirier, ci-devant religieux de cette abbaye et tous deux membres du Conseil de conservation, et moi, nous commençâmes à faire faire les fouilles en présence du citoyen Aubry, directeur de la manufacture de salpêtre qui y est établie, et du citoyen Jollain, expert du Conseil, qui dirigea les ouvriers d'après les renseignements ci-dessus cités. Voici le résultat de nos recherches.

«Le 6 prairial an VII, après avoir creusé environ sept pieds au-dessous de la place où était le grand autel, on découvrit un tombeau de six pieds de longueur, dont le couvercle, fait en dos d'âne, orné d'écailles de poisson, de palmettes et d'un cep de vigne s'échappant d'un vase, était celui qui fut découvert en 1704 et dont parle Montfaucon.

«Le couvercle ayant été levé (ce tombeau avait déjà été ouvert, puisqu'un fragment du couvercle, qu'on avait brisé probablement en l'ouvrant, s'est trouvé dans l'intérieur, sous la tête du mort et lui servant d'oreiller), nous aperçûmes un squelette vêtu..... Les pieds étaient dirigés vers l'orient; les draperies dont il était couvert formaient deux vêtements : le premier, assez bien conservé, paraît être un long manteau ample et dessinant de grands plis, dont les chutes descendaient jusqu'au bout des pieds; après avoir examiné l'étoffe, nous reconnûmes que c'était un satin d'un tissu très-fort et à grands dessins; sa couleur, quoique passée, paraît avoir été d'un rouge foncé. Le second vêtement est une tunique longue, de laine, couleur de pourpre brun, ornée dans le bas d'une broderie aussi de laine, sur laquelle on avait gaufré des ornements; des espèces de pantoufles, d'un cuir noir très-bien tanné, lui servaient de chaussure; ces pantoufles, ou souliers sans oreilles et sans boucles, n'ont qu'une couture placée à l'extérieur du pied, et de la manière qu'au pied droit elle se trouve à droite, et au pied gauche à gauche.

---

[1] 9,356 in-folios; 11,747 in-quartos; 28,284 in-octavos et in-12.

[2] 634 manuscrits orientaux; 452 grecs; 1,644 latins; 2,783 français; fonds de Harlay, 1,559.

[3] Voy. Lenoir, *Musée des monuments français*, t. I, p. 158 et suiv.

« Au côté droit du cadavre, on a trouvé une canne de bois, que l'on croit être du coudrier, d'environ six pieds de longueur, surmontée d'une petite traverse d'ivoire formant béquille, ouvrage à jour et dont la sculpture peut remonter au vııı⁰ ou ıx⁰ siècle. Cette espèce de tau était fixé sur le bois par une espèce de base de cuivre du même travail. La disposition de ce corps, l'espèce d'étole dont il était revêtu, et principalement la longue canne trouvée près de lui, tout semble caractériser un abbé; car on sait que les premières crosses des évêques ou des abbés commendataires n'étaient que de simples bâtons de bois, très-longs, dont la partie supérieure se terminait en tau, et désignées, dans les ouvrages de Mabillon sur cette matière, par *baculus*. Ces crosses, depuis, ont été diminuées, et l'on s'en est servi pour s'appuyer................

« En continuant de suite les fouilles dont j'ai parlé plus haut, le 7 suivant, à quatre heures du soir, on a découvert un autre sarcophage en pierre de Saint-Leu, fermé simplement d'une pierre plate et carrée..

« Lors de l'ouverture, on a trouvé un squelette vêtu qui avait d'abord été déposé dans un cercueil de bois, dont la légèreté, par sa décomposition, se rapproche de celle du liège, mais en conservant moins d'élasticité. La crosse, composée d'enroulemens et de feuilles de vigne, est aussi de bois, et s'est trouvée dans le même état de légèreté, posée à droite et près du cadavre, comme s'il pouvait s'en servir.

« Les ossements, intacts dans leur situation, étaient couverts d'un grand vêtement de taffetas violet foncé ressemblant assez à l'habit des religieux de l'ordre de Saint-Benoît, et offrant exactement les plis que l'on voit dans le dessin que j'en ai fait d'après le naturel. Les pièces qui formaient l'ensemble de ce vêtement ont été assemblées, non par de simples coutures ou par des surjets, suivant notre usage, mais au moyen d'un galon de soie verte étoilé d'une broderie d'or, qui servait à lier les lisières entre elles; en sorte que le galon dessinait les pièces telles qu'elles étaient avant d'être assemblées. Cette espèce de tunique, longue et très-ample, est bordée par une grande bande d'étoffe à grands dessins relevés en dorure sur le fond. La mitre de soie blanche ressemble parfaitement à la moire que nous connaissons. La tête était posée sur un coussin qui avait conservé sa forme, quoique entièrement détruit.

« Les gants qu'on lui voit aux mains sont bien conservés, et d'un tissu de soie à jours, fait à l'aiguille autour d'une base cylindrique, suivant le savant rapport que le citoyen Desmarest, membre de l'Institut national, nous a donné sur les étoffes que nous avons trouvées dans ces tombeaux. La bague qu'il avait au doigt n'offre rien de curieux ni par la matière ni par la forme, elle est d'un métal composé de cuivre et d'argent mélangé : le chaton, en forme de croissant, renferme une turquoise décolorée..

« La chaussure, parfaitement semblable à nos guêtres, est d'une étoffe de soie d'un violet foncé, ornée de dessins très-variés et du meilleur goût, représentant des polygones ou écus, dans le champ desquels sont tracés des lévriers et des oiseaux en or. Les guêtres étaient serrées du haut et du bas d'une coulisse retenue par un petit cordonnet de soie de la même couleur, et dont la fabrique ressemble parfaitement à la nôtre. »

Lenoir trouva aussi un chapiteau de marbre qui semblait appartenir à la primitive église, et un chapiteau du x⁰ siècle [1].

L'église resta fermée jusqu'au 9 floréal an xı.

Sous la Restauration, on rendit à l'église un baptistère en cuivre rouge, orné de bronze doré, un médaillon en marbre représentant une mère de douleur, une sainte Vierge en marbre

[1] Voy. Lenoir, *Musée des monuments français*, t. II, p. 21.

APPENDICES ET PIÈCES JUSTIFICATIVES.

sculptée en 1430, une statue de sainte Marguerite sculptée par Bourlet, une statue de saint François-Xavier sculptée par Coustou, des statues de Childebert et de la Vierge, le tombeau de Charibert, roi de Paris, le mausolée de Guillaume et de Jacques de Douglas, celui de Casimir, roi de Pologne, et l'épitaphe de Bernard Cherin. La partie septentrionale de l'église, qui menaçait ruine, fut étayée en mai 1820 et complétement refaite par l'architecte Godde. C'est à la suite de ces grands travaux de consolidation que les deux clochers latéraux placés derrière celui qui existe encore ont été abattus. La restauration de Saint-Germain-des-Prés, entreprise en 1845, ne tardera pas à être complétement terminée.

L'intérieur du monument est complétement recouvert de peintures murales. Ces décorations polychromes produisent toujours, à première vue, le plus grand effet. Ces voûtes azurées, ces colonnes teintées, donnent à l'église un air sombre et mystérieux qui réagit sur le visiteur et l'invite au recueillement. Mais, lorsque l'œil est accoutumé à ce clair-obscur, le charme diminue souvent et l'aspect n'est pas aussi harmonieux qu'on se l'était figuré tout d'abord. A Saint-Germain-des-Prés, le plus grand inconvénient que présentent ces décorations est de nuire aux fresques, malheureusement inachevées, de Flandrin. Cette suite de peintures religieuses demandait plutôt un cadre brillant qu'une bordure mate et sans éclat.

Saint-Germain-des-Prés renferme encore quelques inscriptions. Dans la chapelle de Saint-Michel, on a placé le monument de Jacques Douglas.

Voici l'inscription gravée sur une plaque de marbre noir, placée devant ce mausolée :

> DOUGLASIDUM NOVA SPES, PATRIÆ LUX, REGIBUS ORTE,
> GALLO-SCOTICENUM DUX IACOBE JACES,
> DUM LONGA INNUMEROS LANGUENTES PACE TRIUMPHOS
> MAJORUM RECOLIS, DIGNAQUE MARTE GERIS,
> ARMAQUE DUM PROAVUM REDIVIVO E FUNERE TRACTAS,
> HEU CADIS IN MEDIA DIA PROPAGO VIA !
> SCILICET HAUD POTERAT MARS EXUPERARE TUORUM,
> SCANDERE NEC TE VULT INCLYTA FACTA PATRUM.
> OCCIDIT PROPE DUACUM XXI OCTOBR. MDCXXXV ÆTATIS XXVIII.

Au fond de la chapelle du Sacré-Cœur-de-Jésus, on a déposé les cendres de Mabillon, Montfaucon et Descartes, qui provenaient du Musée des monuments français. On a gravé sur une table de marbre noir la triple inscription suivante :

MEMORIÆ	MEMORIÆ	MEMORIÆ
D. JOANNIS. MABILLON	RENATI. DESCARTES	D. BERNARDI. DE. MONTFAUCON
PRESBYTERI. MONACHI	RECONDITIORIS. DOCTRINÆ	NOBILIS. PRIMUM. IN. MILITIA. VIRI
ORDINIS. S. BENEDICTI	LAUDE	TUM. SÆCULARIUM. RERUM
ACADEMIÆ. INSCRIPTIONUM	ET. INGENII. SUBTILITATE	TÆDIO
HUMANIORUMQ. LITTERARUM	PRÆCELLENTISSIMI	PRESBYTERI. MONACHI
SOCII	QUI. PRIMUS	INDEQUE
PIETATE. DOCTRINA. MODESTIA	A. RENOVATIS. IN. EUROPA	ACADEMIÆ. INSCRIPTIONUM
ELAPSO. JAM. SÆCULO	BONARUM. LITTERARUM. STUDIIS	HUMANIORUMQ. LITTERARUM. SOCII
CLARI	NATIONIS. HUMANÆ	IN. CONQUIRENDIS. ILLUSTRANDIS
BIBLIOTHECARUM	JURA	EDENDIS. CUJUSCUNQUE. GENERIS
TUM. NOSTRATIUM. TUM. EXTERARUM	SALVA. FIDEI. CHRISTIANÆ	PRIORUM. ÆTATUM. MONUMENTIS
DILIGENTISSIMI. INDAGATORIS	AUTORITATE	DE. OMNI. ANTIQUITATE
IN. DIPLOMATUM. SINCERITATE	VINDICAVIT. ET. ASSERUIT	TAM. SACRA. QUAM. PROFANA
DIIUDICANDA	NUNC	OPTIME. MERITI
FACILE. PRINCIPIS	VERITATIS	ARTIS. CRITICÆ
ACTORUM. ANNALIUMQ.	QUAM. UNICE. COLUIT	ARBITRI. PRUDENTISSIMI
ORDINIS. SUI	CONSPECTU	PRÆSERTIM
COLLECTORIS. CONDITORIS.	FRUITUR.	IN. PALÆOGRAPHIA. GRÆCA

QUORUM. CINERES. RELIGIOSE. PRIMUM. LOCULIS. SUIS. CONDITOS DEINC. COMMUNI. FATO. PER. XXV. ANNOS INTER. PROFANA. EXULES. QUUM. TERRÆ. SACRÆ. RENOVATA. PIARUM. EXEQUIARUM. POMPA. REDDERENTUR REGIA. INSCRIPTIONUM. ET. HUMANIORUM. LITTERARUM. ACADEMIA TITULIS. ADSCRIPTIS. SENIORIBUS. ÆTATIBUS. COMMENDAVIT. XXVI. FEBR. MDCCCXIX.

Dans la chapelle de Saint-Joseph, on a placé le mausolée Guillaume de Douglas. Voici l'inscription qui s'y trouve gravée :

> ADSPICIS HUMANÆ SPECTACULA TRISTIA POMPAE,
> ET VANESCENTIS QUÆ SIT IMAGO BONI.
> NON SUM QUI FUERAM SATUS ILLE HEROIBUS, INGENS
> DUGLASIDUM PRINCEPS ANGUSIÆQUE COMES.
> NAM PARS HIC EXTINCTA JACET, PARS SALVA REVOLVIT
> FATA, VICES RERUM QUÆ PER OPACA FLUUNT;
> VERTOR UT IN CINERES SPECULATUR, ET OCCULOR UMBRIS;
> UTQUE ILLIBATÆ DISCUTIUNTUR OPES
> QUAS MIHI FATA DABANT, VIRTUS TRANSMISIY AVORUM :
> QUAS EGO TRANSMISI FATA DEDERE MEIS :
> NIL NISI LINTEOLUM MIHI MANSIT ET ARCULA BUSTI;
> QUID QUERAR? HIS OMNES MORS MONET ESSE PARES,
> REX UT INOPS MORITUR, SUA CLAUSUS DESERIT ANTRO;
> PRORSUS ET IN TUMULO PUTRET UTERQUE SUO.
> VIVIT AN. LVII. OBIIT V NON. MART. AN. M. DC. XI.
> GULIELMUS F. ANGUSIÆ COMES P. OPT. AMANTISSIMO M. P.

Plus loin, dans la chapelle de Sainte-Marguerite, que l'on restaure en ce moment, on remarque le mausolée sculpté par Girardon pour la famille de Castellan. Sur une table de marbre noir, on a gravé l'inscription suivante, composée par Mabillon :

> D. O. M.
>
> QUISQUIS, HIC SISTIS, NON MINUS RELIGIONIS ET PIETATIS, QUAM VIRTUTIS BELLICÆ MONUMENTUM VIDES; QUOD AMANTISSIMIS SUIS PARENTI ET FRATRI, OLIVARIO ET LUDOVICO DE CASTELLAN, CAROLUS ABBAS TESTAMENTO FIERI CURAVIT, QUORUM ALTER PRO REGE ET PATRIA, ALTER ETIAM IN CHRISTI CAUSA OCCUBUIT. — QUIPPE OLIVARIUS NOBILISSIMUS EQUES, POST PRÆCIPUA MILITIÆ SUB LUDOVICO JUSTO PRÆLUDIA, DUPLICIS COHORTIS DEIN SUMMUS IN CASTRIS CELERUM EQUITUM TRANS ALPES PRÆFECTUS, ITALICO IN BELLO FACTIS ILLUSTRIS, DEMUM IN CATALANICO DUCIS OFFICIUM STRENUE AGENS, AD TARRAGONEM INFESTA PILA TRAJECTUS INTERIIT, ANNO SALUTIS MDCXLIV. — LUDOVICUS OLIVARII FILIUS, EODEM ARDORE A TENERIS MILES PARI CONDITIONE DUX, PRIMO URI PRAETORIÆ COHORTI PRÆFECTUS, TUM IPSIUS LEGIONIS MAJOR; TANDEM PEDESTRIUM COPIARUM QUAS LUDOVICUS MAGNUS IN CRETÆ SUBSIDIUM MISIT, TRIBUNUS, ERUPTIONE IN OTTOMANNOS FACTA, FERALI GLOBULO EXTINCTUS EST.
> CAROLUS OLIVABII ITEM FILIUS, S. APRI ET SILVÆ MAJORIS ABBAS, EORUM IN MEMORIAM HÆC MARMORI INSCRIBI CURAVIT, ET IN ISTO MAUSOLEO A SE ERECTO, SUB QUO IPSE JACET, CORDA OPTIMI PARENTIS AC FRATRIS INCLUDI PRÆCEPIT. MORTUUS DIE 28 NOVEMBRIS AN. M. DC. LXXVII. — HIS CORPUS SUUM ADJUNGI OPTAVIT FRANCISCUS CAROLI FRATRUELIS ATQUE EX ASSE HÆRES ET IPSE MILITARIBUS PRO REGE OFFICIIS, MAXIME IN TURCAS, INSIGNIS, QUI OBIIT DIE JAN. AN. M. DC. LXXXIII.

La chapelle de Saint-Pierre-et-Saint-Paul, placée dans le bas côté gauche, renferme les reliques de saint Modeste, martyr. Au-dessous de la châsse, on a placé contre la muraille une tablette de marbre noir sur laquelle est gravée cette inscription en l'honneur de Boileau :

> HOC . SUB . TITULO
> FATIS . DIV . JACIATI
> IN . OMNE . AEVUM . TANDEM . COMPOSITI
> JACENT . CINERES .
> NICOLAI . BOILEAU . DESPREAUX
> PARISIENSIS
> QUI . VERSIBUS . CASTISSIMIS
> HOMINUM . ET . SCRIPTORUM . VITIA
> NOTAVIT
> CARMINA . SCRIBENDI
> LEGES . CONDIDIT
> FLACCI . ÆMULUS . HAUD . IMPAR

APPENDICES ET PIÈCES JUSTIFICATIVES.

IN . JOCIS . ETIAM . NULLI . SECUNDUS
OBIIT
XIII . MART . MDCCXI
EXEQUIARUM . SOLEMNIA . INSTAURATA
XIX . JUL . MDCCCXIX
CURANTE . URBIS . PRÆFECTO
PARENTANTIBUS . SUO . QUONDAM
REGIA . UTRAQUE
TUM . GALLICÆ . LINGUÆ
TUM . INSCRIPTIONUM
HUMANIORUMQ . LITTERARUM
ACADEMIA .

Enfin, dans le transept de l'église, à gauche de l'autel dédié à saint François, se trouve le mausolée du roi Casimir, de Gaspard de Marsy. De chaque côté du bas-relief en bronze qui sert de base à ce mausolée, on a gravé l'inscription suivante :

D. O. M.
ÆTERNÆ MEMORIÆ REGIS CASIMIRI.

HIC, POST IMMENSOS VIRTUTUM AC GLORIÆ GRADUS OMNES, QUIESCIT NOBILI SUI PARTE JOANNES CASIMIRUS POLONIÆ AC SUECIÆ REX ; ALTO DE JAGELLONIDUM SANGUINE, E FAMILIA VASATENSI POSTREMUS, QUIA SUMMUS LITTERIS, ARMIS, PIETATE, MULTARUM GENTIUM LINGUAS ADDIDICIT, QUO ILLAS PROPENSIUS SIBI DEVINCIRET. SEPTEMDECIM PRÆLIIS COLLATIS CUM HOSTE, SIGNIS TOTIDEM UNO MINUS VICIT. SEMPER INVICTUS, MOSCOVITAS, SUECOS, BRANDEBURGENSES, TARTAROS, GERMANOS ARMIS, COSACOS ALIOSQUE REBELLES GRATIA AC BENEFICIIS EXPUGNAVIT, VICTORIA REGEM EIS SE PRÆBENS, CLEMENTIA PATREM, DENIQUE TOTIS VIGINTI IMPERII ANNIS, FORTUNAM VIRTUTE VINCENS AULAM HABUIT IN CASTRIS, PALATIA IN TENTORIIS, SPECTACULA IN TRIUMPHIS. LIBEROS EX LEGITIMO CONNUBIO SUSCEPIT, QUEIS POSTEA ORBATUS EST, NE SI SE MAJOREM RELIQUISSET, NON ESSET IPSE MAXIMUS, SIN MINOREM, STIRPS DEGENERARET. PAR EI AD FORTITUDINEM RELIGIO FUIT, NEC SECNIUS COELO MILITAVIT QUAM SOLO. HINC EXTRUCTA MONASTERIA ET NOSOCOMIA VARSOVIÆ, CALVINIANORUM FANA IN LITHUANIA EXCISA, SOCINIANI REGNO PULSI NE CASIMIRUM HABERENT REGEM QUI CHRISTUM DEUM NON HABERENT ; SENATUS A VARIIS SECTIS AD CATHOLICÆ FIDEI COMMUNIONEM ADDUCTUS, UT ECCLESIÆ LEGIBUS CONTINERENTUR QUI JURA POPULIS DICERENT : UNDE ILLI PRÆCLARUM ORTHODOXI NOMEN AB ALEXANDRO VII INDITUM, HUMANÆ DENIQUE GLORIÆ FASTIGIUM PRÆTERGRESSUS CUM NIHIL PLÆCLARIUS AGERE POSSET, IMPERIUM SPONTE ABDICAVIT ANNO MD·CLXVIII. TUM PORRO LACRYMÆ, QUAS NULLI REGNANS EXCUSSERAT, OMNIUM OCCULIS MANARUNT, QUI ABEUNTEM REGEM NON SECUS, ATQUE OBEUNTEM PATREM LUXERE. VITÆ RELIQUUM IN PIETATIS OFFICIIS CUM EXEGISSET, TANDEM AUDITA KAMENECIÆ EXPUGNATIONE, NE TANTÆ CLADI SUPERESSET, CARITATE PATRIÆ VULNERATUS OCCUBUIT XVII KAL. JAN. M.DC.LXXII.

REGIUM COR MONACHIS HUJUS COENOBII CUI ABBAS PRÆFUERAT AMORIS PIGNUS RELIQUIT,
QUOD ILLI HOC TUMULO MŒRENTES CONDIDERUNT.

(*Notes et additions* de M. H. Cocheris à l'ouvrage de Lebeuf.)

VIII

LES DÉMÊLÉS DE L'ABBAYE DE SAINT-GERMAIN-DES-PRÉS
AVEC LES ÉVÊQUES DE PARIS ET L'UNIVERSITÉ.

(Texte, p. 68 et *passim*.)

I

SENTENCE ARBITRALE
ENTRE L'ÉVÊQUE DE PARIS, L'ABBÉ ET LES RELIGIEUX DE SAINT-GERMAIN-DES-PRÉS.

Gaufridus Dei gratia Meldensis ecclesiæ minister humilis, et Michael decanus Sancti Marcelli, et frater Garinus, omnibus Christi fidelibus salutem in Domino. Cum esset contentio inter Petrum episcopum et Hugonem decanum, totumque capitulum Parisiense, et Willelmum archipresbiterum Sancti Severini, ex una parte, et Joannem abbatem et conventum Sancti Germani de Pratis, et Radulphum presbiterum Sancti Sulpicii, ex altera; super jure episcopali et jure parrochiali spirituali in territorio Sancti Germani de Pratis ultra parvum pontem, sive sit ædificatum sive ædificandum usque ad burgum Sancti Germani; tandem pro bono pacis compromiserunt in nos ab utraque parte, sub pœna ducentarum marcharum ratum habituris, et firmiter servaturi quidquid nos tres pro bono pacis inter ipsos statuerimus bona fide.

Nos autem pro bono pacis diximus quod totum territorium, quod continetur a Tornella Philippi Hamelini supra Sequanam usque ad metam quæ dividit terram Beati Germani ex una parte et terram Sanctæ Genovefæ de altera, versus Garnelles, sicut Secana comportat; et ab eadem secunda meta usque ad metam quæ est prope chiminum Issiaci, quæ similiter dividit utramque prædictam terram; et ab illa tertia meta usque ad quartam metam, quam nos posuimus extra muros versus Sanctum Stephanum, sicut chiminum Issiaci comportat, et ab illa tertia meta usque ad quartam prædictam metam; et ab illa meta usque ad supradictam Tornellam Philippi Hamelini, sicuti muri extra se comportant, exemptum maneat ab omni jure episcopali et parrochiali spirituali Parisiensi in perpetuum. Totum autem territorium quod est infra muros erit in perpetuum de jurisdictione episcopali Parisiensi. Præterea diximus parrochiam Sancti Severini durare ab ecclesia Sancti Severini usque ad metam quam posuimus supra Secanam, juxta domum quæ dicitur domus Willermi de Sancto Marcello; et ab illa meta usque ad secundam metam quam posuimus juxta domum Odonis de Hedera, sicut vicus se comportat, a prima meta ad secundam, et a secunda meta usque ad tertiam metam, quam posuimus in platea quam Balduinns Cementarius tenet de Sancto Juliano, sicut vicus se comportat. In toto autem territorio ædificato sive ædificando ultra metas illas parrochiæ Sancti Severini usque ad muros regis, habebit monasterium Sancti Germani in perpetuum jus patronatus ad construendam unam vel duas ecclesias parrochiales, non plures; et presbyteros ibi instituendos tenebitur abbas præsentare archidiacono et episcopo Parisiensi. Si ibi fuerint duæ ecclesiæ constructæ, ab utroque presbitero illarum habebit abbas Sancti Germani singulis annis in perpetuum triginta solidos. Si vero unica fuerit ibidem ecclesia, capellanus ejusdem singulis annis in perpetuum reddet dicto abbati sexaginta solidos. Episcopus autem Parisiensis tenebitur reddere abbati prædicto quadraginta solidos in festo sancti Remigii usque ad triennium, nisi ante triennium in prædicto territorio constructa fuerit ecclesia una, vel duæ. Quia ex quo constructa ibi fuerit ecclesia, cessabit solutio illorum quadraginta solidorum. Et etiam post triennium sive sit constructa ecclesia, sive non, nihilominus cessabit solutio. Et donec ibi sic constructa ecclesia, parrochiani de illo territorio ibunt ad Sanctum Severinum tanquam parrochiani. Ecclesia vero ibidem constructa vel ecclesiis constructis, parrochiani illi revertentur ad ecclesiam constructam vel ecclesias. Et si duæ ecclesiæ ibi fuerint, pro voluntate abbatis parrochiæ limitabuntur. Radulphus autem presbiter Sancti Sulpicii in recompensatione decimæ, quam in prædicto territorio reclamabat, quandiu vivet habebit ab ecclesia Sancti Germani quadraginta solidos in festo sancti Remigii, vel singulis diebus quandiu vixerit habebit unum panem album, et unam quartam vini conventualis, si abbas maluerit. Post mortem vero ejusdem Radulphi, non tenebitur dicta abbatia reddere successori ejus illos quadraginta solidos, neque panem, neque vinum. Omnis justitia secularis remanet abbatiæ Sancti Germani in perpetuum in toto territorio suo, sive in parrochia Sancti Severini, sive extra. Quod ut firmum habeatur in perpetuum, sigillorum nostrorum munimine præsentem paginam roboramus. Actum anno gratiæ millesimo ducentesimo decimo, mense Januario.

(D. Bouillart, *Preuves*, p. 52.)

II

PREMIER ACCORD AVEC L'UNIVERSITÉ DE PARIS.

Universis præsentes litteras inspecturis Universitas magistrorum et scolarium Parisiis studentium salutem in Domino. Noveritis quod, cum inter nos, ex una parte, et religiosos viros abbatem et conventum Sancti Germani de Pratis juxta Parisius, ex altera, orta esset materia quæstionis super quadam plathea situata prope muros civitatis Parisiensis respiciente dicti Sancti Germani abbatiam, cui ex parte superiori contigua est domus, in qua moratur Reverendus in Christo Pater P. Dei gratia episcopus Aurelianensis, et ex altera parte est via carnificeriæ Sancti Germani, per quam directe itur ad portam civitatis Parisiensis quæ dicitur porta fratrum minorum, et ad ecclesiam eorumdem fratrum; et a parte inferiori est via publica per quam directe itur de Sancto Germano ad portam civitatis Parisiensis quæ vocatur porta Sancti Germani, quæ est prope domum quæ fuit claræ memoriæ domini Henrici, quondam illustris regis Navarriæ; ex altera parte est quædam via quæ in prædicta via carnificeriæ Sancti Germani incipit juxta putheum qui est in dicta via, et juxta domum G. carnificis, quæ est ædificata in angulo jam prædictæ platheæ ex opposito dicti puthei, et terminatur in nominata via, per quam itur ad portam quæ, ut dictum est, vocatur porta Sancti Germani; eo quod nos nomine dictæ Universitatis jus dicebamus nos habere in dicta plathea ex parte quæ continuatur cum via prædicta, per quam itur ad fratres minores in centum et sexaginta pedibus ad pedes regis mensurandis continue et directe secundum longitudinem ac latitudinem in qualibet parte ejus, quia tantum de dicta plathea in jam dicta parte eidem Universitati nostræ dicebamus et dicimus esse legatum a magistro Radulpho de Albussone, quondam canonico Ebroicensi, qui, ut dicebamus, jus habebat in plathea prædicta, in quantum legatum nobis fuerat ab eodem. Item super eo quod prædicti religiosi dicebant sibi licere et licuisse portam abbatiæ eorum, quæ est versus pratum nostrum quod nuncupatur Universitatis, aperire et claudere quantumcunque vellent, et per eam intrare et exire libere sine contradictione cujusquam ad votum eorum cum vehiculo et sine vehiculo, cum equo et sine equo, vel aliter qualitercumque ad velle eorum, ad dictam portam et muros ejus habere et tenere in illa dispositione quæ continetur in quadam ordinatione facta, super quadam alia controversia orta inter nos et ipsos religiosos, tempore abbatis Gerardi, ab inclitæ recordationis domino Philippo, illustrissimo rege quondam Francorum, et super limitatione fossati abbatiæ, quod est juxta pratum nostrum prædictum. Quam limitationem et distinctionem prædicti religiosi dicebant esse faciendam secundum protentionem et declarationem lineæ protrahendæ in continuum et directum ab extremitate pilariorum et columpnarum, quæ sunt extra muros abbatiæ prædictæ conjunctos cum ipso fossato juxta pratum nostrum versus locum in quo cum Secana conjungitur prædictum fossatum; nobis Universitate prædicta asserentibus contrarium in eisdem. Tandem diligenti super hiis inquisitione et provisione præhabitis per discretos viros Universitatis nostræ a nobis super hiis deputatos, bonum pacis, ut facere tenemur, habere potissime cum religiosis affectantes, de proborum et sapientum virorum consilio, nos primitus vocatis magistris cujuslibet, facultatis legitime, ut moris est, et generalibus propter hoc specialiter factis congregationibus pluribus, ad hanc pacis concordiæ et transactionis viam consensu unanimi devenimus; quod nos Universitas prædicta prælibatam platheam in longum et latum omnino, et omne jus quod in ea habebamus dictis religiosis cedimus, dimittimus et quittamus ad suam voluntatem plenariam faciendam, salva nobis in ipsa plathea remanente via ad præfatum pratum nostrum et alibi eundi, agendi in latum spacii viæ regalis decem et octo pedes continentis, quæ debet incipere a cuneo domus in qua nunc moratur dominus P. Dei gratia nunc Aurelianensis episcopus, protendendo se versus viam publicam ante portam manerii quondam Odardi de Villa-Nova, olim præpositi Parisiensis, per quam viam itur versus portam Sancti Germani et versus pratum prælibatum. Ita quod ab angulo domus in qua moratur dominus episcopus Aurelianensis prædictus mensurabuntur decem et octo pedes directe in latum versus dictam carnificeriam procedendo, et ab extremitate illorum decem et octo pedum producetur linea in continuum et directum usque ad angulum domus quæ est ex opposito manerii prædicti, quæ fuit quondam Albini de Centum Putheis clerici, et ab angulo domus in qua moratur episcopus Aurelianensis ducetur alia linea æque distans respectu prædictæ lineæ usque ad viam dictæ portæ quæ dicitur Sancti Germani, et in longum ex una parte superiori usque ad inferiorem libere, pacifice et quiete. Item volumus et concedimus ipsis religiosis quod ipsi religiosi prædictam portam apperire, claudere et uti ea possint exeundo, intrando, eundo, agendo, cum equis et quadrigis et sine eis libere versus Parisius vel Secanam vel villam Sancti Germani, ut sibi viderint expedire, alicujus contradictione non obstante. Item volumus et concedimus eisdem quod fossatum prædictum limitetur, et quod ipsi religiosi habeant super hoc secundum quod lineæ protractio recta eis dimittendum fore declarabit in continuum et directum ab extremitate pilariorum et columpnarum murorum abbatiæ absque additione adulterina et nova facta vel addita pilariis supradictis; et quod in ea parte terræ super fossatum sibi remanente muros simplices facere possint sine quernellis et fortaliciis aliis a simplici muro, per quæ scholares possent lædi; et quod, si purgare velint fossatum, purgationes, seu quæ ex eis extrahi contigerit ex alia parte, non ex parte prati jactentur. Præfati vero religiosi per dictam concordiam et pacem nobis tenentur et tenebuntur in perpetuum, et successores sui successoribus nostris, reddere et solvere quatuordecim libras Parisienses annui et perpetui redditus pro præmissis et ratione præmissorum ad usus pauperum scholarium per Universitatem distribuendas, assignandas nobis super abbatia et super omnibus bonis et redditibus ejusdem, et percipiendas quatuor terminis Parisius consuetis; videlicet in proximo festo sancti Remigii sexaginta et decem solidos Parisienses, et in sequenti festo Nativitatis Domini alios sexaginta et decem solidos Parisienses, et in sequenti festo Resurrectionis Domini alios sexaginta et decem solidos Parisienses, et in sequenti festo Nativitatis beati Joannis Baptistæ alios sexaginta et decem solidos Parisienses, et sic singulis annis prædictas quatuordecim libras Parisienses prædictis terminis, ut superius est expressum, sub pœna quinque solidorum contra ipsos committendi pluries pro qualibet die per quam seu per quas cessaverint in solvendo ultra octo dies, ultra quemlibet terminorum præfatorum una cum principali solvendorum, rata nihilominus compositione seu transactione ac obligatione manentibus supradictis. Et debent procurare dicti religiosi consensum domini Regis Franciæ de non compellendo Universitatem dictum redditum ponere extra manum, ad quem obtinendum nos etiam preces apud ipsum dominum Regem porrigemus. Et scribent iidem religiosi ad curiam Romanam litteras supplicatorias domino summo Pontifici, quod suum in hiis consensum impertiatur, ut præmissa et sequentia confirmet; super quibus nihilominus similiter supplicabimus eidem. Volentes insuper et consentientes expresse nos omnes et singuli nostrum unanimiter, quod muros dictæ portæ habeant et retineant dicti religiosi, habere et retinere semper liceat eisdem in perpetuum, in illa dispositione et in illo statu in quo et in qua eos decrevit per suam jam dictam ordinationem inclitæ recordationis Philippus, Dei gratia illustrissimus rex Francorum, prout in litteris inde confectis plenius continetur. Addimus etiam nos omnes et quilibet nostrum pro nobis et successoribus nostris, tam nomine nostro quam successorum nostrorum, et vice ac nomine nostræ Universitatis prædictæ, quod omne jus quod habebamus et dominium quodcumque in fossato prædicto et aqua ejusdem eisdem religiosis et eorum monasterio concedimus, promittentes solempniter, legitime et etiam bona fide, nos et unusquisque nostrum pro nobis ipsis et nostris successoribus, et vice et nomine dictæ Universitatis nostræ, præmissa et quodlibet præmissorum fideliter et integraliter observare, sicut superius est expressum, et contra ipsa vel aliquod præmissorum in perpetuum non venire. In cujus rei testimonium sigillum Universitatis Parisiensis præsentibus litteris duximus apponendum. Datum et actum Parisius in congregatione generali apud Sanctum Maturinum, anno Domini millesimo ducentesimo nonagesimo secundo, in vigilia nathalis apostolorum Petri et Pauli, tempore rectoriæ magistri Gerardi de Nogento.

(D. Bouillart, *Preuves*, p. 70.)

III

SECOND ACCORD AVEC L'UNIVERSITÉ DE PARIS.

Universis præsentes litteras inspecturis Joannes, permissione divina monasterii Sancti Germani de Pratis juxta Parisius abbas humilis, totusque ejusdem loci conventus, salutem in Domino sempiternam. Notum facimus quod, cum causa verteretur inter nos, ex una parte, et Universitatem magistrorum et scolarium Parisius studentium, ex altera, super eo quod dicta Universitas petebat a nobis religiosis eidem Universitati satisfieri de arreragiis 14 librarum eidem Universitati annuatim a nobis debitarum, una cum pœnis ob defectum solutionis commissis a tempore 52 annorum, necnon dictas 14 libras annuatim eidem Universitati, ut præfertur, debitas a nobis solvi in posterum singulis annis, cum pœnis adjectis juxta tenorem compositionis cujusdam olim factæ et initæ inter nos religiosos et Universitatem, sub sigillis nostris et Universitatis postmodum confirmatæ per inclytæ recordationis D. Philippum, tunc Francorum regem, in cera viridi et filis sericis, prout in litteris super hoc confectis hæc plenius continentur. Nobis vero asserentibus et dicentibus ad hæc minime nos teneri, ex eo et pro eo quod dicta compositio, si unquam facta fuerit, facta fuisse dicitur jam 52 annis elapsis, nec in observantiam ab alterutra partium unquam fuerat introducta; quodque per Universitatem prædictam potius steterat, quam per nos religiosos prædictos, quominus observata fuisset : et considerato elapsu tanti temporis, et impedimentis per dictam Universitatem in contrarium appositis, a dicta petitione prædicta Universitas desistere debebat, Universitate prædicta contrarium asserente. Tandem, pluribus altercationibus hinc inde habitis pro bono pacis inter nos religiosos prædictos et Universitatem prædictam, concordatum accidit in hunc modum, quod dicta compositio, cujus tenor sequitur in hæc verba.

Universis præsentes litteras inspecturis Joannes, permissione divina monasterii B. Germani de Pratis Parisiensis humilis abbas, totusque ejusdem loci conventus, æternam in Domino salutem. Notum facimus quod, cum inter nos, ex una parte, et Universitatem venerabilium magistrorum et scholarium Parisius studentium, ex altera, orta esset materia quæstionis super quadam platea situata prope muros civitatis Parisiensis respiciente dicti Sancti Germani abbatiam, cui ex parte superiori contigua est domus, in qua moratur Reverendus in Christo Pater P. Dei gratia Aurelianensis episcopus, et ex altera parte est via carnificeriæ S. Germani, per quam directe itur ad portam civitatis Parisiensis, quæ dicitur porta FF. minorum, et ad ecclesiam eorumdem fratrum. Et a parte inferiori est via publica, per quam directe itur de Sancto Germano ad portam civitatis Parisiensis quæ vocatur porta S. Germani, quæ est prope domum que fuit claræ memoriæ D. Henrici, quondam illustris regis Navarriæ; et ex altera parte est quædam via quæ in prædicta via carnificeriæ S. Germani incipit juxta puteum qui est in dicta via, et juxta domum G. carnificis, quæ est ædificata in angulo jam prædictæ plateæ ex opposito dicti putei, et terminatur in nominata via, per quam itur ad portam quæ, ut dictum est, vocatur porta Sancti Germani. Eo quod dicta Universitas dicebat se jus habere in dicta platea ex parte quæ continuatur cum via prædicta, per quam itur ad FF. minores in centum et sexaginta pedibus ad pedes regis mensurandis continue et directe secundum longitudinem et latitudinem in qualibet parte ejus, quia tantum de dicta platea in jam dicta parte eadem Universitas dicebat et dicit sibi esse legatum a M. Radulpho de Albusone, quondam canonico Ebroicensi, qui, ut dicta Universitas dicebat, jus habebat in platea prædicta, in quantum eidem Universitati legatum fuerat ab eodem.

Item super eo quod nos dicebamus nobis licere et licuisse portam abbatiæ nostræ, quæ est versus pratum quod nuncupatur pratum Universitatis, apperire et claudere quandocumque vellemus, et per eam intrare et exire libere sine contradictione cujusquam ad votum nostrum cum vehiculo et sine vehiculo, cum equo et sine equo, vel aliter qualitercunque ad velle nostrum, ad dictam portam et muros ejus habere et tenere in illa dispositione quæ continetur in quadam ordinatione facta super quadam alia controversia orta inter nos et Universitatem prædictam, tempore D. G. quondam abbatis monasterii nostri, ab inclytæ recordationis D. Philippo, illustrissimo rege quondam Francorum, et super limitatione fossati abbatiæ, quod est juxta prædictum pratum. Quam limitationem et distinctionem nos dicebamus esse faciendam secundum protensionem et declarationem lineæ protrahendæ in continuum et directum ab extremitate pilariorum et columpnarum, quæ sunt extra muros abbatiæ prædictæ junctos cum ipso fossato juxta pratum prædictum versus locum in quo cum Secana conjungitur prædictum fossatum, Universitate prædicta in eisdem contrarium asserente. Tandem vocatis, ut moris est, monachis nostris super hoc pluries, et specialiter in pleno nostri monasterii capitulo congregatis, deliberatione matura et diligenti tractatu præhabitis pacem Universitatis habere puro corde et spiritu affectantes, cum omni reverentia qua possumus et honore ad hanc pacis et concordiæ et transactionis viam consensu unanimi devenimus; quod Universitas prædicta prælibatam plateam in longum et latum omnino, et omne jus quod in ea se habere dicebat et habere poterat, quocunque titulo seu quocunque modo nobis et monasterio nostro et successoribus nostris cessit ex nunc in perpetuum, demisit et quittavit penitus et expresse ad nostram utilitatem et voluntatem plenariam faciendam, salva ipsi Universitati in ipsa platea remanente via ad pratum prædictum et alibi eundi, agendi in latum spatii viæ regalis decem et octo pedes continentis, quæ debet incipere a cuneo domus in qua nunc moratur D. P. nunc Aurelianensis episcopus, protendendo se versus viam publicam ante portam manerii quondam Odardi de Villa-Nova, olim præpositi Parisiensis, per quam itur versus portam S. Germani et versus pratum prælibatum : ita quod ab angulo domus in qua moratur D. episcopus Aurelianensis prædictus mensurabuntur decem et octo pedes directe in latum versus dictam carnificeriam procedendo, et ab extremitate illorum decem et octo pedum producetur linea in continuum et directum usque ad angulum domus quæ est ex opposito manerii prædicti, quæ fuit quondam Albini de Centum Puteis clerici, et ab angulo

APPENDICES ET PIÈCES JUSTIFICATIVES.

domus in qua moratur episcopus Aurelianensis ducetur alia linea æque distans respectu prædictæ lineæ usque ad viam dictæ portæ quæ dicitur S. Germani, et in longum ex una parte superiori usque ad inferiorem libere, pacifice et quiete.

Item voluit et concessit ipsa Universitas quod nos et successores nostri prædictam portam quæ est supra pratum prædictum apperire et claudere et uti ea possimus in perpetuum exeundo, intrando, eundo, agendo, cum equis et quadrigis et sine eis libere versus Parisius vel Secanam vel villam S. Germani, ut melius viderimus expedire, contradictione alicujus non obstante.

Item voluit et concessit ipsa Universitas quod fossatum prædictum limitetur, et quod nos et successores nostri habeamus super hoc secundum quod lineæ protractio recta nobis dimittendum fore declarabit in continuum et directum ab extremitate pilariorum et columpnarum murorum abbatiæ nostræ absque additione adulterina et nova facta vel addita pilariis supradictis; et quod in ea parte terræ super fossatum nobis remanente muros simplices facere possimus sine quernellis et fortalitiis aliis a simplici muro, per quæ scolares possint lædi; et quod, si purgare velimus fossatum, purgationes, seu quæ ex eis extrahi contigerit ex parte nostra, non ex parte prati jactentur. Nos vero et successores nostri pro bono pacis et concordiæ antedictæ ipsi venerabili Universitati suisque successoribus tenemur et tenebimur in perpetuum singulis annis reddere et solvere 14 libras Parisienses annui et perpetui redditus pro præmissis et ratione præmissorum ad usus pauperum scolarium per Universitatem distribuendas. Quas 14 libras Paris. promittimus et tenemur nos et successores nostri prædictæ Universitati suisque successoribus in perpetuum annis singulis reddere et solvere quatuor terminis Parisius consuetis; videlicet primo in proximo festo S. Remigii 70 solidos Paris., in sequenti Nativitate Domini alios 70 solidos, in sequenti Paschate alios 70 solidos, et in sequenti festo B. Joannis Baptistæ alios 70 solidos Parisienses, et sic deinceps singulis annis prædictas 14 libras Paris. prædictis terminis, prout superius est expressum. Quas 14 libras percipiendas, ut dictum est, assignamus eidem Universitati super abbatia nostra et super omnibus bonis et redditibus ejusdem, percipiendas terminis supradictis, sub pœna quinque solidorum contra nos committenda pluries pro qualibet die per quam cessaverimus ultra octo dies, ultra quemlibet terminorum præfatorum una cum principali solvendorum, rata nihilominus compositione seu transactione et obligatione manentibus supradictis. Et debemus procurare consensum D. Regis Franciæ de non compellendo Universitatem dictum redditum ponere extra manum, ad quem obtinendum ipsa Universitas apud ipsum D. Regem porriget preces nobiscum; scribemusque ad curiam Romanam litteras supplicatorias D. summo Pontifici, quod suum in his consensum impertiatur, ut præmissa et sequentia confirmet; super quibus nihilominus similiter dicta Universitas eidem supplicabit. Voluit insuper et consensit expresse et unanimiter, quod nobis et successoribus nostris liceat in perpetuum habere et retinere super muros portæ sæpe supradictæ, in illa dispositione et in illo statu, in quo et in qua illos decrevit per suam jam dictam ordinationem inclytæ recordationis Philippus, illustrissimus Dei gratia Francorum rex, prout in litteris inde confectis plenius continetur.

Addidit etiam ipsa Universitas, quod, nomine ipsius et successorum Universitatis, omne jus et dominium quodcumque et quocunque modo habebat et habere poterat in fossato prædicto et aqua ejusdem, nobis et monasterio nostro cessit et quittavit in perpetuum penitus et expresse. Nos enim omnia superius expressa promittimus bona fide solemniter et legitime nos facturos, soluturos et adimpleturos nomine nostro, monasterii nostri et successorum nostrorum, fideliter et integraliter observare, sicut superius est expressum, et contra ipsa vel aliquod præmissorum in perpetuum non venire, nec aliquid impetrare a Papa, vel a Rege, seu Principe quocunque modo contra præmissa seu aliquod præmissorum, nec concessis, seu concedendis, etiam ultra si fieret, uti beneficio restitutionis in integrum, doli, mali, fraudis læsionisque cujuscumque, voluntate spontanea renunciantes, et omnibus aliis exceptionibus et allegationibus juris et facti, per quas in aliquo posset præmissis vel alicui præmissorum derogari, quas hic haberi volumus pro expressis. In cujus rei testimonium sigilla nostra præsentibus litteris duximus apponenda. Datum et actum in pleno nostro capitulo anno Domini 1292, die Veneris ante natale apostolorum Petri et Pauli. Servabitur hinc inde, et fient limitationes in ipsa compositione contentæ realiter et de facto absque impedimento ab alterutra partium præstando. Et si contingeret in posterum per alterutram partium contra dictam compositionem aliquid attentari, quod per hoc nullum jus in petitorio vel possessorio facienti quæratur, nec parti alteri præjudicium generetur, nisi quatenus in præsenti concordia esset aliquid immutatum.

Nos vero religiosi pro solutione prædictorum ex parte Universitatis petitorum 300 libras monetæ tunc currentis statim et de præsenti posuimus in manu sequestra a dicta Universitate recipiendas libere et habendas omni mora et impedimento sublatis. Habitis licentia et assensu D. nostri Papæ de donatione et translatione juris patronatus ecclesiarum inferius nominandarum per nos religiosos eidem Universitati facta, et per hoc occasione præteriti temporis erga Universitatem prædictam penitus remanebimus immunes, nec a nobis aliquid aliud occasione prædictorum petere valebit Universitas prædicta in futurum. Insuper 14 libras annui redditus in quatuor terminis Parisius consuetis, et etiam sub pœnis adjectis, annis singulis tenebimur solvere nos et successores nostri Universitati prædictæ, et incipiemus solvere in proximo termino 70 solidos Paris., et sic semper in aliis terminis in perpetuum solvere tenebimur.

Præterea, pro bono pacis concordatum extitit et conventum quod porta monasterii nostri sita versus pratum quod pratum Universitatis nuncupatur, quam juxta compositionem prædictam apertam tenere poteramus, nos et successores nostri, et quæ de præsenti clausa est et mutata, nunquam aperietur, nec apertam tenere poterimus nec debebimus, nec aliam similem aperturam habebimus vel habere poterimus existentem versus pratum prædictum in futurum.

Insuper nos religiosi prædicti pacis vinculo eidem Universitati desiderantes conjungi, et ut magis vigeat inter nos affectio charitatis et Universitatem prædictam, jus patronatus sive præsentandi ad duas parrochiales ecclesias sitas Parisius, videlicet S. Andreæ de Arcubus et SS. Cosmæ et Damiani, ab olim ad nostrum monasterium spectans, in Universitatem præfatam consensu unanimi pure et libere transtulimus, absque aliquo contractu illicitæ pactionis, suppositis tamen licentia et assensu D. nostri Papæ, pro quibus obtinendis nos religiosi prædicti præfato D. nostro supplicabimus, et pro eadem supplicatione eidem porrigenda certum nuncium cum expensis nostris propriis ad sedem apostolicam quanto citius destinabimus, ut cum nunciis dictæ Universitatis ad dictam sedem jam destinatis per Universitatem præfatam, qui etiam super hoc supplicabunt, possimus dictum assensum et licentiam obtinere; salvo tamen et retento nobis religiosis et successoribus nostris in perpetuum omni alio jure temporali, quod habemus in ecclesiis memoratis, maxime 30 solidos Paris. debitos nobis et successoribus nostris a curato S. Andreæ prædicti, et 30 solidos Parisienses nobis debitos singulis annis a curato SS. Cosmæ et Damiani prædictorum.

Item voluit et concessit ipsa Universitas, quod nos et successores nostri possimus de præfata platea a dicta Universitate in nos et successores nostros, ut præfertur, translata, libere ordinare ædificando in eadem, vel aliter de ea disponere valeamus, prout nostræ placuerit voluntati et nobis videbitur expedire; dum tamen via in compositione expressa eidem Universitati libera remaneat, sicut in eadem compositione continetur. Quod si prædicti assensus et licentia a D. nostro Papa obtineri non possint, præsens tractatus nullus sit quantum ad omnes et singulas sui partes.

APPENDICES ET PIÈCES JUSTIFICATIVES.

In cujus rei testimonium sigilla nostra præsentibus litteris duximus apponenda. Datum et actum in nostro pleno capitulo anno Domini 1345, die 19 mensis Junii, videlicet die Dominica ante festum Nativitatis B. Joannis Baptistæ prædicti.

(D. Bouillart, *Preuves*, p. 76.)

IX

EXPLICATION

DES PLANCHES EMPRUNTÉES À LA STATISTIQUE MONUMENTALE.

(Texte, page 100 et pages suivantes.)

I

ANCIENNE DISPOSITION DU SANCTUAIRE. — TOMBEAUX DES ROIS ET DES ABBÉS.

La basilique de Saint-Vincent et de la Sainte-Croix fut dédiée par saint Germain au mois de décembre 558. Le roi Childebert, mort le même jour, y fut enterré, et l'édifice devint alors un des lieux consacrés à la sépulture des rois, des reines et des princes de la première race; la reine Ultrogothe et ses filles, Chrotberge et Chrodesinde, Chilpéric Ier en 584 et Frédégonde en 597, Bertrade en 620, et Clotaire II en 628, Childéric II, Bilihilde et Dagobert leur fils en 674, y furent déposés; les tombeaux de Charibert, des filles d'Ultrogothe et des princes Mérovée et Clovis, assassinés en 585 par Frédégonde, n'ont pas été découverts; tous les autres ont été reconnus, ainsi que celui d'Hilpéric, que Mabillon a considéré comme un prince du sang royal.

Dès le viie siècle, l'église avait pris le nom de Saint-Germain; de 845 à 884, les Normands pillèrent et détruisirent plusieurs fois cet édifice ainsi que le monastère; les tombes royales furent brisées, mais, les cercueils n'ayant pas été spoliés, l'abbé Morard, en faisant reconstruire l'église au xie siècle, les conserva dans les dispositions du nouveau sanctuaire, qui ne fut terminé qu'au xiie siècle, tel qu'on le voit aujourd'hui.

Divers emplacements furent réservés aux tombeaux des rois et reines; ces monuments furent refaits alors, et plusieurs ont été renouvelés au xviie siècle. Des tombeaux d'abbés avaient été placés aussi dans le sanctuaire. Le plus ancien était celui de Morard, qui fit reconstruire l'église en 990, et mourut en 1014; auprès de ce tombeau fut déposé, en 1334, celui de l'abbé Pierre II de Courpalay. En 1387, on plaça devant le grand autel le cercueil de l'abbé Richard. François de Bourbon, prince de Conti, qui posséda les biens de l'abbaye de 1594 à 1614, a été enterré auprès du grand autel. Le cœur d'Henri de Bourbon, abbé, mort en 1682, a occupé un caveau préparé au milieu du sanctuaire. Enfin Louis-César de Bourbon, comte de Vexin, mort à dix ans et demi, et que Louis XIV destinait à la direction de l'abbaye, a été enterré en 1683, où était précédemment le grand autel, qu'on avait rapproché des transepts.

II

TOMBEAU DE CHILDEBERT.

Le tombeau du roi Childebert était placé entre la troisième et la quatrième colonne du rond-point de l'église; il était peu élevé au-dessus du sol; sa longueur était de 2^m,40; la largeur, vers la tête, de 89 centimètres, et, vers les pieds, de 73 centimètres. Recueilli au Musée des Monuments français par A. Lenoir, le 22 ventôse an III, il a été, depuis, transporté à l'église de Saint-Denis. La sculpture de ce monument est rude et porte le caractère du xiie siècle; le roi est représenté avec les cheveux longs et la barbe frisée; une couronne ornée de pierreries et d'ornements peu détaillés est sur sa tête; il est vêtu d'une tunique et d'un grand manteau noué sur la poitrine; la main gauche, placée avec roideur en avant, porte un sceptre dont le sommet est orné d'un fleuron composé d'enroulements variés. La main droite soutient un modèle de l'église qu'il a fondée; elle est figurée seulement par un des petits clochers des transepts et par l'abside; des fenêtres sont percées dans ces diverses parties de l'édifice. Les pieds du roi sont chaussés de bottines pointues.

III

TOMBEAU DE CHILPÉRIC.

Le tombeau de Chilpéric Ier était placé auprès du mur septentrional du sanctuaire de l'église abbatiale de Saint-Germain-des-Prés, comme on le voit sur le plan gravé à la planche II; il était semblable, pour ses dispositions générales, à celui de Childebert, gravé à la planche III, et présentait comme lui plus de largeur vers la tête que du côté des pieds; les dimensions de longueur étaient les mêmes. Détruit en 1793, il fut reproduit, sur une dalle, en 1817, d'après Montfaucon, et placé dans les caveaux de l'église impériale de Saint-Denis. La sculpture indique par son style que ce monument a été exécuté après l'achèvement de l'église, au xiie siècle; le roi est chevelu, sa barbe longue et frisée; une couronne simple, sans pierreries, et surmontée de fleurons découpés, est sur sa tête; il porte une longue robe recouverte par un ample manteau; de la main gauche il tient sa barbe, de la droite il porte un sceptre que termine un riche bouquet de feuilles; ses pieds sont chaussés de bottes pointues par le bout. Sur l'encadrement extérieur qui entoure la statue on lit, gravé en grandes lettres du temps : *Rex Chilpericus hoc tegitur lapide* (Le roi Chilpéric est couvert par cette pierre).

IV

TOMBES DE CHILDÉRIC II, DE CLOTAIRE II ET DE BERTRUDE.

Nous avons reproduit, d'après les monuments conservés à l'église abbatiale de Saint-Denis, trois pierres tumulaires gravées en 1656, lorsque, pour établir des stalles dans le chœur de l'église abbatiale de Saint-Germain-des-Prés et construire un maître-autel plus près de la nef, on changea l'ancienne disposition des tombes royales pour leur en donner une nouvelle.

Les sarcophages de Childebert et d'Ultrogothe furent réunis en un seul monument qu'on éleva au milieu de l'ancien sanctuaire, devenu alors le chœur des religieux. Des grilles, placées entre les gros piliers du chœur et ceux de la nef, fermèrent les transepts ou nefs transversales, et, dans l'espace carré qu'elles limitèrent au milieu de la croix, on plaça d'abord, du côté de l'Évangile, la tombe de Frédégonde; après elle, le monument de Chilpéric Ier, puis, au pied du gros pilier de la nef, la pierre tumulaire de Childéric II, qui fut exécutée exprès pour occuper cette place. Du côté de l'épître, auprès du gros pilier du chœur, le premier tombeau mis en place fut celui de la reine Bertrude, femme de Clotaire II; à la droite, au delà de cette tombe, on éleva celle de Clotaire II. Enfin un dernier tombeau, reproduit d'après un dessin de la collection Gaignières, conservé à Oxford, fut exécuté à la même époque pour couvrir les restes mortels de la reine Bilihilde et de son fils Dagobert; il fut placé auprès du pilier de la nef. Ce dessin fait connaître la forme et la décoration adoptées pour ces nouveaux sarcophages.

V

TOMBEAU DE SAINT GERMAIN.

Saint Germain, évêque de Paris, mourut à l'âge de quatre-vingts ans, le 28 mai 576; il fut enterré dans l'oratoire de Saint-Symphorien, martyr, qu'il avait fait élever au bas de la basilique de Saint-Vincent et de la Sainte-Croix, du côté du midi, et dans lequel il avait choisi sa sépulture. Son tombeau, placé au côté droit de l'autel, était fort simple; mais saint Éloi, suivant le récit qu'en fait saint Ouen, y déposa des ouvrages d'or et d'argent de sa façon pour le décorer. Les reliques de saint Germain furent transférées, en 754, en présence du roi Pépin, dans l'église abbatiale, et placées dans une châsse; mais le tombeau ou cénotaphe qui couvrait son cercueil fut conservé à la place primitive, pour en garder le souvenir. On y scella la pierre commémorative de la donation de la terre de Palaiseau, faite par Pépin à l'abbaye, le jour de la translation des reliques. A plusieurs époques ce monument commémoratif de la sépulture du saint évêque fut réparé. Au xiiie siècle, une longue dalle de pierre y fut placée avec cette inscription : *Hic fuit primo tumulatus beatus Germanus*. Au commencement du xvie siècle, un dais en marbre, orné de colonnes torses et de deux anges soutenant un cartel et portant les instruments de la Passion, fut ajouté à l'ancien monument; enfin, en 1690, dom Bernard Joli, sacristain de l'abbaye, fit rétablir à ses frais le tombeau de pierre et de marbre, en faisant entrer dans sa composition la pierre de Pépin, celle du xiiie siècle et le dais en marbre du xvie siècle. Ce monument a été détruit après la révolution de 1789.

VI

TOMBE DE FRÉDÉGONDE.

La tombe de Frédégonde était placée à l'orient du tombeau de Chilpéric, entre l'extrémité du gros mur septentrional du sanctuaire et la première colonne du même côté. Ce monument curieux diffère des précédents en ce qu'au lieu d'être exécuté en sculpture il est formé d'une sorte de mosaïque composée de matières vitreuses, colorées de divers tons et réunies par un ciment très-dur; des dessins tracés par des filets de cuivre enveloppent des morceaux de la même matière vitreuse qui simulent des pierreries. Ce travail est analogue aux émaux cloisonnés; des fils de métal tracent un dessin dentelé autour du cadre de cette tombe et sur la robe de la reine. Toute cette mosaïque délicate est établie dans une pierre dure d'un grain très-fin, dont certaines parties ont été conservées au niveau du reste, tant pour indiquer largement les contours et les plis du vêtement que pour laisser une place importante au visage, aux mains et aux pieds; la pierre étant très-polie en ces divers endroits, il est probable qu'elle a été peinte, dans l'origine, pour mieux figurer ce que les parties ménagées dans cette pierre devaient exprimer.

La reine, couchée, a la tête couronnée de lis et de pierreries; la main gauche, ouverte, est appliquée sur la poitrine; de la droite elle porte un sceptre surmonté d'un fleuron. Une longue robe attachée par une ceinture la couvre, les manches sont bordées d'un galon; des filets de métal, incrustés dans la matière de la mosaïque, divisent la robe en douze zones horizontales, dont la plus basse est de largeur double et terminée par une grande bordure; un manteau placé sur cette robe est fixé sur la poitrine par une agrafe; il est bordé sur tous ses contours. Les chaussures, terminées en pointe, sont, comme le masque et les mains, dépourvues des détails que probablement la peinture ajoutait aux silhouettes, qui seules existent aujourd'hui.

On a pensé que ce monument pouvait être celui qui fut originairement placé sur la sépulture de Frédégonde en 594; cela paraît peu probable. Tous les autres tombeaux mérovingiens ont disparu, puisqu'ils ont été renouvelés après la reconstruction de l'église; celui-ci, dont la fabrication est des plus fragiles, n'a pu survivre seul à la destruction de la basilique primitive par les Normands, qui, en l'incendiant, ont dû amener la chute du toit et des constructions supérieures sur le pavé, et détruire tout ce que renfermait l'édifice. Bien que le travail qui constitue ce monument offre de l'analogie avec les émaux cloisonnés qu'on rencontre dans les sépultures de cette époque, les lis de la couronne, le nœud et la disposition de la ceinture, le galbe et la forme aiguë des souliers ont une allure du moyen âge qui peut faire douter de l'ancienneté de cette mosaïque, qui doit dater de l'achèvement de l'église au XIIe siècle. Le tombeau de Frédégonde, recueilli au Musée des Monuments français par A. Lenoir, le 22 ventôse an III, a été transporté à l'église abbatiale de Saint-Denis.

VII

STATUE DE CHILDEBERT.

La statue de Childebert, rehaussée de couleurs et de dorure, reproduite auprès du tombeau, est du XIIIe siècle; elle fut exécutée pour orner le réfectoire de l'abbaye, construit en 1239, sous l'abbé Simon, par le célèbre architecte Pierre de Montereau; elle est haute de 1^m,80; le roi porte une couronne ornée de pierres précieuses et de fleurons finement sculptés; un sceptre est dans sa main droite; sa tunique descend jusqu'aux pieds; une ceinture ornée y est agrafée; le manteau, placé en arrière, est attaché par un cordon que le roi tient de la main gauche; les souliers dorés sont pointus et découverts. Cette statue, recueillie au Musée des monuments français par A. Lenoir, a été transportée au Louvre.

VIII

CHAPELLE DE LA VIERGE. — PLAN ET DÉTAILS.

En 1244, l'abbé de Saint-Germain-des-Prés, Hugues d'Issy, fit reconstruire une chapelle de la Vierge, qui depuis longtemps était érigée dans l'intérieur du monastère, au nord de l'église abbatiale, et qui tombait en ruines. Le célèbre architecte Pierre de Montereau avait déjà construit le réfectoire de l'abbaye; il fut chargé d'élever cette chapelle. L'historien Dom Bouillart la décrit ainsi : "Elle a dans œuvre cent pieds de longueur sur vingt-neuf ou environ de largeur. "Sa hauteur, sous voûte, est de quarante-sept pieds deux pouces et demi; elle a quatre arcades "et autant de grandes vitres peintes qui en occupent toute la largeur jusqu'au chevet ou rond-"point, lequel en a sept. Il y a au-dessus de la porte une grande fenêtre en forme de rose, d'un "ouvrage et d'une délicatesse admirables, qui remplit toute la largeur de la chapelle. Hugues "d'Issy ne put la voir achevée....."

Le plan de cette chapelle remarquable est gravé au bas de la planche XXIX; la façade se composait d'une épaisse muraille dans laquelle était la porte; le pilier du milieu portait la statue de la Vierge gravée au-dessus du plan. Quatorze contre-forts divisaient l'édifice en quinze grandes fenêtres, subdivisées elles-mêmes par d'étroits meneaux en pierre soutenant les vitraux; au milieu de la chapelle était la clôture du chœur, contre laquelle s'appuyaient deux autels; au fond de l'édifice on montait, par deux marches, au sanctuaire et à l'autel de la Vierge. Hugues d'Issy fut enterré, le 5 décembre 1247, dans le chœur de la chapelle non achevée, et, le 17 mars 1266, on y plaçait l'architecte Pierre de Montereau; sa tombe le représentait avec une règle et un compas à la main.

La célèbre chapelle de la Vierge fut détruite pour le percement de la rue de l'Abbaye. Des fragments ont été recueillis au Musée des Monuments français par A. Lenoir, ainsi que dans

APPENDICES ET PIÈCES JUSTIFICATIVES. 375

deux maisons de la rue nouvelle. Ces fragments ont été gravés avec des détails qui décoraient la chapelle au dehors : balustrades, dais, gargouilles; plus bas sont reproduites des parties de l'intérieur, telles que clefs et nervures de voûtes, chapiteaux, plan de meneaux, etc.

IX
RESTES DE LA CHAPELLE DE LA VIERGE. — PORTE.

Le plan et l'élévation de la porte de la chapelle de la Vierge à l'abbaye de Saint-Germain-des-Prés font le sujet d'une planche. Cette porte fut recueillie, après la destruction de la chapelle, au Musée des monuments français, par A. Lenoir; elle a été transportée, lors de la suppression de ce musée, à l'église abbatiale de Saint-Denis, où elle est restée déposée, en désordre, dans l'ancien cimetière de Valois, au nord de l'église.

Le plan de la porte gravé au bas de la planche est orné de douze colonnettes disposées de manière à porter les voussures de l'arc; celles-ci forment sur le devant une ouverture de 5 mètres, qui, par l'inclinaison, se réduit à $3^m,60$ au fond, auprès de la baie; au milieu de la porte, le plan finement profilé du pilier qui la divise est précédé d'un piédestal octogone, sur lequel était placée la statue de la Vierge.

L'élévation et la coupe de la porte sont tracées au-dessus du plan; on voit sur l'un et l'autre de ces dessins les nombreuses colonnettes qui portent les voussures; elles s'élèvent sur un piédestal et sur des bases. Les chapiteaux qui surmontent les colonnettes et les moulures verticales qui les isolent les unes des autres sont décorés de fleurs et de branchages d'une délicatesse extrême par leur composition et par le travail du ciseau; les profils des chapiteaux sont tracés au bas de la planche. Le même soin d'exécution a été apporté dans la sculpture des détails qui ornent le pilier placé au milieu de la porte, dans ceux du linteau qui le surmonte, et dans les riches ornements qui décorent les nombreuses moulures dont est formé l'arc aigu, de proportions remarquables, placé au sommet. On reconnaît dans la pureté des lignes de ce précieux fragment d'architecture du XIIIe siècle le talent d'invention et l'étude délicate qui caractérisaient l'habile artiste chargé, par l'abbé Hugues d'Issy, des projets et de l'exécution de la chapelle de la Vierge.

X
DÉTAILS INTÉRIEURS DE LA CHAPELLE DE LA VIERGE.

Quelques détails de la décoration intérieure de la chapelle de la Vierge construite, à l'abbaye de Saint-Germain-des-Prés, par Pierre de Montereau, se voient encore dans la rue de l'Abbaye, qui fut percée, comme il est dit précédemment, dans la partie du monastère où elle avait été élevée. Deux maisons de cette rue ont conservé ces précieux débris. La partie principale de ces restes consiste en un fragment du mur d'enceinte de la chapelle, depuis le sol jusqu'au-dessous des grandes fenêtres. Ce fragment, gravé au milieu de la planche, et dont une partie, reproduite plus bas, est restituée d'après des détails qu'on retrouve, présente de légères arcatures en ogive, encadrées et couronnées de feuillage; au-dessus régnait une sorte d'attique formant l'appui des fenêtres. Les arcatures reposaient sur des chapiteaux ornés de crossettes délicatement sculptées; des colonnettes légères placées auprès du mur d'enceinte portaient des chapiteaux. Les travées de la chapelle étaient séparées entre elles par des groupes de colonnes portant les nervures de la voûte; ces groupes, en s'élevant du sol et en s'appuyant sur le mur d'enceinte, interrompaient les arcatures, comme on peut le voir par les fragments reproduits sur la planche. De nombreux profils et des projections horizontales complètent les dessins de ce fragment, auquel sont joints tous les chapiteaux doubles et simples qu'on rencontre auprès de cette ruine d'un des monuments les plus célèbres de l'architecture du xiiie siècle en France.

XI

VUE DE L'ABBAYE EN 1410?

(Notice de M. Albert Lenoir.)

Le tableau dont il s'agit était conservé dans la sacristie de l'église abbatiale de Saint-Germain-des-Prés. Il fut recueilli au Musée des monuments français, après la révolution de 1789, par A. Lenoir; porté, en 1817, à l'église de Saint-Denis, il en a été retiré pour être placé au Musée du Louvre, où on le voit aujourd'hui. Ce tableau précieux de la peinture française au xve siècle est ainsi décrit par Dom Bouillart, historien de l'abbaye [1] :

«On voit dans la sacristie un ancien tableau qui a servi autrefois dans quelque chapelle, où «l'abbé Guillaume est représenté à genoux, soutenant avec respect par-dessous les bras un Christ «détaché de la croix, accompagné de plusieurs autres figures assez mal dessinées, selon la ma-«nière de ce temps-là, mais dont les têtes sont bonnes et le coloris d'une grande fraîcheur. Ce «qui est le plus à estimer dans ce tableau, c'est le lointain où l'abbaye est représentée au milieu «des prés, environnée de tours rondes, de hautes murailles et de fossés profonds, comme Ri-«chard, prédécesseur de l'abbé Guillaume, les avait fait faire. Le Louvre avec ses grosses tours «y paraît aussi de l'autre côté de la rivière, dans le même état qu'il avait été construit par Phi-«lippe-Auguste. Le Petit-Bourbon, à présent le garde-meubles du roy, y est dépeint de la même «manière qu'il est encore aujourd'hui, surtout du côté de la rivière. On voit encore, plus loin, «derrière ces édifices, la butte Montmartre, et au sommet l'ancienne église avec le monastère «des religieuses tel qu'il était pour lors.»

XI bis.

TABLEAU DE SAINT-GERMAIN-DES-PRÉS.

(Notice de feu Adolphe Berty.)

En général, rien n'est moins commun que la représentation fidèle d'un édifice détruit depuis assez longtemps; mais, lorsque l'image remonte au delà du milieu du xvie siècle, elle constitue un monument d'une extrême rareté; aussi faut-il considérer comme le résultat d'un hasard, plus extraordinaire encore qu'il n'est heureux, cette circonstance que l'on a conservé du vieux Louvre deux excellentes vues, dont l'une compte indubitablement quatre siècles d'existence.

Le tableau de Saint-Germain-des-Prés, jadis propriété de l'abbaye, fut recueilli pendant la Révolution par A. Lenoir, et figura dans le musée, aujourd'hui si regrettable, des Petits-Augustins; il a été conservé ensuite dans l'église de Saint-Denis, et, en 1845, il est entré dans la collection du Louvre, où on le voit maintenant exposé. Il est ainsi très-connu, et d'autant plus que la vue qui en fait le principal intérêt a été fort souvent reproduite. Peint sur panneau, il mesure 1 mètre de hauteur sur 2^m,04 de largeur, et représente le sujet, fréquemment traité, du Christ descendu de la croix. Autour du cadavre se groupent la Magdeleine, Joseph d'Arimathie, saint Jean l'évangéliste, la Vierge, une sainte femme, certain personnage en manteau rouge, que l'on tient pour un abbé de Saint-Germain, et enfin une femme agenouillée, que nous croi-

---

[1] Dom Bouillart, *Hist. de l'abbaye royale de Saint-Germain-des-Prés*, p. 169.

APPENDICES ET PIÈCES JUSTIFICATIVES. 377

rions volontiers être une parente du donateur. Dans le fond, à droite du spectateur, apparaît un calvaire, et à gauche se dessine un paysage comprenant l'hôtel de Bourbon, le Louvre, Montmartre dans le lointain, et, sur un plan plus rapproché, le monastère de Saint-Germain. Personne ne sait d'ailleurs de qui est au juste ce tableau, que l'on suppose dû à un artiste français ayant subi l'influence de l'école flamande [1]. Si l'hypothèse ne manque point de vraisemblance, il en est fort différemment des dates qu'on a assignées jusqu'ici à l'exécution de la peinture, et dont nous allons démontrer l'étonnante inexactitude.

Au dire d'Alexandre Lenoir, le tableau serait contemporain de Charles VII; selon M. de Clarac, il daterait de la fin du xiv° siècle, et, d'après le catalogue du Musée, des premières années du xv°, au plus tard. Ces diverses conjectures, qu'on a maintes fois répétées et qui n'ont pas encore trouvé de contradicteurs, sont absolument dépourvues de base; le seul document d'apparence historique que l'on ait à citer sur l'origine du tableau est le passage de Dom Bouillart qui le mentionne en ces termes : «Enfin on voit dans la sacristie un ancien tableau qui a servi autrefois dans quelque chapelle, où l'abbé Guillaume (III° du nom, mort en 1418) est représenté à genoux, soutenant avec respect, par-dessous les bras, un Christ détaché de la croix [2].» Il convient de remarquer que Dom Bouillart n'invoque ici, contrairement à ses habitudes, aucune autorité, et cela manifestement parce qu'il ne se fondait que sur une tradition.

En matière d'antiquités, nul ne l'ignore, les caractères archéologiques d'un tableau doivent passer avant les données de la tradition. C'est pourquoi, avant même d'être arrivé à reconnaître la cause de l'erreur commise par Dom Bouillart, nous avions la certitude qu'il se trompait d'un siècle dans son appréciation. Le style du tableau ne permet pas d'admettre un moment qu'il remonte au temps de Charles VI. Le caractère des têtes, l'agencement des draperies, la forme des lettres de l'inscription tracée sur le vase que tient la Magdeleine, et les vêtements de Joseph d'Arimathie, qui rappellent immédiatement ceux des calvaires sculptés en ronde bosse de la Renaissance, nous ont toujours persuadé que l'œuvre ne pouvait être de beaucoup antérieure à cette dernière période. Mais ce qui est surtout décisif, ce sont les costumes, bien qu'assez vagues, des petites figures dispersées dans le paysage, et en particulier leur tournure éminemment caractéristique. Le commencement du xvi° siècle se révèle là avec tant d'évidence, qu'on ne saurait presque souhaiter une indication plus explicite; nous en prenons à témoin tous ceux qui ont étudié l'histoire du costume.

Si l'ancienneté du tableau de Saint-Germain-des-Prés n'excède pas le xvi° siècle, quelle cause assigner à l'affirmation de Dom Bouillart, écrivain consciencieux, qui était dans les meilleures conditions pour se bien renseigner? La méprise de Dom Bouillart s'explique de la façon la plus naturelle : en effet, le détail qu'il rapporte, il ne le tenait, nous venons de le dire, que d'une tradition, suivant laquelle le tableau offrait le portrait d'un abbé appelé Guillaume. Incapable de discerner l'âge réel de la peinture, Dom Bouillart a cru qu'il s'agissait de Guillaume III,

---

[1] Sur la boîte à parfums que tient la Magdeleine est tracée une inscription très-embarrassante à interpréter. Les uns lisent, à tort, les lettres LV CIPIO AF, et prétendent qu'elle fait allusion à Scipion l'Africain, opinion tout à fait inacceptable; d'autres, plus ingénieux, y voient le nom d'un peintre inconnu qui se serait appelé Nicolas Pion; mais M. de Montaiglon a établi la fausseté incontestable de cette traduction, et il a soutenu, avec toute apparence de raison, que, si les lettres de l'inscription formaient un sens, elles donnaient simplement le nom de quelque drogue employée dans les embaumements :

«On sait, dit-il, la façon dont, au xvi° siècle, sur les vases qu'on a l'habitude d'appeler aiguières de pharmacie, le nom de ce qu'ils devaient renfermer figure comme ornement; notre peintre aura copié un vase de cette espèce et aura reproduit ce qu'il voyait.» (*Archives de l'art français*, 1" série, t. II, p. 137.)

[2] *Hist. de l'abbaye Saint-Germain-des-Prés*, p. 169.

378   TOPOGRAPHIE HISTORIQUE DU VIEUX PARIS.

dont la libéralité était renommée parmi les moines à cause des magnifiques objets par lui donnés à leur église; suffisamment familier avec la critique archéologique, il eût compris que la tradition se rattachait nécessairement à l'un des deux prélats commendataires du nom de Briçonnet, soit à Guillaume IV, abbé de 1503 à 1507, soit à Guillaume V, abbé de 1507 à 1533; la véritable difficulté consiste à déterminer lequel fut réellement le donateur.

Nous ne voyons qu'un indice qui aide à résoudre le problème, et, s'il n'en assure pas la solution définitive, du moins il le simplifie beaucoup. La physionomie du personnage en manteau rouge est celle d'un homme touchant à son douzième lustre; or Guillaume V n'atteignit sa soixantième année qu'en 1530 [1], et le tableau a été peint avant 1527, puisque l'on y distingue la grosse tour du Louvre. Pour que le tableau eût été fait par ordre de Guillaume V, il faudrait conséquemment qu'il eût été entrepris presque au moment où la tour disparut, et que l'artiste, rompant avec les habitudes de ses confrères, eût vieilli quelque peu les traits de son modèle. Il ne serait point sage d'imaginer un pareil concours de circonstances, et l'on a de meilleures raisons pour croire que le tableau provient d'un don de Guillaume IV, qui mourut le 14 décembre 1514 [2], c'est-à-dire sept ans après avoir résigné la commende de l'abbaye en faveur de son fils. Dans tous les cas, et en dépit des assertions contraires, il est entièrement hors de doute que le tableau de Saint-Germain-des-Prés appartient au premier quart du XVIe siècle.

XII

PLAN DE L'ABBAYE SAINT-GERMAIN-DES-PRÉS AU MILIEU DU XVIe SIÈCLE.

Le dessin original sur parchemin est conservé aux Archives nationales; il a été exécuté, en 1541, pour un procès qu'eurent à soutenir les religieux de Saint-Germain-des-Prés. On lit dans l'histoire de l'abbaye par Dom Bouillart, à l'année 1541, page 184, les détails de cette affaire : «Les religieux de l'abbaye, dont le terrain étoit fort resserré à cause des fortifications « et des fossés qu'ils avoient fait faire par ordre du Roy en 1368, voulurent cette année (1541) « l'augmenter de sept arpens de terre situés au bout de leur jardin. Lorsque les murs de clôture « furent commencés, le prévost de Paris, à la requête du procureur du Roy, leur fit défense de « les continuer, et ordonna même qu'ils seroient démolis, sous prétexte qu'il y avoit un chemin « public entre les sept arpens et leur jardin, dont ils ne pouvoient disposer. Les religieux en « appelèrent au Parlement, lequel nomma deux conseillers pour faire une descente sur les lieux, « et ensuite faire leur rapport à la Cour. Le procureur général intervint par son substitut, et le « prévost des marchands et les échevins pour la Ville. Les commissaires, ayant entendu les témoins « de part et d'autre, reconnurent qu'il n'y avoit jamais eu de grand chemin dans l'endroit en « question, et en firent leur rapport à la Cour. Le Roy, dans le même temps, sollicité appa- « remment par le cardinal de Tournon (alors abbé de Saint-Germain-des-Prés), évoqua cette « affaire à son conseil privé, et rendit un arrêt, le 1er mars suivant 1543, par lequel il permit « aux religieux de Saint-Germain de rétablir la démolition et d'achever leurs murailles; ce qui « fut exécuté la même année. »

Le chemin, objet du procès, est marqué sur le dessin original de la lettre C, et il est tracé

---

[1] Il mourut le 25 février 1533 (v. st.) âgé de soixante-trois ans. (*Gallia christiana*, t. VI, col. 563.)

[2] Nous n'avons pu trouver l'année de sa naissance; mais, puisqu'il eut un second fils vers 1470, il ne pouvait être âgé de moins de soixante ans vers 1503. Il était revêtu de la dignité de cardinal, et, un instant, nous avons cru le reconnaître dans le cavalier qui longe les murs de l'abbaye, sur un cheval couvert d'une housse rouge. Dans l'une de ses gravures, M. de Clarac a transformé ce cavalier en une femme, suivie d'un homme et d'un enfant en pantalon. Ce vêtement moderne a été prêté à plusieurs figures de la même planche, où la vue du monastère présente une faute choquante de perspective.

APPENDICES ET PIÈCES JUSTIFICATIVES. 379

entre les fossés de l'abbaye et le clos marqué des lettres F, G, H. Sa longueur était de 36 perches; les divers côtés du clos sont marqués aussi par les mesures de longueur, ce qui était nécessaire pour éclairer les juges; enfin, sur la légende, on a la confirmation du motif qui fit exécuter ce dessin, en y voyant ces mots : *CCCC, le chemin sur les fossez, prétendu être royal par parties adverses*.

Dom Bouillart a publié dans son ouvrage un dessin analogue à celui-ci, mais qui en diffère en plusieurs points; peut-être est-ce le même qu'il a fait modifier par son graveur. Il l'indique comme représentant l'abbaye de Saint-Germain-des-Prés, telle que l'abbé Richard la fortifia en 1368. Il n'a pas remarqué, s'il a eu entre les mains le dessin reproduit à la planche X, qu'il a été évidemment exécuté pour venir à l'appui de la défense des droits de l'abbaye sur le chemin qui la séparait du *clos vers Saint-Père*.

XIII
PLAN DU REZ-DE-CHAUSSÉE DE L'ÉGLISE SAINT-GERMAIN-DES-PRÉS.

Le plan dont il s'agit est celui du rez-de-chaussée de l'ancienne église abbatiale Saint-Germain-des-Prés, dans l'état où elle se trouve depuis les changements qu'on dut y apporter lorsqu'elle fut convertie en paroisse. L'ancienne porte de l'église située à l'occident est précédée d'un porche construit au XVIIe siècle. Le bas du grand clocher avait servi jusqu'alors de vestibule; au sud s'étend la chapelle de Saint-Symphorien, reconstruite sur l'emplacement de l'oratoire élevé dans l'origine par saint Germain, et dans lequel il fut inhumé; c'est aujourd'hui la chapelle des catéchismes. La partie antérieure de l'église, composée de trois nefs divisées en cinq travées, est, avec le clocher, ce qui fut reconstruit par les soins de l'abbé Morard à la fin du Xe siècle et au commencement du XIe siècle; une chapelle du baptême a été disposée à l'extrémité de la nef latérale du nord, en forme de demi-cercle, lorsque l'église est devenue paroissiale. A partir de la quatrième travée de la nef latérale du sud, une entrée à l'église, une chapelle et le mur du transept méridional ont été refaits au XVIIe siècle; au delà, une sacristie des messes a été établie à la place qu'occupait une chapelle consacrée à saint Julien martyr, pour remplacer la sacristie ancienne, qui était située du côté septentrional de l'église, et qui fut détruite à la fin du siècle dernier. A partir des transepts, toute la construction de l'église est d'une date postérieure à celle des nefs; elle contient le sanctuaire, les bases de deux clochers secondaires et leurs escaliers, le chœur des religieux récemment converti en chapelle des apôtres, la galerie de circulation autour du chœur, huit chapelles particulières et celle de la Vierge. Celle-ci a été reconstruite, à une époque récente, à la place qu'occupait l'ancienne, dont les dispositions étaient semblables à celles des quatre chapelles de l'abside.

Indépendamment du plan des dispositions générales de l'église, la planche contient les détails des divers points d'appui des grosses constructions. Au n° 1 est le plan d'un des huit piliers qui séparent la grande nef des collatéraux; ils se composent de quatre colonnes groupées autour d'une pile carrée. Sous le n° 2 est le plan de l'un des gros piliers d'angle de la nef principale auprès des transepts. Au n° 3 est figuré le plan de l'extrémité orientale du mur qui limite le sanctuaire du midi; le n° 4 donne le plan de l'un des groupes de colonnes qui séparent entre elles les chapelles de l'abside.

XIV
PLAN DU PREMIER ÉTAGE DE L'ÉGLISE SAINT-GERMAIN-DES-PRÉS.

Le plan du premier étage de l'église Saint-Germain-des-Prés fait voir à l'occident les dispositions d'une salle située dans le clocher, au-dessus de l'entrée de l'église; un petit escalier à vis y conduit; un escalier en bois, établi dans la salle même, est destiné au service du buffet d'orgues placé à la partie antérieure de la grande nef. Dans cette salle du premier étage du clocher était autrefois une chapelle consacrée à l'archange saint Michel, comme on l'apprend des us et coutumes de l'abbaye, rédigés par l'abbé Guillaume III au xv° siècle; aux environs de cette salle sont tracés les toits du porche extérieur et de la chapelle de Saint-Symphorien. Deux plans gravés au bas de la planche font connaître les dispositions des étages supérieurs de la tour: celui qui est indiqué par le n° 1 devait contenir le beffroi qui portait les grosses cloches; sous le n° 2 est le plan de l'étage supérieur du clocher; il est décoré de colonnes engagées.

Au delà du clocher occidental, le plan indique les hautes murailles de la nef principale, percées de dix fenêtres; au nord et au midi de ces murs, sont tracés les toits qui couvrent les bas côtés de l'église; les murs des transepts sont indiqués ensuite, puis se développent parallèlement à l'axe de l'église les hautes parois du sanctuaire auprès desquelles sont les plans des deux petits clochers qui étaient voisins. Autour du chœur s'étend une galerie faisant tribune; elle est composée de gros et de minces piliers alternés et ornés de colonnettes engagées; des colonnes isolées les séparent. Autour de cette galerie, sur les toits des chapelles, sont tracés les plans de nombreux contre-forts qui soutiennent les voûtes du chœur, et enfin à l'abside est légèrement exprimé le plan de la chapelle moderne de la Vierge, dans les parties qui s'élèvent plus haut que les combles voisins. Aux deux angles supérieurs de la planche ont été gravés deux détails du plan de la galerie en tribune; au n° 3 est celui d'un des gros piliers, et au n° 4 celui d'un des petits piliers de cette galerie.

XV

FAÇADE OCCIDENTALE DE L'ÉGLISE SAINT-GERMAIN-DES-PRÉS RESTITUÉE.

La façade occidentale de l'église a été dégagée de toutes les constructions secondaires ou d'une époque postérieure au xi° et au xii° siècle, qui en ont successivement altéré le caractère primitif. Cette façade se compose d'un grand clocher, consolidé à ses angles par des contre-forts vigoureux s'élevant jusqu'à la base d'une partie supérieure qui contient aujourd'hui les cloches, et qui est décorée d'arcades supportées par des groupes de colonnes engagées. Une flèche en bois d'une grande hauteur, et flanquée à sa base de quatre clochetons, couronne l'ensemble de la tour. Au-dessous de cette partie supérieure de l'édifice, ont été percés trois étages de fenêtres; celles du haut sont doublées. Au rez-de-chaussée de la tour est un large portail surmonté d'arcs aigus, et qui, jusqu'à l'époque de la Révolution française, fut orné de statues qui ont été détruites alors. Un toit couvrant cette porte de l'église a été supposé, dans la restitution, pour protéger ces statues contre la pluie.

Au delà du clocher, dans la partie inférieure et au second plan, la gravure fait voir les extrémités des bas côtés de l'église couverts de toits en appentis; aux angles sont figurés des contre-forts dont plusieurs se voient encore dans l'étendue des murailles latérales; plus loin que les bas côtés s'élèvent les murs des transepts percés chacun de deux fenêtres dont on retrouve les traces sur le monument et qui ont été murées; les contre-forts d'angle existent encore en partie. Enfin les deux clochers secondaires qui s'élevaient auprès du sanctuaire ont été restitués sur cette planche tels qu'ils furent conservés depuis leur construction au xii° siècle jusqu'en 1822, époque à laquelle ils ont été démolis, dans la pensée qu'ils surchargeaient trop les murailles voisines du sanctuaire et qu'ils compromettaient la conservation de l'édifice. Cette destruction a complétement dénaturé l'aspect général de la belle église abbatiale de Saint-Germain-des-Prés.

APPENDICES ET PIÈCES JUSTIFICATIVES. 381

XVI

SAINT-GERMAIN-DES-PRÉS. — FAÇADE LATÉRALE RESTITUÉE.

La façade latérale de l'église de Saint-Germain-des-Prés que nous reproduisons est celle du côté du nord; elle a été dégagée de toutes les constructions secondaires qui s'y appuient, afin de faire mieux connaître le style de son architecture. Toute la partie occidentale, depuis le grand clocher de la façade jusqu'à celui qui s'élève auprès du sanctuaire, est dans le style du xi° siècle et peut être attribué à l'abbé Morard. Cette première moitié de l'édifice comporte le clocher principal, dont la façade septentrionale offre la plus grande similitude avec celle de l'occident, publiée à la page xix, moins le portail servant d'entrée à l'église. Au delà de ce clocher se présente, à rez-de-chaussée, le mur extérieur de la nef latérale du nord avec les contre-forts qui soutiennent la poussée des voûtes. Contre ce mur s'appuyaient les voûtes du cloître. Au-dessus du toit, en appentis de ce bas côté, s'élève la haute muraille de la nef principale de l'église, percée de cinq grandes fenêtres qui l'éclairent; elles sont encadrées de moulures et de billettes, sortes de denticules arrondis; ces moulures forment un bandeau continu qui passe sur les contre-forts destinés à soutenir le mur et les voûtes. Une corniche ornée de modillons couronne la façade.

Au delà des constructions de la nef s'avance le transept du nord, dont les contre-forts et la corniche existent encore, mais dont toute la façade est occupée par une grande fenêtre en ogive, de construction moderne, remplacée, sur la gravure, par deux baies en plein cintre dans le style de celle de la nef; plus loin que le transept s'élèvent les murailles des chapelles situées latéralement au chœur; elles ont le même caractère que les constructions de la nef; une petite porte, bouchée aujourd'hui, y était pratiquée pour aller à l'ancienne sacristie placée de ce côté. Le clocher voisin du sanctuaire est rasé, depuis 1822, à la hauteur de son premier étage; il présentait, par son architecture, une grande analogie avec celle des parties occidentales de l'église, et se divisait en cinq étages apparents, dont trois ouverts de fenêtres doubles et décorées de pilastres et d'archivoltes; une flèche en bois et quatre clochetons couvraient la tour. L'architecture des chapelles de l'abside et celle des hautes constructions du chœur diffèrent de celle du reste de l'édifice, et elles sont d'une époque postérieure; l'arc aigu y surmonte toutes les baies; dans les parties hautes les fenêtres sont doublées, et des colonnettes supportent les archivoltes; d'épais arcs-boutants maintiennent la poussée des voûtes du chœur. Une corniche ornée de modillons couronne l'édifice et soutient la saillie du toit.

XVII

PORTE DE L'ÉGLISE SAINT-GERMAIN-DES-PRÉS.

Le linteau qui surmonte la baie d'entrée de la grande porte occidentale de l'abbaye est composé d'une seule pierre sur laquelle est sculptée la Cène; ce bas-relief est dessiné dans son état actuel en haut de la planche. Le Christ y est représenté assis entre les apôtres; saint Jean, placé à sa droite, s'incline sur la table; un apôtre à genoux en avant de Jésus lui présentait un calice; cette figure a été détruite à l'époque de la Révolution de 1789. Le dessin fait voir aussi la double série de chapiteaux que surmontaient autrefois huit statues dont le portail était décoré; ces chapiteaux existent encore, mais ils surmontent aujourd'hui des colonnes qui remplacent les figures détruites à la Révolution.

Au bas de la planche est représentée toute la statuaire du portail, telle qu'on la voyait dans le siècle dernier; elle est publiée ici d'après le dessin original qui fut exécuté pour être gravé à la planche VII du grand ouvrage intitulé : *Trésor des antiquités de la couronne de France*, publié en 1745 par Montfaucon. Cette reproduction du dessin est plus précise que celle qui est gravée dans l'ouvrage précité et présente avec elle des différences. Le caractère des têtes et de la sculpture, en général, a été altéré par un graveur inhabile.

On a longuement discuté au sujet des statues qui décoraient le portail de l'église abbatiale de Saint-Germain-des-Prés; Dom Mabillon y a vu, à la partie gauche en entrant dans l'église, les représentations de saint Germain, auprès de la porte, et ensuite celles de Clovis, de sainte Clotilde et de Clodomir; puis, à la partie droite, celles de Chilpéric, auprès de la porte de Childebert, et celles d'Ultrogothe et de Clotaire. Dom Ruinart pensait que la figure d'évêque était celle de saint Remy. Il conservait les autres désignations de ce côté; en face, sur l'autre paroi du portail, il substituait Thierry à Chilpéric proposé par Mabillon. Un autre auteur qui a gardé l'anonyme voulait que les statues placées à la droite de l'évêque, qu'il considérait comme saint Germain, fussent Pépin, Bertrade et Charlemagne; vis-à-vis, il plaçait Carloman d'abord et conservait les trois autres noms donnés par Mabillon. Dom Ruinart avait retrouvé les noms de Clodomir, CLODOMRIVS, et celui de Clotaire, CHLO....VS, inscrits sur les deux rouleaux que tenaient les dernières statues de chaque série; on ne pouvait donc admettre, à cause de ces dénominations, que ces huit figures aient représenté des personnages de l'Ancien Testament, comme cela fut presque généralement pratiqué par les sculpteurs du moyen âge lorsqu'ils décoraient les portails d'églises. Quoi qu'il en soit, ces sculptures dataient du XIIe siècle, et non de l'époque de la première construction de l'église, comme l'ont pensé les différents auteurs cités plus haut. Le portail et le clocher auraient été construits dans le XIe siècle, mais le style des statues et des chapiteaux qui les surmontaient indique que la décoration n'aurait été terminée que dans le siècle suivant.

Les portes en bois qui servent encore aujourd'hui à clore l'église sont du commencement du XVIe siècle; deux anneaux en bronze, soutenus par des têtes de lion qui étaient placées sur les panneaux inférieurs de la menuiserie, dataient du XIIe siècle; l'un d'eux est dessiné de face et de profil au milieu de la planche.

XVIII

SAINT-GERMAIN-DES-PRÉS. — ABSIDE DE L'ÉGLISE RESTITUÉE.

L'abside de l'église de Saint-Germain-des-Prés offrait un aspect monumental remarquable lorsque les deux tours du sanctuaire étaient encore debout; le grand clocher de la façade principale se groupait avec elles d'une façon heureuse; plus prépondérant par sa masse, il contribuait à donner de l'élégance à ces deux clochers secondaires, et la distance qui le séparait d'eux contribuait au jeu des lignes, aux effets de la perspective aérienne. Les chapelles arrondies groupées autour du chœur, les vigoureux arcs-boutants qui soutiennent la poussée des voûtes supérieures, enfin tout ce qui complète l'abside amenait auprès de ces clochers une variété de style qui ne nuisait pas à l'unité générale.

Plusieurs restitutions ont été faites sur la planche pour ramener l'édifice à son caractère primitif. La chapelle de la Vierge, située au milieu de l'abside et reconstruite sur un plan moderne, a été rétablie dans son premier état; le toit qui surmonte le chœur et la nef principale a été baissé de façon à recevoir son ancienne inclinaison, dont on retrouve la trace dans le comble actuel, sur la face orientale du grand clocher. Les deux tours voisines du sanctuaire ont été rétablies dans leurs formes et proportions anciennes d'après des documents authentiques; auprès de celle du midi a été rétablie la tourelle qui contenait l'escalier destiné à monter jusqu'au beffroi des cloches; enfin les extrémités des transepts qui apparaissent aux deux côtés des petits clochers ont été percées de fenêtres en plein cintre, comme on en voit des traces sur les faces opposées.

XIX
COUPE LONGITUDINALE DE L'ÉGLISE SAINT-GERMAIN-DES-PRÉS.

La coupe longitudinale de l'église Saint-Germain-des-Prés commence au grand clocher de la façade occidentale; le portail donne entrée au vestibule formé de l'étage inférieur du clocher; dans la voûte est pratiquée une ouverture circulaire pour le passage des cloches; au-dessus était la chapelle de Saint-Michel déjà mentionnée; de son sol on descend à celui de la tribune des orgues; trois planchers de construction moderne sont établis entre le premier étage de la tour et le beffroi destinés aux cloches; ce beffroi repose sur les moulures saillantes qui couronnent les pilastres, et sur des supports en consoles placés au-dessus des grands arcs de décharge construits au-dessous de l'étage supérieur de la tour; la flèche a été indiquée ici sans les détails de sa charpente.

A l'est du clocher se développent les travées de la nef principale : elles sont percées, à rez-de-chaussée, d'arcades en plein cintre surhaussé et reposant sur les chapiteaux de colonnes engagées dans les piliers; au-dessus de ces arcs sont les fenêtres qui éclairent la nef; de longues colonnes séparent les travées et montent jusqu'à la naissance des voûtes, qui datent de 1644, époque à laquelle on les établit à la place d'une charpente apparente qui couvrait la nef depuis l'origine de la construction.

Les transepts sont séparés des nefs ainsi que du sanctuaire par des piliers composés de faisceaux de colonnes; le mur du fond est percé de deux baies, restitution qui remplace une grande ouverture en ogive faite en 1644.

Le sanctuaire, auquel on monte par plusieurs marches, est établi au delà des transepts; les murs latéraux, décorés de doubles arcatures en ogive et à colonnes, et plus haut d'une simple baie figurée, étaient les principaux appuis des clôtures secondaires, dont un, celui du nord, est reproduit sur la coupe. L'architecture du chœur, qui est du XIIe siècle, est composée, à rez-de-chaussée, de fortes colonnes surmontées de remarquables chapiteaux sur lesquels reposent les retombées d'arcs en plein cintre d'abord, puis d'arcs en ogives; les mêmes chapiteaux portent des faisceaux de colonnettes qui s'élèvent jusqu'à la naissance des voûtes et se lient à leurs nervures; entre ces faisceaux est ouverte la galerie ou tribune du chœur, décorée de colonnes isolées en marbres de diverses couleurs et surmontées de chapiteaux variés dans le style capricieux du XIIe siècle; plus haut que la galerie sont pratiquées les fenêtres doubles qui éclairent le chœur; les grosses colonnes dont celui-ci est entouré le séparent de la galerie de circulation conduisant aux chapelles latérales et à celles de l'abside. L'ancienne chapelle de la Vierge a été rétablie dans la coupe suivant son premier style; au-dessus de la voûte sont dessinés les arcs-boutants qui maintiennent les hautes constructions du chœur.

XX
COUPES TRANSVERSALES DE L'ÉGLISE SAINT-GERMAIN-DES-PRÉS.

Deux coupes transversales de l'église Saint-Germain-des-Prés ont été gravées; la première est tracée sur les nefs en regardant vers l'entrée principale de l'église; une partie du grand clocher paraît au-dessus du comble supérieur; la coupe de la nef principale se compose des voûtes construites en 1644, à la place des charpentes apparentes qui avaient été conservées jusqu'à cette époque; le comble fut reconstruit aussi tel qu'on le voit aujourd'hui; plus bas que les voûtes paraît l'arcade qui, du premier étage du clocher, donne accès à la tribune des orgues; un plancher moderne est placé à la hauteur de l'imposte de cet arc. La tribune des orgues est formée d'un arc surbaissé, au-dessous duquel on voit la porte d'entrée de l'église. Les bas côtés sont séparés de la grande nef par des arcades à colonnes; le mur qui les surmonte est tracé ici en coupe; il en est de même à l'égard des fenêtres ouvertes au-dessus; les nefs latérales, leurs voûtes et les toits en appentis qui les couvrent s'étendent de chaque côté de la nef principale.

La coupe gravée au-dessous de celle des nefs est prise dans toute la longueur des transepts, en regardant vers le chœur; les deux clochers secondaires se voient en partie au-dessus; plus bas est le grand comble transversal; aux deux extrémités des transepts sont figurées, en coupe, les fenêtres restituées en remplacement des grandes baies en ogive exécutées en 1644. Ces baies se reproduisaient sur le mur oriental des transepts; elles ont été bouchées. Plus bas sont de grandes arcades décorées de colonnes engagées, donnant entrée à la galerie de circulation établie autour du chœur; on voit par ces arcades les colonnes qui ornent les chapelles rangées circulairement autour de l'abside. Au milieu des transepts s'ouvre le sanctuaire par une immense ouverture qui permet de voir le chœur, dont les grosses colonnes supportent des arcs aigus; au-dessus est tracée la galerie ou tribune indiquée déjà dans la coupe longitudinale; plus haut on voit les croisées qui éclairent le chœur ainsi que les voûtes qui le couvrent.

XXI

CLOCHER DE LA FAÇADE DE L'ÉGLISE SAINT-GERMAIN-DES-PRÉS.

Le grand clocher qui s'élève sur la façade occidentale de l'église Saint-Germain-des-Prés offre, dans sa partie supérieure, de curieux détails; l'étage qui porte directement la flèche en bois est décoré de colonnes engagées, dont les bases et les chapiteaux sont d'une grande simplicité, nécessaire à une aussi haute élévation; ces colonnes supportent des arcs en plein cintre très-bien construits et qui sont disposés sur deux plans différents, ce qui résulte de la disposition des colonnes; ce plan partiel, gravé au-dessous de l'élévation, en explique la combinaison; des frettes décorent les archivoltes de ces arcs. La corniche qui surmonte cet étage est formée de consoles sur lesquelles reposent, horizontalement, les dalles de pierre disposées régulièrement et taillées en biseau par-dessous pour simuler une moulure.

La coupe gravée au bas de la planche indique comment sont construites à l'intérieur les fenêtres doubles des deux étages supérieurs du clocher, ainsi que les grands arcs de décharge qui supportent des consoles sur lesquelles repose le poids principal du beffroi. Ces consoles sont aidées dans leur fonction par des moulures saillantes placées à la hauteur de l'imposte des fenêtres, et sur lesquelles s'appuient des contre-fiches en bois qui portent une partie de la charge de cette lourde charpente; ce beffroi, cependant, est moderne et bien moins important que celui qui devait supporter autrefois les grosses cloches de l'abbaye, lesquelles, en 1580 et 1581, furent fondues de nouveau par un nommé Pierre Leroy, très-habile fondeur; elles étaient considérées comme les plus harmonieuses et les mieux d'accord qu'il y eût à Paris.

XXII

TOMBEAU ET ÉPITAPHES.

On fit, en 1656, un tombeau pour couvrir les restes de la reine Bilihilde ou Blithilde, femme du roi Childéric II, assassinée avec lui et leur jeune fils Dagobert dans la forêt de Livry par Bodillon. Le cercueil de la reine avait été retrouvé et ouvert en 1645, lorsqu'on fit des réparations au sanctuaire de l'église abbatiale. Le squelette avait été vu alors enveloppé encore dans une

APPENDICES ET PIÈCES JUSTIFICATIVES. 385

partie des vêtements : un coussin d'herbes odoriférantes était sous la tête; le corps du jeune Dagobert reposait sur celui de sa mère. Ce tombeau de Bilihilde n'a pu être recueilli, comme les précédents, au Musée des Monuments français, et prendre ensuite sa place chronologique dans la série des tombes royales à l'église de Saint-Denis, parce qu'il avait été détruit à l'époque de la Révolution de 1789. Le seul document qui reste pour le faire connaître est le dessin de la collection Gaignières publié sur cette planche.

Au-dessus du caveau situé au milieu de l'ancien sanctuaire de l'abbatiale de Saint-Germain-des-Prés, on lisait une inscription apprenant que les religieux bénédictins y avaient placé le cœur du prince Henri de Bourbon, duc de Verneuil, leur abbé, mort en 1682.

XXIII

TOMBEAUX ET COSTUMES D'ABBÉS.

Les tombeaux d'abbés sont les plus importants de ceux qui furent découverts dans l'église de Saint-Germain-des-Prés en 1799; celui qui est dessiné au bas de la planche, dans l'état où il fut trouvé, à 2^m,30 au-dessous du pavé de l'édifice, était fermé par un couvercle en marbre blanc à quatre faces inclinées; les deux principales étaient ornées d'écailles au milieu desquelles on avait sculpté, dans un cadre, des pampres et une palme sortant d'un vase; des feuillages ornaient les extrémités de ce couvercle, qui avait été brisé à l'un de ses angles; il fut recueilli au Musée des Monuments français par A. Lenoir, avec le cercueil qu'il couvrait, et placé depuis au Musée du Louvre; il date des premiers temps du christianisme en France. Dans le cercueil A, fermé par ce couvercle, on trouva un squelette entièrement vêtu; la robe ou soutane était en laine d'un ton rouge brun, au bas une bordure aussi de laine avait été ornée par un gaufrage combiné avec le tissu de l'étoffe; par-dessus ce premier vêtement on avait posé un ample manteau formant de larges plis et en taffetas très-fort; la couleur, quoique passée, paraissait avoir été d'un beau rouge foncé. Les chaussures en cuir noir avaient la forme de pantoufles; à la droite du squelette était placée une longue canne surmontée d'un tau en ivoire sculpté, et monté sur une douille de cuivre ouvragée de même; le dessin en est reproduit en grand; l'emplacement où fut trouvé ce tombeau est également indiqué.

Le second tombeau, marqué B, contenait aussi un squelette; ce squelette avait auprès de lui une crosse en bois sculpté dans le style du xive siècle, on y voyait quelques restes de dorure. Cette tombe, trouvée à l'orient de la précédente, était aussi celle d'un abbé.

(*Statistique monumentale*, texte explicatif par M. Albert Lenoir. Paris, 1867, in-4°, p. 71-99.)

X

DOCUMENTS MANUSCRITS
RELATIFS À L'ABBAYE SAINT-GERMAIN-DES-PRÉS.

(Texte, chapitre ii, pages 97 et suivantes.)

L'abbaye de Saint-Germain-des-Prés a laissé partout des traces de son importance et de ses richesses. Il n'y a pas de bibliothèques, de dépôts d'archives, qui ne renferment quelques documents relatifs à son histoire. Les Archives nationales ne possèdent pas moins de deux cents cartons et de sept cent soixante-cinq registres.

Dans la section historique, il y a cinquante-huit cartons et cent trente-deux registres.

Le premier carton de la section historique (L. 752) renferme le brouillon du canevas de l'histoire de Saint-Germain-des-Prés, par Dom Bouillart (16 cahiers in-4°), et une attestation de 1592 d'une portion de la côte de saint Leufroy, appartenant à cette chapelle et donnée, depuis sa démolition, à Saint-Germain-l'Auxerrois. Le deuxième (L. 753), des pièces concernant l'église, les tombeaux des rois, les réparations et les décorations, des états de travaux, quittances, etc., aux xvii° et xviii° siècles; l'original d'une lettre de Louis XIV approuvant une transaction faite entre l'archevêque de Paris et l'abbaye de Saint-Germain-des-Prés, relativement à la juridiction spirituelle sur le territoire de l'abbaye en septembre 1668; des bulles et copies de bulles, des actes de prise de possession et serments des abbés, de 1503 à 1737; l'original d'une lettre de J. Castel sur la mort de Denis de Sainte-Marthe, en 1725; un dénombrement rendu au roi en 1384. Le troisième (L. 754), un censier de Cachant au xiv° siècle, un censier d'Antony, un registre des cens dus à la pitancerie, à Antony, au xv° siècle; un cartulaire des îles de la Seine, des moulins, etc., au xv° siècle; vingt-sept chartes, de 768 à 1176, concernant Saint-Germain près Montereau, *Absedo villa in pago Senonensi*, les droits de formariage entre l'abbaye de Sainte-Geneviève et celle de Saint-Germain-des-Prés, Montchauvet, Saint-Léger-aux-Bois, la vigne de Laas, Saint-Georges-de-Marolles, Baignaux, Villeneuve, Plantis, Flacy et Courgenay, Avrainville, la chapelle de Notre-Dame-des-Halles à Saint-Léger, Saint-Germain-de-Marolles, Dammartin, Nogent-sur-Marne, les Hospitaliers de Saint-Jean-de-Jérusalem (1182), le Temple, Tauni, Émans, Bagneux, Mauny, fief de Clain en Poitou, Jonsiac. Le quatrième (L. 755), vingt-quatre chartes, de 1176 à 1193, relatives à Cotençon, Montigny, le prieuré de la Celle au diocèse de Meaux, Émans, Marolles, prieuré de Bailly, Avrainville, Longpont, Seine-et-Oise), Nogent-sur-Marne, Tiverni (diocèse de Beauvais), Bailly, Lognes, la chapelle du château de Châtellerault, Mantes, Dammartin, Naintré, Cachan, les lépreux de Meulan, Viatura de *Pirodio*, Balainviliers, le couvent de Saint-Pierre de Chaumes, Montchauvet, Sainte-Marie-aux-Bois, Tauny-sur-le-Vulturne, Villebote, Érablai, Duison, Laas et Mantes. Le cinquième (L. 756), quatre-vingt-quatorze chartes, de 1200 à 1229, concernant Samoiseau, Sceaux, Plessis-Saint-Pierre, Clamart, Mathy, Parei, Avrainville, le Déluge, bois d'Arablai, Melun, Notre-Dame-des-Halles, Villeneuve-Saint-Georges, Valenton, Avrainville, Jonzi, prieuré de Bailly, Bretignac, bois du Chesnet, Provins, Meulent, Tiverni, Verrières, le moulin de Breuil, Lognes, Marolles, Montchauvet, Nogent-l'Artaud, Saint-Germain, Laval près Montereau-faut-Yonne, Longuesse, le Breuil près Montlhéri, Montchauvet, le Déluge, Mantes, Mathy, Dammartin, le bois de Genneville, *Pirodium*, Mantes, les chevaliers de Saint-Jean-de-Jérusalem. Le sixième (L. 757), quarante-quatre chartes, de 1230 à 1249, concernant Marolles, la Celle, Montereau, Saint-Germain-Laval, Nogent-sur-Marne, Mantes, Villeneuve-le-Comte, Samoiseau, Parei, Vissoux, Arcueil, Avrainville, la commanderie du Déluge, Émans, Villeneuve-Saint-Georges, Pruneiai, Bailly, Dammartin, Chelles et Cachan, et un règlement fait, le 1ᵉʳ décembre 1240, par Jacques, évêque de Préneste, légat du Saint-Siége, pour l'administration de l'infirmerie de Saint-Germain, qui n'avait pas de revenus assez considérables. Le septième (L. 758), des documents relatifs à Avrainville, Tillet, Valenton, prieurés de Chaufour, de Naintri en Poitou; et un registre des baux à ferme, contrats de vente, etc., des fermes, terres, maisons et jardins sis à Anthony, Thiais, de 1207 à 1509. Le huitième (L. 759), des fragments de comptes de 1485 et un recueil de pièces relatives aux droits de pêche; une copie collationnée d'une très-volumineuse enquête faite par l'abbé de Saint-Maixent, commissaire du pape, à la requête des religieux de Saint-Germain-des-Prés, contre frère Eblon de Solere, au sujet de la prévôté d'Antony en 1373; une transaction du 9 octobre 1782, passée entre les religieux de l'abbaye et les habitants de Châtenay, Wuissous et Massy, au sujet des dîmes du vin et du pressurage, etc. Le neuvième (L. 760), trois dossiers de documents relatifs à l'accord entre le cardinal de Tournon et l'abbaye, de 1537 à 1590. Le dixième (L. 761), quatre-vingt-dix chartes, de 1250 à 1301, concernant Jonzac, Cachan, Samoiseau, Melun, Thiais, Antony, Suresnes, Longuesse, Tiverny, Nogent-l'Artaud, Clamart, Avrainville, Parei, Martré-la-Celle, Chartres, Septeuil, le Breuil, Émans, Melun, Meudon, le prieuré de Tornay dans le diocèse de Séez, Saint-Germain près Couilly, le prieuré de Castres, Ablainvilliers, Sceaux, le prieuré de Brétigny au diocèse de Bourges, Bagneaux. Le onzième (L. 762), trente-deux chartes de 1302 à 1341, concernant Saint-Germain-Laval-sur-Montereau, Cachan, Arcueil, la rivière de Bièvre, Dammartin, le fief de la Tombe à Marolles, Avrainville, le prieuré de Saint-Léger, Parei, Longuesse, Villebeslain, le Breuil-lès-Longpont (Seine-et-Oise), Bagneaux, Antony. Le douzième (L. 763), cinquante-sept chartes et autres pièces, de 1290 à 1652, concernant Issy, Vanves, Meudon, Thiais, Vaugirard, Châteaufort, Montreuil près Versailles, les Chartreux. Le treizième (L. 764), un registre en feuilles intitulé : « C'est le compte de la recepte de la terre, justice et seigneurie d'Issy et des appartenances en « 1485; » des censiers et quarante-quatre pièces et chartes, de 1190 à 1465, concernant les lieux dits *Vallis Colliaci* et *Lilandri*, Couilly, Montery, et les localités dans lesquelles le chambrier de Saint-Germain possédait des biens; Valenton, Villeneuve-Saint-Georges, Saint-Germain-sous-Couilly, Montery, Émans et Noisy-le-Grand; un cartulaire de l'office de chambrier, renfermant des pièces relatives à Saint-Germain-lès-Couilly et Nogent-l'Artaud, et plusieurs registres concernant Saint-Germain-lès-Couilly. Le quatorzième (L. 765), quatre pièces, de 1675 à 1694, relatives à la réunion de la justice de Saint-Germain-des-Prés au Châtelet de Paris et à la création d'une haute justice dans l'enclos du couvent; trente-neuf pièces de 1213 à 1379, concernant Villeneuve-Saint-Georges, l'érection de la chapelle du Trône en juillet 1234, Valenton, Limeuil, Thiais, Choisy, Grignon et Antony. Le quinzième (L. 766), des pièces concernant les religieux hibernais (irlandais), le noviciat des Jésuites, l'ordre de la milice du Saint-Esprit, les Dominicaines du tiers ordre de Saint-Dominique, les Jacobins, la chapelle Saint-Père, les religieux de la Charité, les Théatins, les Prémontrés de la Croix-Rouge, les Carmes-Déchaux, les Augustins déchaussés, l'hôpital des frères de la Charité, l'hôpital des Incurables, l'hôtel des Petites-Maisons et la maladrerie du bourg Saint-Germain-des-Prés. Le seizième (L. 767), des pièces sur les Cordeliers ou frères Mineurs, les religieux de la Merci et de Sainte-Croix-de-la-Bretonnerie, une correspondance curieuse à consulter pour l'histoire des mœurs du clergé au xviie siècle, des pièces de procédure des xiiie et xive siècles. Le dix-septième (L. 768), des pièces relatives à l'institution des prieurs grands vicaires de Saint-Germain-des-Prés, au grand vicariat de Saint-Germain et aux grands vicariats étrangers. Le dix-huitième (L. 769), des pièces concernant la fabrique de Saint-Sulpice, les pièces d'un procès concernant les biens de cette fabrique, des mémoires, consultations et procédures au sujet des processions depuis la transaction de 1668, des requêtes et mémoires concernant l'érection de nouvelles cures dans l'étendue du faubourg Saint-Germain et l'érection de la cure du Gros-Caillou. Le dix-neuvième (L. 770), des pièces concernant les Augustines du Saint-Sépulcre de Bellechasse, les communautés religieuses situées hors le faubourg Saint-Germain, la prison de l'abbaye Saint-Germain, la nomination des geôliers et des chapelains de la geôle, la chapelle du Saint-Esprit, la communauté des Filles séculières dites *de Mlle Cossart*, les Filles de l'instruction chrétienne et les Pauvres Filles orphelines de la paroisse Saint-Sulpice, les Filles de la Sainte-Vierge ou de Mme de Saujon; un dossier de pièces concernant les religieuses de Fervaques (1643), Gomer-Fontaine (1655) et Saint-Remi-Saint-Georges (1662); des procès-verbaux de visites dans le couvent de Bon-Secours, au faubourg Saint-Antoine, à l'abbaye du Val-de-Grâce, chez les religieuses anglaises, rue de Charenton; une vérification de reliques reçues par les religieuses anglaises du faubourg Saint-Marceau, rue du Champ-de-l'Alouette. Le vingtième

(L. 771), des pièces de procédure relatives à un différend survenu entre Saint-Germain-des-Prés et le seigneur de Nogent-l'Artaud (1259-1303); des actes (1269-1289) concernant Valenton, les Annonciades du couvent des Dix-Vertus; une vérification des reliques de l'Abbaye-aux-Bois; quelques documents sur Notre-Dame-de-Liesse; un registre de l'office claustral du censier de Saint-Germain-des-Prés, contenant les cens perçus de 1374 à 1412; un dossier de pièces relatives aux corporations des maîtres serruriers, tissutiers, rubaniers, menuisiers, talmeliers, vinaigriers, moutardiers, établies dans la juridiction de l'abbaye de Saint-Germain; une ordonnance des métiers de Saint-Germain-des-Prés du 17 septembre 1498; enfin une charte du 26 janvier 1250, par laquelle l'abbé de Saint-Germain accorde pour dix ans, à des marchands de Sienne, la faculté d'habiter le faubourg exclusivement à tout autre Lombard, et leur accorde des franchises de tolte, de taille et de mainmorte. Le vingt et unième (L. 772), des documents relatifs aux Augustines de Notre-Dame de la Miséricorde, à Notre-Dame-de-Grâce, aux religieuses de Notre-Dame des Prés et aux Bénédictines de Notre-Dame du Mont-Calvaire. Le vingt-deuxième (L. 773), des actes concernant la juridiction spirituelle de Saint-Germain-des-Prés, les religieuses de l'ordre du Précieux-Sang, les lettres de non-préjudice au droit d'exemption de l'abbaye, des procès-verbaux de consécration des églises ou chapelles de la reine Marguerite de Valois, de la maladrerie du faubourg, des Pères de la Charité, du noviciat des Jésuites, des Petits-Augustins, du couvent du Verbe-Incarné; un dossier de pièces relatives aux prétentions respectives du chapitre de Paris et de l'abbaye de Saint-Germain. Le vingt-troisième (L. 774), un dossier de pièces concernant les contestations soulevées entre le chapitre de Paris et l'abbaye pendant les vacances du siége, un registre d'ordinations, des actes de consécrations d'évêques à Saint-Germain, des pièces concernant l'official, le promoteur et les prisonniers de l'abbaye, la vérification des reliques de sainte Thérèse, les Carmes déchaussés du Luxembourg; enfin une autorisation, du 9 mai 1656, de marier, dans la chapelle des Carmes, Antoinette Patriau avec un protestant, Étienne H. d'Avil, écuyer, seigneur de Beaulieu. Le vingt-quatrième (L. 775), des documents sur les Filles de Saint-Joseph, dites *de la Providence*, à Bordeaux, Paris et la Rochelle. Le vingt-cinquième (L. 776), des pièces concernant les revenus de l'aumônerie de la chambrerie, de la sous-chambrerie, de l'infirmerie, de la prévôté et de la trésorerie de Saint-Germain-des-Prés; des documents relatifs à l'élection d'un grand prieur par la communauté, de 1476 à 1507; des arrêts du Parlement, des 4 juillet 1377 et 12 juillet 1429, qui condamnent le chambrier à fournir les vêtements, chaussures, etc., des religieux de Saint-Germain; des règlements concernant les religieuses du faubourg et interdisant l'établissement de nouvelles communautés; des pièces relatives à la seigneurie directe du Clos-aux-Bourgeois, situé rue d'Enfer et appartenant à la grande confrérie. Le vingt-sixième (L. 777), des documents relatifs aux reliques, aux châsses, aux bénédictions et consécrations d'autels, à la dédicace de l'église en 1163, à la réforme de Saint-Germain-des-Prés et à son union à la congrégation de Chezal-Benoît (1515-1579); un arrêt du Parlement, de septembre 1589, au sujet du livre intitulé *Le Martire de fr. Jacques Clément*, dans lequel les religieux de Saint-Germain avaient été taxés d'avoir des intelligences avec les ennemis de la religion catholique; des lettres d'association de prières avec les religieuses de Chelles en 1230, la description d'une ancienne tapisserie, les pièces d'un marché pour la châsse de saint Germain, des 18 février 1408 et 20 août 1409; des attestations de dons des corps de saints faits par l'abbaye à d'autres maisons religieuses et à des particuliers; des pièces relatives à une fonte de cloches, aux religieuses du Saint-Sacrement, rue Cassette, à la chapelle Saint-Symphorien, située dans l'église de Saint-Germain-des-Prés; enfin des quittances données, de 1370 à 1418, par les maréchaux de France, qui étaient tenus d'assister à la grand'messe et à la procession le jour de Saint-Germain, à condition de recevoir, pour leurs peines, douze pains, douze setiers de vin et douze sous. Le vingt-septième (L. 778), des dossiers de pièces relatives au grand prieur, à la chambrerie et à la chantrerie; des pièces concernant l'élection du grand prieur, de 1476 à 1507; des états de revenus de l'aumônerie, de la cène, de l'infirmerie, de la prévôté et de la trésorerie de Saint-Germain-des-Prés, de 1244 à 1521; des documents relatifs aux charges et droits des chambrier et sous-chambrier; des titres de provision et de prise de possession des offices d'aumônier, cenier, chefcier, infirmier, prévôt et trésorier, de 1400 à 1600. Le vingt-huitième (L. 779), des titres de cens et rentes, des titres de propriété, d'acquisitions, de dons, d'héritages, etc.; trente-deux chartes, de 1250 à 1515, concernant Sceaux, des propriétés sises à Paris, l'église Saint-André-des-Arts, le trésorier, le pitancier, diverses fondations; une copie, collationnée le 15 octobre 1515, d'un acte du mois de mars 1297, par lequel Saint-Germain est déclaré ne pas faire partie de la ville de Paris; des pièces concernant l'office du chambrier, la chantrerie, la sous-chantrerie, l'aumônerie, les marchands de Sienne, une lettre de Dom Poirier sur les abords de la rue Mazarine au xvi° siècle. Le vingt-neuvième (L. 780), un procès-verbal d'enquête du 1ᵉʳ décembre 1373, avec le rôle d'audition des témoins, au sujet d'un procès mis entre l'abbé de Saint-Germain et Eblon de Solere (*de Solerio*). Le trentième (L. 781), les pièces d'un procès intenté, en 1372, contre un dévolutaire qui voulait posséder la prévôté d'Antony en titre de bénéfice. Le trente et unième (L. 782), vingt-six pièces de 1304 à 1433, des cens et rentes, un arpentage des maisons, jardins, etc., situés à Grez, près Amblainvilliers, en 1393; des pièces concernant les seize étaux à boucherie, etc. Le trente-deuxième (L. 783), des documents divers, de 1301 à 1400, parmi lesquels je citerai le fragment d'un relevé fait, en 1372, des cens et rentes dus à l'abbaye de Saint-Germain et des pertes éprouvées par elle pendant la guerre des Anglais; des comptes du pitancier, des titres de rentes, des actes de donations. Le trente-troisième (L. 784), des titres de cens et rentes du xv° siècle et des documents relatifs à la foire Saint-Germain, des titres de procédure, un registre des revenus du cenier, des actes de donation, etc. Le trente-quatrième (L. 785), la concession du droit de conférer aux chapelles de l'église Saint-André-des-Arts, des sentences, baux, reconnaissances de cens et rentes, les recettes du pitancier en 1412, les titres d'établissement des foires Saint-Germain. Le trente-cinquième (L. 786), des ordonnances, arrêts et autres pièces confirmatives du droit de tenir la foire Saint-Germain; des pièces concernant la croix de Vaugirard et l'île aux Dames. Le trente-sixième (L. 787), des baux à cens et rentes, des titres de procédure, un rôle des recettes des cens et rentes du pitancier à Paris, Villeneuve-Saint-Georges, en 1415; des documents touchant les biens à la pitancerie. Le trente-septième (L. 788), des pièces sur Choisy, un contredit pour Pierre de Lesclat, maître des requêtes de l'hôtel, à l'encontre de l'abbé de Saint-Germain-des-Prés, au sujet de la mouvance prétendue sur une maison sise à Choisy; des titres de procédure contre des particuliers qui voulaient ériger un pressoir à Choisy; des contrats de ventes de maisons sises à Paris. Le trente-huitième (L. 789), des documents relatifs au droit de pêche dans la Seine et à Vaugirard; un registre des cens et rentes dus à l'office du cuisinier de l'abbaye sur les îles et saulsayes de la Seine depuis les ponts de Paris jusqu'au pont de Sèvres; un état des redevances de maisons de Meudon, un rôle des recettes du pitancier. Le trente-neuvième (L. 790), des rouleaux renfermant des copies de titres de propriété; un rouleau des années 1553 et suivantes, contenant quarante-six pièces de reconnaissance des prévôt et échevins de Paris, des deniers qu'ils ont touchés des cens et rentes dus à l'abbaye de Saint-Germain; un recueil de pièces relatives à la clôture de sept arpents de terre que les religieux voulaient joindre à la muraille de l'abbaye, en 1542. Le quarantième (L. 791), des baux, titres nouvels et contrats, et quelques pièces relatives à la maladrerie de Saint-Germain-des-Prés. Le quarante et unième (L. 792), des documents relatifs au Pré-Crotté; à des terres à Grenelle; un cartulaire renfermant des notices sur quelques rois de France, une liste d'abbés, des pièces curieuses sur Issy, des actes de vente et d'achat, un acte d'autorisation de clôture. Le quarante-deuxième (L. 793), des baux, actes de vente et d'achat, des titres divers, etc. Le quarante-troisième (L. 794), des titres de propriété, des baux de pièces de terres situées près le Sanitat, des sentences et arrêts, une enquête faite en 1529, à Fontenay-aux-Roses et à Châtillon, au sujet de difficultés mues entre l'abbaye de Saint-Germain-des-Prés et l'Université pour la dîme du curé. Le quarante-quatrième (L. 795), des baux, reconnaissances de cens et rentes, actes d'acquisitions et de ventes, un registre des comptes de frère Jean de Muys, pitancier de Saint-Germain, en 1482. Le quarante-cinquième (L. 796), des baux et titres de propriété. Le quarante-sixième (L. 797), des titres de propriété, un arpentage de plusieurs îles de la Seine en 1530. Le quarante-septième (L. 798), des baux, des titres de procédure, un extrait du collège des Quatre-Nations avec la succession Mazarin, vers 1675 et années suivantes, auquel se trouve joint un plan des fossés et murs faits, en 1356, du côté de Saint-Germain-des-Prés; des titres nouvels, un dossier de pièces de 1529 à 1543, relatif à des terrains situés sur les chemins de la Vieille-Thuillerie et de Sèvres, autrement rue de la Maladrerie; des pièces concernant le Pré-aux-Clercs. Le quarante-huitième (L. 799), des documents relatifs aux boucheries, des contrats de rente, baux, conventions; des procès-verbaux de bornage, entre Saint-Germain-des-Prés et Sainte-Geneviève, en 1691, de leurs territoires d'Issy et de Vaugirard; une vente de terrains proche les Invalides, l'acte de prise de possession de l'abbaye par le cardinal de Furstemberg, un inventaire des titres des cens dus dans le faubourg Saint-Germain, des pièces relatives au droit de justice de l'abbé dans l'enclos de l'abbaye (1675-1693), des sentences et autres pièces. Le quarante-neuvième (L. 800), des pièces relatives à la topographie du bourg Saint-Germain, des procès-verbaux de bornage, un mémoire pour les officiers et fermiers du domaine, des papiers relatifs à une contestation élevée au sujet de la mitoyenneté d'un mur de la cour de l'abbaye attenant à un mur d'une dame Prévost (1785); des mémoires, lettres; un dossier de pièces qui concernent la chapelle du Gros-Caillou, des papiers relatifs à la permission accordée à M. de Chamousset de faire construire deux ponts volants sur la Seine, un mesurage des maisons, lieux et héritages dépendant de la seigneurie de Saint-Germain-des-Prés, le 24 juin 1701; un mémoire au sujet de la prison de Saint-Germain-des-Prés; un rôle de l'année 1500, contenant les cens et rentes dus à l'abbaye; un plan particulier du grand et petit Luxembourg et du clos des Chartreux, une pièce concernant le four banal de Gibart. Le cinquantième (L. 801), des titres de cens et rentes, des titres de propriété des Incurables, un état des maisons appartenant à l'Hôtel-Dieu, situées dans le faubourg Saint-Germain; des renseignements sur le domaine, des aveux et déclarations, des pièces concernant la prévôté d'Antony, un rôle des recettes du pitancier en 1373, des titres nouvels concernant l'Hôtel-Dieu, des titres de procédure, etc. Le cinquante et unième (L. 802), des pièces concernant des droits divers, une sentence arbitrale de janvier 1210, au sujet des différends qui existaient entre l'évêque de Paris et le curé de Saint-Séverin, d'une part, et l'abbaye de Saint-Germain et le curé de Saint-Sulpice, de l'autre, au sujet des limites du territoire de la juridiction spirituelle respective des parties; une liasse de parchemins de 1221 à 1499, relative aux droits de l'abbaye de Saint-Germain sur des terres, maisons, etc., situées dans la censive de l'abbaye; des titres de propriété, des plans; un titre du xiie siècle, relatif au prieur de l'abbaye; les pièces d'un procès entre le prévôt des marchands et l'abbaye, de 1490 à 1494; un registre de l'état des vignes d'Issy et Vaugirard en 1432, un cueilleret de Vaugirard en 1360 et 1377; des plans, des pièces concernant l'île Maquerelle; une sentence sur requête du 18 février 1670, portant permission de montrer un tabernacle surélevé du temple de Salomon à la foire Saint-Germain; des pièces relatives à la foire Saint-Germain. Le cinquante-deuxième carton (L. 803), quinze pièces relatives aux contestations et accords entre l'Université de Paris et l'abbaye de Saint-Germain-des-Prés, au sujet du Pré-aux-Clercs (1279-1550); des titres de ventes, acquisitions de rentes, dons et achats, recettes des îles et saulsayes de 1499 à 1521, plans de terrains, pièces relatives à la boucherie. Le cinquante-troisième (L. 804), recueil de chartes diverses, quittances d'annates et délais accordés pour le payement des annates exigées par la cour romaine des abbés et monastère de Saint-Germain-des-Prés : «Elles contiennent, dit Dom Poirier dans une note écrite de sa main sur la « couverture de la liasse, les preuves des exactions que le Sacré-Collége d'Avignon exerçait sur «les églises de France aux xiv° et xv° siècles;» des titres de propriété, amortissements; plusieurs collations du prieuré général des moines noirs, étudiants dans l'Université de Paris, par les abbés de Saint-Germain-des-Prés et de Saint-Denis alternativement; une liasse de titres originaux, de 1254 à 1539, concernant les droits de l'abbaye de Saint-Germain sur des maisons et terrains à Paris; une liasse de huit pièces relatives à l'hôtel des Trois-Étaux, en la censive de l'abbaye de Saint-Germain-des-Prés, de 1368 à 1509. Le cinquante-quatrième (L. 805), des arrêts de la chambre des comptes qui ordonnent la tenue de la foire Saint-Germain, par provision, nonobstant l'opposition formée par le procureur du roi (1491-1568); des pièces des xii°, xiii° et xiv° siècles, qui sont fondations d'anniversaires, titres de cens et rentes, titres de propriété, échanges, pièces relatives aux étaux de boucherie. Le cinquante-cinquième (L. 806), des baux à cens, quittances, pièces concernant plusieurs maisons sises à Paris, rue Poupée (1388-1486), achetées par Simon Cramault, évêque de Poitiers; sept chartes, attachées ensemble, des années 1263, 1298, 1392, 1393, 1320 et 1402, qui sont : 1° une lettre de Thibault, roi de Navarre, par laquelle il déclare avoir acquis en toute propriété une maison sise dans la rue par laquelle on va à l'abbaye; 2° une lettre du roi Philippe le Bel, qui donne à vie à la reine Marie, femme de Philippe le Hardi, une maison et dépendances qu'il possédait par saisie sur Gui, comte de Flandre, pour cause de rébellion; 3° un vidimus de reconnaissance par la reine Jeanne, femme de Charles le Bel, de rentes envers l'abbaye de Saint-Germain; 4° un vidimus des lettres de Philippe le Bel ci-dessus indiquées, d'une lettre de Robert, comte de Flandre, datée de Paris, au mois de mai 1309, par laquelle il donne à la reine Marie la maison du Corbillier, autrement dite *de Flandres*, et d'une lettre de Philippe le Long, qui confirme la donation faite à la reine Marie; 5° les lettres de Charles V, régent du royaume, par lesquelles il confirme le don fait à la reine Jeanne, par Charles le Bel, des hôtels de Navarre et de Reims; 6° un vidimus de la reconnaissance de Louis, duc d'Orléans, touchant la rente due à l'abbaye de Saint-Germain sur la maison dite *le Séjour d'Orléans*, autrement *l'hôtel de Navarre*, et d'une ordonnance de Jean le Flament, intendant dudit duc, pour faire payer les arrérages dus de cette rente. Le cinquante-sixième (L. 807), des contrats, des baux, des titres de donations, etc. Le cinquante-septième (L. 808), un recueil d'actes contenant l'élection de plusieurs abbés de Saint-Germain de 1255 à 1464, significations, remontrances, lettres royaux, délégations, etc.; recueil de pièces du xviii° siècle, relatives à la foire Saint-Germain; titres relatifs aux droits seigneuriaux exercés par l'abbaye dans le faubourg (1305-1525); lettres d'amortissement, titres de propriété, baux, etc. Le cinquante-huitième (L. 809), des baux à cens, quelques notes sur les offices claustraux d'armorier, de chambrier, infirmier, aumônier; des pièces relatives aux boucheries, au droit de batelage de Sèvres à Paris et de Paris à Sèvres, et l'établissement d'une gaillotte à voiles, et tirée par des chevaux, pour le service public (1681-1707); anciennes notices latines du chartrier de l'abbaye, arrêts du Conseil, notes, mémoires, plans et autres pièces relatives à la foire Saint-Germain.

Il y a dans la section historique 132 registres (LL. 1024 à LL. 1155):

Le premier registre (LL. 1024) est un cartulaire du xii° siècle; le deuxième (LL. 1025), un cartulaire de 1138 à 1271; le troisième (LL. 1026), le cartulaire Guillaume, du xiv° siècle;

le quatrième (LL. 1027), le cartulaire A. de 1174 à 1304; le cinquième (LL. 1028), un cartulaire du xv° siècle; le sixième (LL. 1029), un cartulaire du xiv° siècle, dit le petit registre; le septième (LL. 1030), un recueil de baux de 1454; le huitième (LL. 1031), un cartulaire de Saint-Germain-des-Prés, en 1466; le neuvième (LL. 1032), un cartulaire de 1492 à 1529; le dixième (LL. 1033), un censier du bourg Saint-Germain, de 1355 à 1365; le onzième (LL. 1034), un cartulaire du xv° siècle; le douzième (LL. 1035), un cartulaire de Paris au xiv° siècle; le treizième (LL. 1036), un recueil de saisines de 1393 à 1407; le quatorzième (LL. 1037), un registre d'ensaisinements de 1392 à 1419; le quinzième (LL. 1038), un cartulaire de 1644 à 1649; le seizième (LL. 1039), des baux de 1648 à 1659; le dix-septième (LL. 1040), un cartulaire d'Antony, de 1248 à 1529; le dix-huitième (LL. 1041), un cartulaire de Suresnes, de 1070 à 1696; le dix-neuvième (LL. 1042), un cartulaire de Suresnes et Taverny, de 918 à 1713; le vingtième (LL. 1043), un cartulaire de Valenton et Châtillon, de 812 à 1715; les vingt et unième et vingt-deuxième (LL. 1044, 1045), un cartulaire d'Avranville, de 1070 à 1740; le vingt-troisième (LL. 1046), un cartulaire de Cachant, de 1265 à 1726; les vingt-quatrième et vingt-cinquième (LL. 1047, 1048), un cartulaire d'Antony et Verrières; les vingt-sixième et suivants (LL. 1049-1052), un cartulaire d'Issy et Vaugirard, de 558 à 1507; le trentième (LL. 1053), un terrier d'Antony et Verrières, de 1503 à 1507; le trente et unième (LL. 1054), un recueil de dîmes et pressurages en 1530; le trente-deuxième (LL. 1055), un recueil de titres concernant Avrainville, de 1205 à 1229; le trente-troisième (LL. 1056), un recueil de titres concernant Bagneux, de 1100 à 1400; le trente-quatrième (LL. 1057), un cartulaire de Bagneux, en 1469; le trente-cinquième (LL. 2058), un cartulaire de Bagneux et Avrainville, de 1621 à 1630; le trente-sixième (LL. 1059), un cartulaire de Breuil, de 1462 à 1521; le trente-septième (LL. 1060), un censier de Cachant, de 1263 à 1289; le trente-huitième (LL. 1061), un cartulaire de la Celle et Suresnes, du ix° au xvi° siècle; le trente-neuvième (LL. 1062), un censier de Dammartin, en 1406; le quarantième (LL. 1063), un registre de recettes, de 1517 à 1519; le quarante et unième (LL. 1064), un cartulaire d'Émans, de 1206 à 1355; le quarante-deuxième (LL. 1065), un censier d'Émans, de 1399 à 1400; le quarante-troisième (LL. 1066), un terrier d'Émans, en 1458; le quarante-quatrième (LL. 1067), un registre de comptes d'Émans en 1488; le quarante-cinquième (LL. 1068), un cartulaire de Fontenay et Châtillon, en 1551; le quarante-sixième (LL. 1069), un cartulaire de Grenelle, de 1489 à 1512; le quarante-septième (LL. 1070), un recueil de baux de Vaugirard et d'Issy, de 1211 à 1530; le quarante-huitième (LL. 1071), un cueilleret de Vaugirard, de 1325 à 1338; le quarante-neuvième (LL. 1072), un registre de comptes d'Issy, de 1485 à 1486; le cinquantième (LL. 1073), un censier d'Issy, de 1332 à 1338; les cinquante et unième et cinquante-deuxième (LL. 1074-1075), deux cartulaires d'Issy et de Vaugirard au xvi° siècle; le cinquante-troisième (LL. 1076), des ensaisinements concernant Issy, Vaugirard et Meudon, de 1366 à 1374; le cinquante-quatrième (LL. 1077), un cartulaire de Paris et environs, au xiii° siècle; le cinquante-cinquième (LL. 1078), un cartulaire de Meudon, de 1195 à 1528; le cinquante-sixième (LL. 1079), des recettes de Meudon, en 1485; le cinquante-septième (LL. 1080), un terrier de Meudon, en 1518; le cinquante-huitième (LL. 1081), un cartulaire de Montchauvet, en 1263; les cinquante-neuvième et soixantième (LL. 1082, 1083), un cartulaire de Nogent-l'Artaud, aux xv° et xvi° siècles; le soixante et unième (LL. 1084), un censier de Nogent-l'Artaud, en 1402; le soixante-deuxième (LL. 1085), une enquête contre le curé de Valenton, en 1520; le soixante-troisième (LL. 1086), un terrier de Villeneuve-Saint-Georges, en 1330; le soixante-quatrième (LL. 1087), un cartulaire de Villeneuve et de Valenton, en 1520; le soixante-cinquième (LL. 1088), un registre d'exploits de Villeneuve-Saint-Georges, de 1371 à 1373; le soixante-sixième (LL. 1089), un registre de recettes de Villeneuve-Saint-Georges, de 1382-1383; le soixante-septième (LL.

APPENDICES ET PIÈCES JUSTIFICATIVES. 393

1090), un censier de Villeneuve-Saint-Georges, en 1255; le soixante-huitième (LL. 1091), un cartulaire du bourg Saint-Germain aux xiv° et xv° siècles; le soixante-neuvième (LL. 1092), un cartulaire de Saint-Germain-lès-Couilly, au xvi° siècle; les soixante-dixième et soixante et onzième (LL. 1093-1094), un cartulaire de la rivière de Seine, de 921 à 1529 et de 1510 à 1530; le soixante-douzième (LL. 1095), un registre des cens dus au trésorier de Saint-Germain, de 1233 à 1498; les soixante-treizième et suivants (LL. 1096-1098), un cartulaire de la Trésorerie, de 1262 à 1480, 1262 à 1518 et 1262 à 1539; le soixante-seizième (LL. 1099), un registre des saisines du trésorier, de 1371 à 1479; le soixante-dix-septième (LL. 1100), un registre des ensaisinements du trésorier, de 1393 à 1482; le soixante-dix-huitième (LL. 1101), un registre des cens et rentes du trésorier, de 1481 à 1495; le soixante-dix-neuvième (LL. 1102), un liber pitanciarum du xiii° au xv° siècle; le quatre-vingtième (LL. 1103), un registre des recettes de la pitancerie en 1372; les quatre-vingt-unième et suivants (LL. 1104-1112), les comptes de la pitancerie, de 1418 à 1458, 1423 à 1426, 1434 à 1465, 1462 à 1463, 1472 à 1499, 1475 à 1480, 1483 à 1484, 1509 à 1512; les quatre-vingt-neuvième et suivants (LL. 1112 à 1125), les comptes de l'abbaye, de 1487 à 1488, 1492 à 1494, 1495 à 1496, 1505 à 1506, 1511, 1514 à 1516, 1521 à 1523, 1523 à 1524, 1529 à 1530, 1532 à 1533, 1535 à 1536, 1538 à 1539, 1541 à 1542, 1548 à 1549; les cent troisième et suivants (LL. 1126-1130), un cartulaire de la mense conventuelle de 1630 à 1667, en 5 volumes; les cent huitième et suivants (LL. 1131 à 1139) sont des registres concernant la juridiction spirituelle, de 563 à 1654, 559 à 1662, 569 à 1703, 1210 à 1705, 1623 à 1637, 1637 à 1653, 1640 à 1652, 1652 à 1659; le cent dix-septième (LL. 1140), un registre de dépenses, élections, de 1629 à 1659; le cent dix-huitième (LL. 1141), un registre de consécrations, ordinations, de 1658 à 1735; le cent dix-neuvième (LL. 1142), un recueil d'actes de possession, de 1640 à 1658; le cent vingtième (LL. 1143), un registre intitulé *Mense abbatiale*, de 1418 à 1427; le cent vingt et unième (LL. 1144), un cartulaire de Paris et de l'Université au xiii° siècle; les cent-vingt deuxième et suivants (LL. 2145-1150), un inventaire général des titres; le cent vingt-huitième (LL. 1151), un inventaire abrégé de 1642; le cent vingt-neuvième (LL. 1152), un inventaire des titres en 1688; les cent trentième et cent trente et unième (LL. 1153-1154), un inventaire abrégé; le cent trente-deuxième et dernier (LL. 1155), un inventaire pour le cardinal de Tournon, abbé de Saint-Germain.

Dans cette même section, on a réuni dans des cartons de la série K des pièces provenant de l'abbaye de Saint-Germain, et relatives à la topographie de Paris. On trouvera sous les cotes K. 173 *bis* et K. 181 des copies de privilèges accordés à Saint-Germain-des-Prés.

La section administrative renferme, dans la série S, cent quarante-deux cartons et deux cent trente-quatre registres ou portefeuilles; dans la série H, dix-neuf registres ou liasses.

Le premier carton (S. 2834) renferme les minutes censuelles des déclarations au terrier pour la rue des Grands-Augustins, la rue de Savoie, la rue de l'Hirondelle, la rue Pavée, le pont Saint-Michel, la rue de Hurepoix, rue Gilles-Cœur, le quai des Grands-Augustins, des fondations de lits aux Incurables; les second et suivants (S. 2835-2852), les minutes des déclarations censuelles des rues Cristine, Saint-André-des-Arcs, Maçon, Hautefeuille, de l'Éperon, Dauphine, Contrescarpe, d'Anjou (S. 2835), de Nevers, quai Conti, des rues Guénégaud, Poupée, Percée, Serpente, des Deux-Portes, du cimetière Saint-André, des Poitevins, du Battoir, Mignon, du Jardinet, du cul-de-sac de la cour de Rouen, de la rue du Paon, du cul-de-sac du Paon, des rues de la Harpe, des Cordeliers, des Fossés-Monsieur-le-Prince et de Touraine (S. 2836), des Fossés-Saint-Germain, de l'Observance, des Cordeliers, Mazarine, de Seine, du quai Malaquais, du quai des Quatre-Nations, des rues des Marais, des Petits-Augustins, de l'Échaudé, du Colombier (S. 2837), des rues Saint-Benoît, Taranne, du Sépulcre, de la petite rue Ta-

III. 50

ranne, de la rue du Sabot (S. 2838), des rues des Saints-Pères, Saint-Guillaume, de Bussy, Bourbon-le-Château, du Petit-Marché, des Mauvais-Garçons (S. 2839), des rues de la Boucherie, du Cœur-Volant et Sainte-Marguerite (S. 2840), des rues des Ciseaux, de l'Égout, de la Cour du Dragon, de la rue du Four et du Préau-de-la-Foire-Saint-Germain (S. 2841), des rues Princesse, Guisarde, des Cannettes et Neuve-Guillemin (S. 2842), des rues du Vieux-Colombier, des Aveugles, du Petit-Bourbon, du Petit-Lion, du Brave, des Quatre-Vents, du cul-de-sac des Quatre-Vents, du quai des Théatins, du quai d'Orsay ou de la Grenouillère (S. 2843), des rues de Bourbon, de Beaune, de l'Université, de Verneuil (S. 2844), de l'hôtel de Lassay, de la rue de l'Université, du Palais-Bourbon, des rues du Bac, de Poitiers, de Bourgogne, de Saint-Dominique et du Gros-Caillou (S. 2845), des rues des Rosiers, de Grenelle, de la Chaise, de la Planche, de Varennes, Hillerin-Bertin, de Babylone, Blomet ou Plumet (S. 2846), des rues des Brodeurs, de Sèvres, du Bac et de Saint-Placide (S. 2847), des rues du Bac, Saint-Placide, Saint-Maur, Saint-Romain, du Cherche-Midi et des Vieilles-Thuileries (S. 2848), des rues du Petit-Vaugirard, de Bagneux, du Regard, de Vaugirard et de Condé (S. 2849), des rues de Tournon, de Garancières, Palatine, des Fossoyeurs, du Canivet (S. 2850), de la rue Férou, du cul-de-sac Férou, des rues du Pot-de-Fer, du Gindre, Carpentier, Mézières, Honoré-Chevalier, Canette, d'Enfer, Notre-Dame-des-Champs, du cours ou repart du Midy (S. 2851), du chemin du bord de la rivière venant des Invalides, de la rue de Javelle, du bas de la rue Saint-Dominique, Saint-Jean, Cornette, Gros-Caillou et du chemin des Invalides (S. 2852); le vingtième carton (S. 2853), des pièces relatives au terrier du Gros-Caillou, à l'affaire des Ronsins pour le Gros-Caillou, à l'enclos abbatial, et à un terrier d'emplacements situés près des Invalides; le vingt et unième (S. 2854), des pièces relatives à la rue de Javelle, au bas de la rue de l'Université, les déclarations censuelles du chemin de la Vierge, du bas de la rue Saint-Dominique, du bas de la rue de Grenelle, des rues Saint-Denis, des Marmousets, de la Bûcherie, de la Colombe, de la Huchette, des Trois-Chandeliers, du Chat-qui-Perche; le vingt-deuxième (S. 2855) contient un état des biens acquis par le roi dans la censive de Saint-Germain, des pièces relatives aux priviléges des étaux à boucherie, aux carrefours de la Croix-Rouge et de Bussy, etc.; le vingt-troisième (S. 2856), des pièces relatives au Pré-aux-Clercs et au palais Bourbon; le vingt-quatrième (S. 2857), des pièces concernant les lots et ventes dans la censive de l'abbaye, des déclarations des rues de Bourbon, Bellechasse, etc.; le vingt-cinquième (S. 2858), des pièces relatives au terrier de l'abbaye, la déclaration de 1790; les vingt-sixième et suivants (S. 2859-2861), des minutes de déclarations censuelles, fournies au terrier de l'abbaye, de différentes maisons sises à Paris, de 1733 à 1738, d'autres déclarations fournies par des propriétaires des rues de Sèvres, Rousselet, Traverse, dite *des Champs*, et d'Olivet; le vingt-neuvième (S. 2862), des baux à cens et rentes et autres concessions, des papiers relatifs à la rue de Bourbon et à la rue des Saints-Pères, reconnaissances à cens et rentes; les trentième et trente et unième (S. 2863-2864), des anciens baux à cens et rentes, des pièces relatives au terrier du faubourg Saint-Germain, au terrier du Gros-Caillou; le trente-deuxième (S. 2865), des pièces relatives à l'aliénation des places dans l'enclos abbatial, des procès-verbaux, devis, marchés et quittances de la construction des bâtiments du palais abbatial, des pièces relatives aux maisons de l'enclos abbatial, au passage de l'enclos, au rachat des boues et lanternes, et à une rente due pour l'ouverture d'une maison de la rue du Colombier, dite *l'hôtel de Luynes*; le trente-quatrième (S. 2866), des pièces relatives à des maisons situées rue de Bussy, des Cannettes, du Vieux-Colombier et du Four, provenant des religieuses de la Miséricorde, à des maisons des rues Taranne, du Sépulcre et Sainte-Marguerite, un procès-verbal de l'inventaire et description du mobilier de l'abbaye, en 1790; le trente-cinquième (S. 2867), des titres de propriété et baux à loyer d'une maison rue de Bussy, et de terrains au lieu dit *les Buttes*, proche la rivière de Seine; le trente-cinquième

(S. 2868), des pièces relatives au marché Saint-Germain; le trente-sixième (S. 2869), des pièces relatives aux boucheries du marché Saint-Germain et de la Croix-Rouge, à l'aliénation des fossés de l'abbaye; le trente-septième et suivant (S. 2870-2871), des pièces relatives à la foire Saint-Germain; le trente-neuvième et suivant (S. 2872-2873), des pièces relatives au terrier de la foire Saint-Germain, les déclarations censuelles des rues de la Lingerie, de la Normandie, de Rouen, de la rue de la Chaudronnerie, de la rue de Picardie ou d'Amiens et de la rue de Paris; le quarante et unième (S. 2874) contient des concessions faites par la Ville à l'abbaye de plusieurs parties d'eau; le quarante-deuxième (S. 2875), les titres de propriété de maisons acquises des religieuses de la Miséricorde, rue des Cannettes, du Vieux-Colombier et du Four; le quarante-troisième (S. 2876), des renseignements sur la censive des religieux sur les maisons situées rues Sainte-Marguerite, Saint-Benoît et du Colombier, des papiers relatifs au fief de l'Université, un cueilleret de maisons dans vingt-trois rues et quais, des arrêts imprimés; les quarante-quatrième et quarante-cinquième (S. 2877-2878), des états de revenus de l'abbaye et des baux; les quarante-sixième et suivants (S. 2879-2881), les baux à loyer des échoppes de la rue Childebert, et les baux des boutiques de la rue Sainte-Marthe, de la porte Saint-Benoît, de la cour du palais abbatial, de la cour du Grand-Portail, de la petite rue Sainte-Marguerite, de la rue Childebert; le quarante-neuvième (S. 2882), un état des maisons de la cour conventuelle en 1760, des baux des maisons des rues de Bussy, Sainte-Marguerite et de l'Hirondelle; le cinquantième (S. 2883), les baux à loyer des maisons de la rue du Colombier, des titres de propriété de deux maisons de la rue du Sépulcre, et un accord pour des murs mitoyens des maisons de la rue Sainte-Marguerite; le cinquante et unième (S. 2884), des titres relatifs au moulin à vent d'Issy, à la ferme de Cordoue, à Magni, Auteuil, Velaines, la tour de Fleury, Valenton, Avrainville, Épinay-sur-Orge, Wissous, Couilly, Saint-Germain-sous-Couilly, Vilhuis, Verrières, Blamecourt, Thiverny, près Creil, Saint-Martin-de-Villers, Sorbon, Bailly-en-Brie, Courthomer, Avrainville, Grandvilliers, Longuesse, Fontenay-aux-Roses; le cinquante-deuxième (S. 2885), des pièces relatives aux îles et atterrissements de la Seine, à la pêche dans cette rivière; le cinquante-troisième (S. 2886), à la rivière de Bièvre, et à la fontaine du Sante à Antony; le cinquante-quatrième (S. 2887), des pièces relatives au bornage de la censive de Saint-Germain et de Sainte-Geneviève en 1703; le cinquante-cinquième (S. 2888), des papiers relatifs aux amortissements des aveux et dénombrements du 26 janvier 1384; le cinquante-sixième (S. 2889), des documents relatifs aux indemnités dues à l'abbaye pour l'acquisition des biens de mainmorte, et des papiers relatifs à la foire Saint-Germain; le cinquante-septième (S. 2890), des déclarations fournies au terrier d'Antony de 1674 à 1716, des baux et des titres de terres sises à Wissous, Bourg-la-Reine, Lay et Chevilly; les cinquante-huitième et suivants (S. 2891-2969), des documents tels que ventes, échanges, baux, transactions, aveux et dénombrements, quittances, etc., concernant les bois de Verrières, Châtenay, le fief Mignaux, relevant de la terre de Verrières, la ferme du pont d'Antoni (S. 2892), Antony et Verrières, les bois de Vaupereux (S. 2893), Antony, Amblainvilliers, Wissous, Verrières (S. 2894), la tour d'Antony, les maisons de la Bruide, des Bouleaux et des Gatines à Antony, Châtenay et Berny, érigées en fief en faveur du chancelier de Sillery (S. 2895), Antony et Verrières (S. 2896), Wissous, Châtenay (S. 2897-2899), Avrainville (S. 2900), Avrainville, Amblainvilliers et la rivière de Bièvre (S. 2901), Cachan et la rivière de Bièvre (S. 2902), Archemont, le fief des Lanterniers (S. 2903), Bony et Fresnes (S. 2904-2907), le domaine de la Folie ou Sainte-Placide, vis-à-vis Choisy, Choisy, l'île aux Vaches, Thiais, les coches de Choisy à Paris (S. 2908), le fief de la Fosse-aux-Chevaux, à Chantilly, le fief de Vaudetar, Issy et Vaugirard (S. 2911), Suresnes (S. 2912), Suresnes, Nanterre, Rueil, Colombes et Saint-Cloud (S. 2913), le prieuré de Chauffour (S. 2914-2916), Vernon (S. 2917), la terre de la Grange-du-Breuil (S. 2918-2920),

50.

Igni, les seigneuries du Chenai et de la Selle (S. 2921), les terres de Dammartin et de Lagne (S. 2922-2923), le prieuré de la Ferté-Aleps (S. 2924), la terre d'Amblainvilliers, Montéclin (S. 2925), Magni, Velanes-la-Ville, Thiais (S. 2926), Guny, Nucourt, mouvant de Bouconvilliers (S. 2927), Blamecourt (S. 2928), les fiefs des Tirans et de Genneville, le fief de Gerville (S. 2929), la terre de Hoden, Charmont, Hunecourt (S. 2930-2932), le fief de Saint-Luc, Velannes-le-Bois (S. 2933), Velannes-la-Ville (S. 2934), le prieuré de Magni, la terre de Parai et le fief de Malabry (S. 2935), Septeuil et Bois-Robert (S. 2936-2937), Longuesse (S. 2938), la chapelle de Notre-Dame-des-Halles, située dans la paroisse du Four, le prieuré de Saint-Léger-aux-Bois (S. 2939), Valenton (S. 2940-2941), Villeneuve-Saint-Georges, Montgeron, le fief de Gaigni (S. 2942), le prieuré de Mont-Chauvet (S. 2943), Thiverny (S. 2944), Cordou, Courthomer, la ferme de Paradis (S. 2945-2949), le fief du Bois-Hébert, la terre de Fermeté, Cordou, Courthomer (S. 2950), terre de Cordou et seigneurie de la Grange-Bleneau, fiefs de Lumigny, de Brunesson, de Champjard, de la Couture, les fiefs Villebert, Tilly, la Cave, Basille, mouvant de la terre de Cordou (S. 2952), Cordou, Fleury, la Fermeté-Grandvilliers, la Hoyeuse, le Cormier, Courthomer, etc., la terre de Bagnaux (S. 2953-2956), la terre de Bagnaux (S. 2957-2958), Samoreau, Pontville (S. 2959), Saint-Germain-Laval, Fresnières et Égrefin (S. 2959-2960), Saint-Germain-sous-Couilly et ses dépendances, fief de la Couvée, fief de Giresme, l'Isle-Audry et le prieuré de Notre-Dame-de-Bailly (S. 2961-2963), la seigneurie de Saint-Germain-Laval, le fief de Vieux-Marolles, le prieuré de Marolles, la terre d'Émans (S. 2964-2965), le fief de Saint-Germain, sis à Bouafle, Crespières, Montéclin, fief de Villejuif, dîmes de Sorbon, prieuré de Saint-Blaise-de-Machecoul, la seigneurie d'Aussogne, au pays de Liége, le prieuré d'Arnicourt (S. 2966), les terres de Jonsac et de Clam (S. 2967), le prieuré de Saint-Patern, de Tournai (Orne), Fontenay, Avrainville (S. 2968), le prieuré de Naintré, près Châtellerault (S. 2969); le cent trente-septième (S. 2970) renferme le contrat d'acquisition d'un fief que l'abbaye de Lagny avait à Vanves, les papiers concernant l'acquisition que les religieux avaient faite du collége de Bourgogne, rue des Cordeliers, pour l'école de chirurgie, des déclarations, arrêts et règlements, des pièces concernant Thiais, Chauldry, Nogent-l'Artaud; les cent trente-huitième et suivants (S. 2971-2975) comprennent les renseignements généraux et des titres de rentes.

Le premier registre de la section administrative (S. 2976) renferme des aveux, déclarations et amortissements de biens; le second (S. 2977), des cahiers d'inventaires des titres; le troisième (S. 2978), des fragments d'inventaires des titres; les quatrième et suivants (S. 2979-2982), des inventaires des titres généraux; les sixième et suivants (S. 2981-2996), des inventaires des titres de la Mense abbatiale (S. 2981-2984), d'Antony, Cordou et Coudray (S. 2985), de Gerville et dépendances (S. 2986), d'Hodène (S. 2987-2988), de Larchemont et des fiefs des Lanternes (S. 2989), de Magny et de ses dépendances (S. 2930-2992), de Magnitot, hameau de la paroisse de Saint-Gervais (S. 2993), de Nucourt et des fiefs de Bagot et des Moulins (S. 2994), du fief de Saint-Clair à Romenil (S. 2995), des fiefs de Velanne et le Boet, dans la paroisse de Magny (S. 2996); le vingt-deuxième (S. 2997), des pièces relatives à l'acquisition du général Parfait, à Suresnes; le vingt-troisième (S. 2998), une minute des contrats d'acquisition et à changer par M. le Prévost à Issy, Vanves, etc.; le vingt-quatrième (S. 2999), un inventaire des titres de Thiais en 1750; les vingt-cinquième et suivants (S. 3000-3002), trois registres du tabellionage de Thiais, de 1584 à 1679; le vingt-neuvième (S. 3004), un journal des pièces extraites du chartrier et récépissés, les trentième et suivant (S. 3005-3006) sont des portefeuilles qui contiennent quatre registres d'ensaisinements de 1463 à 1564 (S. 3005), quatre registres de 1494 à 1533 (S. 3006), quatre registres de 1535 à 1668; les trente-troisième et suivants (S. 3008-3016), des registres d'ensaisinements de 1664 à 1753; le quarante-deuxième (S. 3017), un registre des ventes dans l'étendue de la seigneurie de Saint-Germain en 1753; le quarante-troisième (S. 3018), un recueil d'ensaisinements de 1773 à 1784; le quarante-quatrième (S. 3019), un portefeuille renfermant quatre registres d'ensaisinements d'Antony et Verrières de 1572 à 1657; les quarante-cinquième et suivants (S. 3020-3022), des registres d'Antony et de Verrières de 1667 à 1786; les quarante-huitième et suivant (S. 3023-3024), des ensaisinements d'Avrainville de 1668 à 1789; les cinquantième et suivants (S. 3025-3028), des ensaisinements de Cachant de 1689 à 1771 et de 1774 à 1790; les cinquante-quatrième et suivants (S. 3029-3032), des registres de Cordou, Courthomer et dépendances, de 1640 à 1786; les cinquante-huitième et suivants (S. 3033-3038), un portefeuille renfermant des registres d'ensaisinements d'Issy, Vaugirard, etc., de 1409 à 1529, de 1545 à 1639 et de 1657 à 1788; le soixante-quatrième (S. 3039) est un ensaisinement de la seigneurie de Saint-Germain-sous-Couilly et dépendances; le soixante-cinquième (S. 3040) est un autre registre de la même seigneurie de 1777 à 1789; les soixante-sixième et suivants (S. 3041-3044), renfermant les ensaisinements de Magny de 1764 à 1789 (S. 3041), de Surènes de 1780 à 1790 (S. 3042), de Thiais de 1631 à 1753, de Valenton de 1582 à 1789 (S. 3044); les soixante-dixième et suivants (S. 3045-3051) renferment les états des revenus de la Mense conventuelle de 1760 à 1790; le soixante-dix-septième (S. 3052), un état des revenus de Paris en 1743; le soixante-dix-huitième (S. 3053), un sommier de la recette générale du temporel; le soixante-dix-neuvième (S. 3054) est un censier général; le quatre-vingtième (S. 3055) est un portefeuille qui renferme quatre censiers, de 1531 à 1544; les quatre-vingt-unième et suivants (S. 3056-3084) sont des censiers de 1744 à 1746 (S. 3056-3057), des cueillerets de 1595 à 1720 (S. 3058-3064), de 1735 (S. 3065-3066), un cueilleret des loges de la foire Saint-Germain en 1740 (S. 3067), des cueillerets d'Antony et Verrières de 1673 à 1777, de 1765 à 1783 (S. 3068 à 3071), un cueilleret d'Avrainville de 1486 à 1491 (S. 3072), deux censiers de Cachant (S. 3073-3074), des anciens cueillerets de Courthomer de 1564 à 1651 (S. 3075), un censier de Cordou et de ses dépendances (S. 3076), un censier de Fresnes-lès-Rungis en 1545 (S. 3077), deux anciens cueillerets d'Issy et de Vaugirard (S. 3078), un cueilleret d'Issy et de Vaugirard de 1743 à 1774 (S. 3079), un cueilleret de Nucourt (S. 3080), un cueilleret de Septeuil (S. 3081), un cueilleret de Suresnes (S. 3082), deux censiers de Thiais de 1371 à 1395 (S. 3082 bis et 3082 ter), un cueilleret du fief des Tournelles en 1770 (S. 3083), des cueillerets de Villeneuve-Saint-Georges et de Valenton (S. 3084); le cent dixième (S. 3085) est un procès-verbal de la fixation de la directe du roi dans le faubourg Saint-Germain; les cent onzième et suivants (S. 3086-3095) sont des portefeuilles renfermant trois anciens arpentages de la seigneurie de Saint-Germain (S. 3086), un arpentage d'Antony et Verrières (S. 3087), un arpentage d'Avrainville (S. 3088), un relevé du plan de Cheptainville (S. 3089), un arpentage de Courthomer (S. 3090), les plans et arpentage du fief de Tourvois et de la ferme de Cottenville à Fresnes (S. 3091), une légende du plan de Saint-Germain-lès-Couilly (S. 3092), un arpentage d'Issy et de Vaugirard (S. 3093), un dénombrement de la seigneurie d'Issy en 1742 (3094), des arpentages, plans et relevés des plans de Thiverny et dépendances (S. 3095); les cent vingt et unième et suivants (S. 3096-3202) sont des registres des déclarations faites par différents censitaires de Paris en 1663 et 1664 (S. 3096), quatre volumes de déclarations d'Antony et Verrières de 1530 à 1673 (S. 3097-3100), cinq terriers d'Antony et Verrières de 1549 à 1686 (S. 3101-3105), un terrier d'Antony indicatif des numéros du plan (S. 3106), un terrier de Verrières de 1764 à 1783 (S. 3107), des déclarations d'Avrainville de 1600 à 1664 (S. 3108), un extrait général des déclarations passées au terrier de 1762 (S. 3109), sept terriers d'Avrainville de 1540 à 1762 S. 3110-3116), quatre registres des déclarations de Bagnaux de 1522 à 1672

(S. 3117), quatre terriers de Bagnaux de 1522 à 1580 (S. 3118-3121), trois terriers de Blamécourt et un terrier de Blamecourt et Nucourt de 1598 à 1743 (S. 3122-3125), trois extraits de terriers de Cachant de 1576 et de 1681 à 1684 (S. 3126), trois terriers de Cachant de 1682 à 1778 (S. 3127-3129), cinq anciens terriers de fiefs dépendants de Cordoue et de Courthomer (S. 3130), cinq terriers de Cordou, Courthomer et dépendances de 1493 et 1585 (S. 3131-3135), trois terriers des mêmes lieux de 1632 et 1742 (S. 3136-3138), deux procès-verbaux d'arpentage concordant avec les terriers de 1742 (S. 3139-3140), un arpentage et des plans de Cordou et de Courthomer en 1740 (S. 3141), cinq registres de déclarations des censitaires de Dammartin de 1505 à 1663 (S. 3142-3148), deux terriers de Dammartin et Lognes de 1735 à 1754 (S. 3147-3148), quatre registres terriers d'Émans et Espiez de 1515 à 1628 (S. 3149), deux terriers du prieuré de la Ferté-Alep de 1535 et 1685 (S. 3150-3151), un terrier de la seigneurie de Fresnes en 1699 (S. 3152), deux terriers du fief des Tyrans, sis à Genainville, de 1598 et 1626 (S. 3153-3154), deux terriers de la seigneurie d'Hoden de 1563 et 1635 (S. 3155), un terrier d'Hoden de 1742 (S. 3156), sept terriers de la seigneurie de Saint-Germain-sous-Couilly de 1548 à 1727 (S. 3157-3163), trois anciens terriers de la seigneurie de Saint-Germain-Laval (S. 3164), quatre terriers de la même seigneurie de 1500 à 1527 (S. 3165), des déclarations au terrier d'Issy et de Vaugirard de 1472 à 1656, des terriers de 1548 d'Issy et de Vaugirard (S. 3167-3168), des extraits de terriers, tables et états des censitaires (S. 3169), des terriers d'Issy et de Vaugirard de 1748 à 1761 (S. 3170-3171), un terrier de Marolles de 1603 à 1669 (S. 3172), trois terriers de Nucourt et Genainville de 1598 à 1668 (S. 3173-3175), un terrier de la seigneurie de La Selle de 1641 à 1659 (S. 3176), un terrier de Septeuil de 1623 à 1664 (S. 3177), cinq terriers de Suresnes de 1647 à 1704 (S. 3178-3182), dix volumes de déclarations censuelles de Thiais, Choisy et Grignon, de 1413 et 1670 (S. 3183[1] et 3183[2] à 3191), d'anciens terriers de Thiais, Choisy et Grignon, de 1508 et 1518 (S. 3192), un terrier de 1521 (S. 3193), un terrier de 1531 (S. 3194), des terriers de 1542, 1550 à 1642, 1627 à 1633, 1641 à 1700, des mêmes seigneuries (S. 3195-3200), deux terriers de la seigneurie de Thiverny de 1759 à 1766 (S. 3201-3202); le deux cent vingt-huitième (S. 3203) est un terrier de la seigneurie de Valenton de 1656 à 1660; les deux cent vingt-neuvième et suivants (S. 3204-3209) sont six terriers des seigneuries de Velannes-la-Ville et de Velannes-le-Bois, de 1626 à 1743.

On trouve dans la même section, sous les cotes H. 2566, des pièces relatives aux cens et droits supprimés (1667-1758); H. 3700, des titres de rentes, d'emprunts et des quittances (1743); H. 4274-4287, quatorze registres de comptes de 1660 à 1756; H. 4288, des renseignements sur divers biens; H. 4289-4290, deux registres des pensions dues par l'abbaye de 1760 à 1780.

On conserve dans la section judiciaire trois cent quatre-vingts registres ou liasses, ainsi divisés :

Minutes civiles et criminelles des bailliage et prévôté de Saint-Germain-des-Prés de 1433 à 1791 (Z² 3264 à Z² 3483), registres d'audiences civiles de décembre 1407 au 16 novembre 1790 (Z² 3484 à Z² 3586), audiences de police et rapports de 1556 à 1644 (Z² 3587 à Z² 3614), registre d'écrou de 1537 à 1671 (Z² 3615 à Z² 3620), scellés et inventaires de 1671 à 1785 (Z² 3621 à Z² 3626), dépôts et communications de 1657 à 1790 (Z² 3627 à Z² 3630), recueil de pièces produites au xviiie siècle (Z² 3631 à Z² 3635), déclarations des locataires demeurant dans l'enclos de l'abbaye de la première moitié du xviiie siècle (Z² 3636), liste des causes où l'abbaye était intéressée, xvie siècle (Z² 3647), assises du bailli de 1638 à 1719 (Z² 3638 à Z² 3640), un état des sommes reçues par les commis greffiers en 1614 (Z² 3641), des inventaires du greffe de 1612 à 1615 et en 1677 (Z² 3642-3643).

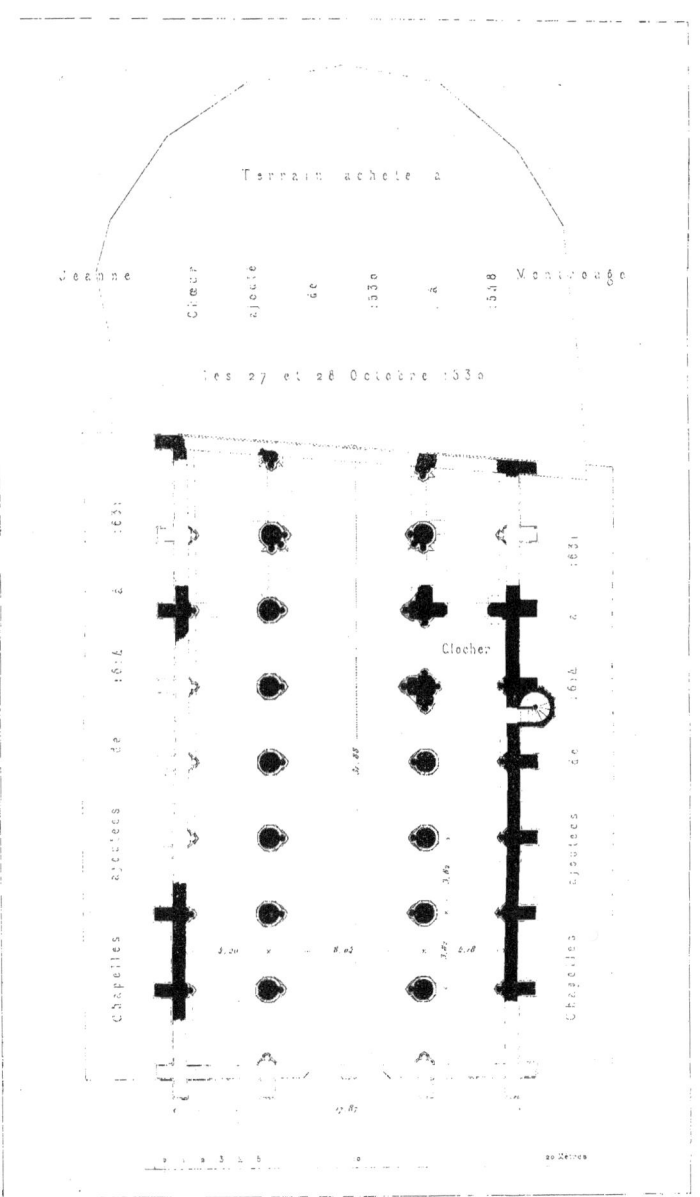

PLAN DE L'ÉGLISE SAINT SVLPICE
AVX XIII' ET XIV' SIECLES

Les archives du département de Seine-et-Marne, à Melun, possèdent une liasse de pièces de 1687 à 1789, relatives à Saint-Germain-des-Prés.

A la bibliothèque de l'Arsenal, à Paris, il y a un manuscrit in-folio (n° 326), intitulé : Répertoire de titres concernant Paris, le territoire de Saint-Germain-des-Prés et la rivière de Seine.

On conserve au département des manuscrits de la Bibliothèque nationale quelques manuscrits relatifs à l'abbaye de Saint-Germain-des-Prés. Dans le fonds latin, on trouve des épîtres et évangiles (n°s 9463, 9464) ayant appartenu à l'abbaye, et un mémoire sur l'authenticité des priviléges de Saint-Germain-des-Prés (n° 11733, Recueil, p. 296). Dans le fonds de l'Oratoire, il y a un manuscrit (n° 274) intitulé : Concession de l'abbé de Saint-Germain-des-Prés relativement à l'hôtel et au jardin de Nesle, en 1399. On peut consulter aussi le tome LV de la collection Baluze.

N. B. A la suite de cette longue énumération, M. Cocheris donne la liste des ouvrages imprimés relatifs à l'abbaye Saint-Germain-des-Prés. Nous renvoyons le lecteur à cette intéressante bibliographie, t. II, p. 102.

(*Addition* de M. H. Cocheris à son édition de Lebeuf.)

XI

LES DEUX PREMIÈRES ÉGLISES DE SAINT-SULPICE.

(Texte p. 145 et suiv.)

Au milieu du XVIIe siècle, c'est-à-dire au moment où l'on entreprit d'élever le vaste et superbe édifice que nous voyons aujourd'hui, l'église de Saint-Sulpice n'offrait aucune unité de style et appartenait à quatre ou à cinq époques différentes. Cette diversité provenait de reconstructions et surtout d'amplifications successives. En effet, les parties basses de ses murs et de ses piliers subsistant encore intactes dans les cryptes de l'édifice actuel, il est facile, en étudiant le caractère de leurs moulures, de reconnaître l'âge de chacune d'elles. En partant de cette donnée précieuse autant que certaine, et après un examen attentif de l'appareil des murs, de la taille et de la nature des pierres qui les forment, on a pu reconstituer graphiquement l'église des XIIe et XIVe siècles, en même temps que celle du XVIIe. C'est l'étude approfondie de ces substructions, conservées par un heureux concours de circonstances, qui a permis d'établir les planches A et B.

La planche A donne le plan restitué de l'église Saint-Sulpice, telle qu'elle existait au XIVe siècle et telle qu'on la voyait encore en 1530, lorsqu'on s'occupa de l'agrandir vers l'orient. A cette date, le bâtiment appartenait déjà à deux époques, distinguées sur le plan par deux teintes différentes; la plus foncée indique ce qui était le plus ancien. Toutes les parties teintées existent encore, et, conséquemment, ne laissent place à aucun doute; celles qui ne le sont pas ont dû être restituées. Or cette restitution s'appuie, sinon sur une certitude parfaite, au moins sur une vraisemblance dont chacun peut se rendre compte en étudiant la planche même. De plus, nous avons ajouté au simple trait le périmètre des agrandissements postérieurs, c'est-à-dire le chœur, du XVIe siècle, et les chapelles de la nef, bâties au XVIIe. La partie la plus ancienne, celle qui forme la sixième travée du bas côté sud, était le clocher, seul reste d'un édifice de la seconde moitié du XIIIe siècle [1], et qui, lui-même, ne devait pas avoir été le premier. Le surplus des constructions date de la première moitié du XIVe siècle.

[1] Les exemples de cette survivance des clochers ne manquent ni dans les environs ni à l'intérieur de Paris.

A cette époque, vers 1330 peut-être, l'église Saint-Sulpice, paroisse d'un petit bourg isolé et encore peu peuplé, était modeste dans ses dimensions. Elle n'avait que trente-deux mètres de long sur dix-huit mètres de large, hors œuvre. Son plan, fort simple, était celui d'une église rurale telle que celles de Bagneux et d'Arcueil peuvent aujourd'hui en donner une idée. Comme les édifices ruraux de cette époque et de notre région en particulier, elle avait un chevet plat, s'élevant sur une ligne oblique par rapport à l'axe du bâtiment, qui, comme on le voit, n'était pas parfaitement rectangulaire. Cette obliquité avait sa raison d'être dans la nécessité de respecter un héritage sur lequel on ne pouvait empiéter; de là aussi cette anomalie consistant dans l'absence de contre-forts à l'extérieur du mur de chevet. L'héritage dont il s'agit était celui que possédait la famille Montrouge, au moins dès la fin du xve siècle, et qu'elle finit par céder pour agrandir l'édifice. Nonobstant le respect dû à la propriété d'un particulier, rien ne s'opposait sans doute, pas plus alors qu'aujourd'hui, à ce qu'il y eût des fenêtres de ce côté.

Comme l'indique la planche A, l'église Saint-Sulpice, au xive siècle, se composait d'une nef comprenant huit travées et de deux bas côtés simples. Deux des piliers, ceux qui supportaient la face septentrionale du clocher, et qui dataient du siècle précédent, furent modifiés et renforcés; les autres, au nombre de dix, se composaient d'une grosse colonne cylindrique, sur laquelle s'appuyait une colonnette recevant la retombée des arcs-doubleaux et ogivaux de la voûte de la nef. Enfin, les deux derniers piliers, qui se trouvaient dans le chœur, avaient été élevés un peu après les autres, et ne diffèrent des précédents que parce qu'ils étaient flanqués de trois colonnettes, au lieu d'une. Sur les murs des collatéraux, des pilastres, dans le goût de l'époque, s'élevaient en regard des points d'appui de la nef. Au long des mêmes murs, se trouvaient des bancs de pierre, qui existent encore en majeure partie. Extérieurement se dressaient des contre-forts recevant le pied des arcs-boutants destinés à combattre la poussée des grandes voûtes. Du portail, il ne subsiste aucune trace, et la situation exacte en reste indécise. Cependant il semble avoir été conservé jusqu'au dernier moment, comme on peut en juger d'après la vue de Marot[1], sauf peut-être quelques modifications dans son ornementation.

Telle était l'église Saint-Sulpice au xive siècle.

Avant de parler des agrandissements dont elle fut l'objet ultérieurement, il importe de savoir ce qu'elle avait été auparavant, et l'on peut se former une idée précise de sa configuration et de ses dimensions, bien qu'il ne reste comme élément de restitution que la base du clocher. Il faut pour cela supprimer, sur la planche A, les deux travées extrêmes des collatéraux. On obtient ainsi une nef de six travées, avec bas côtés, celui du sud étant terminé par le clocher, plus un chœur de deux travées, n'ayant de largeur que celle de la nef centrale, et se projetant conséquemment en saillie vers l'est. Il existe, ainsi que nous l'avons déjà dit, un assez grand nombre d'églises rurales de cette époque, avec un sanctuaire à chevet plat, sans collatéraux et en saillie sur le reste de l'édifice[2]. Cette disposition est indiquée sur notre planche par des lignes ponctuées. Les points d'appui devaient être, selon l'usage du temps, de simples colonnes à fût cylindrique, sauf le support nord-ouest du clocher, qui était une pile octogone, cantonnée de colonnettes. Deux de ces colonnettes subsistent; les autres ont été refaites au xive siècle, en même temps qu'on renforçait ce pilier. En somme, au point de vue de l'étendue et même de la configuration générale, il y avait peu de différence entre le bâtiment du xiiie siècle et celui du xive.

---

[1] Dans cette vue, reproduite à la page 148, les murs fermant de ce côté la nef et les bas côtés présentent bien l'aspect d'une bâtisse du xive siècle, car ils ont des contre-forts et un pignon en pierre, tandis que les murs au droit des chapelles, qui ne dataient que du xviie siècle, n'ont, comme ces chapelles, ni pignons ni contre-forts.

[2] L'église Saint-Nicolas-des-Champs, à Paris,

TOPOGRAPHIE HISTORIQUE DV VIEVX PARIS

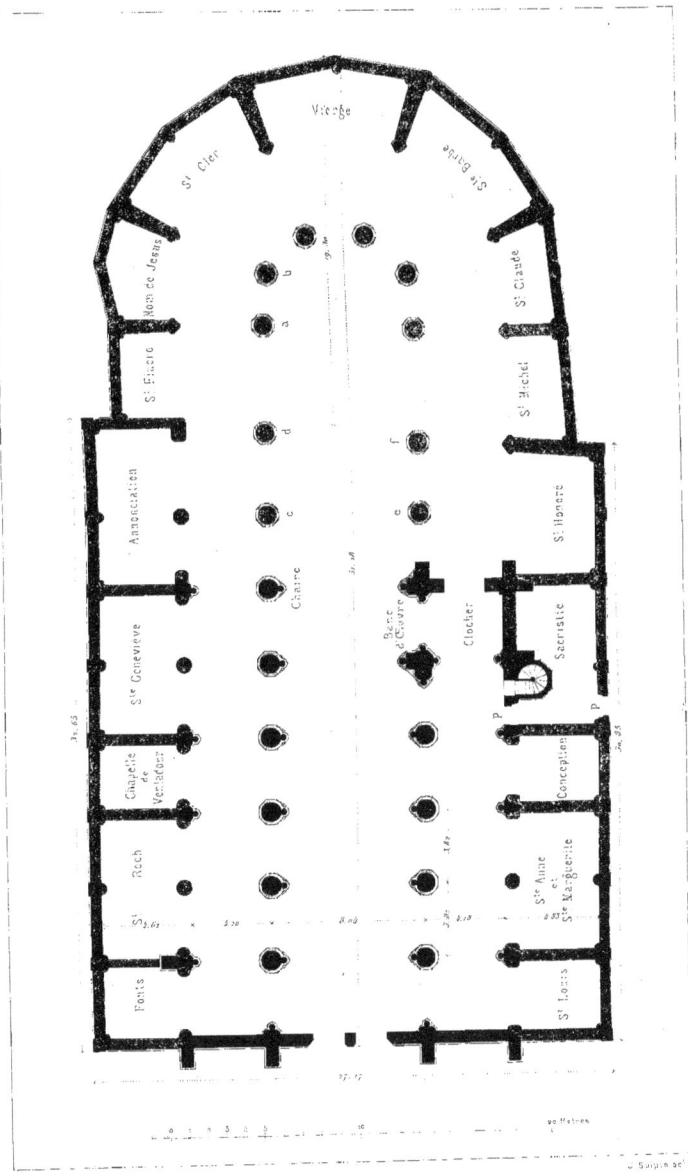

PLAN DE L'ÉGLISE SAINT SVLPICE
AVX XVIᵉ ET XVIIᵉ SIÈCLES

APPENDICES ET PIÈCES JUSTIFICATIVES.

En jetant les yeux sur la planche B, qui représente l'église Saint-Sulpice telle qu'elle était en dernier lieu, on voit de suite qu'il en fut tout autrement deux ou trois siècles plus tard. Sur cette planche, on a indiqué, par une teinte plus foncée, les constructions de l'ère ogivale, conservées et utilisées, ce qui, comme nous l'avons déjà dit, faisait de cet édifice un monument disparate. Parmi ces parties conservées, il convient de signaler le clocher, qui, bravant les âges et les remaniements, a existé jusqu'à la suppression définitive de tout l'édifice.

En 1530, lorsque Jeanne Montrouge eut cédé le terrain nécessaire, on s'occupa d'agrandir, vers l'orient, l'édifice du xive siècle, en y ajoutant un grand chevet polygonal, composé d'un sanctuaire demi-circulaire, avec bas côtés pourtournants et chapelles rayonnantes. Pour cela, on supprima les deux derniers piliers du xive siècle, qu'on remplaça par deux colonnes cylindriques c, e; deux autres colonnes, d, f, s'élevèrent sur l'ancien chevet, complétement renversé. Toute la nef ancienne avait été conservée intacte, et ce ne fut que plus tard, de 1614 à 1631, que les murs latéraux de cette nef, ayant été en majeure partie démolis, furent reportés au delà des chapelles qu'on ajoutait alors aux bas côtés.

La brisure extérieure qu'on remarque au droit du mur séparatif des chapelles Saint-Fiacre et du Nom-de-Jésus, résulte de l'ancien alignement de la voie publique, alignement qu'on a respecté et sur lequel on s'est établi. De même, le défaut de parallélisme existant entre le mur extérieur des chapelles Saint-Michel et Saint-Claude et l'axe général du bâtiment semble résulter de l'obligation d'épouser la ligne séparant les terrains de Jeanne Montrouge d'avec celui des héritiers Plateau. Enfin, le mur séparant la chapelle Saint-Michel de la chapelle Saint-Honoré n'est pas d'équerre, parce qu'il a été élevé en prolongement de l'ancien chevet, et vraisemblablement suivant une limite d'héritage. Hormis ces anomalies, le reste de l'abside est sensiblement régulier.

On aperçoit, dans les six colonnes pourtournantes du sanctuaire, les deux phases de la construction, phases indiquées par la différence de profil des bases. Les deux colonnes marquées a et b ont des bases où se voit encore une certaine réminiscence du style du moyen âge, tandis que les quatre autres sont pleinement dans le goût de la Renaissance. Les colonnes c, d, e, f n'ont pas leur base assez bien conservée pour qu'il soit possible de préciser leur date. Le chapiteau de ces diverses colonnes, dont deux fragments se voient engagés dans les substructions de l'église actuelle, était décoré de feuilles d'acanthe molle, d'un caractère analogue à celles qui ornent les chapiteaux les plus anciens de l'Hôtel de Ville de Paris.

Au xviie siècle seulement furent construites les chapelles latérales de la nef, d'abord celles du côté sud, puis celles du côté du nord.

En PP, est la petite porte sur la rue des Fossoyeurs. On ne sait au juste quand elle a été ouverte; mais ce doit être au moment de la construction des chapelles latérales de ce côté de la nef. Quant à un portail qui aurait existé sur le flanc nord de l'église, et qu'indiquent quelques plans du xvie siècle, il n'en reste aucune trace sur les lieux, et l'on n'en trouve aucune mention dans les titres. Si ce portail a réellement existé, il a dû se trouver situé dans une des dernières travées, vers le presbytère, et il ne doit pas avoir eu l'importance que semblent lui donner les plans qu'on vient de citer.

Au moment de sa suppression, l'ancienne église Saint-Sulpice avait 51^m,18 de long sur 27^m,17 de large.

Th. Vacquer.

est, parmi beaucoup d'autres, un exemple à citer de ces bâtisses successivement utilisées et constituant un édifice dépourvu d'unité au point de vue du style,

Les architectes qui ont démoli cet édifice se sont montrés peu soucieux d'en conserver les débris : ils les ont jetés pêle-mêle dans la crypte, ou église dérasée; la Révolution les y a trouvés et mutilés pour la plupart. Nous en avons recueilli quelques-uns qui ont appartenu à la décoration intérieure de l'édifice.

Le plus important est une cuve baptismale du xvie siècle en usage dans l'ancienne église et contemporaine, à quelques années près, des agrandissements exécutés de 1530 à 1548. Employée pendant un certain temps dans l'église nouvelle, où l'on projette de la replacer, elle a été descendue dans la crypte, d'où nous l'avons extraite pour la photographier.

La gravure qui en a été faite la présente sous ses deux longues faces et rend bien la délicatesse de son ornementation; elle a pour support une sorte de pilier assez grossier d'un autre style et très-probablement d'une autre époque. Nous avons jugé inutile de le reproduire, convaincu, comme tous les savants auxquels nous en avons soumis le dessin, qu'il n'avait pas appartenu à l'ordonnance primitive du baptistère.

A côté de cette cuve, trois monuments funéraires, dans un regrettable état de mutilation, méritent d'être signalés : ils appartiennent au xviie siècle, et ne sont pas dépourvus de caractère; le premier est incomplet; le second a perdu la table sur laquelle était gravée l'inscription; le troisième, fort heureusement, l'a conservée, en partie du moins, et cette table constitue un monument épigraphique des plus intéressants, puisqu'elle mentionne une fondation qui a son

APPENDICES ET PIÈCES JUSTIFICATIVES. 403

importance dans l'histoire de Paris. Il s'agit en effet d'une dotation en faveur des filles pauvres

et des orphelins de la paroisse. M. de Guilhermy a donné cette inscription dans le premier

volume de son recueil épigraphique. Nous la reproduisons, avec le monument lui-même, après l'avoir collationnée sur l'épreuve photographique, et nous la faisons suivre de la notice que lui a consacrée M. de Guilhermy. — L. M. T.

> REVEREND PERE EN DIEV MESSIRE [1] FRANÇOIS AVDRANT
> PRESTRE ABBÉ DE SAINCT FVSCIAN LEZ AMIENS GRAND VICAIRE
> DE [2] ....
> EN LABBAYE DE SAINCT GERMAIN DES PREIZ, NATIF
> DE GAILLAC DIOCESE DALBY, PAR SON TESTAMENT PASSE
> PAR DEVANT LE CAMVS ET DENETZ NOTAIRES LE
> XVIII° JOUR D'AOVST M.D.LXVII. A DONNE QVATRE
> CENS LIVRES TOVRNOIS DE RENTE POVR MARIER PAR
> CHACVN AN A PERPETVITE HVICT DES PLVS POVRES
> FILLES ORPHELINES NATIFVES DE LA PAROISSE SAINCT
> SULPICE AVD[t]. SAINCT GERMAIN PAYABLES A CHACVNE
> CINQVANTE LIVRES TOVRNOIS LE JOVR DE LEVRS
> ESPOVSAILLES ET AVLTRES QVATRE CENS LIVRES TOVR...
> POVR NOVRRIR ET ENTRETENIR AVX ESTVDES LESPACE
> DE CINQ ANS QVATRES POVRES PETITZ GARSONS ORPHE-
> LINS DE LAD[te] PARROISSE ET LESD[ts] CINQ ANS PASSES EN
> REMETTRE DAVLTRES POVR PAREIL TEMPS, ET CONTINVER
> A TOVSJOVRS ET EN A LAISSE LA DISPOSITION, CHOIS ET
> NOMINATION AVX PRIEVR ET SOVBZ PRIEVR DE LAD.
> ABBAYE S[t] GERMAIN CVRE EE PRINCIPAL MARGVILLIER
> ....ISE S[t] SVLPICE ET SI ADONNE A LOEVRE
> .... ELLE EGLISE DIX LIVRES TOVR[ois] DE
> .... CELEBRER PAR CHACVN AN VIGILLES
> .... VLTE MESSE DE REQVIEM ET LIBERA
> .... VELLE ASSISTERONT LES QVATRES
> .... S CHOISIES PAR CHACVNE
> .... T INHVME AVD[t]. SAINCT
> .... VIN M. D. VLXII.
> .... POVR LVY
> 1589

Marbre noir. — Haut 0[m],93; larg. 0[m],68.

L'inscription destinée à conserver le souvenir des bienfaits de messire François Audrant avait sa place dans la vieille église qui a précédé le Saint-Sulpice moderne. Nous n'avons pu savoir ce qu'on en aura fait après la démolition de l'église gothique, dont les substructions existent encore dans la crypte du monument renouvelé; ce qui est certain, c'est que, depuis longtemps, elle gît abandonnée dans une des galeries souterraines dont les voûtes portent le dallage de l'église.

La plaque de marbre noir s'ajuste dans un encadrement de pierre élégamment sculpté. Des moulures en garnissent le pourtour. A la partie supérieure est placée une tête d'ange, à deux paires d'ailes, avec une flamme sur le haut du front. Au-dessus du marbre, deux enroulements accompagnent un écusson qui a été mutilé; on y distingue un chevron et deux étoiles en chef; il y avait en pointe une troisième pièce, qui ne se reconnaît plus. Sur les côtés, se tiennent deux pleureuses, d'un style gracieux, dont les vêtements présentent quelques traces de bordures dorées.

François Audrant était grand vicaire du cardinal Charles de Bourbon, soixante-treizième abbé

---

[1] Les deux mots *dieu* et *messire* ont été martelés.
[2] On devine à peu près cette ligne qui pourrait se lire ainsi : *de mons. le reverendissime cardinal de Bourbon.*

TOPOGRAPHIE HISTORIQVE DV VIEVX PARIS.

ANCIENNE ÉGLISE SAINT SVLPICE.

MONVMENT FVNERAIRE DE FRANÇOIS AVBRANT.

de Saint-Germain-des-Prés, que les ligueurs opposèrent à Henri IV sous le nom de Charles X, et qui mourut en 1590. La paroisse de Saint-Sulpice comprenait autrefois tout le territoire sur lequel s'est élevé le faubourg Saint-Germain. L'abbé et les religieux de Saint-Germain-des-Prés en étaient seigneurs et curés primitifs. En sa qualité de grand vicaire du cardinal abbé, François Audrant avait donc juridiction sur l'église de Saint-Sulpice, et c'est pour cette raison que nous y trouvons un monument consacré à sa mémoire.

Le marbre a été brisé sur un côté de sa partie inférieure, et cette fracture a causé la perte d'une portion intéressante de l'inscription. Les révolutionnaires qui ont gratté l'écusson n'ont pas manqué d'effacer aussi, à la troisième ligne, le nom du cardinal de Bourbon. L'histoire de l'abbaye de Saint-Germain-des-Prés par dom Bouillart est muette à l'égard de François Audrant. Son inscription nous apprend qu'il était abbé de Saint-Fuscien-lès-Amiens [1]; nous espérions trouver quelques détails sur sa vie dans le *Gallia Christiana*, en recourant au précis historique qui concerne le monastère; nous y avons lu seulement qu'il en fut le trente-troisième abbé et qu'il siégea environ de 1567 à 1575. Sa sollicitude pour la dot des orphelines et pour l'instruction des orphelins témoigne du moins de son affectueuse charité envers les malheureux.

Au siècle dernier, lorsque l'abbé Lebeuf écrivait son histoire diocésaine de Paris, la fondation subsistait encore à l'égard des huit orphelines à marier; tous les ans, le curé de Saint-Sulpice s'adressait au Père prieur de l'abbaye de Saint-Germain pour l'exécution de cette partie des dispositions testamentaires de messire Audrant. Parmi les anciens titres de la paroisse de Saint-Sulpice, déposés aux archives générales de la France, il se trouve un dossier de pièces relatives aux fondations de ce généreux bienfaiteur. Son anniversaire était autrefois célébré à Saint-Sulpice, le lundi dans l'octave de la Fête-Dieu [2].

XII

LA FOIRE SAINT-GERMAIN.

(Texte p. 157 et suiv.)

Feu Berty a résumé en quelques pages les documents relatifs à la foire Saint-Germain. Sauval, Félibien, de Lamare les ont publiés en grande partie, et nous ne pouvons qu'y renvoyer le lecteur. Ce qui nous importe, en effet, c'est le côté topographique de la question, et les pièces dont il s'agit ont surtout trait à l'institution de la foire et à son rétablissement, aux diverses époques fixées pour sa tenue, aux produits qu'elle donnait et aux priviléges dont elle était l'objet. On y trouve aussi des détails intéressants sur la police qui s'y exerçait, sur le régime intérieur auquel les marchands étaient soumis, ainsi que sur les spectacles qui y prirent naissance, et qui occasionnèrent de nombreux différends entre les acteurs forains et les comédiens du Roi.

Le sujet est donc fort étendu : la foire Saint-Germain, celles de Saint-Laurent et du Lendit appellent un travail analogue à celui de feu Bourquelot sur les foires de Champagne. C'est

---

[1] Saint-Fuscien, *S. Fuscianus in nemore*, ancienne abbaye de l'ordre de Saint-Benoît, près d'Amiens, dont la première origine remonte, dit-on, jusqu'au VIe siècle (*Gall. christ.* t. X, col. 1302-1307).

Il ne reste plus de ce monastère que des constructions sans caractère et sans importance. Une communauté religieuse s'est établie sur le même emplacement.

[2] Lebeuf, *Histoire de la ville et de tout le diocèse de Paris*, publiée et annotée par M. Hipp. Cocheris, t. III, texte, notes et additions.

l'histoire même du commerce parisien au moyen âge qui résultera de cette étude. Rapprochée du célèbre recueil d'Étienne Boileau, dont la Ville donnera très-prochainement une édition nouvelle, et qui constitue, sous forme de réglementation, un tableau fort curieux de l'industrie parisienne au xiii° siècle, l'histoire dont nous parlons est appelée à compléter le *Livre des Métiers*. Nous croyons savoir que plusieurs érudits ont fait de cette importante question l'objectif principal de leurs recherches. L'un d'eux, M. Rouland, archiviste aux Archives nationales, a bien voulu nous fournir une note destinée à éclaircir un passage du texte de feu Berty; nous la publions, en remerciant M. Rouland de cette obligeante communication.

« On trouve, dans un état des loges de la foire dressé au commencement du xvi° siècle, outre « les cinq traverses, six allées ainsi dénommées : la première, rue de Normandie; la seconde, « rue de Paris; la troisième, rue de Picardie (toutes trois principalement affectées au com- « merce de la draperie); la quatrième, rue de la Chaudronnerie; la cinquième, rue Mercière; « la sixième, rue de la Lingerie. Quant à l'obligation que mentionne l'extrait de règlement cité « par M. Berty, d'après une note du chambrier receveur de l'abbaye de Saint-Germain, elle « était depuis longtemps imposée aux marchands qui fréquentaient les foires du Lendit et de « Saint-Denis (Arch. nat. K 966). Les forains étaient tenus d'indiquer sur une enseigne « en « grosses lettres » la provenance de leurs marchandises. On ne manqua pas d'adopter une me- « sure qui facilitait singulièrement le contrôle des comptes de redevances fiscales, en même « temps qu'elle fournissait plus de garanties aux acheteurs.

« Sans rappeler ici les multiples conditions qu'on exigeait des marchands, nous citerons celles « qui concernaient la location des loges. Les négociants étrangers étaient obligés de retenir leurs « loges pour l'année suivante, à la fin de chaque foire; autrement le receveur de l'abbaye pou- « vait en disposer. Les marchands de Paris devaient se réunir au Palais abbatial, en janvier, le « jour de Saint-Vincent; les places étaient adjugées au plus offrant et dernier enchérisseur. Il « était expressément défendu d'accaparer plusieurs boutiques, dans le but de les sous-louer. On « interdisait même à tout locataire de céder la moitié de sa loge sans une autorisation préa- « lable.

« L'abbaye de Saint-Germain avait rencontré de puissants obstacles à l'établissement de cette « foire. Les religieux de Saint-Denis, jaloux de conserver la prospérité de leurs marchés, for- « mèrent opposition devant le Parlement, qui, après avoir plusieurs fois changé l'époque de la « tenue de la foire, la fixa définitivement au 3 février. La Chambre des comptes attaqua, comme « préjudiciables au trésor royal, les franchises et privilèges accordés par Louis XI en 1482, re- « nouvelés par Charles VIII en 1485, et par Louis XII en 1499; elle ne consentit à les confirmer « qu'en 1523.

« Malgré ces difficultés, la foire Saint-Germain devint en peu d'années le centre d'impor- « tantes transactions commerciales. Un inventaire constate que les draps amenés au marché de « 1499 sortaient des fabriques de Rouen, de Gournay, de Caen, de Darnetal, d'Argentan, d'A- « miens, de Beauvais, d'Abbeville, d'Aumale, de Blangis, de Meaux, de Senlis et de Paris « (Arch. nat. K 966). Par un registre des loges, on voit tous les corps de métiers représentés à « la foire de 1511. L'élément artistique y figurait déjà. Plus tard il y tint une large place avec « l'orfévrerie, les émaux, les peintures flamandes et françaises. »

L'importance de la foire Saint-Germain, considérée au point de vue purement topographique, nous a déterminé à faire reproduire les aspects les plus caractéristiques que lui donnent les anciens plans de Paris; c'est l'objet d'une des planches prévues par feu Berty. Mais

TOPOGRAPHIE

A. Guillaumot père del. & sc.

LA FOIRE SAIN
[REPRODVC

« La Foire de St Germain des Prez vous represente un racoursi de toutes le
la plus belle et la plus riche Foire de France, la quelle est quelque fois honorée de la présen
de France et mesme des Étrangers. La Perspective est fort belle, divisée en plusieurs Cart
Foire. Les Marchands qui la possedent aujourd'hui l'ont tenuë au commencement de ce sièc
loge. Autrefois la Place s'appeloit le Jardin de Nesle, et avant qu'il y eût du bâtiment, on Baur

...E DV VIEVX PARIS.

...AIN AV XVIIIᵉ SIÈCLE
(ANCIENNE ESTAMPE)

...res du monde, commence le 3ᵐᵉ Février et dure 15 jours ouvriers, et prolongée souvent davantage. C'est
...eyne et de toute la Cour. On y voit tous les jours une affluence de peuples de toutes sortes de conditions,
...pour les Marchands. Elle est enceinte de murailles, close de portes aux quelles on fait garde pendant la
...ssedoient l'Abbaye St Germain en ce temps là, en payant tous les ans aux Seigneurs les droits de chaque
...oire, pour la commodité des Marchands. » (BIBL. NAT. ESTAMPES, TOPOGRAPHIE DE LA FRANCE V₂ 29, PL 28.)

la vue des deux halles de la foire, enclavées dans les maisons environnantes, n'offrait rien de bien intéressant en temps normal. C'est au moment où les marchands y affluaient, où la Ville et la Cour s'y donnaient rendez-vous, que le célèbre bazar de l'abbaye présentait un coup d'œil véritablement curieux. Feu Berty avait vu autrefois, au département des estampes, une gravure ancienne qu'il nous a signalée assez confusément, et que nous avons retrouvée à la Bibliothèque nationale. Elle représente la foire en pleine activité; les pavillons sont vus d'en haut, et la toiture en a été idéalement enlevée, pour permettre au regard de plonger dans l'intérieur. Le nombre des industries représentées à la foire, leur mode de groupement, les variétés commerciales révélées par les enseignes, la foule qui encombre les abords, les points de repère à chercher dans les environs, tout, dans cette estampe peu connue, excite l'intérêt et sollicite l'examen. Le graveur de mérite à qui nous en avons confié la reproduction a fait habilement revivre cette curieuse scène; cependant, le peu d'étendue du champ et la petitesse du caractère ne lui ont pas permis de donner une netteté suffisante aux nombreuses inscriptions peintes le long du pourtour et sur chacun des pavillons de la foire. L'intérêt historique qui s'attache à toute cette légende nous a engagé à la transcrire en regard de l'estampe elle-même.

ORDRE ET DÉNOMINATION DES GALERIES DE LA FOIRE SAINT-GERMAIN,
EN ALLANT DE GAUCHE À DROITE ET DE BAS EN HAUT.

1re GALERIE.

Pavillon 1. M. Chapeliers. — M. Parcheminiers. — Chien de Bologne. — M. Papetiers. — M. Cartonniers.
———— 2. Perruquiers. — M. Chauderoniers. — M. de Calotte. — M. de Marroquins.
———— 3. Conroyeurs et Curatiers. — Coffretiers. — Bœttiers. — Intrumā de Musiq.
———— 4. Fourbisseurs. — Arquebusiers. — Serruriers. — Armuriers.
———— 5. Graveurs en cachet. — Lanterniers. — Espronniers de S. Claude.

2^e GALERIE.

Pavillon 1. Hebenistes et Affiquets. — Marchandise de la Chine. — M. de Miroirs et de Lunettes. — M. Gantier et Parfumeur.
———— 2. M. de Dantelles de filet. — M. Fustainiers. — M. Lingers. — Toilliers.
———— 3. M. d'Angleterre. — M. de Flandre. — M. d'Holande. — M. d'Alemagne.
———— 4. M. de bas de laine. — Plumassiers. — Espingliers. — M. Drapers.
———— 5. Chirurgens. — Barbiers. — Cloueurs. — Fondeurs.

3e GALERIE.

Pavillon 1. M. Potiers et vaisselle d'estain. — M. Chandeliers. — M. Ciergiers et Vannetiers. — M. Ferratiers.
———— 2. Change pour le Roy. — Horlogeurs. — Joailliers. — Orphevrie.
———— 3. M. de dantelles d'or et d'argent. — M. de Rubans. — M. Merciers. — M. de soye.
———— 4. Tableaux à la détrempe. — M. de taille do[uce]. — Tableaux a l'huile. — M. libraires.
———— 5. Passementiers. — Bimbelotiers. — Botonniers. — Indienes.

4e GALERIE.

Pavillon 1. M. de Laine et de Couvertes. — M. Tapissiers. — M. Chaussetiers. — M. Brodeurs et Gaigniers.
———— 2. Vin d'Espagne. — Orange de Portugal. — Double biere. — Fruitiers, Rossoli.
———— 3. Marionnettes. — Voltigeurs. — Orvietan. — Blanqueurs.
———— 4. Gasteaux, Pain d'Espisses. — Saucisses, Jambons. — Espiciers. — Confituriers.
———— 5. Sculpteurs. — Menuisiers. — Charpentiers. — Torneurs.

5ᵉ GALERIE. — POURTOUR.

A gauche : Oyseliers, Fayâciers, Oyseliers.
A droite : Lingiers.

6ᵉ GALERIE. — PETITS BÂTIMENTS, À GAUCHE, EN DEHORS DE L'ENCEINTE.

Conciergerie.

Telle est la distribution figurée sur l'estampe que nous reproduisons. Il n'y faut pas chercher autre chose que des indications industrielles et commerciales. L'orientation, par exemple, y est assez incertaine : on ne sait au juste où s'est placé le dessinateur, quoiqu'il ait dû, selon toute apparence, choisir la principale entrée, qui était sur la rue du Four. Sur la rue du Brave, en effet, qui est représentée aujourd'hui par la rue de Seine, il n'y avait qu'une entrée secondaire, qu'on appelait, en 1499, «la porte peincte,» et, vers 1595, «le petit huis de la Halle.»

L'état d'inachèvement de la nouvelle église Saint-Sulpice, qui se trouve figurée à droite, et le costume des nombreux personnages qui se pressent aux abords de la foire, datent assez exactement cette curieuse estampe : elle remonte très-probablement à la première moitié du XVIIᵉ siècle. — L. M. T.

XIII

LA CROIX-ROUGE.

(Texte p. 165 et 166.)

En publiant le texte de feu Berty, nous avons reproduit avec une fidélité scrupuleuse le passage dans lequel il discute l'origine de l'ancienne dénomination appliquée au carrefour de la Croix-Rouge. L'insistance avec laquelle il combat l'idée générale, pour y substituer une opinion nouvelle, nous obligeait à présenter son hypothèse telle qu'il l'a formulée lui-même, en l'appuyant d'une note signée de ses initiales. Cependant nous avons cru devoir en appeler au public savant et le faire juge de la question ; aussi, dans une seconde note placée à la suite de celle de l'auteur, indiquons-nous sommairement les motifs qui nous ont déterminé à grouper sur une planche les divers aspects que les vieux plans de Paris donnent au carrefour. C'est mettre sous les yeux du lecteur les pièces mêmes du procès.

Un érudit, à qui nous avons communiqué ce passage, a pensé qu'il y avait plus à faire. Comprenant le sentiment de respect qui nous avait engagé à publier intégralement le texte de feu Berty, il a pensé toutefois que nous devions faire des réserves un peu plus explicites. Feu Berty semble, en effet, avoir été, contrairement à ses habitudes, assez inexact dans cette partie de son travail, si intéressant d'ailleurs et si consciencieux. Plusieurs erreurs matérielles se sont glissées sous sa plume, et l'on nous saura gré de les relever ici.

Le plan de Tapisserie qu'il cite et que nous reproduisons partiellement, d'après une photographie de la Grande Gouache, montre, à l'endroit du carrefour, une petite construction basse et évidée, une sorte de piédestal découvert, mais pas de croix. Celui de Braun, qu'il mentionne également et qu'il date de 1575, époque de la publication du livre de Belleforest, tandis qu'il est, en réalité, de 1530, ne porte ni croix, ni arbre. L'argument tiré des vieux plans est, d'ailleurs, sans force pour l'hypothèse que soutient feu Berty. Les plus anciens, c'est-à-dire ceux du

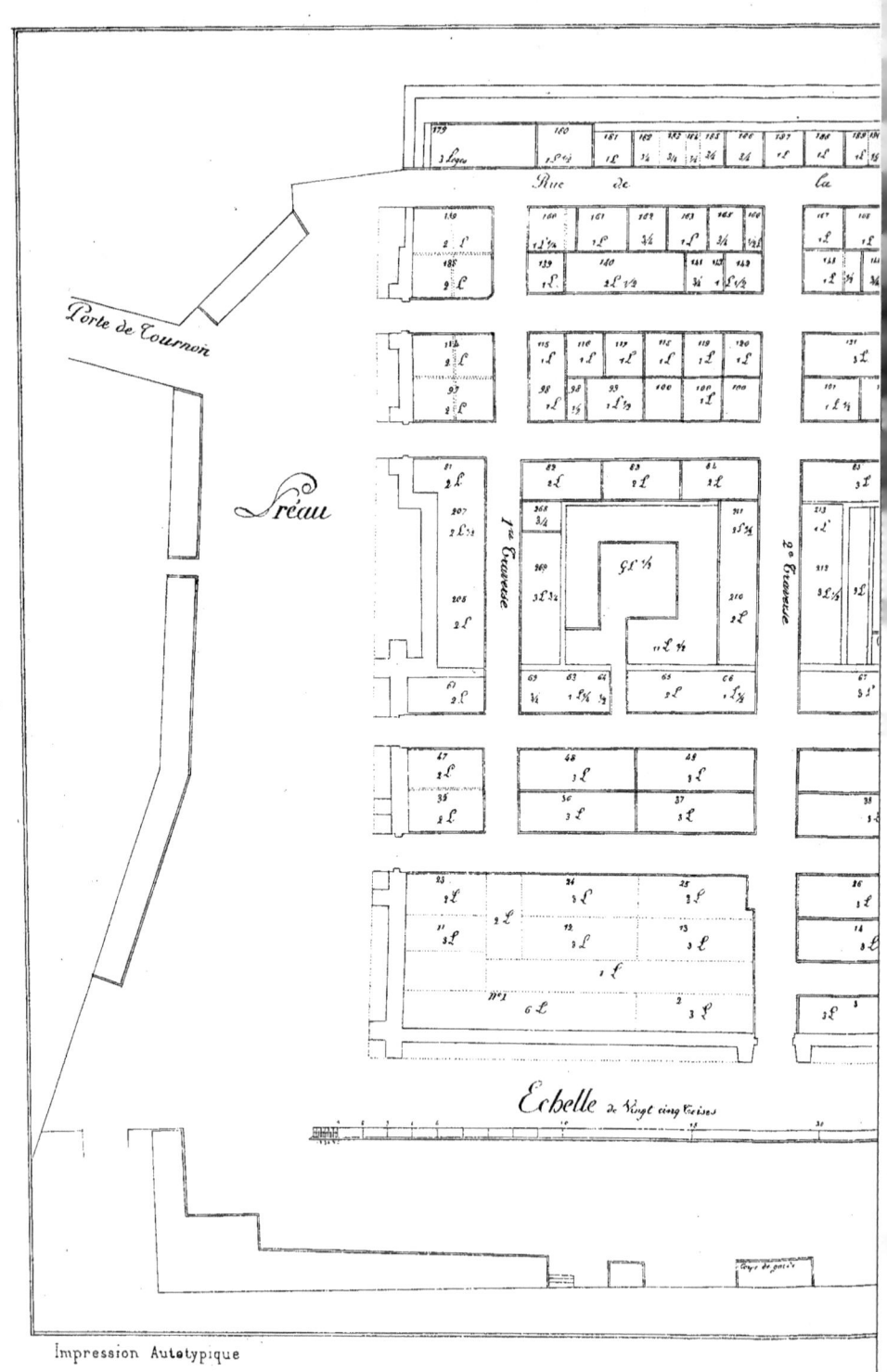

DU VIEUX PARIS

Cimetière de
Bâtiments dép.ᵗˢ de St Sulpice   Saint Sulpice

Lingerie

Rue Mercière

Rue Chaudronnière

3ᵉ Traversée   4ᵉ Traversée   5ᵉ Traversée

Rue de Picardie

Rue de Paris

Rue de Normandie

Préau

Paris 13 Quai Voltaire

NT GERMAIN
CONSERVÉ AUX ARCHIVES NATIONALES [S 2841]

xvi° siècle, montrent une croix, ou un piédestal, dans une région presque déserte, où l'existence d'une enseigne est très-improbable. L'arbre n'apparaît qu'au xvii° siècle, avec Quesnel et Mérian, de telle sorte que ces «pourctraicts de Paris» plaident une thèse autre que celle de l'auteur.

Feu Berty dit, il est vrai, avoir constaté l'existence d'un arbre planté au carrefour, «longtemps avant celle d'une croix quelconque.» Cet arbre, ajoute-t-il, était dit, en 1489, «l'orme du four,» et servait à dénommer l'un des coins de la rue du Cherche-Midi, qu'on trouve appelé «la pointe de l'orme,» en 1355 et 1372. Si le fait résulte des titres, l'hypothèse de l'auteur peut se soutenir; cependant, l'arbre et la croix ont bien pu coexister, ainsi qu'on le voit encore aujourd'hui, au point de croisement des chemins ruraux, dans beaucoup de pays chrétiens. Le savant topographe, qui a consacré vingt années de sa vie aux travaux historiques, n'ignorait certainement pas que le moyen âge avait l'habitude de planter des croix partout où le paganisme plaçait des objets ou attributs religieux, c'est-à-dire des idoles. Il y voyait un moyen de purifier les lieux qui avaient été profanés par l'exercice de l'ancien culte, et qu'il regardait comme hantés par le malin esprit.

Il n'y a donc pas lieu de s'étonner de la présence d'une croix au carrefour dont nous nous occupons : les religieux de Saint-Germain-des-Prés devaient évidemment suivre, en leur censive, un usage chrétien auquel les possesseurs laïques du sol n'eussent certainement pas manqué de se conformer. — L. M. T.

XIV

LE PRIVILÉGE AUX BOURGEOIS.

(Texte p. 170.)

L'auteur s'étant borné à mentionner dans son texte «le privilége aux bourgeois,» en vertu duquel l'emplacement d'une maison sise rue du Four fut adjugé à l'abbaye Saint-Germain-des-Prés, nous avons jugé à propos de recueillir, sur ce privilége que feu Berty n'explique point, des indications suffisantes pour former une sorte de bibliographie du sujet. Le caractère exclusivement topographique de l'ouvrage ne permettait pas de s'étendre plus longuement sur cette matière. — L. M. T.

«Ordonnances royaulx de la jurisdicion de la Prevosté des marchans et Eschevinaige de la ville de Paris, constituez et ordonnez tant par les feuz roys que par le roy nostre sire Françoys premier de ce nom et plusieurs arrestz et ordonnances de la court de Parlement, avec plusieurs beaulx priviléges donnez aux bourgeois de Paris. Extraictz et corrigez sur les registres de l'Hostel d'icelle ville. Nouvellement imprimé à Paris. Cum privilegio Regis.»

Cette édition de 1528, in-fol. gothique, Jacques Nyvert, comprend les «Addicions aux Priviléges,» qui ne se rencontrent pas dans l'édition de 1500. Le volume, extrêmement précieux, d'impression gothique, se distingue par de nombreuses gravures sur bois, peintes, ainsi que les lettres initiales, en or et couleur, et représentant les gens de métier avec leurs costumes du commencement du xvi° siècle. Cet exemplaire fait partie de la riche bibliothèque de M. l'abbé

Bossuet, curé de la paroisse de Saint-Louis-en-l'Île, qui a bien voulu le mettre généreusement à notre disposition.

....

Fueillet LV. — « Le soixante troiziesme chappitre contient plusieurs beaulx privileges donnez par les feuz Roys aux Bourgeois de Paris et confermez par le Roy nostre sire Françoys, premier de ce nom. Et premierement :

« Que les marchans acquitteront la foraine a Paris, sy bon leur semble, a six deniers pour livre, et ne seront tenus pour ce bailler caucion. Article 1.

Verso. — « Que les Bourgeois de Paris ne doyvent estre contrainctz a loger par fourriers... II

Fueillet LVI. — « Que nul ne peult empescher ne retarder les vivres et marchandises que on ameine a Paris mectre succides (*sic*) nouvelles..................................... III

Fueillet LVII, *verso.* — « Que les bourgeois de Paris ayans fiefz ou arriere fiefz sont exemptz de aller, envoyer, ne contribuer au ban et arriere ban............................. IIII

Fueillet LVIII, *verso.* — « Lectres de confirmacion données par le Roy nostre sire Françoys premier de ce nom, par laquelle appert que ledit seigneur a confermé le contenu de ces presentes ordonnances et privileges, et que les sentences données par les Prevost des Marchans et Eschevins seront executées non obstant opposicions ou appellacions, et que ilz ne pourront estre prins a partie a cause de leurs d. sentences.. Article v. »

Ces lettres de confirmation, datées de Paris en avril 1515, visent les quatre articles précédents, dont voici la date de lieu et de temps :

Art. I. A Rasilly, près Chinon, le 7 février 1464-5.
Art. II. A Paris, en octobre 1465.
Art. III. A Dampmartin, en septembre 1474.
Art. IV. A Blois, le 12 juin 1512.

Le volume se termine en fait avec les « Lectres de confirmation, » au folio LX, par cet explicit :

« Fin des Ordonnances royaulx de la jurisdicion de la Prevosté des marchans et Eschevinaige de la ville de Paris, lesquelles furent achevées de imprimer a Paris par permission et privilege du Roy nostre sire le .xx. jour de novembre l'an de grace mil cinq cens vingt et huyt par Jaques Nyverd, imprimeur et libraire, demourant en la rue de la Juifrye a l'ymaige sainct Pierre et tenant sa boutique joignant la premiere porte du Palays.

« Et pour Pierre le Brodeur aussi libraire, demourant en la rue de la Vieille Pelleterye a l'enseigne du Cressant et tenant sa boutique en la grant salle dudit Palays devant le premier pillier du costé de la chappelle. »

Au folio LX verso, là marque de « Jaques Nyverd. » — Puis viennent 16 feuillets non numérotés, portant la rubrique suivante :

« Adicions sur ce present volume intitulé les Ordonnances de la Prevosté des marchans et Eschevinage de la ville de Paris fort exquises et necessaires a tous manans, habitans, et affluans en la ville de Paris, lesquelles avoyent par inadvertance esté omises a rediger oudit volume ; et contiennent lesdictes adicions deux beaulz privileges donnez aux Bourgeois de Paris : c'est assa-

APPENDICES ET PIÈCES JUSTIFICATIVES.

voir que ilz peuvent tenir fiefz et arriere fiefz et user du faict de noblesse, et l'autre que on ne peult tyrer ne avoir par action ung bourgeois hors de ladicte ville et ceulx qu'ilz sont ad ce subjectz. Avec plusieurs editz et arrestz faitz et constituez sur la police de ladicte ville de Paris, et les noms des Prevost des marchans et Eschevins qui ont esté en icelle ville jusques a present, leurs privileges et ceulx des officiers de ladicte Prevosté et Escheviuage.

« Cum Privilegio. »

De ces 16 feuillets, les 2 premiers seuls ont trait aux « Privileges des Bourgeois de Paris. » Nous donnons, comme précédemment, le titre et la date de ces ordonnances « obmises a rediger par inadvertance. »

I. — « Que les Bourgeois de Paris peuvent tenir fiefz et arriere fiefz, et joyr du fait de noblesse. — Paris, en l'hôtel royal de Saint-Paul le 9 août 1371; confirmations du 5 août 1390 et du ... septembre 1409.

II. — « Que les Bourgeois de Paris ne sont tenuz respondre ne ne peuvent estre traiz hors des murs et clostures de Paris. — Paris, le 9 novembre 1465. »

Il peut être intéressant de faire observer que ces deux derniers priviléges, ainsi que la teneur entière des « Adicions, » manquent aux autres éditions des Ordonnances royaulx; sur quoi voyez Brunet, *Manuel du Libraire*, t. IV, col. 220.

F. BONNARDOT.

XV

LES ÉTATS GÉNÉRAUX DE LA GRENOUILLÈRE.

(Texte p. 242 et suiv.)

LES ESTATS TENUS A LA GRENOUILLÈRE, LES 15, 16, 17 ET 18 DU PRÉSENT MOIS DE JUIN MIL SIX CENS VINGT TROIS, AVEC LA RÉSOLUTION ET CLOSTURE DESDITS ESTATS M.DC.XXIII.

L'auteur anonyme de ce pamphlet (petit in-8°) commence par dire que la mort et la guerre causent souvent de grands changements dans les États, et que, par suite de ces accidents, tel qui, la veille, était au pinacle, se trouve le lendemain dans la boue. C'est ainsi que le trépas de la reine Marguerite est une grande perte pour la France, et surtout pour ceux qui servaient cette défunte majesté et s'engraissaient à ses dépens. Le satirique écrivain passe en revue ces parasites et les montre « couchant et employant sur des comptes ce qui estoit acquité long-temps auparavant. . . . » Il ajoute que ces malversations ne seront pas impunies.

« Restera seulement, dit-il ensuite, le public qui est privé du contentement de la pourmenade des hallées que la deffuncte reyne Marguerite avoit fait faire avec tant de soing et d'affection, pour raison de quoy pensant qu'il debt arriver quelque bien, à ce subject l'on a tenu à la Grenouillère des Estats populaires, auquel lieu toutes harangues, memoires, billets, remonstrances ont esté recuës de bonne part et en la forme qui ensuit :

« HARANGUE des pauvres Prestres estudians en l'Université de Paris, à messieurs des Estats de la Grenouillière. »

Après les « pauvres prestres, » viennent les nobles de Paris; puis un bourgeois se présente au nom du Tiers État; enfin viennent « les Pastissiers oubliers qui cy-devant fréquentoient le parc de la Reyne Marguerite, pour y vendre en toute liberté les denrées de leur vacation, où ils faisoient passer, disent-ils, le bon comme le mauvais. »

Après eux, comparaissent les boulangers de petit pain, dont la harangue est un modèle en ce genre. La voici :

« PLAINCTE GÉNÉRALLE DES BOULANGERS DE PETIT PAIN.

« Messieurs, nous avons apris d'un vénérable père de la societé, que parfois les bons sont affligés pour les offenses des mauvais, et que tel chastiment arrive de la part du vengeur des crimes, pour leur faire cognoistre qu'il n'appartient pas aux freslons et gens de basse estoffe de mettre en contreroolle les actions des endosseurs de montagnes sur montagnes, estant à luy seul de référer, reprendre et terminer telle arrogance, ainsy qu'il fist au superbe edifice de Babylone. Ceste doctrine, messieurs, nous a grandement rabaissé le caquet, et nous a si fort cadenacé la bouche, qu'il nous semble ne faire plus que besgayer, au lieu de parler hardiment de nos interests, qui sont et doibvent estre estimez incomparables. Car si, à son prejudice, nous voulions nous estendre sur l'effronterie de ceux qui téméraires, pour peu de deniers, ont envahi la maison, jardin et parc de la Reyne Marguerite, ce seroit avec des conjurations si violentes, qu'il faudroit nécessairement que les foudres se rendissent punisseurs de leurs impudences, ou legitimes exécuteurs de nos accusations. Mais, puisque nos desseins sont bornés pour le present, il nous suffira vous représenter, autant pour l'interest d'autrui que pour le nostre, que l'honneste promenade des hallées de la Reyne Marguerite estoit un lieu tellement nécessaire, pour le divertissement d'un chacun, qu'à present, estant abolie, les villages d'atentour la ville de Paris servent de réceptacle aux desbauches effrenées, comme violements, adultères, assassinats, et voleries, ce qui estoit absolument aboly lors de cette honneste liberté, et comme mis en hayne de ceux lesquels auparavant en tenoient la banque et le party : et de fait, messieurs, vous sçavez trop mieux, que les jours de festes et les dimanches, la populace de Paris se rangeoit par bande en ce parc regreté, en divers endroicts et cantons, les uns discourant d'affaires sérieuses et les autres de leurs honnestes affections; puis l'on s'esgayoit selon sa fantaisie, et selon son humeur, sans qu'il arrivast querelle ny discord, chacun n'aspirant que d'entretenir l'âme et le corps ensemblement. Là les filous, traisne-épées, Rougets, Grizons et autres gens de pareille estoffe n'avoient que faire; mais Pasticiers, Fruictiers, Taverniers, Vendeurs de bière et Boulangers, pour lesquels, messieurs, estant advoüé comme ayant procuration en forme probante, j'ay à vous représenter, en toute humilité, quel peut estre le deüil et la perte que nous souffrons en la dégradation de ce parc. Premièrement nous y envoyions nos apprentifs, chacun d'eux chargé d'une hottée de petits pains, tant de chapitre, molets, à la reyne, que faire à la mode, toute marchandise fardée, et laquelle nous n'eussions ozé vendre en nos boutiques, pour estre les uns légers de plus de quatre onces et demye, les autres repassez au four pour les faire estimer tendres, et les autres estant pains contrefaits, au préjudice des ordonnances de la police. Secondement, le lieu estant proche de nos maisons, ce nous estoit un second profit, en ce que nosdits apprentifs n'usoient pas tant de souliers comme ils peuvent faire à courir tantost aux Bons-Hommes de Chaillot, tantost à Gentilly et tantost à Vaugirard. Tellement qu'au moyen de cette espèce de déluge arrivé sur dessein tout magnifique et tout royal, nos ressentiments en sont si grands que nous sommes nécessitez de nous addresser à vous, pour implorer vos fécondes prudences, le fruict desquelles nous espérons nous apporte de l'utilité.

« *Le Président* : Que demandez-vous?

« *L'agent des boulangers* : Messieurs, ce n'est pas l'argent de vos bourses que nous demandons, car nous avons assez gagné depuis deux ans. Mais nous vous supplions de faire en sorte que le pain ne soit plus visité, et que nous le vendions à notre fantaisie, afin que nos femmes vous en sachent gré.... »

....

Vient ensuite Guérin, jadis «plaisant de la Reyne Marguerite,» et enfin le capitaine général des Guerres de Paris, Picard, dont la harangue est bouffonne. La résolution des États est digne des harangues. Chacun des plaignants est congédié en bonne forme, et l'ordonnance est affichée dans tous les cabarets de «ceste ville de Paris, à ce qu'aucun n'en prétende cause d'ignorance.»

....

Le reste du pamphlet n'a rien de bien intéressant au point de vue topographique. Nous nous sommes borné à en extraire ce qui a trait au palais et aux jardins de la reine Marguerite, jardins et palais dont la durée fut si éphémère. On sait que les «hallées» de ces jardins, qui avaient remplacé les chemins du Pré-aux-Clercs et qui furent transformées en rues, au moment de l'extension du bourg Saint-Germain, ont donné, quelques années plus tard, l'idée du Cours-la-Reine. Cette promenade célèbre, qui subsiste encore aujourd'hui, n'est donc autre chose que le Pré-aux-Clercs et le jardin de la reine Margot transportés sur l'autre rive du fleuve. — L. M. T.

XVI

L'AQUEDUC D'ARCUEIL [1].

(Texte p. 313 et suiv.)

I

LE ROY MET LA PREMIÈRE PIERRE À LA SOURCE DES FONTAINES DE RONGIS.

Le jeudy xi jour de juillet 1613, Monsieur de Liancour, gouverneur de cette Ville, est venu en l'hostel d'icelle advertir messieurs les Prevost des Marchands et Eschevins que le Roy désiroit aller samedy prochain veoir les sources des fontaines de Rongis; à ce que mesdits sieurs eussent à donner ordre aux preparatifs necessaires. De quoy mesdits sieurs, se réjouissans de l'honneur que Sa Majesté feroit à la dite Ville, ont aussitost envoyé quérir Marcial Coiffier cuisinier ordinaire de la Ville et le sieur Mainvillier tapissier, tant pour faire le festin que pour préparer des meubles précieux où Sa Majesté prendra son disner. Et, suivant ce, le lendemain vendredy 12 du dit mois mesdits sieurs Prevost des Marchans et Eschevins furent au Louvre prier Sa Majesté d'aller aux dites fontaines, et si elle avoit agréable de prendre son disner au chasteau de Cachan; ce qu'ayant promis Sa dite Majesté, mes dits sieurs de la Ville ayant donné ordre à tout ce qui estoit nécessaire, tant pour le disner, meubles, que toute autre chose, partirent de cette Ville le samedy 13 du dit mois du matin avec messieurs les procureur du roy, greffier et receveur de la Ville, et allèrent jusques à la Saussaye attendre Sa Majesté, laquelle vint incontinent, suivie de Monsieur le duc de Montbazon, mon dit sieur le Gouverneur, monsieur de Souvray, et autres seigneurs, avec aussi sa compagnie de chevaux legers; à laquelle mes dits sieurs firent la révérence. Ce fait poursuivirent leur chemin jusques

---

[1] Nous réunissons sous ce titre les pièces relatives à cette grande entreprise. La plupart ont été publiées par Félibien. — L. M. T.

aux dites fontaines de Rongis, où estant Sa Majesté mit pied à terre pour veoir les sources desdites fontaines, où il y avoit cinq ou six cens ouvriers qui travailloient à faire des tranchées et autres ouvrages pour la conduite des dites eaux, dont Sa Majesté receut un fort grand contentement, disant que son peuple en trouveroit bien de la commodité. Ce fait mes dits sieurs de la Ville supplièrent Sa Majesté de prendre son chemin vers le dit Cachan, où se faisoient les préparatifs du disner; ce qu'il leur accorda, et en y allant fit quelque exercice de la chasse.

Et arrivez audit Cachan mes dits sieurs de la Ville firent mettre sur table, où il y avoit quatre tables et quatre plats préparez pour le dit festin. Et estoient les chambres salles et cabinets du chasteau fort bien parez de meubles, tant de tapisseries d'or et d'argent, comme les hault dais et le lit où devoit reposer le roy aussi d'or et d'argent. Sa Majesté se mit à table, où pendant son disner mes dits sieurs de la Ville furent autour de la dite table, pour entretenir Sa Majesté, pendant lequel temps les dits seigneurs qui estoient à la suite de Sa Majesté se mirent aussi à table dans une autre salle à part où ils estoient plus de 80 ou 100 seigneurs à table, le tout aux frais et despens de la dite Ville. Et ayant Sa Majesté disné, alla prendre son plaisir de la chasse dans le parc du chasteau de Cachan, où ayant pris congé par mesdits sieurs les Prevost des Marchands et Eschevins, Sa Majesté les remercia et leur demanda quand on feroit l'assiette de la première pierre; quelle entendoit et désiroit y estre présente; à quoy mesdits sieurs firent response que c'estoit trop d'honneur que la Ville recevoit de Sa Majesté, et ayant fait appeller les ouvriers et entrepreneurs desdites fontaines pour sçavoir en quel temps on commenceroit à poser la première pierre du grand regard; lesquels firent response qu'ils estoient prests quand il plairoit à Sa Majesté, au plustost dedans cinq ou six jours, afin de ne retarder leur besogne. Et lors mes dits sieurs les Prevost des Marchands et Eschevins prirent de rechef congé de Sa Majesté pour s'en revenir en cette dite Ville; où estans attendu que Sa Majesté devoit mettre la première pierre aux dites fontaines, firent aussitost faire de grandes médailles d'or et d'argent pour mettre et poser sous la dite pierre, où Sa Majesté estoit représentée d'un costé, et de l'autre costé la Royne régente sa mère sur un arc-en-ciel signifiant sa régence.

Et le lundy 15 du dit mois de juillet 1610, mes dits sieurs les Prevost des Marchands et Eschevins furent encore advertis par mon dit sieur le gouverneur que le Roy et la Royne régente sa mère devoient aller aux dites fontaines de Rongis pour asseoir la première pierre le jeudy ensuivant, à ce que toutes choses fussent prestes pour cet effet. Et suivant ce furent au Louvre prier leurs Magestez de faire l'honneur à la dite Ville de poser la dite première pierre et de prendre leur disner au dit chasteau de Cachan ou en tel autre lieu qu'il leur plaira. Lequel Seigneur roy fit response qu'il iroit encore disner au dit Cachan, et après le disner qu'il iroit poser la première pierre; et la dite dame Royne s'excusant du disner dit qu'elle se trouveroit aux dites fontaines de Rongis l'apres-disnée, dont mes dits sieurs de la Ville remercièrent très-humblement leurs dictes Majestez. Et étant mes dits sieurs de la Ville revenus audit hostel de la Ville, advisèrent entre eux à tous les préparatifs nécessaires, tant pour les festins necessaires, meubles précieux, collations, tentes, truelle d'argent, trompettes, tambours, médailles, vin pour deffoncer en signe de réjouissance, et largesse, que toute autre chose requise, commandant audit Coiffier de préparer quatre plats de viandes les plus exquises, et à Joachim du Pont espicier de la Ville d'avoir à préparer les plus belles et exquises confitures qu'il soit possible de trouver, pour faire les dites collations.

Advenu lequel jour de mercredy 17 du dit mois de juillet, du matin, mes dits sieurs de la Ville estant advertis que le roy estoit ja parti pour aller audit Cachan et se donner le plaisir de la chasse en chemin, partirent dudit hostel de la Ville avec lesdits sieurs procureur du roy,

APPENDICES ET PIÈCES JUSTIFICATIVES. 415

greffier et receveur et plusieurs autres officiers pour le service d'icelle, et allèrent au dit Cachan, où ayant trouvé Sa Majesté luy firent la reverence, le remerciant de tant de peine quelle prenoit et de l'honneur quelle faisoit à la dite Ville; et ayant par mesdits sieurs pris garde si tout estoit bien préparé, l'heure estant venue pour disner mesdits sieurs supplièrent Sa Majesté de vouloir bien se mettre à table; ce quelle fit; pendant lequel temps mesdits sieurs de la Ville furent autour de la table, l'entretenant pendant son disner, tant du sujet des dites fontaines que de plusieurs autres beaux discours; pendant lequel les seigneurs et autres gentilshommes qui estoient de la suite de Sa Majesté jusqu'au nombre de plus de cent, disnèrent dans une autre salle à part, le tout aux frais et despens de ladite Ville. Après lequel disner, tant Sa Majesté que mesdits sieurs de la Ville prirent leur chemin pour aller auxdites fontaines de Rongis; où estant, mesdits sieurs de la Ville reconnurent que tout ce quils avoient commandé estoit bien préparé, entr'autres deux tentes pour mettre leurs majestez à couvert, crainte du soleil, meublées et garnies de chaises de velours brodées d'or et d'argent, et où estoit dressé une fort belle collation de toutes fort belles confitures exquises et en grande quantité; comme aussi les ouvriers et entrepreneurs des dites fontaines préparez pour faire asseoir la dite première pierre.

Et environ les trois heures de relevée arriva auxdites fontaines de Rongis la Royne régente suivie de Monsieur le Duc de Guise, de Monsieur de Joinville, de Monsieur de Reins, de Monsieur le duc de Montbazon et autres seigneurs et gentilshommes, princesses, dames et damoiselles. Au-devant de laquelle dame Royne mesdits sieurs de la Ville furent, et la remercièrent de tant de peine quelle prenoit pour la dite Ville. Et aussitost les trompettes estant en grand nombre avec des tambours, commencèrent à sonner, mesmes fut défoncé trois muids de vin que mesdits sieurs de la Ville avoient fait préparer, qui furent dispersez, tant aux manœuvres et autres ouvriers desdites fontaines estans au nombre de plus de six cent, que plusieurs autres personnes, le tout en signe de réjouïssance d'un si bel œuvre pour le public, que lesdites fontaines. Et à l'instant mondit sieur le Prevost des Marchands suivi de mesdits sieurs les Eschevins, procureur du roy, greffier et receveur, presenta au roy une truelle d'argent. Et aussitost lesdites trompettes sonnans, le dit Seigneur Roy a esté conduit à l'endroit où se commence le grand regard, accompagné de ladite dame Royne et de tous les princes et seigneurs cy-dessus, Sa Majesté a assis et posé ladite première pierre, sur laquelle a été mis par Sa Majesté cinq desd. médailles cy-dessus, l'une d'or et quatre d'argent, baillées par lesdits sieurs Prevost des Marchands et Eschevins, lesquelles ont esté couvertes d'une autre pierre, qui ont esté liées ensemble par Sa Majesté, laquelle pour ce faire, avec la dite truelle d'argent, a pris du mortier dans un bassin d'argent qui estoit à cette fin préparé. Et à l'instant lesdites trompettes et tambours ont recommencé à sonner avec grandes acclamations de joye et cris de Vive le Roy, par tout le peuple.

Ce fait, mesdits sieurs de la Ville ont présenté au roy et à ladite dame royne à chacun une des dites medailles d'or fort belles et pesantes, et à mondit sieur le gouverneur et autres princes et seigneurs leur en a esté baillé d'argent; de quoy leursdites majestez ont esté fort aises et contens des libéralitez de ladite Ville. Ce fait, leur a esté présenté la collation qui leur avoit esté préparée desdites exquises et excellentes confitures que leurs dites majestez ont trouvées fort belles, et de tout ont remercié mesdits sieurs les Prevost des Marchands et Eschevins, et ayant pris congé de leurs dites majestez, chacun s'est retiré et sont mesdits sieurs de la Ville revenus en cette Ville.

II

BAIL FAIT À JEAN COING POUR L'ENTREPRISE DE LA CONDUITE DES EAUX DE RONGIS À PARIS.

Louis par la grace de Dieu Roy de France et de Navarre, à tous ceux qui ces presentes lettres verront, salut. Nous ayant esté remontré en nostre conseil qu'en la ferme et lieu de Rongy, distant de trois lieues ou environ de nostre bonne Ville de Paris, il y avoit plusieurs et belles grosses sources d'eauë, lesquelles mises ensemble se pourroient conduire et amener en nostre dicte Ville et apporter grande commodité au publicq; desireux de decorer et embellir nostre dicte Ville autant quils nous sera possible, et sur ce faict visiter les lieux par experts et gens à ce cognoissans, desquels veu le rapport et convenu qu'il se pouvoit trouver et fournir jusques à la quantité de trente poulces desdites eaues en toute saison, pour conduire en nostre dicte Ville; nous aurions faict communiquer ledict rapport aux Prevost des marchans et Eschevins de nostre dicte Ville, et ordonné d'assembler avec eulx lesdicts experts et autres personnes entendues, pour dresser les desseings et devis des ouvrages pour ce necessaires et materiaux dont ils doivent estre construicts; ce quils auroient fait le v jour de septembre dernier et presenté en nostre dict conseil lesdicts desseings et devis, dont plusieurs personnes ayant eu communication; et entre-autres Hugues Cosnier, il auroit offert de faire lesdicts ouvrages, les rendre faicts et parfaicts dans trois années, et iceux entretenir à ses despens durant douze années suyvantes et consecutives après lesdictes trois années, faire les recompenses des moulins, terres, maisons et autres héritages necessaires pour ladicte construction et amener et fournir jusques à ladicte quantité de trente poulces desdictes eaues, assavoir dix-huict poulces desdictes eaux dont nous nous sommes réservé la disposition pour servir ez lieux et endroicts où il seroit par nous ordonné, et douze poulces d'eaues à la dicte Ville pour le publicq, moyennant la somme de sept cens dix-huit mil livres à prendre sur le prix de la ferme de trente sols par muid de vin entrant en la dicte Ville, destinez à la construction desdits ouvrages, et oultre cent mil livres en la quatrième année, à condition, où il ne seroit adjudicataire desdicts ouvrages sur son offre, qu'il se pourroit départir de l'adjudication à lui faicte de ladicte ferme de laquelle il ne se seroit rendu adjudicataire que pour la consideration de l'entreprise desdicts ouvrages, et que l'adjudicataire d'iceulx seroit tenu de la prendre et l'en descharger, à la charge aussi que le surplus desdictes eaues qui resteroit après ladicte quantité de trente poulces fournis luy demeureroit pour en disposer ainsy que bon luy sembleroit, et que les terres, moulins et autres héritages par luy recompensez luy demeureront en propre. Lequel offre nous avons ordonné estre publié, et sur iceluy faict mettre affiches ez lieux et endroicts accoutumez le xi dudict mois de septembre, lesdicts ouvrages estre à bailler au rabais le jeudy xiii dudict mois en nostredict conseil qui se tiendroit en nostre chasteau du Louvre.

Auquel jour s'estant présentez lesdicts Prevost des marchands et Eschevins et plusieurs entrepreneurs sur les lieux pour recognoistre leur assiette, les chemins à tenir pour la conduite desdites eaues, et nature des terres, ils estimoient ledict advis dressé pour lesdicts ouvrages estre à changer en aucuns poincts, et qu'aultrement il estoit impossible de les rendre à leur perfection et de longue durée. Sur quoy nous les aurions renvoyez pour entrer en communication avec les premiers qui avoient visité lesdits lieux et dressé lesdicts desseings et devis, et estre ouys audict hostel de Ville pour y estre de nouveau lesdicts desseings et devis, examinez, considerez et reformez selon qu'il seroit jugé pour le mieulx, ne desirant faire commencer en une telle et si importante entreprise qu'avec cognoissance certaine de sa perfection.

A quoy ayant esté procédé, l'advis dressé par lesdicts experts auroit esté présenté en nostre

APPENDICES ET PIÈCES JUSTIFICATIVES. 417

conseil, où il auroit esté arresté le iv jour du present mois, lesdicts Prévost des marchands et Eschevins présens; et sur iceluy ledict Cosnier faict offre de faire les ouvrages y déclarez, les rendre parfaicts et amener et conduire lesdicts trente poulces d'eaue en toute saison, aux moindres et plus basses eaues dans quatre années prochaines, à commencer au premier jour de janvier prochain, moyennant la jouissance durant six années de la dicte somme de cent trois mil liv. sur les deniers de la dite ferme, et de soixante mil liv. à prendre en la septième année d'icelle, et oultres les autres conditions portées par l'affiche susdicte. Duquel offre ayant esté faicte publication et mis affiches ezdits lieux pour estre lesdicts ouvrages publiez au rabais en nostre dict conseil le vi du present mois se seroient présentez de rechef lesdicts Prevost des marchands et Eschevins qui nous auroient requis leur donner et octroyer l'intendance et soing sur lesdicts ouvrages, et que l'entrepreneur fust obligé de faire les canaux suivant le devis dressé audict hostel de Ville necessaires pour amener l'eaue destinée pour la commodité de ladicte Ville depuis le dernier et grand regard qui se doibt faire proche la faulse porte du faulxbourg Saint-Jacques jusques aux fossez de ladicte Ville, et que ledit regard et celuy qui se doibt faire à la prinse des eaues fussent au moins de la grandeur de ceulx qui sont au Pré Saint-Gervais et à Pantin.

Avec lesquelles charges et les autres cy-dessus portées par les affiches ayant esté publié lesdicts ouvrages estre à bailler au rabais et moins disant, à l'extinction du feu, et déclaré le premier rabais estre de vingt mil livres et les suyvans de six mil livres chacun, et le premier feu allumé, à l'extinction d'iceluy, Jehan Gobelin auroit faict rabais de xx mil livres, sur le second feu Jonas Robelin, Antoine Desnots et ledict Gobelin et chacun de x mil livres. Sur le troisième feu Aubin Hervy, lesdicts Desnots, Jonas et Gobelin, aussy chacun de x mil livres. Et, s'estant meu contention entr'eulx du dernier moins disant, auroit esté allumé un quatrième feu, sur lequel lesdicts Desnots et Hervy, Robelin et Gobelin auroient encore faict rabais chacun de x mil livres, et se seroit trouvé ledict Gobelin le dernier et moings disant, qui auroit mis lesdicts ouvrages à la somme de dxlviii mil livres, auquel, comme faisant nostre condition meilleure et plus advantageuse qu'aulcuns des aultres, nous aurions adjugé l'entreprise desdicts ouvrages et conduite d'eaue.

Depuis ledict vi jour dudict present mois et auparavant la delivrance du bail desdicts ouvrages, qui auroit été différé sur la contention qui estoit meuë entre lesdicts Gobelin et Robelin du dernier moings disant, seroit intervenu M. Loys Marchant maistre des œuvres de nos bastimens, qui auroit fait rabais à nostre profict ez mains de nostre amé et feal conseiller en nostre conseil d'Estat et controlleur général de nos finances le sieur Jehannin de la somme de xlviii mil livres. Duquel s'estant voulu deppartir au moyen de certaine transaction passée entre lui et ledict Gobelin, portant remise et déclaration à son proffit de ladite adjudication desdicts ouvrages au susdict prix de dxlviii mil livres, se seroit présenté René Fleury maistre maçon à Paris qui nous auroit offert de prendre lesdicts ouvrages et les faire et parfaire bien et deuement pour la somme de cinq cens mil livres et faire ledict rabais de xlviii mil livres moyennant qu'il nous pleust lui en faire adjudication sans faire nouvelle publication sur son dict rabais; duquel nostre cher et bien amé Jehan Coing maistre maçon à Paris ayant eu cognoissance, auroit offert nous faire encore rabais de xl mil livres à condition qu'il ne seroit tenu de faire le thuyau et ouvrages necessaires pour la conduite de douze poulces d'eaue destinez pour les habitans de ladicte Ville depuis le dernier et grand regard qui se faict à la faulce porte du faulxbourg Saint-Jacques jusques au bord du fossé de ladicte Ville; par le moyen duquel rabais le prix desdicts ouvrages ne revenoit qu'à la somme de cccclx mil livres, condition meilleure et plus advantageuse qu'aulcune des aultres.

Nous, à ces causes, de l'advis de nostre conseil, avons audict Jehan Coing, comme dernier et moings disant, baillé, adjugé et dellivré, baillons, adjugeons et delivrons par ces présentes l'entreprise desdicts ouvrages et conduite d'eaue de Rongy à la somme de ccccLx mil livres laquelle luy sera payée en six années prochaines et consécutives esgalement par chacune d'icelles, de quartier en quartier, à commencer du 1 janvier prochain, des deniers de la ferme de xxx s. pour muy de vin entrant en nostre dicte Ville de Paris par le fermier d'icelle, en vertu des mandemens du trésorier de nostre espargne qui est la somme LXXVI mil livres XIII sols IV denniers par chacune desdictes années, moyennant laquelle somme de CCCCLx mil livres sera tenu ledict Coing de faire tous les ouvrages de maçonnerie, pierre de taille, ciment, bricque, corroy, tranches, port et vuidanges des terres, recompenses des héritages, payer peines d'ouvriers quil sera besoing faire et fournir pour parvenir à la construction des voultes, regards, descharges, bassins, receptacles et aqueducs pour amener et conduire avec voulte les eaues et sources deppendans de la ferme dudict Rongy jusqu'à la quantité de xxx poulces d'eaue en toutes saisons aux moins et plus basses eaues, depuis ledict lieu jusques près la faulce porte et les tranchees des nouvelles fortifications du faulxbourg Saint-Jacques de ladicte Ville de Paris par acqueducs et voultes, lesquelles seront faictes et construites des matières et façons qui ensuyvent :

Premierement seront faicts les canaulx et voultes dans les tranchées cy-devant faict faire par le sieur duc de Sully, grand-voyer, pour ramasser toutes les eaues ; lesquels canaulx auront cinq pieds et demy de haulteur du fond de soubz clef et trois pieds de large dans œuvres, maçonné de bon moellon, chaux et sable graveleux de deux pieds d'espoisseur, garni d'une assise par bas de pierre dure qui sera continuée aux murs du costé des bouches, portant un marche-pied de XVIII poulces de large, et le mur du costé des terres plaines sera garni d'une assise de pierre de taille au pourtour, pour la rencontre et ramas des eaues, garnye de chaisnes et arcs de bonne pierre de taille de douze pieds en douze pieds, et par bas à l'endroit dudit marche-pied seront conservez les bouches à l'endroit des sources, de largeur competente ; les jours desquelles seront faicts de bonne pierre de taille dure fichée avec bon mortier, chaux et sable graveleux de la tranchée des fortifications de la dicte Ville ou de la rivière de Seyne.

Le canal de la fontaine de Rongy, qui commencera au regard de la prinse de l'eaue dudict Rongy jusques au fossé Neuf de la ville hors le faulxbourg Saint-Jacques, sera fondé sur une platte forme de maçonnerie faicte de bloc de sept pieds de large, fondé à bon et vif fonds sur plate forme et pillotis, si besoing est, au-dessus de laquelle masse seront plantez les deux murs du canal espacez de trois pieds l'un de l'autre, chacun de deux pieds d'espoisseur, maçonnez de bon moilon et blocaille avec mortier chaux et sable susdicts elevez jusques en telle sorte qu'il y ait cinq pieds et demy soubz clef depuis le fond de l'eaue ; la voulte duquel canal aura quinze poulces d'espois à la clef, les reynes remplies de mesme matière ; et le surplus du couronnement d'icelle voulte sera faict en raye et conduict en pente des deux costez, si mieux n'aime l'entrepreneur ne faire qu'un revers pour rejetter l'eaue du costé des valons à l'endroict où il y aura vallon ; les dicts murs du canal garnis de chaisnes et arcs de pierre de taille portant parpain, entre deux une, espacez de douze en douze pieds de milieu en milieu.

Sera faict le petit acqueduc ou conduit d'eau au mitan d'entre les dicts deux murs, le fond et costé duquel seront de six poulces d'épaisseur faict de ciment avec cailloux de vigne, le dict ciment faict et composé de chaux vive broyée avec thuilleau de moulle de Paris sans aulcune bricque ny sablon.

Item en faisant les dicts murs, s'il se trouve quelque cours d'eau qui mérite plus grande recherche, sera faicte ouverture de la terre jusques à telle longueur qui sera nécessaire pour le mieulx, et la tranchée pour conduire l'eau sera de deux pieds et demy de large remplye de deux

APPENDICES ET PIÈCES JUSTIFICATIVES.

petits murs de pierre seche, ung petit canal entre deux de six poulces de large et un pied et demy de hault, recouverts de pierre de blocaille ou cailloux de la mesme qualité, avec un corroy faict de glaize de six poulces d'espaisseur par dessus les dicts couvertures; ensemble faire des esvents où il sera nécessaire le long des acqueducs et les esviers de pierre de taille traversant le mur pour servir à recevoir les sources qui se rencontreront par voye.

Item rechargera de terre toutes les tranchées, murs et canaulx jusques à telle haulteur qu'il sera advisé pour le mieulx, et telle que le lieu le pourra requerir.

Item au-dessus desdicts canaulx près les sources au lieu qu'advisé sera pour le mieulx, et à distance et intervalle d'ung pied, seront faictes les vuidanges des terres tant seiches que mouillées pour l'assiette d'un grand regard et accueil d'eau, l'auge duquel sera de telle profondeur qu'il appartiendra et en telle sorte, que depuis le fonds de ladite auge il puisse y avoir xviii poulces de haulteur jusques au fond du petit acqueduc ou petit canal de passage des caues, lequel regard sera fondé en macc de maçonnerie sur bon fonds et suffisant pour porter et soubstenir tel ouvrage; lequel fonds, au cas qu'il ne se trouvast ferme, sera garny comme cy après sera déclaré.

Sera iceluy regard faict et construict en la forme, structure, façon et grandeur du moings telle que le regard des fontaines de la dicte ville qui est au-dessus du village du Pré-Saint-Gervais au lieu dict *les Moussins*, ou du regard au bout d'entrault des canaux des fontaines de la ville de Belleville sur sablon, le dict regard appellé *la Tour* ou *Chapelle*, garny de dessente comme le dict regard, les bouches et descharges des grands canaux faictes comme celles desdicts regards, en laquelle espace d'ung pied sera fait un long corroy de ciment qui commencera au fonds de la fondation du grand regard, et eslevé trois pieds plus hault que le fonds des canaux premiers declarez, continuer ledict corroy le long du mur du grand carré de la recherche des caues, et de la largeur qu'il sera jugé nécessaire, foudé et eslevé comme le corroy d'intervalle cy-devant declaré, avec lequel les dicts corroys seront liez, et au-dessus dudict corroy sera faict le fonds du dict regard de pierre de Lyez.

Item au passage de la traverse du vallon d'entre les deux montaignes au village d'Arcueil sera faict la maçonnerie des pilles, arches, arceaux, petites pilles en nombre nécessaire, qui seront fondez jusques à vif fonds de seize pieds de long et huict pieds de large, ou plus si besoing est, et jusques au rez-de-chaussée, sur pilotis et platte-formes s'il convient et est nécessaire, sinon seront fondez de pierre de Libage joinctises, sur lesquelles fondations de Libage sera posé la pierre de taille desdicts pilles, chacune de quatorze pieds de longueur, compris leurs poinctes, sur six pieds de largeur; lesquelles pilles seront espacées de trente thoises l'une de l'autre et construites de grands quartiers de pierre dure sans aucun moillon, jusques à la haulteur des eaues sur les plus baultes, pour le regard des deux arches du milieu, à l'endroict du grand cours, et les aultres fondés semblablement de Libage et au-dessus de quartier à parements de pierre, remplis de moillon maçonné avec bon mortier chaux et sable, et le résidu desd. pilles et arches seront eslevez pour le regard des poinctes et escussons de pierre avec les pilastres au-dessus aussi de pierre, selon la forme, structure et façon qu'il a esté représenté par le desseing; les restes des arcs et arceaux portans deux pieds et deux pieds et demy en teste et en douvalles, continuer la face des arceaux avec leur engraissement jusques soubz la plinte; et pour le regard des deux assises de chacun costé de la clef, auront xviii poulces de haulteur soubz les plintes, et continuer l'eslevation ainsi qu'il est représenté par le desseing.

Les cullées et maces de maçonnerie des deux bouts au passage du dict Arcueil seront faictes de la même forme, structure et façon que les pilles cy-devant declarées; pour la fondation desquelles pilles et maces, regards et grands canaux, seront faicts les basquetages et vuidanges d'eaue, pillotis et platte-forme qui se trouveront nécessaires pour la seureté et conservation des dicts ouvrages des dictes pilles, maces ou cullées, canaux ou regards.

Item aux deux bouts dudict canal de traverse ou acqueduc dans le village d'Arcueil, seront faicts deux regards, dans lesquels seront faicts les descharges pour descharger les eaux desdicts canaux quand besoing sera, garni aussi, si besoing est, de descentes ou montées de marches de pierre environnées de murs comme celles des autres regards cy-après declarez; faire lesdictes descharges de telle forme, structure et façon que les eaues descendans d'icelles ne puissent endommager le publicq ny le particulier.

Item, à l'entrée du faux-bourg Sainct-Jacques, au lieu qu'advisé sera pour le mieux, sera faict un grand regard en forme carrée, l'auge duquel contiendra dix-huit pieds de large dans œuvre, compris le marche-pieds, lequel sera fondé en masse avec platte-forme et pillotis et de la même structure et forme comme le regard de la prinse des eaues cy-devant declarée, en l'auge duquel regard se fera la distribution et séparation des portions des eaues, tant pour nous, que pour ladicte ville de Paris et pour lesdicts entrepreneurs; savoir pour nous la quantité de xviii poulces d'eaue reduicts en un mousle et calibre, ou eschantillon, et pour ladicte ville douze poulces aussi reduicts en ung moule, pour estre par iceux calibres derivée l'eaue pour en disposer par chacun selon qu'il nous plaira. Et pour cet effect seront pour lesdites séparations faictes au-dessoubz dudict et joignant icelluy trois petits regards ou receptacles d'eaue, savoir celuy pour nous du costé des Chartreux, et celuy de ladicte ville du costé de la chaucée, et celle dudict entrepreneur, du costé qu'il advisera, séparé d'ung mur, pour n'avoir aucune communication desdicts dérivations d'eau. Dans lesquels seront mis les bouches et entrées des thuyaux particuliers, pour estre l'eaue de la ville conduite près la porte Saint-Jacques.

Item, et en espace desdicts canaux et acqueducs, seront faicts trente regards necessaires espacez de ccc toises en ccc toises ou environ qui seront faicts de la qualité et epoisseur que les murs desdicts grands canaux, garnis de descentes de marches de pierre dure; au haut desquels regards seront faicts les murs de l'enceinte pour les huysseries et entrées qui seront de pierre de taille en ce qui paroistra hors les terres, recouverts de glassis de pierre ou autrement avec tablette de pierre de Liais, selon qu'il sera advisé pour le mieux, à la forme du regard des fontaines de la ville, garnis de portes de menuiserie, serrures, et ferrées comme lesdicts regards: et en chacune intervalle de deux desdicts regards de descharges seroient faicts quatre bouches en forme de soupiraux faicts de maçonnerie de murs en quatre sens à ouverture par bas de deux pieds en quarré de la haulteur qu'il appartiendra, chacune desdictes bouches recouvertes d'une pierre de Liais d'une pièce de cinq poulces d'espoisseur, franche pierre, pour la fermeture et couverture d'iceux soupiraux, proche de chacun desquels sera assis et planté une borne de pierre maçonnée en terre saillante de trois pieds de hault, pour la remarque du lieu où seront lesdicts soupiraux.

Seront faictes les vannes et descharges necessaires pour vuider les eaues lorsquil conviendra nettoyer ou travailler aux acqueducs ez endroits où il sera advisé pour le mieux.

Faire et fournir par ledict entrepreneur de toutes matières à ce necessaires, soit de pierre, blocaille, bricque, bris de thuilleaux faict de thuille du grand moulle de Paris et moulle bastard qui sera trouvé bon, et de terre forte, carreau de terre cuite, bris et pouldre de potterie de grain pour faire ciment, avec cailloux de vigne, bonne chaux vive, sable graveleux des tranchées des nouvelles fortifications de Paris ou de la rivière de Seyne, pillotis et platte-formes, huisseries et fermeture des regards, lesquels huis seront faicts de gros eschantillons de bois de quartier de deux poulces et demy corroyé bois de chesne sec, les dicts huis ferrez de bandes flamandes avec boulons rivez, serrures et fermetures bonnes et suffisantes pour tenir tous les dicts lieux en sureté, et generalement toutes autres matières à ce necessaires, mesme le plomb qu'il conviendra pour le canal ou acqueduc traversant d'une montagne à l'autre, robinets de cuivre et testes de descharges aux endroits où besoing sera; fournir les mousles de cuivre pour les eschantillons de la distribution et separation des eaues aux susdicts regards, des formes, longueurs et grandeurs qu'il sera jugé necessaire par les commissaires députez à l'exécution du dict devis; comme aussi sera tenu ledict entrepreneur faire garnir les pilles de glassis des couvertures desdicts regards ou canaux avec crampons de fer scellez en plomb, chacun crampon de douze à treize poulces de long entre deux retours, lesquels retours auront deux poulces de long; sera aussi tenu à recouvrir de terre tous lesdicts canaux d'espoisseur suffisante comme il conviendra et que dict est cy-dessus, pillée, battue et dressée d'espoisseur requise en pente vers le vallon, et le surplus desdictes terres sera applani et mis en telle sorte qu'il ne puisse nuire.

Sera tenu ledict entrepreneur de fournir en toutes saisons aux moindres et plus basses eaues de l'eaue jusqu'à ladicte quantité de trente poulces portez par le present bail, et le surplus desdictes eaues; lesdicts xxx poulces fournis, si surplus y a ezdictes moindres eaues, sera audict entrepreneur pour en disposer ainsi que bon luy semblera entre les habitans de ladicte Ville, en sorte que le tout soit faict et parfaict bien et deuement au dire de gens à ce cognoissans dans quatre ans prochains à commancer du 1 jour de janvier prochain.

Sera aussi tenu ledict entrepreneur de toutes les recompenses qui seront adjugées aux particuliers ou communautez propriétaires des héritages qui seront trouvez recevoir dommage pour l'exécution du present devis, comme moulins, terres, prez, maisons et vignes qui seront prises et dans lesquelles passera le canal, ensemble du reject des terres et de toutes autres choses quelconques, selon l'estimation qui en sera faicte par les commissaires à ce deputez; comme aussi de restablir le chemin qui aura esté rompu, et ce qui restera en nature desdits heritages qu'il aura acheptez ou payez outre et par dessus lesdicts ouvrages et iceux faicts et parfaicts, il luy demeurera en propre et aux siens pour en disposer à leur volonté; et pour ce qui se trouvera nous appartenir, s'en pourra accommoder pour le passage sans aucune diminution du susdict prix; et sera tenu ledict entrepreneur de rapporter tous les contracts qu'il aura faicts avec les particuliers pour les achapts et recompenses desdicts heritages, pour servir à l'advenir à cause des servitudes acquises pour la commodité desdicts ouvrages.

Sera pareillement tenu ledict entrepreneur de l'entretenement desdicts ouvrages, fournir, conduire et amener ladicte quantité de trente poulces d'eaue en toute saison et aux moindres et plus basses eaues, à ses despens, durant douze années après lesdictes quatre années expirées, qu'il fera recevoir lesdicts ouvrages en la manière accoustumée.

Pourra ledict Coing entrepreneur associer avec luy telles personnes capables qu'il advisera dans quinze jours, et mettra dans ledict temps les contracts d'association ez mains du secretaire de nostre Conseil, pour y avoir recours quand besoing sera.

Et pour l'accomplissement, perfection et entretenement du present bail, baillera bonne et suffisante caution de la somme de sept-vingt-dix mil livres pardevant lesdicts Prevost des marchands et Eschevins de ladicte Ville de Paris.

Si donnons en mandement à nos amez et feaux les tresoriers generaux de France à Paris, que du contenu en ces presentes ils fassent jouir et user ledict Coing, ses associez et ayans cause, plairrement et paisiblement, cessans et faisans cesser tous troubles et empeschemens au contraire. Car tel est nostre plaisir. En tesmoing de quoy nous avons faict mettre notre scel à cesdictes présentes. Donné à Paris le xxvii jour d'octobre l'an de grace M.DC.XII et de nostre regne le troisième. (Pris sur une copie du temps de la date.)

III

MÉMOIRE PRÉSENTÉ AU CONSEIL DU ROY, AU SUJET DE L'EXÉCUTION DU BAIL PRÉCÉDENT.

Quand il a pleu au roy commander que l'on recogneust les fontaines de Rongis et le moyen qu'il y avoit de faire venir les eaux d'icelle en la ville de Paris, Sa Majesté commanda aussy qu'il fust faict ung devis contenant la qualité des ouvrages de maçonnerie et autres qui seroient trouvez necessaires pour la conduite des eaues; ce qui fut faict par la direction de ceux qui avoient esté nommez et deputez à cet effect, avecq l'advis des plus capables et experimentez ouvriers en semblables entreprises; auquel devis furent désignées et particulièrement declarées toutes les qualitez de maçonnerie, vuidanges de terres, et generalement tous les ouvrages et qualitez d'icelle que l'on jugea necessaires, et telles que meritoit un œuvre de si grande importance. Mais ledict advis ayant esté communiqué, aucuns, desireux de s'entremettre en cet œuvre, sans déferer à l'experience de ceux qui avoient travaillé au dict devis, ce quils debvoient faire, puisqu'ils ont pris d'eux la principale invention de ce quils ont faict depuis, violenterent cet affaire de sorte qu'il leur fut permis de faire ung autre devis; ce quils firent avecq une fort grande diminution des ouvrages portez par ledict premier. Et lors ceux qui se sentoient capables de le mettre en œuvre, considerants qu'il n'y avoit que du deshonneur à acquerir et de la perte, se retirèrent et laisserent faire l'adjudication desdicts ouvrages à d'autres; lesquels n'ayants que le desir d'y entrer, furent rendus adjudicataires de la besogne, sans mettre en consideration qu'elle ne pouvoit subsister selon ledict dernier devis et adjudication. Aussi faisoient-ils leurs comptes qu'estants dedans, il leur seroit loisible de demander en travaillant le changement de ce qui se trouveroit devoir estre reformé; ne doutant point de la bonté du Conseil, qui ne les voudroit ruyner, et s'appuyants sur la necessité de l'ouvrage, ou qu'on auroit par le temps oublié le changement qu'ils avoient faict du premier desseing et devis.

Et de faict, depuis que lesdicts adjudicataires travaillent, ils ont présenté requeste pour faire rehausser les voultes conformement au premier desseing, depuis les sources jusques au premier regard de Fresnes; ce qui leur a esté permis moyennant augmentation de prix; et depuis ledict regard de Fresnes jusques à Arcueil ils ont continué la même hauteur prests à demander la même recompense, laquelle ils se promettent ne leur pouvoir estre deniée puisque desja pour semblable chose il leur a esté accordé et le Roy engagé.

Par les premiers devis il avoit esté particulierement declaré ce qui estoit à faire aux arcades d'Arcueil, de quelle forme et de quelle matière elles devoient estre, même la voulte couverte de Lyais, le dalot plombé, et de cet œuvre particulier fut faict le plant, la face et le prophile, qui donnoient intelligence de l'œuvre; tout cela veu par Messieurs du Conseil et par Monseigneur le Chancelier particulierement, ce qui obligeoit les entrepreneurs à ce qu'ils avoient à faire; mais au lieu de suivre une aussi particulière désignation, les dicts et prophile ne se trouvent plus, les entrepreneurs disent ne l'avoir veu, et l'article du bail est si cauteleux et si mal intelligible, qu'il n'y a nulle declaration de ce qui doibt estre faict; de manière qu'ils ne sont obligez qu'à ce qu'il leur plaira, et eux voyants bien quils sont subjects à reproche et recherche s'ils ne font l'œuvre comme il doibt estre, ils sont sur les termes de presenter requeste pour surprendre le Conseil en faisant soubz ombre de bonne foy interpreter le contenu audict article, en quoy ils demanderont de grands interests et recompenses; ce qui doibt estre bien considéré.

Quant aux payemens receus par les dicts entrepreneurs et les ouvrages qu'ils ont faictes, il n'y a nulle proportion. Car ils ont receu desja cinq quartiers de quatre années dans lesquelles ils doibvent rendre leur ouvrage faict, et recevoir cccc.lx mille livres. Et partant ils ont receu sept-vingt-trois mille cent cinquante livres, qui est quasi le tiers de l'argent et peu s'en fault. Ils doibvent doncq avoir faict le tiers de l'ouvrage à peu près. Neantmoins il se verifiera qu'il n'y a pas la sixième partie de l'ouvrage faicte, quand on y comprendroit l'estimation des materiaux qui sont sur les lieux et ne sont encore mis en œuvre jusques à ce jour xv de may m.d.c.xiv. Et si il n'y a encore aucune recompense faicte des terres et moulins qui sont à recompenser.

Mais quand on voudra pourvoir de remede à ce manquement, il s'en trouvera des moyens raisonables et légitimes pour le service du Roy. (Pris sur une copie du temps de la date.)

FIN DES APPENDICES.

TABLE DES MATIÈRES.

	Pages.
Avant-Propos.	1
Sommaires du texte.	xxiii
Sommaires des planches.	xxvii

TEXTE.

Préliminaires. Origine et développement du bourg Saint-Germain	1
Chapitre Ier. Rues du bourg Saint-Germain	13
Chapitre II. Abbaye de Saint-Germain-des-Prés	97
Chapitre III. Suite de la description des rues du bourg Saint-Germain	131
Chapitre IV. Église Saint-Sulpice	145
Chapitre V. Suite de la description des rues du bourg Saint-Germain	151
Chapitre VI. Maladrerie Saint-Germain	257
Chapitre VII. Suite de la description des rues du bourg Saint-Germain	265
Chapitre VIII. Le palais Médicis, d'Orléans ou du Luxembourg	285
Chapitre IX. Fin de la description des rues du bourg Saint-Germain	325

APPENDICES.

Ier. Charte apocryphe de Childebert Ier	337
II. Note sur la prétendue charte de Childebert Ier	338
III. Fondation de l'abbaye de Saint-Germain-des-Prés	338
IV. Manumission des habitants du bourg de Saint-Germain-des-Prés	343
V. Droits de justice, censive, foires et marchés appartenant à l'abbaye Saint-Germain-des-Prés. en 1790	344
VI. Relation de ce qui s'est passé à la dédicace de l'église Saint-Germain-des-Prés	354
VII. Inscriptions funéraires de Saint-Germain-des-Prés	355
VIII. Les démêlés de l'abbaye de Saint-Germain-des-Prés avec les évêques de Paris et l'Université.	364
IX. Explication des planches empruntées à la *Statistique monumentale*	371
X. Documents manuscrits relatifs à l'abbaye Saint-Germain-des-Prés	385
XI. Les deux premières églises de Saint-Sulpice	399
XII. La foire Saint-Germain	405
XIII. La Croix-Rouge	408
XIV. Le privilége aux bourgeois	409
XV. Les États généraux de la Grenouillère	411
XVI. L'aqueduc d'Arcueil	413

www.ingramcontent.com/pod-product-compliance
Lightning Source LLC
Chambersburg PA
CBHW050423240426
43661CB00055B/2249